화석 자본

화석 자본:
증기력의 발흥과 지구온난화의 기원

지은이	안드레아스 말름
옮긴이	위대현

1판 2쇄 발행   2024년 3월 28일

펴낸곳	두번째테제
펴낸이	장원
등록	2017년 3월 2일 제2017-000034호
주소	(13290) 경기도 성남시 수정구 수정북로 92, 태평동락커뮤니티 301호
전화	031-754-8804
팩스	0303-3441-7392
전자우편	secondthesis@gmail.com
블로그	blog.naver.com/secondthesis

ISBN   979-11-90186-33-9 93300

안드레아스 말름 지음
위대현 옮김

The Rise of Steam Power
and the Roots of Global Warming

증기력의 발흥과
지구온난화의 기원

Fossil Capital

화석 자본

라테, Laufen에게

일러두기

1. 이 책은 Andreas Malm, *Fossil Capital: The Rise of Steam Power and the Roots of Global Warming*, Verso, 2016을 우리말로 옮긴 것이다.
2. 지은이의 주석은 모두 미주로 처리했으며, 옮긴이 주석은 각주로 처리하고 * 표시로 구분했다. 본문의 이탤릭체는 굵은 글씨체로 표기했다. 도서, 저널, 언론사명의 경우 겹화살괄호로, 논문 및 기사명은 홑화살괄호로 표기했다.
3. 인명 및 단체명 등의 고유명사는 외래어 표기법을 따르되 널리 사용되는 표현이 있는 경우 그에 따랐다. 이해에 필요한 경우 원어나 한자를 병기했다.

한국 독자들에게

《화석 자본》한국어판을 위해 이 글을 쓰게 된 것을 매우 기쁘게 생각한다. 그러나 또 한편으로는 절망과 회한을 느끼는데, 왜냐하면 이 책이 약 10년 전 처음 쓰인 이후에도 모든 곡선들이 줄곧 잘못된 방향만을 가리키고 있기 때문이다. 즉, 배출량이 증가하고, 화석연료를 위한 기반시설에는 투자가 확대되었으며, 석유와 천연가스, 석탄을 생산하는 회사들의 이윤은 사상 최고점을 찍었다. 이에 따라 기후 재난의 물결은 점점 더 높아만 간다. 대한민국은 2023년 여름(올 7월은 관측이 시작된 이래 지구의 평균기온이 가장 높았던 달이다)에 그 충격을 경험한 나라들 중 하나다. 돌발적인 홍수와 산사태로 약 50명이 사망했고, 주택 수백 채가 파괴되었으며, 농지 수만 헥타르에 손실이 발생했다. 홍수는 이제 영화 〈기생충〉에서 등장한 잊을 수 없는 장면 덕에 한반도에서 멀리 떨어진 서구의 시청자들에게조차 잘 알려진 한국형 기후 재난의 전형적 표상이 되었다(이 글을 적고 있는 지금 이 순간에도 한국형 영화와 텔레비전 프로그램에 매료된 시청자들은 물에 잠겨 가는 아파트 안에서 살아남으려 발버둥 치는 사람들을 그린 김다미 주연의 영화 〈대홍수〉를 기다리고 있다). 그러나 2023년 여름의 재난조차 한국 정부가 화석연료에 대항하는 어떤 행동을 취하도록 만들지는 못했다. 갈수록 극심해지는 재난 수준의 폭우에도 불구하고 한국은 여전히 화석연료에 취해 있다. 한국은 석탄 사용에 의한 CO_2 배출량이 OECD 내에서 가장 높은 수준이고, 아직도 가장 탄소집약적인 산업들에 심각하게 의존하여 경제를 운용하고 있으며, 전 세계를 무대로 삼아 화석연료 개발 계획에 기괴하리만큼 적극적으로 투자하고 있다. 녹색전환연구소의 이유진 부소장은 홍수 직후 《가디언》과의 인터뷰를 통해 "한국은 여전히 화석연료에 기초한 관성이라는 함정에 빠져 있다"고 지적하였다(Raphael Rashid, 'South Korea accused of paying lip service to climate action after deadly floods', *Guardian*, 20 July 2023. [라파엘 라시드, '살인적인 홍수 후에도 기후 행동에 대해 말만 요란하다고 비난받는 한국', 《가디언》, 2023년 7월 20일 자]).

이 책은 어째서 이러한 관성이 발생하였는지를, 즉 그 기원을 그 고향인 영국에까지 거슬러 추적하고자 시도한다. 책이 처음 나온 후 많은 일들이 벌어졌다. 한데 딱 한 가지 사태만 빼고는 거의 모든 측면에서 상황이 악화되었다. 그 단 한 가지 긍정적 사태란 바로 예상했던 것보다 더 일찍 태양에너지와 풍력이 화석연료보다 저렴하게 되었다는 것이다. 이미 2010년 중반에 그렇게 되었다. 그렇게 된 이후에도 화석연료에 계속 의존하는 것은 이중으로 비합리적인 행위이다. 화석연료는 행성을 파괴할 뿐만 아니라 이제 그 대안들에 비해 비용조차 더 높다. 하지만 불행히도 우리 사회는 합리적이지 않다. 만약 그러했다면 화석연료는 이미 한참 전에 버려졌을 것이다.

이 책을 낳은 나의 작업에는 기후변화에 대한 이러한 비이성적 동인들과 그 심리적 차원들에 대한 관심이 부족했다는 한계가 존재한다. 나는 이러한 부분을 다른 곳에서 다루려고 노력했고, 곧 윔 카턴Wim Carton과 함께 출간할 나의 다음 책 《초과: 너무 늦은 시점에서의 기후정치》*Overshoot: Climate Politics When It's Too Late*에서도 계속 그리할 것이다. 현재 우리가 처한 위기의 전선 중 하나인 한국의 현장 동지들과 이러한 사안들에 관해 계속 대화할 수 있기를 희망한다.

안드레아스 말름

차례

1
과거의 열기 속에서:
화석 경제의 역사를 향하여

증기의 인자한 힘이 저 거대한 작업장에 그의 충실한 하인들 무리를 불러 모아 각자에게 정확히 규정된 임무를 부여한다. 그 거대한 팔의 기운이 하인들의 고통스런 육체노동을 대신하고, 오직 그 대가는 빼어난 솜씨의 장인이라도 흔히 범할 자그마한 오차를 교정하는 데 필요한 약간의 주의력과 순발력뿐이다.

_ 앤드루 유어Andrew Ure, 《제조업의 철학》*The Philosophy of Manufactures* (1835)

그렇게 발생한 화학적 변화는 끊임없이 대기에 많은 양의 탄산[즉, 이산화탄소]과 동물의 생명활동에 유독한 기타 기체를 배출하여 누적시킨다. 어떻게 자연이 이 원소들을 분해하고 다시 고체 상태로 바꾸는지는 아직 충분히 알려지지 않았다.

_ 찰스 배비지Charles Babbage, 《기계와 제조의 경제에 대하여》*On the Economy of Machinery and Manufactures* (1835)

그래서 당신의 잘난 증기기관과 주철덩이가 우리에게 해 준 것이 무엇이오? 수시로 폭발하는 저 지독한 가스는 말할 것도 없고. 저게 언젠가 분명히 이 바빌론을 통째로 날려 버릴 테지.

_ 어느 익명 노동자의 증언, 《메트로폴리탄》*The Metropolitan* 기사 '채무 구금' Imprisonment for dept (1834년 5월)

지구온난화는 우리가 의도하지 않았던 부산물들 중에서도 최고의 걸작이다. 아마도 오래된 수차 대신 증기기관에 투자하고, 굴뚝을 세우며, 주변 탄광에서 석탄을 주문하기로 결정했던 19세기 초 잉글랜드 랭커셔Lancashire의 면직물 제조업자는, 바로 그 행동이 북극의 해빙 규모, 나일강 삼각주 토양의 염분 함유도, 몰디브의 해발고도, 아프리카 뿔 지역의 가뭄 빈도, 중앙아메리카 우림 양서류의 생물다양성, 아시아 하천의 가용 수자원 양, 심지어 템스 강변 및 잉글랜드 해안의 홍수 위험도와 관련이 있을 것이라고는 꿈에도 생각하지 못했을 터이다. 그럼에도 불구하고 불길한 예감은 간헐적으로나마 그 시대의 문헌에도 드러나고 있다. 찰스 배비지는 이제는 고전이 된 논고《기계와 제조의 경제에 대하여》를 통해 공장에서 증기기관을 사용함으로써 발생할 대기에 미치는 영향에 대해 주목할 만한 통찰을 남겼다. 배비지는 근대 컴퓨터의 아버지로도 여겨진다. 그의 저서는 '경제학적 해석에 공장을 끌어들인' 최초의 저작이었다고도 한다.[1] 그가 지나가는 말로 간단히 이를 언급했던 것은 무려 존 틴들John Tyndall이 온실효과를 설명하기 약 30년 전 그리고 스반테 아레니우스Svante Arrhenius가 이산화탄소(아레니우스 역시 이것을 '탄산'이라고 불렀다) 배출 증가에 따라 지표의 온도가 얼마나 상승할 것인지를 최초로 계산하기 약 60년 전의 일이었다.[2]

그러나 환경을 우려하던 이 경제학자의 선구적 탐구는 당시 지식의 부족 때문에 곧장 중단되었다. 분명 배비지는 미지의 영역으로 들어가는 바로 그 입구까지 접근했다. 그러나 거기로 돌입하는 대신 방향을 틀었고, 책의 내용은 결국 기계의 경이로움에 대한 기나긴 찬사로 이어진다. 우선 무엇보다도 '인간 행위자의 부주의, 게으름 또는 불성실함에 대한 억제 수단으로.'[3] 바로 문구를 이렇게 전환함으로써 배비지는 19세기 중반 부르주아의 머릿속에서 끊임없이 반복되던 생각의 선율leitmotif을 똑똑히 표현해냈다. 그 생각이란 바로 더 강력한 증기기관과 이것에 의해 구동되는 더 많은 기계를 설치함으로써 인간 노동자들의 성가신 괴팍함에 맞서던 당시 제조업자들의 행동 양식에 대응되는 것이다. 그들은 이 과정에서 특별히 유해한 효과가 발생하리라고는 생각지 않았다. 반면에 그 기계를 받아들여야만 했던 쪽에 있던 이들에게는 이를 훨씬 더 두려워할 만한 이유가 있었다.

이제 그들은
자신이 무슨 짓을 하고 있는지 알고 있다

이 부산물에 관한 과학적 지식은 이제는 명백하다. 최소한 대략 자본주의의 적이 사실상 존재하지 않게 된 기간 동안 그러했다. 1990년에 기후변화에 관한 정부 간 협의체IPCC는 뜨거워지는 세계의 예측 가능한 운명에 대한 첫 번째 보고서를 내놓았다. 이 보고서에서 제시된 사실과 예측은 1992년 리우데자네이루에서 개최된 지구 서미트the Earth Summit에서 선포된 UN 기후변화협약UNFCCC을 탄생시킨 기초가 되었다. 이 협약은 이후 모든 UN 회원국에 의해 비준되었으며, 이들 회원국은 온실기체, 특히 이산화탄소(이하 CO_2로 표기) 배출을 **줄임**으로써 '기후 시스템에 대한 인류의 위험한 간섭을 방지하기'로 약속했다. 그러나 2012년 전 세계 CO_2 배출량은 1990년에 비해 58% 늘어났다.[4] 이 시점에서 IPCC는 다섯 번째 보고서를 준비하고 있었고—매번 새 보고서가 나올 때마다 지금까지와 마찬가지로 '평시활동'business as usual*을 계속하게 될 때 발생할 참상을 더욱 확실히 제시하면서—과학계의 경고는 폭풍우처럼 끝없이 인류에 쏟아지고 있었다. 2012년에서 2014년까지의 몇몇 유명 학술지 논문을 무작위로 훑어보자. 고온 때문에 모든 해분ocean basins에서 허리케인의 강도가 현저하게 높아지고 있다. 북아메리카의 나비들이 온도 상승을 피해 북쪽으로 위험한 여행에 나섰다. 북극 생태계가 빠른 속도로 각종 급변점tipping point에 접근하고 있다. 그린란드 빙상이 비가역적으로 융해될—해수면이 6미터 상승할 때에 해당하는—온도 상승 임계점은 이전에 추정되던 3.1℃가 아니라 1.6℃다. 톈산산맥의 빙하 후퇴가 가속되고 있으며, 그것도 주로 하절기 용수를 대는 데 필수적인 지역에서 진행되고 있을 뿐만 아니라 이미 몇몇 하천은 작은 개울 수준으로 말라 버렸다. 1980년대 중반 이후 콩고의 우림 초목이 갈변되고 건조되어 감소하였다. 세기말까지 기후변화로 주요 농산물 생산 지역에서 옥수수, 콩, 밀과 쌀의 현재 생산량과 맞먹는 규모의 작물이 전멸할 수도 있다. 지구온난화를 2℃ 미만으로 제한하는 이전 목표치—단지 0.85도 상승만으로도 이미 충분히 고통스러운 충격에 직면하여 대부분 이미 한물간 것으로 생각하고 있는 목표치—의 달성이 가면 갈수록 어려워지고 있다 등등.[5] 누구나 알고 있다. 지금 무슨 일이 벌어지는지에 대한 지식을 무시하든 억압하든 부정하든 그것을 가지고 고뇌하든 간에 기후변화는 대기 중에서 매년 한층 더 매섭게 우리를 압박해 온다. 그러나 이제 전 지구에 걸쳐 지배력을 행사하는 랭커셔 제조업자의

---

* 시사용어로 business as usual 또는 business-as-usual(통상 BAU로 약칭)은 특별한 조치를 취하지 않고 현재의 경제활동을 그대로 유지할 경우 배출될 온실기체의 양이라는 의미에서 '배출량 전망치'로 번역되지만, 본서에서는 단순히 배출량만을 지칭하는 것이 아니라 근대 자본주의 경제활동 전반의 지속을 의미하는 더 광범위한 용어로 사용된다. 때문에 '배출량 전망치'가 아니라 '평시활동'이라는 용어를 써서 번역하였다.

후예들은 아직도 새 유전, 새 석탄화력발전소, 새 공항, 새 고속도로, 새 액화천연가스시설, 인간 노동자를 대체할 새 기계에 투자를 매일같이 결의하고 있다. 그 결과 배출량은 증가할 뿐만 아니라 가면 갈수록 더 빠른 속도로 증가한다. 1990년대 전 세계 CO_2 배출량의 연간 증가율은 평균 1%였다. 2000년 이후 이 수치는 3.1%다. 이는 IPCC가 내어놓은 최악의 시나리오를 능가하고도 도무지 역전될 기미조차 보이지 않는 3배의 증가율인데, 그 귀결에 대한 지식이 늘어남과 동시에 더 많은 화석연료가 불태워지고 있다.[6]

어째서 이토록 엉망진창이 되었을까?

무거운 하늘에 짓눌린 역사

널리 호평받는 《정치생태학》*Political Ecology* 교과서 서두에서 폴 로빈스*Paul Robbins*는 자연 그대로의 황야라는 겉모습 뒤에서 무슨 일이 벌어지는지를 알아보기 위해서 옐로스톤 국립공원을 방문한다. 문외한의 눈에 이 경관이 보여주는 상징적 풍경은 완전히 자연적인 것처럼 보일 터이다. 그러나 실은 이 모든 것이 인공적으로 집요하게 만들어진 것이다. 그 땅을 활보하던 원주민 사냥꾼들은 명령에 의해 추방되었다. 늑대는 한때 멸종되었다가 다시 복원되었다. 관리 당국은 큰사슴 개체수를 조절하기 위해 이들을 도태시키기도 폭증시키기도 하고, 화재를 진압하는 한편으로 지역 생물상에 영향을 끼칠 만큼 화재가 계곡을 쓸고 가게 놔두기도 한다. 한 발짝 한 발짝 숲과 강가를 지나고 어떤 동물을 발견하고 어떤 동물은 발견하지 못하면서, 로빈스는 이 공원 전체에서 벌어지고 있는 권력투쟁의 효과를 탐구한다. 주정부와 원주민 사이, 사냥꾼과 환경주의자 사이, 숙박업자와 과학자 사이의 투쟁. 주어진 자연의 자원을 가지고 정치적 행위자들은 옐로

스톤의 생태계를 만들어 간다. 흔히 의도치 못한 결과들의 연쇄에 부딪히며.[7]

내일은 말할 것도 없고, 오늘날 기후변화의 최전선을 방문하는 여행자는 권력을 가진 인간들에 의해 더 완전히 인공적으로 구성된 경관을 대면하게 될 것이다. 기상 조건, 초목의 유형, 전체 생물군계, 아니 심지어 바다 그 자체까지도 화석연료 연소의 영향으로부터 자유롭지 않다. 그러나 로빈스가 과거에 내려진 특정 결정이 어떻게 옐로스톤의 경관에 영향을 주었는지 추적할 수 있었던 반면, 즉 역사적으로 원주민이 제거되었고 이는 그들의 부재로 귀결되었다는 사실을 발견할 수 있는 반면, 기후변화 여행자는 그 현상의 특성 때문에 그리 뚜렷한 선들을 찾을 수 없다. 반쯤 잠긴 작은 섬은 무차별적으로 누적된 역사의 온 무게를 한꺼번에 짊어지고 있다. 특정한 어느 하나의 결정, 어떤 온실기체의 특정한 1톤 배출량이 어느 한 특정 사태와 직접 연결되지 않는다. 여기 벌어지고 있는 레반트 지역의 가뭄Levantine drought의 원인으로 저 텍사스 원유 한 배럴을 특정할 수 없다. 인간이 초래한 모든 기후변화의 결과는 온갖 인간 활동이 복사강제력에 가한 모든 효과의 소산이며, 이 둘은 서로 밀접하게 연관되었음에도 기이하게도 동떨어져 있는 것처럼 보이는 역동하는 두 개의 총합, 즉 결과와 원인의 미소한 대변인이라고 할 수 있다. 급변하는 생태계를 관찰하던 관찰자는 무슨 일이 벌어졌는지 이해하기 위해 곧 인간 사회로 시선을 돌릴 수밖에 없다. 하지만 어디를 살펴봐야 하나? 오로지 어떤 총체만이 관심사가 될 수 있다. 당분간 여기서는 이를 잠정적으로 '화석 경제'the fossil economy라고 불러 보자.

다른 각도에서 보면 지구온난화는 역사를 새롭게 조명하는 무자비한 태양과도 같다. 1842년에 석탄을 태워 맨체스터의 굴뚝에서 뿜어 나왔던 연기가 무엇을 의미하는지 이제야 겨우 확실해졌다. 자연과학자들이 지구온난화를 발견했을 때, 그들은 역사학자들에게 아직 그 누구도 포괄적으로 다뤄보지 못한 주제를 건네준 셈이다. 지금 껏 보이지 않았지만 무려 두 세기 동안 여기 있었던 사실을. 이제 돌 수천 개를 뒤집으면서 수없이 많은 행위들이 기후에 준 영향을 파내 살펴볼 시간이다. 이는 1842년 맨체스터에서 뿜어 나온 조그마한 연 기 덩어리 하나로 배출된 특정한 양의 CO_2가 대기 중에 남아 떠돌며 현재의 기후를 만들어 내는 데 미소한 영향을 끼쳤기 때문만이 아니 라 그보다 훨씬 더 중요하게도, 이 과정을 통해 화석 경제가 확립되 고 고착되고 확장되었기 때문이다. 마치 근대 역사에서 숨겨 왔던 차 원이 갑작스레 새로이 드러난 것처럼 말이다. 철도망의 확립, 수에즈 운하의 건설, 전기의 도입, 중동에서의 원유 발견, 도시 교외의 대두, CIA로부터 사주를 받아 모하마드 모사데크를 타도한 쿠데타, 덩샤오 핑의 중국 경제 개방, 미국의 이라크 침공…. 이 모든 사태를 이런 관 점에서 한번 생각해 보라. 화석 경제의 역사적 총체 속에 놓인 사태의 계열로 소급해 볼 때—매 순간 그 경로를 한층 더 심화하고 동시에 한층 더 많은 화석연료를 불태우며—이 모든 사건은 그 중요성을 새 롭게 드러내면서 우리의 두 눈앞에서 그 역사적 재검토를 강력히 요 구하고 있다.

그러한 역사는 환경적인 주제인가? 환경 분야에서 나타난 대다수 의 전통적 관심사, 예를 들어 삼림파괴, 대기오염, 사냥이나 과다한 어 업활동에 의한 동식물의 멸종, 교역이나 침략에 의한 병원균 전파는 역사적으로 당면한 어떤 즉각성을 보이는 경향이 있다. 숲을 벌목하 는 것이 곧 삼림파괴이다. 스티븐 모슬리Stephen Mosley는 《세계의 굴뚝: 빅토리아와 에드워드 시대 맨체스터에서 매연에 의한 오염의 역사》 *The Chimney of the World: A History of Smoke Pollution in Victorian and Edwardian Manchester*에 서 '매연은 우리의 다섯 가지 감각 중 네 가지에 의해 쉽게 인지할 수 있다. 볼 수 있고, 냄새 맡을 수 있고, 만질 수 있고, 심지어 맛볼 수 도 있다'라고 지적한다.[8] 확실히 그는 19세기의 매캐한 검은 연기가 폭발적으로 번짐으로써 어떻게 맨체스터와 그 주변 자연환경을 바꿨는지를 다루면서 환경의 역사를 다루고 있다. 그러나 그 도시에서 석탄을 태운 사건은 또 다른 파문을 일으켰다. 그 파문은 훨씬 더 시간이 지난 뒤, 생지화학적이고 사회적인 매개의 전 과정을 거친 후에야, 비로소 환경에 그 흔적을 남긴다. 이 역사를 기록하는 것이 바로 지금 중심 과제가 되어야 할 터인데, 그러나 이는 환경에의 반향으로부터 어느 정도 격리된 기이한 성질의 것이기도 하다. 우리가 화석 경제를 기후변화의 주모자로 추궁할 경우, 생태적 차원에서 이 탐구는 환경의 역사상 다른 어떤 문제보다도 더 지연된 방식으로 전개될 수밖에 없다. 실로 그 영향의 지속 기간을 보자면 지구온난화에 필적하는 방사성 폐기물조차도 즉시 문제로 설정되고 그에 맞춰 즉각적인 대응이 이루어졌다. 인류에 의한 기후변화는 이 말이 정의하는 대로 온도와 강수량, 거북과 북극곰의 영역 **밖에**, 바로 **노동**이라는 한 단어로 요약될 수 있는 인간 실천의 영역에 그 뿌리를 두고 있다.

기후와 역사의 교차점에서 대부분의 학술적인 연구는 지금껏 정반대 방향만을 향했다. 과거사에 대한 기상학적 원인 탐구라는 주제는 지금 그야말로 눈부신 르네상스를 경험하고 있다. 마야문명의 멸망과 바이킹 정복부터 마녀사냥과 프랑스혁명에 이르기까지 모두 그 기상학적 원인을 찾으려는 탐구가 진행되고 있다. 미래를 살피는 데 유용한 견본이 될 수 있는 이러한 연구는 기온과 강수량 자료를 이용해서 위기, 전쟁, 박해, 격변과 기타 사회현상을 설명해낸다. 이러한 설명들은 그 자체만으로도 추구할 만한 가치가 없지 않으나(물론 여기에는 빠지기 쉬운 흔한 함정들도 있다) 지구온난화의 역사를 편찬하는 데서는 그리 쓸모가 없다. 여기서 탐구할 문제는 더이상 역사 속에 기후가 남긴 영향이 아니라 **기후 속에 역사가 남긴 영향**이다. 공장법이나 자유무역정책이 강수량과 빙하에 어떤 영향을 주었는지가 문제이지 그 역이 아니다. 달궈진 세계의 인과관계는 적어도 먼저 회사에서부터 시작하여 구름으로 옮겨 갔다. 바로 이 존재론적인 균열을 뛰어넘기 위해서 재구성이 요구된다.

시간의 역습

과거 수십 년 동안 비판이론은 오랫동안 선호되던 차원이자 고전적으로 구조, 인과, 파국, 가능성을 담아 내던 그릇이라고 할 수 있는 시간을 떠나 공간으로 옮겨 갔다. 역사유물론 내에서의 이러한 '공간으로의 방향 전환' 덕에 비판지리학critical geography이 혜성같이 대두하였으며, 이제 이는 전통적으로 인정받던 역사 분야와 그 혁신성과 영향력에서 동등하거나 도리어 그것을 능가하는 수준에 이르렀다. 데이비드 하비라는 별이 이제 그 어느 마르크스주의 역사가보다 더 밝게 빛나고 있다. 이 분야의 또 하나의 대가인 닐 스미스Neil Smith 역시 《불균등발전: 자연, 자본, 공간의 생산》*Uneven Development: Nature, Capital, and the Production of Space*에서 시간에 대한 공간의 승리를 노래한다. 거기서 그는 만족스레 '우리는 동시성의 시대를 살고 있다', '현대는 아마도 무엇보다 공간의 시대라 할 것이다', '예언은 이제 역사적이라기보다는 지리적인 투영을 요구한다'(이게 도대체 무슨 뜻이든지 간에) 같은 짧은 문장들을 인용하고 심지어 '참으로 역사적 시간은 끝난 것처럼 보인다'며 프랜시스 후쿠야마의 악명 높은 '역사의 종말'이라는 테제에까지 지지를 표명한다.[9] 지구온난화가 그러한 환상을 잠재울 것이다.

저런 글들이 쓰이고 있는 책상 바닥 아래 실제 세상을 보면, 사람들은 자동차로 출근하고, 역시 자동차로 이곳저곳을 방문하고, 휴가를 가며, 자동차를 타고 쇼핑 목록을 들고 가서는 쇼핑백을 채워 돌아온다. 이러한 전후좌우의 운동 어디에도 동시성은 없다. 애당초 이들의 자동차는 화석에너지로 달리고 있고 이 화석에너지는 수억 년 전의 광합성으로 탄생한 유산이다. 자동차는 바로 지금 발명된 것이 아니다. 자동차는 20세기 동안 늘어났다. 전차나 버스 또는 자전거가 아닌 이 자동차라는 이동수단의 선택은 영화산업과 로비 단체, 옥외광고탑은 말할 것도 없고 원유 터미널, 정유시설, 아스팔트 공장, 자동차용 도로망, 휘발유 주유소와 같은 막대한 기반시설에 의해 조건 지어진다. 그리고 이것들은 어느 순간 하늘에서 그냥 뚝 떨어지지 않았다. 이것들은 **시간을 들여** 만들어진 것이고, 긴 시간 동안 그렇게 무게와 관성을 축적하며 다른 교통수단을 배제하거나 적어도 두드러지게 대두하지 못하도록 막아 온 것이다. 일부는 이를 '탄소 잠김'carbon lock-in이라고 부른다. 바로 화석연료에 기초한 기술을 고착시키고 대안 도입을 회피하며 기후변화 완화정책을 막는 것. 독이 든 역사의 열매.[10] 한걸음 더 나아가 폭염과 가뭄이 한 나라의 어느 한 지역을 휩쓸어서 주민들이 이를 피해 자동차를 타고 도시를 떠나는 것까지도 앞으로 닥칠 미래이자 지금 바로 형성되고 있는 기상 상태를 드러내는 징조라는 점에서 기후변화와 관련이 있는데, 만약 이러한 의심이 적어도 부분적으로라도 맞는 것이라면, 심지어 이러한 매일의 기상 조건조차도 바로 이 순간에만 의존하는 것이라고 할 수 없다. 이것 또한 과거에 배출된 온실기체의 결과물인 것이다. 그동안 오고가는 자동차로부터 생성되어 배출된 온실기체는 아마 아직 태어나지도 않은 세대에 가장 큰 영향을 주게 될 것이다. 이렇게 배출된 온실기체야말로 바로 미래를 향하여 겨냥된 수많은 투명한 미사일이다.

우리가 변화하는 기후 속 어디를 보든지, 우리는 **시간**의 흐름에 사로잡힌 우리의 모습을 발견한다. 탄소가 지질학적인 저장소에서 화로로 그리고 다시 대기로 전달되면, 많은 시대와 긴 세월 동안 격리되어 있던 이 탄소는 탄소 순환의 틀 안으로 들어가게 되고 전 과정을 움직이기 시작한다. 그러나 그 효과는 언제나 지연되어 나타난다. 특정한 양의 CO_2 배출이 그에 대응하는 양의 온난화 효과를 실제 일으키는 데까지는 일정한 시간이 걸리고, 그 온난화가 생태계에 심각한 영향을 주는 데까지는 더 많은 시간이 걸린다. 지금 배출된 양이 곧 이전에 배출된 양에 더해지기 때문에 기체의 대기 중 농도는 증가한다. 그리하여 바로 '기후 과학의 기본 원리: 배출은 누적된다'는 사실에 따라 그 효과는 점차 증대된다.[11] 이미 배출된 CO_2 수십억 톤이 없다면 1톤의 배출이 그리 위험하지는 않을 것이다. 하지만 지금까지 누적된 총량이 온도를 상승시키고 더 배출하면 할수록 현재 진행되는 온도 상승을 제한할 수 있게 될 가능성은 더욱 줄어든다. 만약 인류가 예를 들어 섭씨 2도라는 특정 온도 상승의 임계점을 피하고자 한다면 다만 대략 1조 톤이라는 정해진 양만큼만 배출할 수 있으며 매년 배출이 그냥 지속된다면(증가는 말할 것도 없고) 이렇게 할당된 탄소 예산은 점진적으로 소모된다.[12] 만약 지금 이 순간 1톤을 배출한다면 그 중 약 4분의 1은 대기 중에 수십만 년 동안 남게 된다.[13] 우리가 약간 더 시간이 지난 뒤 화석 경제를 한 방에 날려 버린다고 하더라도 미래 오랜 기간 동안 그 그림자가 남게 될 것이다. 배출이 0이 되어도 해수면은 수백 년 동안 계속 상승할 것이고 열기가 점차 대양 깊숙이 전파됨에 따라 물의 부피가 서서히 증가할 것이다. '기후 시스템의 기나긴 기억 효과' 덕에, 일단 어떤 특정 역사적 수준에 도달하면 배출을 완전히 중단하고 수백 년이 지난 다음에도 상승한 해수면과 더운 바닷물이 빙상을 교란하고, 영구동토를 녹이며, 메탄수화물methane hydrates 을 불안정하게 하거나 또 다른 피드백 기작을 건드릴 수 있다.[14] 핵심은 기후변화가 다양한 시간 규모의 지저분한 혼합물이라는 사실이다. 이 과정의 근원적 변수들, 즉 화석연료의 특성, 그것에 기초한 경제, 그것에 중독된 사회, 그 연소의 귀결 따위는 서로 아무런 관계도 없어 보이는 시간대에서 작동하면서도 모두 온난화하는 세상의 변동하며 포착하기 어려운 현재에 굴절되어 반영되고 있는 것이다. 좀 더 세련된 용어를 써 보면, 가장 깊은 과거로부터 가장 먼 미래에까지 걸쳐 있는 유물들과 화살표, 반복되는 고리와 지연을 지금 이 순간과 시대적으로 어긋난 하나의 비동시적인 지금a now that is non-contemporaneous with itself을 통해서, 지금 이 순간순간의 매 **국면**conjuncture으로 엮어 내야 하는 것이다.[15] 굳이 말하자면, 우리 시대는 바로 통시성의 시대다.

누구보다도 이 사실을 중시했던 철학자 스티븐 가디너Stephen Gardiner는 《완벽한 도덕적 폭풍: 기후변화의 윤리적 비극》*A Perfect Moral Storm: The Ethical Tragedy of Climate Change*에서 '시간적인 측면이 특히 충격적이다'라고 썼다. 그는 이렇게 말한다. 우리는 진퇴양난의 곤경에 빠졌다. 지구온난화 문제는 '심각하게 지체'될 뿐 아니라(온난화를 겪는 매 순간은 먼 과거로부터 기원한다) 그 효과 역시 '상당히 지연'되기 때문에(현재 배출의 누적 효과는 미래에 나타난다) 여기서 바로 왜곡된 윤리적 구조가 탄생한다. 피해자가 아직 존재하지 않으니 지금 화석연료를 태우는 가해자가 그 피해자를 대면한다는 것은 가정조차 불가능하다. 가해자는 지금 여기 살면서 화석연료를 태워 얻는 모든 이득을 독식하면서도 그 손해는 거의 입지 않는다. 손해는 아직 존재하지 않으며 반대 목소리를 낼 수조차 없는 이들에게 돌아간다. 가디너가 추론하기를, 각 세대는 다음 세대에 '책임을 미루려는' 비뚤어진 유혹에 직면하게 되고 다음 세대 역시 또다시 화석연료를 태워 이득을 얻고 손해는 피하려는, 피해를 계속 확대하는 악순환에 빠질 수 있다.[16]

이것을 롭 닉슨Rob Nixon은 '느린 폭력'이라고 부른다. 문학이론 관점에서 제시되기는 하지만 《느린 폭력과 빈자의 환경주의》*Slow Violence and the Environmentalism of the Poor*를 통해서 그 역시 가디너가 고민하던 문제와 깊이 연관된 문제를 붙잡고 씨름한다. 그는 '폭력은 흔히 시간상으로는 즉각적이며 공간상으로는 폭발적이고 극적인 사건이나 행위, 그것도 순식간에 선명히 가시화되는 것으로 여겨진다'고 쓴다. 그러나 또 다른 종류의 폭력이 있다. 이는 빠르지 않고 천천히 전개되고, 순간적이지 않고 점증하며, 몸뚱이와 몸뚱이가 직접 부딪히는 것이 아니라 **생태계라는 매질을 통해** 광대한 폭의 시간에 걸쳐 작동하기 때문에 저격수의 탄환보다 책이나 화면에 담기 훨씬 더 어렵다. 한회사가 유독한 화학물질을 가난한 나라에 버린다면, 그 폭력의 효과는 '시간의 작용을 통해 그 원인으로부터 분리되어' 오직 서서히 나타나고 그 행위 자체와 절대 동시에 드러나지 않는다. 닉슨은 화석연료를 태우는 행위를 같은 범주에 포함시킨다.[17] 그러면서 묻는다. 어떻게 이 느린 폭력이 주목받을 수 있도록 서사에 반영시킬 수 있을까? 범죄소설, 대하전쟁소설, 액션영화에서 이에 대응할 만한 것은 무엇일까? 현상을 볼 때 보팔 참사나 페르시아만과 나이저강 삼각주에서 이뤄지는 석유 개발, 인도의 초거대 댐들, 남아프리카에 있는 국립공원이나 이라크전쟁에서의 열화우라늄탄 등과 관련된 문제에 관한 이야기나 에세이를 찾아 읽을 수는 있어도 **기후변화를 비슷한 방식으로 다룬 것은 찾을 수 없다.** 여기서 우리가 폭력을 상상하는 능력이 그 한계에 부딪힌 것이다.

그러나 이 시간성에는 윤리와 표현의 곤란 이상의 문제가 존재한다. 지금까지와 마찬가지로 평시활동을 더 오래 계속하면 할수록 이 악순환의 고리를 끊는 일도 더욱 어려워진다. 일단 새 송유관이나 유조선, 해저용 시추 설비와 같은 거대한 기반시설이 도입되면, 이는 그 이후 수십 년 세월 동안 탄소 잠김 효과를 발생시킨다. 이렇게 더 깊은 수렁에 빠지고 현재 경로에의 의존성이 강화된다. 늘어나는 배출량 위에서 번성한 매 세대는 그 이전 세대보다 더 많은 양의 CO_2를 대기권에 누적시킨다.[18] 매년 지구온난화가 지속되고, 온도는 더욱 높이 올라가며, 지구상의 생활 조건은 가면 갈수록 더욱더 과거의 배출량에 의해 결정되게 된다. 결국 오늘을 옭아매는 지나간 세월의 족쇄가, 달리 말하면 **과거의 인과적 영향력이 돌이킬 수 없을 정도로 강력해져서** 결국 정말로 '너무 늦었다'는 지점에 이르게 된다. 기후변화 담론 중 자주 경고되는 이 끔찍한 운명이야말로 **현재를 짓누르는 역사**

의 무게에 대한 궁극적인 실례이다.

통상적으로 역사는 이렇게 작동하지 않는다. 카이사르가 루비콘 강을 건너 행군한 사건이나 명나라의 몰락, 소코토 칼리프국the Sokoto caliphate의 형성, 바스티유 습격 등은 모두 시간이 가면서 효과가 감쇠할 수밖에 없었거나 또는 최소한 효과를 증폭시키는 내재적 기작을 가지지 않았다. 그러나 지구온난화의 시대에는 말하자면 경제학과 지구물리학의 막강한 법칙들이 과거의 배후에 서서 과거의 영향력을 강화한다. 카를 마르크스는 《루이 보나파르트의 브뤼메르 18일》에서 '모든 죽은 세대의 전통은 악몽과도 같이 살아 있는 세대의 머리를 짓누르고 있다'는 유명한 말을 남겼다. 온난화되는 세계에서 과거의 폭정은 끊임없이 강화되며 산 자의 육체와 그 주변 환경을 더욱더 무겁게 짓누른다.[19] 이는 확실히 점진적인 과정 이상의 것으로 나타날 것이다. 극단적인 기상 악화는 느린 폭력의 고통을 이목을 집중시키는 장관으로 바꿔 낸다. 파키스탄의 홍수나 미국 콜로라도주에서 일어난 산불을 생각해 보라. 갑작스러운 기후변화가 일으키는 재난의 단편들, 즉 지구 시스템의 여러 급변점을 넘어섬으로써 야기되는 치명적 사건들은 점증하는 화석 경제의 역사가 현재라는 무대 위에 갑자기 난입하는 순간을 드러내는 표지다. 실제로 이전에는 비정상이라고 생각되던 기상 조건이 새로운 정상상태가 되어 가면서 이런 일들은 이미 일어나고 있다. 테주 콜Teju Cole의 소설 《오픈 시티》Open City에서 주인공 줄리어스는 11월 중순까지도 외투를 걸칠 필요 없이 뉴욕 거리를 거닐 수 있었을 때 '갑작스런 불쾌함'을 느끼면서 지구온난화의 효과를 눈치챌 수밖에 없었다.[20] 매체를 통해 퍼진 흔한 오해(그리고 줄리어스 자신의 회의론도 마찬가지로)와는 반대로 오늘날에는 특정 폭염이나 다른 이상기후를 그 배후에 놓여 있는 평균온도 상승과 연관시킬 수 있다. 그런 평균온도 상승이 없었다면 이런 상황의 발생 또한 완전 불가능했을 테니까.[21] 이제 온도계야말로 현재로 침투하여 오는 과거의 무게를 재는 압력계라고 정당히 추론할 수 있다.

이 모든 사실이 기후변화를 둘러싼 정치에 아주 특별한 시간성을 초래한다. 지금껏 순수하게 물리법칙의 영향 때문에 이토록 긴박한 사안으로 발전된 정치적 문제는 거의 없었다. '너무 늦었다'라고 할 수밖에 없는 시점이 날이면 날마다 다가오고 있으며, 이 시점이 가까우면 가까울수록 이를 막기 위해서 더욱더 신속하고 광범위한 배출량 감축이 필요해진다. 죽은 자의 전통이 산 자를 압박하고 결국 산 자에게는 두 가지 선택만이 남는다. 더 오래 그 고리 속에서 안주하면 할수록 더욱 극단적인 방안이 필요하기 때문에 즉시 평시활동을 계속하는 악순환의 고리를 과감하게 끊거나, 지금까지 누적된 견딜 수 없는 운명에 굴복하거나. 이 글을 쓰는 시점에는 아직 두 시나리오 모두 다 가능하다. 화석 경제를 철폐하고 기후를 적절한 수준에서 안정화할 수 있다고 흔히 언급되는 또는 심지어 더욱 안전한 상태까지 되돌릴 수 있다고 하는 '기회의 창'은 아직 열려 있다. 만약 배출량이 0으로 떨어지면 곧 기온 상승은 차츰 줄어들게 될 것이다.[22] 그러한 과업을 달성하기 위해서는 과거로부터 물려받은 구조적 악몽을 전면적으로 분쇄하지 않으면 안 된다. 이것은 지금까지의 역사에 대한 혁명, 대탈출, 그것도 마지막 순간의 긴급 탈출이며 이를 위해서 도대체 무엇을 상대로 싸워야 하는지를 확실히 이해해야만 한다.

지금까지의 설명은 공간이 중요한 차원이라는 점을 부정하거나 지리학이 그 풍부한 통찰로 위기 이론을 풍성하게 만들었다는 사실을 부인하려는 것이 아니다. 이 책 역시 이후 그러한 점을 다루며 지리학적 통찰에 상당 수준 의존하게 될 것이다. 그러나 지금은 시간의 종언을 선언하기에 특히나 부적절한 시점이다.[23] 기후변화의 공간적 측면은 오직 그것이 과정, 즉 **변화**, 온난**화** 속에 녹아들 때만 의미가 있다. 말 그대로, 기후변화라는 거센 폭풍우는 현저하게 시간적인 것이다.

화석 경제의 기원을 찾아서

'화석 경제'라는 말이 의미하는 것은 도대체 무엇인가? 다음과 같이 간단히 정의할 수 있겠다. 점차 더 많은 화석연료를 소비하여 CO_2 배출량을 지속해서 증가시키는 것을 전제로 자기지속하는self-sustaining 성장경제. 기후변화를 둘러싸고 정치 영역에서 현재 이뤄지는 '평시 활동'과 거의 동의어로 사용되는 바로 이것을 우리는 지구온난화의 주된 원인으로 제시한다. 그 기원은 산업혁명에서 찾을 수 있는데, 산업혁명의 가장 큰 역사적 공로가 바로 '자기지속성장'의 시대를 열었다는 점이기 때문이다. '자기지속성장'이라는 말은 바로 성장의 과정이 짧은 기간만 융성하고 사라지는 일시적이고 순간적인 것이 아니라 그 자체의 내적 힘들에 의해 추동되는 지속적이고도 끝없는 세속적 전진으로 진화했음을 의미한다.[24] 물론 생물물리학적 또는 열역학적인 관점에서 보자면 어떠한 성장도 자기 자신의 힘만으로 지속될 수는 없다. 생태경제학의 주요 교훈 중 하나는 성장이 항상 자연자원의 채취withdrawal와 소산dissipation에 의존한다는 점이다. 그러나 이후 설명하게 될 기작들 때문에 근대 성장의 불꽃은 필연적으로 더 큰 성장에 불을 붙일 경제적 가스를 재생산하고, 과정의 결과는 그 과정을 더욱 전진시키며, 이 순환의 고리는 가면 갈수록 더욱더 큰 규모로 갱신된다. 바로 이런 의미에서 그리고 바로 이런 의미에서만 이 성장은 자기지속한다. 화석 경제라는 불꽃은 화석에너지라는 물질적 연료가 주입된 바로 그 순간 비로소 탄생했다.

현재 우리는 이렇게 정의된 화석 경제가 인간이 기후에 미치는 모든 영향을 다 포함하지는 않는다는 것을 알고 있다. 마치 태양이 태양계의 천체 중 하나일 뿐이고 미국 대통령이 국제사회의 이른바 지도자들 중 하나일 뿐인 것처럼, 화석연료 연소도 지구온난화의 원인 중 하나일 뿐이다. 이에 비교하자면 상대적으로 보잘것없는 그 외의 것들이 그 주변을 맴돌고 있다. 사실상 삼림파괴deforestation를 뜻하는 '토지 이용 변화'Land-use change는 1870년 이후 CO_2 배출의 4분의 1을 야기했지만, 그 몫은 점차 감소하여 이제 현재 배출량의 8% 정도밖에 되지 않는다. 나머지는 사실상 전부 화석연료 몫이다.[25] 물론 메탄, 아산화질소, 오존, 육불화황 등과 같은 다른 온실기체들도 있다. 이 온실기체들의 사회적 역사 역시 전체상을 드러내기 위해서 고려되어야 한다. 하지만 화석연료의 연소가 정량적으로 압도적이고 정성적으로도 결정적인 이 문제의 견고한 핵심이라는 점만은 분명하다. 이는 특별히 취급될 필요가 있다.

심지어 CO_2 배출이 더이상 증가하지 않고 일정 수준에 머무르게 된다 해도 여전히 대기 중 CO_2 농도는 계속 증가할 것이다. 기후를 살펴볼 때 중요한 것은 결국 CO_2의 절대량이다. 그렇다면 왜 여기서 굳이 배출량의 **증가**growth를 화석 경제의 정의에 넣어 명시하는가? 왜냐하면 배출량을 지금 이 순간까지 전적으로 지속 가능하지 못할 뿐만 아니라 지금도 여전히 증가하는 상황까지 밀어붙인 것이 경제성장과 화석에너지 소비의 결합이기 때문이다. 지금 여기 실존하는 바로 이 연합 과정이 우리를 이렇게 뜨거운 궁지에 몰아넣은 것이다. 이 기준선에서 일탈하려면 주로 세 가지 경우가 가능하다. 비록 매우 높은 수준에서일지라도 일단 배출량이 안정화된 상태에서 여전히 경제가 성장하는 경우를 **탈동조화**decoupled 화석 경제로 분류할 수 있을 것이다. 아마도 이런 경제는 여전히 압도적으로 화석연료에 기초하겠지만 최소한 이들 두 요소 중 하나만 변동한다. 그리고 만약 두 요소 모두 일정한 수준을 유지한다면 **정상상태**steady-state 화석 경제라고 할 수 있을 것이다. 반면에 배출량이 지속적으로 감소하는 경우는—저절로 붕괴하여 그리되든지 의도적으로 구성된 정책이나 다른 인자 때문이든지 간에—**감쇠하는**in decline 화석 경제라고 부를 수 있을 것이다. 설령 이러한 변종들이 존재했다고 하더라도, 이는 아마 앞서 언급한 법칙의 일시적인 예외였거나 지금까지와 마찬가지의 평시활동을 계속하는 노선에서 일시적으로 이탈한 것에 불과했다(소위 탈동조화하자는 주장은 수입품에 내재된 배출량을 고려하는 순간 기각된다. 정상상태는 흔히 2009년과 같은 위기로 야기되는 일시적 현상이다. 감쇠, 예를 들어 1990년대 동유럽에서 일어난 것 같은 현상은 곧장 반등으로 이어진다).[26] 역사적 탐구의 대상으로서 보자면 이들 중 어느 것 하나 우리가 내린 정의를 뒤흔들 만한 것이 되지 못한다.

화석 경제는 명확히 분별할 수 있는 어떤 존재물, 총체a totality라는 특징을 가진다. 그것은 특정한 경제적 과정과 특정한 형태의 에너지가 서로 굳건하게 결합된 사회생태적socio-ecological 구조다. 시간 속에서 이는 어떤 동일성을 지닌다. 엄밀한 방법론적 개인주의 공리와는 달리 실제 개체의 배아는 양수 속에 떠 있다. 오늘날 영국이나 중국에서 태어나는 아이는 기존에 이미 실존하고 있는 화석 경제 속으로 돌입하게 되며, 태아는 이 화석 경제를 이미 오래전부터 존재하는 객관적 사실로서 직면하게 된다. 이는 실제 인과적 영향력을 가진다. 물론 그 중 가장 대표적인 예는 지구라는 행성의 기후 조건을 바꾸는 영향력이겠지만, 일단 여기서는 인간 행위를 규제하는 권력의 방식으로 가지게 된다. 공장 관리자는 따로 자신만의 수차를 만들기보다는 가까운 석탄화력발전소로부터 전력을 공급받아 에너지를 획득하도록 강요받을 것이다. 기업 소유자는 범선을 이용하기보다는 화물선을 이용해서 세계시장에 상품을 공급할 것이다. 슈퍼마켓 점원은 별수 없이 자동차를 타고—말을 탈 수는 없지 않겠는가—출퇴근할 것이며 만약 휴가를 원해서 여행 수단을 찾는다면 어마어마한 양의 항공편 선전물에 노출될 것이다. 게다가 이 모든 배출 행위는 화석 경제 속에 통합됨으로써 비로소 가능해진 것이다. 무인도에 혼자 남겨진다든지 이 경제와 무관하게 고립된 어느 국가에서 살고 있다면 이러한 행위를 완수하는 것 자체가 불가능해진다. 이렇게 화석 경제는 하나의 총체로 이루어진 **역사적** 실체다. 이것은 분명히 과거 어느 특정 시점으로부터 기원한 것이다. 화석 경제가 휘두르는 인과적 영향력은 창발하여 형성된emergent 성질이다. 이 인과적 영향력이 항상 존재하던 것은 아니다. 마치 건물을 세우는 과정처럼, 여러 행위자들이 이를 만들어 냈다. 하지만 일단 세워진 건물이 이 세계의 일부가 되는 것처럼 그것은 굳어진 환경이 되어 그 속의 사람들의 움직임을 제약한다. 궁극적으로 이는 삶 그 자체와 더이상 구분될 수 없게 된다. 즉, 자연스러운 평시활동이 된다. 그럼에도 불구하고 화석 경제는 분명히 과거 어느 시점에 구축되었으며 그 후 지속적으로 재생산되고 확장된 것이다. 그리고 시간 속에서 형성된 것은 그 무엇이나 결국은 해체될 수 있다는(또는 그로부터 탈출할 수 있다는) 잠재적 가능성을 지닌다.[27]

그렇다면 이것은 도대체 어떻게 시작되었는가? 그것이 구성되는 순간을 찾는 탐구는 우리를 어디로 인도하는가? 근대성, 자본주의, 계몽이나 자유민주주의의 출생지라고 주장하는 나라가 여럿 있을 수도 있지만 화석 경제의 고향에 관해서는 논란의 여지가 없다. 영국이 1825년에 화석연료 연소를 통해 배출한 CO_2량은 전 세계 배출량의 80%였으며, 1850년에도 62%를 차지했다.[28] 이들 값에는 오차가 있을 수 있지만 이로부터 우리는 최소한 대략의 비율과 경향성을 읽어 낼 수 있다. 화석연료 소비가 다른 나라로 번져 가면서 그 압도적인 우위를 지키지는 못했지만, 그럼에도 불구하고 이것은 19세기가 시작된 지 한참 지난 시점에서도 영국이 여전히 전 세계 배출량의 **절반 이상**을 차지했다는 점을 우리에게 말해 준다. 우리가 처한 곤경은 바로 영국 땅에서 기원한 것이다.

결론적으로 말해 우리가 어떻게 이런 상황에 처하게 되었는지 그리고 한층 더 중요한 문제인 그래서 어떻게 해야 할지에 대한 단서를 얻기 위해서 영국의 산업혁명을 다시 살펴볼 필요가 있다는 것에는 별 의심의 여지가 없다. 바로 그 시점에 에너지전환—간단히 정의하자면 '어느 한 종류 또는 한 계열의 에너지 자원과 기술에 의존하는 경제체제로부터 다른 경제체제로의 전환'——이 일어났다. 그리고 우리 역시 또 다른 전환기에 직면하고 있다. 흔한 논리를 따르자면, 그래서 최선의 방법을 찾기 위해서는 과거로부터 배울 필요가 있다는 것이다.[29] 만약 화석 경제를 고정된 건물이 아니라 차라리 과거의 어느 시점에서 출발하여 현재 위험한 선로 위를 달리고 있는 열차라고 생각한다면, 우리는 이 열차의 노선을 안전한 쪽으로 전환하기 위해 필요한 조작장치의 사용법을 알아야 한다. 영국의 산업혁명은 바로 그러한 교훈을 담은 더할 나위 없는 보고라 할 수 있다. 그래서 어떤 교훈을 얻을 수 있는가? '첫째, 전환은 서서히 일어났다. 둘째, 가격이 전환을 주도했다. 셋째, 전환을 위해서는 새로운 기술이 필요했다.' 경제사학자 로버트 앨런Robert Allen은 이 교훈에 인적자원, 과학적 발견, 협동과 개인의 편협한 이해관계를 골고루 추가하면 미래의 지속 가능한 에너지로의 전환 역시 큰 틀에서 이와 같은 특징을 공유하게 될 것이라고 결론짓는다. 가장 중요한 점은 '사람들이 가격 유인price incentives에 반응한다'는 것이다.[30]

흔히 사람들이 화석연료로의 전환을 살펴보며 발견하는 점은 그 전환이 오래 걸렸다는 사실이다. 여러 시행착오를 겪으면서 행위자들은 서서히 새로운 형태의 에너지를 다루는 법을 익혔다. 따라서 당연히 화석연료로부터 **이탈하는** 전환 역시 같은 방식으로 서서히 진행될 수밖에 없으며, '기술과 산업 규모를 조급히 증대'하는 것은 피해야만 한다는 식이다.[31] 전환에는 시간이 필요하다. 우리가 이후 조금 더 살펴보게 될 가격의 중요성에 대한 강조는 더욱 중대한 가정이다. 화석연료가 경주에서 승리한 이유는 그게 가장 저렴했기 때문이며 따라서 재생 가능한 대체품들 역시 이처럼 가격 우위를 점하지 않고서는 승산이 없다. 게다가 만약 영국의 산업혁명이 '2차 산업혁명'이나 이른바 녹색, 저탄소 또는 지속 가능한 전환의 전형이 될 수 있다면, 필연적으로 또 하나의 중요한 교훈을 얻게 된다. '공동체 활동보다는 차라리 중소 규모 기업가들의 이윤 추구 동기가 혁신을 낳을 것이다.' 당시 화석연료로의 전환을 이끌었던 사람들이 '경쟁심이 넘치고 그 결과 부유해진 자본가들이었다는 사실'은 우리에게 '오로지 공동체가 주도하는 계획만이 급진적인 변화를 일으킬 수 있다'는 가정을 버리라고 충고한다.[32] 자본가들이 더 낮은 가격의 기술을 서서히 도입하도록 하라. 이게 바로 우리가 따라야 할 교본이다.

하지만 화석 경제로의 돌입과 그로부터의 탈출을 그냥 평행하게 두고 살피려는 시도는 피상적으로만 그럴싸한 것일 뿐이다. 이는 같은 강물에 두 번 들어갈 수 없다는 헤라클레이토스의 격언을 잊은 채 현재가 본질적으로 과거와 동일하다는 전제를 따라 과거의 교훈을 그대로 이식하려는 오류와 그리 다를 바가 없다. 현대의 지휘관이 고대의 전투로부터 얻은 교훈에 따라 전략을 세우면 당연히 참패를 면할 수 없다. 몇몇 학자들이 지적한 바와 같이 지금 전환이 정말로 임박했다면, 그 전환은 인류가 지금껏 직면한 적 없는 파국적 기후변화를 모면하거나 최소한 그 효과를 저감하려는 긴박한 필요 때문에 요구되는 것이다. 당연히 초기 영국의 산업자본가들이 이런 위기를 고려했을 리 없다. 재생에너지의 가장 큰 장점은 CO_2 배출이 없거나 매우 적다는 점이다. 이는 공공의 선일 뿐, 사적인 이익이 아니다. 이미 남겨진 시간이 너무 적다. 이러저러한 여러 이유들 때문에 다음 전환은 영국 산업혁명의 대표적 특징을 그대로 물려받을 수 없다. 어쨌든 이번에는 전환이 **집단적으로 계획**되어야만 한다.[33] 그러나 방해물에 부딪힐 것이다. 화석연료의 퇴출을 위한 강제적이고도 신속하며 정치적으로 주도되어야 할 조치들은 IPCC가 2007년에 '정책결정자를 위한 요약 보고서'Summary for Policymakers에서 간결하게 언급한 것처럼 '구현하기 어려울 것이다.' 협의체는 어려움의 원인을 '주요 제약 조건' key constraints이라고 부른다. 즉, **기존 이해관계의 저항.**[34] 이 몇 단어를 통해 서로 적대적인 이 행성의 일면이 얼핏 드러난다. 어쨌든 인류 문명의 지속과 번영을 위해 화석연료는 퇴출되어야 한다. 그런데 저 '기존 이해관계'가 이에 저항한다. 도대체 이 '기존 이해관계'란 무엇인가?

차라리 바로 여기에 우리가 산업혁명을 다시 살펴야만 할 더 중요한 이유가 있다고 하겠다. 만약 화석 경제가 벼랑 끝을 향해 질주하면서도 절대로 멈추지 않고 끊임없이 가속하는 열차라면, 우리가 할 일은 제때 브레이크를 당기는 것(또는 뛰어내리거나)일 터이다. 그럼에도 불구하고 재앙이 벌어지도록 이 열차를 그대로 두려는 기관사가 있다면, 최소한 그 기관사는 기관차에 오른 지 꽤 된 사람일 것이다. 우리는 이 기관사가 누구이며 어떤 방식으로 일을 하는지 알아야만 한다(어쩌면 이 기관차는 기관사 없이 자동으로 운전되게 되어 있을지도 모른다. 그렇지만 어쨌든 우리가 해야 할 일은 동일하다). 처음 열차를 발차하게 한 그 이해관계가 여전히 이 열차를 가속하고 있을지도 모른다. 그렇다면 이전에 있었던 바로 그 전환은 지금 우리에게 필요한 전환의 본보기라기보다는 차라리 **방해물을 이해하고 이를 제거하기 위한 열쇠**로서 그 의미를 가진다. 물론 아직 확실히 알 도리는 없다. 이러한 의심은 아직 가설에 불과하다. 분명 지금 화석연료에 매달리게 만드는 이해관계가 처음 화석연료를 사용하게 된 이유와 완전하게 무관할 수도 있다. 그렇다면 현재의 이해관계는 처음 화석 경제가 탄생한 후 어느 정도 시간이 지난 시점에서 등장한 것일 터이다. 하지만 화석 경제의 추진력, 그 운동법칙과 그 안에 녹아들어 있는 이해관계에 관해서 우리가 조금 더 자세히 이해하기를 원한다면, 화석 경제의 기원은 여전히 좋은 출발점이 될 수 있다.

우리가 하는 탐구의 성격을 유사성을 찾기 위한 것으로 규정하든 적을 알기 위한 것으로 규정하든 간에 바탕에 깔린 전제는 아직 의미 있는 행동을 취할 수 있다는 가정이다. 즉, 아직 너무 늦은 것은 아니다. 그런데 이미 너무 늦었다면? 2007년에 라젠드라 파차우리Rajendra

Pachauri IPCC 의장은 '만약 2012년 이전에 조치가 취해지지 않는다면 너무 늦는 것'이라고 말했다. '우리가 이후 2-3년 안에 취한 행위가 우리의 미래를 결정할 것이다. 바로 지금이 결정적 순간이다.'[35] 만일 이 말이 그냥 과장이 아니고 곧 증명될 정확한 예측이었다면, 그렇다면 도대체 화석 경제의 연대기를 뒤적이는 것이 무슨 소용이 있을까? 그러나 해수면이 2미터 더 높아졌을 경우에도 여전히 우리의 관심을 끌만한 역사적인 무엇인가가 존재한다면, 바로 이것이 그중 하나가 될 것이다. 달리 표현하면 바로 가디너가 말한 것처럼, 즉 '변화의 희망이 거의 고갈된 경우에도 심각한 잘못의 **증인으로 남을** 의무'가 있다는 것이다.[36] 화석 경제의 역사를 배워야 한다는 우리의 전술적 요구는 이러한 반성적 이유를 통해 예비적으로 뒷받침된다. 간단히 말해서 결국 탐구의 이유가 무엇이든지 간에 주제는 바로 이 타오르는 질문으로 정리된다. 어떻게 우리가 이러한 곤경에 빠지게 되었을까?

증기라는 계기

그래서 우리는 화석연료, 특히 먼저 석탄과 성장이 굳건히 결합된 이유를 찾을 수 있으리라는 희망을 품고 산업혁명의 탐구로 다시 돌아오게 된다. 그런데 영국에서는 석탄을 수천 년 동안 태워 왔다. 청동기 시대부터 로마 점령기를 거쳐 중세까지, 석탄으로 일으킨 불꽃은 그 강한 열기 덕에 다양한 용도로 사용되었다. 우리가 앞으로 살펴보게 될 것처럼 석탄은 종교 행사의 불을 밝히는 데, 거주지의 난방용으로, 음식을 조리하는 데 그리고 대장간에서 철을 제련하는 것처럼 각종 재료를 얻는 과정에서 오래전부터 이용되었다. 그러나 화석 경제가 기원전 2000년이나 서력 50년이나 13세기에 탄생했다고 주장하는 사람은 거의 없다. 이들 시대에는 아직 자기지속성장과 석탄의 연소가 결합되지 못했다. 왜냐하면 전자는 아직 등장하지 않았고 후자는 열을 생성하는 수준에 머무르고 있었기 때문이다. 산업혁명 시기에 이르러서야 영국은 성장을 낳는 공식을 획득하고 석탄의 이용법을 질적으로 도약시킬 수 있었다. **증기기관**을 통해서 비로소 열의 운동으로의 전환 또는 열에너지의 역학적 에너지로의 전환이 가능해졌다.

최초의 증기기관에서 석탄의 연소는 피스톤을 위아래의 수직 운동으로 움직이기 위해 이용되었다. 이런 수직 운동은 물을 퍼내는 데는 유용했지만 그 외에는 그리 쓸모가 없었다. 그래서 다른 형태의 운동이 요구되었다. 19세기 중반의 한 논문을 인용하자면 '모든 운동 중에서 기술적으로 가장 필요한 것은 바로 연속적인 회전이다. 온갖 공장의 작업장은 바퀴로부터 그 운동을 획득하는 기계에 의해 돌아간다.' 석탄의 불꽃을 바퀴로 이어지게 한 것이 바로 제임스 와트James Watt가 일으킨 천변지동할earth-shattering 혁신이었다. 1784년 특허를 획득한 기구를 통해 드디어 와트가 '피스톤의 운동을 이용하여 **연속적인 원운동**을 생성하였고, 그리하여 그가 만든 기관engine은 모든 종류의 제조업에 적용될 수 있었다'라고 또 다른 논문은 언급한다.[37] 이를 통해 화석 경제의 기반이 형성된다.

오래전부터 쓰이던 난로나 펌프는 할 수 없지만 회전하는 증기기관은 할 수 있는 일이란 도대체 무엇일까? 명백하게도 증기기관만이 **기계**a machine를 구동할 수 있다. 기계야말로 지금 이 순간에도 계속되는 전반적 가속을 통해 1인당 생산량을 증대시키고 노동생산성을 높이는, 바로 자기지속성장의 중요한 버팀목이다. 열에너지의 원천으로서 석탄은 열원을 요구하는 여러 과정에서 유용하게 쓰일 수 있었다. 그러나 오직 역학적—회전—에너지의 원천만이 온갖 상품의 생산을 부추길 수 있었다. 《리스의 백과사전》Rees' Cyclopædia에 따르면 '기계는' 19세기 초 수십 년 동안의 기술적 지식의 가장 중대한 집적체이자 '운동의 속도, 주기, 방향을 바꿔서 어떤 목적에든지 적합하게 적응시킬 수 있는 기관the organs이다.' 일단 석탄이 기계에 동력을 공급할 수 있게 되면서부터 이 연료는 확장을 위해 약동하는 경제의 혈관 속으로 흘러 들어가게 되었다. 우리는 이 책에서 영국의 작업장에 설치된 정적인stationary 증기기관의 등장을 통해 어떻게 석탄이라는 화석연료가 기계와 엮이게 되었는지를 살펴보게 될 것이다.

게다가 회전하는 기관은 자기지속성장의 둘째 버팀목이라고 할 수 있는 **운송수단**a vehicle을 구동할 수 있었다. 이들 역시 바퀴로부터 운동을 획득하여 해상과 육상을 가로질러 상품들, 즉 원료와 완제품을 작업장으로 그리고 작업장에서부터 이동시킨다. 이 책의 후속작인 《화석 제국》Fossil Empire에서는 바로 이렇게 이동하는 동적인mobile 증기력을 전 세계 규모에서 살피게 될 것이다. 열은 특정한 화학적 성질을 갖춘 재료를 다루는 것을 가능하게 했다. 펌프도 액체를 밀어낼 수 있었다. 그러나 오직 기계와 운송수단만이 온갖 종류의 상품을 제조하고 유통할 수 있었다. 석탄을 써서 이들을 구동시킴으로써 증기기관은 비로소 화석연료를 무한히 넓은 공간을 꿰뚫는 성장의 일부로 결합시켰다. 덧붙여서, 영국의 오두막이나 대장간에서 석탄을 태웠다고 해서 그 행위가 **다른** 나라 역시 석탄을 이용하도록 박차를 가하는 일은 없었다. 오직 기계와 운송수단만이, 경제적 경쟁과 군사적 침략을 통해서 화석 경제를 영국 제도the British Isles의 밖으로까지 투사할 만큼의 영향력을 가지고 있었다. 증기력으로 구동되는 작업장들에서 쏟아져 나온 상품에 휩쓸리거나 증기선의 압도적인 위력에 의해 공격받게 된 나라는 외부에서 강요된 이러한 충격 때문에라도 자국 산업을 지키고 국가로서 생존하기 위해 이 기술을 모방할 수밖에 없었다. 석탄이 주로 영국의 가정 내에서만 소비되었다면 이들과 멀리 떨어진 집단들이 굳이 이에 신경을 쓸 필요는 없었을 터이다.

영국에, 아니 영국이 아니라 세계 그 어느 대륙에 석탄층이 있었다고 해도 그 자체만으로는 당연히 전환의 충분조건이 될 수 없었다.

회전하는 증기기관 역시 마찬가지다. 땅속 지층처럼 단지 조용한 물리적 객체에 불과한 그런 기구가 홀로 화석 경제와 같은 것을 일으킬 수는 없다. 발명자의 법적 권리로 인정된 어떤 기관이 단순히 존재했다는 사실 그 자체는 그 기관을 얼마나 많이 실제로 설치하고 사용하게 되었는가와 경제에 그것이 어떤 영향을 미쳤으며 얼마나 많은 CO_2를 거침없이 내뿜었는가를 우리에게 설명해 주지 못한다. 특허는 대기에 숨을 내뿜지 않는다. 역사는 다빈치처럼 전시물이나 환상으로 화해 버린 발명품들로 가득하다. 따라서 우리가 증기기관에 관해 던져야만 할 질문은 영국에서, 영국에서도 우선 면직업계에서 **왜 증기기관이 활용되었으며 확산되었는가**이다. 바로 이곳에서 증기기관이 수차를 대체했다. 자기지속성장을 최초로 등장시킨, 바로 산업혁명의 지름길을 달리던 영국 면직업계는 증기기관을 쓰기 전에는 여전히 수력으로 기계를 돌리고 있었다. 그런데 왜 면직업계 자본가들이 물에서 증기로 돌아섰을까? 현재 평시활동이라 불리는 과정을 탄생시킨 데다가 아마 지금 이 순간까지도 구동시키고 있는 그 기작을, 최초에 벌어진 이 전환의 원인을 살핌으로써 조금 더 잘 이해할 수 있게 될지도 모르겠다.

동력Power을 권력Power으로 살피다

동력 또는 권력인 'power'라는 영어단어는 두 가지 의미를 동시에 지닌다. 동력으로 쓸 때 'power'는 자연력의 일종으로 에너지의 흐름이나 일의 척도로 사용된다. 또한 권력으로 쓸 때 'power'는 권위와 지배구조처럼 사람 사이의 관계를 나타낸다. 다른 주요 유럽 언어에서는 이 두 의미가 이처럼 서로 연결되지 않는다. '원동력'motive power과 '절대권력'absolute power은 스페인어로 'fuerza motriz'와 'poder absoluto'이며, 이 둘 사이에 명백한 관계는 없다. 프랑스어에서는 자연적 측면에서 쓰이는 'énergie', 'courant'와 사회적 측면에서 쓰이는 'puissance', 'pouvoir'를 구분한다. 독일어의 'Kraft/Strom'과 'Macht/Gewalt' 역시 이와 비슷하다(그래서 원자력발전소는 Atomkraft이고 강대국은 Weltmacht이다). 그런데 왜 영어에서만 이 두 극이 하나로 수렴했을까? 이러한 유럽어의 비교어원학적 연구는 이 책의 범위를 넘어선다. 여기서는 일단 이 독특한 사실을 지적해 두는 것에 만족하겠다.

실제로 이 둘이 접점을 가지는가? 영어권에서 이들이 의미론적으로 합일됨에도 불구하고, 최근 이들 사이의 간극을 좁히려는 한 시도에서 지적된 것처럼 열역학적 동력power과 사회적 권력power은 거의 언제나 '학문 연구의 학제 편성에 따라 초래된 습관 때문에 별개의 현상'으로 취급된다.[39] 두 학문 분야의 권위 있는 저작에서 이러한 분리의 대표적 예를 찾을 수 있다. 《자연과 사회에서의 에너지: 복잡계의 일반 에너지 탐구》*Energy in Nature and Society: General Energetics of Complex Systems*라는 책에서 바츨라프 스밀은 동력power의 정확한 정의로 '에너지의 흐름율'the rate of flow of energy 또는 'W=J/s'를 제시한다. 여기서 J는 줄joule, s는 초second이며, W는 동력power의 단위이다. 농담 삼아 제임스에서 와트로Watt from James라고 말할 수 있겠다.[40] 달리 말하자면, 동력power은 여기서 일이 행해지거나 에너지가 전달되는 흐름율로만 이해된다. 그리고 그냥 그게 전부다. 명목상으로나마 학제를 초월하는 성격을 지닌 저서에서조차 스밀은 이 단어에 또 하나의 의미가 있다는 점에 그리 주의를 기울이지 않는다. 당연히 서로 다른 이 두 가지 의미 사이에서 벌어질 실질적 운동도 아예 다루지 않는다.

스티븐 룩스Steven Lukes가 쓴 사회학 고전 《3차원적 권력론》*Power: A Radical View*을 보면 다른 분야에서도 관심이 없기는 마찬가지임을 알 수 있다. 여기서는 '마력'horse power과 '권력투쟁'power struggles이 언급되기는 하지만, 이는 어디까지나 사회에서의 '권력'power을 둘러싼 용어상 혼란을 드러내기 위해서일 뿐이다. 사회적 권력power의 본성은 먼저 분석적 구분analytical distinction이라는 필수적 행위를 통해 역학적 현상과의 연관을 깨끗이 일소시킨 후에야 비로소 정제될 수 있다. 룩스의 책에서 전개되는 열 가지 정도의 개념 구분을 살펴볼 때, 그 어디에서도 에너지와 사람 사이 관계에 **동시에** 관련되는 것으로 이 단어를 이해할 수 있는 실마리는 없다. 그는 이 단어의 역학적 기초를 고려함으로써 사회적 권력에 대한 이해도를 높일 수 있는 가능성이 있다고도 생각하지 않는다. 일상어법에서 이 양극 사이에서 발생하는 반사적이고 무의식적이며 완전히 실제적인 표류는 지적인 영역에서의 완고한 분리를 그 대립물로서 직면한다. 어쩌면 영어는 과학적 연구가 스스로를 소외시킨 어떤 기본적 진실을 아직도 간직하고 있을지도 모른다. 어쨌든 영어에서의 이 관계를 통해 우리는 앞으로 이 책의 나머지 부분을 인도할 일반적 가설을 수립할 수 있다. **화석연료로부터 획득된 권력-동력power은 애당초 이중적 의미와 본성을 지닌다.** 이 우월한 권력-동력 형태의 대표적 실례가 바로 증기다. 이 두 계기는 종합 속에서 **서로를 구성하기** 때문에 서로 분리될 수 없이 상호 침투하는 대립물이다.

지구온난화가 자연적 원인으로부터 야기되지 않았다는 것은 이제 어떠한 합리적 의심의 여지도 없는 사실이다. 온도 상승의 원인이 태양복사, 화산의 기체 방출, 탄소 순환의 내재적 변동성이나 기타 유사한 피의자 탓이라는 의구심은 이제 명백히 해소되었으며, 온도 상승의 근본 원인은 이 방정식의 사회적인 측면으로 확고히 넘겨졌다. 일단 이 선을 넘으면, 우리는 곧장 **권력power**을 만나게 된다. '화석연료'라는 단어를 사용하는 순간부터 실로 이미 그러하다. 그 정의에서부터 화석연료는 물질화된 사회적 관계다.[42] 어느 한 줌의 석탄, 어느 한 방울의 석유도 저절로 연료로 전환되지 않았으며, 어떠한 인간도 단지 일신상 생계유지를 위해서 이것을 대규모로 채취하는 구조적 사업을 벌이지 않았다. 화석연료는 임금노동 또는 강제노동, 즉 타인의 노동을 강제할 수 있는 권력power을 그 자체 존재 조건으로 필요로 한다. 만약 우리가 기후 과학의 교훈을 심각하게 받아들인다면, 우선 노동과정에서부터 이렇게 중의적인 권력-동력power에 주목해야만 한다. 바로 여기에 인간과 인간 외 나머지 자연 간의 접점이 존재한다. 바로 여기서 생물물리학적 자원이 사회의 물질대사 회로로 투입되게 되고, 바로 여기서 석탄과 석유와 천연가스가 채취되고 유통되어 기계와 결합된다. 즉, 이것들은 탄다. 이 과정 곳곳에 사람들이 존재한다. 환경사학자 스테파니아 바르카Stefania Barca는 '노동과정을 통한 에너지와 물질 변환의 주요 행위자로서' 한편으로는 권력-동력power을 행사하고 또 다른 한편으로는 이에 종속되면서 '노동자는 사회와 자연 사이의 주요 경계를 이룬다'고 말한다.[43] **이것**이 화석 경제가 탄생한 바로 그 지점이다.

　환경사나 노동사 어느 쪽에서도 각자 나름대로 이유 때문에 노동자라는 점들과 더 광범위한 환경, 계급과 기후를 그리 서로 연결하려 들지 않았다. 산업혁명 시기의 에너지에 관한 연구도 이에 대해 침묵하기는 마찬가지다. 최근 사회과학에서 기후변화에 대한 관심이 증대했음에도 불구하고, 실은 이조차 주로 자연과학의 대상으로 아직 남아 있다. 기후변화의 끔찍한 효과에 관한 자료는 넘쳐나고 있지만, 그것을 일으키는 주모자들에 관한 통찰은 상대적으로 부족하다.[44] 또는 마르크스의 말을 흉내 내어 표현하면, 실로 모든 일이 지상에서 벌어짐에도 대부분의 기후과학은 화석연료가 실제로 생산되고 소비되는 생산의 은밀한 본거지에 돌입하지 못한 채 여전히 고요한 천상의 대기권에만 머무르고 있다. 지금껏 자연과학자들은 지구온난화를 다만 자연의 현상으로 해석해 왔을 뿐이다. 그러나 중요한 것은 인간에 의한 그 원인을 추적하는 일이다. 우리는 오직 그렇게 함으로써만 적어도 진로 변경의 가능성을 가설로나마 획득할 수 있을 것이다.

2

결핍, 진보, 인류의 본성?
증기력 발흥에 관한 이론들

증기는 결핍에 대한 대응인가

지구온난화가 근대적 쟁점이 되기 훨씬 더 전부터, 산업혁명의 핵심으로 에너지를 지목하는 것은 아주 약간의 고찰만으로도 충분했다. 생산을 목적으로 자연의 힘을 이용하는 새로운 방법의 등장은 역사가들의 후사경에 가장 선명하게 비치는 일면 중 하나이다. 산업혁명에서 에너지의 역할에 관한 최근 연구의 일인자로 리글리E. A. Wrigley를 들 수 있다. 1962년 발표한 혁신적인 논문을 통해 그는 18세기와 19세기 영국에서 일어난 변화의 동역학과 조금 더 일반적으로는 경제성장에 관한 거대서사로 향후 발전하게 될 몇몇 착상들을 피력하였다.[1] 그가 이후 '유기 경제'the organic economy라고 부르게 될 경제양식에서는 모든 형태의 물적 생산이 토지에 그 기초를 둔다. 원료, 열에너지 그리고 사람과 동물의 몸이 사물을 움직이는 데 이용되었기 때문에, 원동력까지도 모두 그 당시 벌어진 광합성의 결과로 얻어진다. 그 산출량은 제한되어 있다. 일정량 공급되는 토지 이상으로 산출을 늘리는 것은 불가능하다. 성장하는 유기 경제는 부족한 자원을 얻기 위한 치열한 경쟁에 필연적으로 빠질 수밖에 없기 때문에 결국 자기지속성장의 필요조건인 '영구적이고 급진적인 산업 원료 공급을' '지극히 확보하기 어렵다.'[2] 토지에의 의존은 산업 생산에 심각한 병목현상을 일으킨다. 화석연료는 이 병목현상을 해소한다.

산업화 이전의 영국*은 전형적인 유기 경제를 이루고 있었다. 농부들은 무엇이든 필요한 것은 모두 토지로부터 획득했다. 식량도, 양모를 얻거나 도살하기 위해 키우는 가축과 노역 또는 운반에 부리려고 키우는 역축에게 먹일 사료도, 가구, 건자재와 심지어 처음에는 불을 일으키기 위한 연료까지도, 모두 경작지와 삼림으로부터 얻었다. 방적공, 직조공, 무두장이, 염색공, 톱질꾼, 목수, 대장장이와 가구 만드는 장인까지 모두 양모, 아마, 가죽, 털, 모피, 짚, 목탄 그리고 무엇보다 목재 그 자체처럼, 바로 이 단 하나의 지구가 제공하는 산물만을 가지고 작업했다. 오직 이 단 한 개의 파이에서 더 큰 조각을 다른 분야로부터 가져옴으로써만 특정한 분야의 성장이 가능했다. 모든 활동이 광합성에 의해 제공되는 유한한 생산물 일체에 접근하기 위해 서로 치열하게 부딪히게 되는 유기 경제의 빠듯한 에너지 예산 내에서 성장이라는 과정은 보편적이거나 자기지속하는 것이 될 수 없었다. 성장은 조만간 잦아들게 된다.

물론 이 착안점은 데이비드 리카도에게서 빌려온 것이며 리글리 역시 그에게 많은 공로를 돌리고 있다. 리카도에 따르면 성장을 위해서는 더 비옥한 토지가 요구된다. 경제 자체가 발전을 시작한 지 얼마 안 되어 나라의 인구밀도가 낮을 경우에는 물론 아무 문제가 없지만 어느 시점부터는 '열등한 토지'가 경작에 동원되지 않으면 안 된다. 그때까지 방치되던 습지, 급경사지, 산악지대의 경작지가 이용할 수 있는 토지를 확장하기 위해 동원된다. 가면 갈수록 더 많은 산출을 더 형편없는 토지로부터 획득해야만 하므로 더 많은 노동이 투입된다. 자연은 증여자에서 수취자로 바뀐다. '자연이 인색해지는 만큼 자연은 스스로의 산물에 더 높은 가격을 부른다.' 자연의 토양으로부터 획

---

* 가능하면 Britain은 '영국'으로, England는 '잉글랜드'로 서로 구분하여 번역하였다. English가 영어를 의미하는 경우를 제외하면 형용사도 비슷한 구분을 따른다.

득되는 식료품의 가격이 상승한다. 이윤은 하락하고 축적과정은 늘어진다. 결국 자연적 제한 조건에 의해 경제 마비를 향한 전반적 침체가 야기된다. 리글리가 반복하여 인용하는 리카도의 공식처럼, 경기침체는 '**토지의 생산력을 제한하는 자연의 법칙에 따라서** 필연적으로 영속적인 것이 될 수밖에 없다.'[3] 이것이 바로 리글리가 산업혁명에 적용한 인과관계다. 이것이 바로 화석연료로의 전환을 설명해 준다.

리글리가 '무기'inorganic 또는 '광물 기반'mineral-based 경제라고 부르는 이러한 새로운 체제가 드디어 이 침체의 저주를 분쇄하였다. 철, 도기, 벽돌, 유리, 소금과 기타 산업들이 석탄으로 전환하면서, 지표면적이라는 제약을 우회하여 **과거의** 광합성의 산물들로 가득한 저장고를 파내기 시작했다. 확장을 위해 필요한 장대한 영역을 삼림과 경작지 밑에서 완전히 새롭게 개척해낸 것이다. 이 지하도를 계속 따라가면 우리는 이제 자동차, 선박, 열차, 비행기와 온갖 종류의 소비재와 자본재가 화석연료를 이용해 생산되는 것을 목격하게 될 것이다. 화석연료 덕에 비로소 영구히 성장하는 경제가 리카도식 제약을 넘어설 수 있었다. 리글리의 물적 체계에서 이러한 제약은 단지 화석연료를 선호하게 되는 이유뿐 아니라 자기지속성장의 근본 조건까지 설명해낸다. 영국의 자본가들이 석탄이 묻혀 있던 무덤의 돌을 치우는 바로 그 순간, 성장이 부활하여 영생을 얻는다.

리글리와 그의 추종자들이 이 논리를 정당화하기 위해 사용한 방법 중 하나는 석탄의 사용량을 동일한 양의 에너지를 얻는 데 필요한 토지 면적으로 환산하는 것이다. 1750년에 잉글랜드의 석탄 총생산량은 4.3백만 에이커의 삼림 또는 국토의 13%에 대응한다. 1800년에는 모든 석탄을 장작으로 대체하는 데 11.2백만 에이커 또는 영국 면적의 35%가 필요했다. 1850년에는 이 수치가 각각 48.1백만 에이커와 150%에 도달한다. 영국 경제에서 모든 석탄을 장작으로 바꾼다고 가정하면 그 규모는 이미 1750년에 '토지를 두고 경쟁하는 다른 용도로 사용되던 국토의 상당 부분에 대응한다.' 1800년에 이 가정은 '상당히 비현실적'인 것이 되었다. 100% 선을 넘은 1850년에 이르면 이런 가정은 '불가능함이 자명'하다. 달리 말해서 '에너지원인 석탄이 없었다면 리카도식 압력이 첨예하게 악화되었을 것이다.' 숲은 황폐해지고 지력은 고갈되며 성장은 멈추었을 것이다.[4] 롤프 페터 지페를레Rolf Peter Sieferle는 리글리로부터 영감을 받아 이와 비슷한 계산을 수행하여 이미 1820년대에 석탄이 영국 전체 면적과 같은 수준의 토지를 해방시켰다는 것을 보여주었다. 역시 리글리의 어깨 위에 선 파올로 말라니마Paolo Malanima도 화석연료가 없었다면 이미 1900년에 유럽이 대륙 전체 면적의 2.7배 이상의 토지를 필요로 했을 것이라고 추정했다. 그리고 2000년에 이 수치는 **20배** 이상에 달하게 된다.[5]

그러나 석탄이 이러한 리카도식 압력만 해소한 것은 아니다. 생산뿐만 아니라 재생산 측면에서의 압력도 있었다. 리글리에 따르면 인구가 기하급수적으로 증가하고 식량 공급이 산술급수적으로 증가하기 때문에 1인당 소출이 줄어든다는 맬서스의 정리 역시 유기 경제에서 실로 유효했다. 이 늙은 목사의 주장, 즉 식물은 스스로 성장할 공간을 행성 위의 제한된 면적 내에서 경쟁적으로 찾아내야만 한다는, 모든 동물은 '생존을 위해 필요한 수단의 한계를 넘어 계속 증식하려는 일정한 경향'을 가진다는, 그래서 식량을 얻지 못하는 잉여 인구가 생산된다는 주장은 **화석연료가 경제에 투입되지 않는 한** 논란의 여지가 없이 적용될 수 있다.[6] 그전에는 인구 증가가 더 많은 사람이 일정한 토지 공급을 더 작은 조각으로 분할할 수밖에 없게 만들기 때문에 필연적으로 삶의 질을 하락시킨다. 그러나 화석연료가 경제에 투입되는 순간부터 토지에 가해지는 압력은 극적으로 완화된다. 석탄은 튀어 오르는 것 같은 인구의 비약적인 급증을 가능케 한다. 석탄에는 이렇게 또 하나의 쓸모가 있다.

하지만 이러한 주장의 맬서스식 요소가 더욱 명확히 표현된 것

은 이제는《평등이 답이다》*The Sprit Level* 등의 책으로 사회적 불평등이
보건에 끼치는 부정적 영향을 다뤘다는 측면에서 더 유명한 리처드
G. 윌킨슨의 연구를 통해서이다.《가난과 진보: 경제발전의 생태적 모
형》*Poverty and Progress: An Ecological Model of Economic Development*에서 윌킨슨은 제
목이 암시하는 것처럼 영국의 산업혁명으로부터 가장 일반적인 발전
의 모형을 구축하려 한다. 사람들은 풍족했기 때문이 아니라 궁핍했
기 때문에 그리고 궁핍할 때에만 새로운 기술을 개발한다. 가난은 곧
자원 결핍의 증상이다. 이런 조건은 '모든 동물의 개체수'에 공통되는
내재적 경향성에 굴복하여 인구가 그 자원 기반의 경계를 넘어서 재
생산하게 될 때 일어난다. 이는 맬서스가 일찍이《인구론》에서 추론
한 내용(거기에 다윈을 아주 약간 섞어서)과 사실상 동일한 논리다.[7] 마
치 가지고 있는 천의 양에 맞추어 옷을 재단하듯이, 보통의 경우 사람
들은 불안정한 생태적 평형상태를 유지하려고 애쓴다. 유아 살해라
든지 무분별한 성교를 금기시하는 것 등 다양한 문화적 규범이 사람
들을 가용한 자원 내에 머무르도록 유도하는 것이다. 그러나 어떤 이
유에서든 이 평형상태는 깨지기 마련이다. 그렇게 되면 드디어 사태
가 전개되기 시작한다.

　'문화 시스템의 일부가 교란'되어 번식의 유혹을 자제하는 데 실
패하게 되면 사회는 결핍 상태에 빠진다. 이제 사회는 혁신할 수밖에
없다. 늘어나는 인구를 주어진 틈새 내에서는 더이상 지탱할 수 없으
며 결핍이 '사회가 환경으로부터 자원을 얻어 생계를 유지하는 방식
을 바꾸도록 **강요한다**.' 이게 바로 정확히 17세기 후반 산업혁명 전야
에 벌어졌던 일이다. 잉글랜드의 남녀가 자제력을 잃고 출산이 급증
했다. 처음에는 기존 자원 기반에서 사용 가능한 남은 부분에 의존하
여 증가하는 인구를 유지했으나 18세기에 이르러 이들 사이의 불일
치는 최악의 구렁텅이에 빠지게 되고 결국 잉글랜드는 '토지에 기초
한 자원을 광물자원으로 대체'할 수밖에 없었다. 석탄이 잉여 인구의

위기를 해결했다. 산업혁명 시기를 장식했던 다른 모든 혁신처럼 화석연료를 사용하게 된 것은 '생태적인 궁지에 내몰린 사회의 용감한 투쟁'의 결과이자 '특정한 자원 부족에 대한 대응'이었고 '강요된' 결단이었다.[8]

따라서 리카도와 맬서스는 산업혁명 시기의 에너지에 관한 이런 유형의 사유의 시조라고 할 수 있다. 리글리에 따르면 참으로 역설적인 점은 자기지속성장에 대한 장애물이 제거된 바로 그 시기에 리카도와 맬서스 모두 그러한 성장은 불가능하다고 선언했다는 사실이다. 그러나 그들은 후대에 그 당시의 전환을 이해하는 데 적합한 도구를 남겼다. 21세기 경제사의 주제를 형성하는 데 지대한 영향을 끼친 《대분기: 중국과 유럽 그리고 근대 세계경제의 형성》*The Great Divergence: China, Europe, and the Making of the Modern World Economy*에서 케네스 포메란츠 Kenneth Pomeranz가 주장한 바에 따르면 이 소중한 사유의 보고 속에서는 애덤 스미스의 통찰 역시 발견할 수 있다. 포메란츠는 잉글랜드와 중국, 더 정확히 말하면 양쯔강 삼각주가 19세기까지 같은 궤적을 따라 발전했다고 주장한다. 양쪽 모두 높은 인구밀도, 전문화, 노동의 스미스식 분업, 점진적으로 증대하는 거래와 물물교환이나 교역의 경향성을 보였다. 간단히 말해서 경제가 성장하고 있었다. 양쪽 모두 비슷하게 농업생산성을 증가시켰고 상대적으로 자유로운 토지와 노동시장을 발달시켰으며 생활수준을 향상시켰다. 그리고 양쪽 모두 생태적 파국을 향해 돌진하고 있었다. 토지의 제약이 이들의 발목을 잡으려는 바로 그 순간에 잉글랜드는 자신들의 석탄 자원이 가진 가능성에 눈을 떴던 것이다.

19세기에 벌어진 잉글랜드와 양쯔강 삼각주 간의 분기를 포메란츠는 두 가지 요소를 들어 설명한다. 이 두 요소는 오직 잉글랜드만이 접근할 수 있었던 식민지와 석탄이다. 서구를 예외적인 경로로 이끈 것은 어떤 특별한 사회적 관계나 기술의 조합이 아니었다. 의도나 목적을 고려할 때, 필요한 제도나 기계를 고안하고 제작하는 역학적 기본 역량은 극동에서도 역시 **동일**했다. 그러나 중국 내륙의 석탄을 해안까지 수송하는 것이 그 거리를 고려할 때 사실상 불가능했던 반면, 잉글랜드의 제조업자들은 바로 그들의 발밑에서 석탄 광산을 찾을 수 있거나 아니면 배를 통해 쉽게 수송할 수 있는 거리 내에서 발견할 수 있었다. 중국은 화석연료를 스미스식 성장의 중심지였던 해안까지 나르는 데 실패하여 유한한 토지의 한계 안에 머무를 수밖에 없었으며 결국 쇠퇴하게 되었다. 잉글랜드는 세계의 지도자가 되었다. 근처에 있던 천부의 광물자원에 기초하여(그리고 엄밀하게 에너지 측면에서만 바라볼 때 이 과정 중에 머나먼 식민지 영토들은 그리 큰 기여를 하지 못했다) 그 중심에 잉글랜드가 있는 서유럽은 '이전의 **모든 이의** 지평을 제한하던 에너지 사용과 가용자원의 근본적 제약을' 돌파한 '엄청나게 운 좋은 별종이 되었다.'[9] 이러한 분기에 대한 해석을 통해서 포메란츠는 사실상 노동의 분화, 교역과 인구 증가—스미스, 리카도, 맬서스—를 18세기 중국과 잉글랜드에 동일하게 존재했던 전 세계적인 경향성으로 격상시킨다. 운이 좋았던 한 섬나라만이 지하로부터 기하급수적 성장으로의 진로를 찾아낼 수 있었다.

　리글리가 개척해낸 이러한 학술적 견해는 거의 이견의 여지가 없는 것처럼 여겨졌다. 2010년 출간된 그의 걸작 《에너지와 잉글랜드 산업혁명》*Energy and the English Industrial Revolution*은 이러한 견해를 집약하여 이제는 이 패러다임의 대명사가 되었다고 할 수 있다. 그래서 이제 이 주제에 대한 연구 대부분은 보통 이러한 방향을 따라서 진행된다. 이 견해에서는 리카도의 토지 제약이 가장 주도적인 역할을 담당하고, 맬서스의 인구 증가가 이차적인 역할을 맡으며, 스미스는 상대적으로 주변부 인물이기에, 앞으로 이를 '리카도-맬서스식 패러다임'이라고 부를 것이다. 아스트리드 칸데르Astrid Kander와 그의 동료들은 리글리의 해석에 조금 더 정량적인 자료를 덧붙인 《민중에게 동력을: 과거 5세기 동안 유럽에서의 에너지》*Power to the People: Energy in Europe over the Last Five Centuries*라는 책에서 이 패러다임의 가장 기본적인 주장을 다음과 같이 요약한다. '에너지 전환은 증가하는 수요 앞에서 **가면 갈수록 더 부족해지는** 자연 자원을 대체할 필요 때문에 시작되었다.'[10] 바로 이 해방, 돌파, 탈출, 즉 화석연료로의 전환이 결핍 때문에 시작되었고 그리하여 자기지속성장이라는 미래를 향한 막을 열었다는 논리는 일견 상당히 일관되고 설득력 있는 해석처럼 보인다.

그렇다면 리카도-맬서스식 패러다임에서는 증기력의 발흥을 어떻게 설명할까? 예를 들어 리글리는 증기력의 발흥을 유기 경제로부터의 결정적인 이행 계기로 꼽는다. 열을 얻기 위해 석탄을 태우는 한, 석탄은 단지 리카도와 맬서스의 저주에 대한 그리 믿음직하지 못한 구제책일 뿐이며, 따라서 석탄의 가치는 상당히 제한적인 수준에 머무른다. 그러나 이 연료가 역학적인 동력power의 원천이 되는 순간, '개인의 생산성이 양자 도약할 수 있는 길을 열었다. 거북이가 기는 대신 뛰게 되었다. 생산이 인구를 앞지를 수 있게 되었다.' 열이 아닌 역학적 동력power이 병목을 깨게 되는데, 리글리가 지적했듯이 이 병목이 실제로 깨지게 된 것은 **19세기의 이사분기에** 들어 증기기관이 비로소 (일부) 제조업에서 주된 원동기로 사용되게 되었을 때다. 최초로 이 제약을 깬 것은 면직업계였다. 아마도 1870년까지도 면직업계는 영국 경제 내의 그 어떤 다른 부문보다도 더 많이 기관을 설치하여 이용하고 있었을 것이다. 그리고 이 시점까지 바로 이들 기관이 '압도적으로 가장 많은 양을 태우던 석탄 소비자'였던 것이다.[11]

열역학적 리카도 학파 추종자인 리글리는 바로 그 당시, 즉 매 순간 일어나는 광합성의 한계를 기초로 자신의 모형을 구축한다. 식물은 입사하는 태양복사의 극히 일부만을 흡수하여 토양의 유기물로 전환한다. 이는 매우 제한된 과정이며 지극히 한정된 양의 에너지 기반만을 인간이 쓰도록 제공할 수 있다. 산업화 이전 영국의 유기 경제는 직접적으로도(장작을 연료로 사용했다) 그리고 간접적으로도(역축의 사료 등) 완전히 **식물에만** 의존하는 특징을 가졌다. 바로 여기서 리카도의 정리가 효력을 발휘한다. '증가하는 에너지 수요를 오직 식물의 광합성의 산물로부터만 채울 수 있었다. 때문에 토지에 가해지는 압력이 증대된다. 그리고 장기적으로 이는 결국 문제를 일으킨다.'[12] 리글리의 모형대로라면 이렇게 제조업이 증기력을 수용하는 것은 유기경제의 경계를 넘어 지속적인 성장으로 향하는 결정적인 과정이 되고, 석탄의 용도는 바로 그 당시, 즉 매 순간 일어나는 광합성으로부터 에너지 수요를 해방하는 것이어야 한다. 그러나 만약 그렇다면 증기로 대체되기 이전에는 원동기들이 식물로부터 유래한 연료를 사용했어야만 할 것이다. 마치 장작을 태우는 난로나 식량을 태우는 근육처럼. 그러나 엄밀히 말해 이것은 사실이 아니다. **수력**이 바로 증기로 전환하기 이전의 영국 산업—그중 으뜸은 물론 면직업종이다—을 지탱하던 근원이었다. 와트가 만들어 낸 증기기관은 수차를 추방했다. 그러나 이는 바로 그 당시, 즉 매 순간 일어나는 광합성에 내재된 한계 탓은 아니었다. 물 그 자체는 식물이 아닌 데다가 흐르기 위해 식물을 먹이로 삼지도 않는다.

　물로부터 증기로 전환되는 과정 안에서 발견되어야만 할 리카도식 비상사태를 규명하기 위해 리글리는 토양의 결핍이라는 관념에만 매달리는 것을 포기하고 그 범위를 부족할 수 있는 자원이면 무엇이든 다 포함하도록 확장한다. 이 경우에는 특히 낙수 지대의 부족이 문제가 될 수 있다. 일찍이 1962년에 작성된 논문에서 리글리는 와트의 발명(1780년대)과 면직업계에서 증기를 도입하게 되는 시점(19세기의 이사분기) 사이의 간격을 지적하며 '한 세대 동안 확장하여 인력과 수차의 능력을 능가하는 동력을 필요로 하게 된 후에야 증기기관을 사용하게 되었다'고 주장했다. 이 주장에 따라 사태를 설명하자면, **수차는 그 동력원**fuel**이 너무 부족한 나머지 필요한 양의 에너지를 제공할**

수 없었기 때문에 퇴출된 것이다. 그는 '충분한 낙차를 가졌으면서도 아직 사용되지 않은 낙수 지대'는 '너무 적었고 너무 멀었다'며, 증기 대비 수력 가격의 상승 때문에 리카도식 수확체감법칙에 대응되는 현상이 여기서도 벌어졌다고 주장한다.[13]

윌킨슨 역시 같은 서사에 만족한다. '주변 장소에 작업장을 설치하기에 적당한 하천의 수가 한정되어 있기 때문에 수력 사용 역시 제한되었다. 이미 17세기 중에 나라의 많은 지역에서 수력을 이용할 수 있는 새로운 장소를 찾기 어려웠다.' 반면에 '증기기관을 돌릴 석탄은 풍부했고 특히 탄광 입구에서는 더욱 그러하였다. **증기력의 확산이 생태적으로 더 선호되는 상황이었다.**' 그러나 그는 갑자기 한 세기를 건너뛰어 '새 면직물 공장이 들어서면서 회전 동력에 대한 수요가 증가하기 시작하고 **적당한 작업장의 장소를 더이상 찾을 수 없었던** 18세기 후반에 이르러서야 볼턴과 와트가 발명한 증기기관이 제조업자들을 극심한 결핍으로부터 구원하였다'고 단언한다.[14] 역시 증기가 제공했던 탈출구의 중요성을 인지하는 포메란츠도 '아무리 수차를 개량하여도 인구의 급증을 충분히 앞지를 만큼 에너지를 제공할 수 있는 잠재력이 수력에는 없었다'고 주장한다. 증기기관이야말로 진정한 양자 도약이었다고 하는 리글리의 관점을 그대로 받아들임으로써, 리글리의 후예라고 할 수 있는 칸데르와 그의 동료들 역시 수력은 '인구 증가를 따라갈 수 없었'으며 그렇기 때문에 수력이 퇴출되었다고 확언한다. 생태적 틈새의 봉합선이 터졌고, 물 부족이 더이상의 성장을 가로막았다. 이것이 바로 증기력의 발흥에 관한 리카도-맬서스식 서술이다. 우리는 이후 이것이 과연 역사적 사실에 부합하는지 살펴보게 될 것이다.

증기는 인류가 피운 불인가

2013년 5월 9일, 세계에서 가장 오래된 CO_2 감시소이자 이 기체의 계속되는 증가를 추적하는 데 세계적 기준이 되는 하와이 화산 중턱에 위치한 마우나로아Mauna Loa 관측소에서 측정한 CO_2의 일평균 농도가 처음으로 400ppm을 초과했다.[16] 이 기록은 언론으로부터 그리 큰 관심을 끌지 못했다. 그러나 과학계와 이를 우려하는 대중 일부에게 이 소식은 대기권의 조성이 기록적인 속도로 걷잡을 수 없이 교란되고 있다는 불쾌한 사실을 상기시킨 또 하나의 소식이었다. 이전에 마지막으로 CO_2 농도가 400ppm 부근을 맴돌던 것은 플라이오세 중인 250만 년 전이다. 대략 2,400만 년 전에 마이오세가 시작되던 즈음 이래, 이 농도는 계속 500ppm 미만을 유지했던 것으로 추정된다. 거의 12,000년 전 마지막 빙하기가 끝났을 무렵 시작된 지질시대인 홀로세에는 CO_2 농도가 마치 좁은 궤도를 따라 조용히 굴러가는 구슬처럼 줄곧 260ppm과 285ppm 사이에서 오르내렸다. 이 경계선 사이에서 정착 생활을 영위하는 문명이 발전했다. 산업혁명이 CO_2를 새로운 궤도에 올려놓기 전까지 과거 천년 동안 변동의 폭은 5ppm을 넘은 적이 없었다.[17] 현재 이 농도는 **매년** 2ppm씩 상승하고 있다.

CO_2가 지구의 온도 조절 장치이고 온도가 지구의 모든 생명체의 삶에 영향을 끼치는 기후 조건을 결정한다면, 19세기 중반 285ppm에서 현재 400ppm을 넘는 값에 달하는 이 증가 폭은 호모 사피엔스를 지질학적인 행위자로 승격시키는 데 충분하다. 인류는 이제 지구 시스템의 가장 근원적인 변수들을 가지고 장난을 치고 있다. 시대를 나누는 기준, 즉 인간의 역사라는 의미(사산왕조 시대, 파티마 칼리프국 시대, 빅토리아 왕국 시대)에서가 아니라 거대한 지질학적 의미(플라이오세, 마이오세, 홀로세)에서 시대를 나누는 기준점이 바뀌며 역사적 시간이 지질학적 시간을 따라잡고 그 속으로 침투한다. 홀로세는 끝났다.

이렇게 단언할 수는 없을지 몰라도 점점 더 많은 지질학자, 화학자, 환경사학자, 지속가능성 연구자 등이 그렇게 주장하고 있다. 이들은 이 행성에 새로운 지질시대가 열렸다고 말한다. '인류세.'Anthropocene 이 단어는 다음 주장을 시사한다.

> 이제 지구가 현재의 간빙기 상태인 홀로세라는 자연적 지질시대를 벗어났다는 것을 암시한다. 인류의 광범위하고 심대한 활동이 자연의 거대한 힘과 어깨를 나란히 하는 수준에 달했으며 지구라는 행성의 운명을 미지의 영역으로 밀어 넣었다.[18]

물론 이 주장은 인류가 이전에는 환경에 어떠한 흔적도 남기지 않았다고 이야기하는 것이 아니다. 차라리 인류가 남기는 흔적의 규모가 질적으로 다른 수준까지 증대되었음을 의미한다. 플라이스토세의 대형동물상 멸종이나 지중해 연안 고원의 삼림파괴조차도 **전체** 생태계를 건드리지는 못했으며, 육상 및 수중 생태계의 모든 부분에 영향을 주거나 행성 전체의 상태를 한꺼번에 건드리는 수준에 달하지 못했다. 그러나 바로 이러한 규모의 과업을 지금 CO_2 농도 증가로 생물권 내에 과잉축적된 열이 달성해내고 있다. 그러나 인류세를 주장하는 이론가들은 지구온난화가 인류가 만들어 낸 지질시대 변화의 일부에 불과하다고 강조한다. 탄소뿐만 아니라 생명활동에 필수적인 여러 원소, 특히 질소, 인과 황의 순환과정이 이제 인류에 의한 과잉채취와 과잉배출로 교란되었고 하천에 건설된 댐과 토지 개간에 의해 물 순환도 교란되었다. 여섯 번째 대멸종이 진행 중이며 해양이 산성화되고 있다. 오존층이 파괴되었다. 기타 등등 이 목록에는 끝이 없다. 인류가 행성 전체를 장악했다는 징후가 생태계의 모든 측면에 걸쳐 나타난다. 그러나 인류세 개념을 주장하는 이들도 지구온난화와 이를 일으키는 주된 화학적 원인물질의 증가에 새 시대의 가장 결

정적인 증표라는 자랑스러운 꼬리표를 붙여 준다. 윌 스테판Will Steffen
과 그의 동료들은 '우리는 인류세의 진전을 추적하는 단 하나의 가장
간단한 지표로 대기권의 CO_2 농도를 사용할 것을 제안한다'라고 적었
다. 상당히 그럴듯한 제안이다. 생물권에서 벌어지는 그 어떠한 다른
교란도 이만큼의 파괴적 잠재력을 지니지는 못한다.

　　그렇다면 자연스레 하나의 질문이 떠오른다. 이 말은 언제 시작
되었을까? 이 신조어의 유행은 대기화학자이자 노벨상 수상자인 파
울 크뤼천Paul Crutzen이 2002년 잡지 《네이처》*Nature*에 쓴 〈인류의 지질
학〉The Geology of Mankind이라는 짧은 글에서 기원한다. 이 글은 전 세계
의 기후가 이후 수천 년 동안 자연스러운 거동으로부터 이탈하게 될
수 있다는 소견으로부터 시작한다. 그리고 다음과 같은 충격적 선언
이 뒤따른다.

　　극지의 얼음 속에 갇힌 공기의 분석을 통해서 전 세계의 이산화탄소와
　　메탄의 농도가 증가하기 시작한 시점으로 파악되는 18세기 후반에 이미
　　인류세가 시작되었다고 할 수 있을 것이다. 이 시점은 공교롭게도 1784
　　년 제임스 와트가 증기기관을 발명한 때와 일치한다.

　　이 연대기식 설명은 이후 대유행하게 된다. 이후 급증한 인류세
에 관한 글들은 와트의 회전식 증기기관 발명을 인류를 행성의 전반
적 지배자로 격상시킨 결정적 유산으로 취급하면서 이를 이 시대의
탄생과 거의 습관적으로 빈번하게 연관시켰다. 심지어 1907년에 《창
조적 진화》*L'Evolution Créatrice*를 쓴 앙리 베르그송조차 이런 미래를 꿰뚫
어 본 선구자로 인용된다.

　　증기기관이 발명된 지 이미 한 세기가 지났지만 우리는 증기기관이 준
　　충격의 심도를 이제 겨우 느끼기 시작했을 뿐이다. … 현대와 멀리 떨어

져서 현대의 여러 사태 중 중대한 것만이 남아 드러나게 될 수천 년 후
에는 우리가 지금 벌인 전쟁과 수행한 혁명이, 누가 이런 것들을 기억이
라도 한다면 말이지만, 더이상 중요한 것으로 받아들여지지 않을 것이
다. 그러나 증기기관 그리고 그것과 함께 등장한 온갖 발명품의 발전은
아마도 지금 우리가 청동기나 선사시대의 깨진 돌들을 언급하듯이 이야
기될 것이다. **바로 증기기관이 시대를 규정하게 될 것이다.**[21]

또는 모든 시대의 종말을 규정하게 될지도 모르겠다. 유명한 생
태 비평가 티머시 모턴Timothy Morton은 《거대사물: 세계 종말 이후의
철학과 생태학》Hyperobjects: Philosophy and Ecology after the End of the World에서 인류
세 일반과 특히 지구온난화에 어울리는 새롭고 과감한 세계관을 간
략히 제시한다. 다른 이들보다 훨씬 더 현명한 그는 놀라운 통찰력을
보여준다. '세계는 이미 끝났다. 게다가 우리는 언제 세계의 종말이 벌
어졌는지 정확히 알고 있다'라고 적으면서 모턴은 종말이라는 사태에
대한 그 자신의 기이한 해석과 함께 세계 종말의 매우 정확한 일시를
제시한다. '바로 1784년 4월 제임스 와트가 증기기관의 특허를 낸 시
점이다. 이 행위로 지각에 탄소가 쌓이기 시작했다. 즉, 인류가 행성
규모의 지구 물리적 인자로 등장하게 되었다.'[22] 와트의 특허 덕에 세
상은 이미 더이상 존재하지 않는다.

이런 식의 과장을 차치하고 보면, 증기기관이 시대를 가르는 사
형집행인이라는 주장의 근거는 항상 그리 썩 납득할 만한 것이 되지
못한다. 극지 얼음으로부터 감지된 18세기 후반의 CO_2 농도의 미소한
증가는 홀로세의 자연 변동 영역 내에 여전히 머무르고 있었다. 게다
가 그런 농도 증가가 바로 그 시점에 그저 우연히 나오게 된 특허 때
문에 발생했을 리 없다. 그때까지도 여전히 삼림파괴에 의한 배출량
이 화석연료에 의한 배출량보다 더 컸다. 따라서 증기의 등장을 운석
충돌이나 빙하기의 끝과 같은 수준에 두려는 근거는 기껏해야 상기

한 바와 같이 **정성적**일 수밖에 없다. 증기는 성장과 화석연료의 새로운 결합을 선포했다. 또는 기후 분야 베스트셀러 《타오르는 질문》*The Burning Question*의 표현을 빌리자면, '에너지-사회 되먹임 회로를 과도하게 작동'시켰던 것이다.[23] 그러나 이는 특정한 발명 때문이 아니다. 그게 아무리 상징적이었다고 한들 특허는 여전히 종잇장에 불과하다. 와트가 아니라, 바로 그의 증기기관을 **도입**했던 제조업자들이 현재의 평시활동 상태를 출현시킨 것이다.

그렇다면 인류세를 주장하는 이론가들은 도대체 증기력이 발흥한 실제 원인을 뭐라고 설명할까? 사실 이들은 별로 설명조차 하지 않는다. 그러나 이들이 화석연료로의 전환에 대한 역사적 인과관계를 이해할 일반적 틀을 제시하는 경우, 이들은 논리적 필요 때문에 주로 이것을 인간의 본성으로부터 찾는다. 만약 그 기작이 다소 우연한 성격의 것이라면 하나의 종 전체, 말하자면 **인류**the *anthropos*가 생물권의 주도권을 장악할 수 있는 위치까지 올라섰다는 서사를 지탱하기는 어려울 것이다. '인류의 지질학'을 이야기하려면 그것은 그 종 자체의 성격에 근거하지 않으면 안 된다. 그보다 더 작은 규모의 것을 이유로 대는 어떠한 설명도 결국 이를 더 작은 규모, 즉 호모 사피엔스의 부분집합의 지질학으로 축소시킬 수밖에 없다. 그리하여 결국 이 역사적 질문에 대한 답은 고대의 원소, 즉 불을 둘러싼 이야기로 전락한다. 인류만이 불을 다룰 수 있다는 식으로.

유명한 기후과학자 마이클 R. 로팍Michael R. Raupach과 조셉 G. 카나델Joseph G. Canadell이 〈탄소와 인류세〉Carbon and the Anthropocene에서 언급한 바에 따르면 지상의 생명체는 '어마어마한 양의 잔재 탄소, 즉 탄소에 기초한 유기체가 죽어서 남긴 잔재물의 저장고를 만들어 냈다.' 화석연료는 죽은 식물과 동물의 사체와 마찬가지로 이 기본 범주에 속한다. 그리고 약 50만 년 전에 인류의 조상들은 불이라는 원소를 자기 뜻대로 점화하고 확산시키며 소화하는 제어 방법을 익힘으로써 이런 잔재 탄소를 체계적으로 **태우기** 시작했다. 이 독특한 능력은 그 어떤 다른 생명체와도 달리 체외의 에너지를 사용할 수 있는 특권을 인류에게 부여했다. 여기에 바로 '인류세를 시작시킨 본질적인 진화적 기원'이 있다. 이것이 인간을 곧장,

에너지를 생명체의 잔재 탄소에서뿐 아니라 화석화된 잔재 탄소에서도 얻을 수 있다는 발견으로 인도한다. 물론 그 최초의 대상은 석탄이다. 이 훨씬 더 집약된 에너지원은 기술의 발전을 촉진시켰으며, **이는 산업화 시대의 기술 폭발을 야기했고** 그 결과 흔히 인류세라고 정의되는 시대를 초래했다. 인류세에 인류는 행성을 지배하게 되었고 … 체외의 에너지는 이 발전의 **본질적인 촉매**였고 지금도 여전히 그러하다. 그리고 이것이 가능했던 **근본 원인**은 이미 산업화 시대 훨씬 전부터 특정 종의 유인원이 잔재 탄소에 저장된 에너지를 끌어다가 쓰는 방법을 습득했다는 것이다.[24]

여기서 잠시 멈추고 도대체 무슨 소리를 하는지 조금 살펴볼 필요가 있다. 인류세가 산업혁명 훨씬 전부터 시작되었다는 것은 아니다. 로팍과 카나델은 크뤼천의 연대 구분을 고수한다. 이들의 주장은 차라리 50만 년 전 특정 종의 유인원이 불의 제어 방법을 습득했던 것이 실은 산업화 시대에 확산된 화석연료의 대규모 연소의 '본질적인 촉매'와 '근본 원인'이라는 소리이다. 내가 한 살 때 걷는 방법을 깨우친 것이 오늘날 내가 살사를 출 수 있게 된 원인이라는 말이다. 마찬가지로 누군가 나무 한 그루를 처음으로 태운 행위가 50만 년 후 석유 한 배럴을 태우게 되는 원인이 된다. 정말로 로팍과 카나델에게는 불을 제어하게 된 사건과 21세기 초 중국의 CO_2 배출량 급증이 일직선상에서 곧바로 연결되는 것처럼 보이는 모양이다. '잔재 화석 탄소'의 존재 그 자체가 생물체로부터 유래한 잔재 탄소를 태울 수 있게

된 인류의 원시적 지식과 결합하여 산업화 시대의 기술 폭발을 **초래했다.** 그리고 그 이후의 일들은 모두 잘 알다시피 일사천리로 일어났다. 이 주장이 실질적으로 옳은지 여부는 차치하더라도 어쨌든 그들이 내세우는 이 논리 구조가 인류세 서사를 유지하는 데 필수적이라는 점만큼은 기억할 필요가 있다. 종의 어떠한 보편적 특성이 그 종으로 규정되는 지질시대로의 길을 열어야 한다.

문학이론가 캐런 핑커스Karen Pinkus는 현재와 아주 머나먼 과거조차 서로 구별할 수 없는 것 같다. 거의 백만 년 동안 별달리 새로운 일이 없었다. 이제 인류세라고 불리는 '현재'는 '99만 2천 년 전에 호모 에렉투스가 일어서서' 불을 일으킨 시점에 이미 시작되었다. 이게 첫 번째 걸음이고, 곧바로 16세기 영국의 숲이 황폐해지고 석탄이 연료로 채택되는 두 번째 걸음으로 바로 이어진 후, 결정적인 1784년 발명이 따라오게 된다.[25] 지리학자 나이젤 클라크Nigel Clark은 한술 더 뜬다. 그는 기후변화가 '근원적으로는 인류의 연소 능력의 급격한 증대 때문'이며 이는 160만 년 전 아프리카 대초원에서 호모 에렉투스가 불을 다루게 된 것까지 거슬러 올라갈 수 있다고 단언한다. 여기까지는 전형적인 인류세 논리이지만 그는 거기서 멈추지 않고 계속하여 질문한다. **'이런 짓을 벌일 수 있는 생명체를 낳은 이 행성의 정체는 도대체 무엇인가?'**

방화광과도 같은 성향이 지구 그 자체에 내재되어 있다. 태양 주변을 도는 화약 덩어리인 이 행성은 산소가 풍부한 대기와 태울 수 있는 연료와 불을 일으킬 수 있는 물질을 잔뜩 가지고 있다. 지구가 탄생한 이래 그 표면은 끊임없이 타올랐다. 지표가 식물로 덮여 있는 한 조만간 불이 붙기 마련이다. 인류는 다만 '이 행성의 발화성 경향'을 증대시키고, '지구 자체를 규정하는 필연적 현상인 연소'를 가속시켰으며, 이 경향 때문에 인류가 벌인 '가장 최근의 사태는 바로 퇴적되고 화석화된 생물자원biomass을 꺼내 쓰게 된 것이다.' 즉, 인류가 한 일은 사실 지구의 지질학적 DNA를 분명하게 드러낸 것일 뿐이다. 인류세 개념은 이제 그 외곽의 극한까지 확장된다. 인류의 행위는 이제 이 행성에 내재된 잠재적 파괴 성향을 실현하는 매개체에 불과하며, 석탄과 석유의 연소는 지구의 복화술이나 지구로부터 물려받은 방화 본능과 같은 것이라고 할 수 있다. 클라크의 서술에 따르면 지구라는 천체가 바로 방화 현행범이다. 바로 지구가 불을 끌어들이고 '위험한 불장난을 시작했다.' 심지어 바로 인간이라는 '불의 생명체를 탄생시킬 만큼이나 지구는 사악했다.'[26] 이 관점에서 보면 증기기관과 기타 기술을 통해 구현된 인류세 기후변화의 궁극적 원인은 인류의 진화 과정 중 먼 과거에 벌어졌던 특정한 사건이라기보다는 **40억 년 전의 지구 탄생 그 자체**다. 바로 그 지구에서 태울 수 있는 암석과 방화범 아들이 태어나기 때문이다.

물론 클라크의 논리가 인류세 이론의 주류인 것은 아니다. 보통은 초기 인류의 진화까지만 인과관계를 연결시키며 그보다 더 거슬러 올라가는 경우는 드물다. 전직 환경운동가 마크 라이너스Mark Lynas가 인류세 개념을 대중화시킨 《신의 종족: 지구는 인류의 시대를 어떻게 살아남을 수 있을까》The God Species: How the Planet Can Survive the Age of Humans라는 매우 적절한 제목의 글에서 이야기한 것처럼 '불-원숭이, 호모 파이로필리스'Homo pyrophilis가 최근 보여주는 화석을 쓰는 재주를 고찰하는 데 사실 그보다 더 거슬러 올라갈 필요가 없다.[27] 또 다른 경우에 우리에게 이미 익숙한 맬서스식 논지가 화석연료로의 전환을 설명하기 위해 동원되기도 한다. 하지만 인류세 이론의 본래 관점, 감출 수 없는 속내는 불이나 결핍이 아니라 바로 **인류**human species가 증기력, 화석연료 연소, 기후변화와 이에 연관된 생물권 재난의 원인이라는 신념이다. 자연의 나머지 부분과 충돌할 수밖에 없는 힘인 '인류의 기획'the human enterprise이라는 말이 끊임없이 등장한다. 도대체 이 기획이 무엇인지 제대로 규정된 적은 없지만, 어쨌든 이것은 초기 원인 시

절 이후로 지금까지 특정한 경향성을 끊임없이 표출하는 종 자체의 전진을 의미하는 단어라고 이해된다.[28]

인류세의 세부를 둘러싼 논쟁은 여전히 진행 중이다. 몇몇은 이 시대의 탄생 시기로 더 이른 시기를 주장하기도 하지만, 산업혁명이 탄생 시점이라는 설이 여전히 압도적으로 유력하다. 아마도 결론을 내리기 위해서는 몇 년간 교섭이 더 필요하겠지만, 어쨌든 2008년부터 런던 지질학회 층위학위원회the Stratigraphy Commission of the Geological Society of London가 현 지질시대를 인류세라고 선언할지에 관해서 논의하기 시작했다. 이에 불만을 가진 몇몇 학자는 이 개념이 엄밀한 층위학적 절차에 따른 것이 아니라 '대중문화'에 속하는 것이라고 주장했다. 사실, 크뤼천의 2002년 논문 이후 이 개념은 대중적으로 아주 화려한 경력을 얻게 되었다. 이는 상아탑의 외부에까지 멀리 퍼지게 되었으며《이코노미스트》*The Economist*에서 시작하여 마르크스주의 학자들에 이르기까지 온갖 이들이 이를 받아들였다.[29] 인류세를 공식적으로 홀로세의 후계자라고 선언하든 말든, 이미 이 관념은 지구온난화와 환경 변화의 기타 측면에 관한 담론 속에서 범람하고 있다. 그 영향력만 따지더라도 인류세는 이제 받아들일 수밖에 없는 현실이다. 한데 조금 더 자세히 살펴보면 이는 차라리 문제의 일부일 수도 있다.

증기기관은 우월한 기계인가

'손방아는 봉건영주의 사회를 낳는다. 증기 원동기는 산업자본가의 사회를 낳는다.' 이는 마르크스가 증기에 관해 남긴 언급 중 가장 유명한 글이다. 이것은 마르크스가 피에르-조제프 프루동의 생각을 비판하기 위해 쓴《철학의 빈곤》에 등장하는데, 증기력의 발흥 원인을 설명하려 쓰인 것이 아니라 사회 변화 일반에 관해서 그리고 더 구체적으로는 자본주의 생산관계의 발전을 설명하려는 시도로 제시된 문장이다. 마르크스는 이 격언을 통해 이후 광범위한 마르크스주의 전통에서 강력한 영향력을 행사할, 영국처럼 산업화된 경제에 대한 인과관계의 방향에 관한 가설을 명백히 제시한다. 증기가 자본을 낳는다. 그 역이 아니다.

조금 더 정확히 말하면 바로 증기가 흔히 자본주의적인 것으로 이해되는 노동의 분업과 조직을 초래했다는 말이다. '사용할 수 있는 장치의 특성에 따라서 노동이 조직되고 분업화된다. 손방아는 증기 원동기와는 다른 양식의 노동 분업을 전제한다.' 증기력 기술에 관해 언급하는 어떤 원고에서는 자본가와 노동자, 현장 관리자와 조수 등 공장 내 서로 다른 역할의 분화와 이러한 분화가 사회 전반으로 확산되는 현상을 서술한다. 이 순서를 뒤집는 것, 즉 인과성을 고려할 때 사회적 관계를 기계 기술의 앞에 두는 것은 '역사를 정면으로 부정하는 것'으로 받아들여졌다. 《철학의 빈곤》은 진보의 방향성이나 결정적 계기에 대한 어떠한 의심의 여지도 남기지 않는다. '새로운 생산력을 획득함으로써 인간은 생산양식을 바꾸게 된다. 생산양식을 바꿈으로써, 즉 생계를 유지하는 방법을 바꿈으로써 인간은 그들의 사회적 관계를 바꾼다.'[30] 손방아/증기 원동기에 관한 격언이 보여주는 것은 바로 이러한 역사의 법칙이다. 그 강렬한 인상 때문에 증기는 여기서 사회의 틀을 규정하는 상징적 생산력으로 선택된 것이다.

이후 살펴보게 될 다른 유형의 마르크스주의 역사이론들도 없지는 않으나 어쨌든 바로 이런 식의 마르크스주의 역사이론을 간혹 '생산력 결정주의'라고 부른다. 이 이론의 고전적인 설명은 코헨G. A. Cohen의 《카를 마르크스의 역사이론: 한 변론》Karl Marx's Theory of History: A Defence에서 찾을 수 있다. 분석철학자 코헨은 마르크스와 엥겔스가 남긴 두 가지 질문을 붙잡고 씨름한다. 첫째, 기술이 스스로 발전하게 되는 이유는 무엇인가? 둘째, 이 기술의 발전은 어떻게 사회의 발전을 초래하는가? 또는 마르크스주의 용어로 바꿔 말하자면 역사에서 생산력을 전진시키는 원동력은 무엇이며, 이것이 어떠한 전달 체계를 통해서 생산관계를 좌우하는가? 코헨은 원하는 것을 그냥 내어주지 않는 거칠고 거북한 자연이라는 적대적 환경에 노출된 '인간'을 그려 냄으로써 이 질문에 답한다. '인류가 처한 상태는 물적 결핍 상태이다.'[31] 생존을 위해서 인간은 노동해야 하며 좀 더 정확히 말하면 자신의 두 가지 독특한 능력인 지능과 합리성을 사용해야만 한다. 그는 덜 고생하며 더 빨리 땅을 팔 수 있도록 삽을 만들어 낼 수 있는 지능을 가지고 있으며, 그의 형제 역시 새로 발명된 삽을 쓸 수만 있다면 당연히 이를 사용하는 합리성을 지니고 있을 것이다. 결핍이 발명의 동기를 제공한다. 지능은 재치 있는 해법을 제시한다. 합리성이 그 해법을 채택하도록 만든다. 끊임없이 자연을 극복할 새로운 방법을 찾으면서 인간은 스스로의 생산력을 영속적으로 증대한다. 바로 이러한 '인간 능력human power의 성장이 역사의 주된 과정이다. 그러한 성장의 필요성이 바로 왜 역사가 **존재**하는지를 설명한다.'[32]

이런 과정을 통해서 지식이 발전한다. 코헨은 '생산력의 발전이란 주로 자연을 어떻게 제어하고 변화시킬 것인지에 관한 지식의 성장'이라고 쓰면서 마르크스의 말을 인용한다. "'손방아는 봉건영주의 사회를 낳는다. 증기 원동기는 자본가의 사회를 낳는다.'" 증기력에 의한 자본가의 탄생은 근본적으로는 진전된 지식의 산물이다. 증기 기관의 존재 이유raison d'être는 바로 그 기술적 우월성이다. 기관은 사람들에게 결핍에 맞서고, 더 효율적이 되며, 더 빨리 자연으로부터 자원을 채취할 수 있는 새로운 능력을 부여한다. 증기기관이 존재하는 이유는 그것이 바로 진보를 대표하기 때문이다. 사실 기관에 관한 지식은 그 기관을 운용하기 위한 충분한 조건을 이룬다. 다른 주장을 내세우는 것은 '인간의 합리성을 부정'하는 행위일 터이다. 주어진 인류의 특성인 지능과 합리성을 고려할 때, 당연히 인류는 인색한 자연에 대항하는 투쟁을 용이하게 해 주는 것이라면 알려진 모든 기술을 이용하려 들 것이다. 생산력은 구체화된 지식이며 그렇게 널리 수용된다.

그러나 도대체 어떻게 증기기관 같은 사물이 사람 간의 사안을 결정하게 되는가? 철학자답게 코헨은 역학적 에너지를 생성하는 장치인 발로 밟아 돌리는 물레바퀴tread-mill를 둘러싼 사고실험을 통해 이 질문에 답한다. 손방아나 증기 원동기를 예로 들지는 않았지만, 그는 아마도 앞서 등장한 마르크스의 격언을 염두에 두고 이 이야기를 만들어 냈을 것이다. 실로 이 사고실험은 마르크스가 말하려 했던 것을 설명하는 것으로 읽을 수 있다. 코헨은 '미미한 생산력을 가진 사회를 상상해 보라. 여기 평등하지만 간신히 생계만을 유지하면서 더 풍족한 삶을 바라는 구성원들이 모여 있다.' 이게 바로 결핍이라는 기본 상태다. 그때 '논밭에 댈 물을 퍼 올리기 위해 강둑에 발로 밟아 돌리는 물레바퀴를 설치하면 물의 유량이 늘어나서 소출이 늘고 삶이 더 풍족해질 것이라고 누군가 착안하게 되었다고 가정하자.' 이게 바로 인간의 지능이 활약하는 순간이다. '그가 이 착상을 **공동체에 알리자 모두 매우 좋은 생각이라며 감동한다.** 곧 그런 장치를 고안하고 만들기 위한 모임이 구성된다.' 바로 이 지점에서 합리성이, 이 발명을 채택할 것인지 아닌지에 관한 일종의 민주적 숙의 과정인 공동 의사결정의 합리성이 발휘된다.

그리하여 발로 밟아 돌리는 물레바퀴는 '강둑의 적당한 자리에 설치되고 실제로 시험 삼아 작동된다. 이 공동체 구성원 모두가 시험 과정에 참여한다.' 구성원들은 현명하기 때문에 당연히 이 기계가 가진 이점을 제대로 이해하게 되고 이 기계를 채택한다. 그리고 자진하여 이 물레바퀴를 밟아 작동시킬 사람을 구하게 될 것이다. 그러나 바로 여기서 문제가 발생한다. 아무도 자원하지 않는다. 물레바퀴를 발로 밟는 것은 고된 일이다. 모두 그 생각만으로도 치를 떤다. 결국 자원하는 자를 찾을 수 없으니 대신 제비뽑기로 운 나쁜 일꾼을 뽑기로 결정한다. 하지만 곧 누군가 감시하지 않는 한 이 지겨운 일이 제대로 수행될 수 없다는 사실이 명백해진다. 바로 이 순간, 발로 밟는 물레방아의 기술적 요구에 의해 '한때 평등했던 공동체에 점진적으로 계급구조가 발생한다.'[33] 계급관계의 역사는 이렇게 탄생한다.

그리하여 생산력은 스스로가 인간의 삶에 삽입하는 물리적 조건을 통해서 새로운 생산관계를 낳고 사회와 얽히게 되며 조직을 선택하여 이를 완성한다. 이 이론이 증기기관에는 어떤 식으로 적용될 것인가? 코헨은 이 질문을 탐구하지 않는다. 사실 그는 실제 경우를 **전혀** 살피지 않았다. 그의 법칙에 부합하는 이야기의 기본 줄거리가 어찌 될지는 사실 매우 자명하다. 증기기관이 탄생하기 전 인류는 에너지 결핍 때문에 고통받고 있었다. 그런데 충분히 똑똑했던 어떤 사람이 증기기관을 발명했다. 에너지 결핍과 씨름하던 그의 합리적 동료들은 즉시 그 지식의 가치를 알아보았으며 증기기관이 곧 설치되었다. 그 장치가 지닌 기술적 요구사항들이 이 장치를 소유할 산업자본가와 그 운용을 감시할 현장 감시자와 그 기관에 매여 일할 작업자라는 역할을 탄생시켰고 생산량은 꾸준히 상승하게 된다.[34]

실제로 이것이 산업혁명과 증기력의 발흥을 기술한 대다수 역사서가 따라가는 줄거리이다. 마르크스주의가 아닌 부르주아 주류 학파에서는 이러한 설명 방식이 기술결정론 또는 간단히 '기술지상주의'technicism라는 이름으로 알려졌다. 1960년대 중반에 나온 《자본과 증기력 1750-1800》*Capital and Steam-Power 1750–1800*에서 존 로드John Lord는 증기력의 비약적인 성장을 광산에서 사용되던 원시적인 원형으로부터 작업장에서 찾을 수 있는 원동기의 완성된 구조에 도달하는 과학적 사다리를 오르는 과정으로 묘사했다. 회전기관을 발명함으로써 와트는,

고용주와 피고용자 사이의 균열을 분리로 완성시켰다. 이제 그들은 완

전히 격리되었다. 자본가 계급이 발생했고, 우연히 운이 좋은 경우에만 그 계급으로 진입할 수 있게 되었다. 도제가 장인으로 성장하는 것은 이제 당연한 일이 아니라 예외적인 일이 되었으며, 일단 탄생한 이 균열은 그 이후 이 세계를 끊임없이 괴롭혀 왔다.[35]

이러한 마르크스주의적 해석은 두 가지 독특한 믿음에 기초한 광범위한 기술결정론의 무리에 속한다.[36] 첫째, 새로운 기술 그 자체에 내재된 어떤 우월성 때문에 그 기술의 확산이 보장된다. 둘째, 그 기술 그 자체에 내재된 특징이 그에 대응되는 일련의 사회적 역할을 생성한다. 증기력의 발흥에 이를 적용하면 회전기관은 바로 코헨의 물레바퀴가 소출을 증가시켰듯이 더 우수한 성능, 더 높은 효율 또는 이와 유사한 어떤 기술적 특징들을 통해서 여타의 원동기들을 압도했어야만 하며, 자본가들과 노동자들을 소환하여 이들을 그들 간의 특수한 사회적 관계 속으로 몰아넣었어야만 한다. 이 이론은 리카도-맬서스식 패러다임과 인류세 서사와 완전히 호환되며 실제로 일부 겹치는 부분이 있다. 이들 모두 일종의 '인류의 기획'이라는 교리를 내세운다. 따라서 이 셋 모두를 검증할 수 있는 일종의 리트머스 시험지로 증기력에 관한 질문을 던져 볼 수 있을 것이다. 어떻게 하면 이 실험을 실제로 진행할 수 있을까?

증기력이 발흥한 원인에 관해서 리카도-맬서스식 패러다임과 생산력 결정주의 모두 상당히 명확한 하나의 가설로 귀결된다. 만약 기타 원동기들의 에너지가 여전히 **풍부하고 저렴**했음에도 불구하고 전환이 일어났다는 사실이 밝혀진다면, 즉 결핍이나 상대적인 가격의 상승 때문에 발생한 것이 아니라면, 리카도-맬서스식 가설의 목숨은 경각에 달리게 된다. 만약 증기기관과 경쟁하던 생산력이 전환이 일어나던 시점까지 기술적으로 유효할 만큼 상당한 잠재력을 전부 실현하지 못한 채 품고 있었다면 또는 중립적이고 기능적인 성능이나 효율 측면에서 증기력에 확실한 이점이 없었음에도 불구하고 증기력이 승리하게 되었다면, 생산력(또는 기술) 결정주의 역시 궁지에 몰리게 될 것이다. 그리고 만약 생산관계, 특히 자본과 노동 사이의 관계가 증기력을 선택하도록 강요했던 것이지 그 역이 아니었다고 한다면 이는 더욱 치명적인 타격이 될 것이다. 이에 반해 인류세 서사에서의 인과관계 주장은 더 관념적이고 철학적인, 아니 차라리 형이상학적인 특징을 갖는다. 따라서 이후 우리는 이 주장을 그러한 측면에서도 고찰하게 될 것이다. 하지만 만약 일부 사람들이 **다른 사람들의 명시적 저항을 짓밟으면서** 증기력을 도입했다면, 이게 바로 종 수준의 기획이 표출된 것이라고 주장하기는 어려울 것이다. 결론은 실제 자료에 기초해서 내려져야 한다. 만약 이 세 가지 이론적 틀이 실제 자료와 모순된다면 우리는 증기력의 발흥에 대한 또 하나의 설명을, 더 광범위하게는 화석 경제에 관한 또 하나의 이론을 새롭게 구축해야 할 것이다. 그렇다면 바로 다음 가설이 만약 실제 자료를 통해 입증된다면 이것을 우리 탐구의 출발점으로 삼을 수 있다. 바로 증기가 일군의 사람들이 다른 사람들에게 행사하는 권력-동력power의 형태로 등장했다는 가설을 살펴보자.

3
흐름의 끈질긴 생명력:
석탄 이전의 산업 에너지

흐름, 동물력, 재고

'원동기'prime mover라는 단어는 특이하게도 두 가지 의미를 지니고 있다. 사전이나 백과사전을 찾아보면 두 가지 정의가 나란히 실려 있다. 첫째는 형이상학적인 원동자, 움직여진 것이 아닌 최초의 충격, '모든 사태의 원인이 되는 스스로 존재하는 행위자'——흔히 신이라 불리는——이거나 바꿔 말하면 '모든 운동의 원천인 스스로 움직인 존재.' 이 현상은 바로 그 외의 어떠한 외적 원인을 요구하지 않는다는 점에서 다른 모든 것과 구분된다. 신의 행위는 다른 연료나 동력원fuel을 필요로 하지 않는다. 하지만 두 번째로 역학적 원동기가 바로 뒤를 따른다. 1989년판 웹스터 사전에 따르면 이것 역시 '최초의 행위자'이지만, 앞서 언급한 것과는 매우 다르다. 이것은 '수차나 증기기관처럼 어떤 자연적 원천으로부터 에너지를 받아서 변형하는 기계'다.[1] 이러한 조금 더 세속적인 의미를 따르자면 원동기는 외부의 원인 없이 스스로 움직이는 것이 절대 아니다. 아니, 이것은 철저하게 '어떤 자연적 원천'인 연료 또는 동력원a fuel에 의존하며 이 외부의 원천 없이는 그 자체든 다른 어떤 개체든 운동하게 만들 수 없다.

19세기 초 영국에서 이 단어는 저 높은 천상에서부터 이 땅으로 강림하게 되었고 결국 왕국 내 온갖 공장과 작업장에서 두 번째 의미로 쓰이게 되었다. 1827년에 나온 《증기기관에 관한 소고》*Treatise on the*

*Steam-Engine*에서 존 페리John Farey는 형이상학적인 정의가 전도inversion되었음을 지적한다. '여기서 주목해야 할 점은 원동기first mover가 자기 동작을 일으키는 힘을 실제로 만들어 내는 것이 아니며 어떤 자연적 원천으로부터 운동을 끌어내기 위해 그 원천이 제공하는 힘을 모으고 집중시킬 수 있도록 만들어져 있다는 점이다.'[2] 제조업자, 기술자 또는 기능공의 첫째 임무는 바로 자연에 **이미 존재하는** 적당한 힘을 찾아서 전유하는 것이며 원동기의 임무는 단순히 그 힘을 거둬들여서 다른 개체에 전달하는 것뿐이다.

사람들은 존재하는 여러 종류의 원동기 중 자신이 원하는 것을 선택할 수 있었다. 선택이 가능한 주요 원동기인 풍차, 수차, 우마, 인간, 증기기관이 모두 똑같은 세속적 정의에 따라 규정될 수 있다. 원동기는 에너지원으로부터 역학적 동력을 끌어내어 다른 기구를 운동시키는 기구이다. 따라서 우리는 이들 원동기를 각각의 **에너지원**에 따라 범주화하여 분류할 수 있을 것이다. 그러나 무슨 기준으로? '탄소중립적'이나 '탄소집약적' 같은 단어가 현세대에 중요하고 미래 세대에게는 더욱 중요해질 에너지원의 특성을 지시하기는 하지만, 이것은 당시의 제조업자들에게는 전혀 중요한 점이 아니었다. 19세기 초의 식자들 역시 석탄에 탄소가 많이 들어 있다는 점을 충분히 이해하고는 있었지만, 이것이 어느 에너지원을 사용할 것인지 결정할 때 영향을 주는 요인은 아니었다. '재생 가능하다'거나 '재생 가능하지 않다'는 이분법 역시 마찬가지다.

생각해 보면 다른 구분들 역시 부적절하기는 마찬가지다. 앞서 살펴본 바와 같이 리글리는 광합성의 산물에 의존하는 '유기' 경제와 화석연료에 의존하는 '무기' 경제를 서로 구별하자고 제안했다. 그러나 불행히도 이 단어들은 부정확하다. 아무리 오랫동안 지하에 묻혀 있었다고 해도 석탄은 유기적 성질을 가지는 물질이다(바로 그렇기 때문에 석탄이 타면 탄소가 나오는 것이다). 반면 풍력과 수력은 그렇지 않다. 따라서 수차를 증기기관으로 교체한 제조업자는 무기 에너지원을 유기 에너지원으로 교체했던 것이며 이는 리글리가 상정한 역사적 방향성과는 반대된다. 무기 경제를 '광물 기반'이라고 바꿔서 형용한다고 해도 해결되는 것은 아닌데, 왜냐하면 이 단어는 철기시대와 청동기시대 경제에도 역시 똑같이 적용될 수 있기 때문이다. 수력, 풍력, 석탄 모두 무생물이기 때문에 '생물'과 '무생물'의 구분도 마찬가지로 아무 쓸모가 없다. 우리는 역사적 전환 속에 도사린 동역학적 수수께끼를 풀어야 하며 따라서 그 당시의 행위자들에게 **실제 중요했던** 성질을 짚어 내야만 한다. 적절한 출발점은 아마도 태양일 것이다. 세기가 바뀔 무렵 영국 제조업자들이 사용할 수 있었던 원동기들은 모두 궁극적으로는 태양으로부터 기원한 에너지원에서 그 동력을 획득했다. 그러나 이 모든 원천이 궁극적으로 태양의 열핵반응으로부터 기원하기는 하지만, 각각은 그것들의 고향인 이 천체로부터 서로 다른 거리에 있으며, 지구상의 공간과 시간 속에서 서로 다른 위치를 점하고 있고, 각각 고유한 특징들과 그 자체의 논리를 가지고 있다. 이를 이제부터 **시공간상 윤곽**_spatiotemporal profile_이라 부르려고 한다. 여기에는 세 가지 기본 범주가 존재한다.

에너지의 흐름._The flow of energy_ 태양에서 기원한 일부 에너지원은 광합성에 의해 고정되지 않고 생물권을 통과하여 그냥 흘러간다. 적당한 원동기를 통해 이러한 에너지원을 직접 모아서 집중시킬 수 있다. 우리는 이 범주를 '흐름'이라고 명명한다. 풍력과 수력 둘 다 이 범주에 속한다. 이 범주의 에너지원은 사실상 태양복사로부터 즉각 변형된 것이며 이 에너지원을 쓰기 위해서 제조업자들은 이것이 흘러서 지나가는 바로 그 순간에 낚아채야만 한다. 풍차는 지금 당장 불고 있는 바람의 동력을 쓰는 것이고 수차는 지금 당장 흘러가는 물의 힘을 이용하는 것이다. 사용된 직후 이러한 동력원들_fuels_은 원동기로부터 빠져나가서 원래 하던 여행을 계속한다. 이것들을 불러들이기 위해 어떤 특별한 인간 노동이 필요하지는 않다. 이러한 동력원은 본래부터 운동하는 상태로 존재한다.

그러나 흐름은 공간과 시간 속 특정한 조건에 따라 주어진다. 이들의 공급량은 경관landscape이 지닌 특성의 함수다. 이들은 어느 위치에서는 발견되지만 다른 위치에서는 찾을 수 없고 반드시 바로 그 자리에서 사용되어야만 한다. 전력망을 통해 송전할 수 있게 되는 것은 머나먼 미래에나 가능할 일이었다. 바람은 바위들 사이의 골이나 깊은 계곡의 바닥에서는 별로 불지 않으며 차라리 평탄한 해안 지대나 언덕 꼭대기에서 강하다. 수차로 수력을 끌어내려면 물은 하천을 통해 흘러야만 하는데, 하천의 정의를 볼 때 이는 아무 데서나 찾을 수 없으며 특정 지형만이 지니는 특색이다. 또한 흐름의 조건은 기상에 따라 시간상 변동한다. 어느 날 바람 없이 잠잠하다가 그다음 날 폭풍우가 몰아칠 수도 있다. 물이 얼어붙거나 말라 버릴 수도 있고 하천은 범람하거나 평균 수심을 유지하며 흐를 수도 있다. 모두 연중 계절과 하루하루 또는 심지어 시시각각의 날씨에 따라서 변동할 수 있다. 간단히 말해서 흐름은 경관을 통해 순환하기 때문에 **공간상으로** 제약될 뿐만 아니라 기상 과정의 일부이기 때문에 **시간상으로도** 제한된다. 게다가 배비지에 의해 흐름의 또 다른 특성이 잘 표현되었다.

동력을 생산하는 기계들이 제공하는 이러한 힘이 우리에게 어마어마한 수확처럼 느껴짐에도 불구하고, 우리는 곧 다음과 같은 사실을 눈치채게 된다. 이들 동력원 중 최소한 두 가지, 즉 풍력과 수력의 경우, 우리가 이미 자연적으로 운동 상태에 있는 물체를 이용하고 있을 뿐이라는 점이다. 우리 목적에 맞춰 쓰기 위해 이들 운동의 방향을 바꿀 뿐, 우리는 이미 존재하고 있는 운동의 양을 늘리거나 줄이지 못한다.[3]

흐름은 제조업에서 사용되었다고 해서 고갈되거나 약화되지 않는다. 풍차나 수차를 쓴다고 그 동력원fuel의 공급이 감소되지는 않았다. 기후에 근본적인 변화가 생기거나 경관이 완전히 재편되지 않는한, 풍력과 수력이 아무리 많은 공장을 가동시켰다고 하더라도 그것들은 다시 그 본래 위력을 가지고 돌아오기 마련이다.

그리하여 아래와 같이 공간과 시간 속에 흐름의 윤곽이 드러난다. 에너지의 흐름은 사실상 태양복사의 즉각적인 결과물이고, 광합성 이전에 또는 광합성과 별도로 존재하며, 인간 노동으로부터 독립적인 데다가 경관에 각인되어 있으며, 날씨와 계절의 순환에 의해 제약되고 소비한다고 해서 그 원천이 고갈되는 법이 없다. 물론 풍력과 수력 외에도 이 조건에 부합하는 다른 에너지원도 있다. 쉽게 떠올릴 수 있는 것은 태양에너지 그 자체나 파력과 조력이다. 태양빛으로부터 직접 동력을 얻을 수 있다는 지식이 19세기 영국에 아예 없던 것은 아니지만, 그렇다고 해서 이것이 작업장에서 사용될 수 있을 만큼의 잠재력을 지닌 원동기로 실현되지는 못했다. 기나긴 역사를 가지기는 하지만 조력을 산업에 응용하는 것은 여전히 진지하게 고려되지 못했다.[4] 파력을 이용하기 위해서는 다음 시대에나 등장할 기술적 혁신이 필요했다. 이러한 이유 때문에 비록 이 '흐름'이라는 개념의 이후 확장 가능성은 그대로 남겨 두더라도, 우리가 지금부터 진행할 역사적 탐구에서는 이 개념을 풍력과 수력에만 한정해 쓰게 될 것이다.

동물력._Animate power_ 어떤 에너지원은 사물을 움직이는 근육이 가진 힘의 형태로 살아 있는 생명체에 깃들어 있다. 이후 이 범주를 '동물력'이라 칭할 것이다. 여기에는 동물과 인간이 포함된다. 동물이나 인간 모두 광합성을 통해 복잡한 유기물을 생성하는 독립영양생물에 비해 태양복사로부터 최소한 한 단계 더 떨어져 있는 종속영양생물이며, 그렇기 때문에 스스로의 생존을 독립영양생물에 의존할 수밖에 없다. 그럼에도 불구하고 동물이나 인간의 형태로 주어지는 동물력은 입사하는 태양복사로부터 분리된 시간 간격이 아직 상대적으로 짧은 편이다. 동물이나 인간의 몸을 이루게 되는 식량은 아마도 수개월 또는 고기소의 경우 수년의 기간을 거쳐 소비될 수 있는 수준까지 성장하며 그보다 더 긴 시간이 요구되는 경우는 드물다. 말하자면 생체 조직 속에 태양빛은 여전히 신선한 상태 그대로 깃들어 있다.[5]

동물력은 **물질대사**_metabolism_의 법칙에 의해 제약된다. 동물이나 인간의 몸은 활동을 유지하기 위해서 주기적으로 영양분을 섭취해야만 하고, 체력을 회복하기 위해서 수면을 취해야 하며, 가능하다면 약간의 휴식이나 여가도 얻을 수 있어야 한다. 흐름의 시간성이 우연한 기상 조건에 의해 규정되는 반면 동물력의 시간성은 물질대사의 필요에 의해 규정된다. 흐린 날이든 맑은 날이든 동물의 몸은 기계를 돌릴 수 있지만, 식량 섭취 없이 연속으로 며칠 동안 이를 부린다는 것은 정말로 예외적인 비상시라면 모를까 일반적으로는 가능하지 않다. 동물과 인간이 그들이 최초로 발견된 바로 그 자리에서 꼭 부려져야 하는 것은 아니다. 이들은 지표 위에서 이동이 가능하기 때문에 그들을 주요 서식지로부터 이동시켜 어느 특정 장소에 모을 수 있다. 물론 그렇게 이동시키는 동안 그들의 잠재적 에너지가 손실될 수 있다. 동물이나 인간은 물질대사에 의해 제약되기 때문에 노역을 통해 소모되고 고갈되며 심하게 고된 일을 시키게 되면 과로나 심지어 더 나쁜 상태에 빠질 수도 있다. 마지막으로 동물과 인간 모두 각자 어느 정도 스스로 **의지**를 가지고 있는데, 이것 역시 풍력과 수력에는 해당되지 않는 특징이다. 의지를 가지고 있기 때문에 그들의 근육에서 잠재적 에너지를 동원하기 위해서는 외적인 노동이 추가로 필요하다. 말이 끄는 조면기horse gins나 발로 밟아 돌리는 물레바퀴처럼 둘 다 다른 장치를 움직이는 동력원이 될 수 있으며, 적어도 인간의 경우에는 바퀴를 돌리는 발이나 날실warp 사이로 북shuttles을 왔다 갔다 옮기는 팔처럼 **직접** 원동기로 작용할 수도 있다.[6]

에너지의 재고._The stock of energy_ 마지막으로 아주 오래 전 과거에 주어진 태양에너지의 유산이라고 할 수 있는 에너지원이 있다. 이 범주를 '재고'라고 부르겠다.[7] 19세기 초 영국에서 제조업자가 바로 쓸 수 있던 에너지의 재고는 사실상 석탄뿐이었다. 아직 석유는 다만 어디 먼 타지에서 사용되는 연료라고만 알려져 있었다. 매장되어 있는 석탄은 아주 오래전에 생성된 것이며 영국 면직업계가 등장했을 시점에도 이 연료의 이러한 특징은 이미 잘 알려져 있었다. 석탄은 아주 오래전부터 **화석**연료라고 불려 왔다. 1835년에 존 홀랜드John Holland 는 지질학 논문, 산업 경제사, 사회학 보고서를 한꺼번에 묶은 《화석 연료의 역사와 특성, 영국의 탄광과 석탄 거래》*History and Description of Fossil Fuel, the Collieries, and Coal Trade of Great Britain*라는 책을 통해 석탄에 대한 상당히 풍부한 지식을 정리하여 남겼다. 홀랜드는 석탄이 '**생물의 잔재가 지속적으로 축적되어 그것을 포함하고 있는 돌과 마찬가지로 고정되는**'[8] 과정을 통해서 형성되었다고 명확히 서술했다. 식물의 잔재가 습지에 가라앉아 토탄peat으로 바뀐 후 열과 압력을 받아서 점차 그 수분을 잃고 석탄으로 고형화된다는 것은 오늘날 잘 알려진 사실이다. 전 세계의 석탄 매장량 중 90%는 말 그대로 석탄기Carboniferous에 형성되었다. 이 시기는 대략 3억 6천만 년 전에서 2억 8천 6백만 년 전 사이이며 당시 석탄이 매장되어 형성되던 속도는 지구 역사 중 나머지 98% 시기 평균의 600배 수준에 달했다. 습한 기후, 광대한 범람원, 늪지대와 해안뿐만 아니라 고지대까지 점령한 거대 목본식물들같이 이례적으로 유리한 조건 덕에 어마어마한 양의 석탄화 후보 물질들이 남겨졌기 때문이다.[9]

18세기 후반에서 19세기 초까지의 영국 기업가들은 바로 이 유산을 지표 위 **경관 외부로부터**outside of the landscape 주어진 에너지원으로 발견했던 것이다. 매장된 석탄은 인간이 볼 수 있거나 오가며 살아가는 공간인 지표가 아닌 그 외부에 있었으며, 그 연료를 파내려는 목적이 아니라면 들어갈 일 없을 지하 세계에 숨겨져 있었다.[10] 얕은 탄광에서는 종 모양으로 파낸 구덩이, 언덕에서 볼 수 있는 수평 갱도, 펌프와 수레, 삽이나 기타 장비가 부근에 널려 있는 탄광 입구의 형태로 이 에너지원에 접근하기 위한 통로가 드러나기도 했지만 **에너지원 그 자체는** 여전히 삶의 경관으로부터 분리된 채로 남아 있었다. 석탄을 일단 석탄층으로부터 조각내어 분리시키면, 이 정적인 에너지원은 수력이나 풍력, 동물이나 인간과 달리 마음대로 수송되거나 저장될 수 있었다. 경관과 분리되어 있다는 석탄의 특징은 이 에너지원에 타의 추종을 불허하는 이동성과 저장성을 부여했다. 하지만 이를 이용하기 위해서는 상당한 수준의 인간 노동이 먼저 동원되어야만 했다. 풍력과 수력은 저절로 주어지는 반면, 석탄은 먼저 석탄층으로부터 깎아 내야만 했고 운반되어야만 했으며 지상으로 끌어올려져야만 했다.

시간의 차원에서도 이 재고는 다른 것들과 달리 독특한 위치를 점한다. 이 에너지원은 마치 **시간의 외부에** 존재하는 것처럼 보였다. 재고가 가진 시간적 특성은 기상 조건의 변화와 물질대사의 법칙에 영향을 받지 않았다. 매장된 석탄은 하루하루의 시간, 계절이 변화하는 시간, 역사적 시간, 심지어 문명 흥망의 시간까지도 포함해서 당시 영국의 주민들이 인지할 수 있는 어떠한 시간의 척도와도 완전히 단절된 것처럼 보였다. 대신에 석탄은 **완전히 지나간 과거의** 기후, **완전히 지나간 과거의** 물질대사, **완전히 지나간 과거의** 지형처럼 이제는 영원히 사라져 버린 것들의 유산이었다. 덧붙여서 배비지의 말을 다시 빌려 표현하면 석탄은 '자연적으로 운동 상태에' 있게 된 적이 없었다. 그 누구도 저절로 움직이는 석탄 조각에 스치거나 깔리거나 날려 가거나 쓸려 간 적 없었다. 공간과 시간 속에 얼어붙은 것처럼 고정된 이 고농도로 농축된 잠재적 에너지의 재고를 역학적 에너지로 바꾸기 위해서는 화학적이고 기술적인 정교한 변환 과정을 거쳐야만 했다. 바로 이것이 증기기관의 존재 이유다. 흐름이나 동물력을 이용하는 다른 모든 원동기는 단지 운동을 기계에 전달할 뿐이었다. 증기기관은 역학적 운동을 원점에서부터 만들어 내야만 했다. 게다가 그 결과 일단 사용되게 되면 그 한 줌의 석탄은 완전히 소멸한다. 이것이 다른 모든 대안과는 완전히 다른 석탄 소비의 내재적 특성이다. 석탄에 불을 붙임으로써 인간은 이 검은 암석의 힘을 한순간에 방출하는 **동시에** 그것을 연기와 재로 바꾸며 그리하여 다른 물체를 움직이는 능력으로 해방시키는 **동시에** 그 능력을 소비하여 소모시켜 버린다. 석탄을 운동으로 변환시키는 유일한 방법은 말 그대로 그것을 소비하는 것이다.

수차의 발흥

초기의 방적기는 전적으로 동물력이나 흐름을 이용했다. 하그리브스의 다축방적기Hargreaves's jenny, 아크라이트의 수력방적틀Arkwright's water frame, 크럼프턴의 뮬방적기Crompton's mule 모두 처음에는 인간이나 말이 끌 수 있도록 설계되었다. 하그리브스의 다축방적기를 제외한 나머지 장치들은 곧 수차와 연결되어 훨씬 더 대규모로 발전하게 되었다. 하지만 그 어느 것 하나 에너지의 재고를 쓰는 원동기를 염두에 두고 개발된 것은 아니었다.[11] 18세기 후반에 면방적 분야에 쇄도하며 산업혁명의 필수적 기반을 형성했던 변혁의 물결은 시간과 공간 속에서 아직 생생하며 화석화되지 않은 채 운동하던, 입사하는 태양복사에 가까운 에너지원들의 힘을 빌려 등장했던 것이다. 그리고 당시 직조 분야에서는 까마득한 먼 과거로부터 그러했듯이 집안에 있는 수동식 베틀을 써서 작업이 진행되었다. 이 분야의 유일한 원동기는 여전히 인간의 신체였다.

방적 분야에서 새로운 발명을 활용하고 작업장을 유지하기 위해서는 말이 필수적 자원이었다. 강둑이나 바람 부는 벌판 등 불변하는 지형 요소 없이도 말은 어느 곳에서나 사용될 수 있었고, 그 수 역시·한 마리에서 십여 마리 묶음까지 제조업자의 필요에 맞춰 조정될 수 있었다. 말이 끄는 조면기를 설치하는 데는 비용이 그리 들지 않았다. 이동성, 유연성, 저렴함이라는 이러한 장점 덕에 면직업계에 새로 진입하는 자에게 말은 매우 유용한 초기 자산이 되었다.[12] 하지만 말에는 매우 분명한 한계가 있었다. 말은 쉽게 지쳤고 기계의 부하가 커지면 커질수록 일하는 속도가 떨어졌다. 말은 통상적으로 8시간 이상 능률적으로 일할 수 없었다. 8시간이라면 마치 현대의 근로시간과 거의 일치하는 것처럼 느껴지지만, 이제 막 발흥하던 면직업계는 훨씬 더 긴 시간의 작업을 갈망했다. 결국 말을 교대로 작업시켜야 했다. 즉, 시간적으로 물질대사의 법칙이 이 힘의 활용을 제한했던 것이다. 공간적으로도 말은 한 장소에 어느 정도 몰아넣을 수 있었으나 여전히 너무 덩치가 컸다. 다른 역축이나 인간과 마찬가지로 조면기를 작동시키거나 어떤 물체를 끌고 돌리기 위해서 한곳에 한 떼로 묶어 부릴 수 있는 말의 수에는 한계가 있었다. 제 고집이 있었기 때문에 말이 항상 자기 일에 충실한 것도 아니었고 억지로 부리면 부릴수록 문제가 생겨 더 빨리 교체할 수밖에 없었다. 게다가 사료 값도 더 올랐다. 1790년대에 영국이 나폴레옹 전쟁에 돌입하면서 사료 값이 오르기 시작했으며 말을 동력으로 이용하던 업자들은 사료 공급에 어려움을 겪었다.[13] 문자 그대로의 마력은 잠시 흥했을 뿐이다. 1790년대를 지나면서 이 동물에 내재하는 시간성과 공간성은 계속 발전하는 면직업계의 긴 작업시간과 새로운 기계 도입에 걸림돌이 되기 시작했다. 이와는 다른 원동기가 전면에 등장해야만 했다.

최소한 이론적으로는 풍력 역시 가능한 대안 중 하나였다. 1800년경에는 바람이 잘 부는 날이라면 잉글랜드에서 풍차 약 5천 개가 돌았는데, 이것들 중 대부분이 남부와 동부의 주에서 제분이나 물 빼는 작업, 목재 가공에 사용되었으며 '수없이 많은 풍차가 바람을 받기 위해 날개를 펼치고 있었다.'[14] 풍차를 설치하는 데는 그리 비용이 들지 않았다. 게다가 풍차는 수차처럼 특정한 지형 조건에 완전히 묶여 있는 것도 아니었다. 바람은 둑 안이나 고랑을 따라가는 것이 아니라 지형 **위에서** 불었다. 그러나 풍력에는 매우 현저한 약점이 있었는데 이 약점 때문에 면직업계의 진지한 고려 대상이 될 수 없었다. 찰스 F. 파팅턴Charles F. Partington은 1826년 나온 증기기관 설명서에 '이 역학적 힘의 일종은' '하지만 주로 곡물을 갈거나 씨앗을 짜내는 등의 간단한 조작에만 사용될 수 있다. 이 원소의 굉장히 불규칙한 특성은 연속적 운동을 요구하는 과정에 이를 적용하는 것을 사실상 불가능하게 만든다'라고 적었다.[15] 풍력은 면직업계에서 눈에 띌 만한 역할을 담당하지 못했다.[16] 그 대신 업계는 또 하나의 오랜 에너지원을 날개 삼아 비약하는 방법을 습득하게 된다. 바로 수력이다.

기원전부터 알려진 수차의 원리는 그야말로 간단하기 그지없다. 부판floats이나 물받이buckets를 설치한 원형 구조물로 높은 곳에서 낮은 곳으로 흐르는 물을 가로채 그 과정에서 자연스레 발생하는 에너지의 일부를 획득한다.[17] 이 동력원은 영국에 매우 풍부했다. 북대서양에서 몰려오는 빗물이 주기적으로 두 지역, 스코틀랜드와 북잉글랜드를 적셔 주었으며 게다가 그 두 지역에는 공교롭게도 빙하가 녹아 흘러온 물로 형성된 많은 강이 플라이스토세의 유산으로 남아 존재했다. 강은 거의 연중 흘러갔으며 토사로 막히는 경우는 드물고 대부분의 경우 적당한 수준의 유량을 유지하면서 굴곡진 국토를 통과하고 있었다. 이런 조건은 세계의 다른 지역, 특히 인도나 중국과는 굉장히 대조적인데 이들 지역의 거대한 강들은 계절에 따른 유량 변동이 심하여 갑자기 평야에 범람해서는 대량의 토사를 쌓는 일을 반복한다.[18] 잉글랜드에 있는 주 중에서도 랭커셔는 특별히 더 유리한 위치에 있었다. 몰려오는 구름들로부터 강한 강수를 유도하는 페나인 산맥the Pennine Mountains이 있고 빗물은 고원의 집수 구역에 모여 지형을 따라 형성된 수많은 개천과 소규모 하천 및 대형 하천을 통해 각지로 분배되었다. 스코틀랜드의 수자원은 한층 더 풍부했다.

바로 이러한 기반 위에 리처드 아크라이트Richard Arkwright가 자신의 공장 제국을 건설하였다. 시작은 크롬포드Cromford였다. 더비셔Derbyshire 의 벽지에 있는 작은 시골 마을이던 크롬포드에는 매력적인 요소가 하나 있었다. 아크라이트의 말을 빌리자면 바로 '놀랍도록 풍부한 유량을 가진 하천'[19]이다. 더웬트Derwent 강의 지류인 이 강은 겨울에도 얼지 않는 것으로 유명하다. 1772년 문을 연 초기 크롬포드 작업장은 약 300명을 고용했다. 5년 후에는 인근에 또 하나의 작업장이 설치되었고 생산량은 2배가 되었다. 1780년대 말에 단지 내 인력은 약 1,150명에 달했고 확장은 계속되었다. 19세기 초에 당시의 사람들은 크롬포드에서 새 시대가 열렸다고 평가했으며, 지금까지도 그 평가는 여전히 변함이 없다. 공장제도의 탄생으로 자본축적의 새로운 형태가 촉발되었으며 이는 곧 사방으로 퍼져 나갔다. 급증하던 아크라이트 본인의 투자 역시 이 확산에 한몫했다. 1780년 맨체스터에 첫 방적공장을 세우고 더비셔에 두 개, 스태퍼드셔Staffordshire에 하나, 스코틀랜드에 두 개 그리고 크롬포드에 또 하나 더 세웠다. 이 모두가 수력으로 작동했다. 1835년 나온 에드워드 베인스Edward Baines의 《영국 면직업의 역사》 *History of the Cotton Manufacture in Great Britain*에 나온 표현을 빌리면, '능수능란하게 경영되던 공장들로부터 전속력으로 부가 그에게 흘러들어 쏟아졌다.' 이 근대적 공장의 창시자는 50% 선을 넘는 이윤율을 달성했다. 1792년 그가 사망했을 때, 한 부고에서는 '그가 어마어마하게 부유한 채로 사망했'으며 그가 남긴 공장들의 '수입이 독일 공국 대부분의 수입보다 컸고 … 우리가 알다시피 리처드 경Sir Richard은 부를 축적하는 데 필요한 자질을 가지고 있었을 뿐만 아니라 부를 유지하는 기술도 현저하게 뛰어났다'[20]고 적었다.

자본을 가지고 있던 다른 사람들 역시 이토록 어마어마한 부를 축적하고 유지할 수 있는 수단이었던 면방적 분야에 자연스레 관심을 가지게 된다. 역사학자 크리스 애스핀Chris Aspin은 아크라이트의 뒤를 따른 자들에 관한 장대한 편람인 《수력 방적가들》*The Water-Spinners*이라는 책을 통해, 리처드 경이 사람들 앞에서 자랑하던 부를 이 추종자들이 어떻게 뒤쫓았고, 때로는 그만한 부를 획득하게 되었는지 상세하게 서술하면서, 그 좋은 예로 어느 요크셔Yorkshire 제조업자가 1789년에 지은 시 가운데 두 행을 인용한다. '오! 돈! 돈! 나 역시 분명히 안다네 / 얼마나 신실하게 내가 그대를 사랑하는지.' 베인스는 '자본이' '이 제조업 분야가 제공하는 비할 데 없이 거대한 이윤에 이끌려 폭우처럼 쏟아져 들어왔다'[21]고 적었다. 유행이 영국 전역을 휩쓸면서 탐욕스러운 기업가들이 더비셔와 노팅엄셔Nottinghamshire, 웨일스 그리고 특히 다른 어디보다도 랭커셔의 습한 계곡으로 밀려들었다. 이상적 부지를 선전하는 광고가 이 지역 신문들을 뒤덮었다. 1792년에 랭커셔 남동부를 지나던 여행자는 일기에 '모든 골짜기가 면직업 작업장으로 넘쳐난다. 몇몇 작업장의 크기는 헛간 정도밖에 되지 않는다. 왜냐하면 아무리 작은 개울이라도 저수지를 쓰면 동력을 공급할 수 있기 때문이다'[22]라고 적었다. 1788년에 이미 아크라이트의 원칙the Arkwright principles에 따라 건설되어 수력에 의존하는 작업장이 200개 있었다고 추정되며 이는 8년 사이에 10배 증가한 것이다. 이들 중 거의 4분의 1이 랭커셔에 위치했다. 18세기에서 19세기로 넘어갈 무렵에는 최소한 작업장 1천 개가 잉글랜드의 여러 주에 흩어져 존재하게 된다. 그러나 랭커셔의 바로 뒤를 쫓는 제2의 면직업 중심지는 바로 스코틀랜드였다. 1793년 《스코틀랜드 통계보고서》*Statistical Account of Scotland*는 글래스고에서 '상당히 먼 거리에 떨어져서 설치된 다수의 작업장 외에도 면직업 작업장, 표백업장, 염색업장이 기계를 돌리는 데 충분한 물을 공급할 수 있는 근교의 거의 모든 하천에 설치되었다'고 보고했다.[23] 특히 유리한 부지는 강이 급경사로부터 저지대로 들어서는 스코틀랜드 고지the Highlands의 경계에서 찾을 수 있었다. 하천은 반도의 곁을 굽어져 흘러갔으며, 이들 반도에는 통상적인 작업장보다 훨씬 더 큰 작업장이 들어서서 다른 남쪽 지방 작업장들과 치열한 경쟁을 벌였다.

수력에 의존하는 작업장이 등장함으로써 그때까지의 과거의 일상과 단절이 야기되었다는 것은 당시 사람들의 눈으로 보아도 명백한 사실이었다. 앤드루 유어는 과장된 문체로 다음과 같이 묘사한다. '제조업이 모든 곳에서 미약하고, 그 발전이 일시적으로 화려하게 가지를 뻗어 번성하다가도 곧 시들어 거의 뿌리밖에 남지 않는 한해살이 식물처럼 변동하던' 시대를 크롬포드와 그 후손들이 끝장냈다고. '그 영속적인 성장이 지금 잉글랜드에서 시작되었으며, 자본이 풍부한 유동에 이끌려 산업의 비옥한 영역에 연결되었다.'[24] 물론 이러한 영웅서사는 점진주의gradualist 경향을 보이는 최근의 수정주의적 연구에 의해 심각하게 반박되었거나 최소한 그런 것처럼 보인다. 경제사학자 니컬러스 크래프츠Nicholas Crafts의 연구는 1780년대를 공장제도가 청천벽력처럼 영국에 내려와 매년 높은 수준의 성장률을 지속한 근대적 성장에 불을 붙인 10년간의 혁명적 시기였다고 보는 전통적 관점을 약화시켰다. 실제 상품 생산의 총성장률은 1820년대 초까지 2%를 넘지 못했으며, 성장이 현실화되는 것은 이전에 생각되던 것보다 크래프츠의 핵심 단어인 '점진적'gradual이라는 단어에 훨씬 더 들어맞는 사태였다. 그러나 이것은 **총수치**an aggregate다. 비록 영국 경제가 여전히 낮은 성장률을 기록하고 있었고 19세기 이사분기에 이르기까지 거의 평평한 잔디밭 같기는 했지만, 성장의 깃대가 그 잔디밭에 세워진 것은 훨씬 더 이른 시기의 일이었다. 크래프츠는 '1770-1811년 사이 성장률에는 분야별로 큰 격차가 있었다'고 서술한다. '면직업종은 예외적으로 빨리 성장하던 분야로 보인다.' 이 분야만 따로 떼어 놓고 살펴볼 경우, 크래프츠 역시 1780년대의 화려한 급성장을 확실히 인정하고 있다. 당시 실제 생산량이 평균적으로 매년 12.76%라는 비약적인 증가율로 성장했다. 이는 1770년대 증가율의 2배에 달한다. 반면 가죽은 0.95%, 양모는 0.54%, 철은 3.79%, 석탄은 2.36%의 증가율을 보였으며, 이는 이전 10년 기간에 비해 약간 떨어진 증가율이다. 특히 방적 분야로 대표되는 "면직업종의 폭발적 가속과 병행하여 더 점진적인 '평균'average 진전이 이뤄지고 있었다." 따라서 방적 분야에만큼은 혁명이라는 수식어를 당당히 붙일 수 있다.[25] 이런 관점에서 보면 크래프츠의 수정주의는 산업혁명이라는 나무에서 다른 모든 분야라는 나뭇잎을 떨궈 내고 면직업종이라는 큰 줄기를 드러낸 낙엽 현상이라고 할 수 있다.[26]

1780년경 면직업종에서 발생한 급격한 상승세는 아크라이트가 처음 발전시킨 작업장 형태가 기존 시장, 인간 생활의 가장 필수적 요

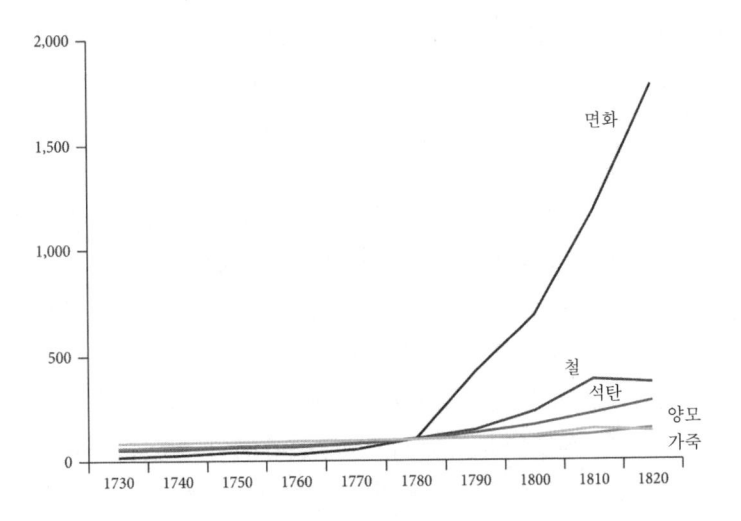

그림 3.1. 면직업종의 폭발적 성장. 1730-1820년대의 영국 제조업 5개 부문의 실제 생산지표의 성장. 1780년대의 지표를 100으로 삼는다.[27]

소 중 하나인 의류 시장을 잠식하면서 등장했다. 수력에 의해 구동되는 기계 덕에 기존의 물레나 다축방적기, 방적틀, 뮬방적기로 실을 뽑는 데 필요했던 시간보다 훨씬 짧은 시간에 면을 자아낼 수 있었으며, 이는 자릿수가 몇 개씩 늘어나는 수준의 생산성 향상으로 이어졌다. 최신 기술로 만들어진 장비를 설치한 최첨단 기업가들은 구식 경쟁자들이 부르는 가격보다 낮으면서도 **동시에** 자기 원가보다 충분히 높은 수준에 가격을 고정시킴으로써 시장 전체를 압도할 수 있었으며, 게다가 가격 하락이 상품 수요를 더 확장시켰기에 이를 통해 전형적인 초과이윤을 실현할 수 있었다. 이것이 바로 아크라이트가 개척한 길이었다. 다른 산업 분야에서 이와 유사한 경우는 아직 찾을 수 없었다. 면직업 작업장을 제외한 다른 곳에서는 여전히 전통적 기술이 우세했고, 1830년 이전 전체 생산성 향상의 절반은 순전히 이 한 분야에만 집중되어 있었다. 《리스의 백과사전》은 '면직물 거래가 급증한 것은 그 업종의 모든 부분에서 다른 주요 제조업 분야에 비해 기계가 상대적으로 더 자유롭게 도입되었다는 사실에 대부분 기인한다'고 서술한다. 좀 더 일반적으로 말하자면 '바로 이것이 온갖 종류의 **자산 증가**를 살펴보기 위해 우리가 참조해야만 할 원점이다.'[28]

그리고 자산은 확실히 증가하였다. 크롬포드 이후 20 또는 30년 동안 30에서 50% 부근의 이윤율을 얻는 것조차 그리 신기한 일이 아니게 되었다. 높은 이윤율은 이 업계로 진입하도록 새로운 투자자를 유인했을 뿐만 아니라 계속되는 확장을 낳는 필수적 매개체가 되기도 했다. 이윤이 공장에 **다시 투입**되었으며 더 향상된 생산 능력, 더 새롭고 개선된 기계, 더 강력한 수차에 재투자되었다. 영국 경제에 자기지속self-fuelling 확장이라는 새로운 논리가 자리 잡았다. 아니, 크래프츠의 동료인 닉 할리Nick Harley의 말을 빌려 표현하면 그 주변 어디에서도 "찾을 수 없던 **질적인 변화**를 내포한 '발전'의 과정을 새로운 기술과 조직을 통해서 면직업이 개시하였다." 즉, 생산성의 끊임없는 향상, 높은 이윤율, 이윤의 재투자와 그에 따라 생산량이 급증하면서 **지속적인 산업자본의 축적**이 자리 잡았다.[29] 자기지속self-sustaining 성장이 강림했다. 이것이 영국 경제를 완전히 장악하게 되기까지는 아직도 반세기 정도의 시간이 더 남았다. 이게 바로 수정주의가 발견한 내용의 핵심이다. 그럼에도 1780년대부터 그 이후 계속 한 산업 분야에서만큼은 이전까지 상상하지도 못했던 소용돌이가 급회전하며 격렬히 성장했다. 그리고 그 성장은 바로 흐름의 약동하는 에너지 덕에 가능했다. 전례 없는 양의 상품을 찍어 낼 수 있었던 공장제도는 바로 수력에 기초하여 등장했다.[30] 석탄은 소용돌이 바깥에 남겨져 있었다. 화석 경제의 두 요소, 즉 자기지속성장과 재고로부터 나오는 에너지는 아직 결합되지 못한 상태로 남아 있었다.

원시-화석 경제

고고학의 기록은 요리용이나 거주지 난방용으로 사용되기 전부터 석탄이 장례 의식에 사용되고 있었다는 점을 시사한다. 석탄은 청동기시대 남웨일스South Wales에서 화장을 위한 열을 얻는 데 사용되었다. 이것이 바로 영국 제도the British Isles에서 석탄이 연료로 사용되었다고 증명된 최초의 예다. 석탄에 어떤 신비한 기운이 서려 있다고 받아들여졌던 것 같다. 그러나 석탄이 일상적으로 사용되게 된 것은 섬에 로마인들the Romans이 들어온 이후다. 태워서 열을 얻을 수 있다는 이 검은 돌의 성질은 그리스-로마 문명권Graeco-Roman civilisations에서 이미 잘 알려진 사실이었고, 이는 존 홀랜드가 《화석연료의 역사와 특성》에서 아리스토텔레스의 제자이자 후계자인 테오프라스토스의 말을 인용하여 전한 바와 같다. '석탄이라 불리는 이 화석 물질은 조각내어 사용되며 흙과 같은 성질을 가진다. 그러나 이 물질에는 불이 붙으며 마치 숯처럼 탄다.' 이어서 테오프라스토스는 어떤 지역에서는 이것을 '대장장이들이 쓴다'고 덧붙였다.[31] 영국 제도를 점령하고 나서 로마인들은 체계적으로 석탄을 파내어 운송하고 여러 용도로 태우기 시작했다. 군사 주둔지와 주거를 난방하기 위해서, 대장간에서 철을 다루기 위해서, 소금과 맥아를 처리하기 위해서, 미네르바 신전의 영원한 불을 밝히기 위해서.[32] 증기력을 만드는 용도를 제외한 석탄의 기타 기본 용도는 기원후 1세기에 이미 확립된 상태였다.

로마인들이 철수한 후 7세기라는 기나긴 시간 동안 석탄은 그저 고요히 묻혀 있었다. 석탄을 다시 쓰기 시작한 이들은 먼저 13세기의 대장장이들과 오두막살이들이었지만, 초기 영국의 석탄산업에 대해 독보적 위상을 자랑하는 학자 존 네프John Nef의 평가처럼 이는 '고대 중국에서 사용되던 석탄만큼도 국민 생활에 영향을 주지 못했다.' 아니, 우리가 조금 있다가 다시 살펴볼 내용이지만 고대 중국의 경우가 확실히 더 큰 영향력을 발휘했다.[33] 조금 더 결정적인 계기는 16세기 후반에야 등장한다. 1560년을 전후로 모든 주요 분야에서 광범위한 발전이 일어나면서 사실상 석탄 열병이 시작되었다. 이후 1세기 반 동안 국가의 총생산은 10배 넘게 증가하게 된다. 이 급성장을 '엘리자베스 도약기'the Elizabethan leap라고 부르겠다. 이 시기는 석탄이 주거 난방을 위한 연료로 확산되던 시기와 일치한다. 1577년 윌리엄 해리슨 William Harrison이 《잉글랜드의 생활상》Description of England에 적은 것처럼 이때 석탄 '거래의 주요 대상이' '대장간에서 부엌과 연회장으로 확장되기 시작했다. 해안 가까이 위치한 주요 도시 대부분과 소도시들에서 이러한 경향이 이미 드러난다.'[34] 그중 한 도시는 타의 추종을 불허할 만큼 부엌과 연회장으로 광범위하게 석탄을 받아들였다. 그곳은 바로 런던이다. 어떤 다른 시장도 이에 필적할 수 없었고 당시 세계 어디에서도 감히 런던에 비할 만큼 화석연료가 확산된 도시를 찾을 수 없었다.

엘리자베스 도약기 영국에서 석탄 소비는 난로 쪽으로 옮겨 갔으며 이 연료는 원시적인 경제활동에 투입된다. 바로 열 그 자체를 얻거나 음식을 준비하기 위한 활동으로. 그러나 이와 동시에 산업에서의 소비 역시 증가했다. 이미 중세부터 검은 돌을 다루는 데 익숙했던 장인들은 이 확장기에 적응했을 **뿐만 아니라** 적극적으로 석탄을 연료로 선택했다. 말굽, 낫, 삽에서부터 자물쇠, 무기, 못에 이르기까지 모든 물건을 만들고 고치던 대장장이들의 일거리가 늘어나면서 그들은 점차 숯을 버리게 된다. 이미 1552년에 한 상인은 북동부 광산에서 나온 석탄을 사들이는 대장장이들이 '물고기가 물 없이 살 수 없듯이 [그것] 없이는 살 수 없다'고 전한다.[35] 솥을 데우는 데 필요한 어마어마한 양의 연료를 찾던 맥주 양조업자들 역시 열렬한 소비자였다. 초석, 비누, 녹말, 타일과 담뱃대를 만드는 제조업자들도 역시 안정적인 석탄 공급을 필요로 했다. 도에 공방이나 빵집, 유리 공방과 석회 가마, 자염 공법으로 냄비에 끓여 소금을 생산하는 곳이나 설탕을 정제하는 곳까지 모두 불을 필요로 했다. 주로 액체를 끓이기 위한 열이 필요했기 때문에 이들 모두가 석탄 소비의 증가라는 **장기지속** *longue durée*에 자신의 수요를 더했다. 모두 장작을 버리고 석탄을 선택했다. 그리고 이들 모두 당시 여성들이 저녁 식사를 준비하고 주거지를 난방하며 아이들을 씻기기 위해 사용하던 방법과 근본적으로 동일한 방식으로 이 연료를 소비했다. 바로 그 순간 발생하는 열에너지의 사용. 그 누구도 석탄을 동력power을 얻기 위해 사용하지는 않았다.

석탄의 이 장대한 행보를 어떻게 평가해야 할까? 이 방면에 관한 고찰의 심도와 범위에서 네프의 《영국 석탄산업의 성장》*Rise of the British Coal Industry*에 필적할 수 있는 유일한 학자인 존 해처John Hatcher에 따르면 '이미 17세기 초에 영국은 상당 부분에서 매우 높은 수준의 석탄 의존도를 보였다.' 18세기 초에 전국은 '석탄에 기초한 경제체제로 변해 가고 있었다.' 이러한 평가의 근거로 해처는 '화석연료가 식물 기반

연료를 제치고 국가 최대의 열 공급원이 되었다'고 추정했다. 확실히 1700년에는 이미 그러했고 어쩌면 심지어 1650년 이전조차 그러했다. 네프 역시 16세기 후반을 분수령으로 삼아 비슷한 해석을 내놓았다. 석탄이 불가결했다는 17세기 당대의 수많은 증언을 들면서 그는 이미 그 시점에 이 연료가 영국인의 생활 속 자연스러운 일부가 되었다고 주장한다. "셰익스피어의 작품 속에서 인물들이 '배로 수송된 석탄'seacoal 불 곁에 모이는 장면이 몇 번이나 발견된다."[36] 그렇다면 이미 화석 경제가 도래한 것인가?

이 질문에 답하기 전에 먼저 몇 가지 고려해야 할 점들이 있다. 우선 분명한 것은 석탄이 단지 열의 형태로만 에너지를 제공했기 때문에 아직 제조업에서 원동력으로 수력, 풍력, 말 또는 인간과 경쟁하지 않았다는 점이다. 석탄이 산업에서 사용되던 경우에도 그 소비 방식은 미네르바 숭배자들이나 테오프라스토스가 언급한 대장장이들이 쓰던 방법, 아니, 심지어 청동기 시대 화장터에서의 쓰임과 본질적으로 동일했다. 게다가 석탄이 가장 활발히 사용되던 곳은 여전히 부엌과 연회장이었다. 1700년 이전에는 영국 전체 석탄 생산량의 절반이 넘는 양이 가정에서 소비되었다. 해처가 단언하듯이 엘리자베스 도약기는 주로 주거 난방과 식품 조리에 쓰이던 장작을 석탄으로 대체한 시기이다. 이 검은 돌이 '기본 생필품'이 되면서 그만큼 시장이 확장되었던 것이다. 한 세기에 걸쳐 벌어진 석탄으로의 전환은 물론 불완전했지만 어쨌든 상당한 수준이었고, 석탄 소비량을 전례 없는 수준으로 끌어올렸다. 하지만 일정 수준에 도달한 후 소비량 증가는 잦아들었다. 당연히 부엌과 연회장에서의 성장 가능성은 제한적이었으며 16세기 후반에 이미 이러한 제약의 효과가 나타나기 시작했다. '굉장히 많은 양의 석탄을 필요로 하는 새로운 용도가 등장하지 않는 한 이 이상의 급성장은 오로지 **인구 증가를 통해서만** 가능했다.'[37] 그리고 인구 증가는 느렸다.

한데 가정에서의 석탄 수요를 부풀린 또 하나의 과정이 있었다. 도시화. 도시에 더 많은 사람이 살게 되면서 공간상으로 집중될 수 있는 연료에 대한 수요가 더욱 증가하게 되었다. 장작을 사용하게 되면 상대적으로 분산된 거주 형태를 가질 수밖에 없는데, 왜냐하면 마을과 소도시가 부근의 숲에 의존하여 생활을 유지해야만 하기 때문이다. 그 규모가 일정 수준을 넘으면 이들 마을과 소도시 주변의 숲이 황폐화되어 획득할 수 있는 연료 공급원을 고갈시키게 된다. 석탄 덕에 런던으로 대표되는 광역도시권conurbations의 다닥다닥 열을 지어 늘어선 건물들에 열을 공급할 수 있었다. 왜냐하면 이 연료는 육로나 배를 통해 도시 중심지로 운송될 수 있었으며 거기에 대량으로 적재해 두는 것이 가능했기 때문이다. 16세기와 17세기의 급속한 도시화와 무모하리만큼 무서운 수도의 팽창은 석탄 수요를 증대시켰다. 역으로 석탄으로 전환함으로써 비로소 이 과정이 가능해졌다.[38] 도시화와 석탄 소비 사이의 이러한 변증법은 먼 훗날 중대한 분기점에서 매우 심각한 결과를 초래하게 된다.

그러나 우리가 앞서 정의한 바에 따르면 17세기 영국은 화석 경제의 조건을 완전히 충족하지 못한다. 여기에는 화석연료와 결합될 수 있는 자기지속성장의 동역학이 부재했다. 아직 그 동역학의 핵심 요소인 기계가 전혀 등장하지 않았다. 이 시기에 등장한 광범위한 제조 공정들은 역학적 에너지의 원천으로 여전히 동물력이나 흐름에 의존하고 있었다. 주거 난방과 식품 조리는 끝없는 성장을 이끌어낼 수 없었으며 화석연료에 의존하도록 다른 이들을 강제하지도 않았다. 이러한 과정들은 각자의 집 안에서 얌전히 진행되었고 그 영향은 바로 거기 사는 몇몇 이들에게만 국한되었다. 대강의 산술적 기준을 제시할 수 있을 것이다. 가사 부문이 석탄 소비량의 절반 이상을 차지하는 한, 아직 화석 경제가 탄생할 수는 없다.

그러나 그렇다고 해서 엘리자베스 도약기가 이룩한 놀라운 성취가 아무 의미가 없는 것은 아니다. 해처의 주장을 살펴보면 '18세기에 이르기 한참 전부터 이미 [석탄은] 가장 많이 사용되는 산업용 연료가 되었다.' 제철업이라는 주요 부문을 제외하면 '석탄은 열의 공급이 생산공정의 주된 부분을 차지하는 모든 주요 산업에서 소비되고 있었다.' 게다가 산업에서 열에너지의 중요성을 과소평가해서는 안 된다.[39] 따라서 엘리자베스 도약기에 등장한 경제형태를 수식하는 데 가장 적절한 단어는 아마도 **원시-화석***proto-fossil*일 것이다. 원시-화석 경제A proto-fossil economy는 해처의 말을 빌리면 화석 경제가 되어 가는 **과정에 있으며** 그 방향으로 상당한 진전을 이루었지만, 그럼에도 불구하고 화석 경제에는 **아직 이르지 못한 상태**이다. 엄밀한 의미의 화석 경제a fossil economy proper로의 전환은 아직 미래에 벌어질 일일 뿐이며 게다가 그러한 전환이 꼭 필연적으로 예정된 것도 아니다. 다른 지역(화석 경제)으로 연결된 다리(전환)로 향하는 길(원시-화석 경제)을 한번 생각해 보라. 그 길 위에 선 여행자의 운명은 여러 가지로 나뉠 수 있다. 다리에 도착하기 전에 돌아설 수도 있고, 그냥 멈출 수도 있으며, 나락으로 떨어질 수도 있고, 다리 틈새로 빠질 수도 있을 뿐만 아니라 그냥 다른 경로를 택할 수도 있다.

이것과 비슷한 상황이 중국의 북송 제국에서 벌어졌던 것 같다. 중국에서도 최소한 4세기부터 석탄이 연료로 사용되어 왔다. 하지만 실제 소비가 급증한 것은 중국 북동부에 자리 잡은 송 왕조 치하 11세기 중반에 이르러서다. 제철업이 이를 주도했다. 쟁기, 삽, 낫과 기타 농업용 장비 및 칼, 활, 화살과 기타 무기에서 동전, 못, 자염용 냄비와 수없이 많은 기타 제품이 공방으로부터 활발한 시장과 요새화된 국가로 흘러 들어왔다. 이 기적과 같은 경제성장 중에 제철업은 석탄에 의존하고 있었다. 11세기 중 제철업에서 용광로, 제련소와 대장간에서 숯이 코크스로 대체되었으며, 광석을 녹이는 순간부터 제품을 완성하는 마지막 시점까지의 전 과정에서 열원으로 석탄이 장작을 대체했다. 한참 후의 영국조차도 당시 송나라의 수준에 미치지 못했다. 1070년대에 가장 활발한 산업지대 중 단 두 지대의 철공소들만 따져 보아도 이들의 연간 석탄 총소비량은 **18세기 초 영국의 금속산업 전체에서 쓴 총량의 70%**에 달했다.[40]

송나라의 다른 산업 부문인 벽돌, 타일, 소금 산업에서도 석탄을 선택했고 결정적으로 북송 제국의 수도 카이펑 내 가구들도 그러했다. 이 대도시는 11세기 말에 인구 백만을 자랑했고 그 크기는 **17세기 말** 런던의 2배에 달했다. 뉴캐슬에서 런던까지 거리의 3분의 1 이하밖에 떨어져 있지 않은 거리에 배로 쉽게 접근할 수 있는 신규 탄광들이 있다는 유리한 조건을 이용하여 북송 정부는 추운 겨울에 대응하기 위해 석탄 시장을 조직했으며, 카이펑 내 가구들이 전통적인 목재 연료를 포기하도록 몰아세웠다. 12세기 초에 이르러서는 '어느 한 가구도 장작을 태우지 않았다.' 이 주제에 관한 주요 권위자인 로버트 하트웰 Robert Hartwell의 관점에 따르면, 1050년경에서 1127년 사이 '북송의 마지막 75년 세월'은 '바로 북중국North China이 중대한, 거의 혁명적인, 연료원 전환의 중심지가 되었던 시기이다. 동시에 석탄이 **산업용과 가정용 모든 분야에서 가장 중요한 열원**이 되었던 시기이기도 하다.' 엘리자베스 도약기가 도래하기 전까지 세계 어느 곳에서도 이에 필적할 만한 사태를 찾아볼 수 없다.[41] 그리고 곧 모든 것이 무너졌다. 북송이 망하고 남송으로 쫓겨나게 되었다. 철공소들은 일거리를 잃었다. 석탄 광산은 잠시의 영광을 뒤로한 채 아무 일도 없었던 듯이 문을 닫았다. 이후 시대에도 석탄 소비는 중국의 다른 지역으로 천천히 퍼져 나갔으며 심지어 명나라와 청나라 때는 양으로 북송을 능가했지만, 석탄이 새로운 부문으로 침투하거나 원시-화석 경제의 수준을 벗어나는 일은 결코 없었다.[42]

북송과 나란히 놓고 비교하면 엘리자베스 도약기도 별로 대단할 것이 없다. 실상 엘리자베스 도약기는 그냥 저 머나먼 타지에서 이미 한번 벌어졌던 일을 재탕한 것에 불과하다. 세계사적 관점에서 볼 때, 여기에 질적으로 새로운 점이라고는 전혀 없으며 지구온난화를 야기하는 데도 역시 송나라만큼이나 직접 기여한 바가 없다. 이 둘 사이의 차이라면 결정적 전환이 영국의 원시-화석 경제를 뒤따른 반면 중국에서는 (완전히 화석화된 영국과 상업적 그리고 지리정치학적으로 충분한 상호작용을 하게 될 때까지) 그렇지 못했다는 점이다. 원시proto라는 접두어에 목적론적인 의미가 은근히 깊숙이 내포되어 있기는 하지만, 우리는 **원시-화석**이라는 용어를 정의할 때 이후 완결되지 못한 불확정적인 발전 역시 포함시켜야 할 것이다. 조금 더 정확히 서술하자면 원시-화석 경제는 다음과 같은 특징을 가진다. 1) 석탄산업이 발전하여 지하 탄광이 운영되고 상시 거래가 가능한 시장이 존재한다. 2) 석탄이 가사 부문의 주요 열원이 된다. 3) 석탄이 열 공급원으로 산업계에 침투한다. 4) 가사 부문이 여전히 석탄 소비를 지배한다. 5) 연료가 대체되는 단계에서 석탄 소비량이 인상적으로 급증하지만, 화석연료에 의존한 자기지속하는 경제성장은 아직 등장하지 않은 상태다. 근대 초 영국은 이 다섯 가지 조건을 모두 만족한다. 북송의 경우 자료 부족 때문에 넷째 조건을 만족시키는지가 불확실하지만 나머지 조건에는 아무런 문제가 없다. 어쨌든 둘 다 원시-화석 경제라고 명시할 수 있는 충분한 조건을 갖추고 있는데, 반면 이들 외에 다른 예를 찾기는 어렵다. 사실 18세기가 막이 올랐을 때 '영국의 석탄 생산량은 전 세계 나머지 부분에서 생산되는 양을 다 합친 것의 몇 배에 달했다.'[43] 영국이 화석 경제로의 전환을 완료하고 증기기관이 그들의 작업장에 다 도입된 **후에야** 미국이나 독일 등 다른 고도산업 경제에서 가정의 주요 열원인 장작을 석탄으로 전환하기 시작했다. 이들, 바로 영국인들이 화석 경제를 이룩하기 전에 원시-화석 경제를 이룬 경제권은 거의 없었다. 그러나 분명히 그러한 현상이 존재하기는 했던 것이다.

따라서 다리로 향하는 길인 원시-화석 경제 상태의 영국을 빼놓고 화석 경제의 역사를 본격적으로 다룬다는 것은 불가능하다. 16세기와 17세기에 주요 열원을 석탄으로 전환했다는 사실은 에너지와 산업 혁명을 다루는 서사들, 특히 리카도-맬서스식 패러다임에서 매우 현저한 양상으로 제시되며, 우리가 현재 처한 곤경의 근본 원인을 해석하는 데도 중요한 시금석 중 하나가 된다. 따라서 우리는 뒤에서 이 문제로 다시 돌아오게 될 것이다. 그동안 간과되어 온 네프의 연구 중 일부 측면을 다시 살펴보면서 진정 무엇이 엘리자베스 도약기를 야기했는지 그리고 왜 영국만이 자신만의 고유한 궤적을 밟게 되었는지 특히 중점적으로 탐구하게 될 것이다.

밀려난 증기

수차나 상시적인 석탄 사용과 마찬가지로 증기력의 원리 역시 고대 그리스-로마 시대에서 그 원점을 찾을 수 있다. 증기력의 근본 원리는 사실 쉽게 알아챌 수 있다. 끓는 물은 보이지 않는 증발 기체, 즉 증기를 내뿜는데 이 기체는 자기 길을 막는 물체를 밀어내는 힘을 가지고 있으며 열이 가해지면 팽창하고 냉각되면 진공을 만들어 낸다. 증기의 이러한 성질 덕에 이를 이용하여 원동기를 구현할 수 있는 가능성이 열리게 된다. 알렉산드리아의 헤론Hero of Alexandria이나 갈릴레오와 우스터 후작the Marquis of Worcester이 만들었던 장난감에서부터 세이버리Savery와 뉴코먼Newcomen의 펌프를 거쳐 와트의 다양한 특허들인 별도의 응축기, 복동식 기관, 유성 톱니바퀴 장치 따위에 이르기까지, 증기를 둘러싸고 벌어진 수많은 실험들은 서구 과학의 연대기 속에서 끊임없이 반복되며 연출된 성장소설이자 가장 자세히 연구되고 열렬히 찬양되는 발명품의 계보를 형성한다. 이 계보를 다시 쫓아

가며 살펴볼 필요는 없을 것이다. 회전식 증기기관의 모든 요소가 완비되었던 경이로운 해annus mirabilis였던 1784년에 와트는 드디어 결정적인 네 번째 특허를 획득한다. 오직 이 기관의 수용과 확산만이 남겨진 과제였다. 물론 와트는 자신의 발명을 상업화하기 위해 사업 동료였던 매슈 볼턴Matthew Boulton에 의존했다. 지칠 줄 모르는 버밍엄의 금속산업 기업가였던 볼턴은 와트의 발명 속에 숨어 있는 엄청난 이윤의 가능성에 일찌감치 눈을 뜨고 1760년대부터 와트와 협조하기 시작했다.

기술적으로 증기기관에 사용할 수 있는 연료는 집중된 고농도의 에너지원인 석탄뿐이었다. 장작은 그 상대가 될 수 없었다. 연료를 어마어마하게 낭비하던 뉴코먼 기관the Newcomen engine은 석탄이 넘쳐나서 낭비해도 별 손해가 없는 탄광 입구에서만 쓸 수 있었지만, 와트가 1769년 특허를 낸 별도의 응축기를 설치함으로써 연료 소비가 3분의 1로 줄게 되었고, 증기기관은 여전히 왕복 펌프에 불과했지만 드디어 석탄이 상대적으로 귀한 장소, 특히 콘월Cornwall의 주석 광산에서도 사용할 수 있게 되었다. 그러나 1780년대 초 볼턴앤와트사Boulton & Watt의 광산 시장 수요는 고갈된다. 동료인 와트에게 일을 완수하도록 권유하면서 볼턴은 다른 출구를 찾았다. '콘월 같은 경우는 이제 더는 찾기 어려우며 우리 증기기관을 구매할 가능성이 가장 높은 응용 분야는 바로 작업장이다. 확실히 이는 매우 광대한 부문이다.' 면직물과 회전식 기관이 미래의 희망이다. '혁명적인 제조업 자본가'의 체현인 볼턴은 크롬포드에서 싹튼 공장제도 작업장들을 주요 시장으로 파악하는 놀라운 선견지명을 보였다. 그때까지 수력으로 운영되던 작업장들에 진정한 가능성이 있었다. '맨체스터 친구들The Manchester folks이 곧 많은 면방적 작업장을 세울 터인데 그 작업장을 돌릴 기관이 필요하다'라든지. 1781년 6월에 전달된 더 유명한 문장에서는 '런던, 맨체스터, 버밍엄 사람들이 증기기관에 열광하고 있으니 이 기회를 현명하게 이용하자'라든지. 그리고 또다시 1782년에는 '내 생각에는, 이 작업장들이야말로 **끝없이 수요가 넘쳐나는 광대한 평야**와 같아서 잠시 운영되다가 고갈되어 사라질 광산들보다 훨씬 더 영구적인 시장이 될 것이다'라고 말한 대로다.[44] 일단 회전하는 기관이 완성된 후, 남은 일은 공장주들이 지갑을 열도록 그 유용성을 증명하는 것뿐이었다. 그들을 포함해서 모든 이들이 직접 눈으로 확인할 수 있는 시연용 모형을 제작해야 했다.

와트가 네 번째 특허를 마무리하는 동안 볼턴은 광고를 위한 실제 시연용 곡물 제분소를 런던에 설치하자고 제안했다. 일부 제분업자의 회의적 시각을 극복하고 그는 와트와 그 사업에 뛰어든 다른 동료들과 함께 증기기관에 맞춰 설계된 최초의 제분소를 템스강 블랙프라이어 다리the Blackfriars Bridge 부근 강둑에 지었다. 수도 런던에서 볼 수 있던 당대 최첨단 산업시설인 앨비언 제분소The Albion Mill는 1786년에 개업했고, 10개가 넘는 맷돌을 동시에 돌리면서 증기기관의 기술적 위력을 증명했다. 런던의 곡물 가격이 폭락했고 흥미를 느낀 제조업자들이 제분소로 몰려들었다.[45] 그리고 바로 이 무렵에 이 새로운 원동기는 그 첫 면실을 자아냈다.

인류세가 개시된 시점이라고 주장되곤 하는 네 번째 특허가 나오던 해에 노팅엄셔의 린Leen 강변을 따라 패플윅Papplewick 작업장과 또 다른 면직업 공장 네 곳을 소유하던 로빈슨 형제the brothers Robinson는 볼턴앤와트사에 회전식 기관을 하나 주문했다. 이 기관은 1786년에 납품되어 설치되었다. 10마력의 용량을 가진 이 기관은 면직업종 공장에 동력을 공급한 최초의 회전식 증기기관이었으며 수력을 보조하는 용도로 쓰였다. 이 기관이 설치되고 작동되는 동안 로빈슨은 아직 건설 중이던 다른 작업장에 쓰기 위해 두 번째 증기기관을 주문했다. 아크라이트의 초기 추종자 중 하나였던 이들은 1780년대 중반에 비상한 규모와 기술적 고도화 수준을 자랑하는 공장들을 린 강변에 가지고 있었으며, 볼턴앤와트사의 신제품을 시험해 볼 만큼 새로운 혁신에 대한 높은 관심을 가지고 있었다. 하지만 로빈슨의 시도는 실망스러운 결과를 낳았다. 이 기관들은 운용하는 비용이 너무 높았으며, 그 때문에 증기기관은 간헐적으로 강의 수위가 낮아졌을 때에만 사용되었다. 1790년대 초 어느 날 그들은 설치했던 두 번째 증기기관을 매각했다. 로빈슨은 연료비가 너무 든다고 불평했고 이 불만은 전환기 중에 그리고 실은 전환이 끝난 후 한참 뒤까지도 꾸준히 증기력을 괴롭히는 약점으로 남는다. 그 지역에서 석탄의 가격은 톤당 11실링에서 12실링이었는데 이는 공짜인 린 강의 유수와 대조될 수밖에 없었다. 증기력에 대한 그들의 실험이 진행되던 도중에도 로빈슨은 그들이 보유하고 있던 강력한 수력 시설을 계속하여 개선했다. 이 시설들은 광대한 저수지, 거대한 수차, 원심 속도 조절기, 목재 대신 철로 만든 톱니바퀴 등이었다. 증기력이 아니라 바로 이게 그들이 믿고 의지하던, 현대화되기는 했지만 여전히 고전적인 기반이었다. 증기기관을 면직업계에서 사용하려던 첫 시도는 이렇게 초라하게 끝났다.[46]

1790년까지 볼턴앤와트사는 잉글랜드의 면직업 사업가들에게 기관을 열 대 남짓 판매했을 뿐이다. 이들 구매자 중 다섯은 수력을, 셋은 말을 증기력으로 교체했다. 그러나 증기기관이 확산되는 데는 그들이 기대했던 것보다 훨씬 더 오랜 기간이 걸렸다. 예를 들어 리처드 아크라이트도 크롬포드에 증기기관을 설치하는 것을 고려했지만 높은 연료비 때문에 결국 설치하지 않기로 결정했다. 그는 노팅엄 공장에 설치되었던 증기기관을 단 1년간 시험한 후 바로 포기했다. 와트는 그를 '고집쟁이'라고 불렀다.[47] 1791년 윌링턴Wllington의 한 제조업자는 볼턴앤와트사의 제안에 다음과 같이 답했다. '그 작은 기관의 가격과 석탄 및 물의 소비 때문에 발생하는 비용이 내가 우리 작업에 필요하다고 생각하던 것보다 훨씬 더 들기 때문에 차라리 우리 집에서 약 1마일 떨어진 하천에 기계를 설치하는 편이 합리적이라고 생각합니다.' '증기기관에 열광'하고 있다던 제조업자들이 실은 그리 열광하지 않고 있었던 것이다. 두 동업자는 결국 '맨체스터는 우리의 기관을 수용하기에는 너무나 보수적이다'라고 인정할 수밖에 없었고 심지어 와트의 평가는 한층 더 싸늘했다. '내가 듣기로는 이미 잉글랜드 북부의 강한 하천들 부근에 너무나도 많은 작업장이 있어서 시장이 곧 포화될 것이라고 한다.'[48]

그러나 진입에 아예 실패한 것은 아니었다. 두 동업자로 이루어진 맥코넬앤케네디사McConnel & Kennedy는 1797년 주요 신축 공장을 짓기 위해 맨체스터에서 토지를 구입하면서 그때까지 뮬방적기를 돌리던 말을 버리고 볼턴앤와트사의 증기기관에 투자했다. 이들은 수년 내 이 면직업의 수도the Cottonopolis에 있는 방적회사들 중 선도적 위치에 서게 된다. 면직업을 주업으로 삼는 랭커셔의 소도시들, 특히 올덤Oldham과 프레스턴Preston에서 제조업자들은 이 새로운 원동기를 상대적으로 더 적극적으로 받아들였고, 그중 몇몇은 증기력으로 구동되는 뮬방적기를 기반으로 시장을 선도하는 위치에 서게 된다.[49] 18세기가 저물 무렵, 매슈 볼턴의 직감은 최소한 부분적으로 증명되었다. 면직업이 광산을 밀어내고 그의 최대 시장이 되었다. 1775년에서 1800년 사이 볼턴앤와트사가 잉글랜드에 설치한 기관 289대 중 84대가 면직업종에서 사용되고 있었고 이는 전체 수량의 29%에 달했다. 광업에서 사용되던 것은 30대뿐이어서 한참 뒤떨어진 2위에 머물렀다. 증기기관 84대라는 수치는 물론 1800년 당시 수력으로 운영되고 있던 면직업종 작업장 약 1천여 곳과 비교되어야 한다. 작업장 약 100곳이 있던 스코틀랜드의 증기기관 수는 모두 합하여 단 일곱 대에 불과했다.[50]

증기기관이 면직업계를 장악한다는 볼턴의 예언은 그의 생애에는커녕 사업 동료였던 와트 생전에도 완성되지 못했다. 수력에서 증기력으로의 전환은 자연스레 별 난관 없이 곧장 진행된 것이 절대로 아니었다. 경쟁은 상당히 오랜 기간 끈질기게 계속되었고 심지어 수력이 도리어 더 유리한 고지를 **점령한** 것으로 보일 때도 종종 있었다. 18세기의 마지막 10년 동안 증기력을 시도하다가 수력으로 돌아온 면직업종 제조업자는 아크라이트와 로빈슨만이 아니었다. 또 다른 유명한 예로 로버트 오언Robert Owen을 들 수 있는데, 그는 1797년 맨체스터에 소유하고 있던 최대 규모의 증기력 작업장을 포기하고 뉴래너크New Lanark의 수력으로 돌아섰다. 얄궂게도 정작 볼턴앤와트사조차도 이윤을 얻는 데 더 유리했기 때문에 19세기에 들어서도 상당 시간이 흐를 때까지 자신들의 소호 제조창Soho works에서 수차를 이용했다. 사실 중부 지방Midlands에서 활동하던 금속 업종과 철과 강철 제품을 생산하는 업계의 동업자들 대부분이 그러했다.[51]

널리 사용되고 있었을 뿐 아니라 오랜 기간 익숙하게 안정적으로 운영되었고 저렴하기까지 한 원동기인 수차는 강력히 저항했다. 자연철학 교수이자 발명가 와트의 오랜 친구였으며 그가 아직 젊었을 때 증기에 관심을 가지도록 영감을 주었던 존 로비슨John Robison은 1807년 증기기관의 미래에 대해 암울한 예측을 내놓았다.

모든 작업장에서 그 목적을 성취하기 위해 상당한 규모의 동력을 사용할 필요가 있다. 한결같이 일정한 수력이 가장 흔히 사용되는 동력이며 실제로 따져 보아도 가장 적합하다. 이에 반해 바람은 어떤 때는 엄청난 위력을 가지고 불어오고 어떤 때는 아예 불지 않는다. 런던에 있는 앨비언 제분소처럼 증기의 힘으로 운영되는 작업장도 있을 수 있다. 그러나 **분명하게 연료비 때문에 이런 방식의 작업장이 일반적으로 널리 생길 수는 없다.**[52]

각자 상호 독립적인 계보를 가지고 발전한 자기지속성장과 화석 연료 연소 사이의 운명적 결합의 무대가 이 시점에 이미 마련되었던 것처럼 보인다. 순전히 기술적 측면에서 볼 때, 증기기관은 1790년대 초부터 면방적 작업장의 필요를 충족하는 쓸 만한 원동기라고 널리 인정받고 있었다. 18세기에서 19세기로 넘어갈 무렵에는 볼턴앤와트 사의 견본품 25대가 주로 제분용이나 조폐용으로 타국, 바로 네덜란 드, 프랑스, 스페인 심지어 러시아까지 수출되었다.[53] 영국 면직업계가 증기력으로 신속히 전환하지 못했던 것은 절대로 기술적 지식이 부족 했기 때문이 아니었다. 정반대로 1784년에 특허가 등록되자마자 증기 기관은 수차의 강력한 경쟁자로 널리 알려지게 된다. 마치 평행한 두 열차 노선처럼, 제조업자들은 이 두 가지 원동기 사이를 실제로 마음 대로 갈아탈 수 있었다. 그래서 19세기의 막이 열렸을 당시의 상황은 오랜 기간 경제사에서 만족스럽게 답할 수 없었던 수수께끼 중 하나 다. 로버트 앨런이 사실 그대로 서술한 것처럼 '면직업계에 증기력이 서서히 보급되었다는 사실을 제대로 설명해내는 일은 증기기관 기술 을 다루는 역사가에게 중대한 문제다.'[54] 그러나 이 문제를 거꾸로 뒤 집어서 제시할 수도 있다. 이 과정에서 우리가 참으로 설명해야 할 것 은 단지 증기력의 보급이 왜 이렇게 늦었는가가 아니라 **도대체 어째 서 증기력이 결국 수용되었느냐**이다.

4

'저 군중 속에 강력한 에너지가 있다':
위기 중에 동력을 동원하다

산업자본주의 최초의 구조적 위기

폭발적으로 성장하던 면직업계는 1820년대 초 그 비정상적 거품의 절정기에 들어섰다. 스코틀랜드에서 더비셔까지 빈틈없이 공장이 들어서고 그 규모는 전례 없는 수준까지 확장되었다. 새로운 기관과 거대한 수차가 설치되었고 공장주들은 쓸 수 있는 모든 수단을 동원하여 사업을 확장했다. 이러한 대규모 투자는 신용거래가 쉬웠던 덕에 가능했다. 극도로 낮은 수준의 이자율과 지방은행을 통해 자유로이 유통되던 현금 덕에 그럭저럭 건실해 보이는 자산을 조금이라도 가진 자는 누구나 돈을 마음껏 빌릴 수 있었다. 그러는 사이에 건실한 투자와 그렇지 못한 투기 간의 경계는 마구 무너졌다. 1825년 여름이 되자 해외시장에서 영국 면제품 판매가 감소했다. 가을이 오자 지방은행들이 사실상 지급 능력을 잃은 고객들에게 대출해 줬던 빚을 감당치 못하고 무너지기 시작했다. 공황이 확산되었다. 12월 8일에 처음으로 런던의 주요 은행 하나가 무너졌고 이는 곧 이 은행과 직접적으로 관련되어 있던 지방은행들과 그 외의 금융업자들에게까지 널리 연쇄반응을 일으켰다. 차례차례 은행들이 지불 중지를 선언했다. 일주일 후, 《맨체스터 가디언》*Manchester Guardian*은 폐허와 같은 영국 금융계의 상태를 다음과 같이 묘사했다. '지금 살아 있는 업계인 중 그 누구도 최근 일주일 동안 벌어진 상황만큼 상업계를 재난으로 몰아넣은 시기를 경험한 적이 없다.'[1] 19세기의 금융 대붕괴가 시작되었다. 실로, 역사학자 보이드 힐턴Boyd Hilton이 최근 금융위기가 터진 2008년 이 되기 2년 전에 '1825년 12월의 붕괴는 그 강도로 볼 때 (아마 지금까지도) 유사한 사례를 찾기 어렵다'고 적었을 정도였다. 당시 사람들은 두려움에 떨며 어떤 수식어도 없이 이 사태를 '공황'the panic이라는 단어 하나로 지칭했다.[2]

그러나 이 사태의 배후에는 그냥 일회성 사건 이상의 더 근본적인 측면이 있었다. 과다하게 팽창한 금융과 그 붕괴라는 거품 아래에 깊숙이 자리 잡고 있던 불균형이 노출된 것이다. 1825년 12월에 산업자본주의 최초의 구조적 위기가 그 고향에서 시작되었다. 그 중심에 면직업종이 있었다. 수출이 근 10년 새 최저 수준으로 떨어지면서, 그때까지 벌어졌던 돈 잔치는 날카로운 마찰음을 내며 순식간에 중단되었다. 공황 전 마지막 몇 달 동안의 경기과열 중에 원면과 방적사와 직물을 쌓아 두었던 공장주들과 상인들은 갑자기 고객을 잃게 되었다. 심지어 가장 건실한 업체들이 있던 곳인 맨체스터에서도 수십개 회사가 파산했다. 제조업 지대에서 실업률이 하늘로 치솟았다.[3] 이제는 정기적으로 제공되는 〈업계 소식〉State of Trade이라는 기획 기사를 통해, 1826년 2월 말 즈음 《타임스》The Times는 여전히 공급과잉 상태에 빠져 있는 시장 때문에 맨체스터의 작업장들이 생산량을 절반 또는 그 이하로 줄이고 있다고 보도했다. '재고가 줄어들지도, 수요가 늘어나지도 않았다.' 경기침체가 그대로 계속되던 3년 후, 당시 새로 창간된 잡지로 《이코노미스트》보다도 앞선, 아마도 최초의 경제지였던 《은행업계회람》Circular to Bankers은 이 상황이 '이전의 모든 경기침체와 본질적으로 다르며 그 이유는 악재가 서서히 그리고 영구적으로 퍼져 나갔다는 측면'과 '자본의 파멸이 이전 경우보다 더 일반적이고 더욱 절망적인 방식으로 진행되었다는 측면'에서 찾을 수 있다고 서술했다. 5년이 더 지나도 상황이 개선될 기미가 보이지 않자 《은행업계

회람》은 제조업과 상업의 영광스러운 시대가 이제 완전히 끝났다고 까지 결론지었다.[4]

면직업계로부터 이윤은 흔적도 없이 사라졌다. 1833년, 맨체스터의 한 제조업자는 당시의 위기를 조사하던 의회 위원회에 출두하여 '분명히 1826년 이전에는 면사 방적업에서 상당한 수준의 이윤을 얻을 수 있었다고 생각한다. 그러나 그 시점 이후로는 더이상 이득을 얻지 못했다'고 설명했다. 이와 비슷한 묘사가 개개의 회사와 면직업계 전체, 아니 차라리 전체 산업자본에 대해서 작성된 당대의 보고서와 조사위원회 자료 속에 넘쳐난다.[5] 무슨 짓을 해도 '도무지 자본을 축적할 수 없었다'며 맨체스터와 글래스고의 주요 면직물 제조업자였던 헨리 홀즈워스Henry Houldsworth는 한탄했고, 그가 내린 이 진단은 아마 포목상linen drapers 및 날염업자calico printers, 양모제조업자woolen manufacturers 와 제철업자iron-makers, 어음할인업자bill-brokers, 은행인bankers, 건설업자 builders, 놋쇠주조업자brass-founders 등의 말로 뒷받침되었으며, 《은행업계회람》은 '대규모 자본을 운영하는 모든 사람은' 어쩔 수 없이 '어느 정도 손실'을 감수할 수밖에 없을 것이라고 조언했다.[6] 1825년 이후 이윤 감소의 경향이 영국 자본주의 전체 또는 적어도 대부분의 분야를 잠식했다. 아크라이트 시절 50%의 초과이윤을 얻던 면직업계는 공황 발생 후 10년이 지난 시점에는 평균 5% 또는 그 이하의 이윤에 만족할 수밖에 없었다. 어쩌다가 상황이 이렇게 변했는지는 그리 어렵지 않게 설명할 수 있다. 1833년, 의회 조사위원회는 커크먼 핀레이 Kirkman Finlay에게 '면직물 거래의 이윤율이 하락한 원인이 도대체 어디 있다고 생각하는가?'라고 물었다. 핀레이는 당시 영국에서 가장 큰 규모의 수력 작업장들을 소유하는 사람이었는데, 우리는 이후에 이에 대해 다시 살펴보게 될 것이다. 그가 답하기를, '이전 시기의 높은 이윤율이 많은 양의 자본을 끌어들였고' 그 때문에 '수요에 비해 지나치게 과다한 생산'이 야기되어 결국 '지금 우리가 경험하고 있는 것처럼 낮은 수준의 이윤에 필연적으로 도달하게 되었다[7]는 것이었다.

1820년대 초 과열된 경기의 거품이 증상을 악화시켰다. 맨체스터의 어느 은행인이 증언하기를, 투기가 미친 듯이 성행하던 시절에는 '생산품에 대한 수요가 증가했기 때문이라기보다는 단지 당시 회사가 잘 돌아가서 돈을 쉽게 빌릴 수 있었기 때문에' 공장을 그냥 마구 지어 댔다고 한다.[8] 제조업자와 경제학자, 공장감독관과 소위 전문가들이 이구동성으로 말하듯, 그 결과는 **과잉생산**overproduction이었다. 간단히 설명하면 과잉생산은 수요에 비해 항구적으로 과다한 생산 능력이고 바로 **구조적**structural 위기의 형태다. 그러니까 일시적이거나 그냥 지나갈 침체기가 아니라 면직업계의 성공 그 자체 때문에 야기된 장기적이고 만성화된 곤경이라는 뜻이다. 바로 면직업계의 생산성이 폭발적으로 증가하여 초과이윤의 원천을 이루었기에 투자자들이 몰려들었고, 결국에는 18세기 후반에 시작되어 1825년에야 비로소 드러나게 되는 자본의 과잉축적이라는 상황에 이르게 되었다. 달리 말하면 너무나도 많은 회사들이 그 분야에서 사업을 운영하고 있었다는 것이다. 일확천금을 노리고 노다지에 몰려든 어중이떠중이들이 너무 많은 공장을 세웠고, 곧 시장을 포화 상태로 밀어 넣었으며, 가격과 이윤은 폭락했다. 위기가 시작되자 경쟁은 야만적이라고 할 만큼이나 치열해졌다. 1831년 맥코넬앤케네디사는 대리점 중 한 곳에 보낸 글에서 '이 심각한 손실은 극도로 우려되는 부분이다'라고 토로한다. 이 문장은 곧 한층 더 불길한 내용으로 이어진다. '만약 지금처럼 어려운 상황이 계속된다면 최소한 현재의 위기가 시작되기 전부터 풍부한 자금을 확보하고 있지 못했던 대규모 회사들 대부분이 하나둘씩 무너지게 될 것이다.'[9] 오직 가장 강한 자만이 이 시련을 견뎌낼 수 있을 것이다.

1833년 후반에야 드디어 경기회복이 시작되었다. 해외시장의 수요 증가 덕에 면직물을 포함한 주요 상품 가격의 대부분이 비참한 바닥에서부터 다시 상승하기 시작했다. 1825년 이후 처음으로 공장이 새로 물밀듯이 건설되기 시작했다. 1834년과 1836년 사이에 랭커셔와 체셔Cheshire에 위치한 주요 면직업 산업도시에 있는 공장 수가 32.5% 증가했다. 구조적 위기가 가한 압력은 이 2년이라는 잠깐 사이의 호황 동안 다른 기계와 원동기를 버리고 특정 기계와 원동기로 전환하도록 공장주들을 유도함으로써 에너지원의 결정적 전환을 초래하게 된다. 그리고 1836년 후반에 이번에는 철도 호황 때문에 발생한 또 다른 투기 거품이 터지면서 면직물 수출이 수직 강하했으며, 1837년에는 다시 무서운 기세로 경제위기가 밀려와서 1825년의 상황을 거의 완벽하게 재현하게 된다. 몇 년간 곤경이 계속되다가 1841-1842년에는 최대급 재앙인 세기의 초침체hyper-depression가 영국을 덮치게 된다. '전체 제조업 지대 중에서 극히 일부의 예외를 제외하면 모두 일반적으로 파산에 처할 최악의 상황 바로 직전이다.'[10] 게다가 총파업과 혁명의 그림자가 왕국을 덮고 있었다.

바로 이 구조적 위기의 첫날부터 이 위기는 경제적인 것일 뿐만 아니라 사회적인 것이기도 했다. 1824년 여름에 의회는 단결금지법 the Combination Laws을 폐지했다. 약 사반세기 동안 유지되었던 단결금지법은 별 효과가 없었을 뿐 아니라 차라리 많은 사람들 눈에는 완전히 역효과를 내는 것처럼 보였다. 부르주아 비판자들은 단결금지법이 위험인자를 제거하기는커녕 모든 조합 활동을 완전히 금지함으로써 '일손들'hands을 더욱 급진적인 과격파로 만들고 최소한의 요구조차 제대로 제출할 수 없게 함으로써 지하조직의 음모에 빠지게 한다고 주장했다. 노동자들은 1810년대 후반과 1820년대 초에 스스로 이 가증스러운 법에 대항하는 운동을 시작했다. 1818년, 1821년, 1823년 방적공들이 파업에 돌입했을 때, 이들은 조합 결성의 권리부터 요구했고 여기에 직조공, 제화공, 정비공 및 기타 다소간이라도 조직된 직능 집단 역시 이 법을 폐지하여 달라는 청원을 하며 동참했다. 지배계급은 전면적 억압이라는 전략에 대한 신뢰를 상실했다. 1824년 6월 초에 노동조합을 합법화하는 법안은 투표 없이 그리고 별다른 논란 없이 하원을 통과했다.[11]

그 효과는 쇄도하는 파업의 물결로 바로 드러나게 되었다. 지하 감옥에서 풀려나자마자 글래스고, 맨체스터 및 랭커셔의 기타 도시에서 면직업종 노동자들이 더이상 자신들의 행위를 숨기지 않고 거리로 쏟아져 나왔으며 각 지역에서 노동조합을 결성하고 주변 지역으로 대표단을 파견하였다. 1824년 후반 방적공의 급여는 5분의 1에서 3분의 1 정도 더 오르게 된다.[12] 단결금지법이 폐지되자마자 제조업 이해관계자들은 이 법령을 되살리기 위한 행동에 들어갔다. 《맨체스터 가디언》은 금융 체계에 균열이 처음 나타나던 1825년 10월에 '상당수의 국내 언론으로부터 노동자들의 조합 결성에 크게 반발하는 목소리가 나오고 있다'고 적었다.[13] 하지만 이미 램프의 요정이 병 밖으로 나온 후였다. 일단 합법화된 노동조합들은 스스로의 존재 권리를 지키기 위해 재빠르게 들고일어났다. 연일 시위를 벌이고 청원했으며 위원회를 조직하여 수도로 파견했다. 의회는 주의를 기울일 수밖에 없었다. 결국 일종의 타협안이 도출되면서 1825년이 마무리된다. 새 법령에서는 일을 멈추거나 노동조합에 가입하도록 유도하는 모든 시도를 위법행위로 보도록 규정하였으나, 노동조합을 구성하고 파업하는 행위 그 자체는 그대로 보장되어 남게 되었다. 즉, 법령을 폐지하여 얻어 낸 본질적 성과는 그대로 유지되었다. 이 절반의 승리 덕분에 현장에서는 파업의 물결이 그대로 이어졌다. 광부colliers, 목수carpenters, 조각공carvers, 도공potters, 밧줄 생산공rope-makers, 여성화 제화공ladies' shoe-makers, 양모 빗는 직공wool combers을 포함한 많은 노동자들이 1825년에 일손을 놓았다. 의회에서의 논쟁이 일단락되자 조합 결성의 새 물결이 몰려왔다. 그중에는 그동안 활동하던 지하조직이 양성화된 경우도 일부 있었던 반면 새로 조직된 조합도 있었다.[14] 결국

산업자본이 추락하던 바로 그 순간에 노동자들이 전투적으로 공세를 펼치는 양상이 전개되었다.

구조적 위기는 대중 봉기의 발발로 점철되었다. 끊임없이 이어지는 대중 봉기가 영국을 전면적 혁명의 문턱으로 밀어붙이는 것만 같았다. 1826년 일어난 랭커셔 봉기the Lancashire rising를 필두로 1830년의 스윙 폭동the Swing Riots, 1831년의 남웨일스 반란the South Wales rebellion, 1831-1832년의 개혁법 위기the Reform crisis, 1832-1834년의 일반 노동조합 운동the general unionism 모두가 1838년에 차티스트 운동Chartism이라는 중대한 도전으로 이어졌으며 결국 1842년의 총파업the general strike을 이루어냈다. 19세기를 통틀어, 아니 심지어 근대 영국사 전체를 살펴보더라도 이 시점이야말로 가장 혁명에 가까웠던 순간이자 임계점이었다고 할 수 있다.[15] 제조업 지대 전반에서 계급투쟁이 벌어졌다. 1830년대 초에 등장한 노동 언론The labour press은 공격적인 어조를 취했다. 《'파괴적'이고 가난한 이의 수호자》The 'Destructive' and Poor Man's Conservative 는 '혁명이 반드시 나쁜 것은 아니'라고 주장했다. '도덕적이고 평화로운 방법으로 사회가 스스로를 개혁하는 것을 폭정으로 가로막는다면, 결국 **물리적**이고 **폭력적**인 방법이 등장하게 되는 것은 당연하다.' 그래서 이 신문은 '전쟁! 전쟁!! 전쟁!!!'이라고 포고한다. 사실 이 전쟁, 즉 '**자본**에 대항하는 **노동**의 전쟁'은 이미 벌어지는 중이었다. '그 주된 무기는 **노동조합**Trades' Unions이다. 노동조합은 썩어빠진 귀족정의 부패한 조직을 대중 권력이라는 대포로 타격하기 위해 만들어진 요새다.'[16] 이렇게 전투적인 수사는 당연히 높으신 분들의 눈길을 끌게 되었다.

보이드 힐턴이 쓴 1783년에서 1846년 사이 잉글랜드에 관한 권위 있는 한 연구서는 그 제목에서부터 《미치고 악하며 위험한 군중?》 A Mad, Bad and Dangerous People?이라고 질문한다. 당시 지배계급을 사로잡고 그 시대를 물들였던 감정은 바로 '공포. 혁명에 대한, 군중에 대한,

범죄와 기근과 가난에 대한, 무질서와 불안에 대한 공포'였다. 이러한 공포는 이미 1789년부터 시작되었지만, 미치고 악하며 위험한 군중이라는 이 괴물은 1825년 이후 한층 더 무시무시한 형태로 등장한다. 여기에는 두 가지 이유가 있다. 이 괴물이 경기침체라는 지진 때문에 흔들리고 있던 위태로운 지반을 행진하고 있었다는 점, 노동조합으로 조직된 전투적인 노동자들을 특별히 그 '무기'로 휘두르고 있었다는 점. 힐턴이 적은 것처럼 '1825년 12월이 준 심리적 충격은' '실제 상황보다 훨씬 더 심각했다.' 그리하여 다음에 들이닥칠 또 다른 공황과 누가 그 희생자가 될지에 대한 소문이 끊임없이 퍼져 나갔고 이는 그러한 위기로부터 가장 큰 타격을 받았던 떠돌이 노숙자들에 대한 불안과 공포로 이어졌다. 19세기의 이사분기에는 산업지대의 교구 내 기대수명이 흑사병the Black Death 이후 최악의 수준으로 하락했다. 사망률이 치솟았고 평균 신장은 바닥으로 떨어졌다.[17] 발달장애와 기형을 안은 빈자의 육체는 그 자체만으로도 공포를 야기하는 원천이 되었다. 위기는 더럽고 병들고 오염된 군중에 대한 부르주아의 공포로 반영되었다. 군중 사이에 퍼져 나가는 혁명에 대한 갈망은 그들이 앓던 천연두와 콜레라처럼 강력한 전염성을 가지고 퍼지는 것만 같았다. 언론인이자 역사학자였던 윌리엄 쿡 테일러William Cooke Taylor는 1842년 탐사보도를 위해 일종의 개인적 조사에 나섰다. 제조업 지대의 광경을 보고 그는 얼어붙었다.

맨체스터와 그 주변 소도시들의 작업장과 염색업장 주변에 몰려 있는 사람들의 무리를 언뜻 지나친 적이 있는 외부인이라면 누구나 이 '지독히 붐비는 북새통'을 떠올리며 거의 경악에 가까운 불안과 우려에 사로잡히지 않을 수 없을 것이다. 이들 군중은 바로 이들이 소속되어 있는 체제 그 자체와 마찬가지로 **완전히 새로운***NEW* 종족이다. 게다가 이들은 그 폭과 세기를 매 순간 늘려 가고 있으며 … [이들이 이루는] 서서히 그리고 점진적으로 상승하는 해수면이 결국 머지않은 미래에 사회의 모든 요소들의 목에까지 차오르고 이 모든 것을 쓸어 가게 될 것이다. 그 무시무시한 종착점이 어디일지는 오로지 하나님만이 아시리라. 저 군중 속에 강력한 에너지가 잠들어 있다.[18]

바로 자본주의 체제의 생존 그 자체가 위기에 내몰려 있었다. 물론 이러한 공포의 대부분은 전혀 근거 없는 병적 흥분상태에 해당된다. 어쨌든 영국에서 혁명은 발발하지 않았다. 하지만 당시 경제가 근본적으로 모순을 안고 있었으며, 그 때문에 매우 현실적인 저항이 실제로 존재했던 것 역시 엄연한 사실이다. 1842년 말엽에 회복이 시작되었다. 마치 1830년대 중반처럼 면직업계는 다시 번영하게 된다. 물론 곧 성장세는 둔화되고 경기가 다시 하락했으며, 이때 경기침체의 심각성은 1842년 수준에 다시 근접했다.[19] 1848년에 이르러서야 영국 자본주의는 교착상태를 벗어나고 지속적 부흥기를 맞이하게 된다. 그리고 바로 그해에 차티스트 운동이 붕괴했다. 우리는 이제부터 이 사이의 시기, 즉 1825년에서 1848년까지를 '구조적 위기'the structural crisis 또는 그냥 '위기'the crisis라고 부를 것이다. 증기력으로의 결정적 전환이 벌어진 것은 바로 이 시기였다.

철 사나이의 등장

처음으로 방적을 기계화하려고 시도했던 1730년대의 발명가들은 '사람 손을 빌리지 않고' 방적사를 생산할 수 있는 '회전기계'를 꿈꿨다.[20] 그로부터 거의 한 세기가 지난 시점에도 이 꿈은 아직 실현되지 못하고 있었다. 1825년 공황 당시, 영국의 면직업종 작업장에서는 주로 크럼프턴의 뮬방적기의 다양한 변종들이 사용되고 있었으며,

아마도 전체 방추의 거의 90%를 이것들이 돌리고 있었을 것이다. 그리고 이 기계들을 계속 돌리기 위해서는 사람의 손이 꾸준히 개입되어야만 했다. 방추는 긴 상자처럼 생긴 운반대에 고정되어 있었고 운반대는 들보에 고정된 굴림대 사이를 궤도를 따라 왕복했다. 원동기의 힘으로 일단 방적공 앞으로 옮겨진 운반대는 방적공의 근육의 힘으로 다시 들보로 되돌려 보내져야만 했고, 이 과정 중에 방적공은 실이 끊어지거나 늘어지거나 엉키지 않도록 손으로 방추의 회전 속도를 제어했다. 강한 팔 힘과 정교한 손놀림 없이는 방적사를 생산할 수 없었다. 달리 말하면, 뮬방적기가 작동할 때는 아직 **동물력의 잔재가** 상당 부분 남아 있었던 것이다. 체외의 원동기가 움직임을 처음 만들어 내기는 하지만, 그 운동을 완성시키려면 여전히 인간의 육체가 에너지를 써야 했다. 확실히 이것은 기계화가 불완전했다는 증거다. 게다가 이러한 노동은 거리에서 흔히 찾을 수 있는 아무 사람이나 데려온다고 해서 그냥 시킬 수 있는 것이 아니었다. 서로 다른 여러 동작을 동시에 조화롭게 조율하고 매번 이를 반복할 수 있을 만큼 방적공은 건장하고 강인할 뿐만 아니라 섬세한 손재주까지 지니고 있어야 했다. 그He—이것은 전적으로 남자들의 일이었다—는 여전히 필수적인 존재였으며, 실을 뽑아내는 그의 작업은 어느 정도 전문적인 장인의 일로 생각되었다. 그래서 그러고자 마음만 먹으면 그는 전체 작업장의 운영을 완전히 마비시킬 수 있었다.[21]

《노동의 힘: 1870년 이후의 노동자운동과 세계화》*Forces of Labor: Worker's Movements and Globalization since 1870*에서 베벌리 실버Beverly Silver는 어떻게 특정 노동자들이 특별히 강력한 형태의 '현장 교섭력'을 확보하게 되는지 묘사한다. 즉, '어느 핵심 지점에서의 작업 중단이 바로 그 지점을 넘어서 훨씬 더 광범위한 규모의 혼란을 야기할 수 있는 빈틈없이 통합된 생산과정에 결합된 노동자들.'[22] 바로 이러한 형태의 힘이 19세기 초 뮬 방적공들의 투쟁성을 고양시켰다. 1833년에 열린 대규모공장조사위원회the great Factories Inquiry 위원이었던 에드워드 터프넬Edward Tufnell은 방적공들이 전형적인 작업장에서 일하는 전체 근로자의 10분의 1밖에 되지 않는 수를 차지하면서도——보풀 일으키는 직공carders, 포장 작업자packers, 실 잇는 직공piecers이나 다른 보조 작업자들이 훨씬 더 많았다——'그들의 노동이 전체 사업장의 작업에 절대적으로 필요했기 때문에' 이들이 작업을 멈추면 '동시에 다른 모든 동료 노동자들의 일을 중단시킬 수 있다'고 한탄했다. 단결금지법이 폐지되자 방적공 조합은 곧 '세계에서 가장 중대한 제조업 부문을 그들의 영향 아래 두고' 전체 경제를 인질로 삼으며 수개월 동안 작업장을 멈춰 세웠다. '그리고 임금율을 높이는 데 **성공했다.**' 실제로 방적공의 임금은 **위기에도 불구하고** 1825년 이후 상승했으며 1831년에는 맨체스터 지역the Manchester area에서 주당 30실링, 볼턴, 올덤, 프레스턴, 블랙번에서 26실링에 달하며 그 정점에 달했다. 고용주들은 이를 도저히 용납할 수 없었다. 노동조합이 임금 삭감을 저지하는 한, 게다가 심지어 **임금 상승**까지 쟁취한다면 이윤을 다시 되살린다는 것은 실로 불가능한 일처럼 보였다.[23]

하지만 이 투쟁은 단지 임금 비율에만 국한된 것이 아니었다. 그 핵심에는 권력을 둘러싼 투쟁이 있었다. 당시 고용주들은 자신들의 회사 운영을 안전한 쪽으로 돌리기 위해서 운전석에 앉아 상황을 주도해야 할 필요가 있었다. 산업계 문제 전반에 권위 있는 전문가로 자주 인용되던 교수이자 민간 자문가인 앤드루 유어는 당시의 모든 상황이 함께 어우러져 '생산력을 곤경에 몰아넣고 자본가들 사이에 불신을 야기하고 있으며' 자본가들을 '종속적인 상태에 몰아넣었다'고 적었다.[24] 당시 그는 주로 랭커셔와 중부 지방의 주요 공장주들을 실질적으로 지원했으며, 이 공장주들의 상당수는 그의 제자이기도 했다. 유어는 이런 반反이상향의 실현을 막기 위해 자동화automation라는 이념을 제시했다. 유어는 저서 《기술, 제조업, 광업 사전》*Dictionary of Arts,*

*Manufactures and Mines*에서 '자동-Automatic이란 스스로 작동하는 기계에 의해 수행되는 경제적 기술을 가리키는 용어'라고 정의하고 '이 단어는 생리학자들이 무의식적인 행동을 표현하기 위해 사용했다'고 덧붙였다. 이렇게 자동운동과 자유의지 결여가 서로 결부되었다. 공장의 생리학 측면에서 보자면 이는 모든 운동이 사람의 육체 밖으로부터 나와야 한다는 것을 의미한다. '**자동**이라는 용어는 이제 스스로 작동하는 기계 또는 **비록 기계를 움직이는 힘이 그 기계 밖으로부터 주어지더라도 스스로의 운동을 조절할 수 있는 능력을 그 기계 자체가 지니고 있는 경우**에 적용된다.'[25] 바로 이 공식 속에 골치 아픈 방적공들 때문에 발생한 문제에 대한 해답이 있다.

유어가 이러한 전망을 글로 남기기 전부터 고용주들은 이미 이를 알고 있었다. 이 오래된 착상은 이제 절실한 갈망으로 변했다. 뮬방적기가 '스스로 작동'할 수 있게 된다면, 즉 **그 자체의 기구를 통해서** 운반대를 제자리로 되돌리고 방추의 속도를 조절하며 방적사 뭉치를 깨끗하게 말아 줄 뿐만 아니라 이 모든 운동을 조율할 수 있다면, 이제 더이상 사람의 손은 필요하지 않게 될 것이다. 1825년 1월 22일, 《맨체스터 가디언》은 또다시 일어난 신규 파업 한 건을 보도했다. 이번 파업은 하이드Hyde의 뮬 방적공들이 일으킨 파업이었다. '이미 작업을 멈춘 작업자들이 사업장에서 행진하고 있으며 참여자 수는 곧 크게 늘어날 것이다.' 그 수는 1만 명에 달했을 것으로 추정된다.[26] 단결금지법이 폐지된 이상, 파업하는 노동자들이나 노동조합의 지도자를 체포하던 국가권력에 더이상 의존할 수 없었다. 3개월 동안 교착상태가 계속되자 평소 서로 치열하게 경쟁했지만 지금은 같이 머리를 싸매고 고민하고 있던 하이드의 면직업 사업주들이 드디어 구세주를 찾아 나서기로 결정한다. 바로 기계제조업 분야의 귀재였던 리처드 로버츠Richard Roberts였다. 그는 동업자 토머스 샤프Thomas Sharp와 함께 맨체스터에서 공방을 운영하고 있었다. 하이드로부터 온 사업주 대표단은 로버츠에게 자동 뮬방적기를 발명해 달라고 간절히 요청했다. 그는 그렇게 하였다.

이러한 요청으로 탄생한 것이 바로 1825년의 5138번 특허였다. 이 특허에서 로버츠는 방적 작업을 완전히 자동화했으며, 동시에 자신의 기계가 가진 신규성은 단지 방적공의 손놀림을 베낀 것에 불과한 '운동 그 자체가 아니라 운동이 벌어지는 조건'에 있다고 주장했다.[27] 5년 후 자동 뮬방적기의 첫 시제품이 샤프로버츠앤컴퍼니사 Sharp, Roberts & Co.로부터 출고되었다. 산업혁명 시기의 기술사를 전문으로 하는 역사학자 크리스틴 브루랜드Kristine Bruland의 관점에 따르면, 이것이 '사실상 세계 최초의 진정한 자동기계'다. 당시 발명품 목록을 주기적으로 게재하던 《런던 기술과학 저널》The London Journal of Arts and Sciences이 이 기계의 출현 소식을 일반 대중에게 알렸을 때, 바로 이 기계를 작동시키는 원동력의 정체가 무엇인지 명백하게 드러났다. '**증기력으로 작동되는 이 기계**는 숙련된 방적공의 손이 통상적으로 수행하던 여러 세세한 조정 작업을 해낼 수 있는 제어 능력을 그 자체에 내장하고 있다고 한다.' 앤드루 유어는 이 '자동행위자self-actor'의 우수함을 더 상세히 설명했다. 이제 이 기계를 운용하는 데는 '단지 운동을 관찰만 하며' 끊어진 말단을 이어 주고 기계로부터 작업이 다 끝난 방적사 뭉치를 내리며 기계를 청소할 조수만이 필요하다. 방적 작업 자체는 완전히 '증기 또는 다른 동력'에 의해 구현된다.[28] 자동 뮬방적기는 최초의 진정한 자동기계였을 뿐만 아니라 면직업계에 투입된 발명품들 중에서도 그 태생에서부터 증기기관을 그 원동기로 고려했던 최초의 기계였다. 이 기계를 키운 유모가 바로 에너지의 재고였던 것이다. 한층 더 중요한 점은 바로 면직업계에 이 기계의 보급이 곧 에너지 사용의 전반적 혁신과 동시에 이루어졌다는 것이다. 당시 직공들이 '철 사나이'Iron Man라는 별명으로 부르던 자동 뮬방적기의 개선 행진은 증기력의 개선 행진이기도 했다. 하지만 이 둘 사이의 관계는 《런던 기술과학 저널》의 묘사처럼 밀접한 것이 아니었으며 훨씬 더 미묘했다. 사실 수차로도 이 자동 뮬방적기를 충분히 돌릴 수 있었다. 이 기계를 반드시 증기력과만 결부해야 할 기술적 이유는 전혀 없었다. 차라리 이 둘 사이의 관계는 조금 다른 성질의 것이었다.

볼턴앤와트사와 달리 샤프로버츠앤컴퍼니사는 자신들의 상품을 구매하라고 고객을 설득할 필요가 없었다. 철 사나이에 열광하던 제조업자들은 이 기계를 하루라도 더 빨리 인도받기를 학수고대했다. 1830년부터 자동 뮬방적기가 태사와 중사coarse and medium yarns를 제조하는 신규 방적기 수요의 대다수를 점유하게 된다. 1830년대 중반의 일시적 호황기에 공황 이후 처음으로 대규모 설비 투자가 이루어졌고, 멀쩡히 작동하던 기계를 폐기하고 그 대신 새로이 철 사나이를 사들이는 데 필요한 막대한 비용은 경기회복 덕에 정당화될 수 있었다. 주어진 시간에 살아 있는 방적공이 기존 뮬방적기에서 작업하는 것보다 4분의 1에서 5분의 1까지 더 많은 방적사를 철 사나이가 생산할 수 있었기 때문이다. 많은 제조업자들이 앞으로 벌어질지도 모르는 전투적인 노동조합 투쟁으로부터 스스로를 보호하고자 이 기계를 수용했으며 그 때문에 이 기계의 설치에 대한 결정은 어떤 경우 극심한 대립 속에서 이루어졌다.[29]

일시적 호황기가 끝날 무렵, 프레스턴의 노동자들은 호황 덕에 얻은 이익 중 그들의 정당한 몫으로 18% 임금 인상을 요구했다. 고용주들은 모든 방적공이 어떠한 노동조합에도 가입하지 않겠다는 각서에 서명한다는 조건으로 10% 인상을 제시했다. 임금을 둘러싼 교섭은 곧장 공장 내 권력을 둘러싼 투쟁으로 변화했다. 프레스턴 방적공 650명은 고용주의 제안을 거부하고 1836년 11월 초 파업을 개시했다. 이 수의 10배가 넘는 다른 작업을 하던 노동자들 역시 자연스레 이 투쟁에 동참하게 되었으며 30개 공장이 모두 멈추게 되었다. 그러나 이 시점에서 면직업계의 자본가들이 주도권을 장악한다. 프레스턴에 처음으로 철 사나이가 도입되었던 것이다. 조직된 방적공들은 일군의 자동행위자들과 새로이 고용된 비숙련공들로 대체되었다. 이른 봄이 되자 파업은 끝났으며 프레스턴의 방적공 노동조합 전체가 와해되었다. 이 패배는 랭커셔 전체에 큰 파문을 일으켰다.[30]

스코틀랜드에서는 오랜 기간 동안 악명 높은 뮬 방적공들이 현장에서 자본가의 권위를 굴복시키고 누구를 고용할 수 있는지와 어떤 기계를 사용할 수 있는지를 결정하는 권한까지 행사하고 있었다. 하지만 1837년 초에 글래스고의 공장주들은 현장 통제력을 단숨에 영구히 회복했다. 약 20년간 노동조합이 쌓아 올린 임금 상승분을 통째로 날려 버릴 만할 정도의 임금 삭감이 공고되었다. 이는 곧 노동자 36,000명이 참여하는 대규모 투쟁을 불러일으켰으며 랭커셔 주장관의 말에 따르자면 도시가 '거의 내란 상태에' 놓이게 되었다. 그러나 3개월 후 자금이 고갈되고 전선이 무너지기 시작했다. 고용주들은 남성 작업자 수백 명을 해고하고 그 대신 젊은 여성들을 고용하여 철 사나이 옆에서 일하게 함으로써 승리의 마지막을 장식했다. 곧 자동 뮬 방적기가 거침없이 글래스고 지역 전역으로 퍼져 나갔다.[31] 이후 스코틀랜드의 방적공 노동조합은 이전의 영광을 절대 되찾지 못했다.

1838년 4월, 유명 휘그당 잡지 《에든버러 리뷰》*Edinburgh Review*는 전선의 모든 부문에서 벌어지던 노동조합의 패배를 축하하는 글을 게재했다. '맨체스터와 글래스고에 들어선 몇몇 새 방적공장은 완전히 방적공 없이 운영될 수 있도록 만들어졌다. 공장 다수가 이전 방적공 수의 절반 정도의 일손만으로도 운영될 수 있도록 개조되었다.' 샤프로버츠앤컴퍼니사가 당시의 파업 덕에 '주문에 완전히 뒤덮여 있다'고 전해졌다. 약 10년 후 공장주들과 그들의 동맹자들은 자신들의 완전한 승리를 자축할 수 있었다. 1851년에 로버츠는 자신의 발명을 뽐내며 '이것 덕에' '방적 부문에서의 파업 참여는 완전히 사라졌다. 이제 파업에 돌입한 방적공들은 거의 예외 없이 다시는 일자리로 돌아올 수 없게 되었다'[32]라고 말한다. 노동자들이 가졌던 현장 교섭력은 그 뿌리까지 무너졌다. 여전히 일종의 방적공이 필요하기는 했다. 하지만 그들은 자동 뮬방적기를 가끔씩 조정하는 역할을 하거나 원면raw cotton을 다시 보충하고 뮬방적기에 윤활유를 주입하거나 청소하는 정도의 일을 할 뿐이었으며, 이는 이전에 그들이 하던 노동에 비하면 심각하게 낮은 수준의 노동에 불과했다. 사실, 이들은 이제 방적공이 아니라 돌보미minders라고 불렸는데, 그들의 업무가 이제 더이상 직접 방적을 하는 것이 아니라 방적을 하는 **기계**를 돌보는 것이었기 때문이다. 1840년대 들어서 임금은 철 사나이가 등장하기 전의 반으로 떨어졌는데, 이는 당시 영국 노동시장에서 달리 찾아볼 수 없을 정도로 큰 폭의 하락이었다. 엎친 데 덮친 격으로 몰아닥친 전반적 초침체hyper-depression의 영향 때문에 이들의 **지위 하락**déclassement은 대재앙에 준하는 것이 되었다. 1841년 후반 맨체스터에서 작성된 한 보고서는 '우리가 알던 방적공들은 이전에는 주당 25실링에서 30실링을 벌어들였는데 그들이 이제는 자갈을 체질해서 거르는 일당 1실링짜리 작업이라도 하겠다고 제안해 왔다. 게다가 제발 그 일을 할 수 있게 해 달라고 간청하기까지 했다'고 적고 있다.[33] 산업혁명의 중심이었던 어떤 직군의 운명이 이토록 빨리 뒤집힌 경우는 드물다.

그러나 모두 알다시피 철 사나이가 **문자 그대로** 스스로 작동하는 것은 절대 아니었다. 그 위력을 보고 경탄하면서 비록 그 발명자를 동력원인 것처럼 잘못 서술하기는 했지만, 에드워드 베인스는 그 운동의 진정한 원천이 무엇인지 명확하게 표현했다. '한층 더 교묘하면서도 한층 더 강력한 증기의 도움을 받아 한 기계 내에 있는 방추 약 2천 개 주변에서 늘어지거나 지칠 줄 모르고 맴도는 강철의 팔을 와트Watt가 움직였다.' 만약 자동행위자가 노동조합의 성곽을 겨냥하는 대포라고 한다면 증기는 바로 그 포탄이라고 할 수 있을 것이다. 스톡포트Stockport에서 이 기계의 확산 기세를 조사하던 레너드 호너Leonard Horner

라는 공장감독관은 1842년에 한 제조업자에게 이렇게 묻는다. '최근 몇 년 사이에 마력 대비 일손 비율의 변화가 있었나요?' 답: '방적 부문에서는 **개선된 기계설비 덕에 확실히 낮아졌습니다.**' 즉, 더 적은 노동자 대비 더 많은 역학적 에너지.[34] 사실 철 사나이가 이제 운반대의 모든 운동을 홀로 담당했기 때문에 같은 양의 면을 방적하는 데 이전 설비보다 **60% 더 많은 마력**hp이 요구되었다.[35]

달리 말해, 바로 그 단어가 가지는 이중적 의미 그대로의 **권력-동력**power을 통해서 자본이 이제 영국 경제의 중심 산업에서 노동을 압도하게 된 것이다. 노동조합을 분쇄하고, 그들이 생각하기에 합당한 위계질서를 다시 세웠으며, 더 적은 노동자와 더 저렴한 비용으로 더 많은 생산량을 얻어 내게 되었다. 자동화는 외부의 에너지원으로부터 그 동력을 끌어왔다. 바로 이러한 외부의 원천을 동원함으로써 비로소 면직업계의 자본가들이 노동을 희생시켜서 이윤을 건져 내는 과정을 시작할 수 있었다. 사실 이런 종류의 탐구를 진행하게 되면 으레 그리되듯이 비록 결과론적 설명이기는 하지만, 면직업계의 기술적 구조조정 중에 자본에 제공되었던 권력은 분명히 **인체에 전적으로 외적인 본성을 지니는 동력**으로부터 직접 소환되어 주어진 것이었다. 그러나 이 과정에서 방적 부문 못지않게 중요한 것은 직조 부문에서 벌어진 사태였다.

역직기의 등장

방적사를 얻는 것만으로는 아직 절반의 성공일 뿐이다. 몸을 덮어서 따뜻하게 하려면 천을 짜야만 한다. 방적 공정을 기계가 완전히 장악하게 된 이후에도 한참 동안 직조 부문에서는 고대의 기술과 에너지 사용 방식을 그대로 이용하고 있었다. 직조공들은 공장에서 받은 실타래를 목제 베틀에 넣고 천이 균일하게 팽팽해질 때까지 씨실을 감은 북을 날실 사이로 왕복시키는 작업을 반복했다. 움직임을 일으키는 원동력으로 직조공이 '일정하면서도 격한 운동을 계속하는 데 주로 등 근육을 썼으며, 북과 대를 움직이면서 일련의 다른 근육들을 이용하여 섬세하게 힘을 조절했다'고 당대의 외과의사 피터 개스켈Peter Gaskell은 서술했다. '그리고 조금 지나면 요구되는 작업은 곧 고역이 되었다.'[36] 크롬포드 이후 반세기가 지난 시점에도 여전히 직조공의 육체노동이 근대의 최첨단 방적공장을 보조하고 있었다. 직조공은 각자의 집에서 직접적인 감독 없이 작업하였으나, 방적사의 직조를 '도급하고' 완성된 직물을 검사하며 보수를 주고 궁극적으로는 자신들의 이익을 위해 상품을 시장에 내다 파는 고용주들에게 여전히 묶인 몸이었다. 역설적이게도 공장 내에서 벌어진 수차의 도입이라는 영구적 기술 변혁 덕분에 전통적 공에 부문에서 영국사를 통틀어 가장 거대한 활황의 물결이 일어나게 되었던 것이다.[37] 근육과 강물의 공생관계, **바로 흐름과 동물력을 이용함으로써** 면직업계는 비로소 발전을 시작할 수 있었다.

증기력으로 직조하려는 시도가 없었던 것은 아니다. '역직기'power loom가 1784년에 발명되었으며, 이후 수십 년 동안 개선되어 성능 측면에서 손베틀과 동등하거나 심지어 더 뛰어나다는 것이 명백했음에도 불구하고 제조업자들은 여전히 이를 무시했다. 1833년에 당대 중요한 경제학자였던 매컬로크J. R. McCulloch는 이 장치의 작동 원리를 다음과 같이 요약했다. '이런 종류의 직조기에서는 북을 삽입한 후 작업의 모든 부분을 기계로 처리한다. 실이 끊어졌을 때 그것을 새로 잇는 작업만 수작업으로 남아 있다.'[38] 그러나 업계의 성장을 뒷받침했던 것은 역직기가 아닌 손베틀이었으며, 19세기로 들어설 무렵 수십 년 동안 오두막과 지하실에서 작동하는 손베틀의 수는 계속 늘어났다. 《마지막 전환: 19세기 랭커셔의 손베틀 직조업의 쇠퇴》The Last Shift:

The Decline of Handloom Weaving in Nineteenth-Century Lancashire의 저자인 제프리 티민스Geoffrely Timmins에 따르면 '1820년대 후반 중에는 면직용 손베틀만 세어 보더라도 당시 역직기의 수를 4 대 1 비율로 압도했을 것이다.' 실제로 1829년에는 손베틀 직조공이 약 24만 명 있었으며 (각자 최소한 손베틀을 한 대씩 쓰고 있었다고 본다면) 이에 비해 역직기는 55,000 대밖에 없었다. 그렇다면 4 대 1이라는 비율은 차라리 과소평가된 것이라고까지 할 수 있다.[39] 약 25만 명에 달하는 손베틀 직조공들, 게다가 여기에 그 2배는 되는 직조공의 가족들 역시 이 작업에 동원되었다. 이들은 **그 어떠한** 산업 부문을 따져 보더라도 최대 규모의 단일 직군을 이루었으며 따라서 그들의 생활양식과 경험은 당대 뮬방적기의 방적공들보다 훨씬 더 전형적인 것이었다.

바로 여기에 산업혁명의 경제사에서 이제는 고전이 된 수수께끼 하나가 놓여 있다. 어째서 이렇게 원시적인 기술이 살아남았을 뿐 아니라 그토록 오랜 기간 **융성**하였는가? 부분적인 해답은 바로 노동이 지독하게 저렴했다는 사실에서 찾을 수 있다. 공장들이 방적사를 전례 없는 수준으로 대량생산하기 시작했던 18세기 후반에 방적사를 직물로 바꿔 낼 직조공들에 대한 수요 역시 급증했고 그들의 수입이 늘어났다. 그리고 이에 따라 노동자 수만 명, 즉 이전에 수작업으로 방적 작업을 하였으나 이제는 공장에서 불필요해진 방적공들, 면직물에 밀려난 다른 직물을 만들던 직조공들, 농업으로는 더이상 먹고 살 수 없던 농민들, 문 닫은 납 광산에서 쫓겨난 광부들, 아일랜드로부터 온 이민자들, 나폴레옹 전쟁 후 전역한 군인들과 해병들이 바로 이 직종으로 몰려들었다. 손베틀과 그 보조 도구들은 저렴했으며 그 사용법 역시 쉽게 익힐 수 있었다. 뮬 방적 작업과는 대조적으로 직조 작업은 특별한 기술을 요구하지 않았다. 19세기 초에 이르러서는 **직조공의 과잉공급**이 업계의 만성적 조건이 되었다. 진입장벽이 없었기 때문에 직조는 극빈자와 무산자가 선택할 수 있는 사실상 몇 안 되는 대안이었으며, 게다가 일단 진입한 후에 다른 직업을 찾는 것은 어려운 일이었다. 또한 이 직종에는 한 가지 독특한 특권이 있었다. 상시적 관리 감독과 강제적으로 부여된 노동 주기, 기계화된 공장의 소음과 기타 불편함으로부터의 자유. 손베틀 직조업은 이렇게 공장으로부터의 도피처를 제공함으로써 비록 엄밀히는 경제적 타산이 맞지 않았음에도 불구하고 오랜 기간 가난한 이들을 업계로 끌어들였다.[40]

어마어마한 수 때문에 손베틀 직조공들의 위상은 떨어질 수밖에 없었다. 힘의 균형이 무너져서 손베틀 직조공들은 1805년 무렵부터 오랜 기간 고통스러운 품삯 하락을 경험하게 된다. 한 주의 평균임금은 그해 23실링에서 1820년에는 8실링으로, 1830년에는 6실링으로 추락했다. 당연히 그들 역시 집단행동을 통해 생계를 지키려 노력했지만, 18세기 직조공들이 가졌던 파업의 위력은 급속하게 소산되어 버렸다. 작업을 멈추는 행위의 위력은 노동력이 과잉으로 공급되던 시장에서 다른 수급인들이 그 일을 채어 갈 잠재적 위협의 그림자에 가려 감쇠되었다. 해당 직종의 노동자 어느 누구나 완전히 대체 가능한 존재였다. 모두 각자 계곡과 언덕에 흩어져 있던 자기 주거지에서 작업하던 직조공들은 공간상 분산되어 있다는 점 때문에 집중되어 있던 방적공의 경우와 달리 조직된 행동을 취하기 어려웠다. 품삯을 교섭할 때 고용주는 직조공들이 서로 경쟁한다는 것을 알지도 못한 상태에서 서로 경쟁하도록 유도할 수 있었다. 다른 고용 기회를 찾을 수 없던 농촌 지대에서는 직조공들 다수가 동시에 농업에도 종사하고 있었기에 더해진 이 노동의 비전문적 성격에다 직조공의 가족인 다수의 여성, 어린이, 고령자의 존재 탓에 품삯이 훨씬 더 떨어졌다.[41] 이 모든 요인 때문에 **손베틀 직조공의 작업은 극단적인 싸구려 노동**이 되고 말았다.

노동의 값어치가 내려가면 갈수록 이를 기계로 대체할 이유는 더욱 없어졌다. 상대적으로 아직 노임이 괜찮았던 1790년대 초에도 역직기 도입 시도는 증기력의 높은 비용 때문에 상업적 실패로 끝났다. 1793년에 한 직조 회사의 경영자는 그들이 역직기를 작동하기 위해 설치했던 증기기관을 폐기하는 것에 협조하여 달라고 볼턴앤와트 사에 요청하면서 '어떠한 이득도 우리 지역의 석탄' 가격 때문에 소용이 없다고 애통해 했다. 도급으로 돌아가는 편이 더 유리했다.[42] 석탄뿐만 아니라 직조공장을 세우기 위해 들어가는 고정자본을 고려하면 역시 손베틀 직조공들을 쓰는 것이 저렴했다. 도급을 할 경우 창고를 짓는 것 외에는 자본을 투여할 필요가 없었으나, 직조공장을 운영하려면 자기 돈을 들여 기계에다 원동기까지도 공장 안에 들여야만 했다. 1818년에 맥코넬앤케네디사McConnel & Kennedy의 존 케네디John Kennedy는 후자의 경우 생산성이 오르기는 하지만 '이러한 노동 절감이 **동력과 기계 비용**을 상쇄할 수 있을지 의문이며 역직기 시설을 항상 작동시키기 위해 노력해야 한다는 단점이 있다'고 판단했다.[43] 직조공들이 넓은 지역에 띄엄띄엄 흩어져서 그들 육체의 물질대사를 통해서 작업의 원동기 역할을 해내는 한, 제조업자들은 스스로 기계에 대규모로 투자하는 노력 없이도 직조공들 사이를 왔다 갔다 하면서 하루는 이 사람을 쓰고 다음에는 저 사람을 버리는 식으로 시장 유동성에 간단히 대응할 수 있었다. **이미 증기력을 동원한 기계식 직조 공정이 그 기술적 수월성을 증명했음에도 불구하고**, 19세기 초까지는 원동기와 노동자를 구분하지 않고 한 덩어리로 두는 것이 바로 당시 자본의 입장에서 볼 때 가장 합리적이었다. **동물력이 지나칠 정도로 충분했기 때문에** 재고로의 전환은 연기되었다. 증기력을 이용한 직조 기술이 없었거나 상대적으로 비효율적이었기 때문이 아니었고 그러한 기술의 존재를 몰랐기 때문도 아니었다.

　그러나 동물력이 지나칠 정도로 충분했다는 그 상황은 절대 동물력의 내재적인 성격으로 설명될 수가 없다. 이는 차라리 당시 계급 관계의 구체적 정황, 즉 어마어마한 수의 무산자의 존재, 엄격한 공장제도 규율에 대한 반감, 농촌 지대에서 조합 결성의 곤란과 그 작업 자체에 요구되던 낮은 숙련도라는 요인의 함수였다. 그러나 또 다른 질문이 제기된다. 그렇다면 도대체 왜 궁극적으로 증기로의 전환이 이루어졌는가? 직조공들이 갑자기 줄어서 귀해졌기 때문에? 아마도 리카도-맬서스식 패러다임을 따른다면 이렇게 주장해야 할 것이다. 하지만 진실은 이와는 정반대였다. 베인스가 참으로 적절히 지적했듯이 1825년의 붕괴야말로 손베틀 직조공에게는 '최악의 참사'였다. 비용을 절감할 수밖에 없었던 고용주들은 품삯을 사정없이 깎았으며 살아남기 위해서 경쟁자들도 모두 같은 조치를 취했다. 직조공들은 생계를 유지하기 위해 더 많은 양을 생산하며 이에 대응했고 그 결과 노동시간이 늘어났다. 자료에 따르면 14, 16, 심지어 18시간으로까지. 공급과잉은 더욱 악화되었다. 임금이 계속 하락했고 1830년대 중반에 직조공의 곤경을 조사하던 특별위원회에서 증인들은 처참한 주 평균임금을 보고하게 된다. 4실링에서 5실링, 최고로 잘나가던 직조공들조차 7실링 이하를 받았다. 문자 그대로 노동자 수만 명이 최소한 인간으로서 제대로 존재조차 하지 못할 뼈다귀로 전락했다.[44] 동물력은 **그 어느 때보다도 과다하게 충분했고 저렴했다.**

단결금지법이 폐지되었을 때, 직조공들의 노동조합은 이미 괴멸 상태에 있었다. 그러나 빈곤화가 계속되자 조직되지 않은 노동자들은 그들이 아직 가지고 있던 마지막 무기를 들고 일어났다. 볼턴의 직조공들과 이들을 동정하던 고용주들의 위원회가 의회에 넣은 탄원서에 따르면 '**직조공들이 가만히 당하고만 있지는 않는다는 사실을 알아야 한다**. 다른 어느 부문에서도 찾아볼 수 없을 수준으로 횡령이 만성화되었다. 완전히 횡령된 자재만으로 운영되는 공방들도 있다.[45] 경험이 많은 직조공은 주문받은 것보다 천을 성기게 짜는 식으로 요령을 피움으로써 원래 필요한 것보다 적은 양의 실만을 사용하고 일부 면사를 수중에 남겨 둘 수 있었다. 남은 면사를 원래 주인에게 돌려주는 대신 이것을 제3자에게 팔아 버릴 수도 있었다. 횡령된 자재는 합법적 자재보다 가격이 쌌기 때문에 이를 사들이려는 제조업자를 어렵지 않게 찾을 수 있었다. 겉만 번드르르한 면직업계 내에서는 암시장이 번성하고 있었다. 물론 이것은 이 블랙홀 같은 사기극으로 손해를 보고 당시 이미 하락한 이윤에 자신이 구매한 면사와 실제 생산량 사이 차이까지 겹쳐 발생하는 추가적 손실까지 감수해야만 했던 이른바 '정직한' 제조업자들의 신경을 상당히 거스르는 일이었다. 현장 교섭력이 없었던 직조공들에게도 그들 나름대로 축적을 방해할 수 있는 수단이 존재했다.

이를 통해 소득의 불법적인 재분배 효과가 발생했다. 비록 이런 횡령이 벌어지려면 '정직하지 못한' 제조업자의 동참이 필요하기는 했으나, 이런 상황이 계속될 수 있었던 근본적인 이유를 따져 보면 이는 결국 직조공들이 조금이나마 더 많은 돈을 벌어야만 할 필요에다가 덧붙여 그 기회까지 열렸기 때문에 발생한 것이었다. 베인스의 관점에 따르면 이 노동자 집단이 지닌 매우 독특한 자율성이 바로 이러한 골칫거리를 잉태한 것이었다.

이들은 공장 작업자들에 비해 훨씬 더 독립적이다. 이들은 스스로의 주인이다. 주어진 자재를 받아서는 종종 몇 주 동안이고 천을 납품하지 않는 경우도 있다. 그리고 그들은 긴히 필요하거나 강한 유혹에 빠지게 되면 고용주로부터 받은 실톳 몇 개를 슬쩍 횡령하여 빵이나 맥주를 살 수도 있다. 안타깝게도 이는 너무나도 흔한 일이다.

덧붙여 한층 더 골치 아픈 점은 직물의 납기가 불확실하다는 것이었다. '이들의 작업시간은 순전히 그들 자신의 통제하에 놓여 있다'고 베인스는 계속 서술한다. '이들은 마음대로 작업을 시작하고 끝낼 수 있다. 공장처럼 울리는 종에 맞추어 제때 집합할 필요가 전혀 없다.' 순전히 자기 힘만으로 일하기 때문에 직조공들은 '게으르고, 불규칙적이며, 방탕한 습관'에 쉽게 물들게 된다.[46] 비록 공황이 오기 전에는 엄청난 이윤 덕에 큰 문제가 되지 않았지만 도급제와 공장제도 사이, 즉 기계화되지 않은 직조와 기계화된 방적 사이에는 매우 명백한 모순이 놓여 있었다. 사실, 횡령은 도급제에서 어느 정도 **내재적인** 문제였으며 이에 대한 불평불만은 16세기 이래 흔히 찾을 수 있었다. 1825년 이후, 직조공이 빈곤에 더 극심하게 노출됨에 따라 횡령 행위가 더욱 기승을 부렸으며 이 행위는 보통 이들에게 당연히 주어지는 보상이라고까지 생각되었다. 모슬린muslin 제조업자 존 마킨John Makin은 직조공이 '주머니에 한 푼도 가져가지 못하고 찬장에 베어 물 빵조각 하나 없다면 자식들 울음소리를 진정시키기 위해 무슨 짓인들 못하겠는가'라고 설명했다. 1835년에 애버딘Aberdeen의 한 직조공은 특별위원회에서 '많은 직조공이 정말 너무나 가난해서 어쩔 수 없이 그렇게 한다'고 증언했고, 특별위원회는 '날실과 씨실을 횡령하여 유통하는 일이 상상도 못할 정도로 성행하고 있다'고 결론 내렸다.[47] 횡령이 유행병처럼 번지면서 당시 이미 압박을 받던 자본가 계급 전체에 가면 갈수록 더 큰 손실로 다가오게 된다. 그러나 곧 철 사나이와 같은 해결책이 등장할 것이다.

1820년대 중반에 면직업종 지대의 신문들은 역직기로 전환하는 것만이 횡령의 손아귀로부터 벗어날 수 있는 유일한 길이라고 주장하기 시작했다. 약 10년 후, 마킨은 이 기계가 등장하게 된 진정한 동기를 다음과 같이 설명했다.

나는 역직기가 더 싼값에 천을 생산할 수 있다고 생각하지 않는다. 역직기의 장점은 차라리 주어진 시간에 주어진 양의 천을 정확히 생산할 수 있다는 점, 그렇게 함으로써 계약이 완수될 것이라 확신할 수 있다는 점과 제조를 위해 필요한 자재를 완전히 통제할 수 있다는 점에 있다. 이

두 가지 큰 이유 때문에 역직기를 설치하는 것이다.[48]

볼턴의 위원회 역시 '건물, 동력, 기계, 치차gears, 운영과 준비 비용'을 고려한다면 동력을 이용한 직조가 수동식 직조보다 더 비쌀 것이라고 확신하고 있었다. 그러나 전자는 '작업의 질에 대한 더 직접적인 통제와 운영을 할 수 있을 뿐만 아니라 횡령의 방지'가 가능하다는 중대한 장점을 가지고 있었다. 이와 유사하게 1840년의 왕립위원회 역시 '직조된 제품의 횡령 문제 때문에 제조업자의 생산비용이 훨씬 더 증가했고 그 때문에 **손베틀 작업에 대한 수요가 급격히 감소했다**'고 결론 내렸다.[49] 동력을 근육으로부터 기계로 전환한 이후에는 노동자의 좀도둑질에 대해 한탄하는 목소리가 실제 크게 줄어들었다.

이러한 사실들 모두는 우리를 다음 나오는 중대한 결론으로 유도한다. **동물력이 부족하거나 그 가격이 올랐기 때문이 아니라 차라리 동물력이 극단적으로 저렴했기 때문에 제조업자들이 에너지의 재고를 통해 작동되는 기계 쪽으로 전향할 수밖에 없었다는 것이다.** 생계를 유지할 수 있는 수준 아래로까지 자주 떨어질 정도로 1825년 이후 소득이 감소했기 때문에 직조공들은 횡령이라는 생존 전략에 더욱 깊숙이 의존할 수밖에 없었고, 바로 그 때문에 제조업자들 사이에서는 손실이 급증하고 파멸적인 경쟁이 벌어지게 되었다. 베틀을 돌리는 동물력에 더 많은 보상을 해서 단가를 **올리는 것**은 물론 구조적 위기 아래 있던 조건 및 도급인과 직조공 사이의 극단적인 힘의 불균형 때문에 불가능했다. 개별 자본가 입장에서는 역직기로의 전환이야말로 도난에 대한 가장 안전한 대비책이었다. 면직업 자본 전체 입장에서 보자면, 암시장을 박멸하고 노동에 대한 통제를 확보하기 위해서 먼 우회로를 통해 돌아서 온 셈이다.

그러나 횡령을 방지하는 것만이 유일한 목적이었다면, 고용주들이 그냥 손베틀을 하나의 작업장에 모으고 직조공을 모두 거기에 몰아넣은 후 감독자의 감시하에 이전과 같은 방식으로 작업하게만 했으면 되었을 것이다. 하지만 맨체스터의 한 도급인이 터프넬 위원commissioner에게 설명한 것처럼 오직 '증기기관에 의해 작동되는 작업장에서만' 직조공들을 일정한 속도로 작업하게 만들 수 있었다. 즉, 오직 **중앙에 집중된 하나의 원동기**에 직조공들을 예속시킴으로써만 그들의 버릇을 길들여서 작업 속도를 공장제도 수요에 맞춰 균일하게 만들 수 있었다.[50] 그냥 작업자들을 모으는 것만으로는 그러한 권력을 얻을 수 없었다. 게다가 역직기는 단위시간당 최소한 3배 더 많은 직물을 생산할 수 있었으며, 이윤율이 낮아진 시대에 이는 굉장히 소중한 장점이기도 했다. 19세기에 들어설 무렵부터 이미 생산성 격차가 있었지만, 1820년대와 1830년대에 들어 이 격차는 더 크게 벌어졌으며, 동시에 횡령이 창궐하여 그동안 생산성 격차를 메꿔 온 손베틀 직조공의 저렴한 단가를 도리어 문제점으로 만들어 버렸다. 1835년의 특별위원회는 이러한 이점을 정리하여 '가장 뛰어난 장인들보다도 **더 적은 비용으로 별 문제없이** 제품을 생산하는, 증기력으로 작동되는 기계야말로 가장 솜씨 좋은 작업자로 볼 수 있다'고 주장했다.[51]

역직기 설치가 처음으로 대유행하게 된 것은 1820년대 중반 돈잔치가 벌어질 때였다. 1820년대 말 무렵에는 직조 부문의 미래에 대한 부르주아 일반의 여론이 형성된다. J. R. 매컬로크가 1827년에 선언한 것처럼 '우리는 실로 조금의 의심의 여지도 없이 기계를 이용한 직조로 전환하는 것이 앞으로의 대세이며, 기계 직조가 곧 수작업을 완전히 밀어낼 것이라고 믿는다.' 훨씬 더 거대한 규모의 두 번째 대유행은 1830년대 중반의 경기 부흥에 맞춰 일어났다. 이제 생산기반은 빠르게 전환되었으며 게다가 이번 전환은 영구적이었다. 맨체스터의 도급인이 1835년 보고한 바에 따르면 '거의 매주' '역직기가 손베틀의 자리를 잠식해 가고 있으며 다수의 공장에서 손베틀을 대체하고 있다. 그것도 상당히 큰 규모로.' 수작업에서 동력으로의 세 번째 전환은 경기순환에 따라 1840년대 중반에 일어났고 1850년에 이르러서는 사실상 전환이 완료되었다. 이제 역직기 25만 대가 손베틀 직조공 4만 명을 압도하게 된다. 12년 후에는 다만 약 3천 명 정도의 인원만이 이렇게 사라져 가는 직종에 남게 된다.[52]

자동 뮬방적기와 역직기는 서로 상승효과를 발휘하며 확산되어 나갔으며 결국 직조 부문도 완전히 공장제도의 통제하에 들어오게 된다. '그래서 주로 젊은 여성인 직조공들을 작업장 내 다른 부분 작업자들과 마찬가지로 동일한 규율하에 고용하게 되었다.'[53] 철 사나이의 쌍둥이 형제라 할 수 있는 역직기 역시 곁에서 기계의 작동을 보조하기 위해 '오직' 어린 여성 직공만을 요구한다는 장점을 가지고 있다. 역직기 직조공들 대부분은 10대나 20대 여성이었다. 리즈Leeds 근교 면직업 작업장의 감독자가 말했듯이, 기계라는 돌로 동시에 두 가지 골칫거리를 제거하는 일석이조의 효과를 얻었다.

> 주로 이전 수작업에 고용된 **노동자들이 보이던 성가신 행태**와 더 싼 가격에 상품을 시장에 공급하려는 동기가 최근의 기계 기술 발전과 그 도입을 가속하였다. 나는 [이후 시대의] 옥양목 업계에 도입된 기계식 날염 기법, 역직기, 자동 뮬방적기 같은 것을 그 예로 들겠다.[54]

'노동자들이 보이던 성가신 행태'는 4개월 동안 계속된 파업일 수도 있으며, 1톤의 횡령된 자재일 수도 있으며, 달리 말하면 놀고 있는 기계일 수도 있고, 사라진 실 뭉치일 수도 있다. 이 두 가지 전략은 어쨌든 결국 제조업자가 자기 자산을 완전히 활용하지 못하게 하는 것이었으며 **규율에 따르지 않는 노동자**가 얼마나 위험한지를 보여주는 것이라고 할 수 있다. 바로 이 규율에 따르지 않는 노동자야말로 초기 영국 면직업계 자본 일반의 보편적 숙적이었다. 방적**과** 직조가 하나의 집중된 원동기에 의해 강제로 구동되는 공장에서 이러한 파업

과 횡령 모두가 동시에 분쇄되었다.[55]

이렇게 '통합공장'the combined factory이 탄생하였다. 신세대 작업장을 대표하는 이 거인은 하나의 거대한 단지에 전체 생산공정을 통합하였으며 특히 주로 증기력으로 구동되는 자동행위자와 역직기를 그 기술의 첨단에 융합시켰다. 이미 1841년에 통합공장이 랭커셔 면직업계 작업자의 58%를 고용하고 있었다. 이들을 부리는 데 투입되는 동력의 규모는 나날이 증가했다. 면직물 생산의 자동화 때문에 마력 대 노동자의 비율은 1835년의 1 대 4.54에서 1850년의 1 대 3.1로 전반적으로 상승했다.[56] 이 과정에서 역직기가 자동행위자보다 더 근본적인 질적 변화를 야기했다. 역직기의 도입으로 인간이 아닌 원동기에 의한 직조가 처음으로 가능하게 되었으며, 따라서 주로 에너지의 재고로부터 얻어지는 역학적 에너지의 새로운 사용처를 개척한 것이라고 할 수 있기 때문이다. 1840년대 초에 이르러서는 어느 의원의 말처럼 '역직기의 모든 운동은 증기력에 의해 구동된다'고 그냥 흔히 언급하게 된다.[57] 방적 부문과 마찬가지로 자본가 측의 승리는 동력을 동원함으로써 실현되었다. 횡령 방지, 작업 속도 통제, 더 높은 생산성, 여성과 미성년 노동 착취, 더 높은 이윤과 더 낮은 손실, 면직물 생산의 커다란 두 부문을 융합하여 단일한 하나의 자본의 통제하에 두는 것까지. 이 모두가 **기계의 역학적 에너지를 무한히 사용할 수 있었기 때문에** 비로소 가능했던 것이다. 그리고 이것은 동시에 손베틀 직조공들의 멸종 사건이기도 했다. 증기는 방적 부문에서보다 직조 부문에서 더 본래적 의미의 살상용 포탄으로 기능했다고 할 수 있다.

하지만 왜 증기력인가? 어째서 수력이 아닌가? 사실 최초의 거대한 통합공장들은 강물의 동력을 이용하여 구동되었다. 방적과 직조가 사람의 손을 떠났다고 하더라도, 이들 작업은 수력으로 전환되어 안착할 **수도 있었다.** 이는 기술적으로도 전혀 불가능한 것이 아니었다. 그런데 왜 자동화는 에너지의 재고에 매달렸을까? 면직업계의 에너지 수요가 드디어 에너지의 흐름으로는 더이상 충족할 수 없을 만큼 증대했기 때문이었을까? 이제 자동행위자와 역직기의 연합군이 영국의 강물이 공급할 수 있는 양으로는 만족할 수 없게 된 것일까? 지금부터 이 질문을 다루기로 하자.

5
전환의 수수께끼:
여전한 수력의 장점

전환의 연대기

논의를 더 진전시키기 전에, 우리는 여기서 잠시 멈춰서 정확히 언제 면직업계에서 증기력으로의 전환이 벌어졌는지를 살펴볼 필요가 있다. 전환이 완수된다는 것은 도대체 무슨 뜻일까? 찰스 K. 하이드Charles K. Hyde는《기술변화와 영국의 제철업, 1700-1870》*Technological Change and the British Iron Industry, 1700–1870*에서 '대략 90%의 생산품이 새로운 공정에 의해 제조될 경우, 혁신된 기술이 이전 기술을 대신했다고 할 수 있다'고 주장했다.[1] 면직업계에 이를 적용할 경우 증기력이 대략 생산품 또는 **총마력**의 90%를 차지했을 때 전환이 이루어졌다고 볼 수 있을 것이다. 새로운 원동기가 이전 원동기를 거의 완전히 대체할 것을 요구하는 이 상한치는 상당히 높은 편이고, 따라서 이 기준은 너무 엄격하다. 조금 더 느슨한 기준은 아마 50% 정도일 것이다. 증기력이 총마력의 **절반**을 처음 넘었을 때 우월한 위치를 점하기 시작했다고 할 수 있을 것이다. 그러나 산술적으로 덜 엄밀한 두 가지 더 정성적인 기준을 추가로 생각해 볼 수 있다. X 시점에는 이전의 원동기가 여전히 **새로이 투자**할 만한 매력적인 대안이었으나 Y 시점에는 사실상 새로 등장한 경쟁자에 모든 투자가 몰려서 이전 원동기가 더는 매력적인 대안이 되지 못한다면, 확실히 전환이 일어났다고 할 수 있을 것이다. 또는 제조업자들을 하나의 에너지원으로부터 다른 에너지원으로

5 전환의 수수께끼: 여전한 수력의 장점   125

유도한 **결정적인 정치적 결단**이 있었다면, 이 역시 그러한 도약 시점의 표지가 될 수 있다. 영국 면직업계에 증기력이 발흥하게 된 사건을 다룰 때에는 이들 중 어느 기준을 통해 경계선을 살펴보든 간에, 모두 상당히 짧은 기간 내에 몰려 있다는 것을 알 수 있다. 그러나 우리는 여기서 주로 상식적 경계선인 50%, 즉 새로 등장한 원동기가 업계에서 **가장 많은 양의** 동력을 생산한 시점에 그 초점을 맞추고자 한다.

1970년대에 주로 활동한 역사학자로 면직업계 역사의 대가이기도 한 스탠리 채프먼Stanley Chapman은 '수차가 **1820년 이후까지도** 면직업계에 동력 대부분을 제공했다'고 단언한다. 그리고 곧 급격한 전환이 일어났다. 1820년대 초까지도 맨체스터에 있는 작업장 대부분이 여전히 수력으로 작동되었으며 '1825년 무렵까지도 작업장 건설의 양태는 거의 바뀌지 않았다.' 그러나 10년 후, 증기가 '잉글랜드 북부의 면직업을 주로 하는 모든 도시에서 동력을 공급하는 데서 우월한 위치를 점하게 되고'서는 수력으로 운영되는 작업장은 오직 전원 지역에만 남게 된다.[2] 경기가 추락한 후 10년 동안 주요 면직업종 지대에서 전환이 집중적으로 진행되었다. 채프먼은 어느 특정 자료에 의존하기보다는 업계에 대한 전반적인 지식을 기초로 당시의 상황을 그려 낸다. 그 구체적 윤곽이 애매하기는 하지만, 그의 주장은 1820년대 초반에서 1830년대 후반 사이에 잉글랜드의 면직업계가 수력에서 증기력으로 갑자기 전환했음을 암시한다.

하지만 우리가 이미 살펴본 것과 같이 발흥한 증기력은 수력만 대체한 것이 아니다. 직조 부문에서는 인간의 몸 자체가 이것과 경쟁하는 원동기였다. 제대로 된 전환의 연대기라면 기계화된 면직물 생산에서 동원되던 수력**과** 기계화되지 않은 부분에서 활동하던 인간의 몸 자체의 동력 **둘 다**, 즉 흐름만이 아니라 동물력 역시 동시에 고려해야 한다. 증기에 관한 연구를 통해 이후 모든 관련된 연구의 기반을 마련했다고 할 수 있는 폰 턴젤만G. N. von Tunzelmann은 이제는 고전이 된 1978년 저작 《증기력과 1860년까지 영국의 산업화》*Steam Power and British Industrialization to 1860*에서 다음과 같은 추측을 덧붙였다. 그에 따르면 '면직업계에서조차' **'1820년대까지 인간이 증기기관보다 더 많은 원동력을 공급했을 것이다.'**[3] 만약 당시 수차와 인간의 동력이 각각 증기보다 더 많은 원동력을 공급했다면, 이는 증기기관이 전체의 일부밖에(말하자면 30% 정도밖에) 공급하지 못했다는 이야기다.

게다가 반드시 고려되어야만 할 손베틀 직조공까지 이 계산에 넣는다면, 전환을 어떻게 정의하든 간에 증기로의 전환은 한층 더 미뤄진다. 동시에 이는 통계 분석을 더욱 어렵게 만든다. 직조공이 공급한 마력을 추정하는 데는 수차의 경우보다 훨씬 더 많은 불확실성이 있다. 비록 폰 턴젤만이 자신의 추정치에 대한 증거를 대지는 않았지만, 이미 우리는 1829년에조차 역직기 한 대당 네 대의 손베틀이 있었다는 것을 알고 있다. 그렇다면 역시 손베틀 직조공이 역직기에 소비되던 역학적 에너지양의 4배의 에너지를 공급했던 것일까? 정확히는 알 수 없다. 이들이 공급한 총마력을 근사적으로 구하기 위해서는 실제 노동시간에 근육의 운동을 통해 단위시간 동안 투입된 평균 마력을 곱해야 하는데, 이것은 어떠한 인간 노동을 살펴보든 간에 그 애매모호함 때문에 악명이 높은 변수이다. 게다가 손베틀 직조공의 작업 시간은 지독하게 불규칙했다. 그러나 건강한 성인이 보통 지속적인 육체노동 중 대략 0.1마력을 공급할 수 있다고 알려져 있으며, 당대의 서술에 따르면 손베틀 직조공은 가난과 싸우기 위해 열심히 일할 수밖에 없었다.[4] 따라서 어림잡아 각 손베틀에서 0.1마력을 공급했다고 가정할 수 있을 것이다.

1830년대 중반 당시에 평균적인 공장에서 역직기 열 대를 적당한 속도로 돌리려면 증기력 약 1마력이 필요했다고 알려져 있다. 따라서 그 비율은 역직기 한 대당 0.1마력이 된다. 이는 공교롭게도 오두막과 지하실에 있던 손베틀과 같은 값이다. 에너지의 공급과 수요 측면에서 손베틀 직조공 10명과 역직기 열 대가 동등했다고 볼 수 있다.[5] 서로 다른 두 가지 직조기가 통상적으로 가동되는 평균 시간의 잠재적 차이를 일단 무시한다면, 따라서 우리는 손베틀의 수와 역직기의 수 사이의 비가 인간이 공급한 동력과 그 외의 동력의 비와 **대략 같다**고 가정할 수 있을 것이다. 게다가 여기서 인간이 공급한 것 외의 동력은 비록 주로 증기기관으로부터 얻은 것이겠지만 전부 증기력이었던 것은 아니다. 그렇다면 실로 1829년까지도 인간의 신체가 증기가 공급한 원동력보다 4배의 동력을 제공했다고 추측할 수 있다.

전체 면직업계로 보면 어떨까? 손베틀 직조공 한 명당 0.1마력이라는 가정에 기초하면, 1820년대에 손베틀 직조공 수가 그 최대에 달했을 때를 기준으로 약 24,000마력이 인간에 의해 공급되었다고 할 수 있다. 여전히 방적 부문에서 사용되던 약간의 동물력을 제외하더라도(즉, 이는 매우 보수적인 추정치이다) 그렇다. 이는 공장감독관들이 처음으로 믿을 만한 추정치를 제공했던 1838년에 증기기관이 면직업계에 공급한 것으로 알려진 총 46,309마력과 비교해도 결코 적은 양이 아니다. 이 두 값의 사이에 실로 많은 사건들이 벌어졌지만, 그럼에도 불구하고 증기기관의 설비용량이 굉장히 빠른 속도로 확장되었다고 가정해야 폰 턴젤만의 가설, 즉 1820년대까지도 인간이 증기보다 많은 동력을 공급했다는 가설이 설득력을 가질 수 있다. 비록 이 확산세가 상당히 극단적으로 보이기는 하지만, 그러나 실상이 정말 그러했다고 믿을 만한 근거가 있다.

폰 턴젤만의 고전이 출판된 직후, 존 카네프스키John Kanefsky가 1760년과 1870년 사이의 영국 산업의 동력 기술 확산에 관한 사료를 이전 어느 연구보다도 더 광범위하게 정리한 학위논문을 제출한다. 카네프스키가 면직업종에 상당한 지면을 할애하기는 했지만, 그가 제시한 수치는 영국 산업 **전** 분야의 동력용량에 관한 것이었다. 1800년에 인간 외의 원동기로부터 얻어진 약 17만 마력 중 70%가 조금 넘는 양을 수력이 공급했으며, 증기기관은 20%를 약간 넘었을 뿐이고, 풍력이 남은 9%를 차지했다. 카네프스키는 1830년의 자료를 가지고 같은 방식으로 추정해 보기로 한다. 이 시점에는 증기력이 이미 수력을 따라잡아서 증기력과 수력이 각각 약 16만 5천 마력 또는 전체의 47.1%를 차지했다. 풍력은 절대량으로는 2만 마력에 달했지만 그 점유율은 5.7%까지 떨어졌다.[6] 만약 상식적인 기준을 계속 적용한다면 1830년대야말로 전 산업 분야에서 증기력으로의 명백한 전환이 전국 규모로 일어난 시점이라고 할 수 있을 것이다. 카네프스키가 결론 내리기를, '내 최선의 추측에 따르면' '증기력은 1835년 무렵과 1840년 무렵 사이에 총용량의 절반을 차지하는 수준까지 증가했을 것이다.'[7] 면직업계만 보면 더 이른 시점에 이 경계선을 넘었을 것이다. 왜냐하면 섬유업계의 다른 부문도 포함해서 다른 제조업 분야에서는 증기력을 훨씬 늦게 도입했기 때문이다.

하지만 카네프스키는 인간의 몸이 공급한 동력을 정량화하려고 하지 않았다. 1838년 공장보고서the Factory Returns of 1838 이전의 면직업계 동력 설비용량을 추정하려고 하지도 않았다. 만약 이 시점보다 조금 더 과거로 조심스럽게 돌아가면, 조금 더 안전한 기초에 도달할 수도 있다. 증기력이 1830년대 중반에 전례를 찾을 수 없을 정도로 급속히 도약했다는 점만은 확실하다. 랭커셔와 체셔라는 서로 매우 유사한 두 핵심적인 주의 경우만 보아도 면직업종 작업장에서 기관 용량은 1835년과 1838년 사이에 62%라는 놀라운 성장을 보인다. 이 과열된 3년 사이에 15,377마력이 더해졌다는 뜻이다.[8] 이 값을 1838년 면직업종의 **총**수치에서 제하면, 우리는 1835년에 30,932마력이라는 잠재적인 최대 증기력 용량을 얻을 수 있다. 이 수치는 너무 높아 보인다. 왜냐하면 다른 주에서도 용량이 증가했을 것이기 때문이다. 1835년에 거의 3만 마력에 달한 에너지의 재고에 대해서 에너지의 흐름과 동물력이 도대체 어느 정도나 비교될 수 있을까? 만약 우리가 손베틀 직조공의 수를 하한치로 설정하고 1838년에 수력이 제공한 마력을 더한다면, 즉 이 기간 중 수력의 증가가 없었다고 가정한다면, 근육과 수차가 1835년에 (증기력 쪽에 유리한 가정들에 기초하여) **증기기관의 동력과 사실상 같은 양**인 30,405마력을 공급했다고 추정할 수 있다.[9] 다시 말해, 에너지 재고의 이용이 **1830년대 중반 활황에 힘입어** 50% 기준점을 1834-1835년과 1838년 사이에 넘었을 것이라고 추측할 수 있다. 물론 이렇게 추측된 연대기는 기껏해야 어느 정도 선별된 가정들에 기초한 것이다. 하지만 이는 다른 증거나 추정과 잘 일치한다. 따라서 우리는 증기의 발흥 시점이 바로 1830년대 중반이었다고 추측할 수 있다.

그다음 투자의 물결이 두 번째 도약을 추동한다. 1840년대 중반에 또 한 차례 일련의 투자가 진행된 후에는 심지어 인간의 근육을 고려하더라도 이제 새로운 원동기가 공급한 동력이 하이드가 제시했던 엄격한 기준에 육박한다. 1850년에 영국 면직업계에서 사용된 총마력 중 82%가 증기로부터 획득되었으며 13%가 수력, 5%가 인간의 몸에서 얻은 것이다.[10] 비록 아직 90%에 도달하지는 못했지만 1820년대 이래 계속된 전환 끝에 드디어 에너지의 재고가 흐름과 동물력을 대신하여 현장을 확실히 장악하게 되었으며, 몇 년 지나지 않아 이 90%라는 최종 기준도 넘어서게 될 것이다.

비록 증기로 전환하는 중에 인간의 근육 역시 어느 정도 영향을 주기는 했지만 **기계화된** 생산에 동원되는 에너지원으로는 사실상 수력만이 유일한 경쟁자였다. 따라서 수력에서 증기력으로의 양자 간 전환 중에 우리가 앞서 제시했던 두 가지 정성적 기준이 달성되는 것이 더욱 큰 중요성을 가진다고 할 수 있다. 수차가 아직도 확장되던 시절과는 완전히 달리, 수차가 진부한 구닥다리로 받아들여져서 더 이상 자본축적을 추동할 수 없게 되는 시점에야 비로소 바로 한 시대가 끝났다고 할 수 있을 것이다. 제조업자들을 수력과 단절하게 하고 수력의 계속된 사용을 현실적으로 불가능하게 만든 정치적 결단이 있었을 수도 있다. 이제부터 살펴보게 되겠지만 50% 기준선을 넘는 시점과 마찬가지로 이 두 전환점 모두 19세기의 이사분기에 위치한다. 하이드가 제시한Hydean 엄격한 기준에 완전히 도달하는 데는 몇 년 정도 시간이 더 걸리기는 하지만, 사실상 구조적 위기 중에 증기력으로의 전환이 이뤄졌으며 이 시점이 면직물 생산의 자동화 시기와 일치한다고 일단 결론 내릴 수 있을 것 같다. 이제 우리는 어째서 이렇게 진행되었는지에 관한 몇 가지 가설들을 검증해 볼 수 있을 것이다.

물이 부족해서?

리카도-맬서스식 패러다임의 핵심은 결핍이 화석 경제를 탄생시켰다는 믿음이다. 이미 살펴본 바와 같이, 우리가 바로 지금 관심을 두고 있는 전환에도 이 믿음은 확장되어 적용될 수 있다. 영국의 제조업자들이 부족한 수력이라는 장벽에 부딪혀서 증기력을 사용하는 쪽으로 발전의 궤도를 갈아탈 수밖에 없었다는 것이다. 이 가설은 1983년 로버트 B. 고든Robert B. Gordon이 《경제사 리뷰》*The Economic History Review*에 낸 〈뉴잉글랜드와 영국에서의 산업화 중 수력의 비용과 사용: 지질학적 해석〉Cost and Use of Water Power during the Industrialization in New England and Great Britain: A Geological Interpretation이라는 제목의 논문에서 처음으로 시험대에 오르게 되었다. 고든이 말하기를, '만약 아래와 같은 상황을 증명할 수 있다면'

즉 증기력이 상당 수준으로 사용되기 전에 산업지대에서 물리적으로 사용 가능한 모든 수력자원이 거의 다 사용되고 있었다면, 에너지 위기 가설은 확증된다. 그러나 이 기간 중 아직 사용되지 않고 있는 수력자원이

있었다면, 이 가설을 뒷받침하기 위해서는 사회적 인자에 호소할 수밖에 없을 것이다.[11]

엄밀히 말하면 후자의 경우에는 이 가설을 완전히 폐기할 수밖에 없다. 이 경우 증기력으로의 전환에 대한 완전히 다른 설명, 즉 사회적인 설명이 필요하게 된다.

고든은 문제가 되는 산업지대의 기상학적, 지질학적, 지형학적 조건을 정밀하게 재구성해 나간다. 작업장 설치 비용이 너무 과도한 지역을 배제하고, 잉글랜드의 제조업 지역에 있는 11개 하천의 사용 가능한 유역을 파악했다. 그 후 그는 수력의 총잠재동력을 평가하기 위해서 배수 면적, 하도 경사, 유량을 계산했고, 아래와 같은 결과를 얻었다. 아직 풋내기였던 면직업종이 하천을 따라 성장하기 시작했던 1780년대나 1790년대가 아니라 바로 1838년에 말이다.

잉글랜드에서 사용되던 수력의 잠재력

유역	총잠재동력, MW	1838년의 이용률, %
더웬트Derwent	44	1.7
도브Dove	30	0.8
어웰Irwell	4	3.4
리블Ribble	52	3.0
스포덴Spodden	6	7.2
머지Mersey	56	6.5
에어Aire	38	4.1
트렌트Trent	111	1.4
테임Tame	15	1.0
이어워시Erewash	2	1.9
린Leen	1	3.4

고든이 지적했듯이 이들 추정치는 매우 보수적인 가정에 기초하고 있다. 총잠재동력을 계산하기 위해서 그는 수차의 에너지 효율이 겨우 40%밖에 되지 않는다고 가정했는데, 1830년대 당시 가장 고성능 수차 모델은 그 2배의 효율을 쉽게 달성할 수 있었다. 그럼에도 영국 섬유업계의 수력 이용이 절대량으로 **그 정점에 달했던** 1838년에 조차 11개 하천 대부분에서 그 잠재력의 5% 또는 그 이하만이 사용되었다는 결과를 얻은 것이다. 고든의 주장에 따르면, 이는 만약 잠재력의 15%만 저렴하게 활용될 수 있었다고 가정하더라도 제대로 활용되지 못한 어마어마한 양의 수력자원이 아직 남아 있었음을 의미한다. 결론은 명확하다. '에너지 위기는 없었다.' 조금 더 일반적으로 뉴잉글랜드New England까지 포함해서 고든은 이렇게 서술한다.

산업지대의 지리적 확장만 계속되었다면 높은 초기 비용이나 과도한 가변 비용이나 운수 비용, 또는 기타 비용을 들이지 않고도 더 많은 수력을 확보할 수 있었을 것이다. 저렴한 수력자원으로의 접근을 제한하는 물리적인 한계가 산업 발전을 제약한 것은 아니었다는 결론을 얻을 수 있다.[12]

고든의 논문이 나온 후 1년이 지나서 출판된《스코틀랜드의 수력: 1550-1870》*Water Power in Scotland: 1550–1870*에서 존 쇼John Shaw 역시 영국의 이 지역에 대해서 비슷한 평가를 내린다. '다른 특성 때문에 선호된 일부 지역을 제외하고는 스코틀랜드에서 수력의 잠재력이 완전히 활용된 적은 없었다.'[13] 이 두 연구 결과는 리카도-맬서스식 가설과는 완전히 배치되는 것처럼 보인다. 수력의 결핍이라는 위협이 눈앞에 펼쳐진 적은 없었으며 일반적인 부족 현상도 일어난 적이 없었다. 심지어 주요 면직업종 지대에서조차도 그랬다. 도리어 미활용 유역이 **넘쳐남**에도 불구하고 증기력으로의 전환이 일어났던 것이다. 우리는 이 결론을 뒷받침하는 증거들을 더 살펴보게 될 것이다. 하지만 **훗날**, 말하자면 20세기 초에 영국 산업계의 모든 동력 수요가 영국 하천의 모든 잠재동력을 초과하게 된 것만은 사실이라는 점을 기억해야 한다. 그러나 이 사실은 전환의 원인과는 아무런 상관이 없다. 사태가 발생한 **후에** 벌어진 그 어떤 일도 해당 사태의 발생 원인을 설명해낼 수 없다.

물이 비싸서?

만약 물이 부족했다면, 그 가격도 높이 인상되었을 것이다. 열렬한 리카도-맬서스주의자Ricardian-Malthusian였던 브린리 토머스Brinley Thomas 는 '어떤 상품이 부족하게 되었는지를 확인하기 위해 필요한 검증 기준 중 하나는 자유시장에서 일반 물가 수준에 비해 해당 상품의 가격이 올랐는지를 살펴보는 것이다'라고 공언했다.[14] 수력에 대한 수요가 공급을 능가하여 비용을 끌어올렸을 때에야 비로소 에너지 위기 담론이 성립된다. 또한 증기력이 이러한 위기의 해결책이었다면 증기력의 가격은 결정적으로 **더 저렴했어야만 한다**. 그러나 단지 리카도-맬서스주의Ricardianism-Malthusianism만 이 논리에 매달리는 것은 아니다. 즉, 상대가격의 변화가 기술혁신을 야기한다고 주장하는 사람들만이 이 패러다임을 추종하는 것은 아니다. 신고전파 경제학 교과서에 따르면, 자원 공급의 변동은 가격 상승 요인을 야기하여 기업들이 신기술을 통해서 고가의 자원을 더 저렴한 자원으로 대체하도록 자극한다. 다소간 변형되긴 했지만 이 공리적 모델은 영국의 산업혁명을 설명하는 데 끊임없이 적용되어 왔다. 데이비드 랜디스David Landes는 전형적인 저서 《풀려난 프로메테우스: 1750년에서 현대까지 서유럽의 기술변화와 산업발전》*The Unbound Prometheus: Technological Change and Industrial*

*Development in Western Europe from 1750 to the Present*에서 심지어 뿌리 깊은 관습과 안정을 버리는 고통스러운 과정이 필요하더라도 높은 가격에서 낮은 가격의 대안으로 기꺼이 돌아서는 적극적인 자세가 다른 모든 나라와 달리 영국만이 가졌던 '더 큰 합리성'의 표상이라고 역설한다. 원칙적으로 기술변화는 오로지 '각 인자의 비용이 자연스레 증가함에 따라 야기되는 개선의 필요'가 있을 경우에만 일어난다. 계몽된 영국의 산업자본가들은 '원가의식'cost-mindedness 측면에서 깨어 있었기 때문에 그러한 필요에 재빨리 대응하고 고가의 자원을 저렴한 것으로 곧장 대체했다.[15] 바로 부르주아 논리가 그러한 조치를 취하게 만든 것이다.

지금 21세기 초의 분위기를 보면, 화석연료의 낮은 가격이야말로 바로 화석연료가 지배적으로 사용되게 된 본래 원인이었다고 믿을 만한 추가 이유를 찾을 수 있다. 오늘날 재생에너지에 대한 주요한 걸림돌로 보통 받아들여지는 측면은 바로 이것이 상대적으로 고가라는 점이다. 화석연료가 거스를 수 없을 만큼 싸기 때문에 계속 지배적으로 사용될 수밖에 없다는 것이다. 탄소로의 전환과 탄소로부터의 전환 사이의 유사점을 찾을 때 바로 이 주제가 항상 등장한다. 석탄의 급성장을 설명하기 위해 표준적인 신고전파 도구를 적용하며 로버트 앨런은 '석탄, 노동, 자본의 비용이 석탄으로의 전환과 그 활용을 확대하는 기술 발명의 시점에 반영되어 있다'고 추론한다. 저렴하다는 석탄의 매력이 석탄에 대한 수요를 야기했다. 윌리엄 로젠William Rosen이 쓴 기술낙관주의로 넘쳐나는 증기력에 관한 대중서《세상에서 가장 강력했던 착상: 증기, 산업, 발명의 이야기》*The Most Powerful Idea in the World: A Story of Steam, Industry, and Invention* 역시 이 온난화되는 세상에서 석탄의 가격이 여전히 '풍력, 수력, 태양에너지'에 비해 '10분의 1'에 불과하다고 조심스레 지적한다. '만약 증기력의 역사로부터 교훈을 하나 찾는다면 아마도 그건 **언제나 더 저렴한 연료가 승리했다**는 점일 것이다.'[16] 그런데 이 교훈이 정말 정확한 것일까?

수차를 쓰기 위해서는 아마 상당한 투자가 필요했을 것이다. 몇 가지 고정비용이 있다. 수차 그 자체, 그 기초, 수차를 설치할 건물, 물을 저장하고 그 흐름을 조절할 댐. 새로운 부지를 사용하려면 제조업자는 물을 댐으로부터 수차로 끌어오고 다시 강으로 돌려보낼 수로 체계, 즉 도수로, 수문, 방수로를 구축하는 데 비용을 지불해야만 했다. 가장 뛰어난 19세기 영국의 기술공학자 중 하나이자 주요 면직업종 공장의 건축가였던 윌리엄 페어베언William Fairbairn은 '이러한 수로'는 '흔히 보만큼이나 건설하기 어렵고 비쌌다. 내가 관여한 바 있는 몇 건의 대규모 공사에서 수로의 비용은 수천 파운드에 달했다'라고 적었다.[17] 특정 지형은 다른 지형에 비해 유리했기 때문에 이 고정비용의 변동 폭은 매우 컸다. 암반을 깎아 도수로와 댐을 만드는 것이 점토질 토양에서 작업하는 것에 비해 더 비쌌다. 자연적으로 급경사를 가져서 유속이 높은 곳에서는 인위적 변경이 비교적 불필요했다. 말할 것도 없이, 수력 시설의 규모가 크면 클수록 더 많은 비용이 들었다.

비용 측면에서 볼 때, 증기기관을 쓰려면 먼저 기관 그 자체가 필요했다. 기관의 가격에는 철, 황동, 구리의 값, 플라이휠과 보일러와 증기 배관의 값이 포함되었다. 게다가 공장주는 모든 부품을 제작하고 설치하는 데 들어가는 수공에 노동에 대한 보수 역시 지급해야 했으며, 공장에 인접하여 지어진 특별한 기관실에 기관을 똑바로 세워 두고 진동을 감쇠시키기 위해서 견고한 뼈대에 고정시켜야만 했다. 그리고 이렇게 해도 충분하지 않다는 듯이 18세기 후반과 19세기 초반의 증기기관들은 습관적으로 망가져서 대대적인 수리를 요구했으며, 이런 수리는 한 달 정도 걸리는 경우도 있었다. 증기기관의 감가상각률은 수차의 감가상각률을 훨씬 상회했다. 새 나무 수차의 기대수명은 20년이었고 최고급 철제 수차는 무려 한 세기가 넘게 운영될 수 있었다. 증기기관은 도저히 범접할 수조차 없는 오랜 세월이다.[18]

수력의 경우보다 증기의 경우 고정비용은 실로 더 확실히 고정된 상수였다. 오래된 기관은 개조되기보다는 그냥 폐기되었다. 반면에 기관 체계의 비용이 지형 특성에 따라 변하지는 않았다.

하지만 전체 손익을 결정한 것은 다른 성격의 비용이었다. 이는 연료 또는 동력원the fuel과 관계된 비용이다. 석탄의 가격은 광산으로부터의 거리와 교통망에 따라 달라졌다. 물 자체는 공짜였지만 물 사용 권리를 얻기 위해서는 흔히 임대차 계약이 필요했다. 우리가 이미 살펴본 것처럼 18세기에서 19세기로 넘어가던 무렵에 수력의 동력원 비용은 매우 낮았으며 그 때문에 면직업계의 제조업자들 다수는 이쪽이 압도적으로 저렴하다고 보았다. 면직업 공장 경험이 많은 핼리팩스Halifax의 기계 수리 기술자였던 존 서트클리프John Sutcliffe는 1816년에 '증기기관의 동력을 얻는 데 많은 비용이 든다는 것은 잘 알려진 사실이다'라고 증언했다.[19] 그렇다면 전환이 일어난 시점에는 증기력에 유리하게 상황이 바뀌었을까? 우리는 2세대 수력 작업장이라고 불리던 예를 몇 개 살펴봄으로써 이 가능성을 확인해 볼 수 있다. 몇몇 경우 1810년대 후반부터 시작해서 1820년대 초에 이미 큰 규모의 작업장을 소유하고 있던 공장주들 다수가 쉬운 신용거래나 그 외의 유리한 조건에 힘입어 설비의 추가 확장이나 개조에 돌입했다. 그러나 불행히도 이들 2세대는 면직업계가 수력을 포기하기 직전에 태어났다. 1820년대 초에 지어진 작업장들은 곧 증기력으로의 전환이 벌어진 수십 년 동안 압도되어 쇠퇴하고 사라지게 된다. 이들이야말로 상대가격의 변화라는 가설을 검증하기 위한 가장 이상적인 후보라고 할 수 있다.

부유한 스코틀랜드 상인이었던 제임스 핀레이James Finlay의 아들 커크먼 핀레이는 19세기 초에 수력을 동력으로 삼는 공장 세 곳에 투자했다. 이 공장들은 엔드릭Endrik 강 유역인 발린달로크Ballindaloch, 에어Ayr 강 유역인 카트린Catrine, 티스Teith 강 유역인 딘스턴Deanston에 있었다. 특히 카트린과 딘스턴은 제임스핀레이앤컴퍼니사James Finlay & Co.라는 왕관에 박힌 두 개의 큰 보석이라 할 수 있었다. 1824년에 카트린의 관리자가 윌리엄 페어베언을 방문하여 작업장을 개량해 줄 것을 요청했다. 증기기관 역시 유행하던 대안이었지만 결국 이들은 거대한 수차를 두 대 설치하기로 합의했다. 총용량이 240마력에 달하는 이들 수차는 이후 '카트린의 사자들'the Lions of Catrine이라고 불렸다. '적당한 형상의 물받이와 적절한 물 공급을 통해서 증기력의 도움 없이도 당시 존재하던 기계 전체를 충분히 다 돌릴 수 있을 것으로 생각했다'고 페어베언은 회상한다. 게다가 이후 '기계설비가 더 늘어날 경우에 대비하여' 추가로 수차 두 개를 설치할 수 있는 공간을 확보하기 위해 수로와 동력 전달을 위한 치차 설비도 함께 확장되었다.[20] 카트린의 사자들도 당시 기술공학의 첨단을 자랑하는 기념비였지만, 딘스턴에 설치된 더 강력한 설비는 심지어 이들조차 초라하게 보이게 만들 지경이었다. 티스 강은 공장 부지에서 '빠른 유속'을 자랑했으며 파도가 일어 '아름다운 은색 물결이 물마루를 이루었다'고 한다. 1820년대 초 페어베언의 감독 아래 강물을 새 운하로 끌어들이고 댐 하나를 더 건설하며 낙차를 높이는 동시에 수차를 여덟 대 이상 설치하는 대공사의 계획이 수립된다. 1832년에는 이미 수차 세 대가 설치된 상태였으며 네 번째 수차가 부지에 인도되어 동력 수요가 증가하기만을 기다리고 있었다. 이 무렵 딘스턴의 수차 집단에는 '헤라클레스' Hercules라는 이름이 붙었고 《챔버스의 에든버러 저널》Chambers's Edinburgh Journal은 그 경이로운 장관을 다음과 같이 묘사했다. '이것들은 우리가 본 것 중 가장 거대하였으며, 셀 수 없이 많은 축을 통해 엄청난 규모의 집중된 동력 전체를 서로 다른 부문에 전달하였고,' 총 320마력 또는 그보다 약간 모자란 용량을 가지고 있었다. 페어베언은 이것들을 '아마도 현존하는 것 중 가장 거대한 수력 기계들'이라고 불렀다.[21]

일설에 따르면 카트린의 사자들이나 딘스턴의 헤라클레스는 핀레이의 회사 위상을 영국에서 가장 큰 면방적 회사로까지 끌어올렸다고 한다. 1830년대에 이 회사는 공장 세 곳에서 2,300명이 넘는 노동자를 고용했는데, 예를 들어 이는 증기력으로 운영되는 맨체스터에 있는 공장들에서 작업자 1,500명을 부리던 맥코넬앤케네디사의 후신인 맥코넬앤컴퍼니사를 크게 앞지르는 것이었다. 카트린은 이미 1806년에 역직기를 도입함으로써 영국 최초의 통합공장이 되었다. 1807년에 딘스턴이 그 뒤를 따른다. 로버츠의 발명 직후 이들 두 공장의 관리자들은 나름의 자동 뮬방적기 변종을 발명했으며, 이는 사자들과 헤라클레스에 의해 구동되었고 심지어 멀리 수출되기까지 했다. 게다가 1830년대 초까지도 커크먼 핀레이는 여전히 미래를 낙관하고 있었다. 업계 정상에 선 그는 자신의 공장들을 마치 후세에 영원히 기념비로 남길 듯한 기세로 계속하여 확장하였는데, 그럼에도 그에게 주어진 수력자원을 전부 활용하지는 못하고 있었다. 1833년에 열린 경제위기에 관한 조사위원회에서 그는 상대적으로 규모가 작은 경쟁자들은 소멸할 것이고, 자신의 회사처럼 가장 앞선 회사들만이 현상을 유지하며 '적당한 이윤'이 돌아올 때까지 기다릴 것이라고 예상했다. 그는 이렇게 설명한다.

내가 지금 공장들을 세우는 데 돈을 쓰는 것은 바로 **동력이 공짜일 뿐만 아니라 풍부하다**는 확신 때문입니다. 바로 이러한 확신이 있기 때문에 나는 지금껏 서술한 것 같은 공장 건설에 투자를 계속하고 있습니다.

당신 공장들이 수력으로 작동되며 아직 활용되지 않은 동력이 풍부하게 남아 있나요?

- 네.

만약 당신이 이러한 새 공장에서 기계를 돌리기 위해 증기기관을 설치하는 비용을 지불해야만 한다면, 당신은 그러한 영업 방식을 취할 것이라고 생각하나요?

- 나는 기관이 필요한 곳에는 가지 않을 것입니다. 내 생각에 그런 상황은 이런 종류의 시설[즉, 면직업종 작업장]을 운영하기에는 적합하지 않습니다.[22]

사자들과 헤라클레스는 영국에서 가장 비싼 수력 구조물 중 하나였다. 보와 터널, 운하와 수문, 수차를 설치한 건물과 방수로를 건설하는 데 수만 파운드가 동원되었다. 핀레이가 전하듯 그럼에도 일단 건설되고 나면, 그 유지와 보수를 위한 비용은 사소했고 무엇보다 동력원이 '공짜로' 제공되었다.[23] 1830년대 후반과 1840년대 초반에 근처 탄광에서 딘스턴까지 톤당 6실링 2펜스 가격에 석탄을 들여올 수 있었다. 이 가격은 에든버러와 비슷했고 심지어 버밍엄보다는 더 낮은 편이었다. 마음만 먹으면 '풍부한 양의 석탄'을 가져올 수 있었다. '도로도 모두 잘 갖추어져 있고 평탄'했기 때문에 석탄을 공장까지 나르는 비용도 저렴했다. 그럼에도 불구하고 관리자는 '증기를 쓰는 것은 연료비 때문에 불가능하다'고 단언했다.[24] 터무니없이 거대한 것처럼 보이던 고정자본을 계산에 넣더라도 **연료비를 고려하면** 결국 수차가 유일하게 합리적인 원동기라는 것이다.

1844년 초에 핀레이의 회사는 수력 작업장 세 곳에 대한 독립적 자산평가를 위탁한다. 스코틀랜드 면직업계의 수도에서 제출된 보고서에서 감정인들은 '이들 공장의 진정한 가치'를 평가하기 위해서 '글래스고에 있는 공장들과 비교하여 그 용량과 기계의 질과 효율에 관한 섬세한 조사를' 진행했다고 주장했다. 카트린에서는 '시설 내에서 필요한 모든 업무와 석탄, 마모, 운임 및 연관된 모든 잡비를 다 고려하면, 글래스고의 동일한 동력'은 매년 242파운드 13실링 10펜스의 비용을 더 발생시킬 것이다. 증기 이용 때문에 발생할 이러한 비용들을 절감함으로써 사자들은 핀레이의 회사에 상당한 **이득**을 가져다주었다. 감정인은 계속하여 '카트린과 마찬가지로 동력을 평가할 때, 딘스턴에서는 매년 700파운드 정도의 비용 절감 효과가 있는 것으로 추정된다'고 언급했다.[25] 그럼에도 불구하고 감정인들은 결국 글래스고에 있는 유사한 규모의 면직업 작업장이 더 유리하다고 간주했다. 실로, 우리가 이후 살펴보게 되겠지만, 이 평가를 통해 카트린과 딘스턴의 공장은 글래스고에서 증기력으로 운영되는 공장에 비해 **열등**하다고 공인되었다. 하지만 이것은 에너지 공급과는 완전히 다른 측면의 문제였다. 마력당 비용만 보면 1840년대 중반까지도 카트린과 딘스턴은 여전히 소유자에게 유익한 **비용 절감** 효과를 제공했다.

새뮤얼 그렉Samuel Greg은 맨체스터에서 말을 타고 조금만 달리면 닿을 수 있는 위치에 쿼리 뱅크 작업장the Quarry Bank Mill을 지었다. 기념비적 해인 1784년에 일어난 일이다. 회사 비망록에 따르면 '당시 작업장을 운영할 수 있는 동력은 풍력과 수력 빼고는 알려진 바가 없었으며, 그렉은 자주 자기가 말을 타고 방방곡곡 물을 찾아다니던 시절의 이야기를 하곤 했다.' 새로운 형태의 동력이 이미 잘 알려진 1820년대 초의 돈 잔치 시절에도 그렉과 그의 아들들은 수차를 주문하기로 결정했다. 카트린과 딘스턴처럼 두 대, 세 대가 아니라 약 100마력에 달하는 단 한 대를.[26] 댐이 확충되어 높아졌고 수차는 작업장 아래 깊은 지하실에 설치되어서 낙차를 극대화했다. 거의 1마일에 달하는 길이의 터널을 통해 물은 다시 강으로 돌아갔다. 확장으로 이전에 비해 거의 2배 용량을 제공하던 이 새로운 수차 역시 당시의 경이로운 첨단 수력 기술의 기념비로 받아들여졌다. 한 방문객은 '국내에서는 그 규모와 효율에서 이에 비길 만한 장치를 찾을 수 없다'고 적었다. 그의 평가에 따르면 '품위 있게 천천히 회전하는 그 모습이야말로 권력과 위엄의 화신'이자 '이를 전시한 소유주에게는 자부심을, 이를 목도한 관람객에게는 놀라움을 가져다주었다.'[27]

업계 정점에 선 회사가 소유한 쿼리 뱅크 작업장은 예외적으로 큰 공장이었다. 관심의 초점으로 남아 있던 쿼리 뱅크를 포함한 회사 소유의 작업장 다섯 곳에서 방적되던 면직물의 양을 평가하면서 앤드루 유어는 새뮤얼그렉앤컴퍼니사Samuel Greg & Co.를 '영국에서 가장 큰 기업'이라고 불렀고, 유명한 국회의원이던 애슐리 경Lord Ashley은 심지어 '유럽에서 가장 큰 산업체'[28]라고 칭했다. 회사는 1830년대 중반에 자동 뮬방적기를 구매했고, 역직기를 설치할 작업장 두 곳을 공장 옆에 추가했다. 수력과 증기력의 상대가격 변동을 추적하기 위해 그렉의 회사는 주기적으로 비교 결과를 기록하여 남겼다. 1828년에는 '수차, 수로, 댐의 비용은 동급의 증기기관과 맞먹'지만 '기관에는 마력당 12파운드라는 석탄의 값이 추가로 필요'했고 이로 인해 현격한 격차가 생겼다. 1849년에는, 쿼리 뱅크의 관리자가 100마력을 증기력으로 확보하기 위해서는 매년 274파운드의 비용이 더 들 것이라고 계산하였다. 7년 후에 같은 방식으로 평가할 때에는 수차의 용량이 172마력까지 늘어났다. 이만한 마력을 증기로 대체하기 위해서는 '주당 23톤 또는 연간 1,196톤의 석탄이 필요하며, 톤당 9실링 5펜스9/5 per ton로 계산하면 연간 563파운드 2실링 4펜스의 석탄 비용에 달한다.'[29] 대략 이 40년 동안, 심지어 19세기 후반에 들어선 시점에조차 쿼리 뱅크 작업장의 수력은 계속 경제적 우위를 점하고 있었으며, 그렉의 회사 내에서 좋은 평가를 받았고, 그 상대적 우위의 잠재력은 고갈된 적이 없었다.

헨리와 에드먼드 애슈워스Henry and Edmund Ashworth 형제는 볼턴 근처 어웰 강 지류의 이글리 브룩Eagley Brook에서 작업장 두 곳을 운영하고 있었다. 이들 역시 비슷한 방식을 따라 자산을 확장하여 1820년대에 새 거대 수차들을 세웠다. 한동안 이들 회사의 동업자였던 페어베언이 만든 에저튼 작업장the Egerton mill의 수차는 1분에 세 바퀴 회전하며 최대 140마력을 공급했다. 쿡 테일러는 '거대한 수차는 랭커셔 지방의 구경거리 중 하나였으며 많은 방문객을 끌어들였다'고 기록했다. 애슈워스 형제의 공장 총규모는 1818년에서 1834년 사이에 15배 또는 16배 증가하였고, 이 회사를 세사fine yarn 방적 분야의 선두주자로 만들었다. 수많은 정치적 논란에 휩싸였던 공격적이고 충동적인 인물인 헨리의 지도 아래 이 회사는 증기의 압력에 대항하는 저항의 중심이 되기도 했다. 헨리는 스스로 수력과 기꺼이 결혼했다고까지 선언했다. 그는 에저튼의 수차가 매주 20파운드의 석탄 값을 절감해 준다고 방문객에게 설명했는데, 그게 만약 사실이라면 이는 헤라클레스의 위업을 능가하는 것이었다. 페어베언은 1843년에 연간 절감액이 560파운드라는 조금 더 겸손한 추정치를 내놓았다.[30]

핀레이의 회사, 그렉의 회사, 애슈워스의 회사가 19세기 이사분기 면직업계의 대다수를 대표하지는 않는다. 이들은 업계 중진이었으며 중소 규모 작업장들의 숲을 뚫고 우뚝 솟은 수력 거인들이었다. 하지만 연료 측면에서는 분명히 이들의 경험을 확증하는 다른 언급들이 많이 남아 있다. 1833년 열린 공장조사위원회the Factories Inquiry에서 스톡포트에 증기로 작동하는 방적공장 세 개를 가지고 있던 존 치텀John Cheetham은 수력을 이용하는 제조업자가 '경쟁자들에 비해 유리한 고지'를 점하고 있다고 주장했다. 이 주제를 계속 다루면서 조사위원이던 터프넬은 의문을 표했다.

왜 그가 지금껏 업계에서 경쟁자들에 비해 유리한 고지를 점하고 있다고 생각하나요?

- 수력이 증기보다 싸다는 잘 알려진 사실 때문입니다.

그렇다면 작업장 소유자가 공장을 세우려고 할 때 낙수 지대를 사들이는 것이 증기기관을 사들이는 것보다 언제나 저렴하다는 뜻인가요?

- 네. 만약 그가 물을 쓰는 데 지나치게 높은 값을 지불하지 않는다면요.

그가 증기기관을 사들이는 데 지나치게 높은 값을 지불하지 않는다고 가정하면, 그렇다면 조건이 같다고 할 수 있을까요?

- 아니오. 증기기관의 값보다 연료의 값이 훨씬 더 크기 때문에 그렇지는 않습니다.

어째서 낙수 지대를 사들이는 것이 증기기관을 사들이는 것보다 더 저렴한가요?

- **지속적으로 물을 공급받는 것이 석탄을 공급받아 기관을[sic] 돌리는 것보다 훨씬 싸기 때문이죠.** 바로 이렇기 때문에 그렇습니다.[31]

이 '잘 알려진 사실'은 실제 조사위원회에 출석한 다른 이들에 의해서도 재확인된다. 스톡포트의 소매상이자 이전에는 노동조합의 비전임 조사관으로 고용되어 해당 지역을 순회하며 다양한 법령과 규제 준수 여부를 확인했던 토머스 워슬리Thomas Worsley는 수력으로 작동하는 면직업종 작업장의 소유주들을 증기를 쓰는 경쟁자들과 다음과 같이 비교했다.

그들은 더 저렴한 비용을 들여 생산한다. 어째서 그러한지 증명하는 것은 어렵지만 어쨌든 현상이 **그러하다**는 것만은 일반적으로 받아들여지고 있다. 만약 내가 내일이라도 당장 동력을 구하려 든다면 또는 이 지역에서 흔히들 말하듯 돌려야만 한다면 이를 맨체스터 안이나 다른 어느 제조업 도시에서 얻을 수 있는 것보다 3분의 1은 더 낮은 가격에 맨체스터 부근 시골 지역에서 확보할 수 있다. 따라서, 어쨌든 수력 소유자가 증기력 소유자보다 더 저렴하게 생산할 수 있다.[32]

　　10년 후인 1842년, 《프레스턴 연보》*Preston Chronicle*에 투자자가 '1년에 최소한 500파운드'의 비용을 절감할 수 있다는 점을 근거로 들어 같은 동력용량의 기관보다는 수차를 선택하라는 권고문이 게재되었다.[33] 놀랍게도 이 연간 절감액 추정치는 카트린과 딘스턴, 쿼리 뱅크와 에저튼에서 보고된 값들의 범위 내에 잘 들어맞는다. 개개의 회사 수준에서 볼 때 반드시 큰 값이 아니지만, 이는 어쨌든 수력 쪽을 더 유리하게 만들던 확실한 격차를 드러낸다.

　　그렇다면 연료비는 전환기 중에 어떻게 변화했을까? 수력이 여전히 더 싸기는 했지만 혹시라도 석탄 가격이 **떨어진 걸까?** 경제적으로 엄밀하게 말해서 그렇다면 최소한 격차가 줄어들고 증기력의 매력도 상승했을 것이다(연료 효율이 높아졌다면 이 역시 같은 효과를 가졌을 터인데 이 점에 대해서는 뒤에서 다시 살펴보기로 한다). 나폴레옹 전쟁이 끝난 후, 실제로 석탄 가격이 떨어졌다. 그러나 전후 시기의 경기 침체 중에 일반 물가 전반은 **훨씬 더 빨리** 하락했다. 1830년까지 석탄 가격은 지표 평균에 비해 3분의 1 정도 덜 하락했다. 이는 석탄 가격이 상대적으로 인상되었다는 뜻이다. 이후 20년 사이에 석탄 가격은 안정적으로 유지되었다. 무엇이 가격을 결정했을까? 무엇보다도 노동력이 결정적이었다. 1830년에서 1860년까지 영국 석탄 채굴 총 비용의 51%가 임금이었으며 이는 9.6%의 보급품 비용과 7.8%의 지대 비용과 비교해서 압도적으로 큰 부분을 차지하고 있었다.[34] 증기로 운영되는 작업장의 소유자가 기관을 돌리기 위해 석탄을 사들일 때, 그들은 주로 석탄을 지하에서 꺼내 오던 **살아 있는 노동력에 대가를** 지불했던 것이다. 전환이 벌어지던 수십 년 동안 석탄 가격이 현저하게 하락했다는 증거는 없으며, 석탄 채굴 기술이 혁신되었다는 증거도 없고, 수력과 증기력의 격차가 순전히 연료비 측면에서 조금이나마 줄어들었다는 증거 역시 없다. 노임 때문에 여전히 석탄의 가치는 물의 가치를 훨씬 상회했다.

엄밀히 따지면 물도 공짜는 아니었다. 작업장 소유자가 그 주변 지대의 땅을 소유하는 경우도 드물지는 않았으나, 그렇지 않다면 임대차 계약을 확보해야. 했고 지주에게 지대를 지불해야만 했다. 이런 계약과 관련된 비용에 관한 정보는 석탄 가격 정보에 비해 많지는 않지만, 확인 가능한 모든 값들을 보자면 이 비용은 상대적으로 낮은 수준으로 유지되었다. 1840년대 수력 작업장에서 이 비용의 평균값은 연간 마력당 5파운드로 추정되며 이는 25마력 증기기관의 연간 마력당 15파운드 또는 100마력 증기기관의 연간 마력당 12파운드에 대비된다. 달리 말해서 전환이 상당히 진행된 시점에조차 증기력으로부터 같은 양의 역학적 에너지를 얻는 비용이 최소한 **2배 더 높았다**는 것이다.[35] 카네프스키의 말을 빌리면 수력이 '증기에 비해 **비용 측면만 고려할 경우 1870년에도** 더 유리했다.' 그리고 사실 1873년에도 《브래드퍼드 옵저버》*Bradford Observer*에서 두 에너지원의 상대 비용을 다루면서 '수력이 공급되는 작업장이 증기만 쓰는 작업장에 비해 현저하게 유리하다'는 기사를 게재할 수 있었다.[36] 그렇지만 물론 이 시점에는 이미 한참 전에 전환이 완료된 상태였다. 여기서 제시된 증거는 이 중요한 시기인 수십 년 동안의 동력 비용을 현대에 재구성한 다른 결과들과 일치한다. 시설, 설치비, 연료 및 동력원과 기타 부분까지 포함해서 그렇다.[37] 추가적인 증거를 통해 확증되어야 하겠지만, 이 잠정적인 결론은 화석 경제의 역사에서 매우 중요하다. **영국 면직업계의 증기력으로의 전환은 수력이 비용 측면에서 저렴하다는 우위를 계속 점하고 있었음에도 일어났다.**

근본적으로 에너지의 흐름과 재고의 시공간상 윤곽 때문에 이런 현상이 발생하는 것처럼 보인다. 지표 위 경관에 내재된 에너지의 흐름은 그 동력을 소환하기 위해서 인간의 노동을 필요로 하지 않는다. 임대차 계약이나 소유권 증서로 토시에 대한 법석 접근 권리만 확보하면 물은 말 그대로 공짜로 차고 넘치게 흘러 들어오는 것이다. 반면에 지표 위 경관과 동떨어진 채로 잠들어 있는 에너지의 재고는 광산 속 깊은 곳에서부터 뻗어 나와 탄광 입구를 거쳐 운송수단으로 운반되어 증기를 회전운동으로 바꾸는 기관의 바로 옆에까지 달하는 실로 기나긴 여정을 통해서만, 이렇게 어마어마한 인간의 노동을 투입하고 나서야만 비로소 실제 에너지원으로 변환될 수 있다. 물과 달리 석탄은 원동기를 돌리기 위해 끊임없이 소비되어야 하는 상품이라는 물리적으로 독립된 형태로 시장에서 유통된다. 연료비는 위치와 교통 수준에 따라 달라졌다. 탄광 부근이나 운하, 도로, 철도로 잘 연결된 지역에서 면직업종 제조업자는 석탄을 상대적으로 싼값에 구할 수 있었을 것이다. 그러나 이는 절대 공짜가 아니었다.

출력이 작고 고르지 못하며 비효율적인 수차 때문일까?

아직 남아 있는 한 가지 가능성은 바로 수차가 증기기관만큼 큰 동력을 생산할 수 없었기 때문이라는 것이다. 이런 가능성을 보여주기 위해서 칸데르와 그 동료들은 3-5마력밖에 되지 않는 **중세** 수차의 평균용량과 12,000마력에 달하는 **1900년 당시** 최대 용량의 기관을 나란히 두고 비교한다.[38] 이를 실로 학술적 사기극Scholarly deceit이라고 논박할 수 있겠다. 2014년 고속열차의 최고 성능을 고대 이집트 마차의 평균속도와 비교하는 것으로는 어째서 19세기 초에 교통체계가 혁신되었는지에 관해서 아무것도 설명할 수 없다. 전환의 동역학을 제대로 분석하려면 당연히 **그 전환이 벌어졌던 바로 그해에 국한해서** 비교가 이루어져야만 한다. 1838년에 잉글랜드 면직업계의 수차는 평균적으로 16.6마력을 공급했고 기관은 28.5마력을 공급했다. 반면 스코틀랜드의 작업장들에서는 수차가 37.4마력, 기관이 29마력이었다.[39] 게다가 이것은 영세 방적업자들이 가까운 개울에 설치했던 수많은 조그마한 수차들까지 다 포함한 평균값이며 **실로 거대한** 동력 설비들이 여전히 강을 지배하고 있었다. 1820년대 초에 60마력 기관이 대형이라고 받아들여졌던 반면 페어베언과 여타 기술공학자들은 당시 이미 그 2배는 되는 용량의 수차를 설계하고 있었다. 1844년에 맨체스터에서 가장 컸던 증기기관은 300마력이었지만 이는 예외적으로 큰 용량이었다. 이 시점에 수력을 다루는 기술공학자들도 비슷한 수준의 대당 최대 용량에 접근하고 있었다. 전환이 일어난 바로 그 수십 년 기간 동안, 즉 1820년대에서 1840년대 사이에 당시 최대 규모 면직업종 작업장들은 여전히 수력으로 운영되고 있었으며, 보통 두세 개씩 또는 더 많은 수의 거대한 수차가 한 조를 이루어 작동하고 있었다.[40]

번덕스러운 날씨의 영향을 제외했을 경우 수차가 증기기관보다 **덜 고르게** 동력을 생산했을까? 윌리엄 스탠리 제번스William Stanley Jevons가 저서 《석탄 문제》*The Coal Question*에 적은 것처럼 '수차는'

심지어 와트의 '조속기'governor가 장착된 증기기관이 제공하는 것보다 더 완벽히 고르게 운동하는 자연스러운 경향을 가지고 있다. 이런 측면에서 수력은 가장 우수한 동력이며 바로 이 때문에 아주 정밀한 기계가 완벽히 일정한 속도로 작동되어야 하는 경우에 종종 사용된다.

이것은 1866년에 나온 평가다. 이보다 40년 전에 페리 역시 아무리 크더라도 '증기기관은 절대로 완전히 고른 운동을 만들어 낼 수 없다'고 인정했다. '엄밀히 살펴보면 증기기관으로 작동하는 시설이나 기계의 운동은 어느 정도 불균등하다는 것을 알 수 있다'고 언급하면서 이렇게 수차의 장점을 또 하나 추가했다. 중세가 아니라 정확히 전환이 일어나던 바로 그 시점에.[41]

카네프스키가 전하기를, 1830년대 내내 수력은 증기로는 범접할 수 없을 정도의 고른 운동을 만들어 냈기 때문에 '수력 작업장에서 생산된 면직물이 증기력으로 만들어진 제품에 비해 여전히 질이 더 좋다고 받아들여졌다.'[42] 19세기 후반에 들어선 지 한참 지난 시점에조차 부유하는 나뭇가지나 기타 방해물로부터 보호되는 한 기계적으로 고장이 나거나 파손되는 경우는 수차 쪽이 차라리 더 드물었다. 증기가 흔히 사고를 터뜨리는 것으로 알려졌던 반면에 수차는 갑자기 폭발하거나 불이 붙지도 않았으며 이해하거나 조작하는 것이 어렵지도 않았다. 수차가 끔찍하게 비효율적이었을까? 혹시 증기력이 에너지를 짜내는 데 훨씬 더 높은 효율을 보임으로써 영국인들의 불안을 씻어 준 것일까? 이 측면에서는 심지어 칸데르와 그 동료들조차도 증기에 유리한 차이를 사실상 발견하지 못했다. 전환기 당시 신식 수차가 낙하하는 물의 역학적 에너지 중 85%를 기계로 전달했던 반면에 증기기관은 석탄의 에너지 중 2% 미만을 운동으로 바꿔 냈으며 가장 뛰어난 설비조차 효율 4%에 간신히 도달했다.[43] 절대적인 용량, 운동의 균일함, 에너지 효율, 그 어느 측면에서도 기관은 수차를 압도하지 못했다. 실상은 차라리 그 정반대에 가까웠다.

수치numbers를 넘어, 수수께끼가 남다

이제 화석 경제의 역사에 대해 상당히 놀라운 결과를 추론해낼 수밖에 없다. 영국 면직업계에서 수력에서 증기력으로의 전환이 일어난 까닭은 물이 부족했거나 더 비쌌거나 기술적으로 덜 유력했기 때문이 아니었다. 정반대로 **수력이 넘쳐났으며 저렴했을 뿐만 아니라 최소한 증기만큼 강력하고 고른 운동을 제공했으며 효율적이었음에도 불구하고**, 증기력이 주도권을 잡게 된 것이다. 하지만 우리는 이를 당분간 잠정적인 결론으로 받아들일 것이다. 확실하게 결론을 내리기 위해서는 여기에 견고한 논지와 강한 설득력을 부여할 수 있도록 더 많은 증거가 필요하다. 지금은 단지 수수께끼가 더 심화된 것에 불과하다. 흔히 예상했던 이런 이유들 때문이 아니라면, 그렇다면 왜 면직업계 자본가들은 기관을 선택했을까? 조금 더 구체적으로 묻는다면 그들은 도대체 무슨 이유 때문에 누구나 다 예외 없이 더 비싸다고 생각하던 원동기로 돌아섰을까?

놀랍게도 이 질문에 답하려는 노력은 별로 찾을 수 없다. 고든은 물리적 한계가 수력을 제한하지 않았다는 사실을 보여주는 것 이상으로 더 나아가지 않았다. 쇼는 '수력 시대의 종말은 그 내재적 약점 때문이라기보다는 차라리 산업설비 규모, 작업 양태, 인구분포, 경제적 목적의 변화 때문에 도래했다'라고 적으며 스코틀랜드의 상황을 정리한 글을 마무리하지만, 이러한 애매한 요인들의 성격이 무엇인지 규명하지 않고 이런 요인들이 정확히 어떻게 한 시대의 종말을 가져왔는지도 설명하지 않았다.[44] 채프먼, 폰 턴젤만, 카네프스키도 증기력이 성장한 원인으로 널리 지목되던 기존 논리를 붕괴시켰을 뿐 역시 이 질문은 그냥 그대로 남겨 두었다. 원인을 가리던 장막은 걷혔다기보다는 도리어 더 두꺼워진 셈이다.

당연히 학적인 실패로 간주되어야 할 이러한 사태가 발생한 원인, 즉 전환을 설명해내는 데 학문이 무력한 원인을 근래 경제사학 분야의 특징이라고 할 수 있는 **계량**counting에의 집착으로부터 부분적으로 찾을 수 있다. 수치를 다루던 폰 턴젤만, 카네프스키, 고든 모두 어마어마한 양의 계산 결과를 도출하여 무슨 일이 벌어졌는지에 대한 어설픈 주장들을 걷어치움으로써 전환 단계의 윤곽선을 그려냈지만, **제조업자가 한 지점에서 다른 지점으로 넘어간 바로 그 운동의 원인**을 그 속에 채워 넣지는 않았다. 이 일을 완수하기 위해서는 계산기가 아니라 다른 도구가 필요하다. 권력과 대립을 골방으로 치워 숨기는 일반균형모형general equilibrium models은 딱 여기까지 올 수밖에 없다. 간단히 말해서 작업장 현장에서 벌어졌던 관리자와 작업자 사이의 투쟁, 기계 도입을 위한 열렬한 선전과 이에 반대하는 완강한 저항, 특정한 기술적 가능성에 대한 무관심과 다른 기술로 한몫 잡아 보려던 욕망, 기타 산업혁명 중 벌어졌던 많은 일들이 단순히 산술적으로만 파악될 수는 없다.[45]

폰 턴젤만은 디킨스의 《어려운 시절》에 나오는 문구를 인용하면서 학위논문——이제는 고전이 된 책의 기초가 된 바로 그 학위논문——을 시작한다.

> 이 공장에서 몇백 명의 노동자, 몇백 마력의 증기력, 기관이 발휘하는 힘은 단 1파운드 단위까지도 정확하게 파악된다. 하지만 침착한 얼굴로 규율에 따라 행동하며 기계를 차분하게 다루는 이 노동자들 중 누가 그 영혼이 선한지 악한지, 사랑하는지 증오하는지, 애국심이 가득한지 불평불만이 가득한지, 미덕을 악덕으로 부패시키는지 아니면 그 역을 행하는지 국채를 계산하는 사람 모두가 달라붙는다고 해도 절대로 알 수 없다. 증기기관에는 신비로운 게 없다. 노동자는 아무리 보잘것없는 자라도 그 깊이를 헤아릴 수 없다, 영원히.[46]

마치 자본가의 심리에 관한 디킨스의 분석을 증명하고 그래드그라인드 씨Mr. Gradgrind의 논리를 따르듯, 폰 턴젤만은 무게 몇 파운드와 동력 몇 마력의 영역에만 머물렀다. 학위논문 말미에 그는 '맨 앞에서 찰스 디킨스의 글을 인용한 이후로 사회적 문제에 대해서는 아무 말도 하지 못했다'고 인정했다. 카네프스키 역시 뒤늦게 비슷한 고백을 남긴다. '의심할 바 없이 **동력 확산에 영향을 주었던 요인**을 다루는 부분이 가장 부족하다.' 그는 조금 더 구체적으로 언급한다. '아마도 원동기 선택에서의 비경제적'—산술적이지 않다는 뜻이다—'영향이 논의되었다면 더욱 바람직했을 것이다.'[47] 바로 이 영역에서만 전환의 수수께끼를 풀 수 있다. 다른 방법론이 필요하다. 손에 수첩을 들고 코크타운Coketown 깊숙이 과감히 들어가는, 더 정성적인 접근이.

6

흐름이라는 공유재로부터의 탈주:
미완으로 끝난 수력의 확장

수력 분야의 와트

1770년대 후반의 어느 날이었다. 일군의 제조업자가 스코틀랜드 전원지대에서 적당한 공장 부지를 찾던 중 뷰트 섬the Isle of Bute을 발견한다. 클라이드 내포the firth of Clyde 안에 있는 주로 눈 덮이고 가파른 언덕 그늘에 위치한 이 섬은 상대적으로 편평한 편이었고 몇 안 되는 주민 중 농민과 어민 들은 섬에 흩어져 있었으며 아마포 직조공들linen-weavers은 섬 내 유일하게 번듯한 군락인 로스시Rothesay에 모여 거주하고 있었다. 그렇지만 제조업자들은 이 섬으로부터 좋은 인상을 받았다. 왜냐하면 이 섬에 그들이 그토록 찾던 중요한 자산이 있었기 때문이다. 바로 풍부한 물. 아크라이트의 선례를 따라 이들은 면직업종 공장으로 쓸 5층 건물을 짓기로 했고 이는 스코틀랜드에 들어선 첫 번째 또는 두 번째 면직업종 공장이 되었다. 그러나 곧 문제가 발생했다. 1785년에 관리자는 '우기 중에조차 낮이든 밤이든 작업장을 제대로 운영할 만큼 물이 일정하고 균등하게 공급되는 꼴을 보지 못했다'고 불평했다. 바로 그해에 로스시 공장이 매물로 나오게 된다. 새 소유자들도 고전을 면치 못했다. 이들은 또 하나의 건물과 더 큰 물방적기를 추가하고 1800년 무렵 동력용량을 늘리기 위해 증기기관을 두 대 설치했는데 이는 상황을 더욱 악화시켰다. 뷰트 섬은 풍부한 물이라는 천혜의 자연환경을 가지고 있었지만 글래스고로부터 섬으로 들어오는 석탄 값이 매우 비쌌기 때문이다. 회사는 결국 연료비를 버텨 내지 못했고 1813년에 로스시 작업장은 헐값에 팔려 나가게 된다.[1] 그 리고 드디어 황금기가 시작되었다.

로버트 톰Robert Thom은 역학을 공부하던 젊은 학생 시절부터 '수력 학 이론 전반, 특히 자신의 직업 특성에 영향을 받아 원동력으로서의 물의 성질에' 온 열정을 쏟아부었다. 한동안 면직업종 작업장에서 관 리자로 일했던 톰은 헐값에 나온 로스시 매물 광고를 보며 자신의 부 와 장대한 구상을 실현할 수 있는 기회를 발견했다. 동력 문제만 현명 하게 해결할 수 있다면 어마어마한 잠재력을 활용할 수 있을 것이다. 톰은 뷰트 섬 전체를 증기기관이 필요 없는 최첨단 수자원 관리 체계 의 시험장으로 바꿔 내기로 결심했다. 섬에 내린 빗물의 극히 일부만 이 로스시로 모여들었다. 더 많은 빗물을 모으기 위해서 톰은 평원과 고원을 건너 수로 또는 '도랑'cuts을 잇기 시작했으며 이를 통해 흘러 넘치는 물을 낚아채서 중앙 댐으로 유도했다. 평탄한 지면 때문에 낮 은 구배를 이용해야 했고 물을 제대로 흘리기 위해서 꽤 넓은 폭의 도 랑을 만들어야 했지만, 그는 자신의 체계가 환경을 지나치게 침해하 지 않고 유연하게 남을 수 있도록 심혈을 기울였다. 다른 기술공학자 들이라면 다리나 터널이 필요하다고 판단할 것 같은 경우에조차 톰 은 원리상 '차라리 이들과는 정반대로, 단순히 자연이 가리키는 방향 을 따른다'는 방식으로 작업했다.[2] 나중에 그가 자랑스레 설명하듯이 이 발명가가 설계한 수로는 '언덕 위를 다리로 넘거나 고지대를 심층 굴착으로 돌파하지 않았으며, 비록 굽이굽이 우회하게 되더라도 반 드시 물이 본래 흘러갈 경로를 따라 언덕 옆으로 돌아가도록 만들어 졌다.' 서서히 저지대로 향하면서 일련의 보조 저수지를 통과하는 물 길은 하늘의 선물을 지표에 해 끼치는 일 없이 모아 냈다. '지면을 마 구 깎거나 손상하지 않기 위해 주의를 기울였다.'[3] 톰에게 지형을 따 라 물 흐름에 맞춰 춤추는 일은 일종의 예술과도 같은 것이었다.

그 다음 단계는 계절이나 매일의 변화에 상관없이 완전히 일정한 물 공급을 확보하는 것이었다. 당시의 이념에 충실했던 로버트 톰은 이를 위해서 그의 가장 위대한 창조물을 만들어 냈다. '자동 수문.'self-acting sluice 여타 다수의 기계적 발명품들처럼 그 기본 개념은 믿을 수 없으리만큼 간단했다. 작업장으로 향하는 수로 내 물의 양이 불어나서 수차가 감당할 수 없을 만큼 물이 들어오게 되면 유량을 감소시켜야 했다. 톰은 수로에 부표를 설치하고 이를 수문에 고정된 지렛대에 연결했다. 수위가 상승하면 부표도 떠올랐다. 그리고 지렛대가 눌리면서 수문이 닫혔다. 그리하여 수로로 들어와 작업장으로 향하는 물의 양이 줄게 된다. 반대로 수차의 속도가 저하될 정도로 수위가 내려가게 되면 부표 역시 내려갔다. 그리고 지렛대가 올라가면서 수문은 열리게 된다. 변동하는 수위를 감지하여 공장의 수요에 맞춰 대응할 수 있도록 고안된 자동 수문이 '항상 스스로 열리면서 설정된 작업에 필요한 만큼의 물의 양만 통과시켰다.' 큰비 때문에 남은 물은 보조 저수지에 저장되었다. 덕택에 주변 지대가 잠기지 않게 되었으며 앞서 설명한 것과 비슷한 자동 수문을 통해 건기에 물을 방출했다. 실제로 톰은 이 댐들에도 역시 '자동'self-acting이라는 말을 붙여 불렀다. 그가 주장하기를 이것이야말로 '완전히 규칙적으로' 항상 실제 수요에 맞추어 물의 공급을 조절하도록 꾸며진 최적의 공급 체계였다.[4]

1824년 완성된 로스시 수자원 체계the Rothesay water system는 당대 사람들에게 큰 충격을 주었다. 그 성공담은 《기계 기술자 잡지》Mechanics' Magazine에 실린 글을 통해 널리 알려졌다. '이러한 조치들 덕에 로스시 공장의 수력은 2배 이상 늘어났으며, 소유주는 증기기관을 완전히 치워 버림으로써 그동안 운영 수익을 낼 수 없을 만큼 들던 비용을 경감할 수 있었다.'[5] 증대된 수력을 가지게 됨과 동시에 석탄의 부담으로부터 해방되어 로스시 공장의 사업은 드디어 번창하게 되었다. 톰은 공장을 소유하던 동안 작업자 약 700명을 방적 부문에 고용하였으며 섬에 흩어져 있던 손베틀 직조공 약 200명에게 도급을 주었다. 그렇게 만든 1급 옥양목first-class calicoes은 섬으로부터 먼 시장에까지 수송되었다.

1821년 왕립기예협회the Royal Society of Arts는 '자동 수력 기구'self-acting hydraulic apparatus를 발명한 톰의 공적을 인정하여 그에게 대 은메달the Large Silver Medal을 수여했다. 그리고 이 무렵, 조용한 항구였던 그리녹Greenock에서 조지 로버트슨George Robertson이라는 이름의 상인이 그를 방문한다. 그리녹은 심각한 수자원 위기로 고통받고 있었다. 여름 동안에는 주민들을 위해 수레로 물을 운반해야만 했다. 도시는 전면의 바다와 후면의 높은 고원 사이에 낀 비좁은 평야에 위치했고 높은 고원 때문에 주변 수자원에 접근할 수 없었다. 고원은 바로 그 너머에 있는 풍부한 하천과의 사이에 '도저히 넘을 수 없는 장벽을 형성했다.' 오랜 기간 동안 로버트슨은 이 문제의 해결을 추구했고, 바로 그리녹에서 1736년에 태어난, 이 고장의 가장 자랑스러운 아들 제임스 와트와도 이 문제에 관해 상담한 적이 있었다. 그러나 로버트슨과 함께 고원을 둘러보고서 와트는 문제 해결이 불가능하다고 선언했다. 산악지대 하천을 이용하는 일은 영원히 불가능할 것처럼 보였다.[6]

뷰트 섬의 도랑과 저수지를 시찰하고 톰의 업적을 살펴본 뒤, 드디어 로버트슨은 그에게 고민을 털어놓았다. 혹시 그리녹을 이 시련에서 구원할 수 있을까요? 톰은 그 지역의 지세에 관해 물었고 고원과 하천이 그토록 가까우면서도 매우 접근하기 어렵다는 설명을 들었다. 톰은 뷰트 섬과 비슷한 수자원 체계를 더 대규모로 갖춤으로써 물을 도시로 끌어들이는 것이 충분히 가능하다고 대답했다. 그리녹 주변 지대를 사전 조사한 후 톰은 한층 더 성공을 확신했다. 거기에는 '언덕 위에서 어마어마한 수의 샘으로부터 우수한 질의 샘물이 흘러나오고 있다.' 실로 '나는 다른 어디에서도 이만큼 많은 양의 질 좋고 순수하며 맛 좋은 샘물을 본 적이 없다.'[7] 하지만 이 샘들은 심지어 이보다 더 큰 가능성을 지니고 있었다. 그리녹에서 상업 및 공공 부문에 종사하는 사람들이 보기에 이 도시는 똑같이 심각한 또 하나의 위기에 봉착해 있었다. 공장, 특히 면직업종 공장들이 부족하다는 것.

본거지에서의 업무를 처리하느라 몇 닌 지언되기는 했시만, 돔은 1824년에 그리녹에 관해 작성한 최종 보고서를 제출한다. 그는 보고서를 장원의 영주였던 마이클 쇼Michael Shaw에게 보냈다. 그의 장원에는 고원의 주요 하천인 '쇼 하천'Shaws water이 있었다. 영주는 이 계획에 큰 관심을 보였다. 톰은 다음과 같이 확언했다. '도시와 현재 존재하는 수준의 집단 작업장들에 풍부하게 공급하는 것은 상대적으로 매우 쉬운 일입니다.' 우선 다년간 물을 저장할 수 있는 대규모 저수지를 가능하다면 고원지대의 반대편 풀밭에 건설할 것이다. 그다음 와트가 당시 도저히 극복할 수 없다고 판단했던 '물이 **그 위로** 통과할 수 없도록 가로막는 장애물을 **우회**하도록' 6.5마일의 수로를 놓고 여기에 자동 수문을 완비한 후에 이를 도시에 인접한 상류에 위치한 두 번째 '조절용 저수지'에 연결한다.[8] 물은 고원지대를 맴돌며 내려와 현재 그리녹에 거주하는 사람들 및 '집단 작업장들'에서 즉시 이용 가능하게 될 것이다.

'하지만 제가 보기에 이 수준에서 그냥 멈춰서는 안 됩니다'라고 톰은 덧붙였다. 그리녹 사람들의 기본 수요를 충분히 만족할 수 있을 뿐 아니라 이 도시는 면직업종 공장을 세우는 데도 실로 타의 추종을 불허할 만큼 유리한 조건을 갖추고 있었다. 톰은 조절용 저수지로부터 시작하는 작은 인공 하천 두 개를 추가로 파낼 것을 제안했다. 하나는 동쪽 또 하나는 서쪽으로. 이 하천들은 바다를 향해 경사면을 따라 내려가면서 1,666마력으로 추정되는 수력을 미래의 투자자들에게 제공할 수 있다. 이 수치를 공장 33개로 나누면 각각 50마력을 쓸 수 있을 것이며 이는 이 지역에 면직업종을 번성시키기 위한 충분한 기초가 된다(1838년에조차 스코틀랜드 면직업계에서 증기기관의 평균용량이

29마력이었다는 점을 상기하라). 톰의 예상에 따르면 이 수자원 체계는 '백만 파운드스털링 이상'above a million sterling의 총자본을 새 작업장으로 끌어들일 것이다. 그리녹의 모습은 영구히 바뀔 것이다. 자산가치가 급등할 것이다. '고급 저택이 사방에 들어서고' 지주들과 농민들까지도 모두 '함께 번영을' 누리게 될 것이다. 게다가 이 모든 것이 증기 때문에 생길 지독히 불쾌한 일들 없이도 가능하다.

여기에는 연기를 토해 내고 수 마일에 달하는 주변의 땅과 공기를 오염시키는 증기기관은 단 한 대도 없을 것이다. 이와는 정반대로 끝없이 흘러가는 순수한 '산악지대의 샘물'이 신선한 기운과 건강과 활력을 가져다줄 것이다. 또한 물은 도시를 지나면서 마주치는 모든 오물을 건강함의 저장소이자 원소들의 정화자인 바다로 쓸어 낼 것이다. 한마디로 이 모든 것이 명민하게 진행되고 우아하게 구성된다면 클라이드 유역에서 타의 추종을 불허하는 가장 위대한 **예술** 작품이 탄생하게 될 것이다.[9]

톰은 문외한들에게는 이런 계획이 불가능해 보일 것이라는 점을 인정했다. 아마 와트도 이런 측면에서는 무지한 자들 중 하나였을 것이다. 하지만 사실 고원지대 뒤에는 이보다 훨씬 더 많은 가능성이 숨어 있었다. 지금까지 서술한 계획조차 '그리녹이 가진 수력자원을 완전히 다 활용하지는 못합니다.' 톰은 용량을 2배로 늘림으로써 최소한으로 잡아도 3천 마력을 훨씬 넘길 수 있다고 보았다. 이 수준에 달하면 이 수자원 체계는 '글래스고와 그 주변의 모든 집단 사업장들의 증기력을 다 합한 것에 달하는 양을 수력만으로' 그리녹에 공급할 수 있다. 상류의 하천들 덕에 면직업의 새로운 수도A new Cottonopolis가 하류에 탄생하게 될 것이다. 보고서가 그리녹의 상류층 인사들 사이에 퍼지자 '모두 놀라움을 금치 못했다. 몇몇은 놀라면서도 동시에 이 제안을 기뻐했다. 하지만 대부분은 말도 안 되는 꿈이라고 평가절하했다.'[10] 얼마 지나지 않아 저 계획의 배후에 있던 발명가, 상인, 지주였던 톰, 로버트슨, 쇼는 지역과 국가기관을 설득하는 데 성공했다. 1824년 후반에 의회의 법률Act of Parliament에 따라 합자회사가 설립되고 톰의 지도하에 계획을 실행하는 데 충분한 투자를 획득한다. 어쨌든 이 무렵은 산업 부문에서 광시곡이 흐르던 좋은 시절이었다.[11]

1825년 11월 26일 자《맨체스터 가디언》에 실린 광고를 통해 쇼 수력 회사Shaws' Water Company의 임원진은 '수력 임대가 가능'함을 알렸다. 건설 중인 저수지가 저장할 물은

> 가장 건조한 시기에도 그 기간 중의 강우량이나 유입량에 상관없이 4개월 동안 완전한 공급이 가능하다. 또한 쇼 하천의 유량은 풍부하고 일정하기 때문에 물 부족으로 공장이 멈출 염려가 전혀 없다. 인공폭포 하나당 30에서 120마력Horses 사이의 동력을 마음대로 얻을 수 있다. 필요하다면 둘 또는 그 이상의 폭포를 하나로 결합하여 하나의 공장에 공급할 수도 있다.[12]

12일 후, 런던에 있던 은행이 처음으로 무너졌다.*

할 수만 있다면 수력을 확보하여
저 연기 나고 값비싼 기관을 치워라

쇼의 수력 공급소는 1827년 4월에 대대적인 선전과 함께 운영을 개시했다.《그리녹 애드버타이저》Greenock Advertiser는 먼저 어떻게 수문

---

* 1825년 공황 중 12월 8일에 런던의 주요 은행이던 웬트워스샬로너앤리쉬워스Wentworth, Chaloner, & Rishworth가 무너진 사건을 지칭한다.

이 열려서 물이 조절용 저수지를 거쳐 동쪽 수로를 지나가는지와 '또한 급류가 각 낙수 지점을 하나하나 지나며 흘러내리고 각 수위 수준을 번갈아 가며 세차게 굽이치는' 모습을 의기양양하게 묘사했다. 놀란 구경꾼 수천 명이 자신들의 물 걱정이 순식간에 해소되는 현장을 목격했다. '수로가 등장하면서 상황은 완전히 변했다. 몇 분 전까지만 해도 말라붙어 아무런 생기도 없던 수로에 지금 바로 맹렬한 격류가 등장했다.' 격류가 새로 세워진 곡물 제분소로 밀려 들어왔고 '어지러울 정도로' 빨리 제분소의 수차가 돌기 시작했다. 이 역사적인 날의 보고를 마치면서 《그리녹 애드버타이저》는 이 장관에 관한 역설적인 뒷이야기를 덧붙였다.

> 우리는 가장 특이한 점으로 다음과 같은 사실을 지적할 수밖에 없다. 바로 와트의 출생지가 그가 만든 기구와 경쟁하는 또 하나의 거대한 역학적 동력을 광대한 규모에서 실용적으로 시연하는 첫 무대가 되었다는 점. 그리고 나라와 인류에의 공헌자로 인정된 위대한 인물들의 찬란한 명부에 또 하나의 이름[즉, 로버트 톰]을 추가하는 디딤돌이 되었다는 점을.[13]

그러나 준비된 33개 부지 중 운영 개시 시점에 이용되었던 부지는 오직 네 곳뿐이었다. 그리고 그중 어느 작업장에서도 면직물은 생산되지 않았다.[14]

부지 임대에 대한 관심이 충분치 못했던 것은 당시의 공황 탓으로 돌려졌다. 1829년에 《런던 백과사전》London Encyclopaedia이 전한 바에 따르면 '하지만 상업계가 1826년에 겪은 난장판만 없었다면' **증기의 8분의 1 정도 비용으로** 얻을 수 있는 쇼 수력 회사의 동력은 많은 공장을 여기로 끌어들일 수 있었을 것이다.' 그러나 희망이 완전히 사라진 것은 아니었다. 《런던 백과사전》은 합리적인 투자자들이 '몇 년' 이내에 부지로 몰려들 것이라고 확신했다. 회사가 임차인을 기다리는 동안에도 수자원 체계의 건설은 계속되었으며, 굴착과 확장이 순조롭게 진행되어 주 저수지에는 몇 년 동안의 가뭄에도 버틸 수 있을 만큼 충분한 물이 차게 되었다. 1845년에 《신 스코틀랜드 통계보고서》 New Statistical Account of Scotland는 물이 확실히 '균일하면서도 풍부하게 공급되고 있다'는 사실을 직접 확인했다. 자동 수문 역시 문제없이 작동하고 있다고 전했다. 운영 개시 후 거의 20년 동안 실제 경험은

> 가장 낙관적인 예측까지도 한 측면에서는 참으로 완벽하게 실현되었음을 증명했다. 그 기간 동안 단 하루도 수력이 조금도 부족했던 적은 없었다. 기계를 구동하는 데 사용되던 다른 어떤 동력보다도 수력은 더 균등하고 변동 없이 공급되었다.[15]

공장 부지가 각각 약 54마력을 수차에 공급할 수 있는 낙수 지점 사이사이에 만들어졌다. 동력의 총용량은 톰이 본래 추정했던 값을 넘어섰고, 그 수치는 체계가 확장되면서 심지어 더 늘어났다. 약 2천마력 또는 그보다 약간 더 넘는 수치가 쇼의 수력 공급소에서 실제 사용된 용량이었는데, 그 잠재적인 시설 용량 전체는 이를 훨씬 더 능가했다. 1830년대에 톰과 회사는 필요하다면 최소 5천 마력을 추가로 공급할 수 있다고 주장했다. 이게 어느 정도 규모인지 알아보려면 1838년 글래스고를 중심 도시로 하는 래너셔Lanarkshire의 면직업계 전체 증기기관 용량과 비교해 볼 수 있다. 이는 총 3,696마력이었다.[16] 투자자들이 관심을 가졌다면 완전히 수력으로만 작동하는 또 하나의 글래스고 또는 그 이상의 거점이 클라이드 유역에 탄생할 수 있었던 것이다.

모두가 동의하던 또 한 가지 사실이 있다. 수력으로 운영되는 공장이 비용 측면에서 현저히 유리했으며 증기에 비해 상당한 경제적 장점을 가지고 있었다는 것이다. 1845년에 나온 《신 통계보고서》New

*Statistical Account*는 '이 회사가 제공하는 수력이 증기로부터 얻는 동력보다 훨씬 더 싸다는 것은' '부정할 수 없는 사실이다'라고 썼다. 증기로부터 얻는 원동력의 비용은 '바로 부근에서 석탄을 구할 수 있는 글래스고에서도 1년에 마력당 30파운드(L.30) 이상'이었던 반면에 쇼 수력 회사는 수력을 2파운드(L.2)에서 4파운드(L.4) 사이라는 놀라운 요금으로 제공했다. '게다가 증기기관과는 달리 파손과 마모가 없었고 공급이 끊어지거나 부족할 우려도 없었다.'[17] 물론 요금은 회사가 체계를 건설하고 유지하는 비용으로 사용되었다. 이는 영국의 모든 하천 유역을 통틀어 가장 큰 수자원 체계였으며 참으로 거대한 기반시설이었다. 그럼에도 불구하고 증기를 쓰는 데 드는 비용의 극히 작은 일부만으로도 충분한 역학적 에너지를 공급할 수 있었다.

톰은 스스로 영국 면직업계의 부흥을 위한 청사진을 만들어 냈다고 믿었다. 실제 그는 공간상의 고착과 시간상의 변동이라는 수력의 두 가지 잠재적 문제점을 해결해냈다고 선언했다. 지표면에 펼쳐진 수로가 언덕을 우회하고 알아차릴 수 없을 만큼 조용히 평야를 가로질러 원천에서 멀리 떨어진 곳에 있는 공장에도 물을 공급할 수 있게 되었다. 저수지와 자동 수문이 모든 불규칙한 변화를 배제했다. 1829년 《기계 기술자 잡지》는 톰의 업적에 관한 첫 번째 보고서에서 '작업장과 공장, 고급 저택 등을 위한 부지로 적당한 곳까지' '물을 가장 멀고 접근하기 어려운 곳에서부터 끌어올 수 있었'으며 이제 물이라는 원소를 '정밀한 시계 장치처럼 정확히 부리'게 되었다고 적었다. 《런던 백과사전》은 톰을 '인공 수력의 발명가'라고 치켜세웠고, 온 나라의 제조업자들이 '훨씬 더 비싼 증기라는 동력을 치워 버리기 위해' 그의 계획을 열심히 모방하게 될 것이라 예상했다.[18]

구조적 위기의 첫째 국면 중 로버트 톰은 영국 수력 분야의 현저한 선구자로 이름을 날렸다. 그의 업적을 전하는 글들은 이 에너지원이 곧 전국적으로 부흥기를 맞이하여 증기와 석탄의 도전을 물리치고 산업계에 더 유리하고 합리적인 기반을 제공하게 될 것이라는 기대로 가득했다. 톰은 담대하게 선전포고했다. 그는 다음과 같이 적었다. '실로'

공장 확장이나 건기 때문에 물이 부족할 때마다 이제껏 증기기관 쪽은 거의 습관적으로 자랑스레 이렇게 외쳐 대고는 했다. '증기기관을 설치하고 물로부터 독립하라.' 하지만 이 충고를 그대로 따르던 글래스고에서 겨우 50마일 떨어진 곳에서 증기기관을 설치하여 처음 들어갈 비용보다 더 낮은 금액에 충분한 양의 물을 영구적으로 공급받는 실례를 여럿 찾을 수 있다. 이런 기이한 상황이 지속될 수는 없다. 우리는 '증기기관을 설치하고 물로부터 독립하라'는 습관적인 외침 대신 '할 수만 있다면 수력을 확보하여 저 연기 나고 값비싼 기관을 치워라'라는 소리를 곧 듣게 될 것이다.[19]

이 글이 마치 돈키호테의 호언장담처럼 허황된 것으로 느껴질지도 모르지만 이는 어디까지나 **모든 일이 종료된 사후**_post festum_에 이를 다시 살펴보고 있기 때문에 그러할 뿐이다. 비록 잠깐 동안이었을지언정, 와트와 톰의 경쟁은 아직 끝난 것이 아니었다.

어웰에서의 불화

랭커셔에 있는 면직업종 자본도 일찌감치 톰의 위업에 주목하기 시작했다. 면직업의 수도 안팎의 높은 망루에 앉아서, 이 계급은 주로 1821년에 한 면직업종 도매상이 공장 소유주들을 독자로 삼아 창간한 《맨체스터 가디언》의 지면을 통해 세계를 바라보고 있었다. 이 신문의 일대기를 적은 작가의 말에 따르면 '아군이든지 적군이든지 상관없이, 모두에게 《가디언》은 "면직업계의 공장 왕들의 성서"였다.[20] 1827년 2월에 이 성서는 '스코틀랜드 수력 공급의 위대한 혁신'에 관해 보도하며 로스시와 그리녹의 소식을 전하고 톰에 대한 찬사를 늘어놓았다. 톰은 '우리 독자들 대부분이 가능하리라 예상'하던 것보다 훨씬 더 많은 양의 수력을 마치 마법처럼 만들어 냈다. 그는 증기를 버림으로써 이윤을 다시 확보했고, 뒤에 다시 한번 다룰 1826년 가뭄을 버텨 냈을 뿐만 아니라, 심지어 그해 가을까지도 톰의 뷰트 강 저수지에는 여전히 물이 가득했으며, 그리녹에서는 언덕 위에 위치한 급수시설을 통해 당시 물 부족에 시달리던 일반 대중에게까지 물을 나눠주었다. '이러한 계획이 스코틀랜드에서 성공적인 결과를 획득했다면 잉글랜드에서라고 같은 성공을 거두지 못할 이유를 찾을 수 없다.' 계속하여 《가디언》은 톰의 착상을 바로 랭커셔 면직업종 지대의 심장부, 즉 맨체스터와 그 주변부에 도입하자고 제안했다. 어웰 강이야말로 아마 이 계획을 적용하는 데 최적지일 터이다.

> 만약 어웰 강을 흘러 내려가는 모든 물이 1년 동안 균등하게 분배될 수 있다면 기계를 돌리기 위해 **이용 가능한** 동력은 어마어마하게 증대될 것이며 결과적으로 그에 비례하여 국가 내에서 그 가치가 크게 증대하게 될 것이다. … 만약 2백만 또는 3백만 세제곱 피트의 물을 담을 수 있는 저수지가 한두 개 생긴다면 … 대단히 훌륭한 투자라 할 수 있을 것이다. 그리고 작업장 소유주들이 획득한 이득을 따져 볼 때 그들은 투자된 자본에 대한 비용을 손쉽게 상당히 높은 이율로 지불할 수 있을 것이다.[21]

기사가 나가자 곧 톰의 방법을 따라à la Thom 저수지를 만들겠다는 계획들이 랭커셔와 그 주변 주들에서 쏟아져 나왔고, 이들 계획을 통해 지역 내 산업계에 동력 공급을 막대하게 확대할 수 있을 것이라는 기대가 부풀었다. 하지만 커다란 잠재력을 가진 계획들은 취소되고 말았다. 수력의 부흥기를 맞이하는 대신에 1830년대는 증기로의 급격한 전환을 겪게 된다. 두 가지 경로가 열려 있었고 영국 자본은 그 중 하나를 선택했다. 어째서 경제적인 톰의 제안을 선택하지 않았을까? 전환을 일으킨 그 역사적 동역학을 재구성하기 위해서는 역시 선택되지 않은 경로를 탐구하는 작업이 필요하다. 경제사학자 맥신 버그Maxine Berg가 지적하듯이 산업화 초기에 어떤 이유에서든 결국 선택되지 않았던 다른 대안적 경로에 대한 지적 관심이 부족한 것은 명백한 현실이다.[22] 이 역시 그런 것들 중 하나라고 할 수 있겠다.

저수지는 수차만큼이나 오랜 기술의 산물이다. '댐'dam 또는 '작업용 저수지'millpond라는 말로도 대신할 수 있는 이 단어는 주로 인공적으로 건설되어 매일의 일주성diurnal 작업에 동원되는 수차에 연결된 못을 지칭한다. 야간에 수문을 닫고 물을 채워서 다음 작업일을 대비한다. 초기의 영국 면직업계에서 제조업자는 때때로 '사유 저수지' private reservoirs라고 불리던 이런 구조물을 흔히 자기 혼자 쓰기 위해 직접 만들고 관리했다.[23] 톰에게서 영향을 받아 랭커셔에 건설하기로 계획되었던 저수지들은 완전히 다른 종류의 것이었다. 이들 저수지는 일주성 기능 역시 가질 수 있지만 이에 덧붙여 기상 조건이 악화되었을 때 방류할 수 있도록 차원이 다른 수준의 물의 양을 저장하는 **계절성**seasonal 기능을 가지는 것이었다. 한층 더 다른 점을 지적하면 이것들이 **집단적**collective 과업이었다는 점이다. 이것은 바로 자기 작업장의 물 공급만을 개선하기를 원하는 자본가 한 사람에 의해 진행될 일이 아니라 조합 또는 합자회사나 기타 상위 조직을 통해 강의 유역 전체 또는 그 이상의 지역에 위치한 제조업자들의 에너지 수요를 책임질 수 있도록 한 **무리**group의 자본가들이 함께 진행해야 하는 일이었다. 게다가 19세기 초 영국의 법체계 안에서 이러한 계획은 필연적으로 **정치적**political 특징을 동반했다. 철도, 유료 도로, 토지의 인클로저와 마찬가지로 이러한 계획은 의회의 '지역'local 또는 '사적'private 법률로 승인되어야만 실행될 수 있었다. 이러한 규모의 과업을 공장주 하나가 단독으로 진행하는 것은 불가능하고 불법인 일이었다.

이미 우리가 살펴본 바와 같이 그리녹에서는 지역 자본가들이 뭉쳐 합자회사를 설립했다. 의회의 법률The act of Parliament에는 분당 1,200 세제곱피트, 매일 12시간이라는 공급 유량과 자동 수문의 위치, 수로의 크기, 공장주가 독립적으로 토목 공사를 할 수 있는 권리에 대한 제한, 임대인의 책임과 의무가 상세히 규정되었다. 중재자 두 명을 두었다. 공급사 측 한 명과 임차인 측 한 명이 선발되었다. 이들은 매일 수문과 수차의 작동 상태를 감독했다. 분쟁이 발생하면 해당 사태를 해결하기 위해 조정인an oversman을 선임하도록 되어 있었다. 수문에 손상을 입히거나 기타 규정을 어긴 공장주를 공급사가 처벌할 권리 역시 규정되어 있었으며 일종의 현장 민주주의를 위한 절차도 명문화되어 있었다. 만약 공장주 중 4분의 3이 동의할 경우 규정을 개정할 수 있었다.[24] 이를 통해 에너지의 소비가 공급사-임차인-의회company-lessees-Parliament의 삼각관계 안에서 공적 통제와 집단적 의사결정의 대상이 되었다. 쇼의 수로를 사용하는 한, 어느 자본가도 완전히 독단적으로 행동할 수는 없었다.

심지어 이보다 더 복잡한 기구가 어웰에는 필요했다. 베인스에 따르면 가장 많이 사용되는 지류에만 수력으로 작동하는 작업장이 300개 있었고, 쿡 테일러는 '이 작은 하천 유역에 유럽 최대의 강 유역보다 더 많은 자산이 위치한다'고 덧붙였다. '강이 감정을 가졌다면 어웰 강은 분명히 자기가 이 우주에서 가장 중노동에 시달리며 혹사당하는 하천이라고 불평했을 것이다.'[25] 어웰 강 유역이 산업에 세운 공로는 유프라테스강과 티그리스강이 농업에 공헌한 바에 비할 수 있을 것이다. 이 비옥한 고밀도의 경작지에는 북쪽의 베이컵Bacup에서부터 맨체스터 중심부까지, 긴 역사를 가진 것부터 새로 지어진 것에 이르기까지 면직물cotton뿐만 아니라 모직물wool, 소모사worsted, 종이,

목재, 제철, 표백bleaching, 날염printing 등 다양한 업종의 공장 수백 개가 자리를 잡고 있었다. 이 모든 행위자들이 하나의 조직 산하에 통합될 수 있을까?

볼턴 근교에 집단 저수지를 건설하는 것을 목표로 삼은 계획이 1831년 여름에 시작되었다. 이는 랭커셔에서 톰의 과업을 모방하려는 최초의 시도였는데 《가디언》의 보도에 따르면 여기 저장된 물은 선택된 일군의 공장주들에게 '증기기관의 보조를 불필요하게 함으로써' 큰 금전상의 이득을 제공할 것으로 기대되었다. 맨체스터의 호텔에 모인 공장주와 이에 영향을 받을 작업장과 낙수 지점의 사용자들은 모두 저수지가 일석이조의 효과를 거둘 것이라는 점에 동의했다. 이것으로 과다한 물의 양으로 인해 발생하는 수차의 감속 문제와 물 부족으로 인해 발생하는 비슷한 문제점을 모두 해결할 수 있을 것이다. 매일 배수되는 물은 하천의 유량을 증대시킬 것이다. 터튼Turton과 엔트위슬Entwistle 구역에서 적당한 부지가 확인되었으며, 따라서 곧 의회의 입법을 요청하기로 하고 토머스 애슈워스Thomas Ashwroth의 기술적인 지도하에 법안을 마련할 위원회를 구성하기로 결정하였다. 헨리와 에드먼드의 동생이던 토머스는 수력용 기반시설 전문가로서 가문의 관심사였던 수력에 기초한 제조 기술을 탐구하던 전도유망한 기술공학자였다. 그는 랭커셔에서 톰에 비견될 만한 인물이었고, 혈기 왕성한 그의 형제들 배후에서 랭커셔의 모든 주요 계획에 관여했을 것이다. 드디어 법안이 의회에까지 올라갔다. 저수지 건설은 1832년에 시작되었다.[27]

이글리Eagley 강을 거쳐서 어웰 강 본류까지 흘러 들어오는 샘의 수원지 부근에 위치한 터튼-엔트위슬 저수지the Turton and Entwistle reservoir는 본류의 유량과 흐름의 균일함에 단지 제한적인 영향만을 줄 수 있었다. 그리하여 이 방안을 만족스럽게 여긴 제조업자들은 이 첫 승리를 계기로 더욱 사기가 올라 토머스 애슈워스와 다시 협력하여 이번에는 훨씬 더 야심 찬 계획을 세우게 된다. 사실상 **모든** 지류를 저수지로 채우기로 한 것이다. 또 한 차례 열린 공장주 총회로부터 권한을 위임받은 애슈워스와 그의 동료이자 한때 볼턴앤와트사의 판매대리인이었으며 당시 맨체스터에 증기력으로 작동하는 면직업종 공장을 소유하고 있던 피터 에워트Peter Ewart는 '상당한 해발고도를 가지면서' 각자 '크나큰 낙차'를 얻을 수 있을 만한 유리한 부지 총 15곳을 확인했다.[28] 수채화로 화려하게 그려진 이 부지들의 지도 몇 장이 지금도 남아 있다.

전체적으로 보면, 어웰 계획the Irwell scheme에서 15개 저수지는 2억 4,130만 세제곱 피트의 물을 저장하고 최소한 6,600마력을 생산하여 이미 가동 중이던 작업장 745개에다가 추가로 아직 주인이 없는 낙

그림 6.1. 토머스 애슈워스와 피터 에워트가 작성한 어웰 계획의 15개 저수지 지도의 표지[29]

수 지점에 앞으로 들어설 그 수를 알 수 없는 작업장들에까지 물을 공급할 예정이었으며, 그 총비용은 59,016파운드로 추정되었다. 이것은 실로 초거대 계획이었다. 이 총동력용량의 값은 1830년대 중반에 맨체스터 시내the city of Manchester의 **모든** 증기기관의 동력인 9,925마력에 비견할 수 있다. 한 3분의 1 정도 더 작은 값이기는 하지만 그럼에도 불구하고 이 계획이 실현된다면 해당 지역에 어마어마한 규모의 역학적 에너지를 더 추가하게 될 것이다. 토머스 애슈워스는 몇몇 저수지의 규모가 당시 규모의 2배, 3배, 심지어 4배까지도 늘어날 수 있다고 추정하였으며 이렇게 말했다. '추가로 얻을 수 있는 동력의 규모가 큼은 물론이요 동력이 일정하고 균등하게 공급됨으로써 수력에 반대하던 이들이 수력의 약점으로 제시하던 주요 문제점을 제거하게 될 것이다. 즉, 그 불규칙성을.'[30]

《맨체스터 가디언》은 흥분된 어조로 장밋빛 예상을 전했다. 거의 광고처럼 보이는 기사들은 랭커셔에서 실현될 톰 방식의 계획이 지닌 독특한 장점을 계속하여 강조했다. 왕국 내의 다른 어느 지역에서도 '사용 가능한 수력자원을 같은 지역 내에서 이만큼이나' 찾을 수는 없었다. 그동안 불규칙한 유량 때문에 피해를 보던 '하천에 의존하는 무수히 많은 작업장들'은 곧 증기를 쓰지 않고도 그런 곤란으로부터 해방되어 이제 이윤이 넘치게 될 것이다. 《가디언》은 이 계획을 약 1,500마력을 생산하던 터튼-엔트위슬의 저수지 하나와 비교했다. 약 1,500마력을 얻으려면 '증기로는 1년에 석탄 6만 톤을 소비해야 하며 그 값이 톤당 5실링이라 하더라도 이는 1만 5천 파운드에 달할 것이다.' 지금 제안되고 있는 복수의 저수지가 제공할 이보다 훨씬 더 큰 가치는 '앞서 기술한 자료로부터 쉽게 계산될 수 있을 것이다.' 건설 비용을 이후 기대되는 요금 수입에 당연히 포함시키고 산정된 재정상 이득을 다시 한번 강조하면서 《가디언》은 '이보다 더 나은 전망을 가진 투자 방안을 찾기는 어렵다'고 결론 내렸다.[31]

공동의 문제를 다루기 위해서 준^準민주적 기관이 설립될 것이었다. 1832년 11월 하순, 의회에 제출된 어웰 저수지 법안the Irwell Reservoirs Bill에 따르면 저수지 15곳 중 어느 하나에서 물을 공급받는 작업장 사용자들 모두가 총회에 참석할 수 있는 권리를 가지게 되지만, 그 선거권은 차등적으로 주어졌다. 작업장 사용자는 건설과 관리에 드는 비용을 집단적으로 부담하기 위해 각자 사용하는 물의 양에 맞추어 '요금'을 내야만 했다. 요금은 '사용하는 낙수 지점의 낙차가 몇 피트인지에 비례하여' 부과되었다. 특정 값이 회의에서 한 표를 행사할 수 있는 기준으로 설정되었다. 만약 어느 공장주가 남들보다 더 큰 낙차를 써서 기준의 2배를 요금으로 지불하게 되면 그는 두 표를 행사할 수 있었다. 마찬가지로 만약 요금이 기준의 3배라고 한다면, 그는 세 표를 행사할 수 있었다. 요금을 내지 못하면 선거권은 자동적으로 박탈되었다.

공장주 중에서 총회의 투표를 통해 선출된 위원회 구성원들이 요금을 평가하고 부과하는 일을 맡게 되었다. 또한 이들은 토지를 구매하고 더이상 사용되지 않는 토지를 다시 매각하는 일 그리고 하천과 낙수 지점의 상태를 조사하는 일, 마지막으로 방조문과 배수로, 도랑과 보, 댐과 제방, 기타 '안정적인 물 공급을 위해' 필요한 구조물을 건설하는 일까지 맡았다. 이 조직에는 상당한 권력이 부여되었다. 만약 누군가 요금을 제대로 내지 않을 경우 위원회 구성원들은 그의 '소유물과 동산을 압류하고 판매하여' 체납된 금액을 회수할 수 있었다. 저수지에 귀속되는 부동산에 고의적으로 손상을 입힌 자를 영장 없이 체포할 수 있었고 높은 벌금을 물릴 수 있었다. 위원회 구성원들은 그런 자들을 체포하는 데 도움을 준 제보자에게 포상을 할 권한 역시 가지고 있었다.[32] 제안된 것은 합자회사라기보다는 해당 유역에 위치한 일종의 정부였다. 지방정부와 보통의 사내 관료제 중간 정도 수준에 위치하는 이 정부는 사용자들에게서 세금을 걷을 수 있었고, 그들의 에너지 수요를 충족시키며 공급을 규제하고 범법자를 처벌하는 권한도 가지고 있었다. 공장주는 싸고 일정한 동력을 얻을 수 있었지만 **이를 자기 자본의 손아귀 안에서 자기 마음대로 다룰 수는 없었다.**

법안은 1833년 3월 25일에 의회에서 처음 심의되었다. 하지만 이 시점에서 갑자기 어웰 저수지 계획the Irwell reservoir scheme은 흔적도 없이 사라졌다.[33] 오로지 침묵만이 남았다. 저수지 15개 중 어느 하나 건설된 적이 없다는 것만큼은 확실하다. 법안은 의회를 통과하지 못했으나 이 계획의 운명이 어떠했는지는 역사의 안개 속에 여전히 가려져 있다. 왜냐하면 **어째서** 이 계획이 폐기되었는지에 관해 직접 서술된 바가 없기 때문이다. 보통 이 정도 규모의 지역 법률이었다면 조사위원회의 주제가 되었을 것이다. 특별위원회가 구성되어 계획에 찬성하거나 반대하는 이해당사자들의 의견을 듣고 증언을 수기로 기록하여 남기고 가능하다면 권고안을 내놓는 일까지 하게 된다. 이후에 진행된 다른 저수지 법안에 대해서는 이러한 의사록이 남아 있다. 하지만 1834년 10월 16일, 역사학 분야에서 흔히 등장하는 학문적 재앙이, 실험실 실험이나 모형으로의 모사로는 도저히 메꿀 수 없는, 기록에 구멍이 뚫리는 일이 일어났다. 의회에 화재가 발생한 것이다. 1666년 이래 런던에서 발생한 최악의 화재로 하원the House of Commons이 불길에 휩싸이고 의석과 책장에 놓여 있던 수많은 보고서와 청원, 서적을 태워 버렸다.[34] 거기 있던 어웰 계획과 관련된 자료들도 모두 연기로 사라졌을 것이다.

그리하여 우리에게 남은 유일한 희망은 반대 의견의 성격이 어떠했을지 보여줄 수 있는 남은 증거의 파편 몇몇을 자세히 살펴보는 방법을 택하는 것뿐이다. 가장 강력한 반대 의견은 자본가들 내부로부터 나왔던 것 같다. 저수지와 요금이라는 방법에 만족한 자는 별로 없었다. 1833년 초의 몇 달 동안에 애슈워스와 에워트는 하천 유역에 있던 작업장들을 조사하여 기록을 남겼다. 첫 면담자였던 볼턴 근교의 제조업자는 분명한 반대의 목소리를 냈다. 그는 '제안된 저수지뿐만 아니라' 엔트위슬 저수지도 파른워스Farnworth에 있는 자신의 종이 공장과 프레스톨리Prestolee에 있는 면직업종 공장에 전혀 이득을 주지 못하고 있다'고 주장했다. 어떤 이들은 자신들의 공장은 저수지에서 너무 멀어서 어떠한 보상도 받을 수 없다고 불평했다. 아침 일찍 배수되더라도 그 물이 먼 하류에 도달하려면 몇 시간은 걸릴 것이다. '세든 씨Mr. Seddon는 제안된 저수지를 확고하게 반대했는데 홀든Holden으로부터 8마일 떨어진 그에게 물이 도착하려면 8시간은 걸릴 것으로 예상하고 있었기 때문이다.' 홀든은 계획된 것 중에서도 가장 큰 저수지 부지였다. 이미 필요한 물을 다 확보하고 있던 날염 공장의 소유주들은 계획으로부터 얻을 수 있는 '이익이 전혀 없었다.' 소유주 중 하나는 '계획된 저수지가 깨끗한 물 대신 진흙탕을 내려보내서 도리어 내게 손해를 입힐 것'이라고 생각했다. 어떤 사람은 추가로 생긴 물을 '상류의 공장이 독점해서' 결국 모든 이익이 사라질 것이라고 예상했으며 또 다른 사람은 바로 옆의 저수지에서 '물이 야간에 방류될 수 있다면 그에게는 아무 소용이 없다'고 생각했다. 이처럼 공장주들은 계획을 지지하기 위해 연합하기는커녕 심지어 각자 반대하는 이유조차 제각각이어서 도저히 합의를 도출할 수 없었다.

반면 다른 이들은 굉장히 적극적이었다. 우즈 로드 면직물 공장 the Woods Road Cotton Mill의 로스웰 씨Mr. Rothwell는 흔히 '한 시간 또는 두 시간 또는 세 시간 동안' 물 부족에 시달리고 있었기 때문에 '일정한 공급이 자신들에게 굉장한 도움이 될 것이다'라고 설명했다. 몇몇은 혜택만 증명된다면 기꺼이 요금을 내겠다고 호언했다. 로버트 필 경 Sir Robert Peel과 그 가문이 소유하고 있던, 아크라이트 시대부터 존재하던 최초의 산업단지 중 하나로 유명한 래드클리프Radcliffe 단지에서는 모든 의견이 동시에 쏟아져 나왔다. 방적공장은 '새 수차를 들인 후 물이 부족한 적이 없었다'며 새 저수지는 필요 없다고 했다. 날염 및 표백 공장은 자신들에게 그리 이득은 없을 것이라 예상했지만 계획이 실현된다면 요금을 낼 의향은 있다고 했다. 반면 역시 표백을 하는 인근 공장에서는 '자신들에게 큰 도움이 될 것이라고 생각했다.'[35] 가까운 이웃 사이에서도 각자의 에너지 수요는 서로 크게 달랐다. 개념상으로 저수지는 이들 모두를 포용할 수 있는 상위 급수 체계가 되어야만 했다. 각 공장의 서로 다른 수요와 단 하나의 거대 시설이 제공하는 공급 사이의 부조화가 계획을 갈기갈기 찢어 버리기 시작했다.

법안이 의회로의 제출 과정을 차근차근 밟아 가던 1832년 1월에 《맨체스터 가디언》은 난관이 있을 것으로 예견했다. '공장주가 얻을 혜택에 정확히 맞춰서 각자에게 요금을 부과하는 제도를 고안하는 것은 분명 쉬운 일은 아니라고 할 수 있다. 왜냐하면 이는 많은 경우 일반적인 규칙이 적용될 수 없는 특수한 조건에 따르기 때문이다.' 그럼에도 불구하고, 계획의 주요 지지자였던 이 신문은 개개인이 사소한 사리사욕만 버린다면 '납득할 수 있는 공정한 체계'를 만들어 낼 수 있을 것이라고 낙관했다. '다른 개인이 더 큰 혜택을 얻을 수도 있다는 시샘 때문에 자기 자신이나 자기 이웃에게 이토록 많은 장점을 가져다줄 방안에 동의하지 않을 이들이 있으리라고는 생각되지 않는다.'[36] 그러나 정확히 바로 그런 사태가 발생했던 것으로 보인다. 분명 집단적으로 유리한 계획이었음에도 불구하고 각 개인의 야심이 결국 이 계획을 좌초하도록 유도했다.

사업을 주관하던 기술공학자들 역시 사태를 예감하고 있었다. 1833년 2월에 공장주들을 대상으로 제출한 서신에서 에워트는 '하천 유역의 모든 작업장이 정확히 같은 비율로 혜택받을 수 있게 증대된 공급량을 분배하는 것은 현실적으로 불가능하다'고 인정했다. 과업이 불가능하다는 사실 때문에 이미 탈주자가 발생하고 있었다. 이미 충분한 공급량을 확보한 몇몇 제조업자들은 '필요한 조치를 취하는 데 동참하려 하지 않았다.' 즉, 다른 사람의 물 공급을 위해 비용을 지불하려고 하지 않았다. 유량이 불균등한 경향을 가진 상류 작업장들과 물이 늦게 도착할 우려가 있는 하류 작업장들 사이의 동력 수요 불일치 때문에 모두에게 받아들여질 수 있는 방류 계획을 고안하는 일은 더욱 어려워졌다. 결국 에워트는 한층 더 차등화되고 복잡한 요금제도를 제안할 수밖에 없었다.[37] 일부는 필요한 물을 다 가지고 있고, 일부는 저수지 때문에 도리어 손실이 생길까 걱정하고, 또 다른 일부는 별 차이가 없을 것이라고 예상하는 등, 서로 대립하는 주장들이 제도를 지독히 복잡하게 기워진 누더기처럼 만들어 버렸다. 결국 다툼이 계획을 무너뜨렸을 것이다. 하지만 진실을 확실히 알 방법은 없다. 어웰 저수지 계획의 최후는 의사당 화재 속에서 잿더미가 되었거나 아니면 그보다 덜 극적인 방식으로 점차 자료가 소실되면서 영원히 잊혀 사라졌기 때문이다.

어쨌든 어웰 유역 규모의 수자원 관리 체계가 중대한 이해관계 대립에 직면하게 되었다는 점만은 확실하다. 어웰 사례처럼 강 하나의 동력용량을 확장하기 위해 필요한 규모의 계획은 조정과 자원 배분 문제를 필연적으로 야기할 수밖에 없다. 반면에 증기기관 하나를 추가하거나 큰 보일러를 하나 더 설치하거나 하루 석탄 1톤을 더 태우기로 하면 이렇게 골치 아픈 문제는 요행히 잊어버리고 넘어갈 수가 있다. 실로, 바로 이 시점에 그리고 이 지역에서 이 정도 규모의 수력은 매우 독특한 사회생태적socio-ecological 모순에 부딪힐 수밖에 없었던 것으로 보인다. 그리고 이 모든 문제가 당시의 증기력에서는 증발되어 사라졌다. 이런 문제점을 더 상세히 이해하기 위해 우리는 1830년대에 제안된 다른 저수지 계획들을 조금 더 살펴볼 수 있다.

테임에서의 분열

서쪽으로는 면직업종 지대와 만나고 동쪽으로는 모직업종 지대와 접하던 요크셔의 웨스트라이딩West Riding 내의 새들워스Saddleworth 근교 공장주들은 어웰에서의 실패에 굴하지 않고 1830년대 중반 일어난 투자의 물결 속에서 자신들 나름대로 새로운 계획을 시도한다. 1836년 후반에 토머스 애슈워스는 테임 강the Tame에 광대한 저수지 세 개를 세우는 계획을 전개했다. 둘은 수원지 부근에, 나머지 하나는 지류에 건설될 예정이었다. 이 저수지들 모두 테임 강으로 물을 흘릴 계획이었고, 이 물은 몇몇 소도시를 지난 후 스톡포트에서 다른 하천과 합류하여 머지 강the Mersey을 형성하고 계속하여 랭커셔 남부를 거쳐 바다로 흘러갈 것이었다.[38] 이 시점에 애슈워스는 작업장 40곳에서 50곳에 직접 공급될 3,400마력을 추가로 생산하는 것을 목표로 잡았다. 앞서 있었던 어웰에서의 시도에 비하면 작은 규모였지만, 새들워스 계획the Saddleworth scheme 역시 면직물과 모직물을 생산하는 주요 섬유산업 지대에 풍부하고 일정한 물을 공급하려는 야심 찬 계획이었다. 애슈워스가 주장하기를 테임 강에서는 '공장들이 하천의 한쪽 끝에서 다른 쪽 끝까지, 운영상 편리하게 가능한 한 밀집하여 배치되어 있다.'[39] 바로 이렇게 산업화된 잉글랜드의 지형에서 가장 전략적으로 중요한 하천 유역 중 하나를 이용해 보려는 두 번째 시도가 시작된다.

새들워스 저수지 법안은 1837년 2월에 의회에 제출되었고 곧 반대자들의 청원에 직면하여 바로 특별위원회로 넘겨졌다. 화재 후에 일어난 일이었기 때문에 의사록이 남아 있다. 토머스 애슈워스는 기나긴 혜택 목록을 제시했다. 그는 정교한 계산 결과를 보여주면서 더 이상 석탄을 태울 필요가 없게 될 제조업자들이 얻을 상당한 비용 절감 효과를 증명하려 했다. 이에 의장은 물었다.

당신은 이 경우 이것들이[저수지들이] 가장 저렴한 역학적 동력을 제공할 것이라고 이 나라의 권위를 앞에 두고서 분명히 장담할 수 있나요?

- 저는 제안된 계획이 가장 저렴한 방법이라고 믿습니다. 역학적 동력을 제공하는 데… 해당 하천 유역에 있는 물을 쓰는 모든 작업장에 큰 혜택이 돌아갈 것이 분명합니다….

당신은 [공장들] 다수가 증기를 쓰고 있음을 알고 있는가요?

- 네, 다수가 사용하고 있지만 모두가 그런 것은 아닙니다.

만약 그들이 증기를 쓰고 있다면 어떤 방식으로 혜택을 얻게 되는가요? 그들은 자기 투자 금액으로부터의 이익을 잃게 되는가요?

- 수력을 써서 얻을 비용 절감이 더 클 것입니다.

그들이 증기를 포기할 것이라고 보는가요?

- 네, 분명히 그럴 것이라고 확신합니다.[40]

애슈워스의 의견을 확인하기 위해 몇몇 공장주들이 위원회에 출두했다. 위원회는 테임 강 주요 지류의 방적업 공장주에게 새들워스 저수지에 대한 가상의 대안을 제시하며 물었다. '만약 우리가 당신에게 증기기관을 준다면 당신은 그것을 기꺼이 받아들일 것으로 생각하는데 어떠한가?' 이에 '만약 당신들이 석탄도 함께 준다면 물론 그럴 것'이라고 날선 대답이 돌아온다. 스톡포트 부근의 레디쉬Reddish 면직업종 작업장의 회계 담당자는 계절적 요인으로 발생하는 물 부족 때문에 큰 규모의 주문을 회사가 가끔 거절해야만 했다고 불평했다. 저수지가 있다면 회사는 계속 주문을 받을 수 있을 것이며 '물론 수력이 더 주어진다면 석탄을 덜 태울 수 있을 것이다.'[41] 최소한 이 증인들에게 내려져야만 할 결론은 이미 명백했다.

하지만 반대도 있었다. 저수지에 반대하는 탄원서가 회람되고 지주들, 제조업자들, 운하 회사들과 '주민들'이 공청회를 열었는데, 특히 위원회에서의 질의응답 중에는 제조업자들 사이에서 유보적인 입장을 보이는 경우가 발생하기 시작했다. 비판자들은 상류, 중류, 하류의 작업장들 사이의 에너지 수요의 큰 격차에 초점을 맞췄다. 테임 강이 머지 강으로 합류하는 스톡포트보다 하류에 위치한 공장들은 오로지 최소한의 이득만을 얻을 수 있을 것이라고 주장했다. 계획의 주창자들은 이 계획이 이들에게도 역시 쓸모가 있을 것이라고 설명하는 데 어려움을 겪었다. 아침 일찍 저수지로부터 흘러나온 물은 12시간 또는 그 이상의 시간이 지나야 비로소 기나긴 강의 맨 끝에 도착할 것이며, 이 시점에는 이미 작업시간이 종료될 것이다. 그러나 한번은 애슈워스가 물을 저장했다가 다음 날 아침 작업시간에 맞추어 다시 흘려보내는 '중간 저수지'를 설치하여 문제를 해결될 수 있다며 반박했다. 하지만 이는 공장주들 사이에 **한층 더 긴밀한 조정**과 중앙에 더욱 집중된 계획, 더 큰 투자와 더 높은 요금을 통해서만 가능했다.[42]

현존하는 것 중 가장 유창한 저수지 반대 성명서는 해당 지역의 저명한 자본가이자 테임 강 하류 끝에 작업장 세 개를 가지고 있던 엘리스 플레처Ellis Fletcher의 신탁관리인들이 쓴 것이다. 계획에 반대하는 첫 번째 이유로 그들은 제안된 저수지 부지 가까이에 있던 상류 공장주들의 이기주의를 들었다. 오직 고지대에 있는 공장주들에게만 '혜택을 주기 위한 계획이다.' 이들은 '이 법률을 통해서 상응하는 이득을 얻을 수 없는 다른 공장주들 역시 이 사업의 비용을 내도록 강제하려 한다.' 플레처의 신탁관리인들은 이미 '모든 용도에 쓰일' 충분한 물을 공급받고 있으며, 따라서 다른 공장주들을 위해 비용을 지불할 의사가 없었다. 요금은 1피트의 낙차당 55실링으로 제시되었지만, 이대로 그냥 유지될 리 없었다. 추가 지출이나 요금 인상이 있을 것이 확실했으며, 플레처의 신탁관리인들은 '스스로의 의사에 반하여 자신들에게 강제될' 요금 지불 때문에 1년에 약 3천 파운드의 경제적 손실이 발생할 것으로 예상했다. 가장 설득력 있는 논리적 근거로 이들이 제시한 것은 상류에 있는 법안 지지자들이

그들의 인원수와 사용하는 낙차를 가지고 훨씬 더 많은 표를 행사하여 요금의 횟수와 양에 관해서 하천의 하류에 있는 공장주들과 사용자들을 통제하게 될 것이며 그리하여 결국 자신들의 이익을 위해서 다른 사람들에게 세금을 부과할 수 있는 권력을 자신의 손아귀에 넣게 될 것이다.[43]

에너지 공급을 둘러싼 권력이 말 그대로 정상에 집중되게 될 것이라는 말이다.

애슈워스 역시 일종의 민주적 중앙집중 체계가 여기서 의도된 권력 제도임을 증언 중에 인정했다. 흐름을 통제하기 위해서 '위원회 위원이 된 공장주들이 조정을 이끌어 낼 권력을 쥐게 될 것이다.' 많은 사람들에게 이는 확실히 매력적이지 못한 제안이었으며 계획에 균열이 생기게 된다. 테임 강 남쪽과 머지 강 유역의 제조업자들로부터 '매우 강한 반대'가 있었고, 결국 법안의 지지자들은 요금을 모든 작업장에 부과하려던 계획을 철회하고 그 대신 모든 비용을 하천 상류의 공장주들에게만 부여하는 것으로 변경하게 된다.[44] 남아서 요금을 지불해야만 하는 자들의 요금은 분명히 올라갔을 것이다. 기반의 축소가 결국 이 계획을 무너뜨렸는가? 새들워스 계획의 최후 역시 그보다 앞선 계획과 마찬가지로 불투명한 채로 남아 있기 때문에 정확히 알 방법은 없다. 하지만 저수지는 단 하나도 건설되지 못했다. 수

력을 확장하려는 또 하나의 시도도 이렇게 결실을 맺지 못했다. 하지만 어쨌든 우리는 이제 하나의 경향성을 발견하게 된다.

거대 집단 저수지 계획이 공장주와 공장주를 대립하게 만들고 분열을 야기하는 경향이 있다는 점이 분명히 증명되었다. 일부는 더 많은 양의 안정적인 수력 공급을 원하여 공통된 이익을 위해 기꺼이 요금을 낼 의향을 가지고 있었다. 반면에 다른 이들은 이미 자신들이 누리고 있던 것에 만족하고 있었고, 미래에 그들에게 주어질 공급에 손실이 발생할 수도 있다며 우려하였을 뿐만 아니라, 이것이 다른 회사가 자기를 조종하려는 시도라고 반발하거나 기껏해야 유보적인 입장을 취했으며, 요금을 정부가 그들의 사업에 부과하는 세금처럼 받아들이면서 지불하지 않으려 했다. 조금 더 일반적으로 말하면, **계획에 내재되어 있던 긴밀한 조정의 필요성은 경쟁이 만들어 내던 분열의 힘과 모순되었다.** 모두가 흐르는 물을 공유해야 했으나 제조업자들은 자기 눈앞의 사적 이익만을 중시했다.

1830년대는 잉글랜드 제조업 지대의 수력 옹호자들이 애슈워스를 필두로 하여 잠시 공세를 진행하던 시기였지만, 대열은 곧 무너졌다. 1840년대에 주요 지역에서 수력 용량을 대규모로 증설하려는 시도는 사실상 전멸했다. 터튼-엔트위슬, 글로섭Glossop과 홈Holme의 소규모 저수지 몇 개처럼, 오직 몇몇 자그마한 승리가 계획들이 성공했다면 어떠한 성과를 거둘 수 있었을지 보여주었을 뿐이다.[45] 게다가 어떤 이유에서였는지는 알 수 없지만 토머스 애슈워스는 로버트 톰이 사용했던 도랑과 수로, 자동 수문 같은 것을 차용하지 않았다. 그의 계획은 순수하게 저수지에만 의존했으며 하천 전체 체계의 다른 부분에 관해서는 상대적으로 소규모의 변경만을 시도했다. 당시 이미 증명되고 잘 알려졌던 톰의 더 적극적인 개입주의 방식의 접근이 랭커셔에 적용되었다면 애슈워스가 어웰이나 새들워스에서 기대했던 동력의 총량을 훨씬 넘어설 수 있었을 것이다. 그러나 수력 공학을 상품 생산에 적용하려는 시도는 싹이 제대로 트기도 전에 잘려 나갔다. 풍부하고도 저렴한 수력의 잠재력은 개발되지 못한 채 잊혀졌다.

남들이 이득을 얻을 수 있는 한
절대 반대

그러는 사이에 스코틀랜드에서 톰은 거의 모든 주요 제조업 중심지를 대상으로 계속해서 계획을 마련하고 있었다. 1829년에 그는 글래스고 시내와 근교 작업장들을 대상으로 하는 도랑과 자동 수문을 완비한 저수지 체계의 실현 가능성에 관한 보고서를 완성했다. 평소와 다름없이 낙관적인 전망을 품고서 그는 물 공급의 불규칙성이라는 난관을 '적당한 비용 수준에서' 해결할 수 있다고 서술했지만, 실은 여기에는 곤란한 점이 하나 있었다. 어떻게 '저수지로부터 작업장들로 물을 보낼지에 대한 최적의 방법. 항상 이것이 약간 어려운 문제다. 그리고 다른 많은 경우에도 지금 경우와 마찬가지로 이 문제 때문에 많은 반목과 법정 분쟁이 생겼으며, 그 결과 불쾌하고 불리한 결과들이 발생했다.' 만약 모든 작업장이 필요한 물을 매일 정확히 제시간에 받을 수 있도록 공급을 조정할 수 있다면 분쟁의 소지를 없앨 수 있을 것이다. 각 작업장의 아래에 항상 작동하는 계량기를 설치함으로써 '어린아이라도 단지 계량기를 보는 것만으로도 쉽게' 각자가 자기 몫을 받았는지 확인할 수 있게 만들 수 있다. 만약 이런 조치가 취해진다면 매우 흔하면서도 지극히 파괴적인 분쟁의 소지는 사라질 것이다.[46] 하지만 실현되지 못한 역사의 무無의 연대기 속으로 흔적도 없이 사라진 것은 사실 글래스고 계획the Glasgow scheme 그 자체였다.

그리녹에서도 투자가 제대로 이루어지지 않고 있었다. 1830년대 중반에 용량 200마력짜리 거대 수차를 한 대 운영하는 첫 면직업종 작업장을 건설하기 위해 쇼 면방적 회사the Shaws' Cotton Spinning Company 가 설립되었다. 하지만 1840년대 중반에도 동쪽 부지에 밀과 옥수수를 제분하거나 모직물wool, 아마flax, 종이 또는 기타 제품을 생산하는 작업장이 11개 있었을 뿐, 기대를 모았던 면직업종 작업장은 들어오지 않았다. 동쪽에는 작업장 부지 8개가 여전히 비어 있었고 본래 작업장 부지 13개가 계획되었던 서쪽은 아예 열지도 않은 채로 남아 있었다. 결국 그 후에도 서쪽 부지를 열게 되는 일은 발생하지 않았다.[47] '30개 또는 40개의 광대한 첨단 집단 작업장이 그리녹에서 달이 차오르듯 부흥'하여 영국의 다른 지역에 모범이 될 것이라던 톰의 예상은 보기 좋게 빗나갔다. 19세기 말엽에도 여전히 이곳은 왕국 내에서 손꼽히는 가장 거대한 수력 체계 중 하나로 남아 있었다. 톰은 자신이 '어마어마하게 많은 수의' 저수지를—'아마 산 사람 중 가장 많은 수를'—만들었다고 주장했지만, 그의 업적은 기록으로 남지 못한 채 사라졌으며, 그는 비통하게 늙어 갔다.[48] 그리녹과 관련된 또 하나의 인물인 제임스 와트가 유명인이 된 반면 톰은 1847년에 사망한 후 잊혀졌다(비록 그리녹 상류에 있는 저수지가 그를 기념하여 톰 호수Loch Thom라는 이름으로 남긴 했지만).

정확히 말하면 이런 시도를 했던 사람이 그뿐만은 아니었다. 다른 몇몇 발명가나 기술공학자도 증기로부터 벗어나기 위해 에너지의 흐름을 활용하는 창의적 방안을 만들어 냈다. 익명의 '에어셔주의 한 신사'Ayrshire gentleman는 《스코틀랜드 기계 기술자 잡지》The Scots Mechanics' Magazine에 수력과 풍력의 결합을 제안하는 글을 게재했다. 불규칙한 공급 때문에 수력 작업장이 어려움에 처했음에도 불구하고 아마도 지형이 너무나도 평탄하여 '톰 선생Mr. Thom이 로스시 면직업 공장the Rothesay Cotton Works에 적용한 것 같은 기발한 발명이 적용될 수 없는 경우'에는 공기가 그 해결책이 될 수 있다. 바람 그 자체는 흐르는 물보다 더 믿을 만한 것이 못 되지만 작업장 상류의 저수지로 물을 **거꾸로**

퍼 올리기 위해 펌프를 돌리는 일에는 충분히 사용될 수 있다. 바람이 불 때 댐을 채울 수 있다. 만약 충분한 양의 바람도 불지 않고 물도 흐르지 않는 경우에는 저장된 물을 방류함으로써 변덕스런 기상에 대비할 수 있다. 이 신사의 주장에 따르면 바람을 빌리는 데는 비용이 거의 들지 않는 데다가 이렇게 함으로써 고원지대로부터 먼 곳에도 광대한 저수지를 만들 수 있으므로 바로 이 해결책이야말로 수력 활용에 새로운 활기를 불어넣을 것이다.[49] 그러나 이러한 제안은 전혀 실현되지 않았다.

맨체스터의 한 발명가는 조력에 주목했다. 일군의 저수지를 밀물로 채우고 썰물 때에 수차를 돌리는 데 사용한다. 그가 제안하기를 '리버풀이나 헐Hull 같은 항구도시에 있는 저수지에 조수를 채울 수 있도록 강 또는 바다에 접한 긴 방조제를 설치한다. 그렇게 하면 이 도시들 안에 있는 회사들이 작업장에서 그 동력을 사용할 수 있다.'[50] 이 방안 역시 실현되지 않았다. 던디Dundee의 한 기술공학자는 레벤Leven 강의 저수지가 제공할 2천 마력이라는 잠재력이 '가장 인색한 공장주들조차도' 지갑을 열도록 유도할 것이라며, '하늘이 내려준 비옥한 빗물'을 저장할 새로운 방법을 고찰하였으나 결국에는 맹인에게 물 색깔을 설명하는 것 같은 암울한 상황에 부딪혀 좌절한다.

비록 모든 공장주들이 [계절적인 불규칙성이라는] 문제를 잘 알고 실제로 느끼고도 있으며 그들 중 많은 이들이 충분한 규모의 저수지를 통해 이 곤란을 완화할 수 있다고 확신하지만 **수차를 돌릴 물살의 개선에 관계된 모든 이해당사자들의 협조를 얻는 데 따르는 어려움**은 ⋯ 많은 경우 개개인에게 이득이 될 뿐만 아니라 **공공의 선***a public good*이 될 과업을 시도하는 것조차 어렵게 만들어 [왔다].

스코틀랜드에서 찾을 수 있는 완벽한 형상의 언덕과 계곡은 '대대

로 이어진 공장주들의 이기심에 대한 처절한 증거'로만 남게 되었다.[51]

톰 역시 1843년에 저수지 계획과 관련된 경험에 대해 질문을 받았을 때 비슷한 설명을 남긴 바 있다.

공장주들이 둑을 쌓는 비용을 스스로 지불하겠다고 제안한 적 있었나요?

- 분명 그런 경우도 간혹 있기는 했습니다. 하지만 일반적으로 말하자면 공장주들은 그렇게 행동하지 않습니다.

남들도 이득을 얻을 수 있는 경우에는요?

- **남들이 이득을 얻을 수 있는 한 절대로 하지 않죠.**[52]

공장주들 사이의 협조를 얻어 내는 데 따르는 곤란이 위기의 전환점에 서 있던 에너지의 흐름, 그중 특히 수력을 더 효과적으로 이용할 수 있도록 만들고자 하는 모든 방안에 아킬레스건이 되었다. 이런 걱정거리 없는 조잡한 대안이 차라리 더 매력적이었다. '증기기관의 세기 중' 수력을 다룬 《1780-1930년의 미국 산업계 동력의 역사》 *A History of Industrial Power in the United States, 1780–1930* 제1권에서 루이스 C. 헌터Louis C. Hunter는 (우리가 다시 살펴보게 될) 뉴잉글랜드 지방에서의 집단 저수지 확산을 묘사한다. 조금 시간이 지나자 똑같은 어려움이 발생했다. 수력을 중앙의 공급원으로부터 제공받던 제조업자들은 '그들이 소속되어 있는 동력 공급 체계 때문에 자기 행위의 독립성이 여러모로 제약된다는 사실을 발견했다. 증기력'은 이에 반해 **'탈출과 독립**의 수단을 제공했다. … 기관과 보일러를 가지고 공장주들은 사실상 아무런 장애도 없이 뭐든 자기 마음대로 할 수 있었다.'[53] 제아무리 강력하고 제아무리 저렴하더라도, 집단 저수지로부터 공급되는 수력이

가하는 구속력을 피스톤이 한 차례 밀고 올라가는 것만으로 간단히 해제시킬 수 있었다.

화석을 통해 흐름이라는
공유재에서 탈주하다

에너지의 흐름이 사유재산의 담벼락 앞에서 멈출 리 없다. 에너지의 흐름은 증서나 소유권을 무시하고 금전 거래를 인정하지 않는다. 흐르는 에너지는 그냥 제 갈 길을 갈 뿐이며 사유재산이라는 개념 때문에 흔들리는 법이 없다. 왜냐하면 이미 항상 움직이고 있기 때문이다. 이 사실은 이미 예로부터 잉글랜드의 법English law으로 확인되어 왔다. 수천 가지 선례를 담은 1835년 나온 《영국 법의 탄생, 발전, 현재 상태를 설명하는 법-사전》*The Law-Dictionary, Explaining the Rise, Progress, and Present State of the British Law*에서 '물과 수로'Water, and Water-Courses 항목은 다음과 같이 시작한다.

> 잉글랜드의 법the law of England에서 하천을 흐르는 물은 본래 [공공의 권리로서] **공법의 영역***publici juris*에 속한다는 것이 정설이다. 로마법에 따르면 흐르는 물, 빛, 공기는 **공유재***res communes*라고 불리는 것의 일종으로 여겨졌으며 이는 '누구의 소유물도 아니지만 모두에게 유용한 성질을 가지는 사물'이라고 정의된다.[54]

달리 말하면 흐르는 물, 빛, 공기는 그 누구도 이를 배타적으로 전유하기 위해 물리적으로 포획할 수 없으며, 그렇기 때문에 집단적으로 인민the people에게 속할 수밖에 없기에 공유재가 된다. 즉, 자연의 법에 따라 주어지는 공동체의 것이다. 윌리엄 블랙스톤William Blackstone

은 1770년에 나온 《잉글랜드의 법에 관한 해설》*Commentaries on the Laws of England*이라는 저명한 해설서에서 '**사람***persons*에 대비되는 지배의 대상이나 재산을 **물건***things*'이라고 선언하는데, 흥미롭게도 물은 이 두 개념 사이에 위치한다.

> 왜냐하면 물은 움직일 수 있고 떠도는 사물이며 따라서 필연적으로 자연의 법칙에 따라 공동체의 것일 수밖에 없기 때문이다. 때문에 나는 물을 다만 일시에 임시적으로 사용권상의 재산으로 가질 수 있다. 그렇기 때문에 만약 한 덩어리의 물이 내 못으로부터 다른 사람의 못으로 흘러가게 되면 나는 그것을 되찾을 권리를 가지지 아니한다.[55]

그렇다면 물, 빛, 공기의 에너지는 사유재산의 원리와 어울리지 않는 어떠한 **본성***nature*을 그 자체에 가지고 있는 것인가? 그런 것 같다. 물리적으로 결정된 바로 그 시공간상 윤곽이라는 성질 때문에 에너지의 흐름은 끊임없이 지표 위 경관 내를 돌아다니게 되고, 기상의 순환에 따라 나타나고 사라지게 되며, 생산 중에 인간이 도입하는 어떠한 시도와도 무관하다. 배비지가 말하듯이 이 동력은 자연 자체에 의해 탄생하고 소비된 후 자연 자체로 돌아간다. 그것을 소유할 수 있다고 주장하는 누구도 결국에는 이것들을 캐내어 수레에 담아 옮기거나 후일을 위해 저장해 둘 수 없고, 누구에게 맡겨 두거나 멋대로 버릴 수조차 없다. 이것이 바로 19세기 초 영국에서 수력 용량을 확장하려는 어떠한 시도도 따를 수밖에 없었던 생태학적 법칙이다.

고찰의 대상으로 제기될 수 있는 것은 여기 살펴본 저수지 계획들 말고도 더 많다. 당연히 탐구하다 보면 계획으로 끝나거나 또는 심지어 실현이 된 다른 계획들도 많이 발견될 것이다. 하지만 결국 여기서의 시사점은 공장주들이 이 정도 규모의 수력 용량 확장에 필요한 **계획, 조정, 집단적 기금 조성**에 따르기를 원하지 않았거나 따를 능력이 없었기 때문에 이들 계획에 반대했다는 것이다. 일부는 자기의 사적 이득이 예상되지 않았기 때문에 비용을 지불하려고 하지 않았다. 하류와 상류 공장들 사이의 끊임없는 대립의 희생양이 된 또 다른 일부는 다른 작업장들 때문에 흐름이 교란될 것으로 예상했다. 어떤 자들은 권한을 집중시키는 것에 반대했다. 어떤 경우에든지 이 모든 반대는 공장주들 전체의 이익 때문에 필요한 하천의 관리를 위해서는 각자가 타인의 입장을 고려해야만 한다는 사실 탓에 발생했다. 하나의 흐름의 공동체 속에서 하천은 사적으로 확장될 수 없었다. 헌터의 말에 따르면 차라리 제조업자는 자신이 '동력 공급과 관계된 사안에서 자유로운 행위자에 훨씬 미치지 못하는 처지에 처하도록 만드는 복잡한 제도적 관계망 속에 놓여 있음'을 발견하게 된다.[56] 기계 운전의 시작과 정지를 다른 작업장의 일정과 맞춰야 하며, 사전 계획에 따라야만 하고, 규제를 존중하며 위원회 구성원들을 맞이해야 할 뿐만 아니라 중재를 받아들이고 회의에 참석해야 했다. 더 큰 동력용량을 얻기 위한 개인의 계획은 공동체의 과업과 조화를 이루어야만 했다. 지불해야 할 요금이 그 기업이 얻는 이득과 정확히 일치할 리 없을 것이다. 사실 저수지 체계는 **집단 원동기**collectivised prime movers의 형태를 띨 수밖에 없었으며, 제조업자들은 물이라는 공유재의 법칙에 위태롭게 구속되는 것을 두려워했다.

로버트 톰은 직접 작성한 그리녹 저수지에 관한 보고서에서 '모든 편협하고 즉자적으로 이기적인 관점을 완전히 버려야 한다'고 엄중히 충고했다.[57] 그러나 이는 당시의 시대정신zeitgeist과는 완전히 어긋나는 것이었다. 사유재산의 논리가 당시 구조적 위기 덕에 격렬히 강화되고 있었고, 노동에 대한 전쟁이라는 더 큰 틀 안에서 벌어지던 만인의 만인에 대한 전쟁 중에 작업장은 사수해야만 할 요새로 여겨졌다. 이들 저수지 계획은 전환의 시기에 수력이 실로 풍부했고, 증기보다 저렴했으며, 기술적으로 충분한 가능성을 품고 있었다는 사실을 충분히 증명하지만, 위기 때문에 분명해진 영국 자본가 계급의 소유관계 때문에 그 기반을 대규모로 확장하는 데는 실패한 것처럼 보인다. 사유재산이라는 기름과 물은 잘 섞일 수 없었다.

동물력과 에너지의 재고에는 이런 물리적인 문제점이 없었다. 타인이나 경쟁자와 조정을 거칠 필요 없이 더 많은 수의 말과 사람을 모으거나 사적으로 계약을 체결할 수 있었다. 그러나 이미 살펴본 것처럼 말과 사람의 몸뚱이는 다른 문제점 때문에 배제될 수밖에 없다. 그리하여 에너지의 재고만이 남았다. 이 측면에서 증기력이 가지고 있던 어마어마한 장점과 하천으로는 도저히 이룰 수 없던 확장을 달성했던 그 무한한 사회적 잠재력을 보여주는 증거는 바로 이러한 문제 자체가 아예 제기된 적이 없다는 사실이다. 증기력으로 돌아가는 작업장의 소유자가 윗동네 다른 제조업자의 거대한 기관을 설치하려는 계획에 항의했다는 식의 이야기는 찾을 수가 없다. 이웃이 아침에 석탄을 조금 더 태웠다고 해서 그 영향으로 자신에게 올 에너지 공급이 직접 줄어드는 일은 없었다. 확장 계획이 타인들의 계획과 동기화될 필요가 없었고, 각 기업가가 석탄에 지불하는 비용은 심지어 그 가격이 그리녹이나 터튼-엔트위슬보다 훨씬 더 높다고 하더라도 결국 각자의 소비에 맞추어 마음대로 조절될 수 있었다. 불은 온전히 자기 혼자의 것이었다.

공교롭게도 바로 이러한 석탄의 시공간상 윤곽이 석탄을 수력보다 더 비싸게 만드는 동시에 이를 자본에 더 유리하게 만들었다. 인간의 노동을 통해서 비로소 시장에 나오게 되는 이 에너지의 재고 조각은 물리적으로 자유로운 형태로 유통되었고 실로 타인의 연소 장치와는 절대적으로 분리된 상태에서 독립적으로 연소될 수 있었다. 바로 여기서 면직물 제조업계는 스스로의 사유재산 논리에 딱 들어맞는 에너지원을 찾게 되었다. 파편적으로 분열될 뿐 아니라 한 지점에 모아 집중시키거나 축적할 수 있으며 서로 다른 양으로 분리할 수 있는 에너지원. 헌터가 신랄하게 평가하기를 '간단히 말하자면 많은 측면에서 자연의 은혜로운 선물이라고 할 수 있는 원동력은 흔히 사용과 관리 측면에서의 독립성이 결여되었으며,' 한층 더 불리한 점을 따져 보자면 '증기력 사용자들은 전혀 들일 필요 없는 **감정 에너지**'를 쓰게 만들었다.[58] 이러한 고찰을 통해서 우리는 데이비드 랜디스와 기타 많은 학자들이 영국 기업가들의 특징으로 꼽았던 완벽한 합리성과는 완전히 다른 성격에 직면하게 된다. 증기력을 선택하게 만든 요인은 감정 에너지의 고갈이었다. 그게 분명히 더 비싼 대안인데도 불구하고 고작 그런 이유 때문에? 분명 이것은 우리가 계몽된 기업가들에게서 기대하던 성격이라고 할 수 없다.

사실 여기에 복잡한 사회관계 이상의 문제점이 존재하기는 했다. 미국의 상황을 상정했던 것이지만 영국에도 적용이 가능한 고든의 지적처럼, 저수지 계획은 기술공학 및 운영 측면에서 (톰이나 애슈워스 같은 인물들이 지니고 있던) 상당한 수준의 **숙련**skills을 요구했다는 점이다. 이들 저수지 계획은 제조업자의 지능 계발과 교육을 필요로 한다. 반면에 증기는 쉽게 이해할 수 있고 조작할 수 있는 저속한 대안이자 기술적으로 더 열등한 것이었다. 증기는 '운영상 탈숙련화'를 가능케 했다.[59] 저수지는 투자자들이 **지나칠 정도로** 과학에 관해 또한 협업하는 방법에 관해 탐구하도록 몰아넣었다. 증기를 쓴다면 과학을 적극적으로 탐구할 필요가 없었고, 타인이 만들어 준 제품을 받아오기만 하면 되었으며, 자신의 사적 공간 내에서 이를 구동시키기만 하면 만사 해결이었다. 이런 관점에서 보면 기관이 수차에 승리했던 것은 차라리 기관이 **덜 고도화된** 생산력이었기 때문이라고 할 수 있다.

저수지 계획들은 증기력에 대한 현실적 대안이 충분히 될 수 있었다. 폰 턴젤만의 말을 빌리면 '만약 증기기관이 발명되지 않았다면 물 공급을 조절하려는 계획적인 노력들이 더 착실히 진행되었을 것이라고 충분히 상상해 볼 수 있다.'[60] 그러나 여기서 '발명'invented이라는 단어는 '채택'adopted이라고 읽어야 한다. 실로 이 모든 것은 당시 사용 가능한 기술들 사이 선택의 문제였다. 저수지의 추가적인 확대 역시 당연히 생태계에 영향을 주었을 것이지만, 우리가 지금 하려는 작업은 거대 수력설비가 환경적으로 바람직한지 아니면 파괴적인지를 따지는 것이 아니다. 우리는 전환의 동역학을 다루고 있다. 구조적 위기가 진행되던 중에, 특히 저수지 계획들이 집중되어 있던 1830년대 중반의 폭발적 투자의 물결 속에서 주요 면직업 지대의 자본 대부분이 필요로 하던 늘어난 동력 수요를 수력으로 계속 공급하기 위해서는 특정한 사회적 특성이 필요했지만, 이 특성은 당시 수력에는 분명히 결여되어 있었다. 그러나 단지 수력이 가지는 집단주의라는 약점 때문에 증기가 승리했다고는 할 수 없다. 무언가 그 자체가 지닌 다른 장점이 분명 존재할 것이다.

7
도시로 가는 차표:
증기가 지닌 공간상의 장점들

노동자들을 쉽게 확보할 수 있는 곳

존 페리는 1791년에 런던에서 태어났다. 같은 이름을 가진 그의 아버지는 측량사이자 토지 관리인이었고 동시에 농업 관련 사안에 관해 글을 쓰던 저술가이기도 했다. 아들 주니어 역시 아버지 시니어의 이러한 성향을 이어받았으나 당시 유행에 따라 토양 대신 기계에 관심을 가지게 된다. 뛰어난 저술가이자 제도사였던 존 페리 주니어는 19세기 초 잉글랜드의 공장과 작업장 들을 순회하기 시작했으며, 당시의 최첨단 기계장치를 상세한 그림으로 그려 남기고 그 작동 방법을 꼼꼼하게 서술해 두었다. 특히 그를 매료한 것은 섬유업계였다. 공장 두 곳에서 일했던 경력과 사소하나마 몇몇 기계장치에 대한 개선 방법을 고안하여 특허를 취득했던 경험, 제임스 와트나 그 외의 주요 인사들과의 교우관계 그리고 제조업 지역 전반에서 광범위한 현장조사를 했던 덕에 그는 영국 산업계의 작동 방식에 관한 상당한 수준의 지식을 축적할 수 있었으며, 이는 곧 수지맞는 돈벌이 수단이 되었다.[1]

존 페리는 아버지와 형제자매와 함께 요즘 식으로 말하면 연구개발 분야의 자문회사를 운영했다. 동시대인 유어처럼 그 역시 발명가들이 스스로의 착안점을 실현하는 일을 도왔고 뿐만 아니라 제조업자들을 상대로 어떤 기계를 설치할 것인지에 관한 조언을 제공했다. 이윤을 얻는 최고의 방법을 알고자 갈망하는 자본가들에게 기술적 영감을 주는 존재였던 그에게는 항상 일거리가 넘쳤으며, 높은 보수 또한 챙길 수 있었다. 페리 주니어의 전기를 쓴 작가에 따르면 페리 주니어는 '다른 사람들의 착안을 중개하는 중매인'이었으며, 바로 그러한 입장에 서 있었기 때문에 당대 기술 확산에 특별한 영향력을 발휘했다. 그의 작업은 '새로운 기계와 공정에 관한 지식을 확산시키는 과정에 어마어마한 영향을 주었으며 따라서 영국의 산업과 경제발전에 어느 정도 여파를 미쳤을 것이다.'[2] 존 페리 주니어는 와트의 특허와 같은 공식적인 특허와 작업장의 실제 사용자 사이의 통로가 되어 이들 사용자에게 서로 다른 기계를 비교하여 각자의 물적 장단점을 알려 주었다.

페리의 경험과 그가 공장주들과 교류한 내용은 《증기기관에 관한 소고: 역사적, 응용적, 묘사적 측면》*A Treatise on the Steam-Engine: Historical, Practical, and Descriptive*이라는 책으로 잘 정리되어 문서화되었다. 《리스의 백과사전》에 실려 널리 호평 받은 증기에 관한 그의 설명문 및 '면직물 제조'cotton manufacture 와 '수력'water 같은 다른 유명한 주제에 관한 글을 기반으로 삼은 《소고》*Treatise*는 1827년 출간되었다. 이 책은 본래 기술적 참고서적으로 작성된 것이지만, 어째서 이 새로운 원동기가 유리한지에 대한 설득력 있는 논거들 역시 산재해 있었다. 당시 증기력 분야에 관한 편람과 안내서가 범람했으며, 사실 페리의 책은 그중에서 가장 잘 팔린 편에 속하지는 못한다. 더 짧고 더 쉽게 쓰인 글들이 더 많이 보급되었다. 하지만 다른 저자들도 페리의 글을 증기력에 관한 '지금까지 출판된 것 중 가장 만족스러운 저서'로 평가했으며, 폰 턴젤만에 따르면 두 권으로 이뤄진 《소고》는 '산업혁명 와중에 작성된 기술에 관한 최고의 연구서'로 오늘날에도 그 자리를 지키고 있다.[3] 만약 당대 사람들이 인지하고 있었던 증기력의 장점을 찾기를 원한다면 바로 이 책을 뒤져야만 할 것이다.

아버지와 마찬가지로 페리 주니어는 기술이 아주 독특한 의미에서 문명의 이기가 된다는 관점을 제시했다. 시니어에 따르면 '마치 그림자가 그 그림자를 만드는 실체로부터 분리될 수 없는 것처럼, 문명 사회로부터 절대 분리될 수 없는 필수적인 사태가 있는데, 이는 다른 이들의 이득과 편의를 위해서' 끝없는 고역을 인류 대다수에 강요해야 한다는 것이다. 진보의 척도인 부의 증대는 항상 고된 노역을 전제한다고 이 부친은 놀라울 정도로 노골적으로 설명한다. '**부자**라고, 즉 재산을 소유한다고 할 수 있는 개인은 **빈자**라고 흔히 지칭되는 남들에게 노동을 강요할 수 있는 자다.'[4] 아들이 보기에, 증기기관이 달성해야만 할 목표는 이 그림자를 더욱 확대함으로써 또는 심지어 더욱 어둡게 물들임으로써 그 그림자를 만드는 실체를 확장시키는 일이었다. 페리 주니어의 《소고》 역시 비슷하게 노골적인 선언으로부터 시작한다.

> 기계를 사용하면서 노동계급이 그 근면한 작업을 체계적으로 진행하지 않는 한, 문명의 진보에 이바지하며 지성을 계발할 사회 내의 교양 있는 계급을 유지하고 일반적으로 풍요로운 상태를 생산하는 데 필요한 잉여부surplus wealth는 거의 생겨날 수가 없다.

증기기관은 바로 이런 의미에서 최고의 '부와 문명 상태'를 만들어 내는 데 공헌하는 것이다. 증기기관은 **잉여 부** 생산을 용이하게 만든다.[5]

좀 더 구체적으로 말하자면, 《소고》 도입부에서 페리는 수력과 증기를 주요 동력원으로 나란히 대치시킨다. 그는 수력이 절대적으로 부족하다는 인상을 전혀 남기지 않는다. 증기의 장점은 그게 특별히 더 풍부하거나 더 낮은 비용으로 운용될 수 있기 때문이 아니다. 그의 평가 중에 이런 측면은 전혀 제시되지 않는다. 그 대신, 페리는 증기가 '편리한 장소라면 어디에나 증기력으로 운영되는 공장을 세울 수 있기 때문에 흔히 선호된다'고 주장하며, 반면에 '수력은 여러 측면에서 흔히 불리한 특정 장소에서만 얻을 수 있다'고 지적한다. 특히 중요한 점은

인공적으로 만들지 않는 한 폭포는 개방된 전원 지역의 하천에서 주로 발견된다. 하지만 증기기관은 **인구가 밀집된 도시 한가운데에 설치될 수 있으며 바로 거기서 노동자들을 쉽게 확보할 수 있다.** 흔히 각자 섬세한 작업을 수행하는 작은 기계 여러 대로 이루어진 작업장들에서 원동기로 증기력이 선호된다. 노동자들의 상당한 도움 덕에 기계들을 원하는 방향으로 움직이도록 조정할 수 있고, 그 작업의 대상인 재료가 공급될 수 있다. 이런 종류의 공장들은 모두 많은 노동자를 필요로 하며 따라서 인구가 밀집된 도시에서 증기력에 의해 운영되는 편이 수력을 통해서 전원 지역에서 운영되는 것보다 더 유리하다. 이 사실은 런던, 맨체스터, 리즈, 글래스고에 있는 수많은 대공장의 존재로 증명된다.

이후 《소고》 본문에서 페리는 이 점을 다시 지적한다. 증기기관이 '물, 바람, 말 대신에 사용됨으로써 **노동을 동력이 있는 곳으로 가져가는 대신에** 원동기가 제조업자에게 가장 편리한 위치에 바로 설치될 수 있다.'[6] 증기를 씀으로써 비로소 동력을 작업 쪽으로 끌어올 수 있게 된다.

1833년에 J. R. 매컬로크 역시 《에든버러 리뷰》에 기고한 글을 통해 비슷한 주장을 펼쳤다.

방적공장의 기계나 역직기 여러 대를 작동하는 데 증기력을 사용함으로써 얻을 수 있는 진정한 장점을 오해하고 있는 경우가 많은 것 같다. 가장 적합한 조건일 때라야 증기력을 이용하여 직접적인 노동력 절감의 효과

를 누릴 수 있기 때문에 노동력 절감은 증기력 사용의 가장 중요한 장점이 아니다. 물의 흐름을 이용하여 작업을 진행하는 비용이 일반적으로 증기를 쓰는 경우와 비슷하거나 심지어 어떤 경우에는 훨씬 더 저렴하다. 하지만 증기기관의 발명 덕에 단지 충분한 낙차가 있다는 이유만으로 공장을 불편한 장소에 지을 필요가 없게 되었다. 증기기관은 **근면한 습성을 가지도록 잘 훈련된 사람들이 사는 인구의 중심지**에 공장을 지을 수 있게 해 주었다.[7]

매컬로크는 반복해서 이 점을 몇 차례 더 지적한다. '물이 더 저렴한 기계[sic]이지만, 흐르는 하천을 항상 확보할 수 있는 것은 아니다.' 증기기관은 '어떤 조건하에서나 쓸 수 있다. 증기기관은 거주자 수나 다른 시설의 유무를 고려하여 공장을 세우기에 가장 적당한 장소라면 그게 어디든지 간에 사용될 수 있다.' 하지만 특정 장소에 거주자가 단순히 양적으로 많다는 점만이 중요한 것은 아니었다. 매컬로크가 반복해서 강조했듯이 이들이 '근면한'industrious 습성을 지니도록 이미 훈련되어 있다는 점 역시 중요했다. 달리 말하면 이들은 작업장 내에서 고용주의 규율에 따르는 습성을 지니고 있었다.[8]

이후 살펴보겠지만 이러한 선전문은 전환기 당시에 매우 흔히 발견할 수 있었다. 이러한 글 속에서 증기의 주요 장점은 에너지 확보에 대한 장벽이라기보다는 **노동력** 확보에 대한 장벽을 극복할 수 있다는 점으로 제시된다. 노동계급으로부터 잉여 부를 착취하는 데 더 우수했던 매개체가 바로 기관이었다. 왜냐하면 수차와 달리 기관은 사실상 어디에나 설치될 수 있었기 때문이다. 이 차별점은 궁극적으로 두 에너지원의 윤곽의 차이에서부터 기인한다. 흐르는 물의 공급은 지형의 특성에 따라 결정되었기 때문에 오직 한정된 몇몇 장소에서만 확보될 수 있었다. 전기가 아직 없었다는 사실 때문에 그리고 덧붙이자면 톰의 전망Thom's visions이 빗나갔기 때문에, 지구 표면에서 분리될 수 없는 이 흐름은 먼 장소로 전송될 수 없었다. 동력원으로서 물은 수송될 수 없었다. 페어베언이 《작업장과 작업장의 기계에 관한 소고》*Treatise on Mills and Millwork*에서 지적했던 것처럼 수차는

낙하하거나 흐르는 물로부터 에너지를 얻으며 그 동력 또는 동적인 효과는 분명히 공급되는 물의 양과 그것이 떨어지는 낙차 또는 그것이 사용되는 지점에서의 속도에 의해 결정된다. 따라서 수차는 많은 양의 물을 손쉽게 구할 수 있는 하천의 둑이면서도 하천 바닥에 자연적 또는 인공적으로 형성된 상당한 낙차가 있는 곳 부근에 설치되기 마련이다.[9]

수력으로 운영되는 작업장을 지을 부지를 찾는 투자자에게 페어베언은 그 지점의 강수량과 유출량을 계산하고 습지나 호수가 있다면 더 안정적인 흐름을 확보할 수 있기 때문에 유역의 현장조사를 행하여 토양의 구성물을 살펴보고 습도와 온도 수준을 검토하도록 자문했다. 관계된 모든 기상학적, 지질학적, 지형학적 조건이 상세히 확인되어야만 했다. 운이 좋은 투자자는 풍부한 강수량과 급격한 낙차를 지닌 하천의 바닥 그리고 바로 그 상류에 위치하여 많은 양의 물을 자연스레 저장할 수 있는 완만한 경사지를 모두 갖춘 최적지를 찾을 수 있을 것이다. 동력의 총잠재량은 유량과 경사 둘 다의 함수였고 최적의 공장 부지는 랭커셔와 스코틀랜드의 골짜기처럼 준수한 낙차와 많은 유량을 동시에 찾을 수 있는 산악 지역과 저지대 사이의 경계에서 주로 발견할 수 있었다.

적합한 경관자원이 영국에 풍부했음에도 불구하고 수력이 자연의 국지적 변덕에 볼모라는 인상은 항상 남아 있었다. 기술공학자 로버트슨 뷰캐넌Robertson Buchanan이 《작업장 기계와 기타 기계에 관한 실용적인 소론》*Practical Essays on Mill Work and Other Machinery*에서 설명했듯이 '최적의 수차란 **주어진** 물의 양과 **주어진** 낙차를 가진 흐름을 공급받아

최대의 효과를 생산하도록 설계된 것이다.[10] 생산량은 자연에 의해 주어진 이러한 조건들에 얽매여 있었고, 그것은 페리나 매컬로크를 비롯한 그 동시대인들의 눈에는 불편하게 보였다. 하천이 완전히 점용되거나 소모되거나 사용하기에 비쌌던 것은 아니었지만, 이는 분명 국지적으로 제한된 것이었다. 하천이 제조업자들에게 제공하는 것이 무엇이었든지 간에 쉽게 확보할 수 있으면서도 근면한 습성을 갖도록 훈련된 노동자들에게로 이것을 가져올 방법이 없었다. 반면에 에너지의 재고에 기초한 증기는 이와는 완전히 반대인 시공간상 윤곽을 지니고 있었다.

이리하여 증기력이 더 유리했다는 근거가 충분히 명료해진 것처럼 보인다. 하지만 수력 작업장 소유주들이 노동력을 확보하는 과정에서 도대체 어떠한 곤란에 직면했던 것일까? 각종 소요와 노동조합으로 물든 도시로부터 멀리 떨어져 있었다는 사실 덕에 차라리 이득을 보지는 않았을까? 유동적인 영국의 도심보다는 동떨어진 계곡에 있는 노동자들이 차라리 더 통제하기 쉽지 않았을까? 이런 측면에서 도시의 장점은 정확히 어떠한 것이었을까? 그리고 보일러와 응축기를 가동시키기 위해서 석탄과 물을 필요로 하던 증기력이 공간상 특정한 위치와의 고리를 실로 끊어 낼 수 있었을까? 여기에 덧붙여 또 한 가지 중요한 질문이 제기된다. 왜 이러한 요인들이 1825년 이전이 아니라 그 이후에야 더욱 강력하게 작용하기 시작했을까? 페리와 매컬로크의 논거가 전환을 일으킨 진실이었다고 받아들이기 위해서는 이 공간상의 이동성이라는 요인이 구조적 위기 중에 어떻게 작동했는지를 정확히 파악해야만 한다.

노동을 동력으로 끌어당긴 정착촌

초기에는 기업가가 물을 발견한 곳에 면직업종 작업장을 지었다. 기계화된 방적 작업을 수행하기 위해 필요했던 다른 모든 조건, 즉 원면, 기계, 일손, 벽돌, 돈은 공간상 이동이 가능한 것이었다. 따라서 수력에의 접근성이 곧 위치 결정에서 가장 중요한 인자가 될 수밖에 없었다. 바로 새뮤얼 그렉이 말을 타고 맨체스터에 있던 자신의 집을 떠나 적당한 강둑을 찾아 시골 벽지를 헤매었던 것처럼. 역시 같은 과정을 통해서 우리가 수력-경관 양상hydro-landscape features이라고 부르게 될 지형 특성 덕에 크롬포드와 패플윅, 뉴래너크, 로스시, 딘스턴, 카트린, 에저튼, 래드클리프가 선택되었다. 아크라이트 시절부터 면직업종에서 일확천금을 노리던 자들은 예를 들어 랭커셔의 페나인Pennine 계곡, 더비셔의 더웬트 강과 그 지류의 골짜기, 스코틀랜드의 클라이드Clyde와 티스 계곡에 흩어져서 아직 사람 손이 닿지 않은 넘쳐나는 물의 원천을 찾아 헤맸다. 도시로부터 **멀어지는** 운동이 이 동력원fuel의 본성에 내재하는 것처럼 보였다. 흐름의 일부분인 하천은 수직으로 쌓아 올려질 수 없었으며 다만 수평면에 여러 갈래로 갈라져 펼쳐진 채로 존재했다. 물이 지닌 이러한 공간상 좌표 특성은 작업장들이 넓은 지역에 확산될 수밖에 없도록 강제했다. 달리 말하면 수력에 의존함으로써 산업에 **원심력**centrifugal dynamic이 발생했다.[11]

골짜기와 언덕만 큰 낙차와 기타 유리한 수력-경관 양상을 가지고 있던 것은 아니었다. 그러면 도시 내 강둑은 곧 과밀상태에 빠지게 되었을 것이다. 영국에 일반적으로 물이 풍부했다고는 하지만 국지적인 물 부족은 산업계에서 일상적인 현실이 되었다. 일단 상업 중심지 부근의 최적 부지들이 점유되고 나면 밀집 상태가 발생했고, 인접한 제조업자들은 각자의 물 분량을 확보하기 위해서 서로 충돌하게 되었다. 전체적으로 물이 넘쳐났음에도 불구하고 어느 특정 지점에서 물 공급이 더이상 확장의 여지없이 전부 다 사용되는 상태에 빠질 가능성이 충분히 존재했다. 이러한 작업장 포화현상mill jams은 어웰 강 유역 일부, 노팅엄 내, 퍼스Perth 부근, 요크셔에 있는 에어 강과 기타 몇몇 선호되던 지역에서 발생했고, 일찍부터 이 지역의 공장주들은 좁은 운신의 폭을 두고 불평을 늘어놓았다. 일단 포화상태a saturation point에 도달하면 계속 수력을 쓰면서 확장할 수 있는 방법은 멀리 떨어진 곳에 새 공장을 짓거나 아예 기존 공장을 새 위치로 옮기는 것밖에 없었고, 이렇게 사업의 성장과 함께 지속적으로 원심력이 작동하게 되었다.[12]

물론 수력-경관 양상이 위치 결정localisation에서 독자적으로 결정적인 요인이 된다는 사실이 그 자체만으로 곧 골칫덩어리a nuisance per se 가 되는 것은 아니다. 이미 수 세기 동안 사람들은 물이 흐르는 곳에 작업장을 지어 왔다. 이는 어촌이 해안에 생기는 것이나 목동이 양 떼를 광야의 초지로 인도하는 것, 양지바르고 비옥한 평야에 옥수수밭을 일구는 것이나 기타 경제활동이 관습적으로 적합한 경관 조건에 따라 위치하게 되는 것과 마찬가지로 그 자체에 무슨 내재적 문제점이 있는 것은 아니다. 수력이 지니는 이 원심력은 사람들 사이의 관계가 **특정한 역사적 분기점에 도달함으로써**at a historical juncture 비로소 문제가 되게 된다. 수력 조건이 좋으면 좋을수록 흔히 부근에서 많은 일손을 찾기가 더 어려웠다. 기존 인구 중심지로부터 멀리 나아가면 나아갈수록, 제조업자들이 고용되기를 원하는 노동력을 찾을 가능성은 한층 더 낮아졌다. 공장에 들어가기를 갈망하는 주민으로 가득한 마을이 강렬한 급류 부근에서 발견되는 일은 거의 없었다. 원동력과 특정 종류의 '노동자들'work-people 사이에 일종의 엇갈림a mismatch이 존재하는 것처럼 보였고, 바로 이 엇갈림을 바로잡는 것이야말로 당시 자본가들이 풀어야만 했던 첫 과제였다.

크롬포드의 벽지로 자신의 기계들을 옮겼을 때, 아크라이트는 사업을 시작하기 위한 기초 작업으로 먼저 노동력을 그 지점에 집결시켜야 했다. 고용을 원하는 사람이 주변에 별로 없었기 때문에 주변의 노동력은 곧 고갈되었고, 그는 먼 타지의 신문에 광고를 내서 대장장이, 목수, 직조공과 방적공을 '높은 임금'good Wages을 받을 수 있는 크롬포드로 유인했다.[13] 노동력 대다수는 맨체스터, 노팅엄과 더비에서 유입되었다. '풍부한 유량을 가진 하천' 지역에 유입된 낯선 외부인이었던 이주자들에게는 어딘가 거주할 곳이 필요했다. 18세기 말엽 30년 동안 아크라이트는 수백 가구에 달하는 거주시설과 시장a market, 주점a public house, 그 외 정착지에 노동자들이 기꺼이 거주하도록 하는 데 필수적인 시설을 건설하기 위해 자금을 투입했다. 심지어 다수의 거주시설에는 분할된 텃밭allotment gardens도 딸려 있었다. 그리하여 크롬포드는 수력으로 운영되는 작업장의 원형을 제공하였을 뿐만 아니라 동시에 **공장 정착촌**factory colony의 청사진이 되었다. 간단히 정의하자면 공장 정착촌은 수력으로 운영되는 작업장 주변에 거주지와 편의시설을 위치시킨 마을이며, 이는 고용주가 직접 만들고 소유하는 방식으로 운영되었다. 페리의 표현대로 '노동을 동력이 있는 곳으로 가져가는' 것이야말로 바로 이 공장 정착촌의 존재 이유raison d'etre였다. 노동자들을 끌어들이고 이들을 수용하며 노동자들에게 도구를 공급하고 그들의 가장 기본적인 욕구를 만족시키기 위해서 도시가 존재하지 않는 곳에는 정착촌을 만들어야만 했다. 아크라이트 방식의 수력 작업장이 급증하던 시기에는During the Arkwright boom 일단 작업장 규모가 그 지역 노동력의 공급량을 넘어서면 흔히 학교와 주일학교, 교회나 예배당, 식료품을 구할 수 있는 상점이나 시장, 때로는 도로와 다리나 여인숙 그리고 관리자를 위한 저택을 포함하는 정착촌이 생겨났다. 어떠한 공적 권력이나 공적 예산의 도움도 없이 건설에 들어가는 비용 전부를 제조업자 스스로 부담해야만 했다.[14]

그러나 크롬포드에서 완성된 수력에 기반을 둔 이 체계 그 자체의 약점이 곧 드러나게 된다. 사실 아크라이트가 도입했던 혁신의 핵심은 특정한 하나의 기계를 발명했다는 사실이기보다는 차라리 많은 기계를 중앙에 있는 하나의 원동기 주변에 배치한다는 착안점이었다. 그의 공장에서는 소면梳綿, carding, 인발drawing, 연방練紡, roving 방적장치가 열을 지어 배치되었고, 이것들 모두 수차의 추력the thrust으로 작동되었다. 원동기 하나가 일련의 기계들에 동력the impetus을 제공했으며, 오두막이나 소규모 작업장의 경우와는 달리 이것은 인간에 의해서는 제공될 수 없었다. 스탠리 채프먼은 '공장제도에서 동력Power은 필수적인 요소였다'고 강조하는데, 왜냐하면 '고도로 전문화된 일련의 기계들을 정확히 동기화하여 작동시키는 일을 수작업이 제공하는 동력manual power으로 하는 것은 불가능했기 때문이다.'[15] 인간이 아닌 하나의 원동기라는 기계적 중심이 **통합된 생산공정을 구동한다**는 점이야말로 공장을 다른 생산방식으로부터 결정적으로 차별화하는 특징이었다. 집단 노동을 조직하는 방법으로 새로이 등장했던 바로 이 특징이 아크라이트 시대 이후로 계속 우리 곁에 남겨진 공장제도의 핵심이다.

하지만 공장제도는 상당히 특수한 훈련을 받은, 페리식으로 말하면 '많은 노동자들'many work-people도 역시 필요로 한다. 자기 집에서 일하는 직조공이나 대장간의 대장장이, 자기 밭에서 일하는 농부 모두 자기가 원하는 속도대로 자신의 숙련도에 맞게 생산 작업을 진행할 시점을 결정할 수 있다. 공장에서 노동자는 중앙 원동기의 운동에 따라야만 한다. 노동자에게는 신호에 따라 일을 시작하고 멈추고 재개하고 종료하는 같은 조의 모든 작업자와 동시에 보조를 맞추며, 정렬된 기계들의 움직임을 따르면서 이 운동에 순종할 의무가 부과되었다. 노동자들은 현장에 규칙을 내려 강제하는 감시자들과 이들을 부리는 제조업자의 명령에 복종해야만 했다. 이 노동자들의 특징을 잘 드러내는 단어인 일손들the hands에서 드러나듯, 이들은 일관된 속도로 작업하며 타인의 소유물인 도구를 소중히 여기는 태도와 타인에게 인사하는 예절과 밀폐된 공간에 밀집한 군중 속에서 일하는 방법을 모두 익혀야만 했다.[16]

이렇게 수력으로 운영되는 작업장은 **공장 규율**factory discipline이라는 지배체제를 탄생시켰다. 그리고 이것이 처음 등장했을 때 사람들 대부분이 크게 반발했다. 이리저리 꾀어들인다 해도 누가 저따위 군대식 병영에 기어들어갈까? 1926년에 경제사학자 아서 레드퍼드Arthur Redford가 언급했듯이 '참을성 있고 규율을 지키도록 훈련된 공장 노동자들이 주로 살아가는, 산업화가 완성된 지역에서 태어난 사람이 의도적으로 공장 공동체를 새로 형성해내면서 발생했던 갖은 곤란을 알아채기란 어렵다.' 상대적으로 자유롭게 일하는 전통적 문화는 머나먼 이상향의 꿈으로 소중히 여겨졌다기보다는 사실상 알려진 유일한 생활방식이었으며, 그렇기 때문에 심지어 극빈자라 하더라도 마치 교도소 같은 구조와 지배체제를 가지고 있는 공장에 들어가는 것을 주저할 수밖에 없었다. 심지어 일손이 공장에 출근하더라도 그가 다음 날 아침에 다시 출근하여 작업을 반복하고 순서에 맞춰 지시에 따를 것이라는 보장은 어디에도 없었다. 규율에 순종하는 노동자를 찾는 일은 곧 첫 번째 세대 산업자본가들에게 끝없는 골칫거리로 전락했다.[17]

핀레이의 회사the Finlays가 1806년에 딘스턴 공장the Deanston works을 사들일 때, 당시 이를 소유하던 주인은 자기 마음대로 주무를 수 없는 소재를 가지고 견고한 노동력을 만들어 내려는 부질없는 노력을 20년 동안 계속하던 상황이었다. 핀레이의 회사에서 일하던 딘스턴의 관리자 제임스 스미스James Smith는 이렇게 회상했다. 면방적을 '할 줄 안다고 하는 사람 몇몇이'

글래스고에서 왔고 몇몇은 잉글랜드에서 왔다. 하지만 보통 이들은 느순한 성격인 데다가 방랑벽이 있어서 시설에 오래 붙어 있는 경우가 드물었다. 쓸 만한 성격을 가진 주변 거주자들도 처음에는 공장에 고용되는 것을 꺼렸다. 왜냐하면 소위 '집단 작업장'a public work에 고용되는 것을 창피한 일이라 여겼기 때문이다.[18]

대신 쓸 수 있는 노동력은 자기 땅에서 쫓겨나 먹고 살기 위해 스코틀랜드를 떠돌던 스코틀랜드 고원 사람들Scottish Highlanders과 아일랜드 농부들이었는데, 이들 또한 비록 스코틀랜드의 정착민들보다 더 절박한 상황에 놓여 있기는 했으나 역시 공장제도에 적합하지 못하기는 마찬가지였다. 딘스턴의 연대기에 적혀 있기를 '경험이 없는 자들은 공장을 수상쩍은 곳이라 생각했으며 특히 스코틀랜드 고원 출신자들은 공장을 일종의 감옥이라고 여겼다. 공장 내에서 기계가 내는 소리와 그것이 동작하는 광경 자체가 그들에게는 어느 정도 공포의 대상이었다.' 《챔버스》Chambers's에 따르면 이들은 '낯선 소리와 광경이 가득한 이 바벨탑에 들어서기를 꺼려했다. 그들은 이것을 일종의 감옥이라고 여겼다.'[19]

18세기에서 19세기로 바뀔 무렵에 딘스턴은 노동력 부족으로 오랜 기간 휴업 상태에 들어가 있었다. 새 주인이 해야 할 가장 시급했던 일은 결국 노동자를 끌어들이는 것이었으며, 그리하여 특히 헤라클레스 계획과 연관하여 티스 강 강둑에 거대 정착촌의 싹이 트게 된다. '1820년에서 1840년까지의 기간은 광대한 건설 작업이 벌어지던 시기로 오래도록 기억될 것이다. 20년이라는 짧은 기간에 새 딘스턴 거주지, 딘스턴 마을이 탄생하였다.' 그리고 새로운 물길, 댐과 광대한 제방, '새 도로, 새 가스 공장, 새 작업장'과 직조 작업장도 생겼다. '이 모두가 스미스 씨Mr. Smith의 감독 아래 큰 비용을 들여 건설되었으며, 딘스턴의 이름이 사방에 알려지게 되었다'라고 내부 보고서에 적혀 있다.[20] 노동자들에게 분할된 텃밭, 교회, 학교, '순회문고'a circulating library와 '일반 상점'을 제공함으로써 핀레이의 회사는 비로소 쓸 만한 노동자를 안정적으로 공급받을 수 있었다. 스미스가 자축하듯 남긴 글에 따르면 '사방에서 몰려든 온갖 하층계급 사람들로 구성되었던 인구는 점진적으로 꽤 괜찮은 공동체를 이뤄 갔다. 그리고 근면함, 편안함과 만족감이 그들에게도 스며들기 시작했다.'[21] 그러나 이러한 성과를 얻는 데까지 많은 비용이 들었다.

핀레이의 회사가 정착촌 건설을 통해 쇠퇴하는 작업장을 유익한 사업으로 바꿔 낸 또 하나의 예인 카트린에서도 비슷한 과정이 전개되었다. 공장위원회 조사원factory commissioner이던 제임스 스튜어트James Stuart는 1833년에 800명에서 900명에 달하는 작업자가 카트린에서 일하고 있다고 보고했다. '이들은 모두 원래 회사가 지은, 이 나라의 다른 지역에서 같은 처지에 놓여 있던 사람들의 거주지와는 격이 다른 훌륭한 주택에 거주했다. 예배당과 더불어 그들이 삶을 영위하는 데 필요한 모든 것이 갖춰져 있었다.'[22] 하지만 카트린에서의 성공도 핀레이의 회사에는 큰 부담이 되었다. 더 남쪽에 위치한 쿼리 뱅크 작업장Quarry Bank Mill에서도 주변의 쓸 만한 일손과 가구 들을 다 흡수한 후에는 새로이 자급자족하는 시골 공동체를 하나 만들어 내야만 했다. 새 건물을 짓는 데 들어갈 벽돌들은 그 부근의 진흙을 가지고서 공장 부지에서 생산되었다. 1815년 이전에 이미 1,300파운드가 거주지를 건설하는 데 사용되었다. 1819년과 1831년 사이에는 6천 파운드 이상의 돈이 새 오두막과 저택 42채를 짓는 데 들어갔다. 도시의 주거보다 더 넓고 채소를 재배할 수 있는 상당한 규모의 농지가 딸린 주거에 이끌려 정착촌에 가구가 늘어났고, 1820년대 중에 그렉의 회사the Gregs는 여기에 학교 예배당과 여러 가지 유익한 목적을 표명하는 단체가 쓸 수 있는 공간까지 제공하는 상점을 추가했다.[23] 이는 분명 노동력을 모집하기 위해서는 효과적인 묘책이었다. 하지만 지속적으로 금전상 이득을 제공하지는 못했다.

약 반세기 후에 크롬포드를 본받은 두 번째 세대 자본가들은 정착촌의 개념을 그 극단까지 밀어붙여 거창하게 추진했다. 수력을 이용하려면 일반적으로 **노동력의 의도적 집결** 과정이 요구되었으며 그 지점 주변의 가능한 모든 방향으로부터 노동자를 끌어들일 필요가 있었다. 이러한 정착촌이 가진 가장 중요한 특징은 바로 노동자들을 끌어들이고 그들이 그 자리에 머물도록 유도하는 정착촌의 구조 그 자체였다.[24] 처음에는 그 지역에 이미 있던 예비 노동자들을 공장주가 쓸 수도 있지만, 사업이 확장되면 점차 더 넓은 주변 지역에서 작업자들을 긁어모아야만 했고, 자기 돈으로 숙소를 확보하여 이들을 수용해야 했다. 어쨌든 **물 공급이 노동력 공급을 초과**했기 때문에 이렇게 원심력에 내재해 있던 동력과 인구 간의 불일치 문제는 곧장 드러나지 않는 경우더라도 시간을 두고 지연되어 등장할 수 있었다. 상대적으로 풍부한 에너지가 공간을 계속 확장시킨 반면 상대적으로 부족한 일손은 고용주가 마을 하나를 완전히 새로 만들 수밖에 없도록 강제했다.

각 노동자는 살아 움직이는 투자의 결과물이었다. 노동자는 단순히 지불한 임금 이상의 비용을 들여 구매한 상품이었으며, 기능과 최소한의 규율을 그 몸에 습득하도록 하는 상당한 노력과 동시에 주거, 분할된 텃밭, 상점, 예배당 같은 고정자본이 함께 투입되어야 비로소 만들어지는 존재였다. 그러나 노동자가 떠나 버릴 수도 있었다. 이미 1777년에 《더비 머큐리》*Derby Mercury*지는 리처드 아크라이트가 '휴가원을 내지 않고 고용주의 사업장에 무단으로 결근했다'는 이유로 대장장이 하나를 교정시설에 보냈다는 소식을 전했다. 크롬포드와 기타 초기 정착촌에서 노동자의 탈주는 흔히 벌어지는 일이었고, 도망자를 수배하는 광고가 주기적으로 게시되었으며, 이런 탈주의 원인은 흔히 '제조업에 종사하는 사람들의 독특한 성격 중 하나인 차분하지 못한 떠돌이 기질' 탓으로 돌려졌다.[25] 이 시기는 맨체스터나 기타 도시 중심지에서도 노동 이동률이 극단적으로 높은 수준까지 치솟았던 때였다. 공장제도는 어디에서나 새롭게 등장한 낯선 신문물이었고, 막 형성되기 시작한 노동계급은 '이 바벨탑' 앞에서 떨고 있었다. 그러나 노동자들이 사라지는 것은 정착촌 쪽에 특히 더 큰 손실을 끼쳤다. 왜냐하면 이 틈새를 메우기 위해서는 새 모집 과정을 거쳐야만 했고, 신문에 광고를 더 내야만 했으며, 먼 지역으로부터 이주할 수 있도록 수속을 밟아 줘야 했고, 어쩌면 심지어 거주지를 새로 꾸며야 하는 경우까지 생길 수 있었다. 일반적 모순이 다시 표출되었다. 거기에는 분명히 물이 있었지만, 쉽게 확보할 수 있으며 근면한 습성을 가지도록 훈련된 노동자는 없었다. 그러나 위기가 닥치기 전까지 전원 지역 수력 작업장 소유주들은 이 문제에 대응할 수 있는 손쉬운 수단을 가지고 있었다. 이들은 **자유가 박탈된**_unfree_ 노동자를 확보할 수 있었다.

강제노동에서 증기력으로의 전환

1816년에 제1대 로버트 필 경the first Sir Robert Peel은 증기력이 사용되기 전에는 작업장이 '상당한 수준의 수력을 확보할 수 있는 장소에 세워졌지만 일반적으로 그런 곳은 주민들로부터 멀리 떨어진 시골 벽지였다'라고 회고했다. 그는 이 진퇴양난의 문제를 풀기 위해 노력했던 스스로의 경험을 전한다. '이 기계들을 동작시키기 위해서 큰 도시에서 잉여 인구를 수소문했고 그리하여 런던, 버밍엄 그리고 기타 인구가 많은 지역에서 교구 위탁 아동parish children 수천 명을 공급받았다.'[26] 수력 작업장이 작업자를 구하지 못해 속을 태우던 1780년대에 도시의 교구가 그 구원자로 나선다. 바로 이 시점에 빈곤 가구들은 스스로 부양할 수 없는 아이들 때문에 폭발 직전의 상황에 내몰려 있었다. 감독관overseers은 부랑아와 사생아 들을 먹이고 입히고 적당히 육체

활동을 시켜 줄 면직업계 제조업자들에게 아이들을 '도제'apprentices로 팔아 치워서 부담을 덜기를 원했다. 물론 이는 소년소녀 당사자들의 의사와는 아무 상관이 없었다. 일단 아동이 교구 손아귀에 들어오면 감독관은 자신이 원할 때 언제 어디라도 아동을 보낼 수 있었으며, 일단 이전 계약이 체결되면 그 아동은 사실상de facto 새 주인의 소유물이 되었다.[27]

　　18세기 후반, 강둑에 늘어나던 작업장들은 자발적 임금노동만으로는 버틸 수가 없었다. 도제를 쓸 경우, 충분한 수의 인원을 찾을 수 있다는 큰 장점이 있었을 뿐 아니라 이 아동들에게는 자유의지의 행사가 거부되었으며, 이들은 아주 어릴 적부터 구빈원poorhouses에서 생활한 경험 덕분에 엄격한 위계질서라는 조건에도 이미 익숙했고, 기술적이고 조직적인 실험의 대상으로 삼더라도 이에 대해 법적으로 반발할 수 있는 위치에 있지도 못했다. 임금노동자 가족들과 달리 이 아동들은 각자의 개인 오두막을 필요로 하지도 않았고 훨씬 더 저렴하게 만들어진 기숙사 또는 '도제 숙소'apprentice houses에 수백 명 단위로 몰아넣을 수 있었다. 이 아동들에게는 자유로운 노동자라면 오직 충분한 보상을 받는 경우에만 동의할 야간노동을 명령할 수도 있었고, 구속되지 않은 아동들이 더 나은 조건을 찾아 한 작업장에서 다른 작업장으로 자주 자리를 옮기는 데 반해 이 구빈원 출신 일꾼들은 몇 년이고 한 작업장에 속박된 채로 남아 있었다. 1760년대와 1830년대 기간 동안 런던의 한 교구에서 면직업계 제조업자에게 팔려 온 도제들은 평균적으로 일을 12세에 시작하여 21세에 마쳤다. 즉, 평생 일할 수 있는 기간의 거의 반 정도인 9년간을 아무런 보수 없이 일한 것이었다.[28] 카트리나 허니맨Katrina Honeyman이 중요한 연구서 《1780년에서 1820년 사이 잉글랜드의 아동노동자: 교구 도제와 초기 산업 노동력의 형성》Child Workers in England, 1780-1820: Parish Apprentices and the Making of the Early Industrial Labour Force에서 주장한 것처럼, 이 제도는 '이것 없이는 아예 설립될 수도 없었거나 이후의 성장이 제약되었을 기업들에게는 필수적인 촉진제였다.' 필수적인 주문형 프롤레타리아proletariat-on-demand였던 도제는 '규모와 성공 여부에 상관없이 모든 종류의 회사에서' 이용되었지만 특히 수력으로 작동하는 면직업종 작업장에서 각광을 받았다.[29] 동떨어진 장소에 있으면 있을수록 도제에 대한 의존도 역시 더 높아졌다.

쿼리 뱅크에서는 공장 문을 연 지 1년이 지난 1785년에 첫 도제를 받아들였다. 계약서에는 뉴캐슬 교구에서 온 열한 살 먹은 '불쌍한 아이' 토머스 로일리Thomas Royley가 새뮤얼 그렉을 주인으로 삼아 그에게 스물한 살까지 예속된다고 적혀 있다. 이 10년 동안 그는 '지능Wit Power과 능력Ability에 따라 모든 합법적인 업무에 종사해야 하며 모든 사안에 정직하게 정연하고 순종적인 태도로 처신하고 종순하게 자신의 주인을 따라야 한다'고 되어 있으며, 주인은 그에게 '고기, 음료, 의류, 숙소와 씻을 것'을 제공하게 된다. 이후 회사의 비망록Memoranda Book에서 '수력 부근에 인구를 거의 찾을 수 없는 상황 때문에 초기의 거의 모든 제조업자의 일은 도제에 의해 진행될 수밖에 없었다'며, 이런 종류의 노동력에 의존할 수밖에 없었다고 정당화하는 글을 찾을 수 있는데, 이렇게 노역에 동원된 아이들이 '그들이 가진 기능과 낮은 임금으로 사업을 성공으로 이끌었다'라고 아무런 죄책감도 없이 적고 있다.[30] 18세기에서 19세기로 전환될 무렵 베리 작업장the Bury mills에서 도제 약 1천 명을 고용하던 필의 회사the Peels 역시 같은 상황이었다. 약 500명이 있던 뉴래너크도, 카트린이나 웨일스의 홀리웰Holywell, 새뮤얼 올드노우Samuel Oldknow가 소유했던 스톡포트에 있는 일련의 공장들이나 더 많은 공장 수백 곳에서 모두 원심력과 인구분포 및 공장 규율에 대한 태도라는 양극 사이의 모순을 해결하기 위해 도제를 활용했다.[31] 간단히 말해서 수력 작업장은 그 존속과 확장을 위해 **강제노동**에 의존할 수밖에 없었다. 그러나 이 해법에는 그 자체의 모순이 도사리고 있었다.

걷잡을 수 없이 만연하던 학대 때문에 도제제도에 서서히 법적 제재의 물결이 밀려오기 시작했다. 하루 14시간에서 15시간 동안 과로에 시달리는 것이 보통이었을 뿐만 아니라 영양실조의 잠재적 위험에 노출되어 있었고, 말 그대로 감금되어 있던 도제들은 야간근로 중 잠들지 못하게 몽둥이로 구타당하거나 충분한 업적을 달성하지 못했다고 채찍으로 얻어맞는 처벌을 받거나 심지어 고문 실험을 당하기도 했다. 전원 지역에 있는 수력 작업장은 죄 없는 아이들을 처형하는 유배지penal colonies라는 평판이 돌았다. 온정주의적 시혜를 보이기 위해서 의회는 1802년과 1816년에 법령을 가지고 이에 대응하였으며 처음으로 약간의 제재가 가해졌다. 노동시간 제한, 도제가 제공될 수 있는 곳까지의 거리 제한, 공장주들에게 아이들의 최소한의 건강을 유지하는 책임을 부여하는 등의 제제였다. 그러나 이러한 조치들의 실제 집행은 요원했고 주인이 자기 자산을 마음대로 다룰 수 있는 상황은 그대로 방치되었다.[32] 허니맨은 광범위한 연구를 통해 1800년 이후에도 오랜 기간 도제제도가 계속 확장되며 창궐했고, 1820년에 그 정점을 찍었으며, 그 후에 비로소 사라지기 시작했다는 점을 증명함으로써 도제제도가 짧은 기간 동안에만 존재했다는 기존 관념을 뒤집었다. 이 인신매매를 끝내게 되는 정치적 개입은 1830년대와 1840년대에야 비로소 이루어졌으며 이는 당시의 노동계급 투쟁의 여파였다. 그렉의 회사 비망록에는 도제제도가 없어지게 된 사실에 대해 매우 억울하다는 듯이 불평이 적혀 있다. "관대한 자선사업으로서 도제제도 이상의 것은 없었다. 하지만 이 제도는 결국 공장법 Factory Acts, '노동시간단축위원회'Short time Committees와 '병적인 자선가들' morbid philanthropy 또는 업계 특히 면직업계에 대한 '공공기관의'official 혐오나 시기 때문에 발생한 곤란 때문에 결국 무너지게 되었다." 보다시피 노동시간 단축 운동에 대한 언급이 많이 등장한다. 이것이 바로 다

음 장의 주제다.[33]

하지만 더 중요한 점은 이런 법적 제재가 끼어들기 전부터 공장주들 사이에서 이 제도에 대한 자발적 재평가가 진행되었다는 것이다. 그들이 해결해 보려고 고민하던 모순에 대해 도제제도는 참으로 만족스러운 해법이 될 수는 없었다. 그 단점으로 먼저 유지비용을 들수 있다. 비록 임금을 지불할 필요는 없었지만, 구속된 아동은 그 주인의 영속적인 관리하에 놓여 있었기 때문에 주인은 이들의 의료, 숙소의 정리 정돈, 최소한의 기초교육을 위한 비용과 시간을 투입해야 했다. 도제가 아니었다면 이런 의무는 부모나 사회기관에서 졌을 것이다.[34] 1833년에 헨리 애슈워스는 자기는 차라리 구속되지 않은 아동들을 선호한다고 언급했는데 '보호자의 의무를 지거나 그들을 관리하는 일을 하고 싶지 않기' 때문이었다. 《웨스트민스터 리뷰》*Westminster Review*에서 주장하기를, 제조업자는 '당연히 그가 원하는 만큼 수를 확보할 수 있고 공장을 떠나면 아무런 추가 비용을 지불할 필요가 없도록 주변 인구로부터 젊은 노동자들을 뽑기를 원한다.' 이런 선택을 보장하는 가장 손쉬운 방법이 바로 증기력이었다. 1819년에 누군가 증언했듯이 증기를 사용하여 도시로 이전함으로써 고용주는 아동노동자를 '보살피는 일과 책무로부터 해방'되었고 재생산의 모든 비용은 제3자에게 전가되었다.[35]

더 일관되게 지적되던 건 동기 부족이었다. 여기에는 탈주에의 유혹도 포함된다. 일단 도제가 숙련된 방적공이 되는 순간, 그들은 자기 일의 대가를 받을 수 있는 다른 작업장으로 도망치고 싶다는 강한 유혹에 직면할 수밖에 없었다. 이런 탈주는 도제 기간의 후반기에 발생할 가능성이 높았다. 바로 이 시점이 그들을 부양하고 훈련시키기 위해 값비싼 투자를 한 주인에게 그들이 가장 값어치가 있을 때다. 그래서 소유주는 탈주를 막고 이를 처벌하기 위해 많은 노력을 기울였다. 새뮤얼의 아들이자 쿼리 뱅크 작업장의 관리자였던 로버트 하이드 그렉Robert Hyde Greg은 무단이탈하는 아이는 삭발하겠다고 으름장을 놓았으며 잡힌 탈주자를 가두기 위한 독방을 운영했다. 탈주자를 잡기 위한 수배 광고가 붙었으며 수색을 위해 경찰이 동원되고 교구 감독관의 협조를 얻었다. 이를 통해 이 청소년들이 얼마나 가치 있는 자산이었는지를 알 수 있다. 비록 노동의 총이동률이 구속되지 않은 아동들에 비해 낮기는 했지만, 도제의 이탈은 아마도 더 큰 손실로 나타났을 것이다.[36]

1810년대와 1820년대 동안 도제는 모든 종류의 노동자 중에서도 가장 부주의하며 게으르고 통제하기 어려운 부류로 여겨졌다.[37] 물리적 강압 아래 있던 그들이 기꺼이 노동을 하려는 의욕을 가질 리 없었다. 다양한 실험대상으로 쓰기에 적합하기는 했지만, 그들에게는 몇몇 중요한 징계수단들이 아무런 효과도 발휘하지 못했다. 벌금을 물릴 수도 없었고, 부모를 불러 경고할 수도 없었으며, 가장 중요하게는 해고의 위협이 전혀 통하지 않았다. 그나마 효과 있는 처벌은 물리적인 것뿐이었다. 도제에게 당근으로 제시될 수 있는 유인책은 사실상 거의 없었다. 이들은 임금이나 성과에 따른 단가를 받지 않았으며 성과급이나 초과노동수당도 없었다. 구빈법수정안위원회의 사무관이던 리처드 머거리지Richard Muggeridge가 설명한 것처럼, 역설적으로 절대적 종속 때문에 최대한의 노동을 착취하기 위해 쓸 수 있는 수단이 전무했다. 그는 1836년에 '젊은이가 구속된 상태에 있다고 느끼기 때문에 근면함과 바른 행실을 유도할 동기가 실종되었다'고 보고했다. '개선할 필요나 보다 나아지려는 욕망이 결여된 상태로 그는 가능한 한 최소한으로 일하려고 노력할 것이다. 그리고 이는 최소한의 비용을 들여 최대한을 얻으려는 그의 고용주의 이해와 정확히 배치된다.' 이런 이유로 갈등은 해결될 수가 없었다.[38] 공장제도가 고도화되면서 **근로하려는 내적 의욕**을 유발하는 것이 산업 경영의 주요 목표로 등장했다.

증기가 바로 그런 강박을 만들어 내는 주된 원천이었다. 19세기 초의 면직업계에서 자유로운 임금노동과 강제노동 사이 선택의 문제는 원동기의 선택 문제와 분리될 수 없었다. 이 두 대안을 선명하게 대비시킨 사례가 제임스 맥코넬James McConnel의 경우다. 그는 맨체스터의 저명한 방적업자였고, 오랜 기간 유명했던 맥코넬앤케네디사가 바로 그의 회사였다. 투자의 물결이 유행처럼 밀려들던 바로 1835년에 그는 더비셔의 베이크웰Bakewell 부근에 있던 일련의 방적공장을 새로 구매하여 사업을 확장했다. 14세에서 21세 사이 어린 도제 여공 200명이 기계를 보조하기 위해 배치되었다. 이후 그중 50명이 대가를 받을 수 있는 일자리를 찾아 탈주하는 사건이 벌어졌는데, 왜냐하면 '그들이 주인을 위해 공짜로 일해 주고 있다고 생각했기 때문'이었다. 남겨진 이들에게는 불만이 넘쳤고 맥코넬은 매우 분명하게 절망하면서 이 사태를 전한다.

예를 들어 이들은 일에서 돌아오면 특히 어두워진 후에 집단으로 노래를 불렀다. 나는 이 노래를 혁명가라고 부르려고 하는데, 이는 도제인 그들이 처한 상황을 묘사하는 동시에 그들의 주인에 대한 반항심을 드러내는 내용이었다. … 불만감이 수많은 방식으로 지속해서 표출되고 있었다.

맥코넬은 빈번한 체벌이 베이크웰 작업장을 유지하기 위한 '필수품'a necessity이라고 주장했다. 하지만 체벌로는 자유로운 임금노동과 강제노동 간 산출량의 상대적 차이를 뒤집을 수 없었다. '임금노동 일손이 유리하다는 분명한 차이'가 압도적으로 드러났는데 왜냐하면 '임금노동으로 쓰이는 노동력은 보상과 그들 가정의 평안을 염두에 두기 때문이다. 이에 반해 도제는 다른 일손에 비해 덜 일하고 그 작업 결과는 열등'했으며 그래서 '근면하고 숙련된 일손을 얻을 수 있는 지역보다 건물과 기계에 투입된 자본이 덜 생산적일 수밖에 없었다.' 그렇다면 도대체 왜 애당초 맥코넬은 도제를 썼을까? 왜냐하면,

> 이 작업장들에서 작업을 진행하기 위한 도제를 확보하지 않고는 작업장을 아예 운영할 수 없었을 것입니다. 이 작업장들은 너무나도 동떨어진 장소에 세워졌기 때문에 작업장 2마일 이내에서 적당한 연령대의 인구를 다 모아 투입한다 해도 작업장을 운영하기에는 부족했습니다.

> 도대체 왜 작업장을 세우는 데 이렇게 동떨어진 장소를 선택했나요?

> - 바로 우수한 수력이 있다는 장점 때문이죠.

사업을 베이크웰에 확장함으로써 맥코넬은 투자의 대유행기 중의 일반적 경향과는 반대의 길을 선택했다. 맨체스터에 대형 증기 작업장 몇 개를 가진 한 소유주는 싼 수력이라는 장점을 보고 전원지대의 공장을 구입했다가 곧 '반항심을 드러내는' 어린 도제 여공들과 맞부딪히는 곤경에 빠졌다. 대부분의 면직업종 자본가는 반대 방향으로 움직였으며 맥코넬의 사례는 왜 그들이 그렇게 하였는지 그 이유를 설명해 준다. '[도제] 제도가 유리하지 않다는 것이 일반적 경험에 기초한 결론이다.' 물론 그가 스스로 인정하듯이 멋진 정착촌을 세워서 노동력을 끌어들임으로써 수력과 자유로운 임금노동을 **동시에** 선택하는 대안이 존재했다. 그러나 작업장을 구매한 직후 베이크웰에 노동자의 가족을 위한 주택까지 세우는 일은 '심각한 손실'을 가져올 것이다. 쿼리 뱅크 작업장에서는 1820년대부터 도제 인력을 상대적으로 축소하게 되는데, 이 과정 중에 이를 대체할 구속되지 않은 노동자들을 꾀어 들이기 위해서 많은 비용을 들여 주변 시설의 개량과 개선을 진행했다.[40] 조금 있다가 더 자세히 살펴보겠지만 자유로운 임금

노동에 의존하면 할수록 정착촌의 비용은 늘어났고, 그 결과 이득은 줄게 되었으며, 이에 반해 증기력의 이용이라는 해결책이 가지는 장점이 더욱 두드러졌다.

투자의 대유행이 최고조에 달했을 무렵 머거리지가 쓴 글은 도제제도 쇠퇴의 원인이 무엇인지를 분명하게 설명해 준다. 그것은 바로 최근에

증기력을 제조업에서 사용하게 된 것이다. 동력이 발견된 장소에 세워져야만 했고 거기서 작업을 진행할 인구를 끌어모아야만 했던 초기 공장들과는 달리, 이제 직접 인구가 있는 곳으로 증기력을 들고서 들어갈 수가 있었다. **언덕이든 계곡이든, 산이든 골짜기든, 강이든 둑이든 이 모든 것이 똑같이 아무런 상관이 없었다.** 증기기관은 어디에나 설치될 수 있었고 연료(여기[랭커서]에서는 쉽게 구할 수 있다)와 인구만 해당 제조업의 목적에 맞는 수준으로 확보할 수 있다면 기타 추가 조건은 필요하지 않았다.[41]

에너지의 재고가 지표 위 경관과 무관하다는 점 덕에 자본가들은 강제노동 대신 임금노동을 쓸 수 있게 되었다. 이는 상당히 큰 이점이다. 증기로의 전환이 도제제도 쇠퇴의 주요 원인이기는 했지만, 동시에 역방향의 인과관계도 존재하였으며 차라리 이 방향이 우리에게는 더 중요하다. 평균적인 면직업종 제조업자가 1830년대 중반에 생산 확대를 원했다면 그는 분명히 도제 노동을 충분히 활용하기 어렵다는 당시 상황을 잘 알고 있었을 것이다. 여기에는 노동시간 단축 투쟁이 거둔 최초의 부분적 승리였던 1833년의 공장법이라는 법적 장애물과 빈민 아동의 열악한 작업 실적에 관한 고용주들의 부정적인 경험이 **모두** 포함된다. 그의 관점에서 볼 때 노동 착취를 활성화하는 데 증기가 실로 더 우월한 방법이었다.

정착촌의 비용과 통제

구조적 위기 중에 폭발한 계급투쟁이라는 화산은 본성상 현저하게 도시적인 특징을 가지고 있었다. 그렇다면 혹시 제조업자들이 벽지로 옮겨 갔다면 그 열기를 피할 수 있지 않았을까? 로버트 톰은 분명 그렇게 생각했다. 1829년에 톰은 증기력에 비해 수력이 우수하다는 주장의 근거 중 하나로 '일전의 **급진적인**radical 소요와 더 최근에 벌어진 **조합 결성**combinations 중에 맨체스터, 글래스고, 리즈 등 혼잡하고 사람 많은 도시의' 노동자들이 보여준 행실로부터 쉽게 알아챌 수 있는 '시골 작업자들의 더 우수한 인성'을 들고 있다. 정착촌에서의 관계는 서로 우호적일 것이다. 여기에서는 '주인과 하인 간의 자연스럽고 오랜 유대가 아직 손상되지 않은 채로 남아 있는' 반면 도시에서는 '일손이 끊임없이 옮겨 다니기 때문에' 모든 유대관계가 사라지고 양측 사이에는 오로지 익명성과 적대감만 남게 된다. 결론적으로 말해 저수지, 도랑, 자동 수문을 써서 '수력을 더 일반적으로 적용할 수 있도록' 하려던 톰의 계획은 1825년 이후 끓어오르던 사회적인 용암을 피하여 '제조업 시설을 혼잡한 도시로부터 옮기기 위해서 기획'된 것이었다.[42]

수력을 주창하던 주요 전도사가 증기력을 옹호하던 자들과 본질적으로 똑같은 주장을 펼쳤다는 것은 확실히 중요한 사실이다. 특정 원동기가 더 우수한 이유는 바로 그것이 일손들을 더 근면하고 질서 정연하도록 강제할 수 있기 때문이다. 위기 중 벌어진 전쟁에서 싸우던 두 원동력이 스스로의 우월함을 증명해야 했던 결정적인 전장이 바로 여기였던 것이다. 게다가 톰의 주장에는 직관적으로 더 매력적인 부분이 있다. 유어는 '많은 인구를 좁은 영역'에 집중시키는 공장들에서는 '노동자들이 비밀결사나 노동조합을 조직하기 쉽게' 된다고 했다. 톰과 마찬가지로 로버트 하이드 그렉 역시 전원 정착촌 내에서의 주인과 일손 사이 '상호 신뢰'를 강조했다. 도시에서는 이런 감정을 더이상 찾을 수 없었다.[43] 과연 물이 계급대립의 해결책이 되었을까?

면직업종 자본의 관점에서 정착촌의 장단점을 살피기 위해서는 우선 그 비용을 조금 더 자세히 살펴볼 필요가 있다. 분명히 도시보다 시골에서 임금이 더 낮았는데, 그 차이는 보통 주당 3에서 4실링 이상이었다. 이런 격차가 발생한 근본적인 이유는 특별할 것 없이 간단했다. 시골 지역에 살던 노동자 가정은 흔히 농업을 겸업했으며, 그리하여 최소한 살아가는 데 필요한 일용품의 일부를 직접 확보할 수 있었고, 그 결과 재생산에 드는 총비용을 낮출 수 있었다. 도시에서 생활하는 데는 돈이 더 많이 들었고 임대료도 더 높았다. 법적으로 자유로운 작업자를 정착촌으로 끌어들이기 위해서는 주변 노동자들의 수준보다 더 높은 소득을 제시해야만 했다. 예를 들어 애슈워스의 회사에서 일하던 성인 남성 방적공들처럼 간혹 지역 평균보다 소득이 더 높은 경우도 있었다. 반면에 보통의 경우, 정착촌에서의 금전상 급여는 도시 지역 공장에서의 급여보다 실로 **낮았으며**, 맨체스터 같은 중심지로부터 멀어지면 멀어질수록 급여는 더 떨어졌다.[44]

약간의 추가적인 식량 공급원이나 자신의 가축으로 주어진 소, 채소가 가득한 텃밭처럼 정착촌에서만 향유할 수 있는 즐거움은 급여명세서에 드러나지 않기 때문에, 금전상 급여만 봐서는 노동자의 생활수준 차이를 충분히 측정할 수 없다. 같은 이유로 금전상 급여만으로는 자본가에게 얼마나 비용이 발생했는지도 알 수 없다. 농부가 그때까지의 생활방식을 버리도록 꾀거나 도시 거주자가 이주하도록 유도하려면 괜찮은 임금을 주는 것만으로는 부족했다. 이들을 끌어들이기 위해서 소유주는 고용 보장, 성과급 지급, 임대료가 저렴하거나 아예 없는 거주용 오두막이나 공장과 거주지의 결합물이 제공하는 수많은 다른 특권을 제시하곤 했다. 결국 이러한 특전은 모두 고정자본의 투자를 의미했다. 게다가 마을을 건설하는 것 자체도 물론 귀찮은 일이었다. 이미 아크라이트 시절에도 노동자의 주거에 너무 많은 자본을 투자하여 공장주가 파산하는 경우가 종종 발생했는데, 1820년대 초의 돈 잔치 시절에는 이보다 훨씬 더 심한 투자가 이루어졌다.[45] 자유로운 임금노동이 확대되고 쉬운 신용거래 덕에 전국적으로 용량 확장이 유행하게 되자 일부 제조업자는 상당히 큰 빚을 내서 정착지를 개선하고 확장하는 데 투입했다. 1823년 스코틀랜드의 테이Tay 강에 있는 스탠리 작업장the Stanley mill을 매입한 데니스턴뷰캐넌앤컴퍼니사Dennistoun, Buchanan & Co.도 그러한 제조업자들 중 하나였다. 공장감독관factory inspector 제임스 스튜어트가 서술한 바에 따르면 회사는 즉시 노동력을 끌어들이기 위한 거대한 계획에 달려들었다.

> 이 훌륭한 시설의 소유주인 데니스턴뷰캐넌앤컴퍼니사는 이전에는 제조업이라고는 전혀 없던 준수하고 건강한 전원지대에 2천에서 3천 명에 이르는 인구를 끌어들였다. 멋지고 깨끗하며 편안한 오두막이 가득한 큰 마을을 건설하고 3천 파운드가 넘는 비용을 들여 교회를 세웠다. … 회사는 영구적으로 성직자를 둘 수 있도록 기금을 마련했고 학교와 교원을 위한 주택을 세웠으며 교사에게 임금을 지불하였고,

200마력에 달하는 수차를 세우고, 새 공장 건물 세 동을 건설하였으며, 마을을 관통하는 길거리를 조성했다. 이 모든 비용을 회사가 부담했는데 그 총액은 16만 파운드에 달했다.[46] 이것은 터튼-엔트위슬 저수지를 만드는 비용보다 8배나 더 큰 돈이었고 어웰 계획 전체 예상 비용보다 3배나 더 큰 것이었다.

이 무렵 헨리와 에드먼드 애슈워스 형제는 그들이 소유한 작업장 두 곳 중 더 큰 편인 뉴이글리New Eagley에다 쾌적한 주거를 건설하는 데 막대한 돈을 퍼붓고 있었다. 이 건물들은 '석재로 지어졌고 각각 방을 4개에서 6개까지 가지고 있었다. 모든 건물 뒤쪽에는 적당한

편의시설이 갖춰진 구내 공간이 붙어 있었다.[47] 이들은 도서관, 예배당과 학교뿐 아니라 덩굴이 우거진 온실, 분수, 연못, 복숭아 온실peach house, 과수원an orchard, 초가지붕을 한 여름 별장까지 지었다. 사람들의 구미에 맞는 전원생활을 제공함으로써 어떻게든 공장에서 일하도록 만들기 위해 이 모든 것이 제공되었다. 비용은 어마어마했다. 뉴이글리와 에저튼에 각각 부임한 의사 두 명과 학교에 모신 교사들에게 평균 이상의 임금을 지불하는 데도 많은 비용이 들었다. 시골의 수력 작업장은 두 얼굴을 가진 야누스와 같았다. 한편에는 사람으로 가득한 헛간 기숙사가 있는 반면에 다른 한편에는 테라스가 딸린 깨끗한 오두막이 있었고, 강제 아동노동과 느긋한 자유 임금노동이 동시에 존재했으며, 노예들의 지하감옥과 화려한 정원이 함께 있었고, 처벌과 쾌락이 공존했다. 이 부속품들의 구성 내용은 근본적 모순이 구체적으로 전개됨에 따라 끊임없이 변화했다. 결국 이 모든 것은 수력을 확보할 수 있는 낙수 지점에서 노동력을 확보하고 유지하기 위한 노력의 일환이었다. 여름 별장과 감옥의 독방은 한 동전의 양면이었다. 이미 살펴본 바와 같이, 도제제도가 사라지면서 핀레이의 회사와 그렉의 회사를 포함한 많은 이들은 이 둘 중 한쪽을 선택할 수밖에 없었다. 스코틀랜드 출신 어느 공장 관리자의 말을 빌리면 '이 당시 소유주들은 가정을 작업장 부근으로 끌어모아 농업이 아닌 제조업에 종사하게 만들기 위해서 많은 돈을 들이고 있었다.'[48]

수력과 증기 사이의 균형 지점은 이러한 비용 때문에 조금씩 변화했다. 1826년에 어느 익명의 '방적 실무자'practical spinner가 《글래스고 기계 기술자 잡지》The Glasgow Mechanics' Magazine에 두 원동기의 비용을 계산한 내용을 공개했는데 여기에는 지주에게 지불할 물 사용 임대료, 댐과 수문 건설 비용, 작업장과 시장 사이 원료와 관리자를 수송하는 데 드는 비용 등이 모두 포함되어 있었다. 그럼에도 증기기관의 석탄 소비 때문에 수력이 우수한 것으로 나타났는데,

그 단위 차이는 마력당 1파운드 10실링이었다. 하지만 이는 그런 작업장을 전원지대에 열기 위해서 크나큰 초기 자본투자가 필요하다는 점 때문에 상쇄되고도 남는다. 전원지대에서는 마을을 새로 지어야 하며, 일정한 규모의 노동자를 모으기 위해서 추가로 시간이 소모되고, 그 외에도 많은 경우 몇 년의 시간을 들여야 비로소 해소될 수 있는 여러 불편을 감수해야만 한다.[49]

도시에서는 이런 초기 투자를 할 필요가 없었다. 비록 연못과 복숭아 온실은 없었지만 거주지, 거리, 학교, 병원, 예배당, 교회가 이미 그곳에 존재하고 있었다. 근본적으로 이미 노동자가 거기 있었기 때문이다.[50] 도시의 공장주는 공공 편의시설을 만들기 위해 **직접** 돈을 들일 필요가 없었다. 이는 특히 1825년 이후 큰 차이로 나타났을 것이다. 모든 것이 불확실하고 현금이 부족한 경쟁자들이 살아남기 위해 발버둥을 치던 위기 중에 허허벌판에 마을 하나를 통째로 세우는 것은 지나치게 위험한 투자였다. 톰은 소요가 계속되는 도심을 벗어나 시골로 도피할 것을 권했지만, 그 권고의 대상이던 제조업자들은 그 정반대 방향으로 향하는 경향이 있었다. 우리가 지금까지 살펴본 바에 따르자면 이는 아마도 부분적으로는 당시의 위기가 정착촌 계획 그리고 톰 방식의 저수지 계획을 너무 위험한 것으로 만들었기 때문일 것이다. 이러한 측면 탓에 1820년대 중반의 돈 잔치 시절은 다시는 돌아오지 않았다.

그러나 만약 정착촌이 정말로 계급대립을 완화할 수만 있었다면, 실은 이러한 곤란조차도 감수할 만한 것이었을지도 모른다. 그렇다면 톰이 예상했던 것처럼 정말로 정착촌이 자본에 안전한 피난처를 제공하였을까? 확실히 거주지로서 오두막은 일종의 효과적 통제 수단이 될 수 있었다. 정착촌의 자유로운 성인 임금노동자가 고용주의 심기를 건드리게 되면 그는 자기 직업뿐만 아니라 가정의 보금자리 역시 빼앗길 수 있었다. 퇴거 위협은 각종 소요와 조합 결성을 효과적으로 억제했다. 아마도 도시의 제조업자들 대부분이 이를 부러워했을 것이다. 정착촌 소유주들은 이탈하려는 의사를 근절하며 노동시간 외에도 이들의 행실을 통제하는 등 노동자 생활의 모든 측면을 직접 다뤄야만 했지만, 바로 그렇기 때문에 노동자를 굴복시킬 수단 역시 분명히 더 많이 가지고 있었다. 도시는 어느 한 제조업자에 귀속된 것이 아니었다. 정착촌은 정확히 단 한 사람에게 귀속되었다. 자신만의 실험실 안에서 자본가와 그의 관리자들은 거주 지구를 계획하고 규칙을 제정했으며, 거리를 순찰하고 심지어 각 가구 내에 들어가 노동자를 감찰했고, 노동자들의 태도를 파악하여 기록하고 학교에서의 교시와 훈계를 감독했다. 게다가 기타 많은 기법을 사용하여 그들의 경제적이고 사회적인 권력을 전체주의 체제와 유사한 수준까지 통합시켰다. 헨리는 자신들 형제가 '마치 전제 권력을 행사하는 것처럼 받아들여졌다'고 인정했다.[51]

정착촌은 로마 시대의 광대한 노예 경작지latifundium나 중세 장원의 영지demesne와 비슷했다. 개스켈이 적었듯이 정착촌 내 작업자들의 주거지는 '공장주가 지은 것이었으며 바로 작업장 옆에 붙어 있었다. 그들의 모든 삶이 공장주의 감시 아래 놓여 있었다.' 여기서 '기계와 마찬가지로 주인의 소유물의 일부나 조각과 같은, 완전하게 통제된 인구가 성장하게 되었다.'[52] 수력 작업장에는 강제노동에 의존해야 하는 측면뿐만 아니라 실로 그 원동기의 본성 그 자체에 내재하는 봉건적 관계의 잔재가 남아 있었다. 여기서 소유주는 투자자와 임대업자, 지주와 교회의 교구 위원, 경찰서장과 기업가가 한몸에 융합된 존재였다. 프랑스의 언론인 레옹 포셔Leon Faucher는 '마치 과거 농부들이 봉건영주의 성 아래에서 보호받았던 것처럼' 노동자들이 수력을 제공하는 중심 부근에 모여들었다고 《1844년의 맨체스터: 현 상태와 미래 전망》Manchester in 1844: Its Present Condition and Future Prospects에 적고 있다.[53] 가부

장제 피라미드의 붕괴와 계급 전쟁의 발발에 경악하던 당대의 많은 관찰자에게 정착촌은 이윤 추구와 구체제의 이상이 아직 서로 결합될 수 있다는 것을 증명하는 것처럼 보였다.

달리 말하자면 정착촌에 뒤늦게 홀려 부르주아식 환상을 품었던 것이 톰만은 아니었다. 그리고 노동계급을 더 효과적으로 길들이기 위해 공장들이 도시의 증기력을 버리고 시골의 수력으로 전환해야 한다는 톰의 제안 역시 단순한 망상은 아니었다. 1820년대에 다른 사람들도 비슷한 해결책을 추구했다. 어느 면직업종 공장주는 '조합을 제거'하기 위해서 남성 방적공이 주로 일하던 글래스고 작업장의 지분을 팔고 '여공들이 주로 일하는 전원지대의 작업장'으로 옮겨 갔으며, 그 시도가 분명히 성공적이었다고 증언했다. 1829년에 일어난 파업 중에 맨체스터의 세사fine cotton 방적업자들이 전원지대로 집단 이전하는 안을 고려했었다고 한다.[54] 잠시 동안이나마 나침반이 이쪽 방향을 가리켰던 것이다. 하지만 곧 정착촌에서도 용암이 분출하기 시작한다.

정착촌에서의 파업 행위

헨리 애슈워스는 노동조합을 지독하게 혐오했다. 그는 조합을 합법화시킨 법령을 '저 버르장머리 모르는 법'this indulgent Act이라고 부르며 경멸했다. 얼마 지나지 않아 이들 형제의 공장에서 방적공들이 조합에 대거 가입했다. 정착촌의 평화에 금이 갔다. 1830년 3월, 애슈워스 형제the Ashworths가 방적기를 더 설치하여 작업장을 확장하는 **동시에** 에저튼 작업장에서 25%, 뉴이글리에서 9% 임금을 낮추자 긴장이 극에 달하게 된다. 몇몇 방적공은 새 조건 아래서 일하는 것을 거부했다. 곧 전면파업이 현실화되었고 이글리 브룩the Eagley Brook의 노동력 공급 문제가 바로 재발하게 된다. 조합의 열성 활동가들을 해고한 후, 애슈워스 형제는 파업 인력을 대체하는 방적공을 새로 구하기 위해 스톡포트, 애슈턴언더라인Ashton-under-Lyne, 볼턴과 맨체스터에서 언론과 전단을 통해 광고를 낼 수밖에 없었다. 면직업의 수도에 실업 중인 작업자들이 있다는 것을 이미 알고 있었기 때문에 이들을 적극적으로 꾀어 들이기는 했지만 담요, 깔개, 누비이불을 공짜로 줬음에도 불구하고 결국 10명이 넘는 인원을 데려오는 데 실패했다.[55]

파업의 핵심 세력은 완전히 내부인들이었다. 운동의 지도자로 파악된 사람은 뉴이글리 부근의 작업장에서 옮겨 온 정착촌 학교에서 교육받은 젊은이였다. 바로 애슈워스의 품 안에서in the Ashworth boson 어릴 적부터 자란 독사. 그는 1830년 4월 10일, 방적공 약 60명을 이끌고 정착촌에 있는 시설에 화풀이를 벌였다. 일부 여장한 남자들도 참여했을 가능성이 높은데 어쨌든 모두 여성복을 입은 채로 이들은 맨체스터에서 새로 온 방적공의 오두막을 공격했다. 가구를 전부 부수고 새로 온 방적공을 의식을 잃을 때까지 구타한 후 거리에 던져 버렸다. 그러고서 이들은 뉴이글리에 있는 관리자의 집으로 몰려갔다. 관리자는 생명의 위협을 느끼고 굴뚝으로 도망쳤다. 폭동은 정착촌 내 학교로 옮겨 갔다. 《맨체스터 가디언》은 매우 엄중한 논조로 이 사건을 보도했다.

그들은 먼저 몇몇 오두막의 창문을 깼으며 애슈워스사Messrs. Ashworth가 회삿돈을 들여 작업장에 고용한 아동들과 주변에 살던 다른 아동들을 가르치기 위해 세운 학교의 창문도 부숴 버렸다. … 이들이 끼친 손실은 상당했는데 오두막과 학교에서 다 합쳐서 창유리 거의 300장이 파손되었다.[56]

이 폭동이 목표 지점인 마을 아래 있던 뉴이글리 작업장 그 자체에 도달하기 전에 공장의 경종이 울렸고 경찰이 현장에 도착했다. 남성 네 명과 여성 한 명이 체포되었고 나머지는 틈을 타 달아났다. 폭동 후에 뉴이글리는 완전히 요새화되었다. '특수경찰 다수가 애슈워스사에 고용된 사람들을 보호하기 위해 배치되었고[sic] 완전무장한 경비원들이 매일 밤 작업장을 순찰하였다'라고 《가디언》은 전하고 있다.[57] 보호 조치는 거주지의 오두막과 에저튼 작업장에까지 확대되었고 피습에 대비하여 군인 600명이 추가로 볼턴에서 대기했다.

폭동 자체는 그 당시 기준으로는 그냥 평범한 수준이었기 때문에 런던의 언론사는 이를 다루지도 않았다. 노동자들이 노동조합을 공식적으로 그만두면서 분쟁은 곧 애슈워스사the Ashworths의 승리로 끝났다. 그러나 이 승리는 막대한 희생 끝에 얻은 것이었다. 뉴이글리 작업장에서는 이윤이 완전히 사라졌다. 1829년에 5.7%였던 이윤은 1830년에는 0.7%로 떨어졌으며 상황이 통제된 후에도 어려움이 계속되어 1831년에는 0.0%를 기록했다. 비록 이러한 이윤 하락은 당시의 일반적 경향과 일치하는 것이기는 했지만, 이 경우에는 파업 탓에 애슈워스사가 투입해야만 했던 비용이 바로 손실의 직접적 원인이 되었다. 1833년의 공장조사위원회the Factories Inquiry of 1833에 증인으로 출석했을 때 이들 형제는 분노를 표출했다.

선동가라고 지칭해야 마땅할 이 노동계급의 친구라는 작자들이 수년 동안 (이들을 지지하는) 우리의 노동자들과 우리 사이에서 끊임없이 분쟁을 일으켜 왔습니다. 이들은 두고두고 우리 사업에 심각한 장애를 초래했습니다. 때로는 임금 문제 불화를 가지고, 때로는 우리의 지휘 권한에 시비를 걸면서 또는 우리 사업의 관심사를 조정하는 데서 그리고 최근에는 시간표를 조작하는 짓을 통해서[즉, 노동시간 단축을 입법하라는 요구를 통해서] 그랬습니다. 그런 연유로 우리는 이번 조사 결과가 적절한 법적 장치를 마련하고 적용하는 결과로 이어지기를 바랍니다.[58]

많은 도시 자본가들 역시 비슷하게 호전적이었지만, 그럼에도 불구하고 영국에서 애슈워스 형제the Ashworth brothers는 조직화된 노동운동에 대항하는 십자군 지도자로 평가받게 된다. 헨리는 계급 전쟁이 벌어지던 여러 전장을 돌며(1837년의 프레스턴을 포함하여) 경영자 편에서 기억해야 할 교훈들을 적어 남겼다. 뉴이글리와 에저튼에서 벌어진 모든 투쟁 국면에서 이들 형제는 노동자들에게 무조건 항복과 함께 조합을 완전히 버릴 것을 요구했다.[59] 이는 생존의 문제로 받아들여졌다.

그러나 노동력이 1830년대와 1840년대 내내 계속 적극적으로 공세를 펼쳐 갔기 때문에 성과는 빈약했다. 1836년에 대유행한 투자 때문에 자금 부족에 빠진 헨리는 전 공장조사위원회 의장이자 당시 '전원지대 치안'rural police 위원이던 에드윈 채드윅Edwin Chadwick에게 사적으로 편지를 보내 '우리는 우리 작업장 노동자들에게 노동조합에 들어가지 않겠다는 약속을 받아냈으나 이들 중 몇몇이 작업장 이름을 날조하는 방식으로 몰래 자금을 대고 있다는 증거가 있습니다'라고 고발했다. 성탄 전야에 이들 형제는 가장 문제를 많이 일으키는 골칫거리 방적공의 블랙리스트를 채드윅에게 보내면서 경찰의 개입을 요구했다.[60] 1830년대 후반에 일손들은 차티스트 운동에 가담했고, 1842년에는 총파업이 랭커셔의 다른 지역뿐만 아니라 애슈워스의 정착촌을 휩쓸었다. 쿡 테일러의 약간 편향된 요약문에 따르자면 작업장이 '파업 참가자들로 넘쳐났고 기계가 멈추었으며 근로자들은 집으로 돌아갈 수밖에[sic] 없었다.' 파업에 참여한 노동자들은 쿼리 뱅크 골짜기the dell에도 몰려갔으며 도제 여공들의 집과 식품점을 털었다. '작업장은 멈췄고 이후 3주 동안 가동할 수 없었다.'[61]

북쪽의 스코틀랜드에서는 핀레이의 회사the Finlays에 고용된 노동자 약 200명이 '고용주가 임금을 인상하도록 하기 위해서' 1830년대 초에 노동조합에 가입했다고 전해진다. 고용주가 거부하자 이들은

1834년 12월, 파업에 들어갔다. '파업파괴분자'knobsticks들을 카트린에 끌어들이게 되자 노동자들의 분노는 폭발했다. 에든버러 최고법원에 관리자가 제출한 청원서에는 파업에 참여한 노동자들이 '어마어마한 수의 군중을 이뤄 소위 근로자들을 가로막았고, 이들 근로자에게 오물이나 기타 물건을 집어던졌으며, 이들 중 다수를 폭행하고 위협적이고 공격적인 언사를 사용했다'고 적혀 있다.[62] 데니스턴뷰캐넌앤컴퍼니사 역시 스탠리 정착촌에 수만 파운드를 투입하자마자 방적공 조합의 거점이 되고 만다. 레버른Levern 강의 수력으로 운영되던 닐스턴Neilston의 면직업종 작업장 일곱 곳 중 한 곳의 관리자는 1837년에 '바로 2년이나 3년 전부터 그 이전에 비해 관리하기가 훨씬 더 어려워졌다. 노동계급 사이에 불복종과 불만의 분위기가 급격하게 퍼지는 것 같다'고 불평했다.[63]

이러한 시기 중에 로버트 톰이 제안했던 하천으로의 도피 계획의 실상이 드러나게 된다. 정착촌은 계급투쟁으로부터 격리된 피난처가 될 수 없었다. 반대로 바로 정착촌은 1830년대 초중반 중에 사태의 최전선에 위치하게 되었다. 왜냐하면 이들은 도시 지역 공장에 비해 **공격에 더 취약했으며** 따라서 더욱 격렬해진 파업과 노동조합, 기타 노동자의 저항운동을 방어해내기 어려웠기 때문이다. 당연히 전원지대에 있는 수력 작업장에서도 파업은 수십 년 동안 계속해서 있었지만, 1830년대 초의 파업들은 특별히 매우 독특한 국면 중에 벌어졌다고 할 수 있다. 단결금지법 폐지 덕에 갑자기 풀려난 이 파업의 물결은 어마어마한 규모의 고정자본이 투입된 바로 직후에 이들 정착촌에 엄습했다. 《가디언》이 강조했듯이 창유리 300장이 파손되고 훼손된 뉴이글리의 학교는 바로 '회사의 돈을 들여' 지은 것이었다. 도시에서 일어나는 폭동 역시 같은 정도 또는 그 이상으로 파괴적일 수는 있었지만 도시에서는 일단 공장 문만 나가면 더이상 공격할 만한 공장주 소유의 재산을 찾기 어려웠다. 반면에 정착촌에서는 **모든 것**

이 공장주의 재산이었다. 바로 정착촌의 모든 부분이 제조업자의 소유권에 완전히 귀속된 고가의 자산이었기 때문에 정착촌은 폭동 중 벌어지는 노동자들의 파괴 행위에 훨씬 더 취약했다.

그리하여 '봉건영주의 성' 주변은 평화로울 것이라는 인상은 곧 허상이었음이 드러났다. 이는 정착촌 건설에 많은 자본이 투입되었기 때문이기도 하지만, 한층 더 중요한 이유는 **통제하기 어려운 노동자들을 해고하는 짓이 고용주 자신에게도 커다란 피해를 입히는 일**이었기 때문이었다. 대량해고는 도시에서 자본가들이 선호하는 무기였다. 반면 정착촌에서는 대량해고를 하게 되면 그동안 고용주가 투입한 모든 노력이 물거품이 되어 노동력 모집 과정을 처음부터 다시 시작할 수밖에 없었다. 문제아 하나를 상대할 때 정착촌에서의 해고 위협은 그의 거주지까지 박탈할 수 있기 때문에 더 강력한 억제책이었지만, 역설적으로 노동자 **집단**을 상대할 경우에는 더 적은 노력을 통해 대체인력을 확보할 수 있는 도시 지역보다 정착촌에서 사용하기 어려운 방법이 되고 말았다. 파업파괴분자strikebreakers를 동원하는 데도 똑같은 제약이 적용되었다. 구조적 위기의 초기 단계에 파업의 물결이 정착촌으로 몰려왔으며, 정착촌 내의 조화가 무너지면서 경영진은 심한 경우 파멸에 내몰릴 수 있는 골치 아픈 상황에서 노동조합에 맞서 싸울 수밖에 없었다. 1820년대 후반이 지나고 나면 더이상 전원지대로 면직업종 공장을 이전하겠다는 계획을 찾아볼 수 없게 된다.

공간상 결정체를 형성한 임금노동

1833년 후반 들어 공황 후의 침체에서 드디어 경기가 회복되면서 수력에 의존하던 제조업자들은 매우 중요한 시험에 직면하게 된다.

이전과 같은 규모로 운영하는 수준을 넘어서 사업을 계속 **확장**할 수 있을 것인가? 용량을 경쟁적으로 확장하는 이 투자의 물결 속에서 증기력을 쓰는 경쟁자들에 밀리지 않고 자신들의 위치를 지킬 수 있을 것인가? 어쨌든 이것은 결국 노동력의 문제였다. 1834년 6월에 에드먼드 애슈워스는 '노동자 부족'과 높은 임금을 두고 푸념하며 자신과 같은 방적업 고용주들이 처한 곤경에 대해 자세히 서술하고 있다. '노동자가 부족하면 지금껏 공장주는 주로 빈민감독관이나 교구에 의존하던 가구를 대상으로 하는 구빈원에 도움을 요청했다. 최근에는 이런 식의 접근이 그리 성공적이지 못하다.' 로버트 하이드 그렉은 한층 더 큰 소리로 불평했다. '지금 이 순간에도 내가 소유한 작업장 중 한 곳에서는 일손 [부족] 때문에 기계가 무려 12개월 동안 멈춰 서 있다. 또 다른 작업장에서도 같은 이유로 기계 가동을 시작할 수가 없다.' 업계에서 계속 투자가 유행하게 된다면 이후 회사는 스스로 감당하기 어려운 곤경에 처하게 될 것이다. '예상하지 못한 사태가 일어나지 않는 한 자연스레 내년에도 우리의 생산량과 건물 등은 계속 확장되어야만 할 것이고, 만약 그렇게 된다면 당연히 증가하게 될 노동력에 대한 수요 때문에 노동조합이 더 커지고 술 마시고 일하는 꼴을 보면서도 높은 임금을 지불해야 하는 처지에 처할 것이다.'[64] 면직업종이 크게 융성하게 된 이후로 처음으로 수력 작업장은 추가 노동력을 공급받을 수 있도록 공적으로 인정되던 통로를 더는 이용할 수 없게 되었다.

반면에 도시는 여전히 돌아가고 있었다. 19세기 초 영국 사회가 겪은 여러 변화 중에서도 도시의 폭발적 성장만큼이나 명백하고 널리 알려져 논평된 것은 따로 없다. 한 의원이 1844년에 서술한 것처럼 '인구가 밀집된 도시에 비숙련 노동력이 대거 몰려들면서 새로운 사회가 도래했다.'[65] 1750년, 잉글랜드에서 인구 5만 명이 넘는 인구 중심지는 오직 런던뿐이었다. 반세기 후에는 그런 인구 중심지가 여덟 곳으로 늘어난다. 다시 또 반세기 후에 이 수는 29곳으로 늘었고 그중 아홉 곳에 10만 명이 넘는 사람들이 살았다. 1801년에도 잉글랜드 인구 중 66.2%가 여전히 전원지대에 살고 있었지만, 그 비중은 급격하게 떨어졌고, 1840년대에 들어서 이 비율은 완전히 역전된다. 1851년 인구조사에서 처음으로 도시 지역 거주자가 다수를 차지하게 된다. 스코틀랜드 역시 비슷한 변화를 겪었다. 성장에 성장을 거듭하던 글래스고가 1800년 무렵에는 에든버러를 넘어섰으며 페이즐리 Paisley가 바로 그 뒤를 이었다.[66]

영국의 도시화는 당시 다른 곳에서는 볼 수 없던 매우 독특한sui generis 과정이었다. 1851년에 세계의 다른 곳은 여전히 압도적으로 전원적 특성을 띠고 있었으며 아마도 인구의 10분의 1 정도만 도시에서 살고 있었을 것이다. 19세기 내내 영국의 도시적 특성은 예외적인 것으로 남아 있었다. 1890년에 잉글랜드와 웨일스 인구의 61.9%는 최소한 인구 1만 명인 도시에 살고 있었는데 반면 두 번째 자리를 차지한 벨기에조차 이 비율은 34.5%였고, 프랑스에서는 25%에 머물렀으며, 중국은 4.4%에 불과했다. 1900년 당시 볼턴과 올덤, 스톡포트 등 위성도시를 포함한 맨체스터 도시 권역은 지구상에서 인구가 가장 많이 밀집된 곳이었다. 그러나 해당 세기 중에서도 영국의 도시화가 가장 빠르게 진행된 때는 바로 1811년에서 1825년 사이 기간이었다. 1820년대 전반에 잉글랜드의 도시 인구는 연간 2.6% 증가한 것으로 나타난다. 몇몇 도시는 심지어 더 놀라운 속도로 성장했다. 맨체스터의 인구는 1820년대에 평균 3.9% 증가했고 이는 북쪽 지역의 다른 몇몇 산업도시와 비슷한 증가 속도였다. 하지만 그 어느 도시와도 비교 불가능할 정도로 급성장한 새로운 도시 권역 중심지가 있었다. 바로 글래스고였다. 영국이 공황 직전 경험한 급속한 도시화와 비견될 만한 예는 대부분의 자본주의 국가에서 1900년 무렵의 수십 년에 이를 때까지 찾아볼 수 없다.[67] 달리 말해서 수력에서 증기력으로 결정적인 전환이 벌어졌던 바로 그 시점 **직전에 영국에서 도시화가 폭발적으로 진행되었다**는 것이다. 아마도 지구상 다른 곳에서도 비슷한 경향성을 발견할 수 있을 것이다.

잉글랜드 시골 지역에서 나타난 인구 이탈 현상은 이미 17세기 중에 점진적으로 속도가 붙어서 19세기 초에 그 절정에 달했다. 당시 인구 이동의 대다수를 차지했던 것은 자기 마을을 버리고 새로 형성된 랭커셔의 대도시권으로 떠났던 전직 농부들이었다. 1776년에서 1816년 사이 40년 동안 도시 인구가 증가한 것은 주로 자기 마을과 들판을 떠난 사람들이 유입되었기 때문이었다. 이렇게 도시로 새로 유입되는 것만으로는 낙수 지대 부근의 시골 마을에 있을 때와 비교해서 어떤 본질적 차이가 생기는 것은 아니기 때문에, 이들이 공장 노동을 하는 데 그리 적당한 인재라고 할 수는 없었다. 하지만 그들은 곧 자식을 갖게 된다. 다른 지역과 달리 산업도시는 빨리 짐을 싸서 고향을 떠날 수 있었던 젊은이들로 넘쳐났으며 이들 젊은 남녀는 곧 재생산에 돌입했다. 이들은 가장 생식력이 풍부한 인구 집단이었고 도시에서는 성교를 억압하는 기작이 약한 편이었기 때문이다. 얼마 지나지 않아 자연 증가 인구가 외부에서의 이민을 따라잡고 도시 인구 증가의 가장 큰 원인이 되었다. 사실 이 전환은 정확히 1810년대와 1820년대 중에 일어났다.[68] 이 시기 이후 도시 인구의 증가는 주로 이민 2세대의 증가 때문에 벌어졌다. 어린 소년소녀들이 태어났고 이들은 다른 어떠한 사회적 존재 방식도 알지 못한 채로 완전히 도시에서만 자라나게 되었다. 이제 **이들이** 제조업자들에게 양적인 측면과 질적인 측면 모두에서 다른 어느 것과도 비교될 수 없는 노동력의 보고를 제공하게 된다.

하지만 젊은 여성과 남성이 일자리를 찾아서 도시로 몰려든 것이라면 왜 이들은 부근 벽지에서 쉽게 찾을 수 있는 수력으로 운영되는 공장의 노동력 수요에는 유연하게 반응하지 않았을까? 또는 이를 신고전파적 용어를 써서 표현해 보면, 이렇게 대규모 인구 이동이 발생하던 19세기 초 영국에서 어째서 수력 작업장에 공급되는 노동력만은 상대적으로 비탄력적이었을까? 우선 고려해야 할 점은 도시로 몰려온 사람 중에 방적공spinners이나 실 잇는 직공, 기계식 방적기의 돌보미minders 같은 **특정** 일자리를 노리고 온 사람이 거의 없었다는 사실이다. 대부분은 **아무** 비숙련 일자리나 얻기를 원했다. 리처드 데니스Richard Dennis가 《19세기의 잉글랜드 산업도시: 사회지리학적 접근》 *English Industrial Cities of the Nineteenth Century: A Social Geography*에서 지적했듯이 이 주자들은 흔히

> 특별한 기능이라고는 아무것도 가지고 있지 못했고 그냥 가장 가까운 도시나 비숙련 노동, 즉 건설이나 토목 현장, 항구, 시장에서 하는 육체 노동이나 '자영업'self-employed, 세탁부washerwomen, 행상인이나 가판대 노점상 등의 수요가 많을 법한 주요 도시로 무작정 옮겨 왔다.[69]

페나인 산골a Pennine hamlet에 부모를 두고 떠나온 15세 여성은 일자리를 구할 수만 있다면 그게 가정부든 면직업종 작업자든 상관하지 않았다. 그저 가장 수요가 많은 노동력 시장에 자리를 잡으려고 했다. 그리고 그런 노동력 시장은 항상 도시 지역에 있었다. 어쨌든 면직업종은 **예외적인** 산업 분야였으며, 비록 자본의 축적과정에서 질적으로 중요한 위치를 점했지만 면직업종이 임금노동 인구의 상당 부분을 흡수하는 데까지는 결코 이르지 못했다. 1821년에 영국 면직업계의 공장 작업자 수는 나라의 전체 노동력의 2%조차 되지 못했다. 몇몇 도시에서는 그 비율이 훨씬 더 높기는 했지만 심지어 랭커셔에서도 면직업계 종사자는 전체 인구의 5분의 1 미만에 불과했다.[70]

따라서 정착촌은 대양으로부터 동떨어진 한 줌의 물웅덩이 같았다. 목적지는 우선 도시일 수밖에 없었고 경제사학자 시드니 폴라드

Sidney Pollard의 말 그대로 '일단 노동자가 자리를 잡고 나면, 다시 이주하는 데 드는 비용과 다른 지역 조건에 대한 정보 부족 때문에 더이상 위치를 옮기는 것은 쉽지 않았다.' 당연히 멀리 동떨어진 작업장의 조건에 관한 정보는 특히나 부족했다.[71] 불균등한 정착 양상은 강력한 자기강화 경향성을 가졌다. 이주자가 도시로 유입되면 될수록 더 큰 인력 기반이 생기고 산업과 상업 활동이 더 강하되어 다시 더 멀리로부터 더 많은 이주자가 유입된다. 중심지는 노동자를 끌어당기는 강한 인력을 발휘했다. 초기 면직업종 제조업자였던 찰스 헐버트Charles Hulbert는 19세기 초에 슈롭셔Shropshire 세버른 강에 방적공장을 설립했는데, 그 역시 노동력 부족을 겪었고 부근의 농촌 노동자들이 작업장에서의 일을 배우는 데 '제조업 지대에 사는 젊은이들'보다 느리다는 문제에 직면했다. 그럼에도 그는 처음에는 낙관했다. 왜냐하면

이들 [시골] 지역의 임금이 더 낮기 때문에 일단 일손들의 교육만 끝나면 노동력의 가격 차이만으로도 이윤을 얻게 될 것이다. 그리고 지금까지 이런 예상은 어긋나지 않았다. 하지만 우리가 교육한 노동자 중 많은 수가 정규 임금을 받으며 3년 동안이나 다녔음에도 불구하고 우리 공장을 떠나 맨체스터나 스톡포트 등으로 떠나 버렸다. 쉽게 구할 수 있는 [sic] 노동력이 필요한 사업을 대규모로 지속하려면 결국 임금을 인상함으로써 잽싸게 많은 일손을 늘릴 수 있는 **공장지대 부근에 위치하지 않으면 안 된다.**[72]

노동자들은 자신들의 행운을 믿으며 요크셔의 수력 작업장을 버리고 미궁 같은 랭커셔 거리로 사라지거나 인근의 정착촌을 버리고 글래스고로 떠나 버렸다. 도시가 발휘하는 자석과 같은 인력은 근본적으로 다양한 영역에 걸친 비숙련 일자리에 고용될 수 있는 기회를 제공한다는 점에 있었지만, 유흥가처럼 도시생활이 주는 다른 일반

적인 매력도 무시할 수 없었다. 도시는 거침없이 확장되어 나갔고 주변의 인력을 흡수하여 결국 전원지대에 위치한 수력 작업장의 노동 공급 탄력성을 축소시켰다. 임금노동 관계의 공간상 결정체의 형성이 바로 텅 빈 강둑의 대극에 존재하고 있었다. 랭커셔와 스코틀랜드의 주요 도시에서는 임금노동자들이 인구의 압도적 다수를 차지했는데 예를 들어 1840년대 초에 애슈턴에서는 81%, 스테일리브릿지 Stalybridge에서는 90%, 스톡포트에서는 85%, 올덤에서는 84%로 추정된다.[73] 하지만 전체적인 윤곽을 보면 이미 1825년 이전부터 이런 경향이 확립되었다고 할 수 있다. 그렇다면 바로 이것을 위기가 지나간 후 제조업자들이 증기로 전환하도록 더 효과적으로 유도한 원인이라고 볼 수 있을까?

1825년 전후에 도시가 가졌던 유인

증기기관은 등장 초기부터 제조업자들이 쓸 만한 노동력을 잔뜩 구할 수 있는 도시로 가는 차표로 인식되었고 그러한 수단으로서 매매되었다. 1818년에 존 케네디는 기관이 어떻게 노동력과의 끊임없는 결별이라는 저주의 사슬을 끊고 구원의 손길을 제공했는지 서술한다. '낙수 지대의 중요성이 감소했다. 그리고 사람들을 동력이 있는 곳으로 끌어들이는 대신에 동력을 어디든지 간에 마음대로 사람들이 많은 곳에 설치하는 것이 더 유리하다는 점이 명백해졌다.' 맥코넬앤케네디사는 면직업계에서 증기력을 사용하기 시작한 선두주자였으며, 때문에 케네디는 자기 자신의 개인적 경험을 기초로 삼아 이야기했을 것이다. **이것이** 바로 다른 제조업자들 대부분이 여전히 에너지의 흐름을 찾아 떠났을 무렵에 일찌감치 에너지의 재고를 선택한 주된 이유였다. 중대한 전환이 벌어지던 시기보다 여전히 더 이른 시점이었던 1823년에 로버트슨 뷰캐넌 역시 와트의 기관Watt's engine이 가진 이 특별한 장점에 대해 적고 있다. '동력과 사람들을 아무런 문제없이 가장 적당한 장소에 집중시킬 수 있었다.' 바로 도시 안에서 '일손을 안정적으로 공급받으며 일정하게 부림'으로써 작업을 통해 더 높은 이윤을 얻을 수 있었다.[74]

케네디와 뷰캐넌 모두 과거시제로 문장을 적었는데, 위기가 벌어지기 훨씬 **전부터** 증기력을 쓰게 된 가장 큰 이유가 그것이 어디든 진입할 수 있다는 특성 때문이라고 암시하는 것처럼 보인다. 수력자원의 풍부함과 수력의 가격 및 기술 측면에서의 우위가 아마 이후 시대보다 **훨씬 더 컸을** 시점, 즉 18세기에서 19세기로 넘어갈 무렵부터 증기가 면직업종 작업장에 도입되게 된 이유는 실로 이를 통해서 설명될 수 있다. 1825년 이전에 증기력을 선택했다면, 분명 그 결정은 이렇게 어마어마한 수력의 이점을 넘어보려는 일종의 도박이라고 볼 수 있을 것이다. 공간상 기동성이 적어도 몇몇에게는 매우 중요한 요소였던 것처럼 보인다. 맨체스터와 글래스고 안에 대규모 작업장을 설치하는 것이 이미 1810년대부터 성공을 위한 조건으로 여겨졌다.[75]

1825년 이후에 도심의 증기가 가지는 상대적 매력은 더욱 증대된다. 아직 공장 규율이 어디에서나 낯선 현상이었을 1780년대나 1790년대에 자본가가 면직업종 작업장의 위치를 결정하려 했다면 도시 지역의 인구 역시 다른 지역 사람들에 비해 공장 규율의 수용성 측면에서 그리 다를 것이 없었을 것이다. 때문에 저렴하다는 수력의 이점을 취하는 것이 합리적이었을 테다. 하지만 폴라드가 썼듯이 1830년대의 도시에서는 '2세대 공장 노동자들이 이미 성장하였고 부모들은 작업장에 자기 아이들이 취업하기를 바라 마지않았다.' 나면서부터 근로자였던 사람들은 급변하는 기계설비, 공장의 종과 감독자가 지배하는 세상의 토대를 제공하였으며, 2세대와 그 이후 세대는 남부 지방의 빈민이든 북부 지방의 손베틀 직조공이든 스코틀랜드 고원 사람들이든 아니면 어디서나 흔히 찾을 수 있던 농부들이든, 이들 다른 시골 지방 사람들이 공장에서의 삶을 당시 (그리고 아마 이후에도 영원히) 거부했던 것과는 달리 이를 순순히 받아들였다.[76] 바로 이 시점에 누군가 채용 과정을 완전히 새롭게de novo 시작해야만 하는 전원지대에 면직업종 작업장을 세웠다면, 이는 마치 그 제조업자가 그동안 벌어진 변화에 적응하지 못하고 1780년대나 1790년대로 퇴보한 것으로 받아들여졌을 것이다.

　　1846년에 들어 헨리 애슈워스도 증기력으로 작동하는 도시의 작업장이 역사적 주도권을 쥐게 되었음을 인식하게 된다. '만약 수력자원이 있다는 이유 때문에 시골 지역으로 오게 된다면 도시에서와는 달리 이윤을 낼 수 있을 만큼 숙련된 상태로 사람들이 작업할 수 있을 때까지 한 세대 또는 두 세대의 시간을 들여야 할 것이다.' 평균이윤조차 얻지 못하면서 수십 년 동안 작업자를 기다릴 제조업자는 거의 없었다. 인력이 풍부하다는 도시의 장점 덕에 증기력은 빠르게 주도권을 장악해 나갔고, 생존본능을 가진 기업가들은 이 추세에 따를 수밖에 없었다. 맨체스터에서 증기력을 쓰는 공장주였던 제임스 펀리James Fernley는 1834년에 스스로 선택한 증기력의 우월성을 자랑했다. '내가 보기에 시장에는 엄청나게 풍부한 노동력이 항상 넘쳤고, **나는 언제나 작업에 익숙한 충분한 수의 일손을 얻을 수 있었고 고용할 수 있었다.** 이런 조건은 언제나 유리하다.'[77] 제임스의 형이자 동업자였던 헨리 맥코넬Henry McConnel의 경우에도, 아동노동을 쓸 수 없는 상황은 자주 있었지만 어차피 '18세 넘은 노동자들이 풍부했고,' 피고용인들은 '일반적으로 우리 작업에 익숙했기 때문에 할 수만 있다면 일에 익숙하지 않은 신입 노동자는 상대하지 않았다.[78] 달리 말하면 회사가 소유한 맨체스터의 증기력 작업장을 운영하는 데 성인 노동력만으로도 충분했다. 사실 맥코넬앤케네디사와 기타 면직업종 제조업자들의 경우, 그들이 도시 내에서 증기를 쓰는 한에서 노동력을 확보하는 데 전혀 어려움이 발생하지 않았던 것처럼 보인다.

특히 이 '엄청나게 풍부'하다는 점은 제일 매력적인 이점이었고, 이 차이는 보통 때보다 대규모로 투자가 진행되던 호황기에 더욱 극명하게 드러났다. 헨리 애슈워스가 1835년 2월에 채드윅에게 '내가 아는 한 이 지역만큼 노동력이 부족한 곳은 없다'고 불평했던 반면, 그로부터 바로 3개월 후 그러한 노동력 부족 현상이 있느냐는 질문에 맨체스터의 제조업자 로버트 가드너Robert Gardner는 이렇게 답했다. '아니, 전혀. 방적공은 엄청나게 많다.' 그렉의 회사the Gregs가 기계를 돌릴 일손을 찾기 위해 이곳저곳을 헤매고 있었지만, 면직업의 수도에서 피터 에위트는 '우리 시설에 빈자리가 하나 나면 대여섯 명의 지원자가 들어온다'[79]고 증언했다. **바로 여기에 수력을 기초 삼은 확장의 진정한 약점이 있었던 것이다.** 스타일Styal이나 에저튼의 늪지대와는 달리 펀리, 맥코넬, 가드너, 에위트와 여타 도심의 증기력 이용자들은 결정적 순간이 도래했을 때 호황 속으로 즉시 뛰어들 수 있는 발판을 가지고 있었던 것이다. 이렇게 강화된 인력attraction은 에너지의 흐름이 가졌던 원심력과 더이상 이주가 아닌 지역 내 재생산reproduction in situ을 통해 성장하기 시작한 도시 사이에서 점차 격화되는 모순을 그대로 드러냈다.

둘째, 도시의 자본가들이 이용할 수 있는 이 엄청나게 풍부한 노동력이 1825년 이후 폭발적으로 증가했다고 할 수 있다. 공장 작업자의 만성적인 고용 미달Chronic underemployment은 위기의 필연적인 측면 중 하나였으며, 이는 경기침체뿐만 아니라 기술의 진보 때문에 야기된 것이기도 했다. 철 사나이와 그 유사품들이 직조공들을 몰아냈고, 몰려난 직조공들은 도시를 배회하며 공장 문을 두드릴 수밖에 없었다. 그리고 이들은 다른 어느 일손들보다도 공장 작업에 익숙했다. 1825년 이후의 경기침체와 자동화가 복합적으로 작용하여 사실상 영구적인 노동력 과잉 상태를 야기했으며, 이들 노동력은 자연스레 도시에 집중되었고, 증기력의 공간상 이점을 급속하게 증대시켰다.[80] 셋

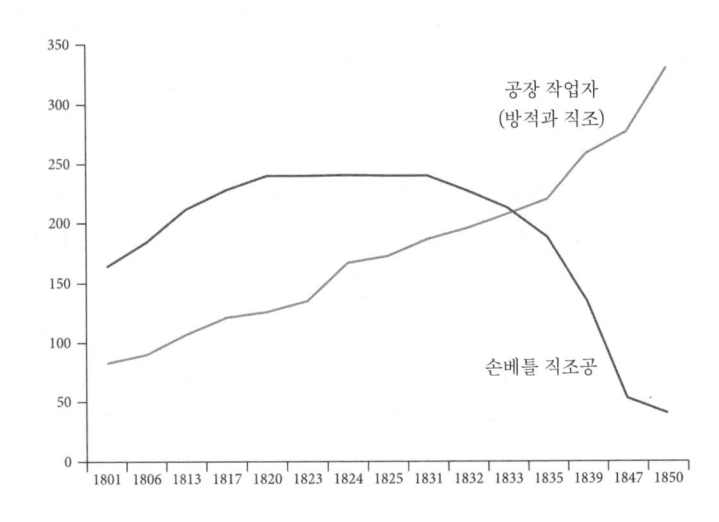

그림 7.1. 1801년에서 1850년까지 영국 면직업계 손베틀 직조공과 공장 작업자 수. 직조공과 작업자의 단위는 1천 명이다.[81]

째이자 아마도 가장 중요한 점은 손베틀에서 역직기로 전환함으로써 작업장의 기계 운전자 수요가 사실상 **2배 증가했을 것**이라는 점이다. 1813년까지만 해도 손베틀 직조공의 수는 영국 면직업계 공장 작업자 수의 2배였다. 1820년대 초에 역직기가 최초로 도입되면서 이들의 수는 더이상 증가하지 않고 정체되기 시작했다. 명백하게 분기점은 1830년대 중반의 호황기 시작 시점과 일치한다. 따라서 자기 집에서 일하던 노동력이 소수로 전락하고 곧 완전히 사라지게 된다. 손베틀 직조공 20만 명이 1825년과 1848년 사이에 사라지게 되며 동시에 거의 비슷한 수의 공장 작업자가 늘어난다. 부분적으로는 사업 확장 때문이었지만 대부분은 자동화 때문이었을 것이다.[82] 역직기의 등장으로 독립적인 자가 노동자들 한 무리가 완전히 쓸려나가게 되고 이와 동시에 종순한 공장 일손 부대가 창설되었다. 자동화는 노동력의 수요를 없애기보다는 한 종류에 대한 수요를 다른 종류에 대한 수요로 바꾼 것에 불과했다. 그리고 이 새로운 종류의 노동력은 도시에서 가장 쉽게 찾을 수 있었다.

방적 부문과 달리 기계화된 직조는 애당초 도시적인 특성을 지닌 작업이었다. 이것이 위치를 선정하기 위해서 필요했던 고려 사항들을 완전히 뒤바꿔 버렸다. 전통적인 직조 방법이 기계화된 방적 작업과 함께하는 한, 시골 벽지에 작업장을 세우는 것은 가능할 뿐만 아니라 심지어 더 유리할 수도 있었다. 왜냐하면 주변 가구들이 도급을 통해서 작업에 동원될 수 있기 때문이다. 하지만 이와 달리 통합공장은 작업자에 대한 수요를 증가시켰을 **뿐만 아니라** 동시에 북부의 시골 지역에서 찾을 수 있던 반⊕농업적이고 반⊕가내수공업적인 노동자 집단에 의존해야 할 이유를 제거했고, 그리하여 일시에 공간상 인구 집중의 이점을 증대시키면서 외부 도급의 필요성을 감소시켰다. 자동 뮬방적기처럼 역직기는 기계 돌보미가 기계의 작동에 절대적으로 따를 것을 요구한다. 이는 결국 산업을 도시로 더욱 강하게 끌어들였다.

넷째, 도시의 노동자가 대체 가능하다는 점은 격렬한 계급대립이 벌어지던 시기에 전략적으로 크게 중요했다. 뼛속까지 낭만주의자였던 월터 스콧 경Sir Walter Scott은 정착촌의 쇠퇴와 도시의 증기력 작업장의 성장을 한탄하면서도 익명의 대중이 가지는 상업적 매력을 정확히 짚어냈다.

수력으로 기계가 작동되었던 때는 제조업자가 적당한 수준의 낙차를 얻을 수 있는 동떨어진 장소를 먼저 확보해야만 했다. 그다음에야 그가 고용한 노동자들이 그 주변에 마을을 이루게 되었고, 제조업자는 어쩔 수 없이 이 노동자들의 사기나 기타 생활에 필요한 여러 요소들에 관하여 다소간 신경을 쓸 수밖에 없었으며, 노동자 각자의 인성이나 성격을 파악하고 이들을 유익한 방향으로 유도할 뿐 아니라 그들이 그에게 의지하고 그와 그의 소유물과 긴밀한 관계를 유지하도록 만들어야만 했다. 이제 이런 부분이 상당히 달라졌다. 제조업은 큰 도시로 넘어갔으며 도시에서는 **한 사람이 일주일 동안 노동자 500명을 모아서 쓴 후 다음주에 바로 전원 해고해 버리는 것이 가능하다.** 일주일 임금만큼의 일주일 노동을 빼고는[sic] 이 노동자들과는 그 어떠한 관계도 형성할 필요가 없고 **북과 같은 기계 부품과 다름없이 그들의 미래에 대해서 어떠한 추가적인 고려도 할 필요가 없다.**[83]

공간상 고정되어 있다는 특징 탓에 수력은 제조업자가 자신의 일손들과 **인간적인 관계**를 형성하도록 강제했다. 이는 그 일손이 제조업 자가 그 생활수단을 제공해야만 하는 구속된 도제이든지 종교 기관과 기본적 보건의료 기능까지 포함하여 삶의 모든 측면을 포괄하는 보금자리를 제공해야 하는 자유로운 임금노동자이든지 상관없이 마찬가지였다. 반면에 증기력은 제조업자의 이웃으로부터 제조업자를 소외시킴으로써 자본가가 노동자들을 '북과 같은 기계 부품과 다름없이' 다룰 수 있게 해 주었다. 노동자들은 이제 마음대로 해고될 수 있고, 쉽게 대체될 수 있으며, 주택시장에서 알아서 자기 한 몸 챙기도록 내버려 둘 수 있는, 일시적으로 고용된 노동력이라는 점 빼고는 달리 아무런 중요성도 없는 익명의 존재가 되었다. 전원지대의 수력 작업장 노동자들을 다루는 방식이 강제적 노예제도와 사탕발림의 양극단을 오간 반면에 도시의 증기력 작업장에서는 이 양극단 어느 쪽에도 아예 관여할 필요가 없었던 것이다. 도시에서 공장 작업자는 대상화된 objectified 비인격적 **상품**commodity에 한층 더 가까운 존재가 되었다.

단결금지법이 폐지되면서 노동조합과 파업 참가자들에 대한 물리적 공격에 제동이 걸리자 노동자를 손쉽게 교체하는 일이 더욱 중요해졌다. 1837년에 프레스턴에서 벌어졌던 대치를 대표적 사례로 들 수 있다. 노동조합이 붕괴된 것은 자동행위자self-actors가 도입되었기 때문만은 아니었다. 대량해고 역시 큰 타격을 주었다. 파업 전 650명이던 방적공 중 367명만이 (상당수는 기계 돌보미로) 최종적으로 현장에 돌아올 수 있었다. 일단 자동 뮬방적기가 설치되면 방적 작업 자체의 난이도가 크게 낮아졌기 때문에, 파업 내내 공장주들은 새 일손을 구하고 이 작업에 이들을 숙련시키는 데 조직적 노력을 경주했다. 그리하여 조합에 속하지 않은 신규 작업자들이 착착 현장에 투입되어 일을 맡게 되자, 노동조합은 산산조각 났다. 바로 그해 글래스고에서 벌어진 마지막 투쟁 역시 똑같은 결과를 낳았다. 남성 방적공이 젊은 여성으로 대체되고 철 사나이가 도입되면서, 노동조합의 전선은 붕괴되었다.[84]

　올덤에서는 고용주들이 노동력을 얼마든지 확보할 수 있다고 자신했기 때문에, 그들은 심지어 1836년 말의 파업 당시 일찌감치 투항한 노동자들조차도 즉시 다시 고용하는 것을 거부하였다. 이는 '그들의 뜻을 잘 알아듣도록 작업자들을 길들이기 위해서'였다. 1834년에 두킨필드Dukinfield의 어느 증기력 면방적 작업장 소유주는 '해고 위협이야말로 우리가 고용한 일손들이 우리에게 적절히 순종하고 당연히 복종하도록 만드는 가장 효과적인 방법 중 하나라고 생각한다'고 단언했다.[85] 랭커셔 면직업종 지대의 도시들 내에서 고용주들은 흔히 자기가 고용한 모든 일손들이 볼 수 있도록 계약해지 2주 전 통보 규칙 the rule of two weeks' notice을 자랑스레 게시하는 경향이 있었다. 이는 고용주들이 장기간의 계약 체결을 간절히 바라던 정착촌에서는 상상도 하지 못할 특권이었다. 면직업계에서 노동과 자본 간 전쟁이 벌어지던 기간 내내 노동자를 뽑고 선택할 수 있는 능력은 결정적인 무기가 되었다. 정착촌의 자본가들에 비해 소요에 덜 취약했던 이들 도시의 공장주들은 조직화된 적을 다루는 데서 훨씬 더 유리한 위치에 있었으며 이 적들을 그야말로 북과 같은 기계 부품과 다름없이 다룰 수 있었다. 반면에 전원지대의 제조업자에게 이는 절대 불가능했다.

1825년 이후, 이렇게 '일주일 동안 노동자 500명을 모아서 쓴 후 다음주에 바로 전원 해고'할 수 있다는 특권은 정착촌 건설을 위해 돈을 들일 필요가 없다는 점만큼이나 매우 중요한 장점으로 여겨졌다. 이것을 앞서 언급한 장점들과 함께 상승효과를 일으키는 다섯째 장점이라고 부를 수 있을 것이다. 많은 양의 고정자본은 소유주가 매우 오랜 기간 그 부지를 떠날 수 없도록 만들었고 결국 더 고분고분한 노동력을 찾아 옮길 소유주의 자유를 제약했다. 배비지가 적기를, '본질적인 특성상 해당 작업을 그 자리에서 제거하는 것이 불가능할 경우' '소유주는 노동자들의 조합에 의해 쉽게 피해를 입게 된다.' 사업이 번성하는 한 제조업자는 강력한 조합이 없는 장소로 탈출할 수 있는 잠재적 능력을 가지고 있었지만 특정 원동기가 그들의 발목을 잡았다. 그러나 어느 한 원동기의 등장이 그들을 해방시켜 주었다. '한 공장 내의 기계가 서로 분리되어 각자 완결된 여러 개의 기관으로 이루어져 있고 이것들이 전부 **증기와 같은 어느** 한 종류의 동력으로 구동된다면 그러한 제거는 훨씬 더 쉬워진다.'[86] 위기 중의 계급 모순은 오로지 증기에 기초해서만 해결resolved 또는 전이displaced될 수 있었다. 최소한 이 다섯 가지 요인, 즉 2세대 공장 노동자의 존재, 일자리를 찾던 엄청나게 풍부한 수의 실업자들, 역직기의 도입으로 인한 기계 작업자 수요의 배가, 대체 가능한 노동자의 전략적 중요성 증대, 비용이 많이 들면서도 제약이 많은 정착촌으로부터의 자유가 1825년 후 도시 지역의 매력을 증대시켰으며, 에너지의 흐름이 아니라 에너지의 재고에 기초하여 면직물 생산을 기계화하도록 유도한 강력하고도 다양한 원인을 구성했다. 오직 이런 이유 덕에 집중된 권력-동력concentrated power이 인민 위에 서서 군림하게 된 것이다.

이러한 경향은 당연하다
왜냐고?

　이미 1829년 당시 퀴리 뱅크 작업장의 전망은 어두웠다. 공황은
사업에 큰 타격을 줬고 나이 든 새뮤얼 그렉은 상황을 개선하려는 노
력을 거의 하지 않았다. 그렉의 매우 도전적인 아들 로버트 하이드는
최소한 그렇게 생각했다. 아버지에게 보낸 편지에서 그는 '이제 자본
은 엄청나게 풍부하고 경쟁이 너무나도 치열하여' 곧 이익을 기대할
수 없게 될 것이라며, 이런 상황은 가문에 전혀 도움이 되지 못할 것
이라고 예측했다. '남들이 살아남을 수 있다면 우리는 더 부유해져야
만 합니다.' 이 곤경의 한가운데에 '옛 작업장'이 있었고 이 작업장은
계속 손실을 입힘으로써 회사를 어렵게 만들고 있었다. 기계는 구닥
다리가 되었고 건물은 돌덩어리나 다름없었기에 '우리가 차라리 그냥
이 시설을 포기하는 것이 더 낮지 않을까 하는 심각한 의문'이 제기되
었다.[87] 그들은 그런 극단적 방안을 취하지는 않았다. 그 대신 가문의
수장이 1834년에 사망한 후, 곧 옛 작업장 및 수차에 연결된 자동행위
자와 역직기를 기술적으로 개량하게 된다. 하지만 확장에는 한계가
있었다. 새 직조공, 기계 돌보미, 실 잇는 직공과 기타 노동자를 그 지
점으로 끌어들여야만 했다. 양쪽에는 가파른 경사지가 있었고, 주변
토지는 수몰되기 쉬웠으며, 이런 경관 조건을 고려할 때 정착촌을 추
가로 확장하는 데 많은 비용이 들어갈 것으로 예상되었다. 내부 비망
록은 '퀴리 뱅크 작업장Q.B. mill 부근의 토지 특성상 사업 확장이 바람
직하다 하더라도 확장은 거의 불가능하다. **적은 수의 인구도 이 위치
에서의 성장을 가로막는 장애물이다**'라고 당시 논의를 전하고 있다.[88]
　그러나 그렉의 회사는 다행히도 다른 대안을 가지고 있었다.
1820년대 중반부터 그들의 사업 목록에는 랭커스터와 베리에 있는
통합공장 두 곳이 들어 있었다. 1830년대에 로버트 하이드는 새로운

투자의 대부분을 이 공장들에 쏟아부었다. 실제로 이미 1832년에 랭커스터의 공장은 그 규모에서 '옛 작업장'을 능가하게 되었다. 퀴리 뱅크나 사업 목록에 있던 더 작은 수력 작업장 두 곳과 비교할 때 랭커스터 공장은 베리에 있던 자매 공장과 마찬가지로 하나의 결정적 이점을 가지고 있었다. 이미 그 주변에 살고 있던 노동력을 공급받을 수 있었던 것이다. 정착촌이 야기하던 온갖 골칫거리를 신경 쓸 필요 없이 이 두 증기력 작업장은 일관되게 이윤을 창출했고, 이 이윤이 에너지의 흐름 쪽에서 발생하던 손실을 메꿔 주었다. 퀴리 뱅크 작업장은 수십 년 더 살아남기는 했지만 그 위상은 선구자가 아닌 짐 덩어리 신세에 불과했다. 추가 확장은 도시의 증기력에 집중되었다.[89] 애슈워스의 회사는 이와 비슷한 자산을 가지고 있지 못했고 자동화 경쟁에서 낙오되어 1830년대를 지나는 중에 정방fine spinning 분야에서 기술적 선도자 위치를 빼앗기게 된다. 작업자들은 볼턴이나 다른 랭커셔의 도시들로 뿔뿔이 흩어졌다. 작업 불량 때문에 벌금을 물거나 뮬방적기에서의 기나긴 고강도 노동 때문에 지쳐 버린 작업자들을 묶어 두기 위해서는 상대적으로 높은 임금을 지불할 수밖에 없었다. 이윤은 줄어들고 확장 계획은 축소되었다. 애슈워스의 회사는 이후 수십 년 동안 사업을 계속했지만 다시는 업계 선두로 돌아오지 못했다. 이제 그 자리는 주로 증기를 쓰는 더 성공적인 제조업자들로 채워졌다.[90]

우리가 이미 살펴본 대로 더 북쪽에서는 핀레이의 회사가 1844년에 그들이 소유하던 수력 작업장 세 곳에 대한 독립적 자산평가를 위탁했다. 글래스고 내의 전형적인 공장을 카트린과 비교하면서 감정인들은 수력 덕에 1년에 242파운드 13실링 10펜스를 절감할 수 있다고 결론 내렸다. '하지만 이 절감액이 **관리를 위해 필요한 추가 비용**에 달하지는 못한다고 판단된다.' 마찬가지로 대략 700파운드에 달하는 딘스턴에서의 석탄 비용 절감 효과도 '글래스고 공장에 비해 관리에 들어가는 추가 비용' 때문에 금방 상쇄되었다. 고가의 부동산

가치가 고려되지 않았다면 더 소규모였던 발린달로크 공장에 대한 평가는 훨씬 더 나빴을 것이다.[91] 핀레이의 회사는 그들이 소유하던 정착촌이 증기력 작업장에 비해 에너지 비용은 더 저렴하지만 전원 지대의 노동력을 다루는 번거로움 때문에 전체적으로는 더 큰 비용이 든다는 내용의 적나라한 평가서를 받은 지 2주 만에 공장 세 곳 모두를 매각하겠다는 광고를 게시한다. 이들은 헤라클레스를 포기함으로써 최소한 600마력의 동력용량을 시장에 내놓은 셈이었지만, 실제로 딘스턴과 카트린 둘 중 어느 하나에도 매수자가 나오지 않았다. 오직 발린달로크만이 매각되었다. 이후 두 거대 공장은 회사의 자랑이라기보다는 수치로 남았다. 이 구시대의 유물에서 생산이 계속되면서, 대략 20년 동안 이 두 공장은 주로 손실을 기록했고 결국 1840년대에 들어 이들의 자산가치는 절하되어 삭감되었다.[92]

로버트 톰 역시 똑같이 고통스러운 경험을 맛보았다. 1834년에 그는 놀라우리만큼 성공적으로 구현되어 완전히 균일하고 저렴한 수력을 투자자들에게 공급했던 쇼의 수력 공급소 계획을 회고한다.

그러나 이 모든 이점에도 불구하고 이들 낙수 지점은 그리 큰 인기를 끌지 못했고 아직도 이들 지점 중 30개는 주인을 찾지 못했다. 이들 지점이 여전히 시장에서 주인을 찾는 중에도 글래스고에는 매우 많은 수의 증기력 공장들이 세워지고 있다. 심지어 그곳의 증기력 비용이 마력당 20파운드에 달하며 이는 그리녹에서의 수력 비용의 거의 7배에 달함에도 불구하고 그렇다. 글래스고를 선호하는 이러한 경향은 당연하다. 왜냐고? 왜냐하면 글래스고야말로 <u>그런 공장에서 기꺼이 일할 준비가 된 숙련된 인구</u>가 이미 존재하는 스코틀랜드 산업의 중심지였기 때문이다.[93]

그러니까 실제 면직업종 제조업자들은 그들의 행동으로 페리와 매컬로크의 일반적 주장을 확실히 증명하고 있었던 것이다. 이런 주장은 다른 증기기관 설명서에도 등장하는데 때로는 증기기관 발명자의 말이 그대로 인용되었다. '노동을 동력이 있는 곳으로 가져가는 대신에 원동기가 제조업자에게 가장 편리한 위치에 바로 설치될 수 있다.' 와트는 한때 자신의 기관에 관해 이렇게 주장했으며, 이 문장을 강조한 것은 바로 그 자신이다. 이러한 예견 중 특히 주목할 만한 것은 1781년에 나온 다음 평가다. '거의 완성된 우리의 회전식 기관은 작업장을 도시에 두는 것이 편리하거나 이미 공장이 완성되어 있어서 석탄 비용이 충분히 보전되는 모든 면직업종 작업장을 구동하는 데 확실히 매우 적합하다.'[94] 와트의 이러한 예측이 실현되는 데까지는 반세기밖에 걸리지 않았다.

설명서를 통해 전해지는 와트 자신의 언급에서 시작해서 수력을 추구하던 패배자들의 말에 이르기까지, 이런 종류의 서술이 현저하고 빈번하게 등장한다. 이러한 사실은 이것이 논평가와 자본가, 기술공학자와 경제학자, 공장주와 기계 수리 기술자 모두에게 상식이었다는 점을 말해 준다. 증기는 그 모든 약점에도 불구하고 **그것이 지닌 공간상의 이동성 덕에** 선택되었던 것이다. 이것이 그토록 압도적인 장점이었던 이유는 바로 이를 통해 노동력을 확보할 수 있었기 때문이다. 이 주장은 반복해서 등장하는데, 심지어 시기적으로 전환의 반대편에 있던 사람들로부터도 찾을 수 있다. 시간이 한참 지난 1866년에 제번스는 '풍부한 자연 낙수 지대가 있다면 **수력보다 더 저렴하거나 더 유리한 것은 아무것도 없다.** 하지만 모든 것은 국지적 조건에 따를 수밖에 없다'고 주장했다. 이하와 같은 조건들이 이 에너지원의 약점으로 작용했다. '동력을 노동이 있는 곳으로 가져오는 것이 아니라 노동을 동력이 있는 곳으로 가져갈 필요가 있다는 점이 여전한 수력의 약점이다.' 이렇게 논쟁은 종결되었다.[95]

따라서 전환은 완전히 이중의 의미를 가진 권력-동력power의 문제였다. **자동화를 유도했던 욕망, 즉 종순한 인간 노동을 확보하려던**

욕망이 바로 똑같이 면직업종 자본을 증기 쪽으로 끌어들였다. 자동 행위자와 역직기라는 대포가 인공적 공간 안에 설치될 수밖에 없었기 때문에, 게다가 이 기계들이 부분적으로는 자기에게 필요한 기반을 스스로 만들어 내기도 했기 때문에, 결국 톰과 기타 정착촌 이상주의자들이 꿈꿨던 반+봉건적 전망은 분명 시대의 논리에 역행하는 것이었다. 역사적으로 이렇게 차분히 살펴보면 역설적 사실이 드러난다. **수력 작업장이 잘 통제된 공장제도의 규율에 대한 욕망을 처음 탄생시켰음에도 불구하고, 결국 바로 그 똑같은 욕망 때문에 수력 작업장은 쇠망하게 되었다.** 하지만 물론 노동력 공급만이 도시를 매력적으로 만드는 장점이었던 것은 아니다.

증기와 집적경제

수력 때문에 운영되는 정착촌은 노동력을 끌어모아야 했을 뿐 아니라 원료와 다른 요소도 역시 필요로 했다. 그리고 일단 완성되면 생산품을 시장으로 보내야만 했다. 원심력은 양 측면에서 모두 이 거리를 잡아 늘이는 경향이 있었고, 그리하여 존 페리는 '낙수 지대로 재료를 옮겨 오는 대신에 재료를 구매하고 제품을 판매할 수 있는 시장 바로 부근에 공장을 위치시킬 수 있게 해 준다'는 증기의 또 한 가지 장점을 제시하고 있다.[96] 그 별명이 잘 말해 주듯이 면직업의 수도는 원면과 완성된 제품의 유통을 담당하는 신경망의 중심지로 기능했다. 여기의 고밀도 시장은 갖은 번수의 방적사numbers of yarn와 온갖 종류의 직물에 특성화된 모든 거래를 가능하게 했고 각종 보조 기능과 기관을 제공할 수 있었다. 은행, 물류창고, 가스등, 주식 거래까지도. 성장하는 산업 가운데 일부가 그 주변에 정착하게 된다. 1825년 이후 요크셔와 더비서 같은 랭커셔 밖에 있는 먼 골짜기에 위치한 작업장들은 줄줄이 반대 방향의 압력, 즉 맨체스터를 중심으로 하는 구심력the centripetal force에 굴복하게 되었다. 방적사와 직물 시장은 판매자로 넘쳐났다. 극심한 과잉생산 상태 때문에 판매처 가까이에 자리 잡을 필요성은 실로 절실한 것이었다. 포서에게는 살기 좋은 정착촌을 안타깝게도 포기하게 만드는 주원인이 바로 이것인 것처럼 보였다.

> 제조업자들은 자신이 원동기 쪽으로 다가가는 대신에 원동기가 그들에게 오도록 강제했다. 그리고 잉글랜드 어디에나 석탄이 풍부했기 때문에 재료를 구매하고 생산물을 판매할 수 있는 거대 상업도시가 제공하는 이점만을 고려하여 자기 위치를 정했다.[97]

하지만 이것만이 **유일한** 장점은 아니었다. 쿡 테일러는《증기를 생산에 적용하게 됨으로써 야기된 직물 제조업자들의 위치 및 공정상 변화에 관하여》On the Changes in the Locality and Processes of Textile Manufacturers consequent on the Application of Steam to their Production라는 책에서 랭커셔 중심 지대가 가진 우위는 '숙련된 인구와 이미 형성되어 있던 시장 덕'이라고 강조했다. 하지만 그것만이 전부는 아니었다.[98]

기계 기술의 점진적 고도화는 동떨어진 정착촌에서보다는 도시의 군집 지역에서 진행되는 경향이 있었다. 공장이 똘똘 함께 뭉쳐 있는 곳에서 공장주들은 새로운 설비를 발명하고 채용하도록 서로 자극했고, 공간상 집중되었다는 점 **그 자체가** 가장 생산적인 기계를 사용하도록 경쟁을 유도했다. 혁신의 산실이던 거대 도시들은 최신 형식의 기계에 대한 정보, 새로운 기계에 대한 착상과 샤프로버츠앤컴퍼니사처럼 이들을 실제 구현할 수 있는 숙련된 기계 기술자들로 넘쳐났다.[99] 노동력 공급이나 시장에의 접근성처럼 이 요인 역시 특정 시기와 무관하게 언제나 필요한 것이었고, 때문에 1825년 이전의 증기력 도입을 설명하는 원인 중 일부가 될 수 있지만, 이것 역시 위기 중에 그 중요성이 긴박하게 급증하였다. 기술적 세부 사항이 개량된 새로운 형식의 자동행위자와 역직기가 이전 것을 빠르게 대체해 나갔다. 새 기계를 들이는 데 조금이라도 꾸물거리면 누구든지 곧 벼랑 아래로 밀려 떨어지게 되었다.

종합하면 이들 요인은 현대 경제학의 용어로 표현해서 이른바 '집적경제'agglomeration economies 또는 '군집발전'cluster developments의 주요 특성에 속한다. 쿡 테일러와 같은 당대 사람들도 이 기본 논리를 잘 이해하고 있었다. 그가 적은 바에 따르면 '산업계에서 직종은 '일단 핵이 형성되면 새로 자리를 잡기보다는 이미 형성된 핵의 부근에 집적되는 뚜렷한 경향을 가진다. **심지어 새 위치가 자연적 이점 덕에 유리한 깃처럼 보이는 경우에조차도.**'¹⁰⁰ 일단 이 과정이 시작되기만 하면 노동력 공급, 시장, 집적된 지식의 중추, 공유되는 기반시설과 이 핵이 가진 그 외 특성들의 동반 상승은 자기강화하는 경향을 보였고, 새 공장을 더 끌어들이게 되면서 이 소용돌이는 결국 계속하여 그 원점을 중심 삼아 더욱 확장되어 나갔다. 증기력은 그러한 응집의 필수조건sine qua non이었다. 이 대극에 있던 것its antithesis이 수력이 지닌 원심력이었다. 매컬로크는 이 이분법을 분명하게 서술한다.

증기기관 몇 개가 서로 가까이 설치되면 한 제조산업의 모든 부문이 한 도시에 모여서 또는 사실상 같은 공장 내에서 진행될 수 있다. 각 부문의 고용이 결합되고 상황에 맞춰 조정되면서 이는 결국 노동력 절감으로 이어진다. 공장들을 국내의 서로 다른 지역, 흔히 매우 불편한 위치에 순전히 낙수 지대가 있다는 이유만으로 분산시켜야 했다면 이런 효과를 얻기란 사실상 불가능했을 것이다.¹⁰¹

그리하여 먼저 도시로 들어가서 그다음 바로 에너지의 재고로 돌아가고 다시 도시로 향하는 것을 반복하는 양상의 고리가 형성된다. 분명히 도심들이 증기력에 선행했다. 제임스 와트가 전면에 등장하기 전부터 이미 맨체스터는 면직물 제조업의 중심지였고, 랭커셔의 도시들the Lancashire towns은 제조업의 산실이었으며, 글래스고는 북부의 빛나는 별이었다. 이들 구역에 들어선 첫 작업장이 이들 지역을 성장시키기 시작했고 곧이어 더 많은 노동자, 상인, 기술공학자와 기계 기술자를 불러들였으며, 이로써 다시 더 많은 작업장이 이들 구역으로 다시 밀려들었고 결국 수력에 대한 증기의 우위를 더욱 첨예하게 만들었다. 잘 통제된 공장제도 규율의 경우와 마찬가지로 이 과정을 처음 일으킨 것은 수력 작업장이었다. 모든 또는 최소한 대부분의 면직업종 중심지는 원래 에너지의 흐름을 동력으로 이용했다. 그러나 어느 시점에 이르자 이들이 지닌 중심지라는 위치적 특성이 동력을 에너지의 재고로 전환하도록 유도하게 된다. 한 예로 스톡포트에서는 처음에는 명주silk 제조업, 후에는 면직업종 제조업 지구가 성장하게 되는데, 이는 원래 고이트Goyt, 테임, 머지 강의 수력을 끌어다 씀으로써 가능했던 것이다. 자본, 기능skills, 노동자와 공작소가 이 도시로 몰려들었지만 이미 가장 유리한 위치는 선점된 상태였으며, 제대로된 수자원 관리 계획이 없는 한 강가에서 더이상 확장하는 것은 불가능했기에, 결국 강으로부터 이탈할 수밖에 없었다. 결국 스톡포트 안에 머물면서 집중이라는 그 지리적 이점을 계속 이용하기 위해서는 증기로 전환할 수밖에 없었다.[102] 좀 더 일반적으로 말하면 자기 이윤의 일부를 기계공작소나 은행 같은 주변 상업시설에 재투자했던 수력 작업장의 소유주들이 그 지역에서 전환의 씨앗을 뿌린 셈이다. 달리 말하면 에너지의 흐름에 기초하여 시작된 면직업계 공동체의 탄생은 **일종의 자기파괴적 기획**a self-undermining enterprise이었음이 증명된다.

가설에 불과하기는 했지만, 여기서 에너지의 흐름이라고 하는 것에는 수력 외의 다른 에너지원 역시 포함된다. 1860년대 후반 어느 날, 석탄 경제학에 관한 강의를 준비하던 윌리엄 스탠리 제번스는 스웨덴계 미국인 발명가였던 존 에릭슨John Ericsson에 관한 신문 기사와 마주치게 된다. 에릭슨은 자신이 '태양 기관'solar engine이라고 부르는 것을 통해 '석탄을 대체할 새로운 연료, 증기를 대신할 새로운 원동력을 공급하려고 시도하고 있다. 수년간 그는 태양의 복사열을 집중시켜 모으는 방안을 실험해 왔다.' 제번스는 이 기사를 따로 보관하면서 느낀 감동을 적어 남겼다. 그가 예상하기에 곧 들이닥치게 될 석탄 부족에 대한 모든 대안 중 이것이야말로 '가장 온전한' 것이었다.

> 내 생각에는 이것이 그냥 훗날 언젠가 실현될지도 모를 허황된 생각이라고만은 보이지 않는다. 만약 이게 실제로 구현된다면, 그 결과는 어떠할까. 간단히 말해서 우리는 더이상 쓸모없어지게 되고 사업의 중심지는 일조 조건이 더 좋은 지구의 다른 곳으로 옮겨 가게 될까. 어쨌든 여기 맨체스터는 일조 조건이 나쁘기 때문에 빛을 조작할 수밖에 없다. … 사물들의 경향성The tendency of things을 보면, 우리가 태양광을 석탄의 경쟁자로 쓰게 되기보다는 [차라리] 석탄을 태양광의 원천으로 쓰게 될 것이다.[103]

그러니까 제번스는 이 '사물들의 경향성'이 태양이나 지구에 내재적인 것이 아니라 상품 생산이 맨체스터 부근의 소우주에 계속하여 집중되는 과정으로부터 야기되는 것이라고 암시한 것이다. 이 과정 때문에 1860년대 영국 자본은 '태양 기관'을 대안으로 심각하게 고려하지 않았지만, 이 과정이 수력의 사용에 끼친 영향은 이보다 훨씬 더 현실적이었다. 이 사물들의 경향성과 태양에너지의 잠재력 사이의 충돌은 후대에 더욱 극명하게 드러나게 된다.

최초의 공간상 해방은 상대적이었다

지금까지 석탄을 태우는 증기기관은 공간상 자유를 제공하는 공식처럼 받아들여졌다. 그러나 석탄은 탄광 입구에서만 가장 저렴했다. 멀리 떨어지면 떨어질수록 그 가격은 점차 더 감당하기 어려운 것이 되었을 것이다. 그렇다면 증기가 수력과 실로 그렇게나 달랐을까? 이 질문에 대한 답은 당연히 긍정일 것이다. 증기를 특정 위치에 묶는 제약은 종합적으로 더 유연한 특성을 가졌을 터이다. 수차가 물리적으로 하천 인근에 위치해야만 하는 것은 **절대적 필요성***absolute necessity*이었다. 반면 기관*engines*의 위치가 광산에 가깝다는 것은 연료 공급 시장에서의 가격 문제라는 **상대적***relative* 이점에 불과했다. 그러나 비록 이것이 수차와 기관 사이의 실로 질적인 차이이기는 했으나 석탄 가격의 지리적 변동 폭은 여전히 제조업자들에게 결정적인 영향력을 행사할 수 있었다.

1840년대 초반까지도 탄광 입구에서 10마일만 떨어지면 석탄 가격이 2배로 뛰었다. 석탄이 저렴한 지역의 기준을 톤당 10실링 이하라고 정해 보면, 이러한 지역의 규모는 잉글랜드와 웨일스의 15%에서 20% 정도로 한정된다.[104] 운하나 철도로도 광산 인근 지역의 상대적 이점을 상쇄할 수 없었으며, 전형적인 증기력 작업장에서 석탄 값은 총노동비용의 무려 5분의 1에 달했기 때문에 아주 작은 차이조차 면직업종 자본가에게 상당한 영향을 줄 수 있었다. 때문에 자기 지역 내에 광산을 가진 도시인 올덤, 위건, 애슈턴이 특히 인기가 있었고, 실제로 전환이 벌어지던 시기 중에는 작업장의 위치와 광산의 위치가 서로 밀접하게 연관되어 있었다. 그 당시 사람들 역시 이 점을 잘 이해하고 있었다. '석탄의 매장지가 표시된 잉글랜드 지도를 가진 사람이라면 누구나 영국 산업의 중심지가 어디인지 정확히 짚어낼 수 있다'고 매컬로크는 자신의 의견을 피력했다. 폰 턴젤만의 계산에 따

르면 1838년 영국의 전체 직물업종 작업장 중 96%가 이 가격 10실링 반경 안에 위치했다.[105]

석탄 가격이 고용주들을 광산으로 집결시켰다는 것이 사실이라면 이것 역시 그렇게나 그들이 갈망하던 위치 선정의 자유를 제한하는 것은 아니었을까? 다행스럽게도 이 독특한 공간상 수렴 현상은 도리어 이 자유의 실현을 보장했다. 근면한 습성을 갖도록 훈련된 인구의 분포가 석탄 매장지와 **일치하는** 경향이 있었던 것이다. 노동자가 가장 많이 밀집된 지역은 많은 경우 사실상 광산 바로 위에서 발견되었다. 글래스고, 맨체스터, 페이즐리 또는 번리로의 이전은 곧 인구와 연료 **둘 다** 집중된 보고를 획득할 수 있다는 것을 의미했으며, 때문에 수력을 버린 제조업자들은 (상대적으로 그 제약이 덜한) 석탄 가격의 한계 내에서도 정확히 자기들이 원하는 장소를 선택할 수 있었다. 유어는 '역학적 동력을 위해 필요한 연료와 물은 물론이고 노동력을 풍부하게 공급받을 수 있는지 여부가 공장을 세울 때 가장 먼저 고려해야 할 점이다'라고 충고했다. 다행히도 연료가 석탄인 한 이것들을 같은 장소에서 찾을 수 있었다.[106]

그렇다면 이것은 그냥 우연의 일치인가? 그럴 리가. 우리가 아는 한 도시에서의 석탄 사용은 증기력이 등장하기 훨씬 더 전부터 시작되었다. 엘리자베스 도약기 이후 줄곧 석탄은 도시화가 진행되던 영국의 부엌과 연회장에 열을 공급해 왔다. 북동부의 광산으로부터 선박으로 런던에 들어오든지 아니면 탄광 입구에서 곧장 수레에 실려 랭커셔와 래넉셔에 있는 제조업 중심 도시로 들어오든지, 어떤 경우더라도 석탄은 원시-화석 경제에서 '인구밀도의 증가를 가능'하게 만드는 주된 역사적 기능을 수행했다.[107] 대중에 열을 제공한다는 석탄의 본래 용도가 인구 집중으로의 길을 열었고 일종의 역사적 계기를 통해 제조업자들을 곧 수력이라는 역학적 에너지의 원천에서부터 유도하여 끌어들이게 된다. 아궁이의 석탄이 집중된 거주 양상을 가능하게 했다. 수력 작업장은 이 양상에 모순된다. 증기로의 전환이 자본과 노동을 한곳에 모아 이 모순을 해소하였다. 증기로의 전환에 크나큰 역할을 한 임금노동의 공간상 결정체 형성 현상은 **원시-화석 석탄 소비에 기초한 것이다**. 물론 여기에는 열을 얻기 위해 제조업에서 석탄을 태운 것도 포함된다. 대략 500년 이상에 걸쳐 진행된 이 변증법 속의 매 단계마다 영국 북부 광산의 풍부한 석탄은 충분조건은 아니었지만 필요조건이었다(우리는 이후에 엘리자베스 도약기 자체의 동역학을 살펴봐야 한다). 따라서 19세기 이사분기의 노동력 공급과 석탄 공급 사이의 지리학적 호응관계는 불변의 지질학적 법칙도 아니고 우연한 역사적 사건도 아니다. 차라리 이것은 두 영역 사이의 경계면에서 유발된 과정의 산물이다.

그러나 석탄만 있다고 증기기관을 작동시킬 수 있는 것은 아니다. 보일러는 물론이요 이보다는 덜하지만 찬물을 써서 증기를 진공으로 바꾸는 응축기 역시 엄청난 양의 물을 요구한다. 그렇다면 기관 an engine 역시 수차와 마찬가지로 인근 하천에 의존해야 하지 않는가? 엄밀히 말하면 분명 그렇다. 1850년에 맨체스터와 솔퍼드Salford의 면직업종 작업장 107개 중 54%가 수로에 바로 인접해 있었으며, 77%는 강이나 운하로부터 20야드 이내, 94%는 175야드 이내에 위치하고 있었다. 이 도시는 산업계의 베니스라고도 할 수 있는데 어웰, 메들록 Medlock, 어크Irk 강과 주요 운하 다섯 개 및 수많은 '사유'private 운하가 주요 통로를 가로지르고 있었다. 공장주가 자신의 기관에 물을 대기 위해서는 자신의 작업장까지 물이 흐를 도랑을 하나 파내기만 하면 되었다. 심지어 그게 더러운 폐수sewage water라 하더라도, 아무 물이나 저수지를 파서 채울 수 있는 프레스턴, 올덤, 볼턴이나 기타 랭커셔에 있는 면직업 도시에서도 상황은 마찬가지였다.[108]

이런 실례들은 증기기관의 물 의존도가 수차와 얼마나 달랐는지를 잘 보여준다. 증기기관에 쓰인 물은 **낙하하거나** 심지어 **움직일 필**

요조차 없었으며 때문에 특별한 수력-경관 양상을 요구하지 않았다. 고요하든 정체되어 있든 심지어 더러운 폐수라 하더라도 그냥 물이 기만 하면 충분했다. 이런 종류의 물은 사실 어디서나 쉽게 구할 수 있었고 북잉글랜드northern England에서 '수로를 통한 완벽한 교통 및 통신 체계가 빠르게 구축'되던 1790년대의 '운하의 대유행기'canal mania 이후에는 특히 더욱 그랬다. 이후 곧 발달한 하수도 체계 덕에 이런 물을 구하기는 한층 더 쉬워졌다.[109] 어쨌든 대부분의 도시가 이미 강이나 하천 주변에 위치해 있었으며, 애당초 이들의 위치 덕에 얻어진 이 유산은 기관engines의 수요를 충족시키기 위해서 운하와 관로를 통해 공급되었다. 어쨌든 이러한 수요를 대규모로 충족시키는 데는 수차보다 기관을 대응하는 편이 더 쉬웠다. 보일러와 응축기는 원심력을 발생시키지 않았던 것이다. 물은 석탄만큼이나 쉽게 이들 장치가 설치된 곳으로 수송될 수 있었다. 이들 두 자원이 면직물 생산을 지상 조건에 제약된 활동a terrestrial activity으로 제한했던 것은 분명하다. 그게 얼마나 자유롭게 보이든 간에 증기가 가져다준 해방은 공간상의 **절대적**absolute 해방이 아니었다. 그것은 단지 **상대적**relative이었지만 그럼에도 불구하고 실질적이고 귀중한 해방이었다. 한편으로는 노동력 공급과 집적경제 사이의 수렴 또 다른 한편으로는 석탄 공급과 수로 사이의 수렴이라는 조건하에서 증기가 부여해 준 공간상 자유는 당시 자본이 역사의 바로 그 단계에서 기대할 수 있는 전부였다. 더 많은 상대적 해방의 순간이 순차적으로 등장하게 될 것이다.

흐름과 자본 사이의 공간상 역설

직동식direct-drive 수력장치의 비이동성immobility은 특수한 역사적 상황 아래에서만 곤란한 문제로 등장했다. 거의 2천 년 동안 이것은 그냥 피할 수 없는 삶의 현실이었고 그 이상도 그 이하도 아닌 당연히 그러한 것으로 받아들여졌지만, 바로 19세기의 이사분기에 들어서자 영국의 면직업종 제조업자들 대다수에게 도저히 납득할 수 없는 것이 되어 버렸던 것이다. 특정 언어를 모르는 여행자는 그 언어가 사용되는 지역에 들어가기 전까지는 그 불편함을 모르고 지낼 수 있다. 우리는 이미 주로 이윤을 위해 노동력을 가장 잘 착취할 수 있는 곳을 찾기 위해 더 큰 공간상 이동성을 확보하려는 욕구가 전환의 주요 **원인**cause이었음을 알게 되었다. 하지만 현재 주로 받아들여지는 관점은 거꾸로 도시의 산업화를 증기 도입의 **결과**effect로 보는 쪽이다. 1860년대 공장감독관이던 알렉산더 레드그레이브스Alexander Redgraves는 '증기기관이야말로 제조업 도시의 부모'라고 선언했다.[110] 이게 완전히 틀린 말은 아닐지도 모르지만 차라리 **제조업 도시야말로** 하나의 발명품이 아니라 영국 면직업종 산업의 주요 원동기로서의, **증기기관의 부모**라고 말하는 편이 더 정확할 것이다. 인과관계란 물론 재귀적이고 변증법적이어서 그리 단순하지 않다. 그럼에도 불구하고 근면한 습성을 가지도록 훈련된 인구의 집중과 시장, 기계 제작소와 기타 도시가 지닌 매력적인 특징이 면직업종 자본가들을 **증기 쪽으로 전환**하도록 만들었다는 강력한 증거가 있다.

19세기 이사분기에 수력의 공급이 여전히 풍부했다고 설명한 부분에서 우리는 오직 총용량만을 따졌다. 하지만 수력이 가지는 위치상 한계의 중심에서부터 원심력이 바깥쪽으로 작용했다. 에너지의 흐름이 끝없는 확장의 여지를 제공했다고 주장한다면 그건 말도 안 되는 헛소리가 될 것이다. 실은 그 정반대였다. 하지만 이를 인정하는 것이 그대로 결론이 될 수는 없으며, 그것은 단지 **이 한계의 특성과 그 한계를 넘어서려는 시도**를 이해하는 작업의 시작점일 뿐이다. 위치상 국부적으로 발생하는 결핍이 증기에 공간상의 이점을 부여했다. 그리고 또 다른 의미에서 수력이 부족하게 될 수 있는 가능성이 하나 더 존재했다. 공장주는 그가 확보한 낙수 지대가 만들어 낼 수 있는 동력보다 순전히 더 많은 동력을 필요로 하는 시점에 직면할 수 있다. 이러한 장벽에 부딪쳤을 때 그가 선택할 수 있는 대안은 네 가지뿐이다. 어떤 형태로든지 기술적 개선을 통하여 이미 가지고 있던 수력자원을 더 완전히 그리고 더 효율적으로 사용하려고 시도할 수 있다. 증기기관을 도입할 수도 있다. 공장을 해체하고 더 용량이 큰 다른 낙수 지점으로 이전할 수도 있다. 또는 현재 부지에서는 그 생산 규모를 그대로 유지하면서 새 장소를 찾아 증기나 수력에 기초한 확장을 할 수도 있다. 총수력이 풍부하다는 사실이 여전히 중요하게 작용하는 것은 후자의 두 대안에서 그러하며, 이 경우 미활용분은 새 용량 투자 결정의 함수값이 된다. 전자의 두 대안에서는 수력이 '순수한' 한계에 부딪히는 상황이 현실화될 수 있다. 에너지의 재고에는 이런 한계가 존재하지 않았다. 페리는 '증기기관은 어디에나 설치될 수 있으며 만약 동력의 증설이 필요하다면 기관을 추가할 수 있다. 하지만 수력 작업장은 본질적인 한계를 가진다'라고 적었다.[111] 증기로 전환함으로써 자본가는 중심으로부터 튕겨 나가는 사태를 방지하고 그 자리를 그대로 지킬 수 있었다. 그냥 기관 하나를 더 추가하면 그만이었다.

더 많은 동력을 확보하기 위한 노력과 자동화를 위한 노력을 서로 떼어놓고 생각할 수 없다. 수백 곳이 아니라면 최소한 수십 곳에 달하는 영국 전역의 공장 부지에서 하천이 제공할 수 있는 한계를 넘어서는 동력 수요가 발생했던 것은 바로 자동 뮬방적기와 역직기의 확산 때문이었다.[112] 제조업자가 이 시기에 자기가 이미 확보한 낙수 지점의 절대적 한계에 직면하게 되었다면, 그렇게 위치상 국부적으로 발생한 '에너지 공백'은 **생산을 확대하려는 충동**과 그러한 확장의 구체적인 형태로서 **인간 노동을 기계로 대체하려는 충동** 때문에 발생한 것으로 파악되어야 한다. 덧붙여서 자동 뮬방적기와 역직기가 증기와 엮여야만 했던 것은 그 외의 대안을 선택할 경우 그들의 **사회**

적 권력이 박탈될 수 있었기 때문이다. 저렴한 수력에 내재하는 원심력이 자본가들을 노동자, 시장, 기술개발의 중심으로부터 멀어지게 하고, 그들의 노동 통제력을 뒤흔들며, 그들의 경쟁력을 저하시키고 새로이 개선된 기계의 발전으로부터 그들을 소외시킬 수 있었다. 자동화와 전환은 1825년 이후 눈에 띄게 가속된 하나의 역사적 과정의 두 차원이었으며, 이 과정은 에너지의 재고가 내포하는 독특한 공간상 윤곽에 의해 뒷받침되었다.

지상 경관의 외부, 더 정확히 말하자면 차라리 내부의 아주 먼 경계선 부근에 위치한 석탄층에는 땅에 구멍을 뚫지 않고서는 접근할 수가 없었다. 이 단 하나의 지점, 탄광 입구the pithead까지 석탄은 지하로부터 퍼 올려졌다. 수직과 수평 갱도를 가진 광산 그 자체는 넓은 지하공간에 걸쳐서 뻗어 있을 수 있지만, 지하의 매장지에서부터 석탄을 지상으로 운반하기 위해서는 무슨 짓을 하든지 간에 결국 이 좁다란 틈을 통할 수밖에 없었다. 그래서 석탄이 인간(광부들 자신을 제외하면) 세상으로 들어오는 입구는 **공간상 집중**되어 있었으며, 바로 이 지점에서부터 소비자에게 **수송**될 수 있었고, 추가로 관리할 필요 없이 연소되기 전까지 창고에 **저장**될 수 있었다. 역사상 처음으로 에너지 변환기와 에너지원, 즉 증기기관과 광산이 공간상 분리되었으며 그 덕에 공장들이 밀집되어 위치할 수 있게 되었다. 물은 강을 통해 흐른다. 이를 이용하기 위해 작업장들은 점점이 위치하는 핵이라기보다는 연결된 사슬을 형성할 수밖에 없었으며 한 중심을 두고 군집하기보다는 밖으로 퍼질 수밖에 없었다.

여기에는 뚜렷한 역설이 존재한다. 배비지가 언급했듯이 에너지의 흐름은 이미 '자연적으로 운동 상태에'in a state of motion by nature 있다. 에너지의 재고는 전적으로 정적이다. 하지만 면직업종 자본의 관점에서 보면 **흐름이 정적이고 재고가 동적이며**, 이렇게 정적인 것과 동적인 것이 서로 전도된다. 이것은 바로 19세기 초 영국의 자본주의 소유관계가 **그 자체의 공간성**을 창조했다는 것을 의미하며 이 공간성이 첨예한 모순의 순간에 들어서면서 자연을 재편해야만 했었다는 사실을 말해 준다. 노동력의 결정체 형성도 엄격한 공장제도의 규율도 작업자나 시장이나 기계에 대한 수요도, 자연으로부터 발생한 것이 아니었다. 실상은 정반대였다. 도리어 **이러한 사태**들이 가용한 수단을 동원하여 **자연을** 구축하고 재편해야만 했던 것이다. 나중에 우리는 이 역설이 가지는 의미를 추적하여 그 이론적이고 정치적인 귀결을 살펴볼 것이다. 지금 당장 우리 앞에 놓인 임무는 일단 공간을 떠나서 수력으로부터 증기로의 전환을 조건 짓는 데 그만큼 중요했던 또 하나의 차원으로 나아가는 일이다. 그것은 바로 시간이다.

영국 하천에 몰린 과도한 수요

우리는 토머스 애슈워스가 '수력에 반대하던 이들이 수력의 약점으로 제시하던 주요 문제점'은 '그 불규칙성'이라고 선언했다는 사실을 기억하고 있다. 애슈워스, 톰Thom과 기타 저수지 계획의 옹호자들은 이 문제점을 제거하고자 노력했지만, 결국 실패한 그들의 계획은 수력을 기상으로부터 해방시키지 못했다. 어느 모직물 제조업자가 정확히 자신이 쓰던 에너지원의 특징을 지적했듯이 '수력은 날씨가 어떠하냐에 달렸다.' 루이스 C. 헌터가 말하듯이 만약 하천 시스템 전체를 '여러 개의 동력 공급 지점을 가진 거대하고 넓게 펼쳐진 기관engine으로 볼 수 있다면, 이 기관을 구동하는 역동적 힘을 제공하는 것은 바로 날씨다.'[1] 하지만 그러하기에 언제든 날씨가 잠잠해지면 이 기관은 정지하게 될 것이다. 얼음이 어는 겨울에는 결국 몇 주 동안 작업장을 닫아야만 했을 것이고 이 문제는 특히 스코틀랜드 북동부에서 더욱 심각했다. 한동안 계속되는 가뭄으로 하천 수위가 낮아지거나 폭우로 하천 수위가 너무 높아져서 유수가 수차를 완전히 잠기게 만드는 사태가 발생할 우려 역시 컸다. 어느 쪽이든 간에 기계를 서행하게 하거나 아예 완전히 멈추게 만들 수 있었다. 운 좋은 몇몇 작업장은 1년 내내 안정적으로 물을 공급받을 수 있었지만, 보통의 경우 물 공급량은 일반적으로 변동할 수밖에 없었다. 공장조사위원회에서 새뮤얼 그렉은 쿼리 뱅크 작업장의 상황을 '유동은 불규칙했고 흔히 하루 또는 하루하고도 반일이 홍수로 날아갔다. 건기가 오면 몇 주 동안이고 하루 작업량의 4분의 3밖에 달성할 수 없는 날이 계속되었다' 고 묘사했다. 조사위원회의 설문에 응답한 수력으로 작동하는 면직 업종 작업장 89곳의 공장주와 운영자 중 69%는 하천 수위의 변동 때문에 생산에 차질을 빚었다고 대답했다.[2] 마치 롤러코스터처럼 급변하는 계절적 조건 때문에 제조업자들은 에너지를 거의 몇 주 동안 계속 공급받지 못하게 될 수도 있었다. 그러나 다시 한번 말하지만 이것은 어디까지나 특정한 역사적 조건하에서만 골칫거리가 되었으며, 그렇기 때문에 이 문제는 역사적으로 새롭게 등장한 것이었다.

까마득한 먼 옛날부터 기상은 수력 사용의 조건을 규정해 왔다. 전통적으로 건조한 여름에 유동이 약해지는 것은 전혀 이상한 일도 아닐 뿐더러 미칠 듯이 짜증 낼 일도 아니었다. 이것은 곡식을 한겨울에 수확할 수 없으며 폭풍우가 몰아칠 때 밭을 맬 수 없다는 사실과 전혀 다름없는 당연한 것에 불과했다. 존 쇼는 밀가루 제분이나 모직물의 축융the fulling of woolen cloth,* 제지the making of paper나 그 외 수력을 동력으로 하는 어떤 행위든 간에 주변의 고객만을 상대한다면 작업 중단이 '불편을 초래하기는 했지만 그 이상으로 더 심각한 문제는 아니었다. 다른 할 일은 언제나 널려 있었고, 어느 한 작업장에만 고용된 사람은 거의 없었으며, 대다수 작업장은 적당한 수준의 여분의 용량을 확보하고 있었기 때문에 일단 수위만 정상으로 돌아오면 곧 할당된 작업량을 완수할 수 있었다'고 적고 있다. 심지어 18세기 영국에서도 변덕스러운 강물을 가지고서 이렇게 여유를 부릴 수 있었지만, 수

---

* 축융縮絨: 비누 용액과 알칼리 용액을 섞은 것에 서로 겹쳐진 양모를 적셔 열이나 압력을 가하고 마찰한 뒤 털을 서로 엉기게 하여 조직을 조밀하게 만드는 모직물 가공의 한 공정. 모포, 플란넬 따위의 방모 직물을 만들 때 쓴다.

출을 위해 상품을 생산하게 되면서 이런 식의 여유는 더이상 허락되지 않았다. 이제 지역 수요를 충족하는 것은 목적이 아니었으며, 제조업자들이 영국 내 삶의 주기와는 아무 상관이 없는 먼 시장에서의 판매를 통해 이윤을 극대화할 것을 목표로 삼게 되면서 이들은 생산의 감소나 중단을 납득할 수 없게 되었다.[3] 제조업자들은 가능한 한 하천으로부터 최대의 출력을 짜내야만 했다.

다른 산업보다 더 수출주도형 특징을 현저하게 지닌 부문이었던 면직업계는 그 이전에는 유례를 찾아볼 수 없을 만큼이나 유량 증감에 민감하게 되었지만, 이것은 안정적인 유량에 대한 기대치를 높인 원인 중 하나에 불과했다. 그렉의 회사가 '2주에서 3주 동안 매일 한두 시간이 날아갔다'고 불평했을 때 그 기준은 최소한 12시간 동안 중단 없이 생산을 지속하는 것이었다. 하천 수위 저하 때문에 이들은 일시적으로 기껏해야 10시간까지 가동시간을 축소해야 했을 것이다. 즉, 통상 노동일이 이 수준에서만—가상적으로 8시간이나 6시간 노동일을 상정하지 않더라도—그냥 끝났다면 이는 아무런 문제도 되지 않았을 것이다. 사실 당시 유량 부족을 언급한 사례의 기록을 통해 판단해 보자면, 1년 내내 규칙적이고 안정적으로 6시간에서 10시간 정도 중단 없이 수력을 공급하는 것은 아마도 상당히 쉬웠을 것이다. **그러나 노동일이 거기서 끝날 리가 없었다.** 공장조사위원회가 활동하던 당시 면직업종 중심 지대에서의 표준 노동일은 식사 시간을 제외하고도 평일 12시간, 토요일 9시간—주당 69시간—이었으며, 심지어 이보다 더 긴 노동일도 흔히 찾을 수 있었다. 로스시에 있던 톰의 작업장에서는 생산이 새벽 5시 30분에 시작해서 13시간 30분 동안 줄곧 계속되었다.[4] 간단한 계산을 통해 더 짧은 노동일의 경우와 비교하여 각 수역에서 얼마나 긴 노동일이 실행되고 있었는지를 알아볼 수 있다.

일반적인 경향으로 볼 때 18세기 후반과 19세기 초반 영국에서는 갈수록 긴 노동시간이 노동자와 하천에 강요되고 있었다. 1200년에 성인 남성 농노는 1년에 1,620시간 정도 일했을 것으로 추정된다. 1300년대에 보통 노동자는 1,440시간 정도 일했다. 1600년에 농부나 광부는 1,980시간 일했다. 반면, 1840년에 영국의 전체 노동자가 1년에 45주 일했다고 가정하면 평균 3,105시간을, 52주 일했다고 가정하면 3,588시간을 일했다고 할 수 있다. 이는 대략 500년 전과 비교해서 거의 **2배에 달하는** 노동이고 1750년에 비해 1천 시간 더 일한 셈이다. 이렇게 연중 노역의 시간이 길어지게 된 것은 노동일의 연장이나 축일 감소의 결과일 수도 있지만, 사실 축일은 17세기 중반까지 점점 더 늘어났다. 이러한 일반적 경향에 덧붙여서 일찌감치 도입된 공장 제도가 대부분의 다른 경제 부문에서보다 더욱 많은 양의 과업을 매일 노동자와 하천에 부담시켰고, 이 부문의 수출주도형 특징과 함께 이러한 노동일의 연장이 불규칙성을 그 공간상 고정성과 마찬가지로 에너지의 흐름이 지닌 약점으로 **구성해냈다.**[5] 여기서 또 하나의 의문이 생긴다. 그렇다면 어째서 노동일을 이렇게까지 늘릴 필요가 있었을까?

공장조사위원회 위원들 역시 똑같은 의문을 가졌으며, 그들은 질문에 대한 답으로 '이윤', '더 높은 이윤율', '더 많은 이윤에 대한 매우 강렬한 욕구'—애슈워스 형제the Ashworths가 선택했던 단어들—'돈에 대한 사랑'이나 이와 비슷한 의미의 말들을 듣게 되었다. 하지만 이와 연관된 요인 하나가 더 자주 언급되었다. 면직물 생산에 쓰이는 기계를 설치하는 데 많은 돈이 들었다. 한 시간의 정지란 곧 한 시간에 달하는 돈 낭비를 의미했다. 바로 이 산업 부문에서는 고정자본이 특별히 큰 비중을 차지했기 때문에 가능한 한 많은 양의 제품을 생산하여 이들 제품에 비용을 나눠 분배하는 것이 잠재적으로 매우 바람직한 상황이었다. 작업장에서 한 시간 더 작업한다는 것은 곧 똑같은 기계, 건물, 수차와 기관engine으로 더 많은 상품을 찍어 낸다는 것을 의미했다.[6] 경제학자였던 나소 시니어Nassau Senior는 친구 헨리의 말을 빌려 이 점을 지적했다. "애슈워스 씨Mr. Ashworth가 내게 말하기를, '보통의 노동자가 그의 삽을 내려놓으면, 그는 그 기간 동안 18펜스어치 자본을 쓸모없게 만들 뿐이다. 우리 작업자 중 하나가 작업장을 떠나면, 그는 100파운드의 비용에 달하는 자본을 쓸모없게 만들어 버린다.'"[7] 때문에 헨리 애슈워스는 가능한 한 모든 수단을 동원하여 자신의 작업자들을 공장 안에 머물게 하면서 **수차를 계속 작동하게** 만들어야만 했다.

면직업종 제조업자들은 자신들만의 최첨단 기계를 도입하고 이를 통해 최대 이윤을 얻기 위해 노력했으며 하천은 끊임없는 생산을 향한 이들의 욕망에 응답해야만 했다. 곧 자동화가 이런 상황에 가세했다. 1841년에 공장감독관이던 레너드 호너는 '점차 수작업이 사라져 감에 따라 고정자본이 생산에 투입되는 시간을 조금이라도 깎아먹는 모든 사태가 곧장 생산비용 증가로 이어지게 되었다'고 추론했다. 무슨 원동기를 쓰든지 간에 면직업종 자본가라면 누구나 이런 동기를 가지고 있었지만, 그럼에도 불구하고 이는 수력 작업장에서 특별히 더 중요했다. 투입된 고정자본의 양이 비정상적으로 컸기 때문에—정착촌을 만들 경우에 흔히 그러했다—수력 작업장은 증기력 작업장에 비해 **덜 유연했다.** 증기력 작업장의 소유자는 노동일 하루를 몇 시간 줄이더라도 수력 작업장 소유자만큼 많은 손실을 입지는 않았다.[8] 사실 이 두 원동기는 정반대의 원가구조를 가지고 있었다. 수차의 경우에는 막대한 자본을 하천에 먼저 투입해야 했지만 연료 또는 동력원이 공짜였던 반면, 증기기관의 경우 가장 많은 돈이 들어가는 부분은 바로 **유동**circulating 자본이었다. 이것은 바로 석탄이었고, 소유주는 이 비용을 오직 기관이 동작하는 동안에만 지불하면 되었다. 노동자가 삽을 내려놓아서 생기는 피해는 수력 작업장에서보다 증기력 작업장에서 훨씬 더 경미했다.

이게 바로 영국의 하천이 감당해야만 했던 당시의 표준적 상황이다. 만약 원거리의 시장, 이윤 추구라는 동기, 기계와 기타 고정자본 등이 예로부터 계속되던—그것도 상대적으로 그리 격심하지 않은—영국 북부 날씨의 변덕 위에 한꺼번에 얹히는 사태만 없었더라면, 수위 변동 그 자체는 그리 첨예한 걱정거리가 되지 못했을 것이다. 구조적 위기 역시 이 압박을 완화시키지 못했다. 반대로 구조적 위기는 제조업자들이 더 멀리 고객을 찾아 나서게 만들었고, 단 1실링의 이윤을 두고도 치열하게 싸우게 했으며, 더 많은 기계를 설치하도록 유도했다. 거기다가 엎친 데 덮친 격으로 예상치 못한 재난이 때맞춰 닥치게 된다.

1826년 대가뭄과 기타 기상이변 사태

비가 올 때마다 미친 듯이 퍼부었다. 아니면 지면을 바싹 태워 버렸다. 온 나라가 선례를 찾을 수 없는 경제위기로 휘청거리던 1826년에 끔찍한 가뭄이 영국을 덮쳤다. 스코틀랜드의 역사가 아치볼드 앨리슨Archibald Alison은 《유럽사》*History of Europe* 제4권에 그해를 다음과 같이 적고 있다.

영국에서 1826년은 사방을 휩쓴 극심한 가뭄과 비정상적으로 강렬한 혹서가 전국을 휩쓴 해로 오래도록 기억될 것이다. 가뭄은 일찌감치 6월부터 시작되었으며, 거의 쉼 없이 10월 말까지 줄곧 계속되었고, 그해 10월 기간 중 대부분은 그늘에서조차 온도가 화씨 80도를 넘었다. 이는 마치 서인도제도의 기후에서 습기와 해풍을 제거한 것과 같았다. 그 결과는 놀랍고도 극도로 흥미로운 것이었다. 이런 계절이 오래 지속될 경우, 영국민의 성격과 따라서 그 운명조차 바뀔 것이라는 점을 분명히 보여주었다.[9]

남부에서는 초지가 황폐한 갈색으로 변했고 타오르는 태양 아래서 수확물이 시들어 갔다. 북부에서는 삼림과 초탄草炭, peat mosses에 화재가 빈발했고 강바닥부터 죽어 떠오른 연어의 사체로 덮이게 되었다. 뷰트 섬에서는 로버트 톰이 비정상적으로 낮은 강수량을 기록으로 남겼다. 1826년은 딘스턴에서 '4월 중순부터 8월 초까지 비가 전혀 오지 않았고, 강물이 부족하여 기계를 돌릴 수 없는 상황'이 100일 동안 계속된 해로 기록되었다. 맨체스터의 1년 치 평균강수량의 단지 6분의 1만이 그해 전반부 동안 내렸다. 7월 초에 《가디언》은 '이번 주 근교의 혹서기는 우리가 기억하는 한 이전 어느 시기보다도 더 심했다'라고 적었다. 톰의 협력자이자 절정기 빅토리아 시대를 대표하는 수력 공학자였던 존 F. 베이트먼John F. Bateman은 1826년을 '우리가 기록을 시작한 이후 이 나라에서 가장 건조했던 해'라고 회고하게 된다.[10]

공황과 가뭄이 많은 제조업자들을 극심한 불안에 휩싸이게 했다. 자신이 쌓아 올린 탑이 과연 다음 참사가 닥쳤을 때도 버틸 수 있을 만큼 견고한가? 18세기에서 19세기로 바뀔 무렵에 랭커셔보다 2배 이상 많은 수의 수력 작업장을 가지고 있던 요크셔에서는 기상이변에 금융체계 붕괴까지 겹쳐 회사들이 도산하였고, 수만 파운드에 달하는 부채와 손실이 발생했으며, 간신히 살아남은 자들은 결국 변덕스러운 하천을 버리게 된다. 이 복합적 재난은 수력에서 증기로의 전환과 동시에 면직업종 전반의 쇠퇴를 야기하면서 해당 지역의 역사를 새로운 장에 돌입하게 만든다. 면직업종은 랭커셔의 도시들로 이전하게 되고 요크셔는 모직물에만 전념하게 되었다.[11] 글래스고 남쪽에 위치한 킬마녹Kilmarnock에서도 마찬가지로 원동기의 전환이 이루어졌다고 기록되어 있다.

이러한 가뭄과 물 부족은 이 계절에 필요한 만큼 방적사를 자아내거나 빨리 염색할 수 없게 하기 때문에 제조업자들에게 상당히 불리한 조건이다. 하지만 이 문제를 해결하기 위해 한 도전적인 제조업자는 … 방적사 작업을 진행하기 위해 증기력 작업장에 일을 맡겼으며, **이 작업장은 지금도 밤낮없이 돌아가고 있다.**[12]

빗물을 땅에서 파낼 수는 없었다. 강수량은 계속 변한다. 1842년의 뜨거운 여름에—공교롭게도 총파업과 같은 시기에, 통제할 수 없는 두 힘이 동시에 몰아쳤다—애슈워스의 공장the Ashworths에서 수위가 심각하게 낮아졌다. 한 공장감독관은 1844년 9월에 '내가 이전 보고서에서 언급했던 전례 없는 가뭄이 여름 내내 지속되면서' '완전히 수력에만 의존하여 기계를 작동시키던 제조업자들의 작업은 계속 심각한 타격을 받았다'라고 적었다.[13]

다른 기상이변 사태 역시 점차 커지던 에너지의 흐름에 대한 불신을 부채질했다. 수차는 운동하면서 낙하하는 물을 필요로 했기 때문에 이를 수용하는 건물들을 바로 수해를 입을 수 있는 위치에 세울 수밖에 없었다. 이미 1310년대에 작업장이 홍수로 쓸려 내려가는 사고가 보고된 바 있다. 아직 초기 단계였던 면직업계는 위험을 감수할 수밖에 없었다. 슈롭셔의 제조업자였던 헐버트Hulbert의 정착촌은 1805년에 세버른 강의 '수위가 비정상적으로 높아지면서' 침수되었다. 저택, 작업장, 창고와 노동자의 오두막 안으로 물이 밀려와서 2피트나 차올랐다.[14] 애버딘셔에 상당한 규모의 통합공장을 소유하고 있던 제임스 킬고어James Kilgour는 공장조사위원회 답변 중 1826년 가뭄 때 발생했던 손실에 관해 회고하였다. 그러고서 바로 그 직후인 1829년에는 홍수가 그의 작업장을 '심각하게 손상시켰고' 나중에 이를 수리하는 데 '큰 비용이' 들었다. 가뭄과 달리 격렬한 급류는 생산을 정지시키는 것만으로 그냥 끝나지 않았다. 이러한 급류는 공장주의 가장 귀중한 자산 중 일부를 파괴할 수 있었다. 바로 그런 사태가 1849년 10월 7일에 이서로Etherow 강에서 벌어졌다. 10일 동안 쏟아진 폭우와 눈 때문에 물이 보를 넘어 하류의 계곡으로 범람하면서 발생한 홍수는 울타리와 다리를 부수고 공장으로 밀려들었으며, 역직기가 물에 잠기고 상당한 금액의 관사 더미piles of cops와 완성된 직물들이 쓸려갔다. 《맨체스터타임스》는 '이 홍수는 저녁 6시에서 7시 사이에 발생했고, 마치 물이 벽처럼 밀려 들어왔다'고 독자에게 보고했다. 그 벽이 밀고 지나간 뒤, '작업장 중 몇몇은 가동을 완전히 중단할 수밖에 없었다.'[15]

증기는 극단적인 기상이변 사태로부터 시간적, 공간적 보호를 약속해 주었다. 석탄은 계절과 아무 상관이 없었다. 범람하기 쉬운 하천 유역으로부터 충분히 떨어져 안전한 위치에 공장을 세울 수 있었다. 간단히 말하면, 날씨의 변덕으로부터 해방되기를 원했던 욕망이 전환을 하게 된 동기 중 일부를 이루었다. 역설적이게도 이 전환이 일반적인 기후변화를 향한 수문을 열었으며, 그 결과 우리는 극심한 가뭄과 갑자기 밀려오는 물의 벽과 자주 직면하게 되어 버렸다.

흐름의 불규칙성을 완화하는 방법

이렇게 극단적이지 않은 이변은 나름 쉽게 관리할 수 있었다. 강수량 부족이나 과다에 대한 첫 번째 방어선은 사유 저수지였다. 흐름을 균일하게 만드는 데 이것으로 불충분하다면 다른 대안들도 존재했다. 수차가 느려질 때 작동시킬 예비용 증기기관을 설치할 수도 있었다. 애슈워스의 회사는 에저튼에 예비용 증기기관을 하나 가지고 있었고, 그렉의 회사도 쿼리 뱅크 작업장에 하나 가지고 있었다. 조사위원회the Inquiry에 참여했던 수력을 사용하던 회사의 대표 89명 중 38명이 이렇게 증기력을 보조수단으로 확보하고 있었다. 53명은 그렇지 못했다. 보조 증기기관을 확보하는 관습은 스코틀랜드보다는 랭커셔에서 더 흔했지만, 정황상 전반적으로 증가 추세에 있었던 것으로 추정된다. 정의상 이 기관들은 부수적인 원동기로 취급되었고, 가능한 한 최소한으로 이용되던 둘째 대안에 불과했다. 연료 또는 동력원fuel 의 어마어마한 비용 차이 때문에 기관을 구매하고 유지한다는 것은 오로지 수차를 보조하는 수단으로서만 의미를 가질 수 있었다. 석탄 소비에 전적으로 의존하는 것보다 두 원동기를 동시에 확보하는 편이 여전히 더 저렴했다는 사실은 수력이 경제적으로 훨씬 우월했음을 역설적으로 증명한다.[16]

그리고 세 번째이자 마지막 대안으로 소유한 저수지의 규모나 보조 증기력의 확보 여부와는 상관없이 모든 수력 작업장 소유주들이 쓸 수 있던 방안이 하나 있었는데, 이 방법은 저수지를 확충하거나 보조 증기력을 확보하는 것보다 더 저렴했고 매일의 변동뿐만 아니라 계절적 변동에도 쉽게 대응할 수 있는 것이었다. 물 때문에 생산이 중단되면 노동자들을 그냥 집으로 돌려보내는 것이다. 그리고 유량이 회복되면 초과노동을 하도록 노동자들에게 명령했다. 노동자들은 생산량 부족분이 전부 메꿔지고 밀린 주문이 다 해결될 때까지 더 오랜 시간 동안 기계 옆에서 근무했다. 빙글리Bingley 부근의 어느 면직업종 작업장 회계 담당자는 '가끔씩 우리는 하루에 3시간이나 작업을 멈추었다'고 날씨가 나쁠 때의 일상을 묘사했다. '일손들은 해산했고 **종이 울리면 울리면 다시 소집되었다.** 그동안은 자기 시간을 보낼 수 있었다. 일손들은 항상 온종일에 해당하는 급여를 받았으며 가능할 때 그 시간을 전부 채우도록 되어 있었다.'[17] 조사위원회 응답자 중 72%가 불규칙성을 완화하기 위한 수단으로 초과노동을 이용하고 있다고 답했으며 오직 19%(로버트 톰도 여기 포함된다)만이 그렇지 않다고 했다. 이것이 하천 수위의 자연스러운 변동에 대응하는 가장 인기 있고 흔한 방법이었다. **언제든 작업자들을 더 일하도록 만들 수 있었다.**

정확히 얼마나 더 일했을까? 애슈워스의 회사에서 노동자들은 생산량을 메꿀 때까지 보통 매일 1시간 초과노동을 했다. 딘스턴에서 헤라클레스가 생기를 잃고 작동을 멈췄다가 다시 활력을 얻게 되면, 작업장의 관리자였던 스미스는 자기 직권으로 방적공들과 직조공들이 '밤중 내내 철야로' 일을 계속하도록 명령할 수가 있었다.[18] 어느 고용주는 '여기서는, 수력으로 작동되는 실로 많은 수의 다른 작업장들과 마찬가지로, 일을 시작하는 정해진 시간 따위는 없다'고 선언했다. 기상조건이 바뀌면 일손들은 그에 맞춰 자신이 일할 시간을 알게 되었다. 어느 날은 6시간 동안 일하는 반면, 다음 3일은 14시간 동안 일하게 될 수도 있었다. 물론 당사자인 노동자들이 이런 식의 운영을 항상 환영한 것은 아니었다. 던디의 21세 방적공 이사벨라 키Isabella Key는 '노동시간은 불규칙했고 특히 여름에는 부족한 물 때문에 영향을 받았다'고 말했으며, '시간을 메꿔야 할 때 그가 아침 5시에서 저녁 9시 반까지 줄곧 일했다'고 전했다는 기록이 남아 있다. 이는 무려 16시간 반 동안 중단 없이 계속되는 노동시간이다. 핼리팩스 지역의 숙련된 어느 면직업종 노동자는 유량 때문에 생긴 차질을 보전하기 위해서 '아동들이 아침 4시에서 5시 사이부터 밤 9시에서 10시 사이까지 작업하도록 강요받았다'고 노골적인 불만을 드러내며 전하고 있다.[19]

그러니까 사안의 본성상, 관습적 초과노동 규모에 관한 정확한 수치를 찾을 수는 없다. 공장조사위원회 위원들은 '어떤 경우에는 30분, 어떤 경우에는 1시간, 때로는 매일 거의 2시간씩 시간 손실이 전부 보전될 때까지'라고 당시 실태를 요약하는데, 실은 이 상한치조차도 너무 낮게 추정된 것으로 보인다.[20] 어쨌든 수천 쪽에 달하는 조사위원회 보고서의 독자에게 그 요점은 공장의 종소리처럼 분명하다. 수력 작업장은 어쩔 수 없이 날씨의 변화에 노출될 수밖에 없었기에 이에 대응하는 전략으로 기나긴 노동일이 특히 선호되었으며, 그 때문에 수력 작업장은 아동과 성인 모두에게 끔찍하도록 극심하면서도 고통스런 고역이 반복하여 몰아닥치는 곳이었다. 이들 소유주는 수력의 불규칙성을 노동시간의 불규칙성으로—다르게 말해서, 이 단어를 더 선호한다면, 노동시간의 유연성으로—구조적으로 치환하였다. 어느 날에는 6시간, 4시간 또는 심지어 더 짧은 시간으로 그리고 다음 날에는 12시간 반, 14시간 또는 심지어 더 긴 시간으로, 제멋대로 하루를 줄이고 늘렸다. 바꿔 말하면, 수력 작업장의 소유주들은 **노동을 시간상 제한 없이 통제할 수 있는 권력**을 가지고 날씨의 변덕을 막아냈다. 자세한 설명을 피하면서 로버트 하이드 그렉은 가뭄이나 홍수가 있던 주간에도 자신의 일손들에게 '**손실된 시간을 보전하도록 작업을 시킬 수 있는 권력을 우리가 가지고 있다**'는 점을 그들이 알고 있었기 때문에 임금 전액을' 주었다고만 전하고 있다.[21] 하지만 사실 이 권력이 항상 당연히 보장되는 것은 아니었다.

수력 작업장의 천적이 된
공장개혁운동

1810년대에 랭커셔의 방적공들이 처음으로 '노동시간단축위원회'short-time committees를 구성하고 1시간 반의 휴식을 포함하여 노동일을 10시간 반으로 제한해 달라는 청원서를 의회에 제출했다. 아무도 관심을 기울이지 않았다. 이 운동의 불길은 이후 잦아들었지만, 단결금지법이 폐지되면서 다시 부활하였으며, 곧 족쇄로부터 풀려난 노동조합들이 위원회를 확대하고 연대하여 조직하였고 다시 의회로 대규모의 청원을 접수하기 시작하였다. 1825년부터 말 그대로 **공장개혁운동**the factory movement—이 운동은 전적으로 작업장 내 조건에 그 초점을 맞추어 전개되었다—이 1850년까지 지속적으로 벌어지게 된다. 이것이 자본과 노동 사이 관계에서 등장한 모순의 또 하나의 내용물을 이룬다. 1830년대 초에 이르러 이 운동은 단 1분의 연장도 없는 하루 10시간 노동이라는 매우 분명하고도 명백한 요구를 중심으로

뭉치게 된다.[22]

　노동시간단축위원회는 당시의 많은 다른 체제 전복 운동의 구성원들과 마찬가지로 여관과 술집에 모여서 온갖 종류의 섬유업계 노동자들을 단결시키고 그들의 목표를 달성하기 위해 가능한 모든 종류의 방법—청원과 폭동, 집회와 파업, 신문 기고와 세상을 끝장낼 혁명이 임박했다는 선전—을 동원하여 투쟁했다. 운동의 지도자였던 리처드 오스틀러Richard Oastler와 조셉 A. 스티븐Joseph A. Stephen의 선동 연설은 고통받던 대중으로부터 어마어마한 인기를 끌었으며, 발언의 수위는 매년 높아졌다. 1836년의 순회 연설 중 오스틀러는 이렇게 외쳤다. '공장주들이 너무나도 강퍅하고 사악하여 이제 우리는 이렇게 물을 수밖에 없다. **무너질 것은 도대체 법이냐 공장이냐?**' 2년 후, 글래스고에서 방적공들에게 한 연설에서 스티븐은 만약 나라의 지도자들이 공장제도를 개혁하지 않는다면 '좋아, 전부 송두리째 뽑아 버리자, 그들이 그리도 두려워하던 혁명을 보게 될 것이다'라고 선포했다. 새들워스의 노동자들에게는 '물리력에 의존하지 않고서는 아무 일도 일어나지 않으며 유일하게 남겨진 물음은 언제 작업장을 불태우고 때려 부수기 시작할 것인지라는 것뿐이다'라고 말했다.[23]

　하지만 우선은 의회를 통해 시도해야만 했다. 1832년의 개혁법 the Reform of 1832 이전은 물론이요 이후에도 선거권이 없었기 때문에, 운동 내의 노동계급 구성원들은 요크셔의 마이클 새들러Michael Sadler처럼 동조하는 의회 내 의원들MPs의 협조를 얻어야만 했다. 개혁법을 둘러싼 위기 상황 속에서 새들러가 그때까지 벌어졌던 최대 규모 행진과 청원에 힘입어 10시간 법안을 하원에 발의함으로써 이 요구는 이후 거의 20년 동안 정치적 의제 맨 상단에 놓이게 된다. 좀 더 정확히 말하면, 그는 18세 미만 청소년의 노동을 법적으로 최대 10시간으로 제한하자고 제안했다. 하지만 그러한 일손을 빼고서는 작업장이 운영될 수 없었기 때문에 이 법령은 사실상ipso facto 그 시점에 생산을 중

지시키며 모든 노동자에게 적용될 것이다. 유량의 불규칙성을 보전하기 위해 초과노동을 시킬 권리는 배제되었다.[24]

공장조사위원회 위원들이 1833년에 설문을 돌리고 질의를 진행한 당시에도 해당 법안은 새들러가 발의했던 내용 그대로였다. 조사위원회 위원들은 수력 작업장 소유주들이 자신들의 미래에 대해 불안해하고 있다는 사실을 알게 된다. 요크셔 벌리Burley에 있던 어느 통합 공장 소유주는 이렇게 말했다.

> 만약 이 법안이 통과되면, 이 나라의 전원지대에 있는 **수력 작업장 다수가 완전히 붕괴**하게 될 것이며, 이 업종은 인구가 많은 큰 도시로 넘어가게 될 것이다. … 증기력은 주로 큰 도시에서 쓰이고 **언제라도 동작시킬 수 있다.** 수력 작업장은 유량 조건에 따라 많이 멈추게 되고 홍수 때문에 자주 방해받으며 심지어 완전히 작업이 정지되는 경우도 발생한다.

그는 계속하여 만약 이 법이 제정되어 작업 손실을 만회하기 위해 통상적으로 사용되던 방법이 갑자기 불법행위로 낙인찍히게 되면 '여름에는 대다수 작업장들이 하루 6시간에서 8시간밖에 작업하지 못하게 될 것이다'라고 전했다. 보조기관은 현실적 대안일 수 없었는데, 왜냐하면 '어마어마한 석탄 비용'이 소유주에게 지나친 부담이 되었기 때문이다.[25]

그렉의 회사 작업장은 노동시간에 아무런 제한이 없다는 것을 가정하고 건설되었으며 수로 역시 '하천이 제공하는 모든 물을 **아무런 제한 없이** 쓸 수 있다는 전제하에' 임대한 것이었다. '만약 10시간으로 제한되었다면' 어떠한 계약도 체결하지 않았을 것이고 어떠한 기계도 설치하지 않았을 것이다. 이렇게 법적으로 노동일이 짧게 규제되면 '모든 자산가치가 희생될 것이다.' 수력을 동력으로 쓰는 면직업종 자본가들이 그나마 받아들일 수 있는 대안은 굉장히 유연한 법적 예외를 인정해 주는 것뿐이었다. 극단적인 가뭄과 홍수 피해를 모두 경험한 제임스 킬고어의 말에 따르면 '수력으로 동작하는 작업장들이 시간 손실을 보전할 수 있는 상당 수준의 재량Very considerable latitude이 허가되어야만 한다.'[26] 그러나 발의된 법안에 그런 조항은 포함되지 않았으며, 결국 조사위원회에서는 수력 작업장의 생존 그 자체가 위협받을 것이라는 많은 증언이 터져 나왔다. 하루 10시간을 받아들일 수 있다고 대답한 사람은 응답자 89명 중 **단 한 명도 없었다.**

이런 종말론적 괴담을 심각하게 받아들여야 할까? 법안에 반대하던 온갖 종류의 제조업자들은 해외 경쟁자의 시장 잠식, 해외로의 자본 도피, 산업의 일반적 붕괴, 지금껏 경험하지 못한 끔찍한 빈곤 같은 불길한 예상들을 거의 습관적으로 끌어들였다. 이런 식으로 경제에 간섭하는 제안이 등장했을 때, 자산을 좀 가졌다는 비평가들이 세상이 완전히 끝장나기라도 할 것처럼 떠들어 대는 것은 이게 처음도 아니었고 마지막도 아니었으며 항상 있었던 사태일 뿐이다. 이들이 하루 10시간으로부터 뭐라도 조금 더 얻어 보려고 과장된 고발과 날조된 공포로 자신들의 이권을 그냥 꾸며 댄 것에 불과할지도 모른다. 만약 그랬다면 법안을 지지하는 자들이 이들의 주장을 반박했을 것이다. 그러나 수력의 경우만 보면, 법안 지지자들은 이에 반박하지 않았다. 터프넬 위원이 운동을 지지하던 맨체스터의 한 방적공에게 질문했다.

이 법안이 수력이 사용되는 시설에 주게 될 영향을 고려한 적 있나요?

- 물은 공짜고 돈을 들여 연료를 써야 하는 쪽보다 비용을 덜 들이고 방적할 수 있기 때문에 증기력을 쓰는 시설은 포함하면서 수력을 쓰는 시설은 뺄 이유가 없습니다.

수력으로 동작하는 몇몇 공장에서 하루 중 늦은 시간이 되기 전에 필요한 물 수요를 맞출 수 없는 경우가 종종 발생한다는 것을 알고 있나요?

- 그렇습니다.

그렇다면 그런 시설에서는 종종 하루 5시간 또는 6시간밖에 작업을 하지 못하게 되는 것 아닌가요?

- 확실하게 답하기 어렵네요. 만약 그게 사실이라면 애당초 그런 위치에 작업장을 세우지 말았어야 했습니다.

10시간 법안이 통과될 리가 없다고 전제하고, 수년 전에 공장을 이미 지었다고 가정한다면 어떤가요?

- 사람이 불합리하게 긴 시간 동안 일하는 것이 무리라는 사실 정도는 알만큼 충분한 식견을 가지고 있어야만 했을 것이고요. 때문에 절대 작업장을 그런 위치에 세우지 말았어야 합니다. 만약 그렇게 작업장이 물 부족을 겪고 있다면 이를 보조하기 위해 증기기관을 설치해야 합니다.[27]

공장개혁운동의 목적은 노동일의 보편적 감축과 과잉착취의 완전한 종식이었다. 수력만 별도로 취급할 이유는 전혀 없었다. 법안에 반대하던 증기력 작업장 소유주들 역시 수력을 쓰는 자신들의 경쟁자들이 특별히 더 취약할 것이라는 점을 인정했다.[28] 터프넬은 '이 법안은 국내 수력 작업장의 10분의 9에게 절대적인 사형선고와 같다'고 결론 내린다. 유연성을 박탈당함으로써 이제 이들은 '매일 8시간 반또는 9시간 이상' 작업할 수 없을 것이며, 당시 경제 상황의 법칙에 따라 이는 사후경직rigor mortis을 불러올 것이다.[29] 여기서 터프넬이 지나치게 위협을 과장한다는 인상을 받을 수밖에 없다. 하지만 동시에 하루 10시간이라는 요구가 수력 작업장의 생존 가능성을 심각하게 위협했다는 증거들을 그냥 무시할 수는 없다. 실제로 하천 수위가 변동했으며 회사들은 손실시간을 보전해 왔다. 이를 금지하면 당연히 금전적 손실을 야기할 것이다. 사실, 손실을 보전하기 위한 초과노동을 금지시켰을 뿐만 아니라 **약간이라도** 노동일을 감축시킨 것 그 자체가 증기력 작업장보다 수력 작업장에 훨씬 더 큰 피해를 주었을 것이다. **왜냐하면 주어진 시간에 정확히 맞춰 조절하는 것은 오직 에너지의 재고를 가지고서만 가능한 일이었기 때문이다.**

그렇기에 공장개혁운동과 수력 재벌the water barons은 서로 칼을 빼들고 첨예하게 대치했는데 특히 1830년대에 매우 심각하게 대립했다. 헨리 애슈워스는 1833년 이전까지는 제시된 법안들과 부딪힐 일이 별로 없었으나 바로 그해 봄에 그가 고용한 일손들이 의회에 10시간 법안을 통과시킬 것을 요구하는 청원서를 제출했다. 이 사건이 매우 불쾌했던 그는 《면직업 공장 문제에 관하여》On the Cotton Factory Question라는 소책자를 작성하여 그와 같은 공장주들이 모든 종류의 규제에 반대하는 가장 중요한 이유 두 가지를 제시하였다. 수력의 특성 때문에 약간이라도 노동시간이 제한되면 생산의 숨통이 끊길 것이며, 아동노동 금지도—아동을 어떻게 정의하든지 간에—이미 심각한 인력 모집 문제를 더욱 악화시킬 것이다. 하지만 그는 이렇게 수력에만 해당하는 문제들에 집중하기보다는 이어서 노동시간 단축이라는 개념 그 자체에 대한 광범위한 비난을 쏟아부었다. 이것이 초래할 결과는 곧 기계의 가동 정지와 이윤 저하, 굶주림과 이민이며 결국 국가적 자살행위일 것이다. 이 통렬한 비판 덕에 애슈워스 가문the Ashworths은 전국적으로 명성을 얻게 되었다. 그리고 언제나 그러했듯이 그렉 가문the Gregs이 그들 편을 들었으며 로버트 하이드는 이와 비슷하게 《공장 문제》The Factory Question에 관한 안내 책자를 썼다. 1830년대 초부터 이들 두 가문의 이름은 랭커셔에서 가장 강력한 반대파의 대명사로 통했다. 대변인, 의회에 파견된 대표단의 단장, 전국적인 로비 작업의 주요한 조직 담당자로 활동하면서 이들은 '노동시간 관계 법안'time bills 의 입법을 방해하고 더 나아가 모든 관련 법규를 폐지하기 위해 제조 업공장주협회the Association of Master Manufacturers——이 협회는 1828년 면직 업의 수도에서 노동조합에 대항하기 위해 조직되었다——의 싸움을 이끌었다. 더 북쪽에서는 커크먼 핀레이가 스코틀랜드 면직업종 재 벌들의 명실상부한 지도자로 떠올랐다. 그는 공장 규제 법규에 대한 주요 비판자 중 하나이자 이 문제에 관해 널리 유포된 《서신》Letter의 작성자였다. 이 글을 통해서 그는 곧 산업계에 참극이 닥칠 것이라는 당시 일반적으로 받아들여지던 유언비어를 다시금 퍼뜨리며 불안을 조장했다.[30] 이리하여 오랜 기간 계속될 전투의 전선이 하나 형성되 었다.

그 반대편에서는 랭커셔 면방적공들의 가장 유력한 지도자였던 존 도허티John Doherty가 애슈워스 가문과 그렉 가문이야말로 모든 공 장주 중 가장 썩어빠진 악질이라고 비난하며 이들을 공격하였다. 그 는 헨리에 대해서 '내가 생각하기에, 주당 72시간 법안이라고 해도 자 기 공장만은 그 법안에서 예외를 삼아 빼 줘야만 찬성할 놈'이라고 평 가했다. 그리고 로버트 하이드에 대해서는 당시 노예를 부리던 서인 도제도 농장들에서 하는 것보다 더 긴 시간의 노동을 그가 쓸 수 있 던 마지막 도제들에게 지속적으로 강요하고 있다고 비난하였다.[31] 맨 체스터의 활동가들은 쿼리 뱅크 작업장을 압박하면서 현장의 악질적 관행을 기록했고, 결국 로버트 하이드는 '빛이 들어오지 못하게 창문 에 못을 박은 판자'를 떼어낼 수밖에 없었다. 거의 10년 동안 그는 이 들 불청객으로부터 정착촌을 보호하기 위해 싸웠다. 한번은 도허티 가 볼턴에서 뉴이글리까지 활동가 대표단을 이끌고 와서는 하루 10 시간 노동에 반대하던 애슈워스 가문에 항의하는 시위를 벌였다.[32] 전장에서 유명한 수력 작업장들은 포위되어 있었다.

당시 수력 재벌들만 공장개혁운동에 저항한 것은 아니었다. 전체 계급이 그들을 뒷받침했다. 공장조사위원회에 의견을 제출한 증기력 작업장 공장주와 관리자 193명 중 185명이 10시간 법안the Ten Hour Bill을 단호하게 반대했다. 한 명은 사실상 인도주의적 입장에 서서 법안에 찬성했다. 한 명은 11시간 반까지 제한하는 것이라면 수용할 준비가 되어 있다고 했다. 11시간을 받아들일 수 있다고 한 사람은 세 명이었다. 또 한 명은 '노동시간을 어느 정도 감축하는 것은 사업에 그리 큰 피해를 주지는 않을 것'이라고 생각했다.[33] 이렇게 예외적으로 동의한 사람도 몇몇 있기는 했으나, 전체적으로 보면 결국 이들도 수력 사용자들과 마찬가지로 일치하여 극렬히 반대했다고 할 수 있다. 맥코넬앤컴퍼니사는 전형적인 답변을 내놓았고—'노동시간을 감축하면 생산비용이 증가하고' 따라서 이러한 조치는 '면직업종 업계를 붕괴시키고 우리 자산을 파괴'할 것이다—에너지의 차이를 넘어 보수주의conservatism로 일치단결한 공장주들의 연합체인 제조업공장주협회the Association의 활동을 재정적으로 지원하였다. 또한 조사위원회 기록에 따르면 '제조업자들의 일반적 의견은 **어떠한 변화에도** 반대한다는 것'[34]이었다.

그리하여 계급의 일반적 이익과 수력에만 해당하는 특수한 우려 사항이 어우러져 매우 독특한 진지가 구성되었다. 모든 면직업종 자본가 중 하천에 의존하는 자들이 노동시간 관계 법안 때문에 **가장** 피해를 입게 될 것이었기 때문에 공통된 목표를 향해 특별히 더 공격적으로 덤벼들었으며, 증기력을 쓰던 동업자들은 이들을 자신들의 대변인으로 내세웠다. 그리고 해자 건너편에서는 공장개혁운동이 계속 진군해 오고 있었다.

첫 번째 공장법의 탄생

공장법 제정을 위한 노력은 1833년 전까지는 탁상공론 이상의 별다른 성공을 거두지 못했다. 도제노동을 통제하려던 1802년과 1816년 법령은 공장주들의 관행을 거의 바꾸지 못했으며 1819년과 1831년에 법제화되었던 그리 썩 흡족하지 못한 법령들의 운명 역시 마찬가지였다. 2년 후 조사위원회에서 보고된 바에 따르면, 18세 미만의 노동일을 12시간으로 제한하도록 규정한 이 마지막 법령 역시 '거의 아무런 효력도 없었다.'[35] 실제적 강제력과 최소한의 신뢰할 만한 공장 감독 장치—즉, 공장주와 동일인이거나 사실상 한패인 지역의 치안판사가 아닌 제3자—조차 없었기 때문에 법령은 완전한 무용지물이었다. 이는 수력 작업장 소유주들에게는 다행스러운 상황이었는데, 왜냐하면 이들은 노동시간을 제한하려는 모든 시도가 자신들에게 특별히 위협적이라고 인식하고 있었기 때문이다. 1816년 법안을 둘러싼 논쟁에서 이미 현저한 불안감이 드러났다.[36] 공장 가동시간을 통제하려는 의회의 시도가 실패로 끝날 때마다 수력 자본가들이 얼마나 큰 안도의 숨을 내쉬었을지 쉽게 상상할 수 있을 것이다.

그러나 1833년은 달랐다. 1802년, 1816년, 아니 심지어 1831년의 상황과도 다르게, 공장개혁운동은 이제 업계 전반에 걸친 운동으로 성장하였으며 더이상 무시할 수가 없는 물리력을 가지고 노동일의 단축을 추진하기 시작했다. 10시간 법안의 '변함없는 가장 열렬한' 지지자였던 면직물 방적공들이 전선의 전면에 섰으며 터프넬을 굴복시켰다. 그러나 노동시간단축위원회가 거둔 가장 큰 성과는 그들이 제기한 청원에 대한 폭넓은 지지와 연대였다. 한 역사가의 말을 빌리자면 이것이야말로 '노동계급의 일반적 관심을 특정한 정치적 목표 하나로 통일시켜 낸' 최초의 운동이었다.[37] 95.3%의 인구에게 투표권을 부여하지 않은—그 비율은 96.8%에서 약간 낮아졌을 뿐이다—1832년 개혁법은 단지 노동계급의 분노를 더욱 부채질했을 뿐이었다. 1833년 봄과 초여름 내내, 공장개혁운동은 이러한 환멸을 동력 삼아 격앙된 행동을 쏟아냈고, 정치적 파업을 하겠다고 위협했으며, 급기야 7월 1일에는 15만 명에 달하는 인파를 브래드퍼드 외곽에 집결시킴으로써 19세기 영국에서 벌어졌던 것 중 가장 큰 규모의 시위를 조직해냈다. 이제 공장주들이 빠져나갈 구멍은 없었다. 맨체스터의 한 증기력 작업장 소유주는 조사위원회에서 '이 문제가 이토록 여론을 자극하는 상황이기 때문에 어느 정도의 감축 없이 사람들을 만족시킬 수는 없을 것이다'라고 인정했다. 리즈의 한 소유주는 이토록 '감정에 격렬하게 호소'하였기 때문에 '제시된 법안에 엄청나게 심각한 문제점들이 포함될 것'이라고 예상했다. 정부는 걱정스레 사태를 주시했고, 브래드퍼드 외곽에 있던 첩자들은 요구를 무시하면 '분명 엄청난 격동을 야기할 것이기 때문에' 그냥 무시하는 것은 현명하지 못하다는 의견을 정부에 전달했다. '월요일 집회에는 강력한 물리력이 동원되었으며 이 물리력은 위험한 위력 행사로 쉽게 발전할 수 있을 것이다.'[38] 어쨌든 **무언가** 하지 않으면 곧 북부의 화약고가 폭발할 것이라는 현실 인식이 확산되었다.

바로 이러한 인식이 1833년의 공장법—10시간 법안에는 훨씬 못 미치지만 어쨌든 끓어오르던 민심 동요의 위기를 모면하기 위해 만들어진—을 탄생시킨다. 조사위원회의 의장이던 에드윈 채드윅은 재빨리 자신이 가장 공략하기 쉬운 부분만을 선택했다. 즉, 아동 보호 선언. 당시 무대 중앙에서 가장 큰 관심을 받은 건 아동들이 긴 시간 노역해야 한다는 사실이었다. 의회에 제출한 권고안을 통해서 그는 9세 미만 아동의 근로를 금지하고 9세와 13세 사이 아동의 노동을 하루 **8시간**으로 제한하자고 제안하였다. 채드윅 위원회는 '현재 제조업 체제에서 벌어지는 최대의 악행은' '우리가 보기에 성인이나 감당할 수 있는 최대한의 시간만큼의 노동을 아동에게도 필연적으로 강요하게 되어 있다는 점이다'라고 적었다.[39] 자신들의 안이 새들러의 원안보다 이들 가련한 피조물에 더 깊은 동정심을 보이는 것이라고 주장하면서 위원회는 공장개혁운동으로부터 가장 효과적인 선전수단을 박탈하는 **동시에** 업계를 하루 10시간이라는 보편 규정으로부터 보호하려고 했다. 썩은 다리 하나를 절단함으로써 공장제도 전체의 기본적 안위를 지키려 한 것이다. 정부는 이 제안을 받아들였다. 1833년 8월 9일, 하원에 최종 법안이 제출되었을 때는 여론을 잠재우기 위해 조항 하나가 더 추가되었다. '청소년'young persons——14세에서 18세 사이의 노동자——은 하루 12시간을 초과하여 근무할 수 없고 야간노동을 해서는 안 된다. 이를 통해 하루 생산시간에 실질적 제한이 부과되었다. 법안은 통과되었다. 공장개혁운동은 이렇게 첫 번째 주요 투쟁에서 패배했고, 가을이 되자 그 기세를 잃게 된다.[40]

공장법을 공식적으로 대표하는 인물로 곧 널리 알려지게 될 레너드 호너는 1834년에 이에 대한 교육 자료를 작성하면서 다음과 같이 가장 중요한 규칙을 서술했다.

9세가 되기 전에는 아동을 절대로 고용해서는 안 된다. 13세까지의 아동이 어느 하루라도 8시간보다 더 일하게 해서는 안 된다. 18세 미만의 청소년은 어느 하루라도 12시간보다 더 일하게 해서는 안 되며 밤 8시 반부터 아침 5시 반 사이에도 일하게 해서는 절대로 안 된다.

이 법령은 면직물, 모직물, 아마, 단선tow, 대마hemp, 명주 제품이 '증기기관이나 수차를(만약 존재한다면 풍차도 포함해서) 동력으로 삼아 기계로' 만들어지는 공장이면 어디에나 적용되었다. '본 법령은 기계가 동물력을 동력으로 삼는 곳에는 적용되지 않는다.' 이렇게 명시적으로 원동기의 특성과 직접 연관되었던 1833년의 공장법은 수력과 증기력 간 경쟁의 새로운 장을 열었으며 분명히 계급 간 충돌 덕에 탄생했던 것이다. 호너 스스로도 나중에 이것이 최후의 수단the pis aller이었다고 인정했다. 이는 '노동계급의 대다수를 합리적으로 통제하기 위해서 필요했다.'[41]

그렇다면 이 법령이 또 하나의 무용지물이 되어 대중을 다시 동요시키지 않게 하기 위해서 국가the state는 어떤 방법을 동원했을까? 바로 공공공장감독관public factory inspectors을 통해서였다. 영국The United Kingdom을 네 권역으로 나누고 정부로부터 급료를 받는 대표 감독관을 중앙에서 선정하여 각 권역을 담당하도록 했으며, 그의 대리인으로 그 지역에 거주하는 감독자superintendents를 네 명까지 둘 수 있도록 했다. 이들 감독자는 하나의 조를 이루거나 또는 각자 따로따로 작업장들을 순회하면서 감독관의 눈과 귀가 되어 매주 보고서를 작성했다. 감독자들에게는 광범위한 권력이 주어졌다. 그들은 언제라도 공장에 들어갈 수 있었고, 노동자의 연령을 조사할 수 있었으며, 아동이 당대에 필수적인 의무교육을 제대로 받고 있는지 확인하고 증인 서약하에 증거를 제시하도록 누구에게나 요구할 수 있었다. 만약 위반 사항이 발견되면 바로 그 자리에서 벌금을 부과할 수 있었다. 뿐만 아니라 감독관은 공장법이 완전히 시행되는 데 필요하다고 판단되면 의회의 승인을 요청하지 않고도 규칙과 규제를 추가로 부여할 수 있었다. 거의 입법부와 행정부에 준하는 권력을 동시에 쥐고서 이들은 치안판사magistrates에게 공장주에 대한 소송을 시작하도록 명령할 수 있었으며, 만약 위반 선고를 받을 경우 공장주는 상당한 벌금을 감수해야만 했다.[42] 영국 정부the British state는 이번만큼은 사태를 심각하게 받아들였다. 1833년의 공장법은 유명무실한 종잇장으로 그냥 끝나지 않았다. 그렇게 두기에는 상황이 너무나도 위태로웠다. 그리고 이러한 특별감독관 제도 덕에 이전의 법들과는 질적으로 다른 효과를 실제로 거두게 되었다. 이러한 1833년의 공장법은 첫 번째 진짜 공장법이라고 후대에 평가받게 되며 게다가 '우리가 오늘날 이해하는 경제 규제의 시발점'이 되었다.[43] 이토록 중요한 사건이었기에 공장법은 즉 각 에너지원 선택에 영향을 주기 시작했다.

그러나 정부나 감독관이 특별히 수력 작업장을 붕괴시키려고 **작 정했던 것은** 전혀 아니었다. 이들은 공장주의 필요에 조응하며 그들의 어려움을 살폈고, 그들의 항의를 들어 주었으며, 결국 어떠한 형태로든 예외가 필요하다고 결론 내렸다. 공장법의 세 번째 조항third paragraph은 다음과 같다. 만약 시간 '손실이 예정된 공급량이 부족하거나 유량이 과다하여 발생하면' 공장주는 '그러한 시간 손실이 보전될 때까지' 그의 일손들에게 주당 3시간의 초과노동을 부과할 수 있는 완전한 권리를 가진다. 하지만 아침 5시보다 일찍 시작하거나 저녁 9시보다 늦게까지 계속할 수는 없다.[44] 1833년 이후 탄생한 법적 관례로 감독관, 감독자, 치안판사는 통상적으로 하루 **30분** 초과근로가 가능하다고 이 규정을 해석했다. 이것이면 충분했을까? 30분이 그렇게나 많은 공장주들이 증기로부터 자신들의 공장을 지키는 데 필요하다고 주장했던 '상당한 수준의 재량'very considerable latitude이 되기에 충분했을까? 차라리 이것은 시간을 보전하기 위해서 필요했던 최소한의 여력만 남겨 둔 것에 불과했던 것 같다. 하루 30분은 공장법 이전의 관습에 비춰 보자면 초과근로의 하한선에 가까웠다. 1833년의 공장법에서 허락된 면제 조항이 수력 작업장에 **어느 정도** 재량을 부여하기는 했지만, 그것은 이전에 허락되던 것에 비하면 **훨씬 더 제한적**이었으며 무시할 수 없을 만큼 **그들의 생산을 제약한** 속박이었다고 잠정적으로 결론지을 수 있을 것이다.

수력을 단속하다

1835년에는 공장법을 적용하여 공장주들에게 200건이 약간 넘는 수의 위반 선고convictions가 내려졌다. 다음해 초, 제조업공장주협회는 법령을 폐지하기 위한 조직적인 활동에 들어갔으며—애슈워스와 그랙 가문이 면직업종 자본의 부대를 이끌었다—이는 곧 공장개혁운동 측이 방어전에 돌입하도록 만들었다. 공장개혁운동 측은 대중집회, 집단 청원, 대규모 항의 시위를 새로이 조직했고 만약 공장주들이 원하는 대로 된다면 폭동이 일어날 것이라고 암암리에 위협했다. 헨리 애슈워스조차도 자신과 동료들이 국가적 논란을 일으키고 있다는 점을 이해하고 있었다. 헨리는 1836년 6월 채드윅에게 보낸 글에서 '나 역시 엄청난 소요와 적지 않은 분노에 직면하고 있다는 점을 알고 있다'고 적으면서 힘의 균형이 불리한 쪽으로 기울어졌다는 것을 인정했다. 그는 '우리보다는 노동계급의 친구라는 작자들이 승리를 더 확신하고 있다'고 말한다. 법령이 폐지된다면 '평온함을 되찾기는 어려울 것'이며 '지금 이 순간 나는 내 이익에 반하는 의견을 제시하고 있다.' 이들이 원외활동으로 가한 압력은 결국 역효과를 낳았다. 결국에는 법령을 수정하는 것을 포기했을 뿐만 아니라 정부에서 이 활동 덕에 북부에 위험 요인이 얼마나 많은지 새삼 확인하게 되었으며, 정부는 이를 무마하기 위해 법령 집행을 **더욱 강화**하였다. 1836년 여름에 내무부the Home Office는 국내의 평화를 담보하기 위해 공장감독관들에게 위반자들을 더욱 강력히 단속하라고 지시했다.[45]

1836년에는 800건이 넘는 위반 선고가 내려졌고, 1837년에도 경기 악화 탓에 그 기세가 꺾이기 전까지(불경기에는 초과노동을 시킬 이유가 별로 없다) 이 수준이 유지되었다. 이 두 해 동안—투자의 대유행기가 끝날 무렵—주어진 한 해에 공장주가 법정에 끌려가게 될 통계적 확률이 4분의 1이었을 정도로 법률에 의한 단속 수준은 그 최고조에 이르게 된다. 그 이후에 기소는 점차 줄어들었고 1870년에는 40분의 1의 확률까지 떨어지게 된다. 유죄 판결문이 법정에 쌓였다. 1834년에서 1855년까지의 기간 동안 요크셔의 웨스트라이딩과 랭커셔를 다룬 어느 분석 결과에 따르면 위반 선고 비율은 대부분의 연도 중 70%를 넘었다. 달리 말하면 기소된 공장주들indicted mill-owners 대부분이 실제 처벌을 받았다는 것이다. 단지 1-2파운드짜리 벌금이 대부분이기는 했지만, 여러 혐의가 동시에 제기되어 수십 건의 벌금을 위반자가 물게 될 수도 있었으며, 따라서 불복종할 경우 상당한 비용이 발생하게 되었다.[46]

가장 자주 위반이 발생한 곳은 어디였을까? 랭커셔와 요크셔의 첫 감독관이었던 로버트 리카즈Robert Rickards는 이미 1833년 후반에 광범위한 상습적 위반의 원천에 관해 서술한다.

> 전원지대에는 작은 마을 안이나 그 부근 또는 조금 더 찾기 어려운 하천가에 위치하는 작업장들이 많다. 이러한 지역에서는 주변에서 확보할 수 있는 모든 일손이 … 이미 이런 작업장에 고용되어 있으며 나이를 불문하고 추가 일손을 찾을 수가 없다. 이런 경우, 흔히 말하기를 그냥 작업장의 문을 닫거나 아니면 좀 더 현실적으로 법률을 대놓고 어기면서 하루 12시간보다 더 긴 시간 작업하고 있을 가능성이 농후하다.[47]

직물 제조업 지대를 순회하면서 감독관과 감독자들은 바로 이 보상 노동을 다루는 규정을 지키게 만드는 것이 어렵다는 사실을 알게 되었다. 당시 요크셔의 상당 부분과 랭커셔를 책임지던 호너는 1840년에 '나는 손실시간을 보전하는 법령을 우회하는 짓을 제대로 통제하기란 불가능하다고 생각한다'고 자신의 경험을 요약하여 서술했다. 2년 후 중부 지방the Midlands과 동부the East의 감독관도 불법적인 초과노동을 근절하는 데 실패했다고 보고하고 있다. '많은 수력 작업장이 내가 짐작하기에 손실된 적도 없는 노동시간을 **상시적으로** 보전하고 있다고 확신한다.' 호너는 적발을 용이하게 하려면 '어떠한 추가 규제가 필요하다'고 결론 내렸다. 자신이 가지고 있던 입법부에 준하는 권력을 행사함으로써 그는 1837년에 새 규정을 도입하고 수력 작업장을 정면으로 겨냥했다. 만약 소유주가 하천 수위 변동을 보전하기를 원할 경우, 그는 이를 위해 먼저 '작업장 내 모든 노동자가 접근 가능하고 눈에 잘 띄는 장소에 작업이 중단되었던 일시, 요일, 시간 및 해당 작업 중단 원인과 손실된 시간량을 명시한 공고문을 부착'해야만 했다. 18세 미만 노동자의 초과노동시간은 전부 특별한 '근무시간 기록'Time Registers에 세심하게 기록되어야만 했다.[48] 감독관이나 감독자는 공장을 방문하여 기록된 각 항목을 공지된 공고문과 작업자의 증언과 대조할 수 있었다.

공장법 시행 초기를 보면, 야간노동은 거의 완전히 사라졌고, 9세 미만 아동노동자는 매우 드물게 되었으며, 통상 노동일은 12시간에 근접하게 되었고, 14시간이나 15시간을 가동하는 작업장은 훨씬 더 적은 수만 남게 되었다.[49] 비록 공고문이나 근무시간 기록으로 불법적인 초과노동시간이 근절되지는 못했지만, 감독관들은 조사를 강화하면서 작업장들을 압박하기 시작했다. 호너는 1840년에 '손실시간을 보전할 수 있는 권한이 있는 경우에는 언제나 가능한 모든 확인 수단을 동원하여 규정을 준수시켜야만 한다'고 강조하면서 이러한 노력이 법령의 핵심 내용을 구현하는 데 필수적인 것이라고 지적하였다. 8시간을 초과하는 아동노동 금지, 12시간을 초과하는 청소년 노동 금지. 게다가 공장개혁운동 활동가들은 여전히 초과노동이 허가되는 것 자체에 분개하고 있었으며, 공장개혁운동 측에서 들어오는 이러한 압력은 더욱 열심히 이들 원칙을 준수하게 만들도록 계속하여 감독관들을 압박하였다. 맨체스터의 어느 노동시간단축위원회에 소속된 직조공은 1840년에 있던 후속 조사위원회에서 노동자들이 이를 어떻게 생각하는지 설명했다.

바로 그 점에 대해서 아동이든 성인이든 상관없이 많은 사람들이 불만을 품고 있다. 손실시간 보전이 허용될 때마다 사람들이 그 손실된 시간 만큼 임금을 덜 받는 것이 차라리 낫다고 말하는 것을 흔히 듣게 된다. 왜냐하면 이미 12시간 일한 다음 12시간 반 또는 13시간을 채워야 한다는 것은 엄청나게 피곤하고 힘든 일이기 때문이다. 사람들은 이 점에 대해서 자신의 의견을 매우 확실히 표명했다. 시간을 채우기 위해 일하느니 차라리 임금을 잃는 것이 낫다고.[50]

최근까지 당연한 것으로comme il faut 받아들여지던 노동시간이 이제 범법행위와 종이 한 장밖에 차이가 나지 않는 사이가 되었다. 위반자는 과연 처벌받았을까? 수력 자본가들이 증기력에 승부를 걸었던 자들에 비해 더 심한 처벌을 더 자주 받았을까? 경제학자 하워드 P. 마블Howard P. Marvel은 1977년 논문을 통해서 1834년에서 1836년 기간 중 요크셔의 웨스트라이딩과 랭커셔의 자료를 모아 공장법하에서 제기된 모든 위반 건수와 면직업종 공장들 내의 서로 다른 두 원동기가 각각 차지하는 위반 건수를 확인하여 비교하였다. 그는 수력 작업장이 '사법처분court action을 받을 확률이 눈에 띄게 더 높았다'는 사실을 발견하였으며—좀 더 정확히 말하면 에너지를 수력으로부터 얻을 경우 확률이 **3분의 1**만큼 더 올라갔다—개별 사안에 대한 고발도 더 많이 발생했고 처벌 강도 역시 더 높았다.[51] 후에 1833년에서 1855년 사이의 모든 기간을 다룬 유사한 연구도 그의 결론을 뒷받침한다. 호너가 감독하던 곳 중 수력에의 의존도가 상대적으로 더 높은 지구에서 작업자 100명당 고발 건수가 눈에 띄게 더 높게 나오는 경향이 있었다. 완전히 증기력에 의존하던 맨체스터와 프레스턴에서는 1838년에 각각 0.5건과 0.6건을 기록했다. 21%의 마력을 수력이 공급하던 새들워스에서는 2.8건이었다. 수력이 25%를 공급하던 휠리Whalley에서는 이 수치가 1.8건이었다.[52] 공장법이 면직업종 자본의 천적a bane이었다고는 하지만 증기력은 그리 큰 피해 없이 위험을 회피했던 것으로 보인다.

애슈워스의 회사는 1836년 8월에 처음으로 서로 다른 세 건의 위반 사항에 대해서 유죄 판결을 받았다. 필수적으로 관리해야 하는 피고용 노동자 명부 부재, 근무시간 기록 부재 그리고 더 심각한 위반 사항인 '하루 9시간을 초과하여 아동을 고용한 것.'[53] 1837년 여름에는 두 번째 고발이 이어졌고 이것은 공중의 눈앞에 더 큰 구경거리를 제공했다. 지역의 감독자the local superintendent가 뉴이글리 정착촌을 방문했을 때, 연령 증명서가 없을 뿐만 아니라 어디에도 등록되어 있지 않으며 검증 가능한 통학 기록도 없는 아동들이 고용되어 있는 것을 발견하였다. 그중 4명이 13세 미만이었으며 하루에 12시간을 일하고 있었다는 사실이 밝혀지게 되었다. 공장주들과 관리자들, 그 외 유명인사들이 재판이 벌어진 6시간 내내 볼턴의 법정을 가득 채웠다. 화가 잔뜩 났던 헨리는 적반하장으로 회사의 입장을 방어하고 공장법factory legislation을 공격하는 쇼를 벌였다. 그는 규정집 사본을 쌓아 두고 '자기 회사 경영에 신경 쓰는 동시에' '도대체 누가 이 모든 것을 지킬 수 있겠냐'고 웅변했다. 그는 총 열 가지 위반 사항에 대해 유죄 판결을 받았다.[54]

하지만 헨리 애슈워스는 벌금을 내는 것을 거부했다. 이에 압류 영장이 발부되었다. 그가 앉아서 글을 쓰던 어느 토요일 오후에 집행관들officers이 그의 집무실에 들이닥쳤고 가구를 꺼내기 시작했다. 헨리는 다음과 같이 회고했다. 수석 집행관the chief officer이 '내게서 의자와 탁자를 빼앗았고 나는 그 자리를 떠서 집으로 걸어 돌아왔다. 그러고서 그는 다른 의자들과 탁자들을 꺼내 놓고 떠났다.' 도허티가 당시 상황을 묘사한 바에 따르면, 애슈워스는 '그에게 부과된 벌금을 내는 것을 거부했다. 그는 공장법으로 희생된 순교자a factory martyr가 되기를 원했으며, 그의 동산his goods이 압류되도록 그냥 두었다.'[55] 바로 이렇게 가장 유명한 공장법 반대 지도자와 법령 실행자들 사이에서 계속될 복수극의 막이 열렸다. 호너와 그의 대리인들은 온갖 위반 사항을 들어 애슈워스의 회사를 계속하여 몰아붙였고, 애슈워스 형제the brothers 는 자신들이 공장법 순교자라는 인상을 차근차근 형성시켜 나갔다. 기업 경영을 계속하면서 법률을 지키는 것은 불가능했다.[56] 조사를 방해하기 위해서 이들은 모든 시계의 시각을 자기 마음대로 조작하고 감독자가 작업장에 입장하는 것을 거부하였으며, 이런 고의적 방해 행위는 1840년 조사위원회 중 큰 파문을 일으켰다. 조사위원회 위원이 헨리에게 이렇게 질문하였다.

벌금형을 받기 전에도 감독자가 작업장에 입장하는 것을 거부한 적이 있나요?

- 그런 적은 한번도 없었소.

그렇다면 사실상 벌금형을 다시 받지 않기 위해서 감독자의 입장을 거부한 것인가요?

- 그렇소. 돈을 아끼기 위해서.

법규를 어겼다는 사실을 숨기기 위해 그런 건가요.

- 그렇소…. 사람들 앞에서 우리가 위법자라는 식의 낙인이 찍히기를 바라지 않았소.

애슈워스는 감독관이 휘두르던 권위에 정면으로 반항했다. '이단 심문관 같은 매우 예외적인 권력', '이 도덕주의 경찰'이라는 말로 분노를 표했다.[57] 그렇게 분노했던 것은 그뿐만이 아니다. 《공장 문제》

—법령의 실행이 실효를 거두기 시작하던 1837년에 출판되었다—에서 로버트 하이드 그렉 역시 감독관의 권력이 '이 나라의 어느 한 개인이 휘두른 것보다 더 크다'며 울분을 토했다. 그는 이렇게 적었다. 실로 '재판 없이 공장주를 교수형에 처하고 그의 시체를 의사가 해부하도록 던져 두는 것만 빼고, 이보다 더한 권력이 도대체 무엇 하나 남아 있는가?' 이후 20세기에 등장할 전체주의 담론을 미리 선보이면서 그는 완전히 구축된 통제사회 내의 참을 수 없는 고통을 묘사한다. 공장주들은 다음과 같은 상황에 처했다.

> 먼저 이 법을 저지하는 싸움에서 완전히 패배했고, 법령의 일부나마 철폐하려고 시도하던 중에 인신공격을 받아 사회적으로 낙인이 찍혔으며, 자기 자본을 이용하는 데 제한이 생겼다. '노동시간단축위원회'는 작업장에 첩자를 심었으며, 정부는 감독관들과 그 하수인인 부감독관들 중에 첩자를 심어 놓았다. 아니, 잘 알려진 잉글랜드의 사법 원칙에 반하여, 공장주들 스스로가 **자신들의 위반 사항을 기록**하여 남김으로써 스스로를 감시하는 첩자가 되도록 강요받고 있다.

상기 인용문의 마지막 부분에서 그렉이 언급한 것은 근무시간 기록을 남기도록 한 호너의 명령이다.[58]

벌금 때문에 생기는 금전상 손실 때문이든지 그들 명성에 생길 흠집 때문이든지 아니면 더 큰 문제로 경영에 간섭을 받게 되기 때문이든지, 어느 곳 누구나 기소만큼은 피하기를 원했던 것 같다. 전체적으로 볼 때, 거의 확실히 기소가 된다는 사실이 법규를 준수하고 그에 따라 생산량을 조절하도록 만드는 강력한 동기가 되었다. 법규를 준수하여 발생했던 비용은 수력으로 작동하던 작업장에서 더 높게 나타났다.[59] 애슈워스의 회사와 그렉의 회사가 보인 적의는 공장법이 가한 실제 부담을 드러낸 것이었다. 이는 1847년에 하원에서 벌어진 노동시간을 둘러싼 논쟁에서 다시 한번 강조되었다. 한 의원one MP은 '입법부가 이미 한 차례 특정 부류 작업자들의 노동시간에 관해 간섭한 바 있다. 특히 수력을 이용하는 시설에 고용된 노동자들에 대해서'라고 지적하면서, 이렇게 '이들 작업장의 노동시간에 간섭했기 때문에 **몇 곳은 완전히 작업을 중단했다.** 이러한 간섭이 이 나라의 에너지를 무력화시키는 **수준에까지**pro tanto 도달했다'는 사실을 알고 있다고 주장했다.[60] 이 모든 사실이 우리를 하나의 일반적인 결론으로 유도한다. 공장법 시행으로 수력으로 작동하던 면직업종 작업장들은 실제 물적 손실을 입었고 결국 증기력의 입장이 상대적으로 강화되었다.

바로 추가 입법에 대한 **공포**가 그 손실 위에 가세했다. 언제나 그렇듯이 투자 결정은 예상에 기초하여 내려진다. 만약 자본가들이 가까운 미래에 10시간 법령Ten Hours Act이나 그와 유사한 법률이 도입될 것이라고 예상하고 있을 경우 그리고 그러한 법률이 수력에 치명적인 위협이 된다고 인지할 경우, 당연히 자본가들은 합리적인 경영자 정신을 발휘하여 증기로의 전환을 서두르게 될 것이다. 비록 1833년 새들러의 법안 입법은 실패했지만, 공장개혁운동의 부흥 덕에 손실된 시간을 보전하는 것을 완전히 금지하는 법안의 입법은 여전히 합리적으로 가능한 것으로 받아들여졌으며 자본가들의 전망을 암울하게 만들었다. 사태는 매우 유동적인 것으로 남아 있었다. 구조적 위기가 완전히 종식될 때까지 의회에는 새로운 법안이 등장했고, 각종 운동이 벌어졌으며, 수정안이 준비되었고, 10시간 또는 심지어 8시간에 대한 요구는 잦아들 줄을 몰랐다. 이런 상황은 불안정하고 예측 불가능한 법적 환경을 낳았고 많은 공장주들을 불안에 빠뜨렸다. 다음 법규의 내용에 대한 소문이 한 회사에서 다른 회사로 퍼져 나갔다. 1842년에 호너는 익명의 맨체스터 부근 큰 작업장 소유주가 '만약 내 기억이 정확하다면, (심의 중인) 새 법률이 야간 근무 또는 저녁과 아침 사이 특정 시간대의 노동을 금지하고 손실시간을 보전하는 권리를 철폐할 것이다'라고 말했다고 전했다.[61] 1833년에 헨리 애슈워스는 자신과 자신의 동업자들에게 닥친 일촉즉발의 절박한 상황the sword of Damocles이 정착촌에 추가 투자하려는 그의 열망을 억압하고 있다고 주장했다. 이 글은 당시 그가 속한 자본가들이 직면한 시련을 개략적으로 보여준다.

> 지난 3년 동안 이윤율이 크게 저하되었으며 주로 악랄한 선동자들의 간섭 때문에 노동자들의 만족도와 제대로 된 규율이 심각하게 손상되었다. 게다가 이 중 대부분의 기간 동안 노동시간 제한을 제안하면서 **노동시간 법안의 지지자들은 우리 이윤을 더욱 심각하게 침해하려 위협했다.** 그리고 이들은 매우 영리하면서도 대담한 방식으로 공중의 눈앞에서 우리 모두를 싸잡아 가장 탐욕스럽고 잔인한 자들이라는 누명까지 덮어씌우려 했다. **따라서 이제 우리 시설을 더는 확장할 생각이 들지 않는다.**[62]

그렉의 회사 역시 당연히 똑같은 궁지에 몰려 있었으며 스탠리 정착촌의 소유자들은 경직된 공작법 적용 때문에 그들이 시행했던 대규모 투자를 이제라도 전부 포기하는 편이 '재정 관점에서 볼 때 차악'이 된다고 주장했다.[63] 하지만 이와 별도로 다른 집단에서도 불안한 상황을 눈치챌 수 있었다. 예를 들어 맨체스터의 한 명주 생산자는 1833년 초에 주로 면직업계에서 발생하던 기이한 경향성을 설명했다.

맨체스터에 건물 건설이 크게 증가했나요?

- 정말로 많이 증가했습니다. 지금은 도시와 그 근교에 공장도 굉장히 많이 늘어났어요. 하지만 이렇게 늘어난 이유는 상품 수요의 증가와는 아무런 상관이 없고 다른 이유 때문입니다. 지금 의회에 제출된 법안에 의한 **노동시간 단축을 그들이 두려워하기 때문**이지요.

달리 표현하면, 자본가들이 자신들의 상품에 대한 수요가 여전히 적었음에도 불구하고 법규가 이후 수력을 압박할 것이라고 예상했기 때문에 맨체스터 대도시 권역에 증기력 작업장을 앞다퉈 지었다는 것이다.[64] 1830년대 중반의 호황기에 들어서서 경영 환경은 공장개혁운동의 목표에 관한 인식과 새로운 법규에 대한 불안감 그리고 법령 집행에 관한 우려로 가득했다. 손실을 메울 초과시간이 실제로 잠식되는 것 때문만이 아니라 당시 벌어지던 공장법 입법 **과정** 그 자체가 결정 구조를 바꾸었던 것이다. 짧은 노동시간 때문에 남겨진 시간 동안 최대한의 일을 완수하는 능력을 지닌 원동기에 더욱 우선권이 부여되었다. 공장개혁운동이 하루 10시간을 위한 막바지 공세에 돌입했을 때, 자본이 주목했던 것은 바로 이 능력이었다.

10시간 반, 증기를 전속력으로

1836년의 법령폐지운동을 꺾고 승리한 후, 노동시간단축위원회는 기세를 몰아 계속 공세에 나섰으며 많은 수의 사람들이 10시간이라는 깃발 아래 집결하였다. 그러나 약간의 휴식과 여가를 보장받기 위해서는 먼저 고착된 구시대의 국가체제 전부the entire calcified state apparatus를 전복해야 했다. 이후 수년 동안 공장개혁운동은 차티스트 운동을 지지하는 주요 세력 중 하나가 된다. 차티스트 운동은 제조업 지대 전반에 걸친 프롤레타리아 항쟁의 큰 흐름이었으며 (남성의) 보통선거를 **통하여** 해당 계급의 가장 절실한 요구들을 관철하자는 하나의 통일된 전망을 약속하였다. 1842년의 총파업은 혁명을 바로 왕국의 문턱에까지 가져다 놓았다. 겁에 질린 의회는 그 열기를 식히기 위해 공장 관련 법안을 담은 문서철을 다시 열었다.[65] 1844년 3월에 벌어진 논쟁 중 한 보수당 의원은 '1842년 가을에 무슨 일이 있었는

지'를 의회에 상기시켰다. 그 잊을 수 없는 몇 주 동안,

> 제조업 지대의 노동계급이 고용주의 곁을 떠나 무리를 이루어 요크셔와 랭커셔를 행진했다. 사실 며칠 동안 해당 주들의 전 지역이 그들 손아귀에 들어갔고 군대가 투입되고 유혈사태가 벌어진 후에야 다시 법질서를 세울 수 있었다. … 나는 여기 의회에 노동계급의 의견을 전할 준비가 되어 있다. 만약 이 의회가 이러한 상황에 직면해서도 이 조치[10시간 법안]를 승인하는 것을 거부한다면, 그들은 시위를 멈추지 않을 것이며 게다가 이들의 전국적 소요에 얽힌 각 집단 역시 새로운 시위에 함께 동참하는 것을 중단하지 않을 것이다.[66]

1844년에 통과될 뻔했던 10시간 법안은 1847년 5월에야 정식으로 법제화되었다. 증기력을 쓰든 수력을 쓰든 간에 공장주들은 모두 강력하게 반발했으나 에드먼드 애슈워스는 의결되기 몇 주 전에 이미 패배는 필연이라고 인정하였다. '10시간 법안을 외치는 군중의 목소리 앞에서 사실과 논리는 아무 소용이 없다. 분명히 이 문제는 회피하는 것이 더이상 불가능할 정도로 너무나도 확고하게 대중의 여론을 휘어잡았다.'[67] 1847년의 공장법은 젊은이와 모든 연령대의 여성—그리고 그렇게 함으로써 자연스레ipso facto 다른 모든 일손의 경우에도—의 노동일을 1847년 7월 1일에 11시간으로 그리고 1848년 5월 1일에 10시간으로 줄이도록 명시하였다. 그러나 이 공장법에는 빠져나갈 구멍이 많았기 때문에 1850년에 또 다른 법령을 입법함으로써 정리되고 보완되어야만 했다. 어떠한 작업장도 아침 6시 전이나 저녁 6시 후에 열 수 없었다. 그 사이 작업자들은 10시간 반을 일할 수 있고 1시간 반의 식사 시간이 주어져야만 했다. 토요일에는 오후 2시에 생산을 멈춰야만 했다. 이렇게 많은 이들이 요구했던 10시간은 식사 시간을 제외한 채 10시간 반이 되어 버렸지만, 그럼에도 불구하

고 이것은 영국의 직물업계를 영구히 바꿔 냈다. 그리하여 딱 고정된 통상 노동일이 탄생했고, 이를 조작하는 것은 범법행위가 되었으며, 모든 작업자는 시계침이 그 시각을 알리면 자유롭게 걸어 나갈 수 있는 완전한 권리를 얻게 되었다. 면직업종 작업장에서 벌어진 노동시간을 둘러싼 투쟁은 이렇게 첫 막을 내렸다. 일부 강경파가 타협에 반발하며 항의했지만, 공장개혁운동은 점차 와해되었다. 아크라이트 시절부터 조정되고 확대되었던 노동일은 이 한계 내로 수렴하였다.[68] 그 최후의 일격its coup de grâce이 수력에 내려졌다.

12시간 연속 생산이 이전 시대의 표준이었다면, 1847년과 1850년의 공장법은 그 시간의 8분의 1을 잘라서 자기 마음대로 쓸 수 있도록 노동자들에게 건네준 셈이다. 이제 보통 사람들은 이러한 단축 덕에 수력 작업장의 비참한 환경이 **개선**되었을 것이라고 기대할 수도 있을 것이다. 왜냐하면 이제 12시간, 14시간 또는 심지어 더 긴 시간 동안 하천이 중단 없이 흐르는 물을 제공해야만 할 필요가 없기 때문이다. 상황이 달랐다면 분명 이것이 약간이나마 여유를 제공했을 터이지만 자본주의 상품 생산의 논리—이윤 추구, 고정자본이 가하는 부담, 과도하게 경쟁적인 시장에서 살아남기 위한 투쟁—는 조금 더 기괴하게 작동한다. 이제 남은 시간 동안 최대한의 노동을 뽑아내야만 했다. 쉽게 말하자면, 제조업자는 생산량이 8분의 1로 줄어들어 돈을 잃게 될 것이다. 그러나 그는 생산량을 그대로 유지하기를 원한다. 그렇게 할 수 있는 한 가지 방법은 바로 **더 빨리 생산하는 것이다.** 자동행위자a self-actor의 축이 분당 더 많이 회전하도록 조정하고 더 빠른 속도로 더 많은 실을 뽑아내게 한다. 역직기 역시 주어진 시간에 더 많은 천을 짜도록 만드는 것이다. 하지만 이러한 가속을 실현하기 위한 선결 조건은 당장 쓸 수 있는 **동력**power의 존재였다. 기계를 더 빨리 돌리기 위해서는 **주인 마음대로 그 힘을 증대시킬 수 있는 원동기의 동력**이 필요했다.

모든 원동기가 그렇게 묵묵히 순종했던 것은 아니다. 1845년에 레너드 호너는 노동일이 단축되더라도 공장주가 생산성을 높여서 그 손실을 쉽게 만회할 것이라고 추론했다. 시간을 더 확보할 수 있는 여유가 많이 있는 것처럼 보였다. '영향을 받는 작업은 **증기기관과 노동자의 협력작업으로** 이루어지고 이들 각각이 공헌하는 정도는 공장에 따라 현격하게 차이가 났다.' 자연히 노동일의 단축은 공장주가 노동자를—그리하여 기계와 기관도 역시—'최대한의 속도로' 일하게 만들도록 자극할 것이다. 하천 쪽의 전망은 그리 밝지 못했다. 이 감독관이 보기에 **'계절에 따라 하루 중에도 동력 강도가 계속 변화하는** 수력 작업장의 경우, 이에 맞춰 노동자가 더 경계하거나 집중하도록 하는 것은 불가능하다.'[69] 하천의 동력은 하천의 사정에 따라 약해질 수 있다. 누르면 하천을 더 빨리 흐르게 만드는 단추나 하천을 조작하는 기구 같은 것은 없었다. 에너지의 흐름은 그 자체에 고유한 시간성을 가지고 있었으며 에너지의 재고처럼 더 높은 속력에 맞추도록 쉽게 조절할 수가 없었다.

상황이 10시간(과 반)을 향해 초읽기에 들어가면서 개혁에 대한 조건반사로서 작업 속도가 높아질 것이라는 예상이 범람했고, 이것은 다른 측면에서 볼 때 자기충족적self-fulfilling 예언이기도 했다. 상황을 잘 파악하고 있는 면직업종 자본가가 1840년대 중반 호황기에 다음 투자 대상을 고려하고 있었다면, 그는 우선은 자신의 명령에 따를 준비가 되어 있는 원동기를 선택했을 것이다. 노동시간이 더 제약되면 될수록—그리고 제약이 더욱 강화될 것이라 **예상되고 있었다**—날씨의 변화에 영향을 받지 않는 에너지원의 이점은 한층 더 부각되었다. 또는 역으로 노동일이 더 짧아지면 짧아질수록, 시간당 필요한 동력이 더 많아지면 많아질수록, 수차가 느려지거나 멈추는 사태가 초래하는 비용은 한층 더 고통스럽게 느껴졌다. 드디어 공장법이 시행되었을 때, 공장주는 이미 무엇을 해야만 할지 분명히 알고 있었다.

1848년 가을에 레너드 호너는 근래 입법된 법령의 효과를 알아보기 위한 설문을 실시했다. 어느 면직업종 작업장의 관리자는 '이제 일손들이 더 열심히 일해야 한다. 그러나 노동시간이 줄었기 때문에 일손들은 더 잘 버틸 수 있다. 직조공들은 이제 이전의 12시간 때와 거의 같은 양을 생산해낸다. **기관의 속도가 빨라졌다**'라고 말했다. 방적공 두 명도 '이제 일손들은 작업 중에 더 열심히 일하고 거의 이전에 12시간 동안 했던 것만큼의 일을 해내며, **기관의 속도는 빨라졌다**'라고 부감독관에게 말했다. '직조 부문과 자동 물방적기 쪽에서는 주로 사람들이 더 열심히 일하고 일에 더 집중하여 물량을 약간 보충해냈으며 또 **기계의 속도를 높임으로써** 추가로 물량을 약간 보충했다'라고 또 다른 관리자도 말했다.[70]

　노동 쪽이 1847년과 1850년의 법령으로 약간 점수를 땄다면 자본은 증기력을 동원하여 속도를 높임으로써 이에 반격했다. 고용주들은 거의 20년 동안 이런 사태가 벌어질 것을 두려워했지만, 정작 사태가 벌어지던 무렵에는 작업자들을 더 빠른 작업 속도에 맞춤으로써 그들의 느슨함 때문에 잃었던 시간을 다시 장악할 준비를 이미 끝냈던 것이다. 호너는 계속해서 설명한다. 1850년 말에 그는 '역직기의 속력은 최근 몇 년 동안 상당히 큰 폭으로 가속되었으며 이제 주어진 시간에 역직기가 짜내는 직물의 길이는 1835년에 비해 훨씬 더 크다'라고 적었다. 1856년에 감독관 네 사람—여전히 호너가 최고참이었다—이 '증기기관이 힘의 경제적 이점을 가지고 더 늘어난 기계 부하를 감당할 수 있다', '속도를 높임으로써' 그리고 '기계를 개선함으로써 더 많은 양의 일을 해낼 수 있다'고 보고했다.[71] 여기에서 중심이 되는 개념은 바로 증기기관을 상징하는 특징이라고도 할 수 있는 **힘의 경제**_economy of force_였다. 10시간 법령이 수차와 와트의 경쟁이라는 오래된 대결 구도에만 영향을 줬던 것은 아니다. 이 법령은 같은 양의 연료로부터 더 많은 힘을 짜낼 수 있도록 제조업자들이 한 형태의 기관을 다른 것으로 즉시 바꾸도록 만들었다.

와트가 썼던 증기는 대기압보다 더 높지 않은 저압에 머무르고 있었다. 존 스콧 러셀John Scott Russell은 《증기기관에 관한 소고》*Treatise on the Steam-Engine*에서 교육용 설명을 제시한다. '주전자나 솥에서 물이 격하게 끓으면' 증기는 '대기를 향해 열린 틈이나 관을 통해 상당한 속도로' 뿜어져 나온다. 이것이 저압 증기이다. '하지만 만약 분출을 저지하고 정밀하게 뚜껑을 닫아서 증기를 주전자나 보일러 안에 가둬 두면 물은 점점 더 뜨거워지고 **증기는 점점 더 강해진다.**' 즉, 대기압보다 더 높은 고압을 획득한다.[72] 초창기에 이미 이 원리는 와트의 기관에 대한 대안으로 제시된 바 있었다. 마치 불도그를 약 올려서 그 목줄을 팽팽하게 당기게 만드는 것처럼, 증기를 금속에다가 밀어붙이는 것이다. 보일러에서 풀려나 실린더로 밀려 들어가면 증기는 곧 피스톤을 격렬하게 때릴 것이고, 이때 갑자기 공급을 끊으면 나머지 상승 행정을 증기의 자연 팽창으로 달성할 수 있다. 와트의 기관은 저압 증기가 실린더를 채우고 응축하여 진공을 만듦으로써 동력을 만들어 냈지만, 이 변종은 그 힘을 증기의 고압과 팽창으로부터 얻었으며 그리하여 이런 종류의 기관은 **고압** 또는 **팽창** 증기기관이라고 불리게 되었다.

와트는 이 개념을 받아들이지 않았는데, 여기에는 몇 가지 이유가 있었다. 이 개념은 그가 발명한 별도의 응축기를 불필요하게 만들었고, 균일하지 못하고 마치 경련하듯이 움직였으며, 보일러 폭발의 위험성을 증대시켰다. 하지만 다른 발명가들은 이 대안을 계속해서 추구했고 주로 콘월의 광산에서 사용되던 고압기관의 성능은 1820년 대와 1830년대 중 점진적으로 향상되어 결국 와트의 기관a Watt engine이 쓰는 석탄의 5분의 1만 가지고도 같은 양의 동력을 제공할 수 있게되었다. 실린더에 더 적은 양의 증기를 주입하면 주입할수록—즉, 팽창이 더 많은 효과를 발휘하면 할수록—더 적은 양의 석탄만 태우면

되었다. 동시에 증기를 더 주입함으로써 피스톤의 **속력**을 쉽게 올릴 수 있었고 이를 통해 연료 소비와 기관의 속력을 정밀하게 조절할 수 있었다. '힘의 경제'라는 측면에서 이것이 더 우수한 기계였던 것이다. 이 사실을 부정하는 사람은 거의 없었지만 여전히 제조업 지대에서 고압 방식은 소수의 보기 드문 예에 머물렀다. 멀쩡히 작동하는 와트의 기관을 철거하는 데 들어갈 비용, 균일하지 못하고 경련하듯 작동한다는 오랜 평판, 보일러 폭발의 공포—그리고 사람으로 가득한 공장에서 이것이 잠재적으로 야기할 무시무시한 효과—와 그냥 사람들의 관성 같은 여러 이유 탓에 고압 기관은 확산되지 못했다.[73]

공장주들을 움직이게 하려면 충격이 필요했다. 거의 하룻밤 사이에 1847년의 10시간 법령은 논쟁을 불러일으켰다. 10시간 반 때문에 고속 동력에의 수요가 폭증했다. 그리하여 **이제** 공장주들은 자신들의 자산과 작업자들의 목숨을 도박판에 걸기 시작했다. 여기서도 역시 사회적 필요가 기술의 도입을 초래한 산모 역할을 했다. 도입은 잽싸게 이뤄졌다. 1850년대 말 맨체스터 지방에서 고전적인 와트 방식으로 작동하는 기관은 이미 극히 소수에 불과했으며, 거의 완전한 전환이 이루어지면서 효율과 속력이 모두 증가했다. '우리는 이제 같은 무게의 증기기관 기계로부터 **최소한** 50% 더 많은 부하 또는 일을 얻을 수 있고' 석탄 소비는 대략 4분의 1로 떨어졌다고 1852년에 증기해머 발명자였던 제임스 나스미스James Nasmyth는 전하고 있다.[74] 얇고 긴 끈이 달린 완벽한 채찍이 바로 여기 있었던 것이다.

한 추정치에 따르면 영국 면직업종 작업장의 기계 속도는 1845년과 1849년 사이에 24분의 1 증가했다. 폰 턴젤만이 판단하기를, 이 법령은 산업계에서 지금껏 기록된 것 중 가장 급격한 작업 속도의 가속을 등장시켰다.[75] 이 과정의 정량적인 수준은 여전히 불분명한 채로 남아 있지만 그 질적인 귀결은 더 확실히 파악될 수 있다. 고압 증기의 등장으로, 공장법 입법으로 탄생했던 수차를 묻을 관짝에 마지막

대못이 박힌 셈이다. 수차 기술 쪽에서는 이 혁신에 버금갈 만한 광범위한 진전을 찾을 수 없었으며, 이렇게 증기력 작업장의 맥박이 빨라진 반면 수차는 여전히 오래전과 똑같은 속도로 돌 수밖에 없었다.

이의 당연한 귀결은 **증기 가격의 하락**이었다. 1840년대 후반에 맨체스터 면직업종 작업장에서 마력당 비용은 바닥으로 곤두박질쳤다. 비록 증기가 수력의 순수한 경제적 이점을 완전히 지워 버리는 데는 아직도 수십 년의 세월이 더 걸릴 테지만, 어쨌든 역사상 처음으로 수력의 순수한 경제적 이점이 의심스럽게 된 것이다.[76] 그러나 각 기관이 석탄을 이전보다 더 적게 소비한다고 해서 연료의 **총소모량**이 적어진 것은 아니다. 정반대로 바로 이 상황이 제번스의 역설을 낳는다. '석탄 사용의 경제성 그 자체가 바로 광대한 석탄 소비를 초래한다.' 비효율적이고 비싼 석탄 소비가 이전에 증기기관의 **발목을 잡고 있었다면**, '고압, 과열 증기를 사용함으로써 확보된 경제성'은 증기기관을 면직업종이라는 그 본거지에서부터 제조업의 모든 부문으로 뻗어 나갈 수 있게 만들었다. 기관당 더 적은 석탄 사용이 가능했던 덕에 완전한 승리가 이뤄졌다. 석탄 역사가coal historian 닐 K. 벅스턴Neil K. Buxton에 따르면 1850년 이후에 고압 증기가 일반적으로 확산되었다는 것은 '경제가 **석탄 공급의 점진적 확대에 점차 더 의존하게 되었되었다**는 사실을 의미한다.' 이것이 바로 화석 경제 등장의 또 하나의 요인이다.[77]

계급 간 충돌이 야기한 또 하나의 결과가 있다. 폰 턴젤만에 따르면 10시간 법령은 고압 증기가 부상하게 만들었고 따라서 면직업종 산업계에서 (그리고 그 외 산업계에서도) 기관이 최종적으로 승리하게 한 '아마도 가장 중요한 결정적 요인'이었다. 앨런의 관점에 따르면 이 법령은 기업가들이 구닥다리 저압 기술로부터 이탈하도록 자극했고 그 결과 실은 전부터 존재했던 이 새 원동기가 1840년대 후반에 들어 '잽싸게 수력을 도태'시키도록 만들었으며, 바로 이 시점에 '증기로의 결정적 전환이 일어났다.[78] 하지만 수력에서 증기, 에너지의 흐름에서 재고로의 전환의 **주된 원인**이 1847년과 1850년의 법령이었다고 주장한다면 이는 아마도 지나친 과장일 것이다. 이 과정은 이미 훨씬 전부터 시작되었다. 앨런이 파악한 결정적 10년이 1840년대라면, 이것은 실은 너무나도 늦다. 차라리 우리는 구조적 위기의 전체 기간 동안 그 힘이 점진적으로 증대되는 상승의 동역학이 작동하고 있었음을 눈치챌 수 있으며, 이러한 관점은 어느 맨체스터 면직업종 제조업자가 1833년에 남긴 견해에 잘 나타나 있다. '노동시간을 줄이면 줄일수록 명백히 증기기관 대비 수차의 가치는 점차 떨어지게 될 것이다.[79] 노동력을 시간상 마음대로 쓸 수 있는 자유가 점차 사라지면서 면직업종 제조업자들이 남은 시간 동안 노동을 최대한 뽑아낼 수 있는 원동기로 넘어간 것이다.

수차례에 걸쳐 등장한 공장법은—1833년의 공장법과 그것이 탄생한 배경에 깔린 공포로부터 시작하여—서서히 그러나 확실히 수차의 목을 죄어 갔다. 먼저 고용주들이 하천 유량의 변동에 대응할 수 있는 수단을 제거하였고, 그다음에는 그들이 작업을 가속하도록 부추겼다. 증기력 자본가들은 전진하는 노동계급의 압박을 흡수하는데 훨씬 더 잘 준비가 되어 있었고 세기 중반에 벌어진 개혁 이후에도 단위시간당 상품을 더 많이 생산하여 심지어 상황을 **자신들에게 유리한 방향으로 돌릴 수 있을 정도로** 우월한 위치를 차지하고 있었다. 단축된 노동시간의 양은 오직 에너지의 재고로만 채울 수 있었다.

흐름과 자본 사이의 시간상 역설

경제학자 리처드 존스Richard Jones는 1830년대에 다음과 같이 적었다. '수력'은 '저렴하지만 불확실하다. 증기기관은 비싸지만 강력하며 그 작동은 확실하고 연속적이다.'《소고》에서 존 페리는 수력의 공간상 한계를 지적했을 뿐만 아니라 그 시간상 변동 역시 강조했다. '물 공급은 건조한 날씨일 때 감소하거나 한파 때문에 완전히 멈추게 되며, 우기에는 지나치게 불어나서 작업장을 멈추게 만든다.' 게다가 '풍력과 수력의 자연스런 흐름은 그 운동의 속도가 제한되어 있기 때문에 어느 정도의 특정한 속도를 가지고 동작하는 기계에만 가장 효과적으로 작용한다.'[80] 이런 것들이 바로 흐름에 속하는 에너지원이 가지는 그 고유의 특성이었다. 계절과 매일의 기상 조건의 변동과 수문학적 순환의 강약에 따라 수력은 자기 자신의 시계에 맞춰—공장의 시계가 아니라—돌아갔다.

매우 특별한 조건하에서 드디어 공장의 시계가 우선적인 의제로 떠오르게 된다. 채드윅 위원회의 구성원들이 '수력 작업장의 속력은 절대로 증기기관처럼 딱 들어맞게 정확히 조절될 수 없다'는 점을 확인했을 때, 그들은 자연의 보편적 법칙이라는 맥락에 곧 들이닥칠 법규를 **겹쳐 봄으로써** 이를 발견하게 되었다.[81] 에너지의 흐름이 가진 그 자체의 시간성이 두 사회적 세력 간의 충돌 때문에 비로소 문제시되었던 것이다. 최대한의 하루 노동시간을 확보하여 생산을 증대하려는 자본의 이해와 이에 대립하며 하루의 일부를 스스로의 욕구 만족을 위해 확보하려는 노동의 이해 간의 충돌. 공간의 경우와 마찬가지로 시간의 차원에도 매우 뚜렷한 역설이 존재한다. 배비지가 말했듯이 흐름은 이미 '자연적으로 운동 상태에'in a state of motion by nature 있다. 재고는 완전히 정적이다. 하지만 시간상 축적을 진행하는 면직업종 자본의 입장에서 보면 **흐름은 작업 정지를 일으키기 쉬운 반면에 재고에는 원하는 순간 마음대로 불을 붙이는 것이 가능했다.** 이렇게 무기력하고 정적인 것과 적시 적소에 제공되는 동적인 것이 전도된다. 이는 바로 19세기 초 영국의 자본주의 소유관계가 **그 자체의 시간성**을 창조했다는 것을 의미하며, 이 시간성이 첨예한 모순의 순간에 들어서서 자연을 재편해야만 했었다는 사실을 말해 준다. 먼 시장에 수출하는 것도, 이윤 추구의 동기도, 고정자본 때문에 발생한 절박한 상황도, 기계의 속력을 조절하고 가능한 모든 순간에 최대한의 노동을 뽑아내야 할 필요도 자연으로부터 발생한 것이 아니었다. 실상은 정반대였다. 도리어 **이러한 사태들이** 가용한 수단을 동원하여 **자연을** 구축하고 재편해야만 했던 것이다. 공간의 경우와 마찬가지로 나중에 우리는 이 역설이 가지는 의미를 추적하여 그 이론적이고 정치적인 귀결을 살펴볼 것이다. 하지만 우선은 증기력 그 자체를 권력의 한 형태로as a form of power 다시 차분히 고찰할 필요가 있다.

9
'규제는 필요 없고 오직 연료만':
부르주아 이데올로기가 석탄으로부터 권력을 도출하다

증기물신주의

조지 시대 후기와 빅토리아 시대 초기 영국에서는 하나의 완성된 이데올로기가 증기력을 중심으로 삼아 등장하였다. 한 집단—이 경우 이것은 하나의 계급이었다. 바로 영국 부르주아지—이 자신의 이익을 증진하고, 자신의 행동을 한 방향으로 집결시키며, 자신의 경험과 야망을 표현하면서, 스스로가 이 세계에서 이룩해야 할 과업을 설정하기 위해 품은 관념. 가치와 신념을 지칭한다는 최소한의 의미에서 볼 때, 이것은 분명히 이데올로기였다. 이러한 것들뿐 아니라 더 많은 관념들이 흔히 증기기관이라는 인공물로부터 추상되어 등장하였다. 마이클 프리든Michael Freeden이 발전시킨 '형태학적'morphological 이론에 따르면, 이데올로기는 특정한 양식pattern이나 질서에 따라 군집을 이룬 정치적 개념들의 배치configuration를 지칭한다. 마치 특정한 방식으로 가구가 배치된 방처럼.[1] 이러한 관점에 따르면 자유주의는 의자와 탁자처럼 여러 종류의 개념이 자유freedom라는 그 중심 물체를 둘러싸는 형태로 배치된 방과 같다고 할 수 있다. 프리든의 방식을 따라 설명하자면, 증기 이데올로기 속에 영국 부르주아지는 자신들이 소중히 여기던 일군의 이상들—진보, 과학, 역학적 천재성, 부의 축적, 사유재산을 가질 권리, 자유—을 증기기관이라는 난롯가 부근에 배치한 셈이다.

하지만 여기서 바로 어색한 점을 하나 눈치챌 수 있다. 증기기관은 자유liberty나 평등이나 무정부anarchy 같은 개념이 아니다. 이것은 하나의 사물a thing이다. 자유주의나 사회주의와 같은 방식으로 '증기주의'steamism를 이야기하는 것은 거의 아무런 의미가 없다. 비록 1840년대에 《기계 기술자 잡지》를 들춰보던 독자나 1851년 만국박람회를 관람하던 방문객이라면 이 단어를 별 거부감 없이 익숙한 것으로 그냥 받아들이겠지만. 그렇다면 증기기관을 매우 독특한sui generis 이데올로기의 원천으로 보기보다는 차라리 자유주의가 일시적으로 내세운 금송아지 우상, 관념들로 구성된 몸통이 잠시 걸었다가 갖다 버린 목걸이 장식품, 일반적 부르주아 이데올로기의 여러 부류 중 한때 잠깐 유행했던 사물로 보는 편이 더 타당하지 않을까? 그러나 증기기관은 결정적인 전환기의 기술이었다. 게다가 이는 지금껏 영향력을 잃지 않은 화석 경제의 위대한 첫 번째 화신이기도 하다. 증기기관의 불꽃을 중심으로 가구를 배치했던 그 방은 **일련의** 화석 경제 이데올로기 중 제일 처음으로 등장한 것일 뿐 아니라 후대에 몇 차례의 재배치와 개장을 거쳐 여전히 오늘까지 유지되고 있을 가능성이 있다. 게다가 이 데올로기에 대해 약간이라도 배운 적이 있는 사람이라면 개념이 아니라 사물을 중심으로 구성된 상징 공간의 존재가 그리 낯설지 않을 것이다. 이러한 특정 범주의 이데올로기 형성 방식은 물신주의라고 알려져 있다. 구조적 위기가 벌어지던 수십 년 동안 영국 부르주아지는 **증기물신주의**steam fetishism를 발전시켰다.

기관은 시간을 잘 지키고, 위스키를 마시지 않으며, 절대 지치지 않는다

사람들은 자동기계를 구동하여 제멋대로인 노동을 불필요하게 만드는 회전기관의 능력을 높이 찬양했다. 자동 뮬방적기와 역직기가 이러한 회전기관이 그 약동하는 손에 바로 끼우고 있던 장갑처럼 가장 긴밀한 상징성을 띠기는 했지만, 물론 이 기계들만 회전기관에 의해 작동된 것은 아니었다. 당대의 식자들이 사람 손의 대체품으로서 증기를 보고 열광했을 때, 이들은 온갖 종류의 기계를 마음속에 떠올리고 있었다. 실제로 19세기의 이사분기에 들어서면서 면직물 방적이나 직조 외의 다른 많은 분야에서도 자동화에 박차가 가해졌다. 네 가지 예를 살펴봄으로써 이러한 경향이 얼마나 널리 확산되었는지 확인할 수 있다.

일단 면을 방적하고 옥양목으로 짜낸 후 그 천이 반점 하나 없이 하얗게 표백되고 나면, 이제 당대 유행의 입맛을 자극할 수 있도록 선명하고 섬세한 문양의 색과 무늬로 천을 물들여야 한다. 즉, 날염업자가 나설 차례. 면직물 산업이 1780년대에 폭발적으로 성장하던 중에도 여전히 이 작업은 문양이 새겨진 나무 블록을 가지고 이루어졌다. 날염공은 자기 육체의 동력만을 써서 나무 블록의 뒤에 있는 손잡이를 잡아 들고, 염료를 묻힌 후, 이를 천에 강하게 누르면서 철 망치로 때렸다. 옥양목 한 장 한 장마다 이 과정이 수백 차례 반복되어야 했다. 작업은 느렸고 오래 걸렸을 뿐 아니라 말 그대로 완전히 날염공의 손에 달린 것이었다. 힘과 기술이 필요했기 때문에 이 작업을 할 수 있는 날염공의 공급은 제한될 수밖에 없었다. 날염공은 방적공과 마찬가지로 강력한 교섭력을 가지게 되었고, 19세기의 첫 20년 동안 그들의 비합법 노동조합은 날염 작업장 내에서 일어나는 생산의 모든 측면—생산량, 문양의 종류, 도구의 선택, 도제의 고용, 생산시

간——을 통제하며 고용주들을 무력한 자본 제공자 수준으로까지 강등시켰던 것으로 보인다.[2]

그러는 사이에 날염공들의 천적이 드디어 때가 이르렀음을 선언한다. 1785년 일어난 파업에 대응해서 프레스턴의 한 고용주는 날염기계의 특허를 획득한다. 외부 원동기의 힘을 이용해 문양이 새겨져있는, 염료에 물든 구리 실린더가 직물 위에서 구르도록 만든 것이었다. 이 불완전한 장치는 아주 서서히 실용화되었지만, 19세기 초에 이르러서는 새로운 형식의 기계들이 대거 등장한다. 한 제조업자가《장인》The Tradesmen에서 설명한 것처럼 날염공들이 '그들의 고용주에게 야기했던' 문제점들 때문에 '많은 이들이 기계를 대폭 개량하여 직인들journeymen 손을 빌리지 않고도 많은 양의 상품을 염색할 수 있도록 노력하게 되었다.' 심지어 1835년까지도 강력한 블록 날염공 조합과 그들의 높은 임금에 대한 불평불만을 발견할 수 있지만, 이 결정적인 시기에 이들이 보였던 공격성은 자동화를 촉진하는 결과만을 낳았다. 손베틀 직조공들처럼 이들 역시 자동 날염기에 의해 무자비하게 일자리를 빼앗기게 되었고, 이렇게 또 고집 센 일군의 노동자들이 과거의 역사로 밀려났다. 앤드루 유어가 보기에 이 기계는 작업자들의 폭정으로부터 구원을 가져온 전차chariot였고, 그 중요성은 철 사나이에 맞먹을 정도였으며, 자동 날염 시설은 통합공장에 버금가는 놀라운 혁신이었다.[3] 이 무대에서도 기관이 조용히 자신의 꼭두각시들을 조종하고 있었던 것이다.

면직업종이 아니라 꼬이고 엉킨 양털을 먼저 곧게 펴야만 했던 소모사worsted 부문에서도 똑같은 순서로——규율을 무시하는 노동자, 새로운 기계, 증기와 평온함——상황이 반복되었다. 양털을 펴는 것은 전통적으로 양모 빗는 직공의 일이었다. 바로 생산의 첫 번째 공정이 이들이 양손에 빗을 들고 무릎을 꿇은 채 실을 뽑을 만한 상태가 될 때까지 양털을 곧게 빗는 것이었다. 1857년에 나온 존 제임스John James

가 쓴《잉글랜드 소모사 제조업의 역사》*History of the Worsted Manufacture in England*라는 두꺼운 책을 보면 '이 세기 초부터,' '양모 빗는 직공들은 강력한 조직을 구성했고, 이들은 소요, 파업, 불복종 행위를 통해서 고용주들에게 큰 어려움을 안겼다.' 이들은 '고용주들에게 마치 독재자같은 존재였던 것처럼 보인다.' 단결금지법이 폐지되고서 2개월이 지나자 이들은 요크셔의 웨스트라이딩 내 소모사 생산 지역에서 연합체를 구성하며 단결하였고, E. P. 톰슨의 말을 빌리면 '브래드퍼드 역사상 가장 격렬한 파업'을 시작했다. 약 2만 명의 양모 빗는 직공들과 직조공들이 반년간 일손을 놓았다.[4] 이제 소모기a combing machine를 만드는 데 온 관심이 쏠렸다. 1827년에 때맞춰 발명가인 플랫과 콜리어가 첫 실용적 장치의 특허를 출원했고, 소모사 생산업 자본가였던 브래드퍼드의 공장주들은 곧바로 이를 기쁘게 받아들였다.

양모 빗는 직공들과 직조공들의 참을 수 없는 만행으로부터 해방되기 위해서 소모기와 역직기가 업계 현장에 재빨리 투입되었다. 플랫과 콜리어가 새로 발명한 소모기는 길고 거친 양털을 다듬는 데 적합한 것으로 판명되었으며 곧 도시 내에 설치되었다.

이것들은 바로 직조 부문의 역직기들 곁에 자리했다.[5]

1830년대 초중반의 혼란과 호황은 자동화를 더욱 가속시켰고 제임스가 전하기를 '1833년과 1838년 사이의 짧은 기간', 바로 이 급격한 변화의 시기에 특히 브래드퍼드에서 '증기력이 매우 빠르고 주목할 만큼 증가하였다.' 1841년에 브래드퍼드에서 증기에 의한 마력은 수력을 23대 1의 비율로 압도했다. 웨스트라이딩의 탄광이 필요한 연료를 공급했다. 제임스가 역사서를 출간했을 때 소모사 생산업계는 평온을 찾은 것처럼 보였다. 파업이 진정되고 자동기계들이 설치되었으며, 증기가 뿜어져 나오고 석탄이 타고 있었다. 앞뒤 가릴 줄

모르던 양모 빗는 직공들은 '곧 하찮은 존재들이 되어 버렸고 도태될 위기에 처하였다.'[6]

하지만 누가 이 모든 기계들을 제작했는가? 면직업종 외의 부문에서도 기계화가 진전됨에 따라 기계제작자machine-makers에 대한 수요는 자연스레 증가하였다. 자부심 강한 장인들이었던 이들은 실린더의 구멍을 뚫거나 왕복대carriage를 만들거나 선반, 드릴, 나사 장치—흔히 자기가 직접 소유한 도구들—를 조작할 때 스스로의 눈과 손만을 믿었다. 여기서도 계층구조의 불안이 곧 드러났다. '이들이 마치 주인인 것처럼 행동한다'고 적으면서 페어베언은 당시 공장주들의 마음을 대변했다. 기계를 공급받기 위해서 왕국 전체가 속을 알 수 없는 이들 직인에게 의존해야만 했다. 이러한 상황을 최대한 활용하여 이들 조합은 임금과 가격을 상승시켰다.[7] 제임스 나스미스가 적은 것처럼 '이렇게 발생한 어마어마한 비용은' 기계를 공급받는 데 '무시무시한 장벽으로' 작용했다. '더 신뢰할 수 있고 생산적인 행위자가 필요하기 때문에 제도의 변화가 시급히 요청된다.' 그러한 행위자는 물론 **또 다른** 기계, 즉 '공작기계'machine-tools일 수밖에 없다. 그 기본 원리에 따르면 공작기계는 바로 비인간non-human 원동기의 동력을 가지고 장치 그 자체 내에 내재된 정밀도에 맞춰 물체를 절단하거나 성형하는 자동장치이다. 증기 해머—증기의 압력으로 들어 올려진 후 정밀하게 제어된 방식으로 떨어지면서 충격을 가하는 거대한 해머—로 유명한 나스미스는 랭커셔의 기계공들mechanics이 1830년대 중반 호황기에 공급자 주도 시장에서 얼마나 이득을 보았는지 회상한다. 기계공들의 기능에 대한 수요가 높아지면 높아질수록 그들은 더 자주 파업했고, 술 마시고 납기가 닥칠 때까지 빈둥거렸으며, 작업장에 오고 가는 것도 제 마음대로였다.

불규칙하고 부주의한 노동자들은 고용주들에게 당연히 골칫거리가 되었다. 하지만 그렇기 때문에 바로 신뢰할 수 없는 수작업 노동을 배제할 수 있는 자동 공작기계에 대한 수요가 더욱 자극받아 증가하였다. 기계는 절대 술에 취하지 않는다. 기계는 절대 과로했다고 그 움직임이 흔들리지 않는다. 기계는 절대 작업장에 결근하지 않는다. 기계는 절대 임금을 달라고 파업하지 않는다. 기계 구조물 중 가장 섬세하고 육중한 부분을 생산하면서도 기계는 그 정확도와 규칙성을 잃는 법이 없다.[8]

1830년대 중반에 시작된 기계 생산방식의 전환은 1850년에는 거의 완료되었다. 대략 10년 반 정도 되는 이 짧은 기간 사이에 영국의 산업계는 해당 세기 중 가장 집중된 기계 수요의 폭증을 경험했다. 이 기간이 끝날 무렵에 공방 내의 오랜 질서는 찾아볼 수 없게 되었다. 기계는 더이상 장인이 만드는 것이 아니라 저렴한 임금의 청소년들이 쉽게 작동시킬 수 있는 공작기계—미끄럼 공구대, 평삭기, 천공기, 홈을 내고grooving 모양을 찍으며slotting 틈을 가르고paring 구멍을 뚫으며drilling 연마하는polishing 각종 기계들—가 만드는 것으로 바뀌었다. 왜냐하면 공작기계 덕에 '근육의 힘을 쓸 필요가 거의 없었고 단지 주의 깊은 관찰력만이 필요했기 때문이다. 이렇게 공작기계가 모든 작업을 했으며(왜냐하면 생각은 이미 기계 안에 체현되었기 때문에) 온갖 종류의 기하학적 형상을 극단적으로 정확하게 만들어 냈다.' 나스미스 같은 고용주는 이제 그를 실망시키는 일이 없는 원동기로부터 부와 권위를 도출해낸다. '공장의 기관이 노동, 즉 힘의 원소를 공급한다.'*The factory engine supplies the labour or the element of Force.*[9]

이렇게 증기력으로 구동되는 공작기계가 증기력으로 구동되는 작업기계를 구원하며 새 시대를 열었다. 실로, 기계 생산의 기계화는 구조적 위기를 끝내는 데 필수적으로 중요했다. 이게 없었더라면 기계를 그 기초로 삼아 자본축적을 확대하는 것은 단순히 불가능했을 것이다. 오로지 공작기계가 가져다준 배증된 생산성과 확실성 덕분에 자동 뮬방적기, 역직기, 실린더 날염기the cylinder printing machine, 소모기 그리고 제일 중요한 기계였던 증기기관 그 자체가 영국 경제 전면에 걸쳐 확산될 수 있었다. 공황 후 수년간, 인간 노동—특히 숙련된 성인 남성의 노동—을 기계로 대체하려는 **첫 번째 일반적 추동**the first general push을 목도하게 된다. 하지만 왜 수력에 기초한 기계화일 수는 없었을까? 여기서 언급된 모든 사례는 각 부문의 자본가들이 면직물 방적과 직조 부문의 경우와 거의 마찬가지 이유로 증기를 선택했다는 것을 시사한다. 하지만 경우에 따라 약간이지만 중요한 차이가 존재한다. 기계제작소Machine shops는 공장법의 적용 범위에 들어가지 않았다. 그 대신 다른 시설에 비해 이들 기계제작소는 기술적 노하우가 공간상 집중되는 현상을 가장 긴밀하게 필요로 한다. 기계제작소 대부분은 중간 단계인 에너지의 흐름을 건너뛰고 동물력에서 에너지의 재고로 곧장 전환하였다. 페어베언은 1810년대 중반에 자신의 맨체스터 작업장에 있는 선반을 돌리게 하려고 '건장한 아일랜드 사람'을 고용했다. 1823년에 이 아일랜드 사람은 증기기관으로 대체되었다.[10]

터프넬은 이러한 지름길을 거친 아주 흥미로운 경우 하나를 건설업종에서 찾아내어 따로 서술했다. 1830년대 초에 랭커셔의 인부, 벽돌공, 건설 노동자가 일으킨 파업에 대응하기 위해 고용주들은 이들의 작업 일부를 증기기관에 맡겼다. 사람 손을 빌리는 대신 증기기관을 써서 석회와 모래를 섞고 회반죽을 만들며 자재를 위층으로 끌어올렸다. 이렇게 함으로써 얻을 수 있는 가장 큰 이익은 도대체 무엇이었을까? 터프넬은 한 건설업종 고용주의 편지를 제시한다. '우리는 벽돌, 석재, 철, 목재 무엇이든 상관없이 위로 올려보낼 수 있다. **기관은 인부들보다 훨씬 더 다루기 쉽고 얌전하고, 간편하게 관리할 수 있으며, 시간을 잘 지키고, 위스키를 마시지 않으며, 절대 지치지 않는다.'[11]** 이것이 빅토리아 시대 이데올로기가 진심으로 집착하게 된 증기력의 성질이다.

일단 상품 생산 영역에서 자본주의 소유관계가 형성되면, 자본과
노동은 서로 싸울 수밖에 없으며 전자는 후자를 굴복시키기 위해서
기계 군단을 차례로 소환한다. 그리고 최초의 구조적 위기 중에 이 현
상이 가장 극심하게 드러났다. 바로 이 지점이 에너지에 관한 일반적
부르주아 관념과 그 특수한 사례인 증기에 관한 관념이 발달하게 되
는 맥락을 구성한다. 근본적으로 이러한 관념들은 한편으로는 관리
방침에 반항하고, 고된 노동을 기피하며, 위스키를 마시고, 과로하면
곧 지치던 노동자들에 대한 강렬하고 일관된 경험과 다른 한편으로
그 모든 측면에서 정반대였던 증기기관에 대한 경험을 통해 형성되
었다.

기계의 마술적인 권능

자동장치automata에 대한 매료는 서양문화 안에서 오랜 전통 중 하
나이다. 강민수Minsoo Kang가 《살아 있는 기계라는 숭고한 꿈: 유럽인
의 상상력이 본 자동장치》Sublime Dreams of Living Machines: The Automaton in the
European Imagination에서 서술했듯이 알렉산드리아의 헤론——증기 장난감
을 창안한 고대의 기술자——은 스스로 움직이는 신기한 기구들을 실
험하는 전통의 시조이다. 10세기 후반에 비잔틴 황제는 사람들이 가
까이 오면 자동으로 포효하고 지저귀는 사자와 새의 모형으로 왕궁
을 장식했다. 16세기와 17세기에 프랑스와 이탈리아의 왕족과 귀족은
보통 고대의 신이나 괴물 모습을 하고 움직이며 물을 뿜는 조각상들
을 정원에 채우고는 방문객들이 그 기묘한 동작에 놀라워하는 것을
즐겼다. 1730년대 후반에 자크 드 보캉송Jacques de Vaucanson은 '배변하는
오리'defecating duck를 만들어 유럽에서 가장 유명한 자동장치 제작자라
는 명성을 얻었다. 오리를 모방한 이 기계장치는 혼자서 날개를 퍼덕

이고 물을 마시며 곡식을 삼킬 뿐만 아니라 심지어 작은 조각을 배설하는 짓도 할 수 있었다. 사방에서 구경꾼들이 이 신기한 광경을 보고자 몰려들었다. 소문은 더 멀리까지 퍼졌다.

강민수가 내린 기본 정의에 따르면 이 장치들 모두가 자동장치이다. 운동할 수 있는 내재적 능력을 가진 것처럼 보이는, 살아 있는 생명체를 흉내 내는 기계. 산업화 이전 유럽에서 이 장치들의 주된 기능은 경외하게 하거나 놀라게 만들거나 위협하거나 즐겁게 하는 것, 단순하게 말하면, 감명을 주는 것이었다. 이것들은 거의 언제나 이를 통해 자신의 위엄을 과시하던 굉장히 부유한 개인의 소유물이었다. 이 장치들에는 마법과 요술이 결부되었다. 19세기 초 영국의 자동장치—살아 있는 방적공, 직조공, 날염공, 양모 빗는 직공, 선반공 등을 어느 정도 모방하던 기계들—는 똑같은 상상력의 산물이기는 했지만 전혀 다른 기능을 수행했다. 즉, 이것들은 적극적으로 상품 생산에 가담하는 기능을 수행했다. 만약 산업화 이전의 유럽에서 자동장치의 주된 용도가 부의 **과시**였다면, 산업화하던 영국에서 자동장치의 용도는 부의 **축적**이었다.[12] 이러한 전환이 일어난 후에야 비로소 우리는 정치생태학자 알프 호른보리Alf Hornborg가 '기계물신주의'machine fetishism라고 불렀던 것을 논할 수 있다.

'물신'fetish이라는 단어는 '만들다'make 또는 '제조하다'manufacture라는 뜻의 라틴어 동사로부터 나왔다. 잘 알려진 바와 같이 이 단어의 현대적 용법은 15세기와 16세기에 포르투갈 상인들이 서아프리카의 신앙체계와 만나면서 등장했다. 가장 원시적인 미혹의 양식으로서, 원주민들이 만들어진 인공물을 숭배하는 것을 목격했던 것이다. 그 이후 물론 '물신'과 '물신주의'라는 단어는 종교 분야로부터 예술, 성, 경제학과 이데올로기까지 광범위한 여러 분야에서 서로 다른 의미를 가지는 것으로 변했지만, 여전히 하나의 공통분모가 이렇게 다양한 용법들(의 대부분)을 묶어 내고 있다. 물신A fetish은 자기 자체의 자동적 힘을 부여받은 사물로 여겨진다. 마치 신격, 아름다움, 기운excitement, 선, 성장이나 기타 생명의 잠재력이 그것에 내재하는 것, 즉 그 사물 자체의 성질인 것처럼 다루어진다. 이것은 주로 사람이 만들어 낸 생명이 없는 물질이지만 살아 있는 주체의 성질을 체현한 것처럼 인지된다. 이것은 의미가 구체적인 형태로 현전한 것이다. 이것은 일종의 권능power을 지닌다.[13]

자본주의 사회에 대한 비판적인 연구에서는 마치 성소에 모셔져서 보통의 필멸자 위에 군림하고 경배받으며, 마치 스스로 힘을 가지고 있는 것처럼 작동하는 특정 객체—주로 화폐나 상품—가 근대의 물신으로 인식되어 왔다. '원시적인' 물신과 마찬가지로 이들은 그들 자체 안에다가 그들의 참된 기원을 은폐한다. 사회적 권력이 이들에게 분급되면서 개인들 사이의 관계가 사물로 가장되어 나타나게 되고, 그 결과 누군가는 손해를, 누군가는 이익을 얻게 된다. 그리고 호른보리는 **기계**the machine에 주목함으로써 이 일군의 이론의 발전에 현저하게 기여했다. 그가 주장하기를, 기계야말로 바로 '산업자본주의에서 가장 핵심적인 물신'이다. 따라서 '기계물신주의'란 생성 능력 generative capacity과 독립적 생산성independent productivity의 기반을 기계로부터 찾는 것을 말한다. 여기서 기계의 참된 기원은 불투명해지고, 기계가 바로 진보의 가장 위대한 동인이자 풍요의 뿔a cornucopia이 되고 묵시록의 우상으로 받아들여진다.[14] 이는 환상과 사실이라는 두 요인이 서로를 비추고 강화하면서 겹치게 되는 의식의 지평에 위치한다.

19세기 초 영국의 자동장치는 전형적인 물신으로서 숭배되었다. 유어가 적은 것처럼 '바로 면직업종 작업장에서' '자동 산업의 완성을 목도할 수 있다. 바로 여기서 원소의 힘들이 수백만 개의 복잡한 기관 organs을 작동시켜 **지적인 기능을 목재, 철, 황동의 형상에 불어넣는다.**' 자동 뮬방적기와 역직기는 마치 살아 있는 것처럼 거동하는 인공물인 준≠인간quasi-persons으로 받아들여졌다. 이러한 인식은 '철 사나이'라는 별명에서부터 이미 확인할 수 있다. 소모사 생산 부문에서 유어는 소모기를 '수공예의 우수한 솜씨와 지능을 기계로 체현하여 그리고 그렇게 함으로써'——이 장치를 썼던 바로 그 이유를 명시한다——'저렴하고 얌전한 노동으로 비싸고 때로는 다루기 어려운 것을 대체'한 또 하나의 놀라운 예로서 들고 있다.[15] 이것이 바로 그가 가졌던 전망의 요점이다. 자동기계를 통해서 그리고 모든 기능을 궁극적으로 기계로 대체함으로써 오만한 일손들로부터 산업을 구원하는 것.

만약 작업장의 자동화가 실용적인 물신주의라고 한다면, 부르주아의 언어는 여기에 확대경을 들이댄다. 1861년, 영국과학촉진회 the British Association for the Advancement of Science 강연에서 페어베언은 공작기계에 대해 '거의 그 자체에 창조력을 내포하고 있다. 사실 그 적응력이 너무나도 뛰어나서 사람 손으로 하는 작업 중 어느 하나 이것이 모방하지 못할 것은 없다'고 격찬하였다. 나스미스는 놀라운 변신 metamorphosis 장면을 제시한다. 공작기계의 힘을 빌림으로써 그와 그의 동료들은 '마치 우리가 난쟁이pigmy 노동자들로 변하는 능력을 가진 것처럼 정확하게' 금속 조각을 절단하고 구멍을 뚫고 모양을 형성할 수 있었다고 한다. 기계에 대해 사용된 더 흔하고 더 설득력 있는 은유는 노예에 비유하는 것이었다.[16] 보수당 의원이자 왕성한 저술가였던 벤저민 디즈레일리는 1844년, 소설 《커닝즈비》Coningsby에 나오는 주목할 만한 문단에서 주인공이 맨체스터의 공장을 방문하는 장면을 묘사하면서 동양 신화를 인용한다.

그는 아라비아 우화에 나오는 궁궐들보다 더 거대하고 이프리트들 Afrite[아랍 민화에 등장하는 지하 세계의 지니jinn]이나 페리Peri[페르시아 전설에 등장하는 타락한 천사의 후예]보다 더 경이로운, 많은 이들로 가득 찬 방에 들어섰다. 거기서 그는 목격했다. 생명은 없지만 엄청난 존재감을 발산하는 신비로운 형상들이 길게 계속되는 열을 짓고는, 사람이 며칠을 일해도 완수하기 어려울 과업을 순식간에 손쉽게 수행하는 것을. **기계는 소모시키지도 소모되지도 않는 노예다.** 이는 **지극히 거대한 규모의 에너지를 부여받아서** 지극히 거대한 규모의 기운을 가지고 움직이면서도 동시에 모든 열정과 감정으로부터 자유로운 존재다. 따라서 이것은 그냥 노예가 아니다. 바로 **초자연적인 노예다.**[17]

이러한 신비주의를 기계에 쏟아지는 찬사들 속에서 흔히 발견할 수 있다. 직조 장인이던 윌리엄 래드클리프William Radcliffe는 역직기에 대해서 쓴 소고에서 '빵도 먹지 않고, 역학적 기능을 통해 양모, 아마포, 명주, 면을 끝없는 생산과정에 복속시키는 **기계의 마술적인 권능**' *the magical power of machinery*에 대해 말한다. 호른보리가 지적한 것처럼, 기술과 마술 사이에 경계선을 긋는 것은 어려운 일이다.[18] 조지 시대 후기와 빅토리아 시대 초기의 영국에서 역학적 용어는 산업화 이전 시대의 신념과 인식에 이끌려 이들과 혼동될 수밖에 없었고, 면직업종 작업장을 방문하는 것은 마치 플로렌스 귀족의 정원을 산책하는 것이나 드 보캉송의 전시를 보는 것과 똑같은 감정을 불러일으켰다. 발전된 이성을 자랑스럽게 여기던 이 시대에도—심지어 충분한 과학적 지식을 지닌 청중을 대상으로 삼는 강연에서조차—마술에 빗대는 수사법이 여전히 남아 있었다. 이렇게 분명한 퇴보가 어느 수준까지 진행되었는지 곧 살펴보게 될 것이다.

하지만 이와는 조금 다른 경제적 은하계에서 기계를 향한 부르주아의 경탄—약간 더 냉정하고 더 실용적·탐욕적이었던—은 주로 노동자에 대한 승리의 향기에 도취된 채로 나타났으며, 인간 노동을 제거할 수 있다는 바로 그 능력 때문에 물신이 숭배되었다. 초기의 자동장치는 단순히 흥미 본위의 잔재주를 부릴 기구를 숨기는 텅 빈 가면에 불과했지만, 19세기 영국의 자동장치는 살아 있는 일손을 빼앗아 그들의 것으로 삼을 수 있도록 하는 상품 생산의 실질적 능력을 충분히 가지고 있었다. 기계물신주의는 '다루기 어려운' 일손들에 대한 전투 때문에 탄생했고, 그 신비로운 기운은 작업장과 기계제작소라는 전장에서 피어오른 것이었다. '자동적인 움직임과 초인간적인 힘'을 부여받은 기계는 이제 작업자들이 가진 하나의 자산—필수적인 그들의 노동—을 훔쳐서 이를 스스로의 동체에 이식함으로써 **권능의 물적 체현**_a physical embodiment of power_이 되어 등장한다.[19] 오래도록 천상에 머물던 기계를 향한 숭고한 꿈이 드디어 지상에 강림한 것이다.

그러나 모든 형태의 물신주의와 마찬가지로, 여기에도 다양한 은폐 기작이 존재한다. 우리는 여기서 두 가지만 지적할 것이다. 유어나 배비지의 저작에서 자동화된 생산기구는 스스로 무생물만을 필요로 하는 존재론적 범주로 등장하며, 공장 현장에서 노동자의 주체성을 말 그대로 말소한다. 비록 실제로 그렇게 만들기 위한 시도가 계속되기는 했지만, 발명가들과 자본가들은 항상 간발의 차이로 완전한 자동화에 도달하지 못했으며, 아무리 자동화가 진행되더라도 언제나 약간의 인간 노동이 필요한 채로 남겨질 수밖에 없었다. 이 사실은 은폐되었다. 그리고 가끔 이 사실은 뻔뻔스러운 비일관성이라는 형태의 징후로 노출되었다. 유어의 말을 빌리자면,

기계의 모든 개선의 변함없는 목표이자 경향은 인간 노동 전체를 대신하는 것일 수도 있지만, 사실 남성의 근로를 여성과 아동의 근로로 대체하거나 숙련된 장인의 근로를 보통 노동자의 근로로 대체하여 그 비용을 줄이는 것이다.[20]

심지어 자동화된 유어의 낙원에서조차 여전히 생산을 계속하려면 노동력이 필요하다. 물론 이 노동력은—주로 성별이나 연령 덕에—쉽게 은폐될 수 있다. 사실 기계의 핵심은 에나 지금이나 변함없이 도리어 **더 많은 노동**을 착취하는 것이다. 노동이 완전히 불필요하

게 될 것이라는 환상과 현실은 정반대일 수밖에 없었다.[21]

　스스로 움직이는 기계라는 환상을 지탱하기 위해서 부르주아 이데올로그들은 새로이 등장하여 훨씬 더 고된 일을 하는 노동자 세대의 존재를 숨겨야만 했는데, 그러나 그러한 은폐는 일관되게 시도되지 못했다. 바로 이 부분에서 영국의 기계물신주의 내의 알력이 드러난다. 기계가 인간 노동을 완전히 말살했다고 주장하는 **동시에** 인간 노동을 더 잘 복종시켰다고 서술했다. 기계가 인간 노동의 한 종류—다루기 힘든 성인 남성의 노동—를 조금 더 온순한 다른 종류로 대체하는 자동화 **과정**의 현실을 이 모호함을 통해서 어느 정도 표현했던 것이다. 이것은 진행 중인 과정이었으며, 영원히 불안하며 완수될 수 없는 성질의 것이었다. 심지어 젊은 여성조차도 반기를 들 수 있었다. 그래서 역설적으로 기계물신주의는 고취되는 동시에 그 근본부터 침식될 수밖에 없었고, 남겨진 작업자 집단의 존재는—특히 이들이 통제를 거부하는 경향을 보이는 경우—이러한 기계물신주의가 허위임을 드러내는 것일 뿐만 아니라 이를 더욱 강력히 추진하게 만드는 자극제가 되기도 했다.

　그러나 한순간도 기계가 진정으로 자립적이며 충분한 생산성의 원천이 된 적은 없었다. 사실 영국 부르주아의 자동장치는 절대 자율적일 수 없었다. 왜냐하면, 다른 여러 이유를 차치하더라도, 이것들이 원동기에 계속 붙어 있어야만 했기 때문이다. 원동기로부터 분리되는 순간 기계는 스스로의 무력함을 즉시 실토했다. 이 모순은 한층 더 창의적인 방식으로 처리되었다. 물신주의의 초점을 공장 건물 한 층 아래, 바로 기관실로 옮김으로써.

어떻게 내가
모든 세계를 지배하는지를

단결금지법이 폐지되고 일주일이 지난 1824년 6월 18일, 영국 부르주아 계급의 핵심 인물들이 아주 특별한 목적을 가지고 수도의 홀본과 코벤트 가든 사이 광장에 있던 프리메이슨 홀Freemason's Hall 안에 모였다. 제임스 와트를 기리는 기념물을 세우도록 요구하기 위해 서였다. 와트의 조각상은 당연히 바로 국가권력의 핵심부에 들어서야 했다. 위원회가 구성되었으며 그 구성원 중에는 리버풀 백작the Earl of Liverpool──수상이자 그 회의의 의장이었다──, 제임스 와트 주니어 James Watt Jr, 찰스 배비지, 의원 20여 명, 성직자 두어 명과 당시 영국을 대표하던 가장 저명한 제조업자들이 포함되었다. 모직업의 제왕 벤저민 고트Benjamin Gott, 도기 재벌 조시아 웨지우드Josiah Wedgwood, 피터 에워트, 존 케네디뿐만 아니라 심지어 수력으로 작동하는 면직업 작업장 소유주 중 가장 성공한 자들도 일부 끼어 있었다. 커크맨 핀레이, 로버트 필, 윌리엄 스트러트William Strutt, 리처드 아크라이트 주니어까지. 한 연사는 이 모임에서 '계몽되고 뛰어나며 독립적이고 올곧은 사람들의 계급, 즉 잉글랜드의 제조업자 중 많은 이들'을 만나게 되었다는 것에 대한 큰 기쁨을 표했고, 필도 찬사를 늘어놓는 데 동참했다. '나는 이러한 위인[와트]이 바로 내가 속하고 자란 사회계급의 일원이라는 사실이 이 계급의 영광이자 명예라고 생각한다.'[22] 그 최대의 공로자에게 경의를 표하기 위해서 하나의 계급이 여기 모인 것이다. 프리메이슨 홀에서 벌어진 신성한 제례를 통해 증기력이 **한 계급의 과업**a class project이라는 사실이 공인되었다.

이데올로기의 여러 기능 중 하나는 계급을 단결시키고 그 구성원을 조직하여 그 계급이 스스로의 고귀한 사명을 확신하고 승리를 기대하며 사회적 투쟁을 수행할 수 있는 하나의 세력이 되도록 묶어

내는 것이라 할 수 있다.[23] 프리메이슨 홀 회의에서는 놀라우리만큼 일치된 단일한 목소리가 나왔으며, 여기에는 자신의 작업장에서 수력을 사용하는 것이 현실적으로 더 유리하다고 계속해서 확신해 온 자본가들까지도 포함되어 있었다. 부르주아 관념 속의 지배적 경향이 이미 증기 쪽으로 기울어졌다는 신호였다. 필이나 핀레이 같은 이들이 케네디와 에워트 같은 이들과 대립하며 서로 적대하는 일은 없었다. 그들 모두 와트가 자신들을 위해 공헌한 바를 똑같이 잘 이해하고 있었다. 사실 필 역시 인구 중심지에 공장을 위치시킬 수 있게 해주는 증기의 소중한 가치를 높이 평가한 바 있다. 일련의 위기가 끝난 후인 1849년에 헨리 애슈워스도 '증기기관 사용에 의해 촉진된 사회적 개혁'을 찬미하였다.[24] 하지만 와트의 기념물을 세우기 위한 운동에서 특별히 우리의 관심을 끄는 측면은 이 운동이 **수력으로부터 증기로의 전환이 완전히 끝나기 전에 일어났다**는 점이다.

회의 후, 영국 곳곳에 와트의 흉상과 입상이 세워졌다. 과장된 기념물의 건립이 제안될 때마다 이를 위해 그 도시의 지역 명사들이 모여 와트에 경의를 표하며 연설하고, 이러한 기념물의 필요성을 역설하면서 기부에 동참할 것을 자산가들에게 권하였다. 공교롭게도 맨체스터에서는 중앙경찰서에서 그러한 회의가 개최되었다. 와트 동상을 건조할 것을 제안하면서 솔퍼드의 면직업종 작업장 소유주이던 한 의원an MP은 우선 와트의 천재성을 기념하는 기념물들이 이미 도시 곳곳에 산재하고 있음을 인정했다. 이 면직업의 수도 자체가 수력을 대체한 저 위대한 대용품 덕에 탄생한 것이었다. 제조업자들이 수력에 묶여 있었다면, 그들은 흩어질 수밖에 없었을 것이다. 하지만 와트가 이 도시의 수호천사라면, 당연히 그의 동상을 세워 그 격에 맞는 대우를 제공해야 했다. 에든버러에서 건립을 주도한 사람 중 하나는 바로 레너드 호너였다. 글래스고에서 열린 제막식에서는 앤드루 유어가 공개 강연을 진행했다. 버밍엄에서는 건립을 추진하던 사람 중 하나가 로열 호텔the Royal Hotel에 모인 유력한 청중들에게 증기야말로 '이 국가에 대한 축복이다. 그리고 사실 바로 이것이 어마어마하게 많은 돈을 지표 위로 끌어올렸다'라고 설명했다.[25]

회전기관의 창조자를 기리는 기념물을 건립하는 일이 어째서 이렇게까지 중요하게 받아들여졌을까? 에든버러의 한 활동가는 이것이 '와트 씨Mr Watt의 기억을 영원히 간직하고 이를 찬미의 대상으로까지 승격시킬 것'이라고 주장했다. 좀 더 정확히 말하면, 기념물은 바로 중심지에 세워져야만 하는데 왜냐하면 '작업 도구를 들고 평상복을 입은 채로 거리를 거닐고 있는 **지독히 가난한 기계 기술자들이 이것을 똑똑히 목도**'할 수 있기 때문이다.[26] 지역의 부르주아지는 노동자들을 내려다보는 와트의 거상을 세우기 위해 똘똘 뭉쳤다. 이것은 증기력으로 작동하는 기계에 반발하던 격렬한 대중의 저항(바로 다음 장의 주제)이라는 맥락을 희석하기 위해 몰래 추진되었던 하나의 은밀한 계획이었다고 할 수 있다. 그러나 와트에 대한 관념과 그가 남긴 유물의 주된 소비자는 다른 부르주아지 구성원들이었다. 어쨌든 바로 이들이 자신들의 이익을 말하고 표현하며, 이후 수십 년간 지속될 신앙의 교리를 만들어 내고, 스스로의 가치와 야망을 대리석에 굳게 새겨넣은 하나의 계급을 이루었다. 매우 고가였던 런던의 입상은 1834년에야 드디어 저 영광된 웨스트민스터 사원 지붕에 등장할 수 있었지만 와트 기념물을 건립하자는 열풍은 바로 구조적 위기의 시발점이었던 1824년과 1826년 사이의 기간 중에 맹렬하게 몰아쳤다. 가히 증기물 신주의의 개시를 기념하는 성스러운 제례라고 할 수 있었다.《옥스퍼드 사전》에서 '증기'steam라는 단어가 '증기를 전속력으로'full steam ahead, '증기가 끓어오르는'picking up steam, '증기를 내뿜는'blowing off steam 등과 같이 오늘날에도 쓰이는 관용구처럼 비유적으로 '가다'go, '에너지'energy, '속력'speed을 의미하게 된 첫해로 1826년을 지목한 것 역시 이와 무관하지 않다.[27] 1820년대 중반에 처음으로 형성된 증기 이데올로기는 잉글랜드의 언어인 영어 속에 화석화되어 남을 만큼이나 강력했던 것이다.

증기물신주의는 자동기계가 지니던 근본적 의존성—실로 존재론적인 비자립성—을 명시적으로 인정할 수 있었다. 러셀은 스스로 움직이는 어떠한 능력도 실은 자기 스스로 생성한 것이 아니라는 점을 《증기기관에 관한 소고》에서 지적했다. '기계는 원동력motive power을 소모하거나 생성하는 능력power이 없다.' '기계는 단지 동력을 전달할 수 있을 뿐'이며 다만 '동력을 특정한 목적에 맞게 변경할 뿐이다.' 동력의 측면에서 보면 기계는 완전히 수동적인 매체이며 원동기의 힘이 지나가는 단순한 통로일 뿐이다. 부르주아 사상의 한 조류가 이 관계를 신비화시켰던 반면, 기관이 곧 모든 기계의 어머니라는 세계질서를 신봉하는 증기물신주의에서는 기꺼이 이 관계를 받아들였다. 설명서의 저자들은 늘 버릇처럼 증기기관을 지금껏 만들어진 것 중 가장 중요한 장치라고 불렀다. 페어베언의 관점에 따르면, 증기기관이야말로 '문명화된 삶에 과학의 첫 새벽이 밝은 이후 이룩한 모든 승리와 정복보다도 사회체제에 더 많은 혁신과 더 큰 변화를 일으켰다.' 이렇게 매우 극단적이지만 그럼에도 불구하고 흔히 보이던 과장된 표현은 약간의 변화를 거치기는 했지만 오늘날까지도 비슷하게 계속 발견된다.[28]

계급의 과업a class project으로 받아들여지면서, 동시에 기관은—이데올로기가 흔히들 그렇게 되듯이—인류에 대한 축복이라는 식으로 망상되었다. 에든버러의 기념물 건립 주동자 중 하나는 '이것이 인류에 새로운 권능power을 부여했다고 할 수 있다'고 언급했다. 이것이야말로 '다른 모든 기계보다 인류에게 더 큰 안락함, 편의성, 복지를 가져다주었다'고 기독교지식진흥협회the Society for Promoting Christian Knowledge는 역설했다. 이것은 그냥 단순한 역학적 장치가 아니었다. 설명서의 저자 휴고 리드Hugo Reid는 '이는 위대한 도덕적 권능moral power을 가지고 있다고 할 수 있다. 이것은 사회의 도덕구조에 중요한 변화를 일으킬 것이다'라고 주장했다. 증기기관은 곧 신격화된 문명 그 자체the apotheosis of civilization였다.[29] 이렇게 선동적인 문구를 통해서 프리메이슨 홀에 모였던 청중——실제로 증기력을 소유하고 전유하던 자들——의 관심과 노력이 노골적으로 인류 전체의 관심과 노력인 것처럼 과장되었다.

여기서 기관은 기계를 작동시키기 위해 그것이 제공하던 동력 이상의 것을 가져다주는 것처럼 평가된다. 동력을 제공하는 것이 분명 그것의 가장 중요한 임무이기는 했지만, 증기는 대양에서의 항해와 육상에서의 운송은 물론 광산과 늪지대의 배수와 같이 이전에는 인간이 직접 고역과 혹사를 견디며 일해야만 했던 셀 수 없이 많은 분야의 작업들을 모두 포괄하는 어마어마하게 다재다능한 가능성을 지닌 것처럼 칭송되었다. 이것은 그야말로 보편적인 기계적 물신이었다. 기관을 통해서 비로소 '철과 황동이 운동 본능을 획득하며 능동적인 동력을 부여'받아서 '일하며 형성하고 방적하고 직조하며 날고 나르며 굴착하는 행위'를 할 수 있게 된다.[30] 인간의 능력을 회전기관으로 이전시키는 물신주의적 경향은 끝없이 계속되었는데, 왜냐하면 기관이 사실상 움직이는 어떠한 사물에든지 역학적 에너지를 전달할 수 있었기 때문이다. 《맨체스터 가디언》에서는 1834년 1월에 새로이 발명된 커피 끓이는 증기-동력 냄비에 관한 기사를 게재했는데, 이 기사의 첫 줄은 당시에 인식되던 새 시대의 본질을 명확하게 표현한다.

모든 일상사 중에서 증기가 담당하지 못할 일이 도대체 무엇이 있겠는가?
면직업종 작업장을 운영하는 것[물론 가장 중요한 임무] 외에도 선박과 수레를 움직이고, 책을 찍어 내며, 우리를 위해 수천 가지 다른 일을 수행하는 데 그치지 않고, 이제 드디어 아침 식사 식탁 위에까지 강림하여 우리에게 커피를 대접하는 것을 보라! **크든 작든 그 어떠한 기능도 증기**

의 잠재력과 정교함으로 해결하지 못할 만한 것은 없다.[31]

다재다능한 기관에 대한 이러한 감탄은 그리 어렵지 않게 이를 전능한 것으로 망상하는 데까지 발전하였다. 증기는 뭐든지 할 수 있다. 그러니 곧 세계를 지배하게 될 것이며 아니, 이미 지배하고 있다. 앨더슨M. A. Alderson이 1834년에 출판했고 런던기계기술자기구London Mechanics' Institution가 입선 논문으로 선정한 《증기의 본성과 응용에 관한 논고》An Essay on the Nature and Application of Steam는 거의 성찬식의 축성 기원처럼 시작한다. '증기여! 전능하신 증기여!'STEAM! all powerful steam! 그러나 이 주제를 가장 화려하게 꾸며 낸 것은 바로 시의 영역이다. 위기가 진행되던 수십 년 동안 증기 시steam poems라는 하위 양식이 등장하게 되는데, 이 하위 양식은 자주 경쟁적으로 점잖은 문학의 경계를 넘어 극단적으로 과장된 문구들로 뒤덮여 있었다. 그 한 예로 베이커 T. Baker의 《증기기관; 또는 불의 권능: 10곡의 자작시》The Steam-Engine; Or, the Powers of Flame: An Original Poem in Ten Cantons를 들 수 있다. 여기서 증기는 말하는 정령spirit으로 등장한다. '나는 천상 불꽃의 정수 / 하늘의 명에 따라 내가 전능함을 선언하노라!'[32] 이와 비슷한 장면이 1829년 12월에 《타임스》에 게재되고 《맨체스터 가디언》에 다시 수록된 '증기의 계시'A vision of steam에도 등장하는데, 여기서 주인공은 폐허와 먼지 속에서 100년 동안 잠들어 있다가 갑작스런 정령과의 접촉 때문에 깨어난다.

> 그러나 침묵은 깨졌고, 낯선 이가 말했다. ─
> 꿈속에서 나는 그의 목소리를 들었다.
> 그가 말하기를, '두려워 말라' '다만 와서 보라
> 어떻게 내가 모든 세계를 지배하는지를,
> 바로 이 전능한 증기의 정령이.'The mighty Sprit of Steam

그 후 정령은 새로 깨어난 자를 전차a chariot에 태워 증기가 모든 거리를 휩쓸고, 책을 만들며, 심지어 증기력으로 죄인을 목매다는 1830년의 영국 전역을 돌아보게 한다.[33]

이것이 비록 환상에 불과하기는 했지만, 바로 **회전기관의 다재다능한 본성 덕에** 전능한 증기라는 주제가 점진적으로 화석 경제라는 현실로 자라나서 전화했다는 점에 주목할 필요가 있다. 난로에서 석탄을 연소하는 행위나 뉴코먼의 펌프 기관만으로는 바로 이 특수한 하나의 에너지 형태가 모든 경제활동——모든 '일상사'business of life——에 침투하게 될 것이라는 전망을 절대 불러일으킬 수 없었다. 그런 것들의 시대에 화염의 권능은 여전히 물질적으로 제한된 수준에 머물렀다. 바로 기계를 움직이는 데 와트의 기관을 사용되게 된 시점에 와서야 증기 이데올로기는 완전히 해방된 환상으로 폭주할 수 있었다. 흔히 기관the engine은 살아서 마치 스스로의 힘으로ex proprio vigore 행동하고 실행하며 모든 종류의 일을 해내는 주체처럼, 심지어 물질대사와 생명력의 모든 특징을 지닌 유기체an organism와 같이 묘사되었다. 디즈레일리의 말을 빌리면,

그리고 도대체 왜 기계가 살아 있지 못한 것이라고 말하는가? 그것은 분명히 숨을 쉰다. **왜냐하면 그 날숨이 도시의 대기를 구성하기 때문이다.** 그것은 인간보다 더 규칙적으로 움직인다. 그리고 목소리도 가지고 있지 않은가. 방추는 일하는 쾌활한 소녀처럼 노래하고 증기기관은 묵직한 도구를 휘두르는 건장한 장인처럼 그 소리를 울려 퍼뜨리며 즐거운 합창에 동참하지 않는가?[34]

디나 뮬록 크레이크Dina Mulock Craik는 공황이 닥치기 수년 전의 잉글랜드를 배경으로 무일푼에서 벼락부자로 성공하는 이야기를 담은 소설인 《존 핼리팩스, 신사》John Halifax, Gentleman를 썼다. 어마어마하게

인기를 끈 이 소설의 절정부는 작품명에 그 이름이 나오는 주인공 공장주가 수차를 기관으로 교체하는 부분이다. 시설을 설치하는 장면에서는 사적 개인의 권세와 근엄하고 집중된 권위에 대한 묘사가 넘쳐난다. 노동자들은 "입을 벌리고 그냥 선 채로 거대한 철 덩어리와 기묘한 모양을 한 벽돌 구조물을 보며 놀라워할 뿐이다. '주인님'master 은 도대체 무슨 짓을 벌이려는 것일까?" 완전히 얼떨떨한 상태로 '작업장의 무식한 자들'은 기관이 회전하기 시작하는 것을 목격한다. 그리고 '갑자기 사람이 만든 이 놀라운 창조물에 영혼이 불어넣어지고 무기력하게만 보이던 목재와 금속 덩어리가 신기하게 결합되었다. 괴물이 살아났다.' 물신주의를 이보다 더 정확하게 묘사한 것précis은 찾기 어려울 것이다. 다음 순간, 핼리팩스는 자신의 사명이 완수되었다고 선언한다. '일단 증기력을 얻고 나면, **내가 원하는 어떤 방식으로든 이것을 쓸 수 있다.**'[35]

우리가 곧 다시 살펴보게 될 중요한 자료인《우리 석탄과 우리 탄광; 그 안의 사람들과 주변 풍경》*Our Coal and Our Coal-Pits; the People in Them and the Scenes around Them*은 다른 모든 기계와 달리 증기기관이 관중에게 마법을 걸었다고 서술한다. 역직기나 해머에서는 찾을 수 없던 사람들을 매혹하는 매력이 증기기관에는 존재했다. 증기기관은 '**마치 그 자체가 생명을 가지고 숨 쉴 듯이** 서서는, 성실하고 꾸준하며 단호하게 홀로 일했다.'[36] 이게 바로 영국 사람들이 실제로 기관을 바라보았던 방식이 아닐까. 기관은 그들에게 다가와서 그들 눈앞에서 능숙하게 움직이고 몸짓하며 말을 거는 살아 있는 존재가 아니었을까? 이제 와서 반半구조화된 면담semi-structured interviews을 실시할 수는 없지만, 광대한 양의 문헌자료는 분명히 부르주아 물신주의가 영광스레 빛나는 기관을 앞에 두고 새로운 단계에 도달했음을 보여준다. 이제 증기기관의 위상은 사자와 새, 고대의 신과 과거의 괴물 우상들이 차지했던 자리에 필적하는 것처럼 느껴진다. 신비로운 우의와 유추mystical allegories and analogies에 둘러싸여서 증기는 (또는 그 발명자는) 사실상 신격화되는 수준에 도달한다. 자유무역을 신봉하던 시인 에베네저 엘리엇Ebenezer Elliot은 '와트! 그리고 백만 명을 먹여 살린 그의 공학자들이여! / 신에 필적하는 증기의 기적이여!'라고 외쳤으며, 베이커는 책 한 권만큼 긴 시를 바쳐 '신과 같은'god-like 기관을 찬양하고 또 찬양했다. 기관은 신비로운 원초의 존재들의 세상에서 올라왔다. 바로 지하 세계에서는,

> 초자연적인 힘을 가진 존재A BEING가 일어났다.
> 그가 육중한 막대를 들고 거품을 내며 파동을 일으키고,
> **마치 마법과 같이, 지구 속 가장 깊은 동굴에서부터,**
> 수없이 다양한 임무를 완수하여 그의 놀라운 권능을 입증하며,
> 전차가 잽싸게 평야를 달리도록 명하고,

등등.[37] 아마도 디즈레일리가 증기력으로 작동하는 맨체스터의 기계를 지하 세계의 지니인 이프리트들에 견준 것은 우연이 아닐 것이다. 어떤 의미에서 보면, 화석연료의 연소는 일종의 물리적 사령술 material necromancy**이다.** 죽은 유기체를 불러일으키고 산 자의 행위를 조종하기 위해 그 생명력을 다시 깨워 낸 것이다. 어쨌든 이전 어느 원동기도 하지 못했던 일, 즉 **전적으로 정적인 물질을 전적으로 동적인 운동으로 전환**해내는 증기기관의 핵심적 술수가 그러한 신비주의를 조장했던 것만은 분명한 사실이다. 에너지의 재고가 가진 시공간상 윤곽은 부르주아 사회 내에서 증기력에 실질적 이점을 부여함과 **동시에** 공장주들masters과 그 나팔수들minstrels이 그것을 초자연적 기운을 지닌 것처럼 느끼게 만들었다.

기관은 '기적적이고 헤라클레스처럼 영웅적'이었으며 '이스라엘 예언자의 지팡이'라거나 단순하게 기독교 신의 창조물이라고 언급

되기도 했지만, 더 자주 인용되었던 것은 분명 아랍 신화의 내용이었다.[38] 가장 기술적으로 정확하고 본래 냉정하게 서술되어야만 할 설명서의 저자였던 페리조차도 증기기관이 '동양의 우화the Oriental fables에 등장하여, 선택받은 인간의 요청에 따라 사막 한가운데에 거대한 도시를 세우고 지하 궁전을 짓는' 것 따위의 일들을 해 주던 '쓸모 있고 근면한 지니를 실현하기 위해 만들어진 것이다'라고 그 나팔수가 되어 떠들었다. 《북과 남》North and South에서 엘리자베스 개스켈Elizabeth Gaskell은 나스미스의 증기 해머—기관이 내장된 공작기계—를 '천일야화에 나오는 가장 종순한 지니' 중 하나에 비유했고, 월터 스콧은 와트를 '저 강력한 원소의 지배자—시간과 공간의 중재자—바로 그 **마술사**'this magician라고 부른다. 빅토리아 시대를 통틀어 가장 과장된 찬사는 아마도 마이클 안젤로 가비Michael Angelo Garvey가 쓴 《조용한 혁명: 또는 증기와 전기가 미래에 인류의 생활조건에 줄 영향》The Silent Revolution: Or, the Future Effects of Steam and Electricity upon the Condition of Mankind에서 찾을 수 있을 텐데, 여기서 그는 기독교와 아랍권의 심상을 뒤섞는다. 증기가 '하늘에서 이 땅에 내려왔다. 그것이 사람들과 함께하고 … 그것이 폭풍을 잠재웠으며 … 아랍 우화에 나오는 마술 도구들조차 과학이 인류에게 부여한 것만큼의 권능을 그 소유자에게 절대로 주지 못했다.'[39]

이러한 초월적 비유의 범람을 어떻게 평가해야 할까? 두 가지 해석이 가능하다. 첫째는 증기에 관해 쓴 저자들이 참으로 경이로운 이 성공이 어디까지나 근대 기술공학의 영역—어리석은 영웅전설의 영역이 아니라—에 속한다는 사실을 강조하기 위해 합리성을 감싸는 포장지로 신화를 가져다 썼다는 것이고, 둘째는 기관이 가져온 기적을 이들이 정말로 어느 정도는 진지하게 믿었기 때문에 기관이 신화적 권능을 가진 것으로 묘사했다는 것이다. 첫째 해석에 따르면, 정령과 지니와 이스라엘의 지팡이라는 서술은 전혀 중요하지 않은 문체상의 기법에 불과하다. 둘째 해석에 따르면, 비합리주의의 최소한의 잔재가 문화적 자산의 명부 안에 남아서 이러한 술어가 여전히 작동하게 되는 것이므로, 실질적으로 중요한 관념이 아니라는 식으로 이것들을 간단히 무시해 버릴 수 없게 된다. 아마도 이들 서술은 이 두 가지 용법 사이에서 표류하고 있을 것이다. 하지만 순전히 이러한 형이상학적인 언어의 사용 빈도만을 보더라도 그냥 말장난 이상의 무엇인가가 벌어지고 있었음을 분명히 암시한다. 증기 이데올로기가 지닌 물신주의적 근본 구조도, 새로운 자동장치를 받아들이던 준準신화적 태도가 유럽사 내에서 보여준 오랜 전통도, 그리고 또 다른 관점에서 보자면 이 시대가 특별히 반어법을 더 잘 이해하고 즐겨 쓴 것이 아니라는 사실까지도 모두 동일한 점을 시사한다. 설령 당시에 동양 우화가 실현되었다고 페리 스스로가 진정으로 믿어서 그렇게 적은 것은 아니었다 치더라도, 그와 그의 부르주아 동료들이 신비주의적 전형과 긴밀하게 공명하는 기관 숭배를 지속적으로 키워 나갔던 것은 사실로 보인다. 해당 시기를 다룬 유력한 역사가인 아사 브릭스 Asa Briggs는 이 이데올로기를 두고 '증기의 복음'the gospel of steam이라고 표현했다. 《기술공학 제국: 19세기 영국 기술의 문화사》*Engineering Empires: A Cultural History of Technology in Nineteenth-Century Britain*에서 벤 마르스덴Ben Marsden 과 크로스비 스미스Crosbie Smith는 이것을 '동력 숭배'worship of power라고 불렀다. 또 다른 표현을 예로 들자면 '와트 숭배'Wattolatry가 있다.[40] 물론 이것을 완전한 종교로 취급할 수는 없겠지만——우상화된 와트가 거의 예언가의 역할을 하며, 그가 살아온 이력은 국가적으로 예수 공현에 비견되고, 그의 기념물이 사원의 기능을 담당하고 있기는 했다——아마도 반은 세속적이고 반은 영적인 신조로 정립할 수는 있다. 그리고 물론 이것이 바로 고전적으로 '물신주의' 개념에 함축되어 있는 의미이다.

널리 알려진 것처럼, 사실 19세기 초기와 중기의 영국에는 전-과학적 키메라들pre-scientific chimeras이 대거 다시 등장하였다. 《살아 있는 기계라는 숭고한 꿈》에서 강민수는 자동장치에 관해 유럽인들이 가졌던 관념의 왜곡과 변화를, 이에 심각하게 매료되었던 중세에서부터 기계장치에 대한 미몽에서 깨어나 이것을 탈신화화하던 17세기 과학혁명 시기까지 추적하였다. 데카르트 시절에 서구 인텔리겐치아는 자동장치를 순수한 자연주의적purely naturalistic 관점에서 설명할 수 있다고 주장했다. 자동장치는 바로 그 시대를 대표하는 사물인 시계처럼 모두 자연의 기본 법칙에 따라 작동하는 것일 뿐이다.[41] 마법이 기계로부터 퇴출되어 사라진 것이다. 그러나 구조적 위기가 벌어지던 시절의 영국 부르주아지는 봉건적인 종교의 손아귀로부터 해방된 지 오래였다. 시간이 흘러 이 손아귀는 다시금 그 망령을 되살려낼 수 있었고 그리하여 역설적으로 이 시기는 과학적 합리성을 스스로의 가장 중요한 가치로 내세우는 동시에 낭만주의romanticism로 끊임없이 퇴행하거나 심지어 역학적 문맹mechanical obscurantism에 빠지기도 했다.

이 이데올로기는 현실에서 실질적 영향력을 행사할 수도 있었다. 반면 수력은 이와 같은 이데올로기를 끌어내지 못했다. 수차에 대한 기본적 기술 내용은 이미 고대에도 잘 알려져 있었다. 수차는 미래를 향한 창이라기보다는 과거의 유산을 대표하는 것이었다. 어마어마하게 거대한 수력설비들이 관광객들을 모으고 이들에게 분명히 큰 인상을 남기기는 했지만, 그렇다고 해도 이것은 증기력의 후광에 비할 만한 것은 되지 못했다. 수차에는 **불가사의한 비밀이** 없었다. 에너지의 재고와 달리 에너지의 흐름은 누구의 눈에나 이미 운동하고 있다는 사실이 분명했으며, 그 원리는 완전히 투명했고, 개인적 경험을 통해서 모든 사람에게 익숙한 것이었다. 수차는 하천의 흐름을 그냥 전달했을 뿐이며, 기관처럼 유령 같은 기운을 내뿜지 않았다. 기관이 가진 그 팔은 저 머나먼 명계와 연결되어 있는 동시에 단절되어 있기도 했다. 하지만 수차는 산 자와 죽은 자의 세계 사이를 왕복하지 않았다.

자동 뮬방적기, 역직기, 모직물 소모기 모두 수력 작업장에도 쉽게 설치될 수 있었다. 하지만 기계물신주의가 수력과 연관되어 나타나는 일은 없었다. 유명한 수차 발명가를 위해 기념물을 건립하자는 운동이 벌어진 적도 없었으며—만약 그런 운동이 벌어졌다면 톰은 자기가 그 후보라고 생각했을 것이다—수력 기술 용어가 일상 영어 속으로 침투하지도 못했고, 수력을 '위대한 도덕적 권능'이라고 칭송하거나 물질대사하는 유기체a metabolising organism처럼 받아들이거나 수력으로 우화가 실현되었다고 묘사한 경우도 없었으며, 증기력 자본가들이 프리메이슨 홀에 모여서 수력 기술자에게 경의를 표하는 일도 없었다. 사람들이 수력을 비합리적으로 무시하는 대강의 이유를 로버트 톰이 이해하고자 했을 때, 그가 실마리로 삼았던 것은 바로 이 것이었다.

아마도 증기기관의 찬란한 성공이 적지 않은 영향을 주었을 것이다. 당시 **와트의 얼굴을 둘러싼 후광이 유망한 역학의 천재들을 모두 매료시켜 증기기관 쪽으로 끌어들여 버렸다.** 그리고 그 결과 **더 자연스러운, 하지만 덜 매력적인** 수력은 그늘로 밀려나 주목을 받을 수가 없었다.[42]

이 요인이 얼마나 중요했을까? 만약 증기력이 특별히 이윤을 보장하지 못하고 손실만을 야기했다면, 단지 천일야화의 환영들과 시간을 보낼 수 있다는 이유만으로 자본가들이 수력 대신에 증기력을 선택했을 가능성은 거의 없다. 하지만 증기물신주의가 제조업자들과 기계 기술자들의 생각에 현실적 영향력을 행사하여 수력 기술의 상당한 가능성을 지각하지 못하게 했을 가능성 역시 배제할 수 없다. 수차는 상대적으로 그리 큰 열광이나 매혹을 끌어내지 못했고, 그 소유주들에게 **문명개화의 사명감**mission civilisatrice 같은 기분을 내게 하지 못했으며, 부르주아 문화의 심장에 열정의 불꽃을 일으키지 못했다. 다른 모든 사람과 마찬가지로 자본가 역시 완전한 이성적 생물 이상—또는 이하—의 존재이며, 이데올로기는 열정을 불러일으키고 행동의 방향을 설정하면서 상품 생산의 영역을 포함한 실제 삶 속에서 그 추종자들을 부추길 수 있다. 공장주들이 이러한 마술에 빠져들었을 가능성을 배제할 수 없다. 그 상대적인 효능efficacy을 측정하기란 거의 불가능하지만, 1830년대 중반의 결정적인 전환기 **이전에** 이미 와트가 영웅처럼 찬미되었고, 증기력이 도착적으로 사랑받았다는 사실에 분명 주목할 필요가 있다. 이런 것들이 이상적 전환의 심상들로 나타나 바로 이 심상들을 통해서 세상을 보도록 면직업종 자본가들과 다른 이들에게 **동기를 부여**하는 데 일부 기여했을 수 있다. 반면에 물신주의적 관념들을 스스로 원인을 제공한 인자로 독립적으로 취급할 경우, 자칫 잘못하면 지상의 경제권 내에서 벌어진 매일의 투쟁이라는 맥락으로부터 이를 완전히 분리시켜 버릴 위험성이 있다. 이러한 관념은 제아무리 스스로 천상으로 승천할 것처럼 꾸며 대더라도, 실은 자기가 묶여 있는 장소를 절대로 이탈하지 못한다. 아니, 정반대로 증기력이 후광을 획득한 것은 바로 지상에서의 전투 덕분이었다.

당신 자신의 팔처럼, 당신 의지를 따라서

전투의 진행 과정을 생생하게 그려낸 사람은 바로 피터 개스켈이다. 직업상 의사이자 신념상 자유주의자였던 그는 《장인과 기계》 *Artisans and Machinery*라는 명저를 남겼는데, 지면 수십 쪽을 할애해서 증기를 영국의 구원자라고 칭송한다.

인간의 힘Human power을 어느 수준 이상 끌어내는 것은 매우 어렵다. 그리고 더욱 문제인 것은, 많은 수의 사람들이 특정한 하나의 직업을 배타적으로 점유하게 되면, 그 힘을 관리하기 어려워질 뿐만 아니라 그것에 의존하는 것이 더욱 어렵게 된다는 점이다. … [공장주에게는] 사실 대안이 거의 없었으며, 제조업의 진보를 방해할 위기가 빠르게 닥쳐왔을 때, 바로 증기력이 등장하여 기계에 적용되면서 사람들에게 대항할 수 있도록 흐름이 역전되었고, 그 이후 서서히 그러나 확실히 사람들의 저항을 조각조각 분쇄하였다.[43]

면직물 산업계야말로 이 파도가 쓸고 간 중심지였다. '만약 증기력이 적용되지 못했다면' 면직물 산업계는 거세되고 '고가의 세세한 지출들'——정착촌을 의미한다——때문에 어려움을 겪으며 결국에는 들고일어난 노동조합에 의해 완전히 붕괴되고 말았을 것이다. 사실상 불복종이 제조업자들이 증기력을 도입하도록 유도한 가장 중요한 이유였다. 증기력은 제조업자들에게 '도저히 통제할 수 없는' 노동자라는 멍에로부터의 해방을 약속했다. 개스켈은 '증기기관이라는 다루기 쉽고 거대한 하인'을 써서 작업장에서 프롤레타리아의 영향력을 완전히 소멸시킬 때까지 계속해서 전진하도록 자본가들을 재촉했다.[44] 개스켈은 여기서 위기를 전략적으로 관리하는 대변인 역할을 맡았다. 기관을 끌어들여 노동자를 몰아내라. 계급투쟁에서 자동기계가 지닌 사용가치로부터 유추된 자동기계의 물신주의적인 성질들은 이제 바로 기관에 투영되었으며, 이러한 전이의 징후가 실로 곳곳에서 발견된다. 증기물신주의에서는 기계물신주의의 주제들이 **원동기의 기능**으로 일반화되고 증폭되었다. 원동기는 이제 보편적 자동행위자이자 모든 철 사나이들을 자식으로 거느리는 아버지였고 또는 베인스가 묘사하듯이 수많은 '팔과 손과 손가락'을 구동하는 공장의 심장이었다.[45]

그렇다면 도대체 어떤 이데올로기적 과정을 통해서 기계물신주의가 수력을 지나쳐 바로 증기로 향하게 되었을까? (이것은 전환에 관한 질문을 던지는 또 하나의 방법일 뿐이다.) **자동기계들에 결부되었던 바로 그 부르주아의 가치를 기관에서는 찾을 수 있었으나** 수차에서는 찾을 수 없었다. 와트와 막역한 사이였던 존 로비슨은 1822년에 쓴 《역학적 철학의 체계》*System of Mechanical Philosophy*에서 '하천 운동의 이론'을 논하면서 기술공학자들이 아직 물의 힘을 완전히 통제할 수 있을 만큼 이에 대해 잘 알지 못한다고 주장했다. 물은 사람의 의지에 완전히 복종하는 것을 거부하였다. 그가 논하기를 '자연은' '우리의 뜻으로부터 별개라는 **그녀 자신의 독립성을 드러내며**, 항상 스스로에게 부여된 법칙에만 충실하게 따른다. 만약 그 법칙을 우리가 알아채지 못한다면, **그녀는 반드시 우리의 관점에 역행하며, 우리의 계획을 방해하고, 우리의 모든 노력을 쓸모없는 물거품으로 만들어 버린다.**'[46] 노골적으로 성별을 구분하는 언어를 사용함으로써 이 글은 자연 그리고 특히 수력에 대한 섬뜩한 일반적 관점을 나타낼 뿐만 아니라 왜 영국의 부르주아지가 결국 에너지의 흐름을 받아들일 수 없었는지를 완전히 명백하게 드러내 준다. 수력은 **자율적인 역학적 동력***autonomous mechanical power*이었으며, 그 자체만의 주체적 특성*her own sovereign nature*에 합당한 법칙을 따랐고, 때문에 공장주들은 이 주체적 특성을 안정적으로 통제할 수 없었다. 흐름은 인간 노동과 놀라울 만큼 현저하게 유사했던 것이다.

노동자들은 파업할 수 있으며 물은 얼어붙을 수 있다. 노동자들은 한 사업장에 오래 머무르지 않고 떠돌아다니려고 하며 물은 빠르게 저 멀리 있는 언덕 사이로 사라져 버린다. 노동자들은 명령을 거부할 수 있으며 물은 말라 버릴 수 있다. 노동자들은 재료를 횡령할 수 있으며 물은 시설을 침수시킬 수 있다. 인간 노동이 일으키는 모든 골칫거리가 에너지의 흐름에도 그대로 반영되고 있었다. 역으로, **자동기계가 가져다준 모든 선은 에너지의 재고에서 그대로 공명하고 있**

었다. 요컨대 주로 그 자체의 자율성이 전혀 없다는 점이 특이나 더욱 그러했다. 1848년에 나소 시니어는 옥스퍼드 대학에서 증기력이 가지는 이 본질적인 장점에 대해 강연했다.

이것이 다른 모든 것에 비해 뛰어난 가장 중요한 점은 바로 다루기 쉽다는 것이다. 풍력은 자연이 주는 대로 이용할 수밖에 없다. 풍력은 조절하거나 증대될 수가 없다. 이보다는 수력이 조금 더 통제가 가능하다. 수력은 항상 그 사용 규모를 줄일 수 있으며, 어떤 경우에는 약간이나마 늘릴 수도 있다. **증기력은 정확히 우리가 쓰고자 하는 만큼 얻을 수 있다.**

에너지 신뢰도 측면에서 더욱 끔찍한 것들은 바로 스스로 의지를 가지고 있는 인간과 말horses이다. 시니어는 후자에 대해서 설명하지만, 이 설명은 의도적으로 분명히 전자에게도 확장되고 있다. '짐승은 **우리가 항상 예측하거나 통제할 수 없는 본능과 욕망**에 지배된다. 왜냐하면 아마도 이들이 절대로 서로 동일하지 않기 때문이다. 두 마리 말이 정확히 똑같은 수준의 규율과 지적 능력을 가지는 경우가 도대체 있을지 의문이다.' 반대로 '같은 형식의 두 증기기관의 작동은 정확히 동일하다. 따라서 증기기관은 완전히 알려지고 완벽하게 규정된 법칙에 따라서 작동한다.' 정확히 공장주와 기계 기술자의 손에 달린 법칙에 따라서, 기관은 불규칙한 오류를 일으키지 않으며 완전히 그리고 영원히 길들여진 채로 남게 된다. 기관만이 잠재력과 그 통제 가능성을 완벽하게 결합시킨다.[47] 베이커의 시에서 천상 불꽃의 정수는 자신이 지배하는 세계로 독자를 안내한 후 스스로 말한다.

당신 자신의 팔처럼, 당신 의지를 따라서Like thine own arm, subservient to thy will
이 파란만장한 시간 동안 당신에게 많은 것을 보았노라,
이 저항하지 않는 권능this RESISTLESS POWER에 속한 것을.[48]

이러한 비유적 표현은 어디에서나 찾을 수 있다. 배비지는 증기를 '그 지치지 않는 동력its restless powers을 펼치도록 명하는 손에 순종하는' 존재라고 칭송했고, 유어는 '그 움직이는 힘이 지닌 부드러운 유순함'이라고 칭했으며, 페어베언은 '그 거대한 규모로 우리를 놀라게 하는 너무나도 크고 너무나도 강력한 동력, 그러나 이는 동시에 완전히 유순하다'라고 묘사했다. 맨체스터 경찰서 안에서 공장주 필립스는 '통제되고 관리되며 절제된' 증기의 본성에 경의를 표했고, 1824년에 나온 《증기기관의 구체적 역사》*Descriptive History of the Steam Engine*의 저자인 로버트 스튜어트Robert Stuart는 그 '막대한 동력'만이 아니라 '이것들이 변형되고 확산되며 적용되는 데서 보여주는 용이함과 정확함, 유연성'[49] 역시 함께 찬양하였다.

아마도 이를 **권력 없는 동력***powerless power*이라고 부를 수 있을 것이다. 이것이 증기물신주의의 기본 교리다. 증기가 가지는 매력의 정도는 **노동자와 수로가 보여준** 노골적인 불복종의 함수로 나타났다. 전자는 증기에 대비되는 사회적 인자였고 후자는 자연적 인자였다. 흔히 기관은 거칠고 무례한 사람들의 대척점에 있는 것으로 받아들여졌다. 와트의 상세한 전기를 최초로 영어로 출판한 프랑스 과학자이자 런던왕립학회 준회원인 프랑수아 아라고François Arago는 그를 두고 '6백만 명에서 8백만 명에 달하는 노동자들, 그것도 근면하고 지칠 줄 모르며 **노동조합이나 폭동을 법으로 다스릴 필요조차 없는** 노동자들, 게다가 하루 5상팀만으로 일하는 노동자들의 창조주'라고 칭송했다. 아마도 하루 5상팀은 석탄 값이었을 것이다. 당연하게도 당시 기관들이 몇 에이커의 숲을 대체했는지 문헌을 통해서는 확인하기 어렵지만, 기관들이 얼마나 많은 **노동자들**에 맞먹었는지에 관한 정보는 훨씬 더 흔히 찾을 수 있다. 한 연구는 1826년 영국의 고정 기관의 총마력용량이 정확히 640만 명에 달한다고 시사한다(이에 비해 프랑스에서는 48만 명에 불과했다).[50] 배비지가 지적했듯이 증기력의 확산은

'이 작은 섬의 인구에 수백만 명의 일손을 추가했다.' 개스켈은 이렇게 배치된 힘이 영국의 모든 성인의 노동력과 대등하다고 추정했으며, 1859년 《타임스》에 게재된 제임스 와트를 우상화한 전기에서는 이 수치가 한층 더 늘어나서 영국의 총증기력이 이제 **'4억 명 또는 전 지구에 살고 있는 모든 남성의 2배에 필적한다'**고 기록되었다. 이렇게 어마어마한 동력과 권력power을 와트가 이 나라에 증여한 것이다.[51] 정확하든 부정확하든 이 수치는 증기력에 대한 일종의 인식을 드러낸다. 실존하지 않는 유령 토지의 에이커 수가 아니라—물신주의적 특성을 한층 더 잘 드러내는—실존하지 않는 **유령 인구**로서 우선은 인간 노동을 대체하며 다음에는 인간 노동 이상의 수준으로 성장하고 끊임없이 그 수를 늘리면서 공장을 향해 진군하는 존재.

여기서 기계물신주의에서 발견되던 노예의 비유가 새롭게 다시 등장하게 된다. 기관은 수동적인 **동시에** 활동적인passive *and* energetic 거대-노예a mega-slave다. 또는 페리의 말을 빌려 표현하자면 와트와 그의 발명가 동료들은 '기관에 매우 빠르게 운동하는 능력을 부여하면서도 그 동력을 완전한 통제하에 두었으며 그리하여 기관은 이제 **우리가 고용할 수 있는 노동자 중 가장 활동적이면서도 가장 쉽게 다룰 수 있는 노동자**가 되었다.' 페리가 주장하기를, 원칙적으로 증기에 의해 수행되는 모든 노동은 인간 육신으로도 완수할 수 있지만, 그렇게 되면 몇 가지 곤란한 점이 수반된다. 예를 들어 석탄 광산의 배수를 담당하는 기관이 3,500명의 인간으로 대체되었다고 가정하자. 첫째, 그들이 규율을 준수하도록 만들어야 한다. 이는 쉬운 일이 아니다. 둘째, 이들이 고역 때문에 지칠 수 있기 때문에 결국 몇 차례 교대근무를 편성해야만 한다. 페리가 결론 내리기를 '따라서 우리는', 바로 증기를 통해서 **'참으로 온순하여 별도의 규제는 필요 없고**so docile, that it requires no other government, 옆에서 이를 지켜보며 **오직 연료만 가끔씩 공급하는**feed it occasionally with fuel 인간 두 명을 빼고는 어떠한 도움도 필요로 하지 않으면서도 3,500명 분의 일을 수행하는 근면하고 지칠 줄 모르는 노예를 얻은 것이다.[52] 완전히 온순하면서도 끈기 있는 노동자, 규제도 필요 없이 오직 연료만 필요한 것. 이것이 바로 위기에 몰렸던 자본가들의 숭고한 꿈이었다.

증기력은 노동력의 궁극적인 대체물로서 인식되었다. 왜냐하면 증기력은 노동력과 닮은 부분이 하나도 없었기 때문이다. 증기력이 지닌 모든 선은 결국 노동계급이 지닌 악의 부정이었다. 바로 여기에 기계로 된 거대-노동자mega-worker이자 동시에 **반-노동자**anti-worker인 존재가 있다. 이것이 지닌 모든 장점은 바로 다른 에너지원, 특히 수력이 지닌 단점의 부정이기도 했다. 증기력은 그 자체에 고유한 방식도, 외적인 법칙도, 즉 그 소유주가 부여하지 않은 뭔가 다른 잉여의 존재를 그 내부에 전혀 품고 있지 않았다. 증기력은 절대적으로 그리고 실로 **존재론적으로**ontologically 그것을 소유하는 자에게 복속된 것이었다. 휴고 리드는 '그것은 사람의 의지에 의해 비로소 소환되어 존재하게 되었다'라고 적었다.[53] 바로 노동을 다스릴 권력의 탈환이라는 자동 기계의 목적을 달성하기 위해서는 **자본이 그것에 대해 절대적인 권력**absolute power**을 휘두를 수 있으면서도 동시에 자본이 필요로 하는 모든 동력**all the power**을 제공할 수 있는 원동기가 필요했다. 권력 없는 동력**powerless power이라는 공식을 통해 영국 부르주아지는 자동화를 위한 이념적 기반을 찾아냈으며 또한 증기력의 구체적인 이점을 종합하는 이데올로기적 신조를 발견하였다. 개개의 자본가에 분할될 수 있으면서도 공간상 이동이 가능하며, 시간상 신뢰할 수 있는, 소환된 존재의 존재론에서 발견할 수 있는 그 모든 기초적 측면을 말이다. 흘러가는 자연의 불복종과 끓어오르는 사람들의 불복종 사이에서 분명한 유비관계를 찾을 수 있었던 시기에 증기 지니the steam genie의 응답──동굴에 갇힌 자본가를 상상하라──이야말로 저항할 수 없는 유혹이었을 것이다. **주인님, 당신의 명령을 따르겠습니다. 또 다른 명령이 있으**

　　물론 '통상적' 물신주의라는 것이 도대체 존재한다면 말이지만, 여기서 우리는 그러한 '통상적' 물신주의와는 약간 다른 측면을 발견하게 된다. 보통 물신이란 마치 스스로 생명을 가지는 것처럼 다뤄지는 물적 사물을 지칭하는데, 증기는 바로 생명을 가지지 **않는다**는 점 때문에 물신화된 것이다. 증기는 완전히 스스로의 의지를 결여하고 있기 때문에 숭배의 대상이 되었다. 구슬리거나 기분을 맞춰 주려고 노력하거나 애원할 필요가 전혀 없었다. 증기는 독립적인 행위 능력을 결여하여 오직 주인의 뜻만을 전달할 수 있었다. 증기에는 복종할 필요가 없었으며 따라서 증기는 타자를 복종시키려 할 때도 매우 효과적으로 사용될 수 있었다. 그것이 신격화되던 모든 측면을 통틀어 볼 때, 참으로 증기는 기이한 신격이라고밖에 할 수 없다. 증기는 그 추종자들에게 영향을 행사하는 능력을 결여했다. 또는 리드의 말을 빌리자면 증기는 '완전히 우리 통제하에 있으며 매우 기이할 정도로 완전히 자율적인 성질을 지니고 있어서 이는 거의 프로메테우스 신화를 현실화시킨 것과 같다. 아마도 **우리에게 헌신하기 위해 바쳐진 지적 존재**에 거의 비견될 수 있을 것이다.'[54] 증기가 생명을 가지고 있다면 그것은 생명 없는 생명a lifeless life이자 자본이 스스로의 상상에 따라 창조해낸 유령 인구a ghastly population이며, 이렇게 물신주의 현상의 경계를 확장시키면서 증기는 훨씬 더 불길한 어떤 존재로 화하였다.

　　여기서 비로소 역학적 동력Mechanical power과 사회적 권력social power이 완전한 하나를 이루었다. 증기물신주의를 통해서 이들 양극단 사이에 상시적 결합이 탄생하며 이 둘은 이제 단지 반동적 폭력에 의해서만 분리될 수 있는 것이 된다. 볼턴앤와트사에 관해서 가장 자주 인용되는 일화 중 하나에서 볼턴이 이 영어 단어의 이중적 의미를 가지고 의도적으로 언어유희를 벌이는 장면을 발견할 수 있다.

매슈 볼턴이 제임스 와트와 동업을 시작했을 때, 그는 이전에 주로 관여하던 도금 사업을 그만두었다. 그는 조지 3세[1760-1820년 당시 영국 국왕]에게 이 제조업 제품을 공급하고 있었지만, 새 사업을 시작한 후 국왕으로부터 주문을 받지 않았다. 시간이 흘러 그가 국왕을 접견하게 될 기회를 얻게 되었는데, 그때 국왕은 그를 즉시 알아보았다. 국왕이 말하기를, '오!Ha! 볼턴!' '궁전에서 자네를 본 지 오래되었네. 도대체 요즈음 무슨 사업을 하는가?' '전하, 저는 왕들이 바라 마지않는 상품을 생산하는 사업을 하고 있습니다.' 국왕이 묻기를, '그래서 그게 무엇인가? 도대체 뭔가?' '권력-동력POWER입니다, 전하.' 볼턴은 이렇게 답한 후, 계속하여 증기기관이 적용될 수 있는 수많은 용도에 관한 설명을 이어 갔다.[55]

이 이야기는 여러 가지로 변형되어 전해지지만 대부분은 볼턴이 방문객에게 자부심을 내비치며 말하는 것으로 끝난다. '선생님, 여기서 저는 온 세상이 가지기를 원하는 것—바로 권력-동력—을 팝니다.' 오늘날 영국의 50파운드 지폐에 인쇄되어 유통되고 있는 바로 그 문장이다. 어쨌든 왕이라는 단어를 온 세상으로 바꿔 읽더라도 결국 소수의 손아귀에 권력을 집중시킨다는 점을 암시하는 것이 이 일화의 본질적 특징이다. 이 이야기를 다시 한번 언급하면서 《타임스》에 실린 우상화 전기는 이것을 '이 정도의 규모의 **권력-동력***power*이 판매될 수 있는 새로운 시대가 도래했고, 그 창조자들과 판매자들은 스스로를 **무력한***powerless* 사람들을 지배하는 왕자나 왕들로 간주할 것이다'라는 증거로 해석한다.[56]

전능한 행위자이자 유령 인구인 바로 이 권력은 항상 준비된 채로 언제라도 소환에 응하도록 대기하고 있었다. 이 모든 다양한 형태의 물신주의적 외양 속에서 증기력은 역학적-겸-사회적 권력-동력[a] mechanical-cum-social power으로, 그리하여 바로 그 정의 그 자체를 그대로 따라서 **집중된 것***central*, 즉 전 인류에 고르게 배분되지 않은 것으로 인식되었다. 몇몇의 손아귀에만 있는, 타인을 억압하기 위해 휘두를 수 있는 어떤 것으로. 이러한 관념의 전체 맥락은 오직 전 세계 규모에서만 파악될 수 있다. 영국 제국이 한 바다에서 빛나는 또 다른 바다로 확장하고 있었을 때, 증기력은 파도를 헤치며 그 와중에 가장 귀중한 공헌을 하게 된다. 하지만 물론 작업장 내의 기관은 고용주와 일손 사이의 권력관계라는 맥락에서 설치된 것이다. 우리는 이미 유어가 어떻게 기관이 '그의 충실한 하인들의 무리를 불러 모아' 공장의 '집중된 권력-동력'power으로서 스스로의 의지를 관철하는지 묘사한 바를 보았다. 이 개념은 그야말로 현상의 이중성을 그대로 내포하고 있으며, 따라서 둘 중 어느 한 측면을 배제할 경우 이 개념을 제대로 이해할 수 없다. 또 한 차례 화려한 문구를 동원하여 유어는 '사실 증기기관은 영국 산업계의 **감독관**controller-general이자 시계를 예로 들어 설명하자면 그 주요 태엽main-spring이다. 이는 영국 산업계가 안정된 속도로 전진하도록 재촉하며 그 임무를 완수할 때까지 절대 뒤처지거나 방황하지 못하도록 통제한다'라고 말했다. 바로 여기에 권력이 **체현**되어 있으며, 증기기관은 고용주의 대리인이나 총사령관 또는 고용주의 주체적 의식을 전달하는 금속 매개체가 되어 일손들에게 작업의 운율과 길이를 지시한다. 나스미스는 또 다른 군사용어로 이를 비유한다. '우리 모두는 고적대가 연주하는 경쾌하고 즐거운 음악이 전진하는 군대에 어떤 효과를 일으키는지 잘 알고 있다. 증기기관의 **빠른** 운동 역시 노동자의 활동에 같은 효과를 일으킨다.'[57] 이러한 발언들을 살펴봄으로써 우리는 증기기관이 인간 노동의 필요를 초월하게 만든다는 식의 주장을 전부 기각할 수밖에 없으며, 반대로 그 실제 의도가 바로 더 많은 노동을 착취하는 것이라는 점을 분명히 알아챌 수 있다.

여기서 증기기관을 오늘날 아프로-캐리비언 공동체의 실제 종교 행위라기보다는 서구의 상상 속에서만 존재하는, 그러나 한때 고대 지중해 문화에서 흔히 발견될 수 있었고 아마도 중세 프랑스에서도 성행했던 물신주의의 특수한 한 형태와 유사하다고 할 수 있다. 그것은 바로 부두 인형the voodoo doll이다. 이탈리아에서 발견된 고고학적 유물을 살펴보면, 적들에게 '못을 박아' 꼼짝 못하게 만들기 위해서 바늘로 부두 인형을 찔렀을 것으로 추정된다. 그렇게 함으로써 이들을 자신의 영향권에 끌어들여서 의식을 거행한 자의 의지에 복종하도록 만드는 것이다.[58] 유어나 나스미스 같은 자들은 기관을 이와 유사한 것, 바로 그것을 통해서 대적하는 자를 원격으로 조종할 수 있게 해 주는 물체로 인식하였다. 이런 측면에서 볼 때 기관은 결국 현대의 다른 물신들——특히 화폐——과 그리 크게 다르지 않은 것일지도 모르겠다. 하지만 이데올로기에서나 현실에서나 증기기관은 **그 창조주에 반기를 들고**, 주인을 점차 침식하여 그 위에 군림하며, 그들의 행동을 제약하고 그들에게 희생 제물을 요구하는 능력을 결여하고 있던 것으로 보인다. 증기력은 **부르주아지의 물화된 권력**the materialised power of the bourgeoisie으로 제시되었다. 생산과정 내 이 계급의 지배력은 더이상 단결금지법이나 이와 유사한 법적, 경제 외적 간섭을 이전과 같이 대규모로 요구하지 않는다. 이제 규제하는 정부the government는 원동기 안에 존재한다. 그리고 거기에 필요한 것은 끊임없이 더 늘어나는 연료량뿐이다.

석탄은 전능하시다

일부 증기물신주의는 기관이 말 그대로 자동으로 움직인다는 인상을 줌으로써 기계물신주의의 환상을 그대로 복제해냈다. 앨더슨은 마치 기관이 정말로 닫힌계a closed system인 것처럼 '그것은 스스로 그 연료를 섭취하고' '자신을 유지하기 위해 필요한 모든 것을 그 자체의 노동만으로 확보한다'고 썼다. 물론 이는 부정확한 표현이다. 가비는 증

기의 참된 '원동기이자 지도자'는 곧 '그 자체의 정신'——영국 기계공
학자들의 순수한 지능——이라고 제안했지만, 그런 세세한 부분을 기
억해 주는 다른 자들이 아예 없지는 않았다. 여기에 바로 '자동장치가
있다. / 인간에게 어떠한 수고도 바라지 않고, / 이따금 그 심장에 불
꽃을 지피기만 해 주면 된다.'[59] 그리고 또 다른 자들은 계속 증기물신
주의를 지표 아래에까지 완전히 끌고 내려가려고 했다.

흔히들 증기기관이 가져다준 이점을 묘사한다. 기관은 직조하고 방적하
고 물을 긷고 날염하며 실을 감고 섬유를 뽑고 찍어 낸다고. 그리고 사
실 기관은 증기력으로 작동하는 기계가 할 수 있는 일을 전부 해낼 수
있다. 그러나 증기기관이 이 모든 일을 해낼 수 있게 만드는 것은 무엇
인가? 바로 **석탄**이다. 이 광물질 연료가 공급되지 않았다면 와트의 모든
기술은 아무런 쓸모가 없었을 것이었으며,

존 R. 레이프차일드John R. Leifchild는 이렇게 항변했다.[60] 1840년대
초 광산의 노동조건을 조사하던 정부 위원이자 탄광지대 탐방자, 동
시에 석탄과 관련된 주제에 관해서 쓴 빅토리아 시대의 주요 저자 가
운데 하나인 그는 《우리 석탄과 우리 탄광; 그 안의 사람들과 주변 풍
경》을 내놓을 때 '지하 세계의 여행자'a traveller underground라는 필명을 써
서 자신의 정체를 숨겼다. 그가 한 작업의 요점은 바로 증기의 모든
기적 뒤에 은폐되어 있던 그 지하에 있는 기반을 폭로하는 것이었다.
물론 레이프차일드가 이를 간파한 유일한 인물이었던 것은 아니다.
페리 역시 '풍부한 석탄 공급 없이는 증기기관의 사용과 근대 제조업
체계의 실제 운영은 매우 제한된 수준에 머무를 수밖에 없었을 것이
다'라고 적은 바 있다. 하지만 레이프차일드는 실제 광산 속으로 내려
가 부르주아 독자에게 그 내용물을 분명히 보여줌으로써, 그동안 자
신들의 존재 자체를 지탱해 온 광산을 독자 스스로 발견하게 만들었

다는 점에서, 당대의 다른 이들보다 분명히 한 걸음 더 나아갔다고 할 수 있다.[61]

레이프차일드는 에너지의 재고가 숨겨진 지대로 사람들을 인도하는 관광 안내인 역할을 자임했다. 직접 굴착 작업에 끼지 않은 사람이 스스로 거기까지 가는 경우는 거의 없었다. 그러나 레이프차일드는 자신이 영국 북부의 석탄 광산에 대한 독보적이고 광범위한 경험을 가지고 있다고 주장했다. 방문객이 이들 광산에 접근하면 먼저 거무스레한 풍경을 목격하게 될 것이다. '당신은 높은 기관실들과 하늘에 길게 늘어선 검은 연기 덩어리를 내뿜는 매우 높은 굴뚝들을 차차 발견하게 된다.' 그 후 방문객은 '이 세상 것이라고는 생각되지 않는' 소리—으르렁대는 기관, 휘파람 소리를 내며 도는 도르래, 울부짖는 철도—를 듣게 될 것이며, 더욱 가까이 다가가면 곧 하늘을 향해 '불투명한 연기를 비스듬히 내뿜는' 굴뚝들 옆을 지나게 될 것이다. 언제 어디서나 연기가 가득하다. 이것이 바로 지구의 내장을 긁어 냄으로써 또는 지표와 지하의 관계를 뒤집음으로써 인공적으로 건설된 광경이었다. 레이프차일드가 묘사한 이 탄전은 상하 역전의 결과로 점차 광산의 갱도—검고 재투성이이면서 유독한 기체로 가득하고 사람들로 비좁은—를 닮아 갔다. 그 행로 중 발견된 '모든 것이 석탄에 제물로 바쳐진다.'[62]

이 탐구로 얻게 된 것은 바로 화석 경제의 원리에 대한 첨예한 인식이었다. 레이프차일드는 당시 세상에서 가장 귀한 두 가지 광물이었던 금과 석탄을 비교하면서 《우리 석탄》*Our Coal*을 시작한다. 전자는 '밝고 빛나며 후자는 검고 험악하다.' 전자는 은행에 보관되며 후자는 탄층에 숨겨져 있다. 전자는 '나라의 부를 겉으로 대표하지만 후자는 그것을 참으로 담보한다.' 금강석을 캐는 참된 작업은 바다 건너 머나먼 땅에서 벌어지는 것이 아니었으며 바로 영국민의 발아래에서 진행되고 있었다. 만약 석탄 매장량이 어느 순간 전부 순금으로 바뀌어 버린다면 끔찍한 손실이 벌어질 것이다. 석탄 없이는 '적당한 연료가 없어서 우리의 증기기관이 사용되지 못하고 녹슬 것이다. 우리의 공장이 문을 닫을 것이다. 우리의 철도가 멈출 것이다. 우리의 증기선들이 해체되고 부두에서 썩어 갈 것이다. 그리고 우리의 모든 제조업 과정들이 열화될 것이다.' 또는 간단히 말해서, 성장이 격렬한 마찰음과 함께 멈추게 될 것이다.[63]

구조적 위기 시절과 그 이후 수십 년간 연료에 관해 서술된 다른 소고들 역시 이처럼 약간은 불편한 사실에 대한 인식을 드러냈다. **당시 영국이 발전시킨 경제양식은 전적으로 석탄에 의존하고 있었다.** 석탄은 '자본과 노동의 투입—상업 일반의 진보—토지 개량—증기기관이 가진 놀라운 동력의 전유'를 위한 기초를 이루었으며, '우리 국부의 탁월한 원천'으로 우뚝 서 있었다. 제번스는 석탄이 '근대 문명의 주요 태엽'mainspring이 되었다고 시계를 예로 들어 설명하였다. 영국에 도래한 것은 바로 '석탄의 시대the Age of Coal이다. 석탄은 다른 상품들 곁에 나란히 서 있는 것이 아니라 참으로 **완전히 다른 모든 상품 위에 군림한다.** 이것이야말로 바로 나라의 물적 에너지—보편적 구원the universal aid—우리가 행하는 모든 것을 가능케 하는 요인이다.' 제번스의 선언은 가끔 화석연료 사용 중독으로 향하는 통로의 입구에 헌정된 문구처럼 인용된다. 그러나 아무리 이 웅변이 감동적이더라도, 사실 이 선언은 당시 널리 퍼진 시대정신zeitgeist을 뚜렷이 표현한 것에 불과하다. 석탄을 경제의 받침돌로 지칭하거나 영국 제조업 우세의 원인을 그 풍부한 석탄 매장량에 돌리는 것은 당시 문헌에서 무한히ad infinitum 반복되는 후렴구 같은 것이었다. 하나만 예로 들겠다. 《은행업계회람》에 실린 표현에 따르면 '제조업 생산 원동력의 큰 원천인 석탄은 이러한 근원적이고 독특하며 상대적으로 배타적인 부의 원천들 중에서도 가장 으뜸이다.'[64]

따라서 물적인 전능함이 기관실보다 한층 더 아래쪽에 위치하고 있었던 것이다. 제번스는 '거의 믿을 수 없는' 양의 동력power이 '지구 내부에 채워져 있다'는 사실에 경탄하면서 볼턴의 유명한 일화를 일부 수정한다. '위대한 석탄 안에서 우리는 이것을 찾을 수 있다.' 바로 와트의 동업자가 말했듯이 '온 세상이 원하는 것—바로 권력-동력을.'what all the world wants—POWER 증기물신주의의 수사법을 그 숨겨진 고향으로 인도하면서 그는 '특히 증기와 철의 원천으로서, **석탄은 전능하시다**'coal is all powerful라고 선언했다.[65] 레이프차일드도 시구stanza에 의존한다.

> 적들이 우리의 헌금을 훔쳐 가게 두어라, 그래도
> 여전히 우리가 남을 것이다—용감한 사람들이.
> 그러나 그들이 우리의 석탄 광산을 좀먹는다면,
> 그들은 우리의 육신, 자아, 영혼을 훔친 것이다.
> 바로 석탄COAL이 우리의 영국을 위대하게 만들고
> 우리의 상업과 우리의 국가체제를 떠받치는도다.

석탄은 성인들의 모든 기적을 능가하는 연금술의 '**진정한 현자의 돌**'the true Philosopher's Stone로서 '하늘이 인류에 내린 선물'a heaven-born gift to man 또는 단순히 '쉬지 않고 일하는 권능'a power unremitting in its labours이었다.[67]

이 단계에 도달하여 증기물신주의가 스스로가 획득한 성질을 연료 그 자체에 전이시킴으로써 **석탄물신주의**coal fetishism로 정제되었다고도 할 수 있을 것이다. 마치 석탄이 그 스스로의 힘으로 권능을 부리며 국가체제를 유지하고 널리 기적을 벌이는 것처럼 말이다. 더 높은 상부를 지탱하던 하부의 물적 토대에 도달함으로써 이제 부르주아 이데올로기는 또 다른 은폐 공작에 몰두하게 된다. 그런 은폐 공작 중 하나는 바로 광산의 노동자들에 관한 것이다. 저 어두운 골방에서 석탄이 스스로 튀어나온 것은 절대 아니다. 레이프차일드도 이 사실을 잘 알고 있었다. 그는 걱정으로 가득한 적대감—특히 광부들의 노동조합과 파업에 대한 우려—과 연민이 섞인 눈초리를 통해서 광부들을 화석 경제라는 계단의 최하부에 위치한 피조물로 묘사했다. 부러움을 살 만한 부분을 하나도 찾을 수 없는 그들은 '불쌍하게도 탄소화된 것처럼 보이는 사람들', '거뭇거뭇하고 괴이하며 검댕으로 더럽혀진 존재들', 지하에서 보낸 세월이 길면 길수록 더욱 그들의 일감과 같은 외양을 가지게 되는 자들이었다. 동시에 채탄부들은 '이집트 사원의 악어, 따오기, 황소와 같은 이들'이기도 했다.[68] 그 누구도, 그들보다 더 낮은 곳까지, 지구 속 골방으로 더 멀리, 도달할 수 없었다.

증기물신주의의 구조

근대 사회 물신주의 이론의 중심에는 애매한 점이 존재한다. 화폐, 상품, 기계 이 모두가 사람들에게 그 자체로 내재적인 권력innate power을 가진다는 잘못된 믿음을 불러일으키는 사물이면서, 동시에 이것들이 사람들에게 물적 권력material power을 행사**한다.**do exercise 종교적 유물이 신도에게 가지는 영향력은 순전히 상상력의 산물일 뿐이다. 이와 마찬가지로 화폐도 숭배되지만, 사람들 사이의 관계가 대상화되고 응축되어 동전이나 지폐로 체현되기 때문에, 화폐는 교환 영역에서 자원을 분배할 때 **실제** 통제력real command을 행사한다. 재화나 용역의 유통은 화폐를 통해 매개**되며**is mediated, 따라서 화폐가 우월하다는 믿음은 완전한 망상이 아니고 차라리 특정한 사회적 질서를 반영하는 것이라 할 수 있다. 상품과 기계 역시 동일하게 해석될 수 있다. 호른보리에 따르면 '물신화된 사물은 중요한 의미에서, 즉 축적과 권력의 측면에서 실로 구성적인 능력을 가진다. 즉, 그냥 단순한 허위진술misrepresentations 따위가 아니다.' 그렇기 때문에 신학자 롤랜드 보어Roland Boer는 '어떤 면에서는 최초에 우상을 만든 자가 옳았다고 할 수 있다. 왜냐하면 그 사물은 권력, **그러나 유해하고 파괴적인 권력**을 실로 가지기 때문이다'라고 말한다. 이는 마치 증기기관을 위해 도출된 것으로 읽을 수 있는 명제다.[69] 하지만 기관이 스스로 돌아다니며 작업장에 스스로의 동체를 설치하고 축을 연결하며 석탄을 주문하고 노동자를 소환하는 등 마치 **그 자체 스스로** 어떤 권능power을 행사할 수 있다고 주장한다면, 이는 부조리한 주장—그리고 동시에 물신주의에 굴복하는 일—이 될 것이다. 화폐와 마찬가지로 이러한 행위는 전부 **기관을 가지고 그 行爲를 수행하며**, 그 지배권을 사물에 이양하고, 이 사물을 매개체로 배치한 사람들에 의해서만 완수될 수 있다. 권력power은 일부 사람들이 타인에 대해 그 권력을 휘두르는 경우에 한하여, 기관 **안에** 있었던 것이다.

우리가 증기물신주의라고 부르는 이데올로기적 산물 내에서 증기는 실로 그 중심 위치를 차지한다. 비유하자면 기계가 그 상부에 있고 석탄이 그 하부에 있다. 물신화의 각 단계는 각자에 상응하는 수준의 물적 현실에 반영되며 또한 역으로 그러한 물적 현실을 반영한 것이기도 하다. 그러나 이 권력power—동굴에서 캐내어져, 기관을 통해 전달되어, 작업장의 노동을 겨냥하는—의 특수한 흐름은 그 토대의 유용함을 완전히 소진시키지 않았다. 증기를 통해서, 자동기계와는 별도로, 수없이 많은 다양한 사물들이 경제권 내에서 유통되었다. 다재다능한 원동기를 가지고 실제로 가치를 실현하는 과정valorisation은 계급투쟁이 아니라 다른 원천을 통해서 벌어졌다. 여기에서 개괄된 것은 에너지의 재고로부터 지배력을 획득하는 여러 경로 중 **오직 단하나**에 대한 것이었을 뿐이다. 그러나 이 경로는 전략적으로 중대한 것이었다. 노동에 대항하는 투쟁이 기계를 소환했고, 다시 기계가 증기력을 소환했으며, 증기력은 또다시 석탄을 소환했다. 그리하여 결국 석탄이 제조업의 성장과 결합하게 된다. 증기는 정확히 그 아래와 그 위 단계 사이에, 즉 그 중간에 위치하면서 자본의 명령에 따라 지하 명부의 괴물을 동원하는 장치로 사용되었다.

현실을 반영하는——동시에 형성하는——하나의 이데올로기가 전투에 돌입한 하나의 계급을 대변했다. '자유주의자'나 '사회주의자' 같은 이름표를 기꺼이 내세웠던 것처럼, 그 누구도 자신을 '증기물신주의자'라고 내세우지는 않았을 것이며 바로 이러한 특이점을 이 특정 이데올로기적 산물이 화폐, 상품, 기계물신주의와 공유하고 있다. 하지만 화폐, 상품, 기계물신주의와 달리 증기물신주의는 물질적 (그리고 기호적) 사회조직으로부터 저절로 성장하게 된 것이 아니다. 사람들이 자유주의나 사회주의를 부르짖은 것처럼, 증기물신주의는 부르주아 지식인들이 **공공연하게 명시함으로써** 비로소 탄생하였다. 하지만 동시에 이는 현실적 상황 변화, 즉 증기력의 발흥과 화석 경제의 탄생에 필연적으로 결부되어 있던 측면 역시 가지고 있었다. 증기물신주의는 급진적인 이상향militant, utopian 계획이었던 **동시에** 지속적인 사물화reification in the making의 구조이기도 했으며, 하나의 계급 주체가 가졌던 세계관이었던 **동시에** 그 계급이 지배하던 사회의 반영이기도 했고, 상상된 것이었던 동시에 그 효과를 느낄 수 있을 만큼 현실적인 것이기도 했다. 마찬가지로 전능함과 영적 영향력을 증기에 부여한 것 역시 다만 부분적 오류였을 뿐이다. 호른보리는 매우 독특한 정식화를 통해 물신주의적 이데올로기 내의 이율배반antinomy을 요약하여 정리했다. '사기꾼의 속임수와 실효성 있는 수단 간의 혼종과 똑같은 위상을 마술과 권력이 공유한다.'[70] 어떤 종류의 마술이냐고? 증기의 억압하에 있던 많은 피지배자들에게 이는 분명 흑마술이었다.

10

'가서 저 연기를 멈추자!':
증기에 맞선 저항의 순간

증기 악마학

산업혁명 중에 등장한 모든 새로운 기계에는 그에 맞선 저항이 그림자처럼 뒤를 따랐으며, 증기기관 역시 예외는 아니었다. 1791년 3월 어느 아침에 앨비언 제분소—완전히 증기만으로 작동되던 최초의 작업장—에서 연기가 피어올랐는데, 바로 방화범이 작업장 몇 곳에 불을 지른 것이었다. 페리가 기록하기를, '이 일이 일어난 후 대중은 런던 거리에서 노래를 부르며 만족감을 표현했다.' 북쪽의 버밍엄에서 볼턴앤와트사는 소호 작업장Soho works의 직원들을 무장시켜 습격에 대비했다. 이 사건으로 속된 민중의 분노에 대항할 수 있는 일종의 보험으로서 내화 건물fireproof buildings이 발달하게 되는 계기가 만들어진다.[1] 러다이트 운동과 특히 역직기가 1천 대 넘게 파손된 1826년의 랭커셔 손베틀 직조공 봉기 이후에 영국 정부the British state는 기계를 보호하기 위해 새 법률을 공포했다. 1827년의 법령 다섯 번째 문단에는 이렇게 적혀 있다. '만약 누구든 불법적으로 그리고 악의적으로 어느 탄광이나 운하로 운반되는 석탄에 불을 지를 경우, 그러한 불법 행위를 저지른 자는 모두 중범죄자로 판단하며, 유죄가 선고될 경우 사형에 처한다.' 그리고 누구든 '증기기관을 분해 또는 파괴하거나 무력화시키기 위해 고의로 손상'하려 한 자에게도 같은 처벌이 내려질 것이다.[2] 1831년 3월에 랭커스터 순회재판소the Lancaster Assizes에서 한 판사는 청중에게 이 법령의 핵심을 상기시키면서 당시 국가의 최우선 사항이 무엇이었는지 분명히 표현한다.

공포된 바에 따르면 어느 제조업 공장이나 광산에서든지, 그것이 고정식이든 이동식이든 막론하고 증기기관과 모든 기계 또는 교각이나 마차도를 파괴할 목적으로 집합하여 폭동이나 소요를 일으킨 경우에는 그 누구든지 사형에 해당하는 중범죄를 저지른 것으로 본다.[3]

바꿔 말하면, 증기로의 결정적 전환이 벌어진 수년간의 시기는 탄광이나 기관을 의도적으로 파손한 자를 **사형에 처할 수 있다**는 법령을 통해 이러한 시설이 보호받던 시기였다는 것이다.

이 법령은 그냥 말뿐인 허수아비가 아니었다. 1831년 11월에 코번트리에서 소요가 발생했다. 폭도들은 명주 리본을 짜는 역직기가 설치된 작업장으로 몰려가 건물에 불을 지르고 증기기관을 큰 망치로 때려 부수었다. 이 죄목으로 세 명이 교수형에 처해졌다. 1827년의 법령이 기능하던 또 다른 방식은, 만약 공장을 에워싼 폭도가 기계를 손상하려는 의도를 가지고 있었다는 것을 증명할 수만 있다면, 공장을 보호하기 위해 발포하여 폭도를 죽인 자에게 무죄를 선고하여 풀어 줄 수 있다는 점이었다. 이는 1834년 4월에 올덤에서 실제 벌어진 일이다. 그러나 이러한 가혹한 법규에도 불구하고 노동자들은 계속해서 증기기관을 표적으로 삼았다. 1831년 프레스턴 파업에서 방적공들은 몇몇 작업장의 보일러 불을 꺼 생산을 중단시켰을 뿐만 아니라 한 곳에서는 기관이 산산조각 날 때까지 기관의 작동 속도를 고의적으로 높이기도 했다.[4]

노동자들이 증기기관을 어떻게 생각했을까? 참고로 삼을 만한 전국적 투표나 여론조사는 없지만 단편적인 증거들을 통해 밑바닥에서 끓어오르던 분노를 엿볼 수 있다. 뱃사람이자 해군 장교, 소설가이자 동시에 《메트로폴리탄》*The Metropolitan Magazine*지 편집자였던 프레더릭 메리어트Frederick Marryat는 벨기에와 영국의 노동자들, 게다가 동시에 그 자신이 증기를 어떻게 보고 있는지에 관한 짧은 글을 남겼다. 바로 기관을 눈앞에 두고 매리어트는 격앙된 어조로 말한다.

> 나는 기관이 바로 **생명력***vitality*을 가진다는 생각, 즉 이것이 바로 움직이는 존재일 뿐만 아니라 살아 있는 존재라는 생각을 떨쳐 버릴 수가 없다. 이 생각이 기관이 지닌 막대한 동력power과 결합되어 이것이 쉭 쉭 소리를 내며 불을 뿜어 대는 끔찍한 악마, 우리 사람 수천 명을 기꺼이 파멸로 끌어들일 준비가 완료된 악마라는 환상을 머릿속에 만들어 낸다. 그래서 이 강력한 발명이 과연 인류에게 **축복**이 될 것인가 아니면 **저주**가 될 것인가? 프로메테우스가 자신의 위상을 더 강력하게 하려고 하늘에서 훔쳤던 불처럼, 결국 이 역시 판도라의 상자에서 나온 치명적인 재앙으로 우리를 이끌게 되지 않을까?[5]

여기서 물신주의는 **증기 악마학***steam demonology*으로 전도된다. 기관은 여전히 그 스스로 힘을 가진 존재이지만, 이제 이 힘은 선한 것이 아니라 악한 것이다. 내재적 활력을 가지고 그 팔다리를 움직이며 그 동체 내에 무시무시한 에너지의 흐름을 숨긴 채로 기관은 초인적인, 거의 악마적인 권능diabolic power을 가진 것처럼 등장한다.

매리어트의 눈에 파멸로의 행보는 이미 진행 중인 것처럼 보였다. '이것이 그들의 먹거리를 빼앗아 갈 것'을 두려워하던 노동자들은 증기력에 관한 '직감적이고 예언자적 진리'에 도달하였다. 증기선을 타고 여행하는 불쾌한 경험을 작가와 함께 공유했던 익명의 한 잉글랜드 신사는 이를 정확하게 표현했다. '선생, 이 증기란 것이 참 암울한 점을 보여주는데,' 뱃사람들에게만 그러한 것이 아니라 '육상에서도 역시 암울한 것이오, 선생. 사람은 빈손으로 쳐다보기만 하며 굶고 있는 중인데 기관은 일하다니. 이 나라는 망했소, 선생. 사람들은 불행하고 일자리를 잃어버렸소.' 축복 운운하는 거짓말이 가차 없는 저주를 은폐했고 '우리가 다시 이전의 번영을 되찾는 것은 불가능하오. 우리 탄광에 불을 지르지 않는 한 말이오.' 이 신사는 영국이 그 중심까지 조각조각 깨지고 위아래가 완전히 뒤집힌 나라가 되었으며 심지어 날씨까지도 교란되었다고 보았다.

우리의 이 불행한 나라에서 계절까지 바뀌지 않았느냐고 묻고 싶소. 통상과 달리 전례 없는 더위가 우리 여름을 덮쳤고 겨울도 덜 춥지 않소. 화씨 60도 아래 수은주를 언제 다시 볼 수 있을지? 절대 불가능하오, 선생. 이제 여름이 경고와 공포의 계절이 아니면 도대체 무엇이겠소?[6]

이렇게 의미심장한 문단들을 통해서 매리어트는 증기 악마학의 세 가지 주요 수사적 어구를 엮어 낸다. 기관은 **폭정**despotism('사람은 빈손으로 쳐다보기만 하며 굶고 있는 중인데' 기관이 일한다), **악화** degradation('이 나라는 망했소, 선생'), 최종적으로 **파멸**doom의 집행자였다(파멸은 여기서 '통상과 달리 전례 없는 더위'로 스스로를 가장하고 있다). 이 삼화음The triad은 노동자들이 직접 쓴 글에서도 물론 발견된다. 위기가 진행되던 수십 년의 시기 중에 독립적 프롤레타리아 언론이 등장하게 되며, 1830년대 중반 노동조합 활동가들이 많이 보던 오언주의 Owenite 신문인 《새로운 도덕적 세상》New Moral World도 그중 하나였다. 본래 그 지면을 빌려 발표되었던 더글러스 제롤드Douglas Jerrold의 단편소설 〈공장 아이〉The Factory Child는 주인공의 암울한 삶을 증기 악마학의 필치로 그려낸다. '마치 생물처럼 보이는 기관은 아담 이전pre-Adamite 동물들의 막대한 힘과 거대한 몸집을 상상 속에서 소환해낸 괴물 같은 것으로 보였다. 그것은 생명력과 본능을 가진 것처럼 멈추지 않고 확실히 일하는, 증기의 맥박이 뛰는 철의 괴물이었다.' 애수에 찬 어조로 제롤드는 일하는 소녀를 '증기 거인과 결합된—어린 나이에 결혼한' 존재로, 소녀의 '어린 뼈를 몰록과 같은 기관the Moloch engine을 위해 제물로' 바치도록 강요된 것으로, 그녀의 '연약한 팔다리가 맞서는 것은 금속 밸브'다—인간의 심장을 짓밟는 피스톤!'이라고 묘사한다.[7] 사람들의 손목에 족쇄를 채우고 그 힘을 펼치며 마음대로 행하는 폭군. 즉, 권력으로서의 증기steam-as-power라는 부르주아의 관점을 반대쪽 진영에서 확인한 것이다.

《새로운 도덕적 세상》지면을 통해 악마학적 감상은 정기적으로 표출되었으며, 따라서 노동계급 내 상당수가 이러한 감각을 공유하고 있었다는 점을 우리에게 보여준다. 베인스는 증기기관이 '폭정을 휘두르는 권력이며, 그것과 함께 일하는 이들에게는 저주'라고 보는 '흔한 편견'을 강력히 비난하였고, 《런던 및 웨스트민스터 리뷰》The London and Westminster Review는 몰락을 눈앞에 둔 또 다른 집단의 관점을 인용하였다. "일하던 기계 기술자는 '하지만'이라고 입을 열고 **'증기는 우리의 적이다.** 그것은 부유한 자의 하수인이고, 우리를 위해서 무엇 하나 해 주는 것이 없으며, 정반대로 더 싼값에 노동을 제공함으로써 우리를 일자리에서 몰아낸다'고 말했다." 바로 이 '증언'이 '교육을 받지 못한 사람들이 공유하는 논리라고 우리는 믿는다'라고 《리뷰》는 덧붙인다. 교육받지 못한 사람, 즉 노동자들이 악의적 선동의 영향을 받아 증기에 대한 잘못된 관점을 가지게 되어 그 혜택을 알아차리지 못했다는 것이다.[8] 진행되는 위기 중 결정적 분기점에 이르러 이러한 믿음은 직접행동으로 발전하게 된다.

불만이 들끓는 여름을 향하여

가담자의 수, 지리적 범위, 지속 기간, 그 폭동의 순전한 열기와 거의 혁명에 이를 뻔했던 그 위력을 고려할 때, 1842년 일어난 파업이 야말로 19세기 영국 노동계급이 벌였던 것 중 가장 큰 봉기라고 할 수 있다. 이 파업은 세계 자본주의 국가의 역사 전체를 통틀어 처음으로 벌어진 총파업이기도 했다. 제조업 지대에서 대략 50만 명가량의 노동자가 동참하였으며 최소한 32개 주에서 파업이 벌어졌다. 물론 의심할 바 없이 그 중심지는 랭커셔, 체셔, 요크셔의 웨스트라이딩과 래넉셔였다. 이들 지역에서 7월 중순과 9월 중순 사이에 짧게는 일주일, 길게는 두 달 동안 대부분의 생산활동이 중단되었다.[9]

그러나 빅토리아 시대 사람들에게 이 총파업은 별명으로 더 잘 알려져 있었다. '마개 음모'the Plug Plot, '마개 폭동'the Plug Riots, '마개를 열어젖히는 자들의 봉기'the rising of the plug-drawers나 이와 유사한 이명으로. 여기서 언급된 마개는 증기기관의 보일러에 달린 마개를 의미한다. 제조업 지대를 가로질러 행진하면서 파업 참가자들은 조직적으로 보일러의 마개를 뽑거나 억지로 보일러 속으로 밀어 넣어 버렸고, 그리하여 물이 바닥으로 쏟아지거나 증기가 밖으로 새어 나오게 만들어서 기관의 작동을 그 즉시 중단시켰다. 당대인들의 눈에는 이것이야말로 파업의 주요 수단이자 이 폭동을 확대시킨 실천적 행위였고, 폭도들이 자신들의 의지를 이 불운한 나라에 강요하는 데 사용했던 무기인 것처럼 보였다. 그러나 현대의 역사가들은 어째서인지 이 사실을 무시하려 들었다. 이 파업에 관한 단행본 수준의 연구로는 거의 유일한 예인 《1842년 총파업》The General Strike of 1842에서 믹 젠킨스Mick Jenkins는 '당시 파업에 부수된 우연한 현상'이라며 마개 뽑기를 잽싸게 평가절하하고, 전반적으로 영웅적이었던 이 반란 중에 일어난 약간 어처구니없는 일화로 묘사하는 것 이상으로 이 현상에 관심을 두지 않았다.[10]

1842년 여름은 이미 차티스트 운동이 4년 동안이나 진행된 시점이었다. 이 운동은 '인민헌장'People's Charter의 여섯 가지 핵심 요구에 맞취 영국 정치체계를 전면적으로 개편하라고 주장했다. 모든 남성(여성 빼고)의 투표권 보장, 비밀투표, 연례 투표annual elections, 동등한 대표성을 보장할 수 있는 동일한 규모로 획정된 선거구, 의원에 대해 일정 이상의 재산을 요구하는 자격 요건의 철폐 그리고 이와는 반대로 가난한 자도 선거에 나갈 수 있도록 임금을 지불하도록 할 것. 이 운동의 핵심은 보통선거였다. 그러나 이것은 동시에 여타 사회적 함의를 가득 품고 있는 매개체로 인식되었으며 엄밀히 말해서 더 큰 목적을 위한 수단이었다. 그 목적은 바로 영국 노동자를 괴롭히던 모든 악을 일소하는 것이었다. 만약 막대한 다수인 노동자들이 투표할 수 있게 된다면, 그들의 대변자가 의회를 장악할 것이며 자본가들은 밀려나고 노동조건, 시간, 임금, 세금, 지원금relief과 기타 문제들——곧 살펴보게 되겠지만 여기에는 기계도 포함된다——에 대한 올바른 결정이 내려지게 될 것이다. 이렇게 간단하면서도 일사천리인 전략에 매료되어 노동계급 운동의 주요 세력들——급진적 개혁 연합, 노동조합, 공장개혁운동, 반反구빈법 운동——모두가 차티스트의 깃발 아래 모이게 된다. 프롤레타리아트를 위한 만병통치약이 드디어 여기 등장한 것이다.[11]

　차티스트 운동의 주요 기반은 섬유업계였다. 공장 작업자들이 요직을 채웠는데 그중에서도 면직물 방적공들이 가장 우세했으며 이들은 자동기계에 대한 적대감, 사라진 일자리로 인한 울분과 노동조합 쇠퇴의 흐름 속에서 그들이 느꼈던 비장한 절망감을 이 운동에 반영시켰다. 하지만 가담자 중 가장 많은 수를 차지한 것은 바로 각종 직조공들이었다. 면직물을 다루는 손베틀 직조공들은 그들의 수많은 청원이 모두 각하되자 완전히 상황에 절망하여 이 운동을 역직기에 대항하여 전황을 역전시킬 마지막 기회라 믿고 곧장 운동에 가세하였다. 브래드퍼드 지역의 소모사를 다루는 손베틀 직조공들도 마찬가지였다. 역직기로 작업하던 신세대 직조공들도 굉장히 충실한 지지자가 되어 이들과 연대하였다. 블록 날염공들, 양모 빗는 직공들과 기계 기술자들 역시 운동에 가담할 만한 나름의 이유를 가지고 있었다. 1830년대 후반 침체기에는 국가권력을 자본가들이 독점하는 상황을 해소할 수만 있다면 노동자들의 고통이 개선될 것이라는 확신이 퍼지기 시작했다. E. P. 톰슨의 말에 따르면, 이렇게 모든 모순들이 움직이기 시작하여 '하나의 중심에 수렴되었다. 그 중심은 바로 투표였다.'[12] 그러나 1842년 여름에 이 수렴의 중심은 분명 이와는 다른 본질을 가지는 것이었다. 그것은 덜 애매했으며 더 구체적이고 물질적이었다.

노스스태퍼드셔North Staffordshire의 광부들이 제일 먼저 파업에 돌입하였다. 7월 초에 임금 삭감 통보를 받게 되자 이들은 임금 인상과 9시간의 노동시간 그리고 무엇보다 먼저 이 둘을 보장할 수 있는 유일한 수단인 헌장the Charter을 요구하는 파업으로 이에 화답했다. 한 무리의 광부들이 광산들을 돌면서 보일러의 불씨를 치워 버리거나 마개를 뽑으면서 광산들이 확실히 문을 닫았는지 확인했다. 이후 2주 동안 행렬이 모든 생산을 멈추기 위해 서쪽과 북쪽의 인근 주들까지 행진하였다. 슈롭셔에서 이들은 '굶주리고 오도된 사람들을 모든 갱도로부터 불러 모아 기계를 파괴하도록 선동하였으며 광부들이 현재의 낮은 임금을 받으며 일하지 못하도록 막았다.' 갱도 아래로 이어진 줄을 끊고 기관의 작동을 불가능하게 만들었다.[13] 광부들이 노렸던 대로 오래지 않아 이 나라 도기 생산의 중심지인 스태퍼드셔 도기 제조소the Staffordshire potteries가 연료 부족 탓에 무력화되었다. 이렇게 총파업의 교본이 탄생했다. 노동자들이 모여 만들어진 집단이 한 장소에서 다른 장소로 옮겨 다니면서 증기기관을 파괴하여 생산을 중단시키고, 어떤 경우에는 시장에서 석탄을 고의적으로 회수하기도 했다.

파업의 불똥은 먼저 영국의 다른 광산지대로 번졌다. 8월 초에 래넉셔의 광부들이 임금 삭감에 반발하여 200개의 갱도를 폐쇄하고 감자밭을 약탈했다. 이와 유사한 분쟁이 스코틀랜드의 다른 지역과 웨일스에서도 일어났고, 버밍엄의 제작소와 공장들이 연료를 받아 오던 영국 중부의 대공업 지대인 블랙컨트리the Black Country에까지 불 꽃이 번졌다. 파업 중이던 탄광 노동자들은 왕국 전역에 걸친 연락망 을 만들고 전국 규모의 산별 노동조합의 결성을 꾀하였다. 이 노동조 합은 적정 수준의 임금을 확보하는 **동시에** 더 광범위하게는 차티스 트 운동의 목표를 달성하기 위한 전위적 돌격대로서 기능할 것을 염 두에 두고 고려되었다. 8월의 첫 번째 주에 각 지역에서 온 800명의 대표단이 핼리팩스에서 모이게 되었다. '이것은 단지 전면적 총파업 전에 일반 조직화를 위해 진행된 준비 모임이었을 뿐이다'라고 《리즈 타임스》Leeds Times에서 보도했으며, 이어서 '많은 이들이 **모든 작업장, 공장, 철도 등을 멈출 수 있는 권력이 광부들의 손에 있다**고 주장하면 서 이를 통해 광부들이 매우 강력한 정치적 주체가 될 것'이라고 전했 다.[14] 파업 참가자들은 그들이 매우 효과적인 수단을 가지고 있음을 깨달았다. 영국이 발전시킨 이 새로운 종류의 경제에서 석탄은 모든 제조업의 근원이 되는 혈액과 같았다. 동맥을 끊으면 몸통은 곧 그 움 직임을 멈추게 된다. 그러나 1842년의 파업이 일반적인 총파업으로 고조된 것은 바로 면직업종 작업자들이 싸움에 동참하게 되면서부터 였다.

마개 뽑기

과거 격렬한 방적공 저항의 거점이었던 스테일리브릿지와 애슈 턴의 몇몇 제조업자들이 이윤 하락을 핑계로 25%에 달하는 임금 삭 감을 발표했는데, 이는 밀의 가격이 계절 탓으로 정점에 달한 지 겨우 수일 후에 벌어진 일이었다. 1842년 8월 7일 일요일 아침에 작업자들 수천 명이 이들 도시 사이의 들판에 모였다. 발언자들은 공장들을 돌면서 전부 다 문을 닫게 만들 것이라 맹세하고 '일단 파업이 시작되면 여러분이 제대로 임금을 받도록 보장할 수 있는 유일한 수단인 헌장 the Charter이 바로 이 땅의 법이 될 때까지 파업은 계속될 것입니다'라고 선언하였다. 탄광지대에서와 마찬가지로 임금을 둘러싼 각 고용주와의 분쟁은 저절로 차티스트 운동이라는 국가적 투쟁과 결합하게 되었다. 차티스트 운동은 당시 이 계급 내에 널리 퍼진 분위기의 반영일 뿐만 아니라 그 계급의 전략적 결의의 표현이었지만, 이러한 총파업이 차티스트 운동 진영에서 **의식적으로 도모하고 계획**plot해서 이뤄진 것은 아니었다. 1842년 여름 당시, 더 많은 임금을 요구하는 것에서 헌장을 요구하는 데까지 넘어가는 중간 단계는 없던 것이나 마찬가지였다.[15]

들판에서 대규모 집회가 있었던 다음 날 아침에는 이전에 약속한 바와 같이 수천 명이 다시 모였으며, 《옵저버》는 이들이 '일터에 나가지 않고 방적공, 직조공, 광부, 일꾼과 애슈턴 및 인근 지역의 모든 종류의 노동자들과 함께 스테일리브릿지로 행진하면서 증기기관을 멈출 것을 주장하였다'라고 기록했다. 오후에 들어 군중의 규모는 거의 15,000명까지 늘었으며, 두 행렬로 나뉘어 한편은 하이드Hyde로 다른 한편은 올덤으로 행진하였다. 양쪽 다 행진 경로에 있는 공장들을 대상으로 조직적으로 마개 뽑기를 실행했다. 야외 파업 집회에서는 '적당한 하루 노동에 적당한 하루 임금'a fair day's wage for a fair day's work이라는 공식—흔히 1840년 임금 수준으로의 복귀와 10시간 노동일로 규정된다—과 함께 또는 이를 위한 수단으로 헌장을 반복적으로 요구하였다. 검은 깃발을 들고 붉은 모자를 쓴 선봉대와 함께 일군의 노동자들이 올덤에 나타났다. 모든 생산은 즉각 중단되었다.[16] 다음 목표는 맨체스터가 될 것이다. 8월 9일 화요일에 다시 대규모 집회가 열렸는데, 이때 3만 명 이상이 모였으며 한 발언자는 청중에게 군대가 그들의 길을 막더라도 면직업의 수도로 행진하자고 선동하였다.

공장에 처박혀서 기계의 회전을 지켜보다 죽는 것보다는, 순수한 햇볕과 순수한 천상의 대기 아래 길에서 죽는 것이 훨씬 더 낫다. 거리에서 죽는 것이 시끄러운 상자들과 덜거덕거리고 폭음을 내는 자본가의 기계 사이에 끼어 죽는 것보다 더 낫다.

그러나 군중은 아무 저항에도 직면하지 않았으며 그리하여 맨체스터로 가는 길에 있던 '몇몇 공장에 상당 수준의 손상이 발생했다.'[17] 교외에 도착하자 그들은 인근 노동자들에게 함께하자며 선동했고, 이에 많은 이들이 기꺼이 동참했다.

작업장을 대상으로 한 일련의 공격은 계속되었다. 이튿날 파업 참가자 수백 명이 '선박 하나를 장악하여 벡턴 작업장Beckton's Mill으로 연결된 운하로 돌입하였다.' 벡턴 작업장은 도시 중심에 있던 주요 면직업종 공장이었는데 '300마력에 달하는 새 기관과 기타 몇몇 기계가 거의 파괴되었다.' 목공소의 제재기는 '완파되었다.' 안코트 지역the Ancoats area에서는 주로 여성 역직기 직조공으로 구성된 행렬이 각 작업장을 돌면서 기관을 멈추지 않으면 공장에 진입할 것이라며 기관 작동을 중단할 것을 요구했다. 한 공장 관리자는 처음에는 요청을 거절하였으나 창문 몇 개가 박살나자 곧 순응하였으며 '기관은 정지되었고 폭도들이 환호하였다.' 맨체스터와 솔퍼드의 작업장 대부분에서 비슷한 상황이 전개되었다. 내부나 외부의 노동자들에 의해 기관이 정지되거나 관리자들이 '공포에 질려' 알아서 스스로 작동을 중단시켰다.[18]

맨체스터는 혼란의 도가니에 빠졌고 폭도들은 경찰서에 진입하는 데 성공하여 경찰서 집기를 창문 밖으로 집어 던졌다. 몇몇 제과점과 상점이 약탈당했다. 수요일과 목요일 사이 밤에는,

머운시Mouncey라는 이름의 가구장이 겸 건축업자의 집과 대지에 화재가 발생했다. 그는 최근 증기 제재소 몇 곳을 건설했는데, 아마도 그 덕에 사람들에게 미움을 받게 되었던 것 같다. 사람들은 화재를 보고도 웃으며 즐거워했고 소방관들의 노력에도 불구하고 집과 대지는 전소되었다.[19]

무시할 수 있는 극소수의 예외만 빼고 맨체스터의 산업계는 주요 부문의 모든 작업자가 일손을 놓은 8월 11일 목요일까지 잠잠히 침묵을 지켰다. 파업 초기 며칠 동안 무장한 병력은 거리와 공장 현장에서 총을 쏘아 대는 군중에 압도되었다. 맨체스터의 한 육군 소장은 '이 도시에서 본인이 가진 병력은 아주 불충분하다'고 불평하면서 '노동계급 내에서 조직화된 체제'에 본인이 패배했음을 인정했다. 시장은 면직업의 수도가 자신의 통제에서 벗어나 새로운 권력의 손아귀에 들어갔다고 보았다. 이 새로운 권력은 '그 범위와 효과 측면에서 누구도 생각하지 못했던 성격을 지니고 있으며 매일 더욱 강력해지고 있다.'[20]

이러한 상황 전개가 랭커셔의 모든 면직업종 도시로 확산되었다. 애슈턴과 스테일리브릿지는 계속해서 지휘본부로 기능하면서 대표단을 파견하거나 행진을 조직했다. 파업을 확산시키기 위해 맨체스터로부터 행렬이 뻗어 나갔고 심지어 그냥 그런 행렬의 소문만으로도 널리 퍼져 있는 불만에 불을 지르기에는 충분했다. 8월 11일 목요일에는 6천 명에서 8천 명 사이의 파업 참가자들이 스톡포트에 도착했으며, 그 지역의 동참자들과 기꺼이 함께할 만반의 준비가 된 이들은 큰 막대기를 공중에다 휘두르며 8열 또는 10열 대형으로 행진하였다.

작업장을 멈추는 데 전혀 주저하지 않던 몇몇 경우에는 일부 폭도들이 부지에 침입하여 보일러 아래 불씨를 치워 버렸고, 그렇게 되면 곧 동력은 완전히 정지해 버렸다. **도시 내의 증기기관이 짧은 시간 내에 전부 정지하게 되었다.** 그리고 모자 제조인, 틀 제조인, 날염공, 재단사와 그 외 모든 작업이 곧 중단되었다.[21]

이후 벌어진 많은 파업 집회 중 하나에서 차티스트 발언자들은 '기계의 발전이야말로 많은 사람에게서 일자리를 빼앗아 간 가장 큰 원인'이라고 비난했다. 이들 중 특히 가장 큰 피해를 입은 사람들은 바로 방적공이었다. 한두 주 동안 지역 '차티스트 위원회'가 너무나도 강력했기 때문에 스톡포트의 치안판사조차 그들의 통제하에 놓이게 되었다. 단 한 대의 기관도 가동되지 못했다.[22]

8월 12일 금요일 이른 아침에 어느 프레스턴 작업장의 역직기 직조공들이 내부의 임금 분쟁을 논의하기 위해 모였다. 이 모임은 재빨리 더 높은 임금과 헌장을 요구하는 전형적인 대규모 파업 시위로 발전했다. 일손들을 즉시 내보내지 않은 공장에는 군중이 모여들어 포위하고 그 시설을 파괴하겠다고 위협했으며, 모든 작업을 멈출 때까지 출입문을 내리치고 창문을 부수었다. 그러나 다음 날 아침에 일부가 생산을 재개했다. 《프레스턴 연보》에서 보도하기를, '폭도들이 이를 눈치챘으며', "그들은 큰 소리를 지르며 우리가 '가서 저 연기를 멈추자'go and stop the smoke라고 말했는데, 이 말은 곧 그들이 기관의 보일러 아래 불씨를 치워 작업장 운영을 중단시킬 것이라는 뜻이다." 산업지대를 행진하거나 기관실로 몰려가거나 때로는 그들을 가로막는 자들을 때려눕히는 중에도 파업 참가자들은 '연기를 멈추자!'Stop the smoke!라는 구호를 주기적으로 외쳤다. 군중의 격렬한 분노에 놀란 프레스턴의 치안판사들은 폭도의 진입을 막기 위해 군대를 파견할 것을 요청했다. 요청에 따라 군대가 파견되었고, 중앙 운하 옆 거리에서 군중을 향해 실탄이 발포되었다.[23] 이 프레스턴 사태로 다섯 명이 사망했으며 이는 총파업 중 최대의 유혈 사태였다. 사망자 중에 역직기 직조공이었던 19세의 조지 소워버츠George Sowerbutts도 포함되어 있었는데, 그는 한 공장에서 보일러 아래 불씨를 치우고, 석탄에 물을 뿌렸으며, 공장 관리자가 사인 조사 중에 증언한 바에 따르면 해당 관리자를 폭행하기도 했다. 발포는 이러한 모든 행위를 종식시키고 프레스턴의 증기기관을 보호하기 위한 것이었다.[24]

베리에서는 폭도들이 모든 공장에서 마개를 뽑아 버렸다. 당시 매일 현장 상황을 보고하던 한 정부 측 정보원에 따르면, 일군의 폭도가 도시 외곽에서 '기계를 부수고 작업장 하나를 거의 완전히 파괴'하는 중이었다. 번리로부터는 '도시 내에서 증기를 쓰는 거의 모든 작업장과 제작소의 운영이 몇 시간 동안 사실상 중단되었다'는 소식이 들어왔다.[25] 비슷한 사태가 베이컵에서도 벌어졌는데, 여기서는 해당 지역 주민들이 순회하는 군중과 합세하여 1시간 안에 모든 작업장과 제작소의 '불과 증기력'을 꺼 버렸다. '위험한 무기를 높이 휘두르고 모든 법률과 권위에 저항하면서' 1만 명이 넘는 파업 참가자 무리가 위건을 향해 행진했고, 이들은 자신들이 가는 길에서 발견한 모든 광산을 닫았으며—한 광구에서는 마개를 뽑았을 뿐만 아니라 기계 기술자도 함께 끌고 나왔다—도시 입구를 수비하던 지휘관을 위협하여 결국 도시 내로 진입하여 도시 내의 마개를 뽑았다. 이들은 그 후 아무런 저항도 받지 않으면서 교외의 여러 작업장과 주물공장들을 거쳐 갔다. 볼턴에서는 보일러가 비워졌고 볼턴 시장도 '일부 기계가 파괴되었다'고 보고하였다.[26] 8월 15일 열린 대중집회에서 그 도시와 인근의 면직업종 방적공들은 '제조업 지대 사람들이 겪는 고통의 상당한 부분은 기계의 발전에 따른 것'이라고 선언하고 원동력의 가동을 10시간으로 제한할 것을 요구로 내세웠다. 어떠한 기관이나 수차도 그 이상 가동되어서는 안 된다. 매클즈필드Macclesfield에서는 시장이 '어마어마한 수의 군중이' '기관의 불을 끔'으로써 모든 공장을 멈추는 데 성공했다는 굴욕적인 소식을 전했다. 애크링턴Accrington에서는 '김을 빼서 모든 동력을' 끊었으며, 심지어 어느 곳에서는 아예 저수지까지 비워 버렸다. 빙글리와 출리Chorley, 콜른Colne과 클리더로Clitheroe, 해즐링던Haslingden도 완전히 폐쇄되었으며, 마개는 심지어 파업 후에 제거되기도 했는데, 이는 파업의 효과가 지속되도록 확실히 보장하기 위해서였다.[27]

8월 둘째 주가 끝날 무렵에는 사실상 랭커셔의 모든 생산이 중단되었다. 거의 25만 명의 노동자가 파업에 참여했다. 이 봉기가 의심할 바 없는 기정사실로 확정된a fait accompli 8월 16일 화요일에야, 전국헌장협회the National Charter Association의 임원으로 구성된 60명 규모의 대표단이 맨체스터에 모여 총파업을 공식적으로 지지하고 파업을 왕국 전역으로 확대할 것을 촉구했다. 대표단은 면직업종 도시들에 배포한 성명서에서 '맨체스터 50마일 이내 권역에 있는 모든 기관engine이 정지했고 곡식을 가는 데 유용한 방앗간의 수차와 농지에서 작업하는 우호적 농민들을 제외하고는 여전히 모든 작업이 중단된 상태'라며 당시 상황을 높게 평가했다.[28] 차티스트와 노동조합주의자가 섞여 이루어진 중추가 현장에서 파업을 조직했고, 도미노처럼 차례차례 마개가 뽑혀 나갔으며, 이 물결은 멀리 동쪽으로 전파되었다.

전국헌장협회의 모임 직전 주말에는 노동자 수천 명이 새들워스의 푸른 언덕에 모여서 요크셔 웨스트라이딩에 있던 모직물과 소모사 지대로 행진했다. 그들이 행진 중 발견된 모든 작업장에서 보일러 마개를 뽑았기 때문에 《브래드퍼드 옵저버》는 이들에게 '마개 용기병'Plug Dragoons이라는 별명을 붙였다. 그동안에도 지역의 차티스트들은 이 기회를 활용하기 위해서 선전전을 벌였으며, 브래드퍼드는 전단으로 넘쳐났고, 8월 14일 일요일에는 도시 외곽의 들판에서 대중집회가 소집되었다. 집회에 거의 1만 명이 참여했는데, 《옵저버》는 '기계 문제가 가장 중요한 주제인 것 같다. 기계가 남성으로부터 일거리를 빼앗고 여성과 아동을 끊임없는 노동에 몰아넣는다는 의견보다 여기 모인 사람들에게 더 공감을 얻은 주제는 따로 없다'라고 언급했다. 노동자들은 들판을 떠나 핼리팩스로 행진을 시작했고, 이들은 곧 랭커셔로부터 오는 '용기병'과 만나게 되었다. 몇몇 사람들—정확한 사상자의 수는 알려지지 않았다—이 증기 작업장 부근에서 벌어진 충돌로 사망했으며 심지어 《옵저버》조차 군대가 '지나치게 잔인'했다고 비난했다.[29] 브래드퍼드와 허더스필드Huddersfield에서도 비슷한 소요가 발생하였으며 경내에 침입한 노동자들이 기관이 정지될 때 모자를 던지며 환호했던 리즈 역시 마찬가지였다. 웨스트라이딩 교외에서는 2만 명에 달하는 노동자들의 행렬이 작업장들을 돌면서 마찬가지로 기관실에 난입하고 랭커셔에서보다 더 광범위한—더 짧은 기간 동안이기는 하지만—활동을 벌였다. 8월 15일에는 한 연사가 토드모든Todmorden 부근에 모인 수천 명의 군중을 선동하였다. 《리즈 타임스》는 "집회에 참가한 모든 이들이 '그리고 이제 내가 묻겠소. **마개를 뽑겠소?**'will ye pull the plugs out?,라는 물음에 '옳소, 우리 모두 그리할 것이오'라고 어마어마한 환성을 지르며 외쳤다"고 전하면서 이것을 '마개주의'the plug doctrine라고 불렀다.[30]

여기까지 살펴본 바에 따르면 '마개 뽑기'—증기기관에 대항한 파괴 행위의 긴 목록을 짧게 요약한 용어—는 총파업 중 발생한 우연한 사태가 아니라 차라리 총파업의 **본질적 구성 요소였음**constitutive 이 확실하다. 이 행위가 정확히 얼마나 많이 발생했을까? 확실히 알 방법은 없다. 신문과 정부의 정보원은 모든 개별 행위의 건수를 세지 않았고 모두 싸잡아서 그냥 '마개가 뽑혔다'고 요약하거나 여기저기서 그와 유사한 효과가 발생했다고만 보고하였다. 흔히 이들은 기관이 무력화되었다는 사실을 언급하지 않고—당연했기 때문에—그냥 '작업장이 멈췄다'라고만 보고하기도 했다. 하지만 몇몇 수치로 이와 관련된 규모를 대강이나마 추측할 수 있다. 모직물 산업이 주요 업종이던 상대적으로 작은 도시인 듀스버리Dewsbury에서는 38개 공장에서 마개가 뽑혔다. 리즈의 어느 폭도는 하루아침에 마개를 13개나 때려 부쉈다고 자랑했다.[31] 스톡포트, 베리, 번리, 베이컵, 빙글리, 촐리, 매클즈필드—다만 몇몇만 예로 들자면—와 같은 도시들에서 '모든' 또는 '대부분의' 증기로 작동되던 공장들의 기관이 무력화되었다는 보고와 발생한 소요 행위가 제조업 지대에서 상당히 균일하게 전개되었다는 점을 함께 고려할 때, 수천 건 아니면 최소한 수백 건의 마개 뽑기가 벌어졌으리라고 추정하는 것이 합리적일 것이다.

힘으로 열린 꼭지

그동안 운동의 시발점이었던 광산은 침묵을 지켰다. 버밍엄의 철공소 다수가 마비되었고, 석탄 값이 올라 '중산층에게 가혹하고 억압적인 세금'으로 작용하였다. 광부들—이 도시에서는 파업 행위에 동참한 노동자가 거의 없었다—은 모든 공급을 막으려고 노력했다. '석탄을 나르던 선박 두 척이 운하에 가라앉았고 더 많은 석탄 손실이 예상된다'라고 《모닝 크로니클》*Morning Chronicle*이 인근의 웨스트브로미치*West Bromwich*에서 보도하였다.[32] 서쪽으로 몇 마일 더 떨어진 스타워브리지*Stourbridge*에는 유리공장과 용광로가 많았는데 여기서도 대부분의 불씨가 꺼졌다. '낮에는 연기가 거의 올라오지 않았고, 밤에도 불꽃이 보이지 않았다.' 9월 1일에 버밍엄 상공회의소*Chamber of Commerce*는 정부에 결의문을 보내면서 '빠르게 감소하는 석탄 공급 때문에 제조업 전망이 악화되었고, 이는 심각한 비상사태이며 절망적으로 보인다'라고 주장했다. 스코틀랜드에서도 역시 탄광이 파업의 주된 무대로 남아 있었는데 그러나 그 효과는 당연하게도 다른 부문, 특히 제철업에 큰 영향을 주었다. 거꾸로 섬유업종 지대로부터 나와 순회하던 파업 참가자들이 아직 파업에 참가하지 않은 탄광을 공격했다. 맨체스터, 볼턴, 리즈 인근의 광부들은 진군하는 폭도들의 소란에 이끌려 이에 동참하게 되었으며, 이들은 마개를 뽑고 갱도에 물을 채웠다.[33]

경제적인 연료를 빼앗음으로써 지배계급이 항복하도록 압박하는 핼리팩스 집회meeting의 전략을 따르는 이러한 시도는 중앙에서 집중적으로 지휘한 것이 아니라 산발적이고 충동적인 것이었으며, 이 관념은 마개 뽑기 전술이 인기를 얻은 것과 마찬가지로 노동계급 각 부문에 자발적으로 확산되어 나갔다. 하지만 이는 바로 이러한 유형의 활동이 시도된 최초의 경우였다. 1842년의 총파업은 갱구와 작업장에서 새 시대의 공식을 창조해냈다. **노동계급은 화석 경제의 꼭지를 틀어막음으로써 자본에 자신들의 의지를 강제할 수 있었다.** 멈춰선 기관과 조용한 탄광은 프롤레타리아 권력의 징표였으며, 8월 둘째 주에 파업 운동은 선-혁명적proto-revolutionary 차원에 도달한다. 경제가 마비되고, 지역의 권력기구가 무너졌으며, 대안이 될 정부 구조의 기틀이 마련되고, 런던을 향한 최종 진군이 논의되었다.《맨체스터 가디언》은 8월 17일 자 사설을 통해 '최근 며칠간 노동계급은 모든 것을 자기 마음대로 해 왔다'고 투덜거렸다. 그들의 행위는 '미친 짓', '유행병', '질병'과 같았다.《일러스트레이티드 런던 뉴스》*Illustrated London News*의 관점에 따르면 '분노와 오해로 가득한 거대한 격류가 북부에 있는 우리 상업의 요지를 찢고 부수었으며, 시민권과 질서를 보호하는 방벽을 허물고 노동자를 무정부주의자로 만들었다. 여기에는 구조적 반란에서 보이는 모든 우려되는 특징이 나타났다.'

그러나 종국적으로 이 봉기는 적이 가지고 있던 하나의 압도적인 힘을 버텨 내지 못했다. 바로 군사력이었다. 북부의 제조업자들은 바로 군대가 개입하기를 기다리며 혼란스러운 몇 주를 버텼다. 8월 14일 일요일을 시작으로 드디어 정부가 개입하기 시작했으며, 수도와 왕국의 다른 지역에서 소집된 군대를 제조업 지대에 대규모로 파견했다. 군인 수천 명이 맨체스터에 기차로 도착했고 위협적으로 중화기를 내보이며 거리를 행진했다. 그들 편에는 새로 부임한 경찰들—면직업의 수도에서만 9천 명에 달했다—과 경비원들watch-and-ward-men, 소지주 계층으로 이루어진 기마 의용병yeomanry cavalry과 괜찮은 신분의 사람들로 급히 조직된 기마 자경단도 함께했다.[35] 산업계에 노골적으로 우호적이던 《리즈타임스》는 마치 '곧 개시될 강력한 외적으로부터의 침략에 대비'한 것처럼 '그 수를 보여주고 군사력을 과시함으로써 주민들을 압박'하기 위해서 리즈에도 군인들이 파견되었다고 적었다.[36] 대중집회는 금지되었고 지역의 파업 지도자들과 차티스트 선동가들은 일괄 체포되었다.

이렇게 물리적 힘으로 세워진 방벽 뒤에 숨어서 몇몇 작업장 소유주들은 마개를 다시 끼우고 기계를 작동시킬 수 있었다. 이들이 '파업 방해꾼'knobsticks으로 이루어진 예비 인력을 동원하면서, 파업 참가자들 사이에 경제적 곤궁이 퍼지고 그로 인해 투항하는 자들이 생겨나면서 그리고 전국적인 지도 세력이 분열되거나 체포되면서 9월 초에 총파업은 붕괴된다. 그리고 쉽게 예상 가능했던 결과가 등장한다. 군대 막사의 증설, 군대와 경찰에 제조업자들이 보낸 과장된 찬사, 봉기에 참여했던 것으로 의심되는 사람들에 대한 대규모 재판. 1842년 10월까지 1,500건의 체포가 이루어졌다. 1년 뒤 이 수는 10배 늘어난다. 배심원들은 마개 뽑기라는 범죄를 어떻게든지 처벌하려고 혈안이 되었던 것 같았으며 누구든지 그러한 행위와 관계된 자에게는 즉석에서 2개월 투옥에서 10년의 유배(즉, 식민지로의 추방)에까지 달하는 형을 선고하였다. 총파업 이후 유죄 판결의 전체 건수는 알려지지 않았으나 유배만 대략 200건에 달하는, 차티스트 운동 역사상 가장 가혹하고 가장 광범위한 탄압이었던 것만은 분명하다.[37] 이러한 탄압이 제조업 지대에서 운동을 위축시켰다. 1842년의 패배와 이후 진행된 군사화militarisation는 사실상 산업계의 노동계급으로부터 혁명적 열의를 소멸시켰으며, 그에 따라 기관에 대항하는 집단적 행동 역시 끝나게 되었다. 영국 또는 세계의 다른 어디에서도 이러한 규모로—다만 몇 주만이라도—증기력이 의도적으로 무력화된 경우를 다시 찾을 수는 없다.

이제는 고전이 된 논문인 〈기계 파괴자들〉The Machine Breakers에서 홉스봄은 '폭동을 통한 단체교섭'collective bargaining by riot이라는 유명한 개념을 도입하였다. 산업 노동자들이 기계에 손상을 입히거나 기계를 파괴하는 행위가 바로 고용주로부터 양보를 얻어 내는 방법으로 일찍부터 사용되었다는 것이다.[38] 이러한 기물 파손 행위vandalism는 노동조합주의라는 용어가 생기기 전에 등장한avant la lettre, 투박하지만 효과적인 노동조합주의의 한 형태라고 할 수 있다. 1842년의 마개 뽑기는 분명히 이 범주에 속한다. 이 행위로 인하여 제조업자들은 작업자들이 계속 일하도록 강제할 수 없었다. 이 행위는 전 도시를 몇 시간 안에 완전히 정지하게 만들 수 있었다. 파업은 군중이 움직이는 속도에 맞춰 광범위한 지역으로 빠르게 번져 나갔으며, 파업의 동력은 바로 사람의 손이었다. 손에 창이나 망치를 들고 있는 사람들을 회유하기란 쉬운 일이 아니다. 그러나 폭동을 집단적 교섭력으로 이용하는 방식은 분명히 새로운 시대에 접어들었다. 1842년 파업 참가자들은 아무 기계나 닥치는 대로 무력화시킨 것이 아니었으며 기관실과 갱구만을 곧장 겨냥했다. 바로 **화석 경제에 대항하여 봉기함**rioting against the fossil economy으로써 집단적 교섭력을 확보했던 것이다. 총파업이 진행되면서 부르주아지의 이익은 오로지 불꽃을 완전히 다시 점화해야만 증진될 수 있고 반대로 노동계급의 이익은 석탄 연소의 일시적 중단을 유지해야만 증진될 수 있다는 사실이 명백해졌다. 이 투쟁의 결말은 궁극적으로 경제 외적 힘extra-economic force에 의해 결정되었다. 증기가 다시 이러한 투쟁의 중심이 되는 일은 없었지만, 이 일반적인 공식은 대부분의 다른 여러 환경에서 다시 등장하게 된다. 지배자의 에너지 재고 확보를 저지하는 하층민의 봉기라는 공식으로 말이다.[39] 오늘날까지도 이어지는 이 저항의 계보는 그 자체로 **화석 경제 내 권력관계의 증거**인데, 이것이 바로 영국의 산업도시와 탄광에서 1842년에 비로소 처음 등장했던 것이다.

그러나 그 여름에 무엇인가 이보다 더 많은 일이 벌어지지는 않았던가? 마개 뽑기에 참여한 이들이 단지 자신의 적이 가장 고통스러워 할 곳을 타격하려 시도했던 것뿐일까 아니면 이에 덧붙여 이들이 특정 원동기에 대한 자신의 증오를 드러냈던 것일까? 우리가 마개 음모의 난the Plug Plot Riots──의도와 목적을 고려할 때 당연히 이 용어를 쓸 수 있다──을 도대체 어떻게 해석해야 할 것인가? 분명히 지나친 의미 부여는 위험할 수 있다. 아무리 우리가 상상력을 발휘하더라도 이 사태들을 순전히 증기력에 대항한 저항일 뿐이었다고 여길 수는 없다. 이것은 적절한 생활수준과 정치적 권력──'적당한 하루 노동에 적당한 하루 임금'과 헌장──을 요구한 봉기였으며, 화석 경제는 이 투쟁의 **물적 전장**material terrain으로 나타났던 것이다. 이 투쟁 한편에서 제대로 무장하지 못한 군중이 몰려가 화석 경제를 장악하고 이를 멈추려 하였으며 그 반대편에서 완전군장을 갖춘 군대가 이를 탈환하고 재개하려 들었다. 하지만 역사가들은 분명히 이토록 많은 함의가 있음에도 불구하고 지금껏 마개 음모의 난을 **전혀** 고려하지 않음으로써 차라리 정반대의 위험에 빠져 있었다.

최소한 마개 뽑기가 만연했다는 사실 자체는 증기물신주의의 신조가 노동계급에까지 퍼지지는 않았음을 증명한다. 마개를 때려 부수고 불씨를 치우는 행위를 증기에 경의를 표하는 방식이라고 할 수는 없을 것이다. 그렇다면 이것이 다른 어떤 종류의 의미를 전했던 것일까? 우리는 마개 뽑기에 참여한 이들이 증기력에 대해 실제로 어떻게 생각하고 있었는지를 알고 싶다. 당시의 광란 속에서 행해진 발언을 다룬 현존 문건들 외에도, 다행히 우리는 그들의 마음과 생각에 접근할 지름길을 또 하나 가지고 있다. 관련 자료가 넘치는 차티스트 운동 그 자체에서. 현재 이 분야를 선도하는 학자인 맬컴 체이스Malcolm Chase의 말을 빌리면, 1842년경에 '노동자의 상황에 관한 차티스트 운동의 주장과 인식이 노동조합주의자, 파업 참가자와 폭도 모두의 행위를 인도'했고 이들에게 "'생각의' 수단"을 제공했다.[40] 따라서 우리는 **차티스트 운동이 증기를 생각하던 방식**에 대해 더 살펴보아야 할 것이다.

연기와 불꽃이 가득한 뜨거운 대기 속에서

투쟁이 패배로 끝나고 한 달이 지난 1842년 10월 22일, 《북극성》 *Northern Star*은 〈사람 대 기계〉Man versus machine라는 제목의 긴 기사를 게재한다. '손재주 없고 굶주린 자'Hungry Handless라는 가명으로 작성된 이 글에는 분명히 넘쳐나는 분노가 가득하다. 영국Britain은 문명과 과학을 자랑하는 나라임에도 불구하고, 여기에는 굶주린 작업자들이 넘쳐나며,

> 지금껏 창조된 가장 뛰어난 선물들이 모두 이 땅에 있음에도 불구하고 여기서 노동자는 맘몬이 만든Mammon-made 기계와 경쟁하도록 강요받아 이 모든 혜택으로부터 배제되었다. 기계는 끊임없이 쿵, 쿵, 쿵 소리와 함께 증기기관의 피스톤으로 가난한 이를 빨아 가루로 만들고 마치 우리가 어린 시절 잠자리에서 듣던 이야기 속 거인처럼 으르렁댄다.

> 포, 퍼, 품Foe, fau, fum —
> 노동자의 피 냄새가 난다.

> 그가 살아 있든, 죽든,

나는 그의 뼈를 갈아서 내 빵을 만들 거야.

이렇게 악마학적 표현으로 시작하고서, 계속해서 이 글은 1810
년대 초 랭커셔 면직업계에 종사하던 기계에 대한 비평가와 만났던
경험을 회상─굉장한 고령의 저자가 쓴 글이었을 것이다─하는 것
으로 이어진다. 이 비평가는 '선견자'the seer나 '예언자' 등 여러 가지로
지칭된다. 러다이트 운동가들Luddites에 대해서 전해 듣고는, 이 진리를
꿰뚫어 보는 이는 '기계의 효과는 가난한 자를 더 가난하게 만들고 부
유한 자를 더 부유하게 만들기 때문'에 '그들이 요점을 제대로 공략했
다'고 단언한다. 손재주 없고 굶주린 자의 관점에 따르면, 의심의 여지
없이 그의 예언은 완전히 이루어졌다. '권력을 쥐었다는 자신감과 오
만으로 가득한 제조업자들은 증기라는 우상에 절하든지 굶주리든지
둘 중 하나를 선택하도록 노동자들에게 강요'했는데, 결국 노동자들
은 둘 다 겪는 지경에 처하게 되었다. '전능한 증기기관'─'철로 이루
어진 팔과 증기로 된 숨결'을 가진 고용주들의 토템─에 굴복하자마
자, 노동자들은 기아 임금starvation wages을 받게 되었고, 그 위상은 추락
했으며, 심하면 해고되거나 끊임없이 개선되는 기계에 대항하는 승
산 없는 싸움을 계속하도록 강요받았다.[41]

《북극성》은 차티스트 운동을 움직이는 동력의 원천이었다. 각
지역 차티스트 활동가들과 노동조합 활동가들의 최신 활동 정보를
전하고 매일의 소식을 보도하며, 목표 달성을 위한 선전 선동을 하면
서 그 내용을 더 광범위한 세계관으로 승화시키는 등, 이 신문은 차티
스트 운동 내의 다양하고 이질적인─공간, 직군, 정치 측면에서─
요소를 묶어 내는 데 결정적인 역할을 수행하였다. 이 전국 규모의 신
문은 1839년에 매주 5만 부를 찍으면서 그 절정에 달했지만, 그다음
해에는 1만 부 수준으로 떨어졌다. 하지만 이러한 수치는 전체 독자
수의 극히 일부에 해당할 뿐이다. 《북극성》은 작업장이나 가정에서

점심시간이나 집회 중에 큰 소리로 낭독되었다. 친구들끼리 돌려보기도 했고, 차티스트 운동에 우호적인 술집이나 다방에 비치되어 그 지역공동체 전체가 매주 최신호가 빨리 도착하기만을 기다리는 경우도 있었다. 판매된 1부당 실제 독자와 청자의 수는 아마도 적게는 10명, 많게는 80명에 달했을 것이다. 거의 대부분 프롤레타리아였던 독자들은 자주 편집자에게 많은 양의 토막 기사와 시, 선언문과 서신을 보냄으로써 적극적으로 《북극성》의 내용과 언어를 만들어 나갔고, 그리하여 지면에는 노동자의 삶의 맥박이 생생하게 드러났다.[42]

일반적인 기계에 관한 내용이나 그중에서도 특히 증기에 관한 내용은 총파업을 전후로 현저히 중요하게 다뤄졌다. 1841년 초에 뉘마Numa라는 필명nom de plume을 쓰던 기고자는 연속기획물로 계획된 여왕에게 보내는 공개 서신을 통해 영국 사회의 현황을 신랄하게 고발했다. 어느 글에서 그는 수력으로부터 증기로의 전환이 노동자들을 가난과 고통으로 몰아넣었다고 불만을 토로한다. 최초의 공장 노동은 '요크셔와 랭커셔의 여러 하천 유역에서 수력을 이용하여 이루어졌다. 이들 하천은 긴 세월 동안 방해받지 않고 고요한 휴식을 취하고 있었으나, 수차가 이를 시끄럽게 휘저어 깨웠다.' 이렇게 등장한 새로운 체제에서 '막대한 이윤이 실현되었다.' 그러나 '불감증인' 자본은 만족할 줄을 몰랐다. 자본은 탐욕스럽게 더 많은 이익을 원했고 그리하여 '영원히 계속 운동할 수 없는 수차는 거의 모든 부문에서 증기기관에 그 자리를 내어주었다.' 이 전환의 결과로 세 가지 효과가 나타난다. 첫째, 막대한 양의 인간 노동이 대체되었다. 둘째, '만족할 줄 모르는 괴물인 탐욕이' 노동의 가치를 짓밟고 성인을 아동으로 대체하였다. 셋째, 새로운 석탄 수요가 발생하여 광부의 수가 급격히 늘어났으며 이 중 다수는 '건강을 해칠 수 있는 불편한 자세로 지하 수백 피트에서 일하도록 강요받던' 젊은 여성 노동력이었다.[43]

차티스트의 계급지배 해석의 중심에 바로 증기가 있었다. 〈증기

귀족정〉Steam aristocracy이라는 제목의 머리기사에서 《북극성》은 기계의 진보가 폭군들로 이루어진 새로운 계급을 국가의 정점에까지 끌어올렸다고 주장한다. 차티스트가 공략하려는 요새 속에 숨어 국가권력을 장악하고 이를 독점하려던 자들은 바로 증기력의 소유자들이었다. '이미 우리의 육군, 우리의 해군, 우리의 학생, 우리의 관청과 우리의 상원을 증기 귀족 출신들이 장악하고 있다.' 이 '증기정'steamocracy 체제──흔히 이 단어들은 서로 융합되어 부르주아지에 대한 멸칭을 탄생시켰다──는 노동자들로부터 즐겁고 기쁜 삶을 박탈하고 '노예에게는 일, 일, 일 빼고는 아무것도 남기지 않으며 주인에게는 돈, 돈, 돈을 가져다주었다.' 기나긴 가상 대담 중에 로번Robin라는 이름의 작업자는 빅토리아 여왕이 이 나라를 다스리는 것이 아니라고 부정하면서 그의 고용주인 퀼Quill을 도발한다. '바로 이 나라 왕은, 퀼 나리Master Quill … 내 말은, 증기기관이 이제 왕이란 소리요!'[44]

이 신문은 가끔 증기물신주의에 대항하여 직접 논쟁을 벌이기도 했다. 《일루미네이티드》 *The Illuminated Magazine* 지에 게재된 제임스 와트에 대한 찬양 몇 구절을 인용한 후 그 글의 저자가 드러낸 맹점을 지적하는데, '지금껏 순수한 선이라고 여겨진 와트의 발견은 수백만 사람들에게 순수한 악으로 드러났다.' 물신주의식 해석은 다만 아주 적은 수의 사람들로 이루어진 계급에게만 참일 뿐이다. 《북극성》이 강조하기를 '그 몇몇에게는' 기관이 '동방 이야기 속에 나오는 지니geni보다 더 강력하고 말 잘 듣는 마술적 도구였다. 그러나 다수에게는 이 땅에 등장한 것 중 가장 가혹한 저주였다.'[45] 총파업 전 몇 달 동안 이 신문은 제조업 지대에 만연한 가난이 방적, 직조, 인발drawing, 구멍 뚫기boring, 염색printing, 조각engraving, 제재sawing timber 등 모든 작업을 하는, 스스로 작동하는 기계들 때문이라고 반복해서 주장했다.[46]

비록 운동의 중심이던 《북극성》처럼 많은 독자에게 읽히지는 못했지만, 차티스트 운동은 《북극성》보다 더 소규모의 신문 다수를 만들어 냈으며, 이들 중 일부 역시 반反증기 논리를 전파하였다.[47] 특기할 만한 예를 들자면, 《기이한 친구》*The Odd Fellow*는 그리 유명하지 않은 작가인 윌리엄 콕스William Cox가 쓴 '증기'Steam라는 간단한 제목의 가상 이야기를 다시 게재했는데, 이 글은 몇 가지 서로 다른 양식—목가적 전원시pastoral, 스위프트식 풍자Swiftian satire, 반이상향 공상과학소설sci-fi dystopia—을 결합하여 이를 증기로 작동하는 세계에 대한 철저한 규탄 선언으로 만들어 냈다. 이 글은 당시 부르주아 언론에 자주 등장하던 물신주의적 환상에 대한 반박문으로 작성된 것으로 보이는데, 따라서 이러한 내용이 차티스트 독자층의 관심을 끌었으며 이들에게 가치가 있다고 받아들여졌음이 분명하다. 통상적 형식을 따라서 콕스는 오염되지 않고 목가적이었던 자신의 어린 시절 마을의 풍경을 회상하는 것으로 시작한다. 그때에는 강물이 공유지였던 들판을 느릿느릿 흘렀고, '나무 한 그루 한 그루에 나름의 개성이 존재'했으며, '눈에 보이지 않지만 분명히 거기 있던 곤충들의 냄새가 부드러운 공기에 배어 있었다.' 그리고 타락이 시작된다.

> 나는 주변 동네를 살펴보았다. 아직 이것을 주변 동네라고 부를 수 있다면 말이지만, 이미 거기에는 푸른 자연이라곤 찾을 수 없었다. … 주택과 공장, 대로와 철도가 사방에 흩어져 있었다. 그리고 그 길을 따라, 지금껏 목격한 적 없는, 마치 지옥의 권세로 작동하는 것 같은, 괴물 같은 기계들이 눈으로 쫓을 수 없을 정도로 빠르게 날아들었다. … 살아 있는 동물들은 멸종한 것처럼 보였다. … 자연이 사라졌으며, 세상은 자연 없이도 그런대로 잘 돌아가는 것처럼 보였다.

콕스는 증기의 세상에 들어섰다. 거기에는 우리가 오늘날 로봇이라고 부를 수 있을 종족으로 가득하다. 이들은 예전에 일손을 제공하던 사람들과 비슷했으나 동시에 어딘지 모르게 괴이한 느낌을 주

화석 자본: 증기력의 발흥과 지구온난화의 기원

었으며, 이들이 과거에 사람들이 수행하던 작업을 모두 빼앗아 대신하고 있었다. 이제 살아 있는 소유주들과 '기관차'locomotive 종족이 두 주요 계급을 형성하였다. 저자는 구토할 것 같은 역겨움을 참으면서 이 불쾌한 세상으로부터 피신하기 위해 자신이 살던 옛 마을 술집을 찾지만, 그 자리에 철도역 여관이 들어섰음을 발견하게 된다. '여기에도 증기, 증기, 증기, 오로지 증기뿐!' 증기로 방을 난방하고, 증기로 침대를 준비하며, 증기로 고기를 굽고, 심지어 탁자 위의 책들은 '기이한 새로운 문구들로 가득했는데, 모두 다소간 증기와 연관된 것이었다.' 콕스는 이렇게 말한다. '시집을 꺼내 들었는데, 그 안의 모든 직유와 은유는 증기에 관한 것이었다. 시구에서 힘, 권력, 속력 같은 관념은 모두 증기로부터 도출되었다.' 반면에, 이제는 사라진 희미한 기억 속 세상 사물들을 가리키는 단어는 백과사전에서나 찾을 수 있다. 즉, 말, 나무, 평정tranquility과 같은 단어들. 구역질을 견디며 시내로 다시 걸어 들어가다 저자는 증기로 작동하는 자동장치들이 연기하는 〈햄릿〉 공연을 마주치게 된다. 자동장치들은 마치 살아 있는 배우들처럼 생생하게 연기를 진행한다. 그중 하나가 폭발하기 전까지. 이제 여행의 막바지에 접어들어 그가 도시의 거리를 묘사하는 데서 이 환상은 그 절정에 달한다.

몇 대의 차량이 동시에 정차하거나 발차하는 시점이었는데, 바로 그 순간의 대기 상태를 설명할 수 있는 어떠한 말도 찾을 수가 없다. 사방에서 증기가 생성되고 증발하였다—밝던 태양이 가려졌다—사람들이 불에 익은 것처럼 보였다. 그리고 부근 낚시꾼이 가져온 가재의 색깔도 순식간에 변하였다. 너무 뜨거운 나머지 증기 주민들[즉, 로봇들]조차 불편한 듯 보였다. 나는 거의 숨을 쉴 수가 없었다—사방에서 김이 뿜어 나오고, 꽝음과 쉭쉭, 칙칙 김이 새는 소리가 울렸으며, 무엇인가 빠르게 도는 윙 소리가 퍼져 나왔다—불꽃이 튀고, 물이 끓어오르고, 보일러가 터져 나갔다—그 순간 나는 갑자기 잠에서 깨어났다. 아! 꿈이었구나![48]

바로 옆 열에는 인민헌장 투쟁의 진전에 관한 런던노동자협회the London Working Men's Association의 성명서가 게재되어 있다.

하지만 차티스트 운동의 일반 구성원들에게 가장 강한 영향을 준 것은 아마도 시였을 것이다. 마이크 샌더스Mike Sanders가 《차티스트 운동에서의 시: 미학, 정치, 역사》The Poetry of Chartism: Aesthetics, Politics, History에서 보여주었듯이 시를 읽고 쓰고 게재하며 낭송하는 행위는 차티스트 운동 문화에서 놀라울 정도로 중요한 요소였다. 이들은 시로 집단적 정체성을 표현하였고, 전술을 논하고 프롤레타리아 도덕을 규정하거나 신념을 주입하고 지평을 확대하는 데도 시가 사용되었다. 시에 할당된 《북극성》의 지면—어떤 경우에는 한 호에서만 지면 몇 쪽이 할애되었다—을 통해서 차티스트 운동가들은 정교하게 구성된 시구stanza의 아름다움을 이해하게 되었으며, 스스로 수천 편에 달하는 시를 지어냈다. 《북극성》이 간행되던 1838년에서 1852년 사이에 이 신문이 1,500편의 시를 게재했으며, 그 외에도 시 수백 편의 게재를 거절하였고, 가끔 편집자들은 서투른 음유시인들이 일방적으로 보내온 수많은 작품을 검토하느라 막대한 시간을 낭비해야 했다.[49]

여기서도 증기는 중요한 주제였다. 총파업이 끝나고 반년이 지난 시점에 《북극성》은 버밍엄의 차티스트 활동가였던 에드워드 P. 미드Edward P. Mead의 '증기 왕'The steam king이라는 시를 게재한다.

왕이 있네, 무자비한 왕,
이 왕은 시인이 꿈꾸는 왕이 아니라네.
무시무시한 폭군이오, 하얗게 질린 노예들이 잘 알고 있소,

그리고 이 무자비한 왕은 바로 증기라네.

...

음침한 고대의 신 몰록the ancient Moloch grim처럼, 폐하께서는
힌놈의 계곡Himmon's vale[즉, 게헤나Gehenna 또는 지옥]에 우뚝 서 있소,
타오르는 불이 그의 배이고,
아이들이 그의 밥이라네.

그의 사제들은 굶주린 무리요,
피에 목마르고 자만심에 차서 거침이 없소.
바로 그들이 그의 거대한 손을 부추겨서,
피를 황금으로 바꿔 낸다네.

...

그러니 왕을 타도하세, 몰록 왕을,
백만의 노동하는 그대들 모두가.
오 그의 손을 결박하세, 그리하지 않으면 우리의 조국이
그의 손아귀에 떨어질 터이니.[50]

증기 악마학을 달변으로 표현해낸 이 글은 모든 주요 비유들—
폭정despotism, 악화degradation, 파멸doom의 집행자인 증기—을 모아 하나
의 기계적 악의 형상으로 녹여 내었다.

흔히 가장 유력한 차티스트 시인이었다고 여겨지는 어니스트 존
스Ernest Jones는 환경의 악화the degradation of the environment를 더 정밀하게 표
현하였다. 널리 현대 환경주의의 시발점이라고 여겨지는 레이첼 카

슨의 《침묵의 봄》의 첫 번째 장인 '내일을 위한 우화'A Fable for Tomorrow 의 선구자라고 할 수 있을 그의 시 중 하나는 산들바람이 불고 사람들이 느긋하게 걸으며 '여름 벌판—그 기다란 황금빛 물결이 펼쳐지'던 '즐거운 옛 잉글랜드'merry old England를 회상하는 것으로 시작한다. 그런데 사악한 저주가 공동체에 내려졌다. 사방에 죽음의 그림자가 드리웠다. 지상에는 역병의 기운이 퍼졌으며, 태양은 어두워졌다.

말해다오! **언제** 이런 변화가 생겼나? — **언제** 이 저주가 내려졌나?

...

어떤 바퀴가 뜨거운 칠흑의 동굴 속에서 돌고 있는가,
이 근대의 선반 위에, 근대의 폭군이!
얼마나 끔찍한 것이 저 부자연스러운 자궁에서 태어날까?
바로 공장과 직조기의 마신이!The demon god of FACTORY and LOOM!

...

저 빛나던 태양도 빛을 잃어 지상은 어둠에 물들며,
여기 기관은 그 끔찍한 웃음소리를 내며 움직이고,
검은 연기에 그을린 제물, 죄악과 저주가 넘쳐나네
여기 지옥 권화의 제단 화로에서!⁵¹

같은 맥락에서 맨체스터로부터 기고된 시 하나는 역직기 직조공의 운명을 슬프게 한탄한다. '기계의 동력을 간신히 버티며, / 이른 아침부터 가장 늦은 한밤중까지, / **연기와 불꽃이 가득한 뜨거운 대기 속에서,**In heated atmosphere of smoke and fire / 그는 쥐꼬리만 한 임금을 얻으려

평생토록 노예로 일하네.'[52]

차티스트 시Chartist poetry를 이해하기 위해 샌더스는 레이먼드 윌리엄스의 '느낌의 구조'structure of feeling라는 개념을 빌려온다. 이 운동에서 시인들은 노동계급의 삶에 깊이 새겨진 느낌의 구조를 명확히 표출했고, 출판된 그들의 시는 윌리엄스 방식으로 표현하자면 마치 '**용액에 녹여낸***in solution* 사회적 경험'처럼 정제된 그 정수와 같았다. 만약 이것이 합리적인 규정이라면—그리고 실로 그렇게 보인다—그리고 만약 다른 한 차티스트 학자가 말했듯이 《북극성》이 '노동운동의 경향을 항상 정확히 반영하는 거울'이었다면, 증기 악마학이 총파업 전후인 1840년대 영국 노동자들의 마음을 상당 수준 사로잡았다는 결론을 내리지 않기란 거의 불가능하다.[53]

운동의 지도자들은 어떨까? 다른 모든 이들을 제치고 제조업 지대 대중에게 압도적인 영향력을 행사한 이는 퍼거스 오코너Feargus O'Connor였다. 1840년대 초 브래드퍼드에 거주하던 한 독일 언론인은 오코너를 통해서 '잉글랜드 인민은 스스로를 바라보았다. 인민이 한 사람, 바로 오코너로 체현하였다'라고 평하였다.[54] 옥에서 풀려나고 얼마 지나지 않았던 오코너가 증기로 작동하는 기계에 대항하여 펼친 선전전propaganda은 마개 음모의 난 직전 수개월 동안 그 절정에 달한다. 1842년 4월, 오코너는 《북극성》에 마련된 지면을 통해 '당신의 문제는 바로 기계MACHINERY이고, 그 해결책은 헌장the CHARTER이다. 증기, 개정 구빈법the Poor Law Amendment Act과 지방 경찰a Rural Police은 분리 불가능한 악덕의 완전한 삼위일체를 이룬다'라고 선언한다. 이 무렵 오코너는 적을 '연기를 피우는 정권'smokeocracy—많은 점을 드러내는 또 하나의 환유 용법—이라고 부르기 시작한다. 그는 노동자들에게 '당신들은 증기를 뿜어내는 주인의 시종일 뿐이다'라고 강연하곤 했다. '눈앞에서 증기를 뿜는 이 독사들 한 세대가 완전히 다 자라날 때까지 우리가 헛되이 시간을 보낸다면, 도대체 누가 그들의 전진을

막고 그들의 영향을 분쇄할 것인가?'⁵⁵

그러나 아마도 증기 악마학 문구 중 가장 선동적인 문장이자 화석 경제의 정곡을 가장 정확하게 찌른 표현은 바로 마개 음모의 난 중에 한 익명 참가자가 걸었던 현수막에 등장하는 것이다.

> 잉글랜드와 웨일스의
> 광부들에게,
> 파업! 광부여! 헌장the Charter을 위해 파업하자!

빈민의 얼굴을 짓밟고 갈아 대는 한 줌의 폭군들이 절대로 맞설 수 없는 그러한 권력이 바로 여러분의 손에 있다. **석탄** 없이는, 저 으스대는 귀족이 그의 사치스러운 식사를 요리할 수 없다. 석탄 없이는 **증기기관**이, 그 강철의 팔을 가지고 일자리를 원하는 그대의 수많은 동무-형제를 가난으로 몰아넣고—매년 우리 면직업종 작업장에서 수천의 **죄 없는 아이들**을 살해하며—수천의 다정한 어머니를 야만의 짐승만도 못한 처지로 내몰고 그들의 팔다리를 더러운 거적으로 감는—증기기관이라는 저 거대한 괴물도 석탄 없이는 움직일 수 없다. 나의 신실한 친구여, 그대의 노동이 그것에 힘을 공급한다. 왜냐하면 바로 석탄 없이는 그것도 무력하기 때문이다. **석탄 캐기를 멈추라. 왜냐하면 바로 바로 석탄이 돈을 쥐고 흔드는 자본가들을 지탱하기 때문이다.**⁵⁶

이 모든 증거는 너무나도 많은 근거 때문에 당대의 관찰자들이 놓치는 것이 거의 불가능했을 하나의 결론을 제시한다. 당대의 관찰자들은 당연히 이 점을 놓치지 않았다. 웨스트라이딩의 연대기 저술가였던 존 제임스John James는 1842년이 '이 부근에서 러다이트 운동Luddism 이래로 목격할 수 없던 수준의, 심각하게 우려되는 차티스트 폭동들chartist riots, 마개 뽑는 자들plug-drawers과 격렬한 분노'를 목도한 해였다고 적었는데, 그는 신중하게 이들 사이의 유사점을 추려냈다. '만연했던 고통은 8월 한 달 동안 정점에 달했고, **자신들의 곤궁이 기계의 사용 탓에 발생했다고 믿도록 기만된 노동자들은** 모든 공장을 멈추기 위해서 **증기기관의 마개를 뽑을 것을 굳게 결의하였다.**'[57] 차티스트가 증기기관에 퍼부은 모든 비난은 노동자들에게 증기기관에 대한 분노를 불어넣음과 동시에 그들이 가지고 있던 분노를 반영한 것이기도 했다. 마개 뽑는 이들은 스스로를 고통과 분노의 화신으로 여겼고 따라서 극도로 공격적이었다. 축적된 모든 분노는 1842년 뜨거운 여름의 몇 주 동안 폭발하였으며, 그중 일부는 분명히 증기를 겨냥하고 **있었다.** 더욱 중요한 측면에서 보자면, 마개 음모의 난을 다만 러다이트 전통이 남긴 희미한 메아리로 이해하기보다는——이 사태에 대한 표준적 해석에서는 심지어 이렇게 잘못 보는 것조차 불가능하다——차라리 이것을 보편적으로 확산되어 타오르다가 순식간에 사라진 그 전통의 **정점**으로 이해하는 편이 타당할 것이다. 그리고 절정에 도달한 불꽃이 겨냥했던 표적은 새로이 등장한 원동기였으며 말하자면 1812년이나 1826년 초기보다는 전환이 마무리되던 무렵이 비로소 이것을 표적으로 삼기에 훨씬 더 적당했을 것이다.

증기력 도입의 시기는 가장 격렬한 저항의 시기와 일치하며, 기관은 불만을 가진 많은 이들의 말과 행위를 통한 저항에 부딪혔다. 1842년 총파업은 그중 가장 극적인 사건이었지만 이 사건이 유일했던 것은 아니다. 저수지의 경우와 마찬가지로, 앨비언 제분소 시절부터 19세기 후반에 이르기까지, 비록 실패로 끝나기는 했지만 증기에 반대하던 일련의 시도들이 꾸준히 존재했으며, 이들에 관해 여전히 추가로 상세히 밝혀낼 필요가 있다.[58] 아마도 가장 흥미로운 부분 중 하나는 이러한 증기 비판 속에 우리가 아마도 **원시-환경주의적**proto-environmentalist 요소라고 부를 수 있는 내용이 간혹 보인다는 사실이다. 즉, 매캐하게 뿜어 나오는 연기와 모든 것을 집어삼키는 불, 고약한 대기와 퇴화하는 자연, 멸종한 초목과 견딜 수 없는 열기라는 심상, '사람들이 불에 익은 것처럼 보였다'라는 말. 하지만 이것이 실은 상상력의 우연한 산물 이상의 어떤 것은 아니었을까?

공장 내의 기후

증기기관의 결정적인 특징 중 하나는 그것이 열을 발생시킨다는 것이다. 수차는 낙수의 중력이나 충격 또는 둘 다로부터 역학적 에너지를 끌어내지만 기관은 타오르는 불꽃으로부터 에너지를 얻는다. 따라서 노동자들이 증기의 도입과 온도의 상승을 서로 연관시켜 바라보게 되었던 것은 별로 놀라운 일이 아니다. 아동들이 공장에서 겪는 조건이 전국적으로 문제시되기 시작하자 증기력으로 작동하던 면직업종 작업장의 과도한 열기 역시 동시에 주목받게 되었다. 1819년에 볼턴 지역을 관할하던 치안판사가 지적하기를 '다음은 의심할 여지가 없는 사실인데'

> 내가 감시하게 된 면직업종 공장에 고용된 아동들은 일반적으로 발육이 불량하고 불결한 상태에 놓여 있으며, 특히 증기기관이 사용되던 작업장에서 일하는 아동들이 더욱 그러하다. 그러나 기계가 수차로 작동되는 시설에서는 실내 기후가 더 온전하며 아동들의 모습도 더 낫다.[59]

숨이 막힐 것 같은 열기 때문에 겪는 고통은 공장조사위원회 활동 중에 지속적으로 고발되던 암울한 현실 중 하나였다. 글래스고의 공장 한 곳에서는 온도가 화씨로 100도 또는 섭씨 38도를 넘었다는 증언이 나왔고, 다른 노동자들은 보통 84도에서 94도 정도라고 이야기했지만, 그들 역시 온도에 대한 불만을 토로하였다.[60] 맥코넬앤케네디사에서 일했던 실 잇는 직공 하나가 터프넬 위원에게 공장 내의 기후를 묘사하다 적당한 단어를 찾지 못해 말을 더듬게 되자 터프넬이 물었다. '그제 날씨처럼 더웠나? – 네. 런던에 와서 경험한 가장 더운 날보다도 작업장 안이 더 뜨거웠던 것으로 기억합니다.'[61] 이렇게 '뜨거운 실내'에 갇히게 되면 육체가 활력을 잃고 근육이 감퇴하며 정신적으로 우울해지고 호흡기와 신경계가 손상을 입을 것이라는 이야기가 널리 받아들여졌다. 12시간 또는 그 이상의 시간을 보내고서 노동자들이 공장 문을 나서자마자 갑자기 노출되는 추운 영국 북부의 겨울 날씨와 대비해 본다면, 이는 특히 더욱 우려되는 사태였다.[62]

열기는 열악한 실내 대기 속에서 퍼져 나갔다. 의사였던 개스켈이 적은 바에 따르면, '많은 수의 개인이 함께 모이면 대기 중 생명활동에 필수적인 성분이 급속히 소모'되고 이는 곧 다른 기체, 즉 '탄산 기체–생명에 유해한 기체'로 대체된다. '서서히 죽음을 가져오는 독'을 들이마신 일손들은 점차 활력을 빼앗기고 얼굴에서 생기를 잃게 된다. 이렇게 국지적으로 증가한 CO_2 농도 탓에 발생하던 상해는 전환이 벌어지던 당시에도 잘 알려져 있었다. 파팅턴은 자신이 쓴 설명서에 '주어진 공기의 부피당 탄산 기체의 양이 많으면 많을수록 그 공기는 더욱더 비위생적이 된다'는 법칙을 제시하였다. 그리고 기초적 원칙의 수준에서 석탄 연소와 CO_2 생성 간의 화학적 관계에 관한 설명도 제공하였다.[63] 이 무렵 개방된 공간에서 대기의 CO_2 농도가 280ppm 정도였다고 친다면 사람들로 붐비는 공장 실내에서는 그 농도가 이보다 한 자릿수 정도 더 높았을 수 있으며, 이렇게 매우 높은 실내 농도가 건강에 해롭다는 사실은 현대의 연구를 통해서 확인되었다. 하지만 모든 사람이 이러한 위해성에 노출된 것은 아니었다. 에든버러의 기계 기술자였던 로버트 리치Robert Ritchie는《공장의 보건 상태에 관한 고찰》Observations on the Sanitary Arrangements of Factories이라는 소책자를 통해 이토록 부당한 불의를 격렬하게 비난하였다. '사람들이 거주하는 다가구주택에 **신선한 공기를 공급하지 않고 열만 공급한다면** 누구나 이를 세상에서 가장 말도 안 되는 짓이라 생각할 것'이지만, 그러한 상황이 수십만 작업자에게는 일상적 현실이었다.[64]

이들이 겪던 공장 내의 기후는 그들이 만들어 낸 것이 아니었다. 리치가 지적한 것처럼 '공장에서' '온도와 대기의 조건 모두 노동자에 의해서가 아니라 관리자에 의해서 통제된다.' 그렇다면 이 문제를 해결하기 위해 도대체 무엇을 할 수 있을까? 스코틀랜드 출신이었기 때문인지는 몰라도 이 기계 기술자는 다른 여러 해결책과 함께 수력으로 돌아가자는 제안을 제시한다. '그러나 현재 운영되는 거의 모든 종류의 공장들을 **개방되고 바람이 잘 통하는 위치에 건설하지** 못할 이유는 전혀 없다.' 그런 위치에 공장들을 서로 일정 거리 떨어뜨려 건설함으로써 충분한 양의 신선한 공기를 확보하고 바람이 작업자들을 모든 방향에서 식힐 수 있게 해야만 한다. 하지만 그런 개선책이 누구의 이익에 반하는지 우리는 잘 알고 있다. 개스켈 역시 이러한 논리를 정확히 이해했다. 사람들에게 해를 끼치던 탄산과 이와 연관된 질환은 궁극적으로 증기력의 탓이며, 바로 이것이 '필연적으로 사람들을 한정된 공간에 밀집시켜서[sic] 가면 갈수록 건강에 안 좋은 상태를 야기한다.'[65] 화석 경제의 구심력과 재고의 연소가 합작하여 열기와 이산화탄소가 증대된 국지적 기후를 만들어 낸 것이다.

증기력에 기초하여 형성된 도시 내의 주민들은 사방에 퍼진 연기 때문에 심각한 곤란을 겪었다. 스티븐 모슬리는《세계의 굴뚝》에서 맨체스터와 랭커셔의 다른 면직업종 도시들에서 증기로의 전환이 야기했던 대기오염에 관해 상세히 기술한다. 면직업의 수도에 있는 작업장 굴뚝 수는 1780년대 한 개에서 1840년대 초 500개로 급증했고, 거친 북부 지역의 정부군 지휘관이던 찰스 네이피어Charles Napier가 이 산업도시를 빗대어 '세계의 굴뚝' chimney of the world이라는 용어를 만들어 내도록 했다.[66] 그 도시가 하늘과 맞닿아 있는 윤곽선과 그 더러운 먼지는 유명했다. 그 모든 연기, 산성비와 유황 안개는 말 그대로 식물계와 동물계를 말살했으며, 도시 안에서 살 수밖에 없었던 이들은 나무나 새는 물론이요 심지어 태양까지도 제대로 볼 수 없었다. 포셔가 1844년에 기록한 바에 따르면, 반면에 '상인들과 제조업자들은 교외에 정원과 공원 사이 위치한 저택을 가지고 있었다.' '부자는 주변의 아름다운 전원지대에 편안한 침상을 펼쳤고, 도시는 작업자들에게 남겨졌다.' 노동자들은 연기에 둘러싸인 삶을 보낼 수밖에 없었으며 자연스러운 것과 정반대되는 모든 것—디킨스에 따르면 '살인적인 공기와 기체가 방벽이 되어 자연을 강력히 배제'한 지역들—이 그들에게 쏟아져 내렸다.[67]

부르주아지는 이 문제에 대해서는 변명으로 일관했다. 맨체스터의 연기가 확실히 유독한 수준이 된 1840년대부터 작업장 소유주들과 그들의 정치적 대변자들은 정부가 개입해야 한다는 의견에 끈질기게 그리고 동시에 성공적으로 반대하였다. 하원은 1846년에 '[연기의] 억제는 우리나라 주요 산업 부문에 물질적으로 해를 끼칠 수 있다'고 결의했다. 제조업자들은 심지어 연기의 양이야말로 부의 지표라고까지 주장한다. 덧붙여서 국민 건강에 대한 모든 부정적 효과는 당시 증명된 바가 아직 없었다.[68] 급증하던 크나큰 위험이 도사린 또 하나의 영역에서도 비슷한 상황이 전개되고 있었다. 바로 증기 보일러의 건이었다. 보일러는 폭발하기 일쑤였고 특히 고압 방식의 원리를 따라 작동하는 경우 더욱 그러했다. 페어베언은 《기계 기술자와 기계학자》*The Engineer and Mechanist*라는 잡지를 통해 1845년에 발생한 사고 한 건을 묘사했는데, 볼턴에 있는 한 면직업종 작업장의 보일러가 폭발했으며 '비스듬한 방향으로 터지면서 바닥과 벽체는 물론 그 경로에 있던 모든 것을 함께 날려 보냈다. 결국 보일러는 건물로부터 약간 떨어진 철로 건너편에 떨어졌다.' 이 폭발로 보일러가 작업장에서 날아가면서 16명에서 18명 사이의 사망자가 발생했다.[69]

해당 세기의 첫 30년 중에는 아직 상해 건수가 미미하였으나 이는 1830년대 들어 늘어나더니 10시간 법령이 시행되면서부터는 폭발적으로 증가하였다. 1870년의 정부 자료에 따르면 10년당 보일러 폭발 사상자 수는 1810년대의 52명에서 1840년대의 209명, 1850년대의 486명으로 늘어났지만, 다른 자료들에서는 이것이 훨씬 더 끔찍한 재난이었음을 시사한다.[70] 1851년에 페어베언이 볼턴 사고를 묘사한 바로 같은 호에서 《기계 기술자와 기계학자》지가 주장하기를, '최근 3년 동안 최소한 1,600명의 개인이 보일러 폭발로 희생되었다. 보일러 폭발을 원인으로 한 사망자만 평균적으로 하루 한 명 이상 발생했다는 것이다.' 어느 수치가 참이든지 간에 확실한 것은 자본가들이 10시간 법령에 대항하여 취한 대비책—고압을 이용하여 기관의 속력을 높이는 것—이 이런 사고로 죽거나 다친 사람들의 압도적 대다수를 차지하던 작업자들에게 끔찍한 피해를 야기했다는 사실이다. 1860년대 들어 보일러 폭발로 목숨을 잃는 사람의 수는 철도 사고에 의한 사망자 수를 넘어섰고, 보일러 폭발은 빅토리아 시대의 가장 흔했던 살인적 재난 중 하나로 자리매김했다. 그러나 법에 의한 보호는 여전히 요원했다.[71]

이 모든 불편과 위험은 막대하게 증폭된 형태로 이 모든 사태의 숨겨진 원천, 바로 탄광에서 나타났다. 화씨 100도를 넘는 온도, 폐를 무자비하게 망가뜨리는 석탄 분진, '목을 죄는 독기'choke-damp라고 알려진 고농도의 기체(주로 이산화탄소)를 들이마셔서 발생하는 질식 현상과 '불기운'fire-damp(주로 메탄)에 의해 발생하던 갑작스러운 발화, 무너져 내리는 천장, 화재 그리고 따로 말할 것도 없이 일단 발생하면 일시에 수백 명의 희생자를 낳는 초거대 규모의 폭발까지. 이 모든 것이 광산을 비할 바 없이 위험한 직장으로 만들었다. 주변 경관의 외부인 깊숙한 지표 하부에서 살아가던 광부들은 말 그대로 지상의 자연으로부터 배척되고 극단적 위험에 노출되어 있던 존재였다. 타인사이드Tyneside 지역의 음유시인 하나가 1840년대 초에 지은 '광부의 최후'The miner's doom라는 시에는 '목을 죄는 독기를 띤 천사가 모두를 학살하네—누구 하나 남기지 않고. / 유황 불길로 사람들을 때려죽이네—사람들을 석탄처럼 새까맣게'라고 묘사되어 있다.[72]

영국 노동계급의 상당수는 그들이 직접 느낄 수 있는 주변 환경의 직접적인 파괴를 통해서 화석 경제의 도래를 경험하였다. 이러한 환경의 파괴는 여러 증상 중에서도 특히 과도한 열기와 높아진 이산화탄소 농도, 연기에 의한 대기의 오염과 갑작스러운 폭발사고의 위험이라는 형태를 띠었다. 이 모든 것이 사회적social 결정인자와 생물물리학적biophysical 결정인자 간의 동반 상승의 결과물이었다. 이는 간단히 말해 **석탄이 연소되거나 채굴되는 몇몇 곳에 임금노동자들이 대거 밀집함**으로써 발생했다. 몇몇 재난은 사망자 수나 발병률로 수치화할 수 있었으나 한 요소만큼은 덜 명시적인 채로 남아 있었다. 바로 자연이 쇠퇴하여 노동자들의 삶으로부터 사라졌다는 **인식** 그 자체. 산업혁명 중의 생활수준 향상에 관한 논쟁에서 이 요소가 가장 측정하기 어려운 것이라는 사실은 의심할 여지가 없는데, 왜냐하면—수입과 기대수명, 혼인율, 생리학적 자료와는 달리—기준이 될 정량적 비교 대상이 없기 때문이다. 하지만 정성적 자료들은 당시 그러한 인식이 존재했음을 보여준다.[73] 바로 이것이 노동계급이 품고 있던 증기 악마학이라는 종말론적 환상의 배경을 이룬다. 언젠가 이 바빌론 자체를 통째로 날려 버릴, 수시로 폭발하는 위협적인 가스는 차치하고라도.

11

길게 뻗은 연기:

화석 경제가 완성되다

1800년, 영국에서 석탄 연소로 발생하던 연기의 대부분은 여전히 상당히 작은 굴뚝들로부터 나오고 있었다. 가장 정확한 것으로 생각되는 추정치에 따르면 가정에서의 소비가 전체의 절반에서 3분의 2 사이를 차지했을 것이다. 급속히 발전하던 몇몇 산업이 벌써부터 석탄을 중요한 자원으로 인식하고 있었지만, 심지어 그들 중 가장 큰 산업인 제철조차도 전체 수요의 10에서 15%를 넘지 못했다. 경제성장의 주역들은—무엇보다 면직업종이—다른 에너지원을 사용했다.[1] 연소는 아직 인구와 분리되지 못한 상태로 남아 있었고 그리하여 영국은 아직 엄밀한 의미에서의 화석 경제를 이루었다고 할 수 없었다. 1850년에는 모든 것이 완전히 바뀌었다. 전환점은 1830년 전후 어디일 것이다. 이를 정량화하는 방법 중 하나는 영국 석탄 생산의 연평균 성장률을 살펴보는 것이다. 성장은 1800년과 1815년 사이에 어느 정도 빨라지지만 곧—흥미롭게도—이후 15년 동안 다시 둔화되며 **공황 후에 크게 가속되어 1847-1854년 사이에 그 정점을 찍는다. 1830-1850년은 1700년과 1900년 사이를 전부 통틀어 석탄 생산 성장률이 다른 어느 시기와 비교할 수 없을 정도로 가장 높았던 기간이다.**[2] 영국의 자본이 에너지를 재고로부터 전례가 없는 규모로 동원함으로써 위기로부터 스스로를 구해 내었다는 사실을 정량적 수치와 전해지는 말 모두가 말해 준다.

화석 경제의 정의를 따져 볼 때 더 중요한 점은 1830년에 들어서 주거 난방이 석탄의 용도로서 주도적 위치를 잃게 된다는 사실이다. 1816년에는 전국에서 생산된 전체 석탄의 53%가 주거 난방 용도로 사용되었다. 1830년에 이 비율은 중요한 분기점인 45% 아래로 떨어지고 1840년에는 34%, 1855년에는 23.5%, 1903년에는 14%로 줄어든다. 시장에서 주거 난방 용도로 쓰이는 석탄의 비율이 감소하게 된 것—물론 절대량이 감소한 것은 아니다—은 18세기의 마지막 20년 중 이미 시작된 일이었으나 1816년과 1830년 사이 어느 시점까지도 주거 난방 부문이 영국에서 채굴된 모든 석탄의 절반 이상을 소비했다. 1830년까지도 여전히 주거 난방이 단일 부문으로는 가장 큰 석탄 수요를 자랑했으며, 이 위상은 1840년이 지날 때까지 바뀌지 않았다. 1844년과 1855년 사이 또 하나의 부문이 그 왕좌를 차지하게 되었다. '일반 제조업.'general manufacturing 1855년에 이 부문은 전체 석탄 생산량의 28%를 소비했는데, 이는 주거 난방의 23.5%와 제철업과 제강업의 24.5%보다 더 높은 수치다(수출된 석탄을 뺄 경우 이 수치는 각각

그림 11.1. 1700-1900년대 영국 석탄 생산의 연평균 복합 성장률(%).[3]

31%, 25%, 26%가 된다). 따라서 제조업자들이 가장 많은 석탄을 태웠으며 제철소 및 제강소 소유주들이 그 뒤를 따른 셈이다. 이렇게 영국은 드디어 화석 경제를 완성하였다. 구조적 위기는 새로운 체제를 그 유물로 남겼다. 1870년에 들어서는 일반 제조업과 제철 및 제강 부문에서 태운 석탄량이 영국의 아궁이와 가정에서 태운 석탄량보다 3배 더 많게 된다. 이렇게 불꽃은 인구 증가와 분리되고 그 대신 자기지속self-sustaining **경제**성장에 결부된다.[4]

석탄으로부터 증기로 초점을 돌리게 되면 섬유업종, 그중에서도 특히 면직업종이 지속적으로 우월한 위치에 있었음을 발견하게 된다. 1870년에 섬유업종 공장들은 영국 산업에서 증기로 생산된 총마력의 52%를 사용하였고, 그중 면직업종 작업장들이 홀로 31%를 차지했다. 이것은 용광로와 제철 작업장에서 쓰인 양보다 더 크고 화학, 피혁, 건설, 식품과 제지 산업을 모두 합한 것보다 3배 이상 더 많았다. 면직업종에서의 증기력 용량 증가는 1830년대와 1840년대에 가장 빠르게 진행되었으며 1850년대에 한 차례, 1870년 이후 또 한 차례 둔화되었을 뿐이다. 분명히 위기가 진행되던 수십 년은 이판사판의 승부처였다. 1830년대 중반의 호황기와 그 후 닥친 침체의 복합적 압력 탓에 소규모 수력 공장들은 더 유명한 정착촌의 그늘에 가려져 빛을 보지 못한 채로 줄줄이 무너졌다. 간신히 살아남은 수력 작업장들은 구시대의 유물로 취급되었을 뿐이다. 그나마도 1860년대에 들어 대부분 사라지고 세기 중반 이후에는 수력 투자의 이점이 사실상 완전히 소멸되었다.[5] 페어베언이 1864년에 내린 평가는 틀리지 않았다. '최근에 들어서야 비로소 이 나라에서 원동기로서 증기기관이 풍력과 수력 사용을 거의 대신하게 되었다. 최근까지도 증기는 수력을 보조했을 뿐이다. 이제 증기가 동력의 주요 원천이며 특정 지역을 제외하면 낙수를 이용하는 수력은 상대적으로 낮은 가치만을 지닌다.'[6]

자연스럽게 이와 같은 의문이 생긴다. 기관이 영국에서 캐낸 모든 석탄 중 얼마를 직접 집어삼켰을까? 추정컨대 1800년에는 **10분의 1**에 불과했다. 반면에 1830년에는 **6분의 1**, 1870년에는 **3분의 1**에 달한다.[7] 비록 양조장, 제과점이나 벽돌 가마 등의 가열, 기타 다양한 용도가 일반 제조업 부문에 포함되기는 하지만, 바로 영국 증기기관의 상대적으로 비대한 식탐이 일반 제조업 수요의 상승을 주도했다. 달리 말하면, 일반 제조업이 19세기 중반에 들어 다른 모든 부문을 압도하게 된 것은 **이전 수십 년 동안 계속된 증기력의 명백한 확산이 그 주요 원인**이었다. 그리고 이 경향의 중심에 면직업종이 있었다. 그러나 면직물-증기력 연합체the cotton-steam nexus는 석탄 소비의 대부분을 직접 담당한 적이 없었다. 면직업종이 박동하는 심장과 같이 화석 경제 도래의 전략적 핵심을 담당했을지는 몰라도, 그 외에도 증기의 완전히 새로운 응용 분야인 철도 및 해운, 가스 생산에서의 석탄 사용 같은 용도가 따로 존재했다. 하지만 이런 용도들은 석탄 수요를 상대적으로 미약하게 가속했을 뿐이다. 더 중요했던 것은 제철업의 급성장이었다.[8] 화석 경제 탄생의 전체 역사를 서술하기 위해서는 이 부문을 다루지 않으면 안 된다.

면직업종이 수력에서 증기로 전환함으로써 발생한 영향—직접적이고 간접적인 것 둘 다 포함해서—은 부문별로 살펴보기보다는 지역별로 살펴볼 때 가장 확실히 드러난다. 영국 탄광 중 특히 랭커셔의 탄광이 19세기 전반 50년 동안 가장 빠른 생산량 증가를 보였다. 18세기의 마지막 10년 동안에는 영국 석탄의 8% 정도만 랭커셔와 체셔의 광산으로부터 나왔는데, 이는 스코틀랜드와 요크셔로부터 나온 석탄량보다는 적었고 남웨일스에서의 양과 같은 수준이었다. 그러나 1854년에는 15.3%에 달하면서 이 지역이 이들 모두를 능가하게 되었고, 이제 이 지역의 생산량은 오로지 전통적 강자인 북동부에만 미치지 못했을 뿐이다. 이스트미들랜즈East Midlands와 같이 석탄을 생산하던 다른 지역이 뒤로 처지게 된 이유는 바로 증기력으로 작동하는 섬유업종의 만족할 줄 모르던 욕구가 거기에는 없었기 때문이다. 채탄을 촉진하던 가장 강력한 동력원은 랭커셔였으며, 랭커셔 경제의 동력원은 물론 면직업종이었다. 작업장을 먹여 살리기 위해 광산이 새로 생겨났다. 승수효과를 제하고 보더라도 1870년에 랭커셔라는 단 하나의 주에 위치한 면직업종 공장들이 당시 유럽 남부와 동부 전체의 생산량보다 더 많은 양의 석탄을 직접 태우고 있었다.[9]

랭커셔나 나라 전체를 통틀어 보면, 석탄산업 그 자체는 더 광범위한 경제로부터 오는 신호에 반응하던 수동적 행위자에 가까웠다. 1830년 전후의 전환점은 채굴 방법의 과학적 혁신이나 광산 소유주들의 공격적 호객 행위같이 갱도에서 벌어진 어떤 사태 때문에 도래한 것이 아니다. 차라리 증가하는 **수요** 때문에 산출 증대가 발생했다. 당시 모든 탄광이 해야만 했던 일은 연료를 더 많이 원하는 소비자들의 수요에 보조를 맞춰 더 많은 물량을 뽑아내는 것이었고, 특히 그 과정에서 가격을 상승시키지 않으면서 그렇게 해내야만 했다. 그리고 실로 이것이야말로 이 부문이 18세기와 19세기 중 이룩한 가장 큰 성과였다. 한 연구에 따르면 '당시' '채탄 기술이 혁신되었다는 신호는 거의 찾을 수 없다. 로마 시대부터 알려지고 이용되어 온 잉글랜드의 석탄 자원은 산업혁명 당시 잉글랜드에서 단순히 훨씬 더 큰 시장을 발견했을 뿐이다.'[11] 석탄의 채굴 그 자체는 여전히 극심한 고역으로 남아 있었고 곡괭이, 쐐기와 망치 같은 간단한 도구를 든 사람들의 육신의 동력을 주로 이용하면서 간간이 화약의 도움을 받아 진행되었다. 1890년 이전에는 새로운 주요 기술이 등장하지 않았다. 그리고 우리가 살펴본 것과 같이 석탄의 가격은 이 결정적인 수십 년 동안 안정적인 상태로 남아 있었다.[12] 그 결과 화석 경제가 지상에서 완성되었다.

자연스레 이 사태는 대기에 즉시 흔적을 남겼다. 영국의 CO_2 배출량 수준을 나타내는 곡선은 앞서 개괄된 역사적인 동역학을 그대

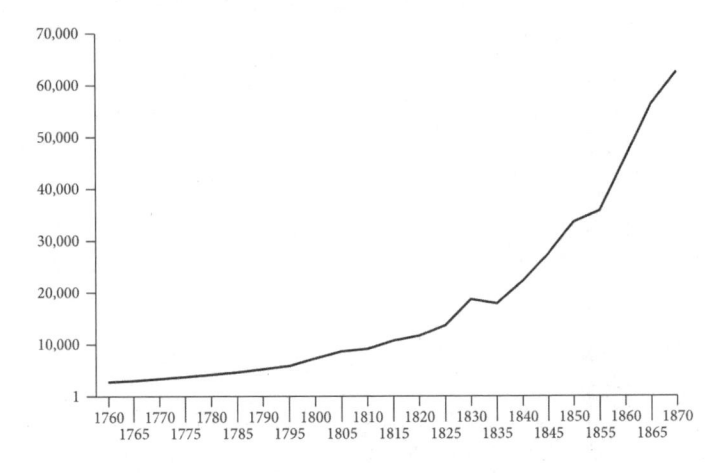

그림 11.2. 1760-1870년대 영국의 CO_2 배출량. 배출량 단위는 탄소 1,000미터톤이다.[10]

로 따른다(그림 11.2). 네 단계를 식별해낼 수 있다. 원시-화석 단계the proto-fossil stage 중에 길게 늘어진, 거의 인지할 수 없을 만큼 느린 성장. 이 단계의 끝에서 18세기에서 19세기로 바뀔 무렵에 보이는 약간 더 높은 수준으로의 증가. 그 후 1825-1840년의 눈에 띄는 상승이 이를 단적으로 다른 궤적으로 유도한다. 마지막으로 위기 후 새로운 급상승과 이러한 경향의 지속. 그리하여 우리가 오늘날 알고 있는 평시활동이 물적 현실이 되었다. 이는 영국 고유의 발명품이다. 최근의 경제사 연구에서는 이 나라의 예외적 특성을 경시하는 경향이 있지만, 이 측면에서 이 나라가 예외적이었음을 의심할 여지는 없다. 이후 세대가 탄소 문제의 중요성을 어쩔 수 없이 더욱 뼈저리게 느끼게 되면 될수록, 영국의 예외적 특성은 더욱더 현격히 두드러지며, 그 역사에 대한 관심 역시 한층 더 증가할 것이다. 물론 이는 이 왕국의 명성에 영광을 돌리기 위한 것이 아니라 차라리 이 왕국이 인류에 남긴 검댕으로 그 이름에 먹칠하기 위해서겠지만. 1850년을 비교 시점으로 삼아

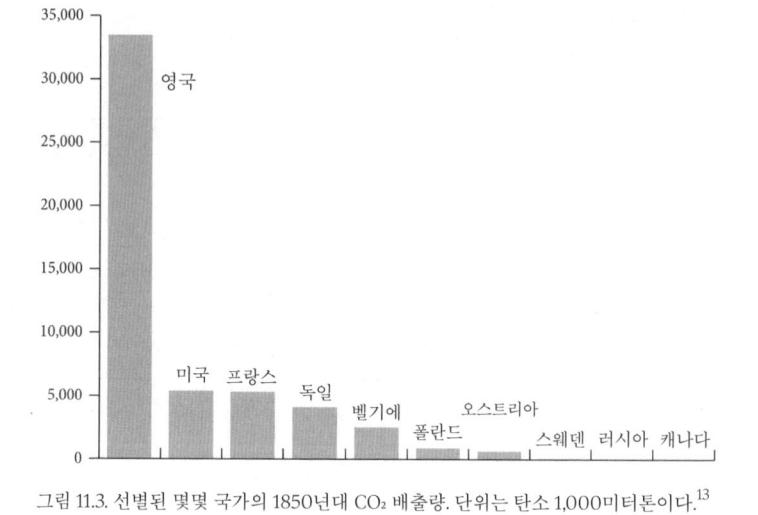

그림 11.3. 선별된 몇몇 국가의 1850년대 CO₂ 배출량. 단위는 탄소 1,000미터톤이다.[13]

서 자료를 확보할 수 있는 몇몇 나라를 살펴보면, 우리는 상당히 놀라운 이상 현상을 발견하게 된다(그림 11.3). 1850년에 영국은 미국, 프랑스, 독일과 벨기에를 합친 것의 거의 2배에 달하는 양의 이산화탄소를 배출하였다. 러시아보다 1천 배 더 많은 양, 캐나다보다 2천 배 더 많은 양을 배출하였다. 만약 지구온난화의 역사적 고향을 찾을 수 있다면 실로 그게 어디인지, 그 정체를 의심할 여지는 없다.

12
인류의 기획이라는 신화:
대안 이론을 찾아서

증기를 놓치다

영국 면직업계에서 증기력의 발흥 과정은 기존의 이론적 틀들이 심각한 오류anomaly를 가지고 있음을 분명히 보여준다. 우선 리카도-맬서스식 패러다임에서부터 시작해 보자. 이 패러다임에서 추측했던 것과는 달리, 전환 당시를 모든 측면에서 살펴보더라도 여전히 수력은 풍부했으며 저렴한 채로 남아 있었다. 이 패러다임의 핵심적 논리는 실제 역사적 과정의 가장 명백한 측면들과 분명히 모순된다. 적당한 작업장의 장소가 '너무 적었'few다거나 또는 '더이상 찾을 수 없었'no longer available다는 주장이나 증기의 확산이 '생태적으로 더 선호되는 상황이었다'ecologically favoured라는 말은 완전히 이 패러다임 내의 편견에 불과하다는 점이 기록을 통해 분명하게 증명되었다. 리카도-맬서스식 패러다임이 자신들의 입장을 과연 방어해낼 수 있을까?

리글리는 우리가 수력의 원심력이라고 부른 현상을 설명하기 위해 수확체감법칙을 적용하려고 시도한다. 이 에너지원은 '자연스레 더 나은 장소들이 먼저 개발되면서 더 작거나 더 불편한 위치에 있는 낙수 지대만이 추후 이용을 위해 남겨졌기 때문에 공급 한계비용 상승에 직면했다.'[1] 하지만 이것은 일견 리카도 학파의 모델에 잘 들어맞는 듯하지만 실은 결정적인 측면에서 모델로부터 이탈하고 있으며, 이 사실을 잘 드러내는 두 단어가 바로 '더 불편한'less conveniently이다.

리카도는 '토지의 생산력을 제한하는 자연법칙에 따라서' 덜 비옥한 '열등한 토지'를 언급한 것이다. 모래 토질을 가진 땅이나 급경사지를 떠올리면 된다. 하지만 교외의 먼 바깥 경계에 있는 낙수 지대가 그러한 절대적 의미에서 '더 작거나' 더 열악한 상태였다는 증거는 어디에도 없다. 그와는 정반대로 도시 중심지보다 먼 고원에서의 낙수가 더 더 강력한 경향이 있다. 먼 곳에 있는 하천들이 지닌 약점은 역학적 에너지를 생산하는 능력이 부족하기 때문에 야기된 것이 아니다. 차라리 그것들이 지닌 약점은 '불편'의 형태를 띠었다. 즉, 이는 리카도와 리글리의 이론에서처럼 토지의 물리적 성질 때문에 발생한 문제가 아니라 **그 물리적 성질과 특정한 사회적 관계 사이의 부정합에 의해서** 발생한 문제인 것이며, 바로 그 특정한 사회적 관계가 특히inter alia 집중된 노동력의 보고로의 접근성을 필연적으로 강제했기 때문에 발생한 것이다. 제조업자들이 토지에 접근하는 중에 생긴 어떠한 자연적 한계 때문에 증기력을 쓰는 도시로 밀려난 것이 아니다. 값싼 에너지보다 더 강력한 인력이 그들을 끌어당긴 것이다.

차라리 이 패러다임은 면직업종 제조업자들이 당시의 광합성으로부터 유도된 에너지원들을 폐기했던 이유를 설명하는 데 더 쓸모가 있을 것처럼 보인다. 예를 들자면 땔감, 동물, 인간 같은 에너지원들의 경우다. 이들 모두 같은 양의 동력을 생산하기 위해 수차보다 더 많은 양의 토지를 필요로 했다. 하천의 물도 비록 공간상 퍼져 있기는 하지만 양 경사면 사이에 압축된 채로 물길을 따라 흘러간다. 삼림이나 토끼풀로 덮인 들판이나 밀밭과는 달리 하천은 영토 내의 광범위한 부분을 뒤덮지 않는다. 차라리 땔감, 동물, 인간 같은 에너지원들로부터 석탄으로 전환했다면 그게 숨이 막힐 것 같은 압력으로부터 토지를 해방시켰을지도 **혹시 모르겠다**. 화석 경제 또는 원시-화석 경제의 역사 중 발견된 다른 현상, 특히 석탄이 땔감을 대체했던 엘리자베스 도약기를 분석하려 한다면 리카도 학파의 모델이 여전히 유효할 수도 있다. 이 가능성에 대해서는 이후에 다시 한 차례 살펴보기로 하자. 그러나 증기의 등장 이전에 원동기로서 동물과 인간이 활용되는 경우는 별로 없었다. 기관과 기계가 노동을 대체하기 전에 사람이 가정에서 손베틀을 돌린 것 정도가 전부다. 그래서 손베틀 직조공 군대가 급증하여 열등한 토지를 경작할 수밖에 없게 되었고, 그 결과 식량 가격과 임금이 상승하여 결국 제조업자들이 증기로 작동하는 역직기로 전환하게 만드는 동기를 유발한 것일까? 이러한 인과관계가 존재했다는 근거는 전혀 찾을 수가 없다. 임금은 바닥으로 떨어졌다.

이제 맬서스식 요소를 살펴보자. 작업장에 증기가 도입됨으로써 이전까지의 생태학적 고찰은 전부 박살이 났다. 왜냐하면 석탄 연소가 인구 증가로부터 **분리**되었기 때문이다. 주거 난방이 소비의 대부분을 차지하는 한, 불꽃도 역시 생식의 느린 박자에 맞춰 그 속도가 제약될 수밖에 없다. 역사적 통계학에 정통한 미첼B. R. Mitchell의 말에 따르면 '영국 인구가 1700년 수준의 2배가 되기까지 110년 이상이 걸렸기 때문에 이 부문에서의 수요 증가가 자극을 주었을 가능성은 별로 없다.' 출산할 수 있는 남녀 쌍에서 **구조적으로 결별하고서야** 화석 경제의 불꽃이 비로소 타오를 수 있었다.[2] 1800년과 1870년 사이에 영국 인구는 150% 약간 못 미치는 만큼 증가했는데 석탄 생산량은 720%나 증가했다. 윌킨슨의 모델은 역사적 사실에 의해서 완전히 뒤집힌다. 변화의 소용돌이는 바로 생식이 부여하던 제약이 파열된 순간, 즉 인구가 **석탄 소비의 양상을 더이상 결정하지 않게 되었을 때** 시작되었다. 18세기 면직업의 기적적인 성장의 원인을 인구 증가라는 고대적인 성장 양상에 돌리는 것 역시 더 설득력이 있다고는 절대 말할 수 없다. 당시 인구 증가는 북유럽 전역에서 비슷한 수준을 유지했으며, 바로 **이** 점에서는 영국 역시 예외가 아니었다.[3] 아크라이트, 그렉, 핀레이의 회사가 늘어나는 주민들의 필요를 만족시키기 위한 절실한 시도로서 작업장 건설에 나선 것이 아니다―완전히 다른 동역학이 작동하고 있었다──맥코넬의 회사와 그 외의 증기 자본가들도 마찬가지다. 수차가 영국의 인구 증가를 따라잡을 수 없어서 퇴출되었다는 포메란츠나 칸데르 및 그 동료들의 주장은 순전히 자기들 멋대로 꾸며 댄 망상에 불과하다.

그렇다면 이러한 오류anomaly는 얼마나 중요한 것일까? 증기력의 등장이라는 역사적 사건은 리카도-맬서스식 패러다임 전체의 내구성에 얼마나 큰 위협이 되는 것일까? 지금껏 우리가──그리고 얄궂게도 리글리 자신도──주장해 온 바와 같이, 상품 생산을 위한 역학적 에너지의 원천을 에너지의 재고로 전환한 것이 화석 경제 개시의 결정적 계기가 된다. 이렇게 중대한 분수령에 관하여 전혀 또는 거의 어떠한 설명 능력도 가지지 못하는 패러다임이라면 의심받아 마땅하다. 게다가 그 자체만으로도 큰 문제인 이러한 실패는 이 패러다임 내의 더 심각한 분석적 문제점들이 만들어 낸 하나의 증상에 불과할 수도 있으며, 동시에 이 오류는 우리가 증기, 석탄, 면직물, 영국을 넘어 더 깊은 심연을 엿볼 수 있는 조그마한 구멍일 수 있다.

평시활동을 보편으로 오해하다

우리는 자기지속성장이 최초에 어째서 화석연료와 결부된 상태로 등장하게 되었는지, 어째서 경제성장을 이룩한 행위자들이 에너지의 재고로 전환하게 되었으며, 그 이후 계속해서 재고를 그 필수적 기반으로 삼았는지 그 이유를 이해하고자 한다. 화석 경제가 이미 충분히 발달된 상태에서는 이들 행위자가 더이상 에너지의 흐름과 재고 사이에서 **선택**하게 될 일이 없다. 그 선택은 이미 예전에 끝났다. 영국 면직업종에서 수차가 사라졌다는 사실은 당시 업계에서 살아남기를 원했던 제조업자들이 증기를 도입해야만 했던 필요성이 있었음을 보여준다. 기관은 더이상 비상용 원동기가 아니었으며 업계 내 생존에 필수적인 것이 되었다. 그리고 일단 도입된 후에 기관은 그 운동 법칙에 따라 화석 경제에 박차를 가하였다. 화석연료를 태워서 성장하거나 **아니면 죽거나.** 말할 나위 없이 면직업종뿐만 아니라 거의 모든 고도화된 경제의 거의 모든 주요 산업 분야에서 이 소용돌이는 다양한 노동 부문을 집어삼키면서 급속하게 전개되었다. 그렇다면 에너지의 재고가 여러 대안 중 하나라는 입장으로부터 우월한 지배적 위상을 차지하게 된 이행의 계기는 **전환**의 바로 그 순간에 각인되어 있을 것이다.

리카도-맬서스식 패러다임은 이 사태를 어떻게 설명해내는가? 이 패러다임은 구체적인 특정 업계와는 전혀 상관이 없는, 추상화된 일반적인 형태의 설명만 제공한다. 에너지를 더 소비하려는 욕망은 모든 인류 사회에 있었으며, 18세기와 19세기에 **영국이 비로소 이 탐욕을 만족시키는 데 성공했다**는 식이다. 이런 식으로 화석 경제——또는 리글리의 부정확한 용어를 쓰자면 '무기'inorganic나 '광물 기반'mineral-based 경제——를 설명하기 위해서는 역사 속 모든 구조가 공유하는 어떠한 동기라는 초역사적 요소a transhistorical factor를 끌어들일 필요가 있으며, 바로 이 요소가 산업혁명 시기에 그 원하던 목적을 달성했다는 것이 된다. 리글리의 경우 이 요소는 단순히 성장을 향한 충동이었다. '전적으로 유기적인 경제로부터 이탈하는 것이 기하급수적 성장에 필요한 능력을 확보하기 위한 **필수 조건**sine qua non이었다'고 그는 적고 있다. 또는 '지구의 지표는 정해진 양을 지니며, 따라서 이것이 끝이 없는 성장을 막는 장벽을 형성했다'거나 '유기 경제에서 성장을 제한하던 에너지의 좁은 병목이 화석연료가 유기[sic] 연료를 점진적으로 대체함으로써 넓혀지게 된다.' 그의 글을 읽다 보면 이와 유사한 방식의 설명이 끝없이 반복된다. 심지어 어떤 경우에는 논지를 펴기 위해 신화까지 동원된다. '이카루스가 아무리 열심히 노력하더라도 비행에 사용될 에너지가 근육에서만 나온다면 인간이 하늘을 나는 것은 불가능하다.' 이런 표현은 산업화 이전의 사회가 **이카루스처럼 날아오르려고 끝없이 노력했다**고 당연한 듯 가정하고 있다. 화석으로 된 날개를 만들어 내기 전까지 실패를 거듭하면서도 성장이라는 하늘을 지배하고자 항상 갈망했다는 주장이다.[4]

한층 더 광적인 맬서스주의자인 윌킨슨의 경우, 모든 사회뿐만 아니라 모든 동물 군집이 공유하는 생물학적 번식 본능이 이 초역사적 요소를 이룬다. 단선적인 '욕구의 증대'growth of need를 해결해야 하는 인간은 반복되는 개체군 파괴에 자극받으면서 시대가 바뀌면 바뀔수록 '점점 더 복잡한 공정과 생산기술과 관계를 맺게 된다.' 모든 대안이 다 소진되었기 때문에 그는 드디어 화석연료를 집어들 수밖에 없었다.[5] 우리는 이미 포메란츠가 추출해낸 이 논리의 정수를 살펴본 바 있다. 영국이 다른 모든 나라와 다른 길을 가게 된 것은 어떠한 새로운 체제나 특별한 성향을 가졌기 때문이 아니라 '이전 **모든 이의** 지평을 제한하던' 제약을 분쇄함으로써 전 인류가 그때까지 그저 꿈만 꾸던 과업을 달성해냈기 때문이다. 마치 이카루스처럼.

물론 이러한 분석 내용이 이론적 진공 속에서 아무런 배경도 없이 그냥 탄생한 것은 아니다. 고전 부르주아 경제학에서 태동된 이 이론은 리카도-맬서스-스미스라는 삼위일체를 에너지 부문에 다시 소환한 것에 불과하다. 그리고 이 패러다임을 주장하는 자들은 이러한 특색을 전혀 숨기려 들지 않는다. 따라서 리카도 학파, 맬서스 학파, 스미스 학파나 이들과 연관된 경제발전 이론들에 대항하고자 제시된 비판에 이 이론들 역시 똑같이 취약할 수밖에 없다. 가장 효과적인 비판으로 엘렌 메익신스 우드Ellen Meiksins Wood와 로버트 브레너Robert Brenner가 자본주의 기원에 관한 논쟁 중에 제시한 것을 들 수 있을 것이다.[6] 부르주아 이론가들은 화석연료의 경우도 자본의 경우와 마찬가지로 이카루스와 로빈슨 크루소로 대표되는 인류의 일반 경향이 비로소 실현된 것이라고 본다. 두 경우 모두 부르주아 이론가들이 스스로 파악하기에 성가실 뿐만 아니라 끊임없이 요동치는 인간의 삶의 화살표 대신에 신화를 제멋대로 끌어들였다고 비판할 수 있다. 즉, 이들은 시간에 따른 변화를 무시한다.

리카도-맬서스주의자들은 화석 경제의 동역학이 그것이 실제로 등장하기 훨씬 전부터 제약된 형태로 잠재적으로 존재해 왔다고 가정한다. 성장을 향한 경향성은 전-화석pre-fossil 경제에서부터 영구히 존재했던 것이며 다만 역사적으로 갇힌 채 풀려날 적당한 기회를 기다리고 있었다는 식이다. 이 원초적 식욕은 드디어 제 먹잇감을 찾아 그 본성을 드러냈다. 화석 경제의 등장은 따라서 **제약의 해제**lifting of constraints라는 형식을 띠며, 인간들이—양쯔강에서 시작하여 템스강에 이르기까지—전부터 원해 왔던 바를 그대로 행동할 수 있도록 만들어 준 것에 불과하다고 이해된다. 여기서 화석 경제의 성장을 이룩한 행위자들이 지닌 특징적 동기는 전-화석 행위자들에게도 똑같이 적용된다. 전-화석 행위자들의 경제는 자본주의와 다른 종류의 것이 아니었으며, 자유롭게 풀려나기만 하면 언제라도 이후 제약 없는 성장을 유도할 모든 요소를 이미 그 안에 다 지니고 있었다고 가정된다. 부르주아 사상가들이 자본주의를 까마득한 예로부터 주어진 인간 본성—거래와 물물교환이나 교역의 경향성, 시대를 통틀어 반복된 싸게 사서 비싸게 파는 행위, 합리적 시장 행위자, 가감 없는 탐욕—의 완성이나 확장이라고 이해했던 것과 똑같은 방식으로, 리글리와 그 동료 역사가들은 화석 에너지를 향한 갈망을 바라보고 있다. 이들은 **논점 선취**petitio principii의 오류를 범한 채 도대체 **화석 경제가 어떤 측면에서 특별한가**라는 질문을 억지로 왜곡하고 있는 셈이다.

일단 그렇게 되면 모든 전환에 관한 질문은 **결핍**의 순간으로 환원된다. 긴 세월 이어진 인류의 기획이 이윽고 바늘구멍과 마주치고, 화석연료가 이를 구원하사, 그리로부터 저편으로 넘어가 확장되리라.

구체적 설명을 제시하는 대신에 전환이 단순히 그때의 도래만을 기다리는 것처럼 가정되기 때문에 전환 그 자체가 순전히 에너지의 수요와 공급 사이의 **양적 괴리**에 의해서 촉발될, 완전히 형식적인 통과의례가 되어 버린다. 이 논리대로라면 화석 혁명은 두 개의 상이한 질서를 서로로부터 찢어 내 완전히 분리시킨 파열rupture일 수 없다. 한 종류의 경제체제가 어떻게 또 다른 경제체제로 돌연 변이하게 되었는가라는 질문은 사라지고, 전환은 완만하고 점진적인—일단 결핍이 극복되면 기하급수적으로 가속되는—과정으로 재구성된다. 리글리의 논리대로라면 화석 경제의 작동 방식은 그에 앞선 '유기'organic 경제의 논리와 한계를 가지고 이해될 수 있다. 윌킨슨의 논리대로라면 이는 영원한 과다증식superfecundity을 통해서 이해된다. 차별화된 운동법칙을 가지지 않기 때문에 현재의 평시활동은 그야말로 늘 있던 일이어서 급기야 모든 시간성을 벗어나 영원한 것으로 나타난다.

더 자세히 살펴보면 리카도-맬서스식 설명은 심지어 순환논리이기도 하다. 화석연료로의 전환을 그것 없이는 불가능했을 자기지속성장 탓이라고 설명하면서, 동시에 자기지속성장은 화석연료로의 전환 덕이라고 주장한다. 새로이 등장한 권력관계를 이 두 가지 요소 중 어느 하나의 원인으로도 살펴보기를 거부하는 아집이 이 순환논리의 고리 중심부에 버티고 앉아 있다. 리글리에 따르면 '자본주의는' 적용할 가치조차 없는 '애매한 개념이다.' 자본주의 시대는 단순히 '이성'과 '점진적 근대화'가 일어난 하나의 시대일 뿐이다. 유럽중심주의를 넘어서려는 열망 때문에 포메란츠 역시 자본주의라는 범주를 버리고 그 대신 어느 대륙에나 똑같이 존재하던 "자연을 '길들이거나' 또는 '정복하려는'" 노력을 의미하는 '개발주의 기획'the developmentalist project이라는 것을 끄집어낸다. 다만 이 기획을 가장 성공적으로 수행한 사람들이 우연히 서구에 살았을 뿐이다.[7] 성장의 추구를 영원하고 보편적인 것이라고 보기 때문에 리카도-맬서스주의자들은 이 전환을 동어 반복으로 설명할 수밖에 없다. 원래 사람이 그렇게 행동하기 때문에 그러한 전환이 일어났다는 식으로.

만약 이 패러다임이 화석 경제의 탄생을 설명하지 못한다면, 아마도 화석 경제의 **지속적 성장** 역시 밝혀낼 수 없을 것이다. 이 패러다임 전체의 중심이 되는 핵심 개념인 토지의 제약으로부터의 해방은 기껏해야 일회성 불씨가 될 수 있을 뿐이며, 따라서 그 이후 불이 계속해서 크게 번지도록 만드는 데 필요한 연료와는 무관하다. 이는 리글리와 그의 추종자들이 자신들의 설명 근거로 애지중지하던 화석 에너지의 삼림 면적으로의 수학적 환산을 통해서 이미 명백해졌다.[8] 리글리가 1800년에 사용된 모든 석탄이 영국 면적의 35%에 달하며 1850년에는 150%라고 계산했을 때, 이미 이것이 가설에 근거한, 현실과 모순되는 사고실험에 불과함이 분명해졌다. 그래서 이 계산이 도대체 왜 석탄 소비가 이 시기에 이렇게 증가했는지 무엇 하나 설명해 주는가? 그러한 설명이 가능하기 위해서는 토지의 부족 때문에 전통적인 연료의 가격이 급등했으며, 이러한 연료의 높은 가격 때문에 영국 소비자들이 석탄으로 전환했고, 이렇게 가격에 의해 유도된 소비가 19세기 전반부의 모든 석탄 연소의 상당 부분을 차지했다는 증거를 제시해야만 했을 것이다. 그는 이런 종류의 증거를 전혀 제시하지 않을 뿐더러 실제로 이러한 증거를 제시하는 것은 어려울 것이다. 그렇다면 도대체 이러한 수학적 환산이 화석 경제의 역사 속에서 그 이후에도 지속적으로 작동하는 인과관계의 원인을 말해 준다고 할 수 있겠는가?

화석연료 없이 유럽은 1900년에 대륙 전체 면적의 2.7배 이상의 토지를 필요로 했을 것이며, 한 세기 후 이 수치는 그 20배 이상에 달한다는 말라니마의 결론을 고려해 보자. 그래서 이게 이 엄청난 대사건을 일으킨 원인을 밝혀 주는가? 논리적으로 불가능하다. 왜냐하면 유럽에서의 토지 제약은 이미—심지어 20세기에 들어서기 전부터—해결되었기 때문이다. 따라서 이는 더이상 원인으로 작용할 수 없다. 이들이 망상했던 리카도의 저주로부터의 해방은 발생한 즉시 증발하여 연기처럼 사라진다. 일단 토지 부족이 더이상 임박한 우려의 대상이 되지 않는다면, 뭔가 다른 자극제가 추가로 필요해진다. 아기는 자궁 속에서 더 자랄 수 없기 때문에 밖으로 나올 수밖에 없지만, 나오는 즉시 이러한 제약은 해소되어 이후 성장에 아무 영향도 끼치지 않는다. 그 아이가 다섯 살 또는 열 살이 되었을 때, 이 아이의 성장에 대해 엄마 배 속에 머무를 수 없었기 때문이라고 설명한다면—아마도 이때 즈음에는 자궁이 20개나 필요하다고 계산할 수 있을 것이다—이는 뭔가 단단히 잘못된 것임에 분명하다. 일단 병목이 깨지면, 그것은 그냥 사라질 뿐이다.

완전히 가상으로 환산을 한번 해 보면서 이 문제를 또 다른 각도에서 살펴보자. 2000년에 사용된 전 세계의 모든 플라스틱 가방을 면직물 가방으로 대체하려면 X톤의 면이 필요하고, 이를 경작하기 위해서 Z에이커의 토지가 필요하며, 이것이 전 세계 육지 총면적의—아무 수치나 그냥 붙이자면—40%를 차지하게 된다고 치자. 물론 이 용도를 위해 이만큼의 토지를 투입할 수는 없다. 그러나 도대체 이런 환산이 **어째서 플라스틱 가방의 생산량이 이토록 어마어마해졌는지**에 대해서 무엇 하나 설명해 주는가? 분명히 그렇지 못하다. 같은 방식으로 따져 보면, 모든 전자책을 전부 생물기원원료biomass로 만든 종이로 환산한다든지 또는 모든 기계를 전부 사람 몸으로 환산한다든지 또는 좀 더 현실적인 예로 현재의 전 세계 자원 사용량이 지구 하나를 넘어선다고 수리적으로 환산하는 것 역시 마찬가지다. 이러한 예들은 궤도 수정 요청을 뒷받침하는 교육적 의의를 가질 수 있을지는 혹시 모르겠으나 인과과정을 밝혀내는 데는 전혀 도움이 되지 못한다. 만약 지구 대기 내 모든 산소가 이산화탄소로 대체된다면 금성에서처럼 모든 생명체가 질식하게 될지도 모르지만, 이 사실은 어째서 산소가 애당초 대기를 채우게 되었으며 지속적으로 보충되는지를 말해 주지 못한다.

맬서스의 무릎에 앉아 재롱이나 피우는 윌킨슨은 한층 더 심각한 문제에 봉착한다. 만약 사람들이 부족한 자원 기반을 무시하고 지나치게 재생산을 하게 되어 가난에 빠지게 되었을 때—그리고 그랬을 경우에만—기술이 발전한다고 치면, 그러한 위기에 대한 대응으로 산업혁명이 벌어지고 석탄이 해결책으로 일단 등장한 **이후의 기술 발전은 김이 빠져 쇠퇴해야만 했을 터이다.** 즉, 화석연료의 사용량은 정체되어 새로운 '생태적 평형'에 도달해야 한다. 이제 '생계에 필수적인 필요가 전부 충족된 후에도 산업의 발전은 멈추지 않았다'는 사실을 인정할 수밖에 없었던 윌킨슨은 자신의 모델을 어떻게든 구해 보려고 대담한 주장을 펼친다. 말하자면 이후의 기술은 불결함과 과도한 인구 밀집 탓에 등장했다는 식이다. '근대의 폐기물과 하수 처리 체계'를 보라.[9] 너무 많은 사람들이 비참한 환경 속으로 모여들었다. 이게 바로 혁신이 계속된 이유다. 자본주의하에서 두 세기 동안 계속된 기술변화를 이따위 모델이 설명할 수 있을지 그 능력을 살펴보느라 지체할 필요는 전혀 없다. 이 모델의 부실함은 당신 부근에 있는 노트북 컴퓨터나 자동차만 보아도 명백하니까. 만약 윌킨슨이 주장한 것처럼 하수처리가 이러한 기술변화의 대표이고 생태적 평형의 교란과 빈곤이 그 동력이라면, **생태계를 파괴하고 자원을 고갈시키며 빈곤을 양산하는** 기술의 발명과 확산을 절대로 설명해낼 수가 없다는 점만 지적해 두도록 하자. 이 모델은 분명히 이러한 기술을 저러한 병폐들의 원인이 아니라 해결책으로 상정한다.

리카도와 맬서스라는 논리 쌍 중 맬서스 쪽 구성원들이 전환 후 화석 경제의 역사를 설명하기 위해 저런 것을 억지로 끌어들인 반면에, 리카도 쪽 구성원들은 단순히 성장의 공리를 영구하고 보편적인 추구로 받아들임으로써 대응한다. 이후의 확장이 단지 수천 년의 세월 속에서 오랜 동력에 의해 계속 추동되었을 뿐이라는, 전환에 대한 비역사적 관점을 따라서 논리가 전개된다. 해 아래 새것은 없다. 다만 이미 있던 것이 실현될 뿐이다. 이제 리카도-맬서스주의자들은 우리가 과거 두 세기 동안 목격한 세계 경제와 인구의 폭발적 증가가 **화석연료 없이는 절대 불가능했을 것**이라고 항변할지 모르겠다. 그리고 분명히 그들 말이 옳다. 리글리가 쓴 아래 글은 틀린 것이 아닌데 전-화석 경제는,

> 이후 세기 경제적 삶의 필수적 활동과 과정을 물리적으로 불가능하게 하는 에너지의 제약하에서 운용될 수밖에 없었다. 예를 들어, 유기 경제의 제약하에서는 매년 생산되는 자동차 수천만 대는 고사하고 근대 철도망이나 유조선을 만들 수 있을 만큼의 쇠와 강철을 생산하는 것조차 불가능했을 것이다.[10]

확실히 옳으신 말씀이다. 그러나 이건 화석 경제의 원인에 관한 설명문인가 아니면 그 **효과**에 관한 설명문인가? 이 글은 이후 계속 소용돌이치며 타오른 연소 과정의 동역학을 풀어내는 것과는 전혀 무관하게 보이며 단순히 **화석 경제가 무엇을 성취할 수 있는가**를 암시하는 것에 불과하다.

어쨌든 아마도 리글리나 그 동료들은 평시활동의 작동 기작에 관해서는 그리 큰 관심을 가지지도 않았을 것이다. 아마도 차라리 그들의 목적은 매년 생산되는 자동차 수천만 대와 같이 이미 약속된 성장을 성취할 수 있을 '공동체의 경제적 부의 변화 또는 그 불변에 관한 적당한 설명을 찾는 것'이었을 뿐이니까. 한데 이는 완전히 별개의 연구 주제이다.[11] 아니, 하지만 기능주의적 관점a functionalist account을 따른다면 어떨까? 화석연료가 유럽 대륙 면적의 20배를 쓸 수 있게 해주었기 **때문이거나** 영국을 세계질서의 정점에 설 수 있게 해 주었기

때문이거나 심지어 GDP나 인구의 끝없는 성장을 가능하게 해 주었기 때문에 화석연료에 의존할 수밖에 없었다는 식의 논지를 상상해 볼 수도 있다. 이러한 설명 방식은 가능할 수도 있다. 하나의 체제(화석 경제)가 (성장이라는) 어떤 유리한 결과를 내주기 때문에 그 결과가 계속 이 체제를 확장하고 강화해서, 결국 (이 연료의) 선택이 이후에도 계속하여 다시 승인되었다. 하지만 어떠한 기능주의도 **어째서 애당초 이 체제가 탄생하였는지**를 설명해낼 수는 없다. 그런 식으로 설명한다면 '인과율의 간단하면서도 자명한 법칙 중 하나, 만약 E라는 사태가 C라는 사태 이전에 발생했다면, 사태 E는 사태 C 때문에 발생한 것일 수 없다'는 법칙에 위배되기 때문이다.[12] 화석연료로의 최초의 전환이 그 이후 유럽 크기의 20배나 되는 지하 대륙을 개척해낸 그것의 기능이나 효능 때문에 발생했다고는 도저히 주장할 수 없다. 그렇게 주장한다면 이는 목적론에 빠지는 꼴이 될 것이다.

그럼에도 그냥 아무 시점이나 예로 들자면, 1979년에 영국 제도 the British Isles 내 모든 산업을 수력으로 돌리는 것이 확실히 불가능하다는 점만은 사실이지 않은가? 당연히 그렇다. 하지만 이후에 결핍이 발생할 것이라는 식의 가설로 증기로의 전환을 설명하려는 시도는 제2차 세계대전의 발발 원인을 1945년 이후의 사태로부터 찾으려는 짓이나 다름없다. 더욱이 이 경우 수력 부족 사태는 전환 시점까지 발생한 적이 없을 뿐 아니라 **사실 그 이후에조차 단 한 차례도 실현된 바 없다.** 리카도-맬서스주의 문헌에서 언급되는, 사실과 배치되는 다른 결핍 위기 역시 이것과 똑같이 기이한 위치를 공유한다. 리글리는 '에너지원인 석탄이 없었다면 리카도식Ricardian 압력이 첨예하게 악화되었을 것이다'라고 적는다. 하지만 압력이 실현되지 않는 한, 그 누구도 실존하지 않는 가상의 압력 때문에 뭔가를 했을 리 없다. 환경사학자 에드먼드 버크 3세Edmund Burke III는 증기력에 관해 똑같은 방식의 논리를 꾸며 낸다.

만약 영국의 공장들이 땔감으로 목재(또는 좀 더 정확히는 숯)에 의존했다면 영국 전체의 숲으로도 '악마의 암흑 작업장'dark Satanic Mills의 보일러들에 연료를 충분히 공급할 수 없었을 것이다. 바츨라프 스밀이 목재로부터 석탄으로의 '위대한 전환'Great Transition이라고 불렀던 것은 **따라서** 실로 결정적 사태였다.[13]

그러나 애당초 영국의 공장들은 **그 연료로 목재나 숯에 의존한 적이 없다.** 만약 그랬다면 리카도식 세계가 혹시 존재했을지 모르겠지만, 실제 세계가 아닌 다른 세계에서나 가능할 환상에 기초하여 역사 이론을 정당화할 수는 없는 노릇이다.

증기에 제대로 주목하지 못했다는 경험적 오류 이상으로 리카도-맬서스식 패러다임은 실로 그 핵심까지 결함으로 가득한 것처럼 보인다. 이 패러다임은 화석 경제의 기원에 대해 납득할 만한 설명을 제시할 수 없으며, 아무리 호의적으로 봐 줘도 기껏해야 성장 공리로부터 유도된 기능주의적 관점을 통해서 그 이후의 발전을 간신히 설명할 수 있을 뿐이다. 우리가 이 독특한 평시활동——그것의 탄생, 삶 그리고 미래에 닥칠 수도 있을 죽음——을 이해하려고 할 때, 그 대안이 될 이론 틀의 대략의 윤곽이 이제 바로 명확해졌다. 우선 이 틀은 자기지속성장을 태초부터 존재하던 인류라는 종의 특성으로 보는 대신에 자본주의 소유관계의 **창발하는 성질**emergent property로서 인식해야만 한다. 만약 그런 종류의 성장이 화석연료로의 완전한 전환 이전부터 시작되었다면, 특정한 국면에 **어째서 이러한 성장이 화석연료와 융합하게 되었는지** 이 틀로 제대로 설명해낼 필요가 있다. 사람들과 그 외의 자연을 대하는 방식에 관한 일정한 규칙을 가졌던 하나의 질서가 화석연료 연소가 **필수적 강제 사항**an imperative이 된 또 다른 질서로 바뀌게 되는 결정적인 변모로서, 이 전환은 심각하게 다뤄져야만 한다. 그저 오랜 바람이 그냥 우연히 실현된 기회로만 볼 것이 아니라

엘렌 메익신스 우드의 말을 빌리자면, 이 필수적 강제 사항that imperative 을 '**변할 수 있으며**subject to change 인간의 행위로 이루어진, 역사적으로 특정한 사회적 관계 내에' 그 뿌리를 둔 것으로 보아야 한다. 하늘이 탄소로 뒤덮이는 오늘날의 상황에서 볼 때, 이것이 변할 수 있다는 점은 특히나 환영할 만한 소식이다.[14]

그러나 전환에 관해 어떻게 설명하든지 간에 결국 전환은 일회성 사건으로 끝날 수밖에 없지 않은가라고 의문을 표할 수도 있다. 우리는 증기력으로 작동하는 기계가 땔감용 목재가 아닌 인간 노동을 대체했던 것이라고 강조했다. 이러한 대체가 최초로 한 차례 벌어진 후에도 계속될 수 있을까? 호전적인 노동이 토지의 제약보다 더 오랜 기간 화석 경제를 확장하도록 유도하는 자극제가 되었을까? 기계화의 가장 큰 역설 중 하나는 바로 기계화가, 사실상 그 정의상, **언제나 새로운 인간 노동을 필요로 하게 만들었다**는 점이다. 누군가는 기계를 만들어야만 하며, 이를 작동시키기 위한 연료를 캐내야만 하고, 기계가 토해 낸 상품을 운송해야만 하며, 기타 등등. 차본이 한 건의 노동을 대체할 때마다 또 다른 노동(반드시 같은 양인 것은 아니다)이 필요하게 되었다. 땔감용 목재를 석탄으로 바꾼 데는 이와 비슷한 논리가 적용되지 않는다. 석탄으로의 전환 **그 자체가** 목재에 대한 새로운 의존성을 야기하지 못한다. 실제로 목재는 다른 재료로 대체되었다. 하지만 노동이야말로 자본주의 생산에서 보편적으로 필요한 요소이다. 화석연료로 작동하는 기계로 노동을 대체하는 행위는 **노동과 자본 사이에 새로운 모순이 발생하고 그 해결이 요청되는 한** 계속될 수 있다. 아마도 이후 지속된 화석 발전의 물결 역시 부분적으로는 이 때문으로 볼 수 있을 것이다. 하지만 이는 이론의 대강의 윤곽일 뿐이며, 그 내용은 지금부터 채워져야만 한다.

자본가를 인류로 착각하다

불을 다룰 수 있는 능력은 영국에서 대규모 화석연료 연소를 시작하는 데 필요조건이었다. 그러나 이게 원인이 될 수 있을까? 1889년에 아돌프 히틀러가 태어난 것이 1933년에 그가 정권을 장악하는 데 필요조건이기는 하지만, 그가 태어난 것이 그가 정권을 장악한 원인─또는 '계기'나 '기폭제'─이라고는 그 누구도 주장하지 않을 것이다. 그러나 어쨌든 우리가 인류세 서사와 가장 가까운 비유를 찾는다면, 아마도 기원전 1세기의 부족 이동까지 거슬러 올라가는 독일 민족 형성의 결과로 나치즘이 등장했다는 식의 주장을 들 수 있을 것이다. 하지만 독일의 모든 인민이 국가사회주의자로 성장했던 것은 아니며, 마찬가지로 불을 다룰 줄 아는 모든 사람이 화석 경제를 탄생시키지는 않았다. 심지어 바로 인근의 석탄 자원에 쉽게 접근할 수 있고 그 사용법을 잘 알고 있던 경우조차도.

이렇게 잘못된 연상 과정을 단절시키는 데는 북송의 예를 드는 것으로 충분하다. 영국인들 이상으로 불을 다루는 데 익숙했으며 풍부한 석탄 자원을 가지고 있던 당시의 중국인들은 결코 화석연료와 자기지속성장을 서로 결부시키지 않았다. 영국의 경제적 법칙과 중국의 경제적 법칙을 서로 동일한 것처럼 다루기를 원할 경우, 이 부작위 nonfeasance를 설명할 수 있는 유일한 방법은 우연한 상황에 기대는 것뿐이다. 그리하여 포메란츠는 중국의 석탄 매장지가 양쯔강 삼각주에서 너무 멀었기 때문에 충분한 이익을 남기며 이용될 수 없었다고 우겨 댄다.[15] 그러나 이 주장은 양쯔강 하류 지역과 남중국에서 발견된 수많은 석탄 채굴의 증거 앞에서 추풍낙엽처럼 날아가 버린다. 그보다 훨씬 더 남쪽인 광둥까지도 잘 알려진 석탄 매장지가 있었고 실제로 이용되고 있었다. 심지어 화석연료로 운영되는 중국 산업이 발전할 수 있는 유일한 장소가 그 삼각주뿐이라는 그의 가정을 받아들인다 하더라도, 사실 광산은 그 부근 쉽게 접근할 수 있는 곳에 널려 있었다. 20세기 초에 급증하던 수요가 석탄의 생산량을 막대하게 확대시켰다는 사실을 살펴보면 이는 쉽게 증명된다. '중국에서 (또는 양쯔강 삼각주에서) 산업화가 지연된 이유는, 달리 말해서, 포메란츠가 주장한 것처럼 가용 석탄이 부족했기 때문이라고 설명할 수 없다. 차라리 역으로, 중국에서 석탄산업이 발전하지 못했던 이유는 바로 **산업 수요의 부족** 때문이었다고 설명된다.' 그리고 불을 쓸 줄 몰라서 수요가 부족했던 것은 결코 아니다.[16] 도대체 어디서 화약이 처음 발명되었는지 모두 잘 알고 있을 터이다.

중국인과 영국인 모두 물질을 태우는 방법을 알고 있었으며, 이 지식을 각각 북송 시대와 엘리자베스 도약기 중에 석탄에 적용했다. 그러나 스테판, 크뤼천 및 그 동료들이 지적했듯이, 이 두 사태 모두 '대기 중의 CO_2 농도에 뚜렷한 영향을' 주지는 못했다.[17] 심지어 **석탄 연소를 조작할 수 있는 능력**이 화석 경제를 초래한 것이 아니었다면 '불-원숭이, 호모 파이로필리스'Homo pyrophilis의 존재는 언급할 가치조차 없다. 사람속the genus Homo이 1,600만 년 전에 불을 다루는 방법을 배웠다고 하더라도, 그 이후 99% 이상의 세월 동안 이들은 그저 이곳저곳 조금씩 태우면서 채집, 수렵, 어획을 통해 삶을 영유하였으며, 한참 후에야 드디어 토지를 경작하고 가축을 키우며 물레방아로 곡식을 갈기 시작했다. 이들은 언제고 불을 손쉽게 쓸 수 있었다. 화석 경제는 **최근 두 세기**라는 마지막 짧은 순간에 들어 비로소 발전하게 되었다. 연소 제어는 이 과정에서 실로 중요한 능력이었음이 분명하며 마찬가지로 도구 사용, 언어, 협동 노동, 삽을 만드는 법과 지구의 지표를 굴착하는 방법에 관한 지식 기타 등등 역시 똑같이 중요한 능력이었다. 하지만 이러한 능력 중 그 어느 것도 그 자체만으로eo ipso 현재의 평시활동을 탄생시키지는 못했다.

여기서 범한 오류는 역사기록학historiographical 교과서에서 널리 다루는 오류다. 마르크 블로크Marc Bloch는 《역사를 위한 변명》*The Historian's Craft*에 '상시적이고 일반적으로 존재하는 선행하는 사태antecedents는 아무리 그것이 뭔가에 필요한 것이라고 하더라도, 순전히 암암리에 내재하는 것일 뿐이다.'remain merely implicit라고 적었다. '승리의 원인을 탄환의 궤적을 결정하는 중력이나 발사체에 맞으면 죽을 수밖에 없는 사람 몸의 생리학적 구성으로부터 찾는 전쟁사 연구자가 도대체 어디 있는가?'[18] 이러한 요소들은 단순히 어디에나 있는 보편적인 것이기 때문에 특별한 관심의 대상이 될 수 없다. 불을 조작하는 능력은 인간의 역사 중 **항상** 존재하였으며, 전pre-화석, 원시proto-화석 그리고 화석 경제 그 자체까지 포함한 이 모든 것의 등장에 대한 필요조건이었음이 분명하다. 그리고 바로 그렇기 때문에 이것은 화석 경제 그 자체의 계보를 살필 때 특별히 중대한 조건일 수 없다. 이것은 항상 있어 왔던, 바로 그렇기 때문에 **사소한**trivial 조건이고, 우리가 관심을 가지고 있는 결과와 특별한 상관관계를 이루지 못한다.

하지만 혹시 이들 불-이론가pyro-theorists들이 이 문제를 가장 깊숙한 근본에까지 추적해내는 훌륭한 임무를 수행하려 노력했던 것이라고 말해 줄 수는 없을까? 그따위 노력은, 바로 존 루이스 개디스 John Lewis Gaddis가 《역사의 풍경: 역사가는 과거를 어떻게 그리는가》*The Landscape of History: How Historians Map the Past*에서 주장한 것처럼 **'연관성 감소의 원칙'**a principle of diminishing relevance의 대상이 될 수밖에 없다. 어떠한 원인이 그 효과로부터 떨어진 시간이 길면 길수록, 그 원인이 지니는 중요도는 절하되어야만 한다.[19] 불을 다루는 능력으로부터 화석 경제를 도출하고자 하는 시도는, 마치 최근 등장한 드론 전투를 양 눈을 함께 쓰는 시각binocular vision이나 다른 손가락과 반대 방향으로 움직이는 엄지의 존재를 통해 설명하거나, 2011년에 타흐리르 광장에서 일어난 대중 시위를 신석기 혁명 당시 도시들의 형성을 가지고 설명하거나, 바샤르 알아사드 치하 교도소에서 벌어진 조직적 고문 행위를 벽돌과 회반죽의 등장 때문이라고 설명하는 등, 기타 셀 수 없이 많은, 한 치도 쓸모가 없는 헛짓과 아무런 차이가 없다. 우리는 각각의 점들이 차라리 더 직접적으로 연결되기를 바란다. 게다가 이러한 최근 사건 의 원인으로 초원격의ultra-remote 사태를 제시하는 것은 **그 진정한 기원을 애매하게 만들고 그 진범들의 죄상을 덮어 버리게 된다. 무한 환원** *reductio ad infinitum*은 권력자들을 곤경에서 모면케 해 줄 뿐이다.

기후변화의 원인을 인류의 본성에서부터 찾으려는 시도는 이런 식의 허무로 빠질 수밖에 없다. 〈행성을 보살피는 것을 가로막는 무의식적 장애물: 인간 본성과 대면하기〉Unconscious Obstacles to Caring for the Planet: Facing Up to Human Nature라는 논문에서 정신분석학자 존 킨John Keene 은 무절제하게 대기를 오염시키는 것과 인간이 이에 대응하기를 거부하는 행위를 '장기적인 필요보다는 즉각적인 만족을 선호하게 된 진화'의 탓으로 돌리려고 시도한다. 조금 더 구체적으로 말하자면 유아는 자제하지 않고 끊임없이 배설물을 배출하는데, 이는 그가 이 세상의 확실한 사실로 처음 학습한 내용이 바로 그를 돌보는 엄마가 대소변을 치우고 가랑이를 깨끗하게 닦아 줄 것이라는 사실이기 때문이라는 것이다. 그 결과 인간은 자기 주변을 어지르는 짓을 당연한 일로 받아들인다. "이 행성을, 우리가 생성한 유해 물질을 끝없이 흡수할 수 있는, 무한히 '똥을 치워 주는 엄마'로 받아들이는 신념을 형성하는 데 이렇게 반복되는 경험이 기여했다고 나는 믿는다."[20]

물론 이러한 특정 형태의 정신분석을 조롱하는 것은 쉬운 일이다. 그러나 그보다 더 중요한 사실은 킨이 인류세 서사와 똑같은 문제점을 공유한다는 것이다. 화석연료 연소와 유아의 배설이나 불을 다루는 기능 사이에 어떤 인과관계가 있다는 증거가 도대체 어디에 있는가? 19세기까지 있었던 모든 세대의 호모 사피엔스도 배설 능력과 연소 기술 둘 다 가지고 있었지만 지구에 저장된 탄소를 꺼내어 대기에 버리는 짓을 한 적은 없다. 이 똥싸개들과 방화범들이 단지 그들의 잠재 능력을 실현할 수 있는 시기만을 바라보며 기다리고라도 있었다는 말인가? 특정 사회가 다른 모든 사회와 다른 경로로 들어서서 뭔가 새로운 것을 만들어 냈다는 사실의 이유를 항상 그리고 어디에나 존재했던 것으로는 설명해낼 수는 없다. 전환이 벌어지던 시기 영국의 사회적 구조가 산후 배변 운동ᵖᵒˢᵗᵖᵃʳᵗᵘᵐ bowel movements이나 성냥으로 하던 불장난 때문에 탄생한 것일 수는 없다. 숨쉬기나 걷기가 이것을 탄생시켰다고 할 수 없는 것과 마찬가지다. 역사적 설명—그리고 이것이 참으로 필요한 것이다—은 이 새로운 질서의 작동 기작, 이러한 구조의 구성과 그 재생산에 초점을 맞춰야만 한다. 무언가 완전히 새로운 것이 해 아래 등장했던 것이다.

증기기관에 대해서 다시 이를 지적하는 것은 이제 너무나도 진부한 일이기는 하지만, 어쨌든 자연스레 태어난 어떤 인류의 대표들에 의해서 증기기관이 저절로 선택된 것이 절대 아니다. 당시의 사회적 질서의 본성상, 증기기관을 설치할 수 있던 것은 오로지 **생산수단의 소유자들뿐**이었다. 영국 내에서조차 극소수에 불과했던 이 계급 사람들—전원 남성이고 전원 백인이던—은 19세기의 호모 사피엔스 전체 인구로 보자면 그야말로 무한히 작은 일부를 차지했을 뿐이다. 이 무한히 작은 일부만을 떼어서 이들만이 '인류의 기획'을 진정으로 대변하는 자들이라고 생각할 이유가 도대체 어디에 있는가? 러다이트나 마개 뽑는 자들이나 증기 악마학을 설파했던 사람들보다 이자들이 인류를 더 잘 대표하는가? 이 자들은 다만 우월한 물리력으로 상대를 압도했을 뿐이다. 이게 바로 적자생존이라서 인정된다는 소리인가? 내릴 수 있는 결론은 둘 중 하나다. 인류세 서사는 암묵적 사회다윈주의의 한 양상이거나 아니면 그 행위를 할 수 없었던 존재자에게 그 행위의 원인을 돌리는 범주상의 오류에 기초하여 형성된 것이다. 상품 생산에 쓰일 원동기를 선택하는 일에 인류라는 종 전체가 우선적으로 투표권을 가지고 있었을 리 없다. 왜냐하면 우선 먼저 임금노동 체제가 전제되어야만 했기 때문이다. 서구의 한쪽 구석에 앉아 있던 자본가들이 증기에 투자했고 화석 경제의 기틀을 마련했다. 그러는 사이 어느 한순간에라도 인류 종 전체가 이에 관해 방문 투표든 우편 투표든 표를 던진 적도, 기계적으로 한목소리를 내며 행진한 적도, 스스로와 지구 시스템의 운명에 대하여 어떤 권위를 공유하여 행사한 적도 없었다. **이 역사적 단계에서 종이 주요 행위자로 등장한 적은 없었다.**[21]

일부가 다른 이들을 지배하는 권력을 증기가 증대시켰기 때문에 바로 증기가 승리했던 것이다. 증기가 소중했던 이유는 그것이 서로 대립하던 인류의 부분들 사이의 투쟁에서 어느 한쪽에 큰 도움을 주었기 때문이며, 종 내부intra-species의 모순은 증기가 주류로서 위상을 차지해 가는 그 과정의 조건으로 끊임없이 기능하였다. 게다가 우리는 증기가 행성의 다른 부분까지 확산되는 과정을 아직 건드리지도 않았다. 《화석 제국》에서 우리는 영국 백인 패거리가 어떻게 증기력을 나이저강 삼각주에서 양쯔강 삼각주에 이르기까지 그리고 레반트에서 라틴 아메리카에 이르기까지 종횡무진 인류 대다수에 대항하는 무기로 휘둘렀는지 살펴보게 될 것이다. 그러나 정적인 증기력stationary steam이 **사회의 다른 부분에 은근슬쩍 강요되었다**는 결론을 내리는 데는 영국 제도the British Isles에서 벌어진 사태 그 자체만으로도 충분하다. 정적인 증기력은 총포라는 폭력에 의해 뒷받침된 권력 장치였으며, 이 장치는 만약 그러한 폭력이 없었다면 전부 폭삭 다 타서 내려앉게 되었을 것이다(사실 불을 다루는 능력은 권력에 맞서던 저항 세력의 주요 자산이었으며, 이에 대항하기 위해서 작업장은 **내화** 사양을 갖춰야만 했다).

화석 경제의 이후 단계에서는 어떠했을까? 마치 이카루스의 많은 자식들이 날개를 펴고 따랐던 것처럼 인류가 에너지 재고의 은총을 받으려고 선구자였던 자본가들의 뒤를 따라 일렬로 늘어섰을까? 이는 수많은 다른 연구에서 다뤄져야만 할 질문이다. 이 질문과 관련하여 우리는 이후 이 책에서 몇몇 실례를 관찰해 볼 것이다. 여기서는 다만 몇 가지 기초적인 지점만 지적해 두도록 하자. 증기의 후손이라고 할 수 있을 화석연료 기반 기술의 계열—전기, 내연기관, 석유와 관련된 일련의 시설들the petroleum complex, 즉 자동차, 유조선, 정유공장, 석유화학제품, 항공 등—은 모두 투자 결정을 통해서 도입되었다. 이 과정에서 가끔 특정 정부로부터 제시된 주요 의견이 고려되기는 했지만, 그 과정이 민주적인 심의를 통해 진행된 적은 거의 없었다. 연소의 새로운 단계에 돌입하기로 결정하는 특권이 상품 생산을 지배하는 계급 내에 남아 있었던 것이 분명한 것으로prima facie 보인다.

종 내부의 집중 현상an intra-species concentration을 또 다른 수준에서 살펴보면 2000년을 기준으로 전 세계 인구의 16.6%를 차지하는 선진 자본주의 국가들 또는 '북반구의 선진국들'North은 1850년 이후 발생한 CO_2 배출량의 77.1%를 내뿜었다. 각 나라 내에서의 불평등을 고려하지 않더라도 이 정도다. 미국만 따져도 27.6%이며, 반면에 나이지리아가 0.2%, 튀르키예가 0.5%, 인도네시아가 0.6%, 브라질조차 0.9%에 불과하다. 그나마 이 나라들은 그 규모가 커서 배출의 역사적 책임을 따질 때 상위 20위 내에 드는 나라들이다. 대부분 나라는 훨씬 더 미미한 흔적만을 남겼다. 다른 방식으로 계산해 보면 1850년에서 2006년 사이의 CO_2 농도 증가분인 107ppm 중 86ppm이 OECD 국가들의 소행이다.[22] 이 모든 사태를 초래한 그 고향은 어떨까? 2005년까지 화석연료 연소로 인한 지구온난화 국가 기여도에 관한 자료 하나에 따르면 영국은 바로 5위를 차지하며 대략 인도의 3배, 태국과 아르헨티나의 15배, 나이지리아와 콜롬비아의 30배에 해당하는 온도 상승을 야기했다. 21세기 초 현재 인류 중 가장 가난한 45%가 당장의 CO_2 배출량의 7%만을 야기하는 반면에 가장 부유한 7%는 50%를 내뿜고 있다. 1인당 평균으로—여전히 한 국가 내의 계급 분리는 무시한 채로—미국 시민은 에티오피아, 차드, 아프가니스탄, 말리, 캄보디아, 부룬디의 시민 500명 이상에 해당하는 양을 배출했다. 인류라는 종 내에서 화석연료 연소가 공평하게 이뤄진다는 증거는 거의 찾을 수가 없다. 자료는 차라리 가면 갈수록 벌어지는 양극화 현상만을 보여줄 뿐이다.[23] **인류**humankind를 새로운 지질학적 행위자로 규정하고자 하는 관점은 도대체 이러한 기본적인 사실들과 양립될 수 있는가?

이런 측면에서 인류세 서사가 내놓을 수 있는 최선의 방어책은 또다시 인구의 증가를 끄집어내는 것뿐이다. 만약 화석연료 연소가 사람 수의 증가에 의해 야기되었다면, 그 원인으로 종을 싸잡아 비난하는 것이 가능할 것이다. 그래서 대표적인 인류세 이론가들은 생물권 **최대의** 교란 요인으로 흔히 과도한 인구 재생산을 전면에 내세우려 든다.[24] 분명 인구와 CO_2량은 어느 정도 관련이 있다—20명이 태울 수 있는 석탄량은 2천만 명 분보다 분명히 적을 것이다—그러나 전 지구의 배출량이 **1820년과 2010년 사이에 654.8배** 증가한 반면 인구는 '다만' 6.6배 증가했다는 사실을 보면, 여기에 분명 다른 추진력이 존재한다는 점을 눈치챌 수 있다.[25] 전체를 묶어서 보지 않고 각 국가를 나눠서 분석하면, 최근 수십 년 동안의 상관관계는 완전히 정반대로 드러난다. 발전사회학자Development scholar 데이비드 새터스웨이트David Satterthwaite는 1980년과 2005년 사이 인구와 배출량 증가를 비교하였다. 배출량이 가장 서서히 증가한 곳에서 인구가 가장 빨리 증가하거나 또는 그 역의 경향성을 보였다. 중국의 연평균 인구 증가율은 1.1%였던 반면에 연평균 배출량 증가율은 5.6%였으며 대한민국에서는 이 수치가 각각 0.9%와 5.3%였다. 자료의 반대쪽 극단에서는 이 관계가 거꾸로 뒤집어져서 지부티는 각각 3.5%와 0.8%, 차드는 3.2%와 -1.6%였다. 급격히 증가하는 인구 그리고 심지어 **감소하는** 배출량. 전 지구 배출량 증가 중 3% 미만을 차지한 사하라 사막 이남 아프리카에서 전 지구 인구 증가 중 18.5%가 보고되었다. 북아메리카는 정반대의 경향을 보인다. 배출량 증가 중 14%, 인구 증가 중 4%. 간단히 말해서 **인구의 증가와 배출량 증가는 서로 분리되어 있다.** 아니, 배출량이 가장 적게 증가하는 곳에서 인구가 가장 많이 증가했다. 그리고 이렇게 상관관계가 음negative이라면 인과관계를 설정하는 것은 절대 불가능하다.[26]

인류의 3분의 1 이상은 심지어 **원시**proto 화석 경제의 일원조차 될 수 없다. 2012년 기준으로 26억 명이 여전히 취사용 연료로 생물기원 원료biomass를 쓰고 있다.[27] 하루 한 끼 식사로 연명하는 영양실조 상태의 사람은 온실기체GHG를 배출할 수 있는 능력이 거의 없다는 점, 저소득 가구가 주로 탄소중립 교통수단——도보, 자전거, 기껏해야 엄청나게 혼잡한 버스와 기차——을 이용한다는 점 그리고 재활용할 수 있는 폐기물을 찾아서 매립장을 뒤지거나 자기 토지에 식물을 키우는 사람들의 배출량이 사실상 **음**negative이라는 점까지 고려하여, 새터스웨이트는 세계 인구 중에서 6분의 1을 '온실기체 배출의 책임을 분담시킬 때 열외로 처리하는 것이 최선'이라고 결론 내린다. 이들의 배출 기여도는 사실상 0 부근을 맴돈다. 에너지 시스템에 관하여 참으로 많은 글을 남긴 바츨라프 스밀의 말에 따르면 '사헬 지대the Sahel의 생계형 목동과 **평균적인** 캐나다 사람 간 현대 에너지 소비량의 차이는 **아마도 쉽게 1천 배를 넘을 것이다.**' 게다가 여기서 비교 대상은 **평균적인** 캐나다 사람이지 집 다섯 채와 SUV 세 대, 자가용 비행기를 소유한 자가 아니다.[28] 즉, 호모 사피엔스 표본 하나가 대기에 끼친 영향을 평가하면, 그 표본이 어떠한 조건에서 태어났는지에 따라 그 결과의 자릿수가 몇 개씩 바뀌게 될 것이다. 지구상 어느 생명체도——비버, 보노보, 동물성 플랑크톤이나 남세균cyanobacterium의 일종을 생각해 보라——그 환경에 끼치는 영향에서 이토록 심각한 불평등을 보이지는 않는다. 확실히 인간에게 뭔가 독특한 측면이 있기는 하다.

이토록 엄청난 차이——공간상 그리고 시간상, 현재 그리고 과거의——가 존재하기 때문에, 인과관계를 설정하기에 인류라는 개념은 너무나도 빈약한 추상too slender an abstraction에 불과하다는 사실이 분명히 드러난다. 이제 인류세 주창자들은 다른 모든 생물의 관점에서 그리고 사실 생물권 전체에서 볼 때, 그 종 **전체**를 비난할 수는 없더라도 **기후 변동이 인간이라는 종 내에서 기원했다**는 점이 실로 중요하기 때문에, 새로운 지질시대를 지칭하는 데 종에 그 기반을 둔 용어를 사용하는 것이 정당하다고 반박할지도 모른다. 투아레그족 목동 stockman이든 토론토에 사는 증권중개인stockbrocker이든, 화석연료를 태우는 자는 어쨌거나 모두 인간이다. 이것이 인류세를 옹호하는 설득력 있는 논리처럼 보일 수도 있다. 생태계에 미치는 인간의 어마어마한 영향을 지질학자, 기상학자, 생물학자 등이 감지함으로써 이 용어가 자연과학에서부터 기원했다는 사실에는 분명히 뭔가 의미가 있다. 이제 인간이 생태계에 미치는 영향은 자연선택, 태양복사나 화산활동에 견줄 수 있는 수준에 이르렀다. '인류세'는 이 사실을 예수 공현의 순간처럼 기록으로 남긴 것이다. 천체의 기후를 주무를 수 있는 권력이 자연에서 인간의 영역으로 넘어왔다.

하지만 이 사실을 인지하자마자 이 서사의 주된 모순—이 개념 그 자체가 가지는 모순이 아니라면—이 시야에 들어온다. **기후변화는 일단 탈자연화되지만**denaturalised—자연적 원인들의 영역에서 인간 활동의 영역으로 옮겨지지만—그 원인이 인간의 내재적인 특성으로부터 도출됨으로써 **바로 그 즉시 재자연화되어 버린다.**renaturalised 자연은 아니지만 인간의 자연스러운 본성. 바로 이것이 인류세가 만들어 낸 위상의 변화이다. **인류의 역사라는 과정을 통해서** 인류가 지구온난화를 야기했다는, 아마도 우리 시대의 과학이 발견한 가장 경이로운 사실이 드러내는 그 위협적인 심연으로부터, 결국 인류세는 그냥 눈을 돌려 버린 것이다. 이런 종류의 역사를 다른 종의 일대기에서는 찾을 수 없다. 세대가 바뀌더라도 비버와 보노보는 이미 있던 익숙한 방식대로 언제나 그랬듯이 자신들의 미시적 주변 환경을 계속 구축한다. 반면에 특정한 인간 공동체는 대략 1만 년 동안 계속 나무만 잘라 태우다가 다음 세기에 갑자기 석탄을 태우기 시작했다. 기후변화가 '인간적'anthropogenic이라는 점을 인지한다는 것은 바로 그것이 **사회적 원인을 가진다**sociogenic는 사실을 이해하는 것이어야만 한다. 기후변화는 시간상 유동적인 사회관계가 **기타 자연 속에서 체현된 결과로서** 등장하였으며, 이러한 존재론적 통찰—기후변화 과학에 암묵적으로 내재하는—이 함께할 때라야 비로소 인류를 그 생물학적 진화에 의해 완전히 결정된 종적 존재species-being로 더이상 간주하지 않을 수 있게 된다. 더 광범위한 관점에서 볼 때, 인류라는 종 내부의 분열을 그리 중요하지 않다는 식으로 평가절하할 수 없다. **왜냐하면 그러한 분열이야말로 최초의 화석연료 연소의 필수적인 내재적 요인일 가능성이 있기 때문이다.**

기후과학을 따라 자연으로부터 나온 이상, 전도된 형태의 자연스러운 필연성이라는 잘못된 확신에 더이상 기대서는 안 되며 이제 사회적 역사의 심연과 똑바로 대면할 각오를 가져야 한다. 인류세 서사는 인간사의 영역에 자연과학자 공동체—최초의 발견을 달성하기는 했지만—가 비논리적으로 개입하려 들어 발생한, 결과적으로는 자기패배적인 진출 시도에 불과하다. 지질학자, 기상학자와 그 동료들이 사람들 사이에서 벌어진 이런 종류의 사건들을 다루는 데 적합한 능력을 반드시 가지고 있는 것은 아니다. 암석의 조성이나 제트기류의 형상 같은 것은 재산이나 권력이라는 것들과는 상당히 다른 특성을 가진다. 후자가 전자를 재구축한 이상, 어느 정도 혼란이 예상되었다. '인류세'는 교각을 **오로지 한쪽에서부터** 건설함으로써 자연적 사태와 사회적 사태 사이의 거리를 개념적으로 뛰어넘어 보려 한 대표적 시도였으며, 그 결과 그 교각 위의 통행이 **실제 과정과는 정반대 방향으로** 유도되었다. 기후변화에서는 사회적 관계가 자연적 조건을 결정한다. 반면에 인류세식 사고방식을 통해 자연과학자들은 거꾸로 자신들의 세계관을 사회로 확장시키려 들었다.

가장 극단적인 자연화naturalisation의 오류를 기후변화가 지구에 불이 존재했다는 사실로부터 야기되었으며, 인류세는 '지구 그 자체에 내재된 방화광적 성향'이 사람속the genus Homo의 손아귀에 쥐어진 것에 불과하다는 식의 사고에서 찾을 수 있다. 환경과학자 데이비드 M. 윌킨슨David M. Wilkinson은 《생태학의 기초 과정: 지구 시스템 접근법》 *Fundamental Processes in Ecology: An Earth Systems Approach*이라는 책을 통해 이러한 논리를 탄소라는 원소에 기초하여 생명체가 발생할 수 있는 **모든** 행성에까지 확장시킨다. 죽은 생물이 퇴적되기 때문에 그러한 생명체의 존재는 필연적으로 지층에 탄소가 격리되어 축적되게 한다. 탄소를 에너지원으로 사용하는 방법을 배운 종이 자연선택에서 선호될 것이다. 지능을 가진 종은 모두 생물기원원료biomass 연소에서 화석연료 연소로 넘어가게 될 것이며, 결국 '행성의 탄소 순환에 심대한 영향을 끼치게 된다.' 즉, 지구온난화는 탄소 기반 생명체+자연선택+지능이라는 결합의 필연적인 결말이다.[29] 이는 역사를 원생액a primordial soup으로 환원시킨다.

이런 자연화의 모든 변종은 쉽게 식별될 수 있는 하나의 형태를 공유하고 있다. 마르크스가 지적했던 것처럼 '특정한 사회관계는 마치 **사물들의 자연스러운 성질**인 것처럼 가장하고 나타난다.' 생산은 '역사와 무관한 영원한 자연법칙들의 틀에 박힌 것으로 서술되며, 때로는 **부르주아적** 관계들이 사회 일반의 폐기할 수 없는 자연법칙들로 슬그머니 변조된다.' 또는 추상적인 인류나 심지어 추상적인 지적 생명체라는 말을 대입할 수도 있을 것이다. 부르주아 정치경제학에서는 마치 '아담의 시대부터 인류 존재의 궁극적이고 유일한 목적인 것처럼' 자본이 언제나 인류 앞에 놓여 있었다는 식으로 서술된다. 자본은 '그것이 가지는 역사적 형태와 무관하게 **인간 노동과정 자체의** 필수적인 측면으로 제시된다. 이는 결국 인간 노동 자체의 본성에 의해 결정되는 영원한 것으로 나타난다.'[30] 특정한 시간과 장소에 고유한 하나의 생산양식을 탈역사화De-historicising, 보편화universalising, 영구화eternalising, **자연화**naturalising시키는 것. 이것이 바로 가장 일상적인—진부하다고까지는 할 수 없더라도—이데올로기 정당화의 전략이다.

이렇게 되면 변화의 가능성은 전부 봉쇄된다. 만약 불을 붙이는 것이나 유아를 돌보는 것에 관한 지식, 태울 수 있는 고체물질의 존재 또는 격리되어 축적된 탄소와 지능의 결합 같은 것 때문에 화석 경제가 등장한다면, 도대체 우리가 어떻게 화석 경제를 해체할 수 있단 말인가? 만약 사태가 이렇게 발전하도록 이미 **결정되어 있다면**, 미래를 전망하든 과거를 회고하든 어느 방향에서부터든지 간에, 다른 대안이 어떻게 가능할 수 있단 말인가? 클라크에게 이 사태는 실로 '존재론적 본성을 가지는, 그렇기 때문에 그 자체로 타협이나 의사결정의 영역을 넘어서는' 문제다. 핑커스에게 현재의 '탄소 경제'는 '인간의 에너지, 생산과 **삶 그 자체**에 본질적으로 결부되어 있다.'[31] 우리는 이러한 파멸을 맞이할 운명이며, 그냥 언제나 그러했던 것뿐이다. 이러한 신념과 악명 높은 경쟁적기업연구소the Competitive Enterprise Institute가 내세우는 기후변화부정론의 선전 구호—'CO2: 저들은 오염물질이라고 말합니다. 우리는 삶이라고 부릅니다'—사이의 거리는 실로 무서우리만큼 가깝다.

물론 부르주아 정치경제학과 인류세 서사 사이에는 매우 중요한 차이가 있다. 둘 다 거의 똑같은 결말에 이르기는 하지만, 기후변화를 자연화시킨 학자들이 평시활동에 귀속된 이권을 위해 일하는 경우는 거의 없었다. 대다수는 이것이 사라지기를 바랄 것이다. 지구온난화의 역사적 기원에 관한 고찰을 방해하고 화석 경제를 바꿀 수 없는 조건으로 제시한다는 점에서, '인류세'는 차라리 의도적 행위에 의해서가 아니라 부작위로 탄생한 이데올로기이며, 기후변화 분야에서 자연과학이 독점적으로 우세하게 되면서 발생한 부작용이다. 그리고 아마도 그러하기 때문에 1989년 이후의 세계에서 비판적 칼날을 무디게 만들며 정치적 논쟁을 제한하는 데 그것이 기여한 바가 평시활동을 비호하는 다른 악의적 궤변들보다 더욱 크다고까지 할 수 있겠다. 이런 측면에서 보자면 반드시 이러저러한 궤변들보다 덜 해로운 것이 아니다. 이는 근본적 결함을 가지고 있을 뿐만 아니라 행동을 가로막는 몇몇 이론적 틀 중 하나로 기능하였다. 북극곰과 양서류와 새가 자기 서식지를 박살 낸 범인이 도대체 어느 종인지 알기를 원한다면 '인류세'가 유용한 개념이자 서사가 될지도 모르겠으나, 매우 안타깝게도, 그들은 인간의 행위를 꼼꼼히 감찰하고 이에 맞설 능력을 갖고 있지 못하다. 그렇게 할 수 있는 이들——다른 사람들——에게서 종에 기초하여 기후변화를 사유하는 짓은 운동을 마비 상태로 이끌 뿐이다. 다시 말해서 증기력의 발흥을 제대로 이해하지 못했다는 실패가 더 일반적인 결함의 증상으로 등장한 것이다. 따라서 우리는 처음부터 다시 시작할 필요가 있다.

마차를 말 앞에 두다

생산력 결정주의 역시 마찬가지로 증기를 둘러싼 오류 때문에 위태롭게 된다. 사실을 말하자면 증기 원동기the steam mill가 산업자본가의 사회를 낳은 것이 아니며 사태의 순서는 정반대 방향이었다. 우리가 아래 사실들을 인정한다면 인과의 화살 방향은 분명해진다. 1) 자본주의 생산관계가 증기기관보다 선행하였고, 2) 이 관계는 수력에 기초한 공장 체계 내에서 구성되었으며, 3) 궁극적으로 그 관계와 에너지의 흐름 상호 간의 비호환성incompatibility 때문에 전환이 야기되었다. 이는 분명히《철학의 빈곤》에서 마르크스가 제시한 법칙에 위배된다. 게다가 전환이 벌어지던 시기에 증기는 내재적인 기술적 이

점조차 가지고 있지 못했다. 제조업자들이 수력의 찬란한 가능성을 그냥 내다 버렸을 뿐이다. 코헨의 기술-역사적techno-historical 변화 모델은 모든 측면에서 실제 자료에 배치된다. 행위자들에게 결핍이 임박한 것이 아니었다. 기관에 관한 지식이 이를 도입하는 데 충분조건이 되지도 않았다. 기관의 장단점에 관한 공동체의 숙의는 철저하게 배제되었으며 따라서 실제로 벌어졌던 의사결정 과정을 살펴보면 발로 밟아 돌리는 물레바퀴 이야기에서 등장한 것 같은 준準민주주의는 존재하지 않았다.

기술결정론은 기계가 이미 원초적으로 자신들이 존재하는 어떠한 영역에서부터 나와 인간과 관계를 맺게 된다고 가정한다. 슘페터식 기술지상주의의 대표적 주창자인 카를로타 페레즈Carlota Perez는 '새로운 기술'이 '경제발전 중에 등장하여 **마치 불도저처럼 전진하면서** 기존 체제를 무너뜨리고 새로운 산업망을 구축한다'고 썼다. 사회를 부수고 돌진하면서 벽을 무너뜨리며 말끔한 길이 생길 때까지 잔해를 이쪽저쪽으로 내던진다.[32] 그러나 바로 이러한 생각 자체가 논리적 오류다. 불도저가 작동하기 위해서는 **우선** 이 기계를 어떤 사람이 운전해야만 한다. 즉, 그 기계를 먼저 인간과의 관계 영역으로 끌어들여야만 한다. 그렇게 되지 않는 한 이것은 그냥 발명가의 마음속 창고에 처박힌 얌전한 관념에 불과하다. 우리가 반복해서 주장했던 것처럼, 새로운 장치는 오직 그것과 관련된 행위자가 그것을 도입하는 적극적 행위를 취함으로써만 **물적**material 효력을 가지게 된다.[33] 따라서 성장 경향성은 생산력의 내재적 성질일 수 없다. 그 의사결정자가 코헨의 우화에 나오는 것처럼 강둑에 위치한 평등한 공동체이든지 또는 약삭빠른 자본가 계급이든지, 차라리 **그 힘이 이 의사결정자에게 충분히 매력적이어서 투자가 이루어질 수 있도록 그 관계가 먼저 구성되어야만 한다.** 이러한 관계를 통해 이것이 실제 사용될 수 있도록 박차가 가해지지 않는다면, 관념은 그냥 관념으로 남을 뿐이다. 기술결정론은 결국 무기력한 관념론에 불과하다.

생산수단을 다른 사람들이 접근할 수 없도록 몇 사람이 독점하는 사회에서—이런 사회를 우리는 계급사회라고 부른다—생산력은 **오직 배타적으로 소유됨으로써만** 물적으로 현실화된다. 증기력은 애당초 이러한 관계들의 바다 속에서 탄생하였다. 그 밖에서는 아예 그 시작조차 불가능하다. 소유된다는 것—즉, 다른 사람들의 접근을 배제하고 몇 사람이 독점하는 것—은 CO_2 배출과 같이 기관이 가지는 근본적인 성질이다. 아니, CO_2 배출은 차라리 그 소유주에게 원동기가 제공하는 편익에 부수된 **부작용***epiphenomena*이었다. 증기기관에게는 소유관계 이전의 다른 존재론이나 생태계가 존재할 수 없을 뿐만 아니라 이는 계급사회 내에서 쓰인 이후의 모든 화석연료 연소 기술의 경우에도 역시 마찬가지다. 지구의 기후를 바꿔 내는 이 기술들의 경이로운 능력조차 비소유자로부터 차별화된 **소유주들에게만 이것들이 제공한 가치에** 부수적으로 딸려온 것이다. 기계 그 자체가 우리가 처한 곤경의 원인이자 스스로 움직이며 이것저것—불쑥 나타나서 스스로 선택하고, 성장하며, 발산하는 등—해내는 장치라는 병적인 믿음을 진단해내는 것은 그리 어려운 일이 아니다. 생산력 결정주의에 공격을 감행한 최초의 마르크스주의자 중 하나는 바로 죄르지 루카치였다. 그는 1925년에 서평으로 니콜라이 부하린의 《역사유물론》을 비판했다. '사회의 기저를 이루는 결정인자를 찾아서 이것이 사회적 관계 외의 다른 원칙에 따라 발전'하는 것을 살피려는 《역사유물론》의 시도는 필연적으로 '물신주의로 빠지게 된다.'[34] 실제로 사물들은 인간 각자 간의 관계가 체현된 것에 불과한 것인데, 마치 사물들이 스스로 권력을 가지고 그 자체로 행위하는 것처럼 간주된다.

마르크스조차도 이런 비판을 피할 수 없다. 손방아/증기 원동기에 관한 격언은 그냥 실언이 아니다. 이것은 일반적으로는 역사적 변화에 관해, 특수하게는 증기력에 관해 1840년대 중에 마르크스와 엥겔스가 발전시켜 온 개념을 정확히 요약해낸 것이고, 분명히 코헨의 논리와 대략 비슷한 선상에 있다.[35] 하지만 런던에 정착하면서 마르크스는 다른 쪽으로 방향을 전환하기 시작했다. 산더미같이 쌓인 경제학 논문, 공장감독관의 보고서, 의회 조사위원회 자료를 파고들면서 그리고 고된《자본론》의 저술 과정 중 여러 개인적 비극을 겪으면서, 그는 스스로 생각을 발전시키고 그 내용을 치밀하게 적어 나갔다. 이후《1861-1863년 초고》*Manuscripts of 1861-1863*가 되는 글에서 마르크스가 유어나 터프넬과 같은 저자들에 대한 논평뿐 아니라 자동 뮬방적기, 모직물 소모기처럼 우리가 지금까지 계속 살펴본 기구들의 문제로 다시 돌아왔다는 사실을 확인할 수 있다. 파업을 무너뜨리기 위한 수단으로서 이런 기계는 '자본의 형식-자본의 도구-자본의 권력-노동을 지배하는 권력으로, 노동이 자율적인 독립을 선언하는 것을 억제하기 위해 나타난다. 여기서 기계는 노동을 분명 의도적으로 적대하는 자본의 형식으로 등장한다.' 그리고 기계는 특정 원동기에 명백히 묶여 있다. 마르크스는 개스켈이 쓴 '**인간 동력에 대립하는 적대물**_an antagonist_**로서 증기의 등장**'이라는 문구를 강조해서 인용했다.[36]

그러나 마르크스 자신에게 더 결정적이었던 전환의 계기는 그가 그때까지 큰 관심을 두지 않았던 에너지원을 새롭게 발견하게 되었다는 점이었다. 바로 수력이다. 연구를 진행하던 중 언제부터인가 그는 자본주의 생산의 기원을 이해하려면 수력을 살펴볼 필요가 있다는 점을 분명히 깨달았다. 그리하여 1807년에 독일어로 출판된《기술의 역사》*Geschichte der Technologie*라는 책으로부터 발췌한 어마어마한 양의 인용문이《초고》에 포함되게 된다. 아시아와 로마에서 출발하여 유럽의 봉건 영지를 거쳐 다듬기, 망치질, 구멍 뚫기, 합판 짜기 그리고 드디어 면직물 방적을 하는 작업장에까지 도달한 수차의 다사다난했던 여정을 마르크스는 바로 이 책을 통해 추적한다. 그다음에야 그는 증기로 넘어간다. 세이버리와 뉴코먼의 역사에 대한 발췌문, 영국 섬

유산업에서 증기력과 수력의 비율에 관한 기나긴 계산, 와트의 특허에 관한 분석, 회전기관의 역학적 작동 원리를 완전히 이해하기 위해 마르크스는 기관의 상세도를 그려 낸다.[37]

역사의 새로운 순서가 이제 탄생한다. 마르크스는 '방적기는, 많은 수의 그러한 기계들이, 즉 그러한 기계들의 연합체가 **수력으로부터 그 운동을 획득하게** 되는 순간까지는 진정한 의미에서 완성된 것이 아니었다'고 결론짓는다. 그리고 바로 그 순간에야 '기계에 기초한 노동의 조직과 구성이 처음으로 완성되었다.' 이전에 제시한 연대기를 번복하면서, 그는 산업 내 노동의 조직이 수력을 통해 성장하였으며 또는 다른 말로 표현하자면, **가장 명백히 자본주의적인 관계가 고대 이래 이미 잘 알려져 있던 기술을 통해서 발전했다**는 사실을 분명하게 인지하게 되었다.《자본론》에서 이 교훈은 더욱 정교하게 드러난다. 1권에서 볼 수 있듯이 로마 제국은 '물레방아의 형태로 모든 기계의 초기적인 형태를 물려주었다.'[38] 증기 원동기가 아니라 수력 원동기가 우리에게 산업자본가의 사회를 가져다주었다. 게다가 수력 원동기는 수 세기에 걸쳐 생산력으로 활용되고 있었다.

강물이 자본의 첫 번째 숙주였기는 했지만, 이 기생충은 결국 이 액체만으로 만족하지 못했다. '물의 흐름은 마음대로 증대될 수 없었고, 1년 중 어떤 계절에는 고갈되기도 했으며, 또 무엇보다 기본적으로 국지적인 성격을 띠고 있었다.' 반면에 증기는 한 가지 아주 분명한 이점을 가지고 있었다.

와트의 제2의, 이른바 복동식 증기기관의 발명에 의해 비로소 다음과 같은 원동기가 나타난 것이다. 즉, 그 원동기는 석탄과 물을 소비해 그 자체의 동력을 생산해내며, 또 그 힘을 인간이 완전히 통제할 수 있으며, 이동이 가능할 뿐 아니라 그 자체가 이동수단이며, 수차와 같이 농촌적이지 않고 도시적이며, 생산을 농촌에 분산시키지 않고 도시에 집중시킬 수 있으며, 그 기술의 적용이 보편적이며, 그 설치 지역을 선정할 때 지역적 사정들에 의해 제약을 받는 일이 거의 없다.[39]

증기가 "공장을 폭포가 있는 농촌으로부터 도시 중심지로 이전 시켰으므로 '절제'를 좋아하는 이윤 추구자들은 이제 아동 재료를 자기 주위에서 손쉽게 구할 수 있게 되어 구빈원으로부터 노예를 강제로 공급받을 필요가 없어지게 되었다." 이렇게 앞뒤 순서를 바꿈으로써 마르크스는 1840년대에 자신과 엥겔스가 제시한 설명을 명시적으로 정정한다. '증기기관 그 자체는 아무런 산업혁명도 일으키지 못했다. 오히려 그와는 반대로 바로 기계의 발명이'—여기서 마르크스가 기계라는 단어로 지칭하는 것은 바로 면방적 기계다—'증기기관의 혁명을 필연적인 것으로 만들었다.'[40] 이 실마리는 여기서 계속 풀려나와 그의 글에서 전형적으로 발견되는 고밀도의 문단을 이룬다.

기계는 임금노동자를 과잉으로 만들 준비가 언제나 되어 있는 우세한 경쟁자로서만 작용하지 않는다. 기계는 노동자에게는 적대적인 권력이며, 자본은 이 사실을 소리 높이 또 의식적으로 선언하며 또 그렇게 이용한다. 기계는 자본의 독재에 반대하는 노동자들의 주기적 반항인 파업을 진압하기 위한 가장 유력한 무기가 된다. 개스켈에 의하면 증기기관은 처음부터 '인간 동력'의 적대물이었으며, **이 적대물**_an antagonist_**은 자본가들로 하여금 막 태어난 공장제도를 위기에 떨어뜨릴 수 있는, 노동자들의 증대하는 요구를 분쇄할 수 있게 했다.**[41]

이렇게 각 요인들이 제자리를 잡게 된다. **막 태어난**_infant_ 공장제도를 위기로 떨어뜨리려고 위협하는 반란을 자본가들이 진압할 수 있도록 **만들어 준**_enabling_, 노동에 대한 적대물로서 등장한 기관. 이 체제를 둘러싼 오랜 대립 끝에 노동은 결국 자본에 패배하였으며, 마르크스의 관점에서 볼 때 이는 상당히 전형적인 재앙이었다. '증기기관에 의한 인간의 대체는 유사한 모든 변혁 과정에서와 같이 여기에서도 **결정적 의의를 가진다.**'*strikes the final blow*[42] 젊은 마르크스가 기관을 부르주아 지배의 원인으로 인식했다면, 이제 그는——이미 축적에 열중하던——산업자본가가 기관을 도입하기로 결정한 **후에야** 기관이 그러한 지배를 **강화했다**고 주장한다. 이 시점에서 부르주아 권력은 역학적인mechanical 동력과 융합되어 하나가 된다. 따라서 우리는 증기에 관한 마르크스의 사유를 두 단계로 나눠 볼 수 있을 것이다. 초기의 결정론과 후기의 **구성주의**constructivism 《1861-1863년 초고》가 이 둘 사이를 연결하는 다리가 된다. 후기의 구성주의 단계에서 마르크스는 스미스 학파, 맬서스 학파, 리카도 학파가 남겨 둔 이론적 장애물을 뛰어넘었으며 참으로 독창적인——비록 개괄적인 것일 수는 있으나——증기에 대한 관점을 발전시켰다. 이에 관한 상세한 내용은 앞으로 더 채워져야만 할 것이다. 그러나 그 핵심은 명백하다. 관계가 원동기에 선행했고, 관계 자체의 동역학에 가장 적합한 원동기를 선택——구성——했다.

이러한 경험적 발견들이 마르크스가 일반적인 역사철학으로부터 생산력 결정주의를 포기하도록 만들었을 것이라고 기대해 볼 수도 있다. 그러나 이후 저작들에서 생산력이 관계를 파괴한다는 공식이 재등장하기 때문에 거기까지는 나아가지 못했던 것으로 보인다.[43] 마르크스 자신의 연구를 통해서 그 핵심이 붕괴된 이 철학은 불행히도 그의 많은 유산 중 하나로 남았다. 엥겔스라는 전령으로부터 약간의 도움을 받아 제2, 3인터내셔널은 이것을 유물론자의 **신조**doxa 중 하나로 성문화했다. 손방아/증기 원동기에 관한 격언the hand mill/steam mill aphorism을 일종의 신앙고백으로 삼으면서, 마르크스주의 교세의 모든 분파——카우츠키와 플레하노프에서부터 레닌과 트로츠키 그리고 바로 스탈린에 이르기까지——가 **이** 특정 신조 아래 뭉치게 되었다.[44] 루이 알튀세르는《마르크스를 위하여》에서 환원주의의 '유혹들'과의 전쟁을 선포하면서, 너무나도 일반적으로 받아들여지던 **경제주의**economism와 심지어 **기술지상주의**'technologism의 전형인 '저 손때가 묻을 만큼 자주 들춰진 증기기관에 관한 문장'을 겨냥해야만 한다는 것을 잘 알고 있었다. 그러나 그즈음인 1960년대에는 이미 바람의 방향이 바뀌었다. 이전의 모든 논쟁적 마르크스주의자들이 마차를 말 앞에 두는 것에 동의했다면, 이제 대부분이 역사의 마차 순서를 재조정했다. 마오쩌둥주의와 자율주의autonomism, 브레이버만과 마르쿠제, E. P. 톰슨과 알튀세르에 이르기까지 모두가 구성주의 관점을 그 기반으로 삼았다.[45] 하지만 브레너와 우드가 구성해낸 현대의 정치적 마르크스주의 조류만큼 크나큰 신념과 명확한 관점을 가지고 구성주의를 선택한 학파는 따로 없었다. 이들의 도움을 받아 우리는, 지금껏 실패한 다른 모든 이론 후보군이 무시했던 근본 체계인 **자본주의 소유관계에서부터 시작하여** 특수하게는 증기력의, 일반적으로는 화석 경제의 발흥에 관한 대안 이론의 재구축을 시작할 수 있다. 만약 생산력 결정주의가 시계열을

인간적, 비인간적 자연human and extra-human nature → 생산력 → 생산관계

로 잡는다면, 오직 구성주의만이 그 시계열을

생산관계 → 생산력 → 인간적, 비인간적 자연

으로 수정할 수 있다. 자본가들이 기후를 불안정하게 만든 사태를 이론화하려 든다면, 바로 이것이 우리가 따라야 할 논리이다. 그러나 우선은 반론을 미연에 방지해 둘 필요가 있다.

천연두를 괄호로 묶어 치워 두다

자본주의가 화석 경제를 낳았다. 증기력의 발흥—바로 이 출산의 결정적 순간—은 분명한 자본주의 생산양식을 가지고 있던 한 나라에서 일어났다. 두 세기 후에도 이 맥락은 그대로 남아 있으며 그 탯줄은 여전히 끈질기게 붙어 있다. 그러나 반드시 자본주의만이 화석 경제를 이뤘던 것은 아니다. 실로, 우리의 정의에 따르면 스스로의 개발 노선을 석탄, 석유, 천연가스와 결부시켰던 소련과 그 위성국가들의 현실 역시 이에 해당하는 것처럼 보인다. 냉전 시대에 이들과 대적하던 적들보다 이들이 덜 더러운 것도, 덜 매연을 뿜는 것도, 덜 배출집약的emissions-intensive인 것도 아니었다면—아마도 차라리 더했을 가능성이 높다—이들 체제 역시 분명히 대기에 그 흔적을 남겼을 터이다. 그렇다면 어째서 화석 경제의 어머니라면서 자본주의에만 초점을 맞추는가? 공산주의 국가들도 역시 똑같이 악질적이었다면 도대체 무슨 이유 때문에—생태마르크스주의에 대해 제기되는 흔한 반론—자본의 파괴적 성질만을 천착해야 하는가?[46]

이와 비슷한 질문을 의료 부문에서 찾아본다면 아마도 이것이 될 것이다. 어째서 천연두가 아니라 암에만 연구 노력을 집중하는가? 둘 다 치명적인데! 그러나 둘 중 오직 하나만 남아 있다.[47] 역사는 소련 체제를 둘러싼 괄호를 이미 닫아 버렸다. 북한과 그나마 굳이 따지자면 쿠바 정도가 이 연합 체제의 남은 잔재일 뿐이다. 이렇게 화석 경제가 자본주의 생산양식과 동일한 시공간을 공유하는coextensive 시작점에 우리는 이미 되돌아와 있는 것이다—차이가 있다면 이제 일국 규모가 아니라 지구 규모에서 그렇다는 것뿐이다. 화석 경제의 스탈린주의식 판본은 그 나름대로 그 자체에 관한 연구가 따로 필요하겠지만—이들 나름대로의 성장 방식은 아직까지도 충분히 잘 이해되지 못하고 있다. 일단 여기서는 이것을 그 역사 자체의 전례를 따라 괄호에 넣어 치워 둘 만한 충분한 이유가 있다.[48] 우리는 1930년대 소련 보르쿠타Vorkuta의 탄광 굴라크에서 살고 있지 않다. 그것은 이미 사라졌다. 그러나 랭커서가 1830년대에 만들어 낸 세계는 여전히 해결되어야만 할 생태적 현실로서 우리를 감싸고 있다.

지속가능성에 관한 과학 분야 유명 학술지 《지구환경변화》*Global Environmental Change*의 사설이 지적하듯이 오늘날 자본주의는 '환경 변화에 효과적으로 대응하는 우리의 집단적 능력을 결정하는 정치적 기구와 사회적 관계의 기반을 이룬다.' '항상 거기 존재하지만, 거의 언급되지 않은 채로.' 이 분야의 논쟁 대부분에서 자본주의는 마치 이미 주어진 것처럼 고려되며 우리가 들이마시는 공기보다 더욱 의심할 바 없이 당연한 것처럼 받아들여진다. 바로 자본주의가 '방 안의 코끼리'가 되었다는 사실을 프레드릭 제임슨의 경구로부터 확인할 수 있다. '자본주의의 종말을 상상하는 것보다 세계의 종말을 상상하는 편이 쉽다.'[49] 심지어 이제는 자본주의를 역사적 탐구의 대상으로 정확히 상상해내는 것조차 어려운 상황이다. 왜냐하면 이것이 부서지기 쉽고 불안정하여 어느 순간에라도 사라질 것만 같은, 존재의 생태적 기반 그 자체보다 이제 더 비시간적인 삶 그 자체의 조건으로 인식되고 있기 때문이다. 하지만 우리가 어떻게 이 지경에 이르게 되었는지 이해하기를 원한다면 **역사적 상상력 속에서라도** 일견 영원한 것the permanent과 일시적인 것the transient을 서로 전도시켜야만 한다. 태초에 하늘과 땅이 있었다. 그다음 자본주의가 화석 경제를 가져왔다. 또는 오늘날 생물권은 불안정하고 자본주의는 안정적이지만, 우리가 왜 이런 상황에 처했는지를 이해하기 원한다면, 이 둘의 자리를 바꿔야만 한다. 그렇게 함으로써 화석 경제의 역사를 고찰할 수 있는—그리고 이를 전복할 희망을 채울 수 있는—상상력의 틈새를 새겨 파낼 수 있다.

13
화석 자본:
부르주아 소유관계의 에너지 토대

영구히 타오르는 축적의 불꽃

딱따구리는 나무에 구멍을 내는 작업을 한다. 부리가 그 도구다. 독특한 기계음을 내며 뾰족한 끝을 가진 해머로 찍어 댐으로써 딱따구리는 나무줄기에 입이 들어갈 만한 크기의 구멍을 낼 수 있으며, 이를 개미나 흰개미, 딱정벌레와 그 유충을 사냥하기 위한 통로로 사용한다. 이 도구는 이 새의 몸의 일부이기 때문에, 이를 따로 모아 집중시킬 수는 없다. 고용주 딱따구리가 부리를 모아 어디 한가운데에 모아 두고는 이제 부리 없이 편평한 머리를 가진 딱따구리 무리의 다른 개체들에게 나무껍질을 뚫는 데 필요한 도구에 접근하고 싶으면 자기 명령을 따르라고, 속박을 거부하려면 굶어 죽으라는 식으로 선택을 강요할 수 없다. 다른 이유는 다 차치하고 바로 이 때문에라도 딱따구리 무리 안에서 소유관계가 발생하는 것은 절대로 불가능하다. 물질대사를 위해 필요한 그들의 도구는 유산자와 무산자 사이에 차별적으로 분배될 수 없으며, 공동체에 의해 집단적으로 통제될 수도 없다.

이것이 바로 '소유관계'의 핵심이다. 종의 구성원 대 생산수단 간의 상호 위치 관계를 나타내는 매트릭스. 또는 브레너가 제시한 더 고상한 정의에 따르면 이렇다.

소유관계라고 지칭할 때 내가 의미하는 바는 바로 개개의 경제 행위자 (또는 가구)가 생산수단과 경제 산물에 접근하는 것을 일정하고 체계적으로 규정하고 결정하는 직접생산자 간, 착취자 계급(이들이 만약 존재한다면) 간 그리고 착취자와 생산자 간의 관계다.

즉, 이는 사람들에게서 앞서 언급한 부리와 딱정벌레에 해당되는 것들과 연관된 일련의 규칙들이다.[1] 사람들은 물론 그들 자신의 육체 기관보다 훨씬 더 다양하고 무한히 방대한 공구 상자를 창조해낸다. 마르크스가 말하기를, '자연'Nature은 사람들의 '노동수단의 본원적인 창고'original tool house였고, 여기로부터 사람들은 방적spinning, 천공boring, 분쇄grinding, 프레스 작업pressing, 절단cutting, 물레 성형throwing, 물 긷기pumping와 기타 각종 작업을 위해 필요한 고도의 도구들을 만들어 낸다. 인간만이 자신의 영역을 지구 전역으로 확장하고, 쓸 만한 온갖 재료를 써서 도구를 만들어 내며, 이를 자기 몸의 일부처럼 활용할 수 있다. 마르크스의 말에 따르면, 지구를 '무기질로 된 몸통'——마치 의수나 의족과 같이 인공적으로 확장된 자기 몸의 일종——으로 삼는다.[2] 자신을 제외한 자연과 관계를 맺을 때 이만큼 유연하며 이만큼 보편적이고 이만큼 잡식이어서 무엇이나 집어삼킬 수 있는 종은 달리 존재하지 않는다. **하지만 바로 그렇기 때문에 스스로의 물질대사를 조직할 때 이토록 분명한 내적 분열을 보이는 종도 역시 달리 존재하지 않는다.**[3] 방대한 일련의 체외extra-somatic 도구들을 바로 호모 사피엔스 사피엔스Homo sapiens sapiens가 가진 독특한 특징이라고 한다면, 동시에 이것은 이 종이 하나의 통일체로 존재할 수 없게 만드는 그 원인이 되기도 한다. 바로 모든 자연력을 이용하여 물질의 껍데기를 뚫기 위해 필요한 부리를 만들어 내고 이를 통해 광범위하게 지구를 전유할 수 있기 때문에 일부 사람들을 배제하는 것도 가능해진다. 재료, 기계, 원동기는 사유재산이 될 수 있다. 바로 자신의 폐와 마찬가지로 각 개인은 이런 것들을 필요로 하지만, 이것들은 모두 자기 몸 밖에 있으며 매우 다양하지만 **또한 동시에** 그것에 접근할 수 없도록 타인에 의해 장악되어 있다. 따라서 이런 것들에 접근하려면, 각 개인은 그 소유주에게 굴복할 수밖에 없다. 이렇게 각 개인은 소유관계에 묶이게 된다.

이렇게 이것들이 장악되기 이전에는 인류도 역시 약간은 딱따구리와 **비슷했다.** 왜냐하면 그들의 생산수단과 그들 자신이 여전히 결합된 채로 남아 있었기 때문이다. 물론 물리적이 아니라 사회적으로 말이다. 경작지에서, 가내에서 그리고 조합에서, 농부들과 장인들은 자기 도구를 직접 소유하며, 각 생산자는 지구를 '자기 힘을 발휘하는 작업장으로 그리고 자기 의지를 관철하는 영역으로' 삼아 '마치 달팽이와 달팽이 집처럼' 지구와 여전히 통일된 관계를 맺어 왔다.[4] 바로 이 관계가 깨지는 순간, 자본주의 소유관계가 시작된다. 전에는 농부와 장인이었던 이들이 이제 생계유지를 위한 수단을 빼앗기고 도구 없이 그냥 노동을 행할 수 있는 능력인 노동력, 일하기 위해 필요한 수단을 처절하게 갈망하는 잠재력만을 가진 상태로 전락한다. 바로 담벼락의 반대편에서 그 생산수단을 사유재산으로 독점하고 있는 하나의 계급이 그들에 대적한다. 이렇게 역사적 결별이 일어나서 결국 생산자와 생산수단은 서로 분리되고 말았다.

하지만 이들 사이의 거리는 그냥 계속 유지될 수 없다. 만약 스스로의 노동력 외에 아무것도 가지지 못한 사람들이 생산수단과 접촉할 수 없게 된다면, 이들은 생계를 유지하기 위해 일할 수 없을 것이다. '그는 가죽 없이는 장화를 만들 수 없다.'[5] 역으로 만약 노동자의 손가락과 손길이 토지, 형틀, 가죽 더미에 닿지 못한다면, 아무것도 생산되지 못할 것이며 결국 그 소유주들에게조차 아무런 쓸모가 없게 된다. 이러한 분리가 자본주의 소유관계의 필수적 기반임에도 불구하고 사회가 스스로를 재생산하려면 이 분리를 잠깐씩이나마 계속 극복하지 않으면 안 된다. 생산자와 생산수단은 **재통일**_reunited_되어야만 한다. 이렇게 노동할 수 있는 살아 있는 사람의 능력——근육과 정신을 써서 에너지를 소비하며 집중과 긴장 아래 작업하는 동안 자기 육체의 각 부분을 움직이는 능력——은 1파운드의 가죽이나 방적기나 물레와는 상당히 다른 것이다. 사실 이들은 서로 비교될 수 없는 incommensurable 별도의 개체다. 때문에 이들의 재통일은 오직 **어떠한 것이든지**_anything_ 그에 대응하여 교환될 수 있으며, 그 용광로 안에서 모든 질적 특성이 녹아 사라지는 보편적 등가물을 통해 매개됨으로써만 가능하다. 이것이 바로 우리가 돈 또는 화폐라고 부르는 것이다.

노동자 역시 돈을 필요로 한다. 노동자는 자신의 물질대사를 위해 필요한 상품을 구매할 일정한 양_a quantum_의 보편적 등가물인 임금을 획득하기 위해 자신의 유일한 소유물인 노동력을 일정 기간 동안 자유롭게 처분할 수 있는 권리를 타인에게 판매한다. 순환과정의 처음과 끝에서 모두 노동자는 상품을 소유하게 된다. 즉, 처음에는 자신의 노동력, 나중에는 감자 한 자루나 새 식기 세트 하나, 어두침침한 공동주택 방 한 칸에 2주 더 거주할 권리 등을 소유하게 된다. 노동자는 상품Commodity—화폐Money—상품Commodity, 또는 줄여서 C—M—C라는 공식을 따른다.[6] 처음의 C는 나중의 C와 질적으로, 달리 말하면 그 사용가치_its use-value_로 구분될 수 있다. 순수한 노동력은 그 소유주에게 아무런 쓸모가 없지만 식량이나 식기, 거주지는 노동자의 생활에서 필수품이다. 하지만 이제 이 과정을 화폐에서부터 **시작하는** 행위자를 생각해 보자. 바로 그는 시장에 나가 노동력과 생산수단——예를 들어 2주 단위로 임금을 받으며 직조 작업을 할 백 명의 노동자와 공장 건물, 증기기관, 역직기, 날실과 씨실——을 사들이고 마치 이 과정에서 빼놓을 수 없는 중개자인 것처럼 **그렇게 이 재통일을 유도할** 자이기도 하다. 그는 그 결과물로 훌륭한 옥양목을 얻고 이것을 다시 시장에서 팔아치운다. 이렇게 그는 다시 화폐를 획득한다. 이렇게 한 차례의 순환이 종료되고, 이 순환은 앞서의 것과 완전히 반대되는 공식에 따른다. 화폐로 시작하여 화폐로 끝나는 M-C-M. 여기서 상품 단계는 단지 궁극적인 목표를 위한 중간 과정에 불과하다.

하지만 왜 화폐를 화폐로 바꿔야만 하나? 한 줌의 화폐는 다른 화폐와 질적으로 다를 수 없다. 달라질 수 있는 것은 오직 그 양이다. 이러한 행위를 실행할 유일한 동기는 처음 순환에 투입한 화폐량과 최종적으로 얻게 되는 화폐량 사이의 차이일 뿐이다. 교환가치exchange-value 증가분을 자기 호주머니에 꽂아 넣기 위해, 더 간단히 말하자면 **더 많은** 돈을 벌기 위해. 따라서 전체 공식은 M-C-M′이 된다. M에 프라임을 붙인 것은 판매한 상품이 그것을 생산하기 위해 사들인 구성 요소들보다 더 높은 교환가치를 가진다는 점을 강조하기 위해서이다. 이 행위자는 이윤을 얻었다. 이것이 바로 이 과정의 유일한 목적이 되며, **노동력과 생산수단이 시장에서 상품으로 분리된 채로 등장하기 때문에 그 외의 다른 목적은 이제 있을 수 없다.** 이 둘은 자본가의 손아귀 안에서야 비로소 하나가 될 수 있으며, 자본가는 '중개인'middle-man 또는 이 요소들 사이에 존재하는 계면screen으로 스스로를 영구히 위치시키고, 이 요소들을 오직 단 하나의 목표를 위해, 즉 금전상 이득을 뜯어내기 위해서 사들인다. 어쨌든 그가 돈을 냈으니까.[7] 이러한 역사적 결별을 일단 거친 사회에서 자본은 서로 비교될 수 없는 개체들 사이의 생산적 결합a productive rendezvous을 위한 필수적인 매개체가 된다. 그리고 이러한 생산적 결합은 중지되거나 완료될 수 없다. 이 과정은 끊임없이 연장되고 계속되어야만 한다.

1816년, 의회에서 열린 한 위원회에서 맨체스터의 면직물 생산업자 리G. A. Lee는 '이윤을 얻을 수 없다면 자본가가 사업에 자기 돈을 투자하는 위험을 감수할 리 없다고 생각합니다'라고 말했다.[8] 손실이 예상된다면 절대 그렇게 할 생각이 없다는 뜻이다. 만약 자본가가 처음 투입한 것의 95%만 회수할 수 있다고 예상한다면, 그는 자기 돈을 은행 계좌에 그냥 두는 편이 더 나을 것이다. 만약 비용의 100%를 회수할 가능성은 충분하지만 그보다 더 많은 양을 획득하지는 못할 것 같다면, 여전히 투자를 하지 않는 편이 현명할 것이다. 굳이 사서 고생할 필요는 없으니까. 계속 손실이 발생하더라도 여전히 사업에 돈을 대는 자본가를 상상해 볼 수도 있겠지만, 그런 자는 곧 사라지게 될 예외적인 미치광이에 불과하다. 비슷한 식으로, 손실은 없지만 전혀 이윤도 얻지 못하는 사업에 자기 자산을 계속 투입하는 자본가 역시 머릿속에 그려 볼 수 있을 것이다. 아마도 이 자선가 나리께서는 그가 실제 하는 일 자체를 소중히 여기기 때문에 그리하는 것일 테다. 그러나 분명히 그는 매우 성공적인 자본가가 될 수는 없을 것이며, 저 공식을 완전히 따르는 자들에게 곧 잡아먹힐 위험에 노출된다. 이윤 동기 외의 그 어떠한 것을 따르는 데는 항상 자기희생적 결단이 요구된다. **자본가로서** 그가 가질 수 있는 유일한 합리적 목표는 오로지 이윤이다. 논리적으로, 동시에 역사적으로, 이윤 추구는 자본주의 소유 관계에서 '활력을 제공하는 불꽃'driving fire이 되어 스스로를 그 관계 속에 깊숙이 새겨 넣었다.[9]

그래서 자본가는 자기 상품의 물적 성질the material qualities of his goods에 관해서는 아무런 관심이 없다. '그는 장화 그 자체를 위해 장화를 제조하는 것은 아니다.' 마찬가지로 자기 식탁에 올리기 위해 식기를 생산하는 것이 아니며 자기 아이들의 살 곳을 마련하기 위해 주택을 만드는 것도 아니다. 다만 남에게 팔기 위해 제품을 제조한다. 하지만 그는 장화나 식기나 주택의 **관념**the idea을 팔 수 없다. 상품을 사도록 수요자를 유인하기 위해서는 상품이 특정한 쓸모를 지닌, 즉 울퉁불퉁한 지면을 걸을 수 있게 하거나 음식을 떠먹을 수 있게 하거나 추위와 비로부터 보호해 줄 수 있는, 최소한의 사용가치를 지닌 사물이 **되어야만** 한다. 이윤을 획득하기 위해서 산업자본가는 자연을 거치는 우회로를 통과해야만 하며, 어떠한 형태로든지 그가 관리하는 구역

내에 '인간과 자연 사이의 대사적 상호작용-metabolic interaction[Stoffwechsel]의 일반적 조건이며 인간 생활의 영원한 자연적 조건'을 구현하지 않으면 안 된다. 이렇게 자연의 물질들은 구체적 편익을 위해서가 아니라 오로지 교환가치를 체현하기 위해서 전유된다. '자본가에 의해 사용가치가 생산되는 것은 오직 그것이 교환가치의 물질적 밑바탕material substratum, 그것의 담지자이기 때문이며, 또 담지자인 한에서이다.'[10]

여기서 결정적으로 중요한 것은 물질적 밑바탕이라는 개념이다. 상품은 시장이라는 표층에서 교환가치만을 가진다—그리고 자본가에게는 이것만이 중요하다—하지만 그 아래 심층으로부터 상품을 도려내어 완전히 분리시킬 수는 없다. 만약 상품 생산에 투입된 노동이 빠진다면 '남는 것은 언제나 인간의 어떤 개입 없이 자연적으로 존재하는 일정한 물질적 밑바탕뿐이다.'[11] 그 교환가치가 자본가에게 얼마이든지 상관없이, 상품은 생물물리학적 자원이라는 토대 위에 설 수밖에 없다. 상품의 생산은, 바로 자연을 밑바탕으로 삼으면서 자연을 순전히 정량적 논리하에 종속시키고 포괄하는, **자연을 통한**through nature 교환가치의 생산이다. 따라서 산업자본—즉, 상품 생산에 투여된 자본—의 회로를 나타내는 완전한 공식에는 한가운데에 P를 그 결정적 핵심으로 품게 된다.

$$M - C \ldots P \ldots C' - M'$$

조금 더 정확히 말하자면, 자본가가 사들인 상품은 노동력L과 생산수단MP이라는 두 가지 범주로 나뉘어 아래와 같이 확장된 공식을 낳는다.

$$M - C(L + MP) \ldots P \ldots C' - M'^{[12]}$$

이들 공식에서 P가 의미하는 것은 생산Production인데, 이는 곧 정밀하게 제어된 **물질대사**Stoffwechsel이기도 하다. 자연으로부터 얻은 자원은 생산수단이 되어 노동자의 손길이 닿아야만 비로소 적시적소에 사용되고 다듬어져 완성된다. 생산수단 중 기계와 기타 수단을 뺀 부분인 원료에는 마르크스가 '부수적 재료'ancillary materials 또는 '보조재료' accessory라고 부르는 하위 범주가 포함된다. 보조재료는 마치 면화가 면사가 되듯이, 생산물 자체의 일부가 되지는 않지만 생산과정 중 필수적으로 요구되며 생산 중 소비되어 사라져 버리는 물질이다. 보조재료는 완성된 상품에서 가상적 흔적이나 그것이 체현된 결과만 남긴다(상품에 스며든 노동과 마찬가지로). '보조재료는 석탄이 증기기관에 의해, 휘발유가 자동차에 의해, 건초가 말에 의해 소비되는 것과 같이 노동수단에 의해 소비'되어 임무를 다하고 그 즉시 사라진다.[13] 다른 모든 수단과 마찬가지로 보조재료는 정확히 필요한 양만큼 확보되어야 하고 그다음에 **소비**되어야만 한다. 마치 식물이 물, 빛, 공기를 소비하며 자라듯이, 상품 생산은 동시에 소비 과정이기도 한 것이다. 시의적절하게도 마르크스는 연소를 예로 든다.[14] 연소는 실로 생산적 소비의 전형적 경우이다. 자본이 물적으로 변신하는 동안 어떤 수단—어떤 보조재료—은 연소되어 원소 단위로 쪼개져 재와 연기가 되어 자연으로 다시 배출되는 것이다.

자본의 관점에서 보자면 '생산과정은 단순히 돈벌이를 위한 피할 수 없는 중간 항, 돈벌이를 위한 필요악으로서 나타날 뿐'이고, 그럼에도 불구하고 자본은 이를 반복할 수밖에 없다. 자본의 순환은 그 타고난 본질 때문에by its constitution 무한히 계속되어야만 한다. 매 순환마다 이윤을 획득하는 자본은 마치 영원히 꺼지지 않으며 끝없이 활력을 제공하는 불꽃처럼 '새롭게 자신에 의해 점화'되며, 따라서 그 일반 공식은 무한히 연장될 수 있다.

$$M - C \ldots P \ldots C' - M' \rightarrow M' - C' \ldots P \ldots C'' - M'' \rightarrow M'' - C'' \ldots P \ldots C''' - M'''$$

바로 이렇게 계속된다.[15] 자본은 본질적으로 양적quantitative이다. 때문에 그 종점을 알지 못한다. 자본은 첫째 회로에서 얻은 이윤을 더 많은 노동력과 생산수단으로 바꿔 그 다음 회로에 투입하고 가차 없이 재투자에 돌입하여 '확대재생산'하거나 간단히 말하면 **자본의 축적** *accumulation of capital*을 행한다. 자본은 생산을 더 큰 규모로 다시 개시하고 다시 또 한층 더 큰 규모로 개시하여, 그 결과 물질대사Stoffwechsel는 '하나의 나사선으로 전환한다.'changes into a spiral[16] 다른 모든 조건이 동일하다면ceteris paribus 연이은 회로를 하나하나 지날 때마다 자본은 자연으로부터 더 커다란 조각을 떼어내어 전용할 수밖에 없다. 마르크스가 즐겨 쓰는 예인 면사 제조업자의 경우, 그는 더 많은 면화와 석탄과 기계를 투입함으로써 자본을 축적하고, 그 생산적 소비는 증대되고 가속된다. 달리 말하면 자본의 축적은 물적 **처리량**the material *throughput*을 가속함으로써만 실현되는 것이다. 자연으로부터 끌어다 쓰고 열화되면 다시 자연에 버려지는 생물물리학적 자원의 양이 증가한다. 불꽃은 연료를 필요로 한다.

그리고 이 나사선은 자기지속하는 성질을 지닌다. '자본가가 이미 축적한 것이 많으면 많을수록, 그만큼 그는 더 많이 축적할 수 있다.' 그가 돈벌이를 위해 생물물리학적 자원을 이미 끌어다 쓴 양이 많으면 많을수록, **그다음 차례에 그만큼 그는 더 많이 끌어다 쓸 수 있다.** 첫 순환에서 획득한 교환가치의 증가량은 자본이 둘째 순환에서 더 많은 양의 물질적 밑바탕을 확보할 수 있도록 해 주며, 또는 호른보리의 표현에 따르자면 그 행위자들이 계속 '한층 더 많은 자원을 소모할 수 있도록 보상을 받는' 끝없이 확장되는 자원 소모의 소용돌이 속에서 '화폐를 축적한다는 것은 궁극적으로 타인의 자원을 자기 것으로 삼겠다고 주장할 수 있는 권리를 증대시키는 것'이다.[17] 이것이 바로 성장의 생태학적 저주이다. 자본은 필연적으로 지상에 이러한 저주를 초래할 수밖에 없는가? 혹시 생산량이 끝없이 증가하지 않으면서도 이윤을 얻는 것이나 한 순환에서 그다음 순환으로 넘어갈 때 생산이 팽창하지 않도록 제한을 건 상태에서 일어나는 축적——마르크스의 '단순재생산'이나 생태경제학자들이 흔히 언급하는 '정상상태경제'——을 한번 상상해 볼 수 있지 않을까?

우선 일정한 생산량조차 몇몇 주요 지표(특히 CO_2 배출량)에 충분히 유해할 수 있다는 사실에 주목해야 한다. 성장은 그것을 한층 더 **악화**시키는 것뿐이다. 게다가 생태경제학자 프레데리크 베렌트 블라우호프Frederik Berend Blauwhof가 보인 바와 같이, 성장은 필연적으로 예상되는 결과이다. 생산량이 고정되면 첫 순환에서 얻은 이윤을 그다음 차례에 추가적인 기계나 노동자에 재투자할 수 없다. 그것은 그냥 소비되거나 감가되어 버릴 것이다. 이를 생산에 다시 투입하면서 동일한 이윤율로 축적을 계속하기 위해서 자본이 할 수 있는 짓은 동일한 생산량을 유지하면서도 노동자의 임금을 삭감하거나 일부 노동자를 해고하는 것, 세금을 탈루하는 것, 국가로부터의 보조금이나 기타 지원을 획득하는 것 등이다. 그리고 이러한 수단들은 곧 바닥이 드러나기 마련이다. '만약 성장이 불가능하다면, 이윤의 추가적인 축적은 오로지 임금 수입을 자산 수입으로 이전하는 효과를 가질 뿐'이며, 또는 '달리 말해서, 파이를 키움으로써 이윤을 획득할 수 없다면, 나머지 부분을 더 작게 하여 획득할 수밖에 없다.'[18] 이 전략은 곧 벽에 부딪힐 수밖에 없다. 착취율을 끝없이 올릴 수는 없다. 어느 순간, 이윤율은 필연적으로 0을 향해 밀려 떨어지게 될 것이고, 이윤이 곧 미끼이자 투자의 동기인 자본가는 그냥 사업을 중지하고 계속 생산을 진행하는 것을 거부하게 되거나 아니면 자기 자본을 생산량 제한이 적용되지 않는 어디 다른 곳으로 옮긴다거나 할 것이다. 또 다른 예로 생산의 물질적 **강도**material *intensity*가 줄어드는 덕에 생산량이 증가하지 않거나 심지어 감소하면서도 GDP가 성장할 수 있다는 가상적인 가능성을 한번 생각해 볼 수 있다. 이것을 소위 가치와 자연 사이의 비동조화 a decoupling of value and nature라고 하는데, 뒤에 다시 이러한 전망에 관해서 이야기할 기회가 있을 것이다.

그렇다면 도대체 어디서 이윤이 탄생하는가? 생산단계 안—C ... P ... C′—에 숨겨진 교환가치의 어떠한 원천, 그 비용보다 더 많은 가치를 창조해낼 수 있는 신기한 능력을 가진 뭔가가 있어야만 한다. 도대체 그게 무엇일까? 물론 이 수수께끼에 대한 마르크스주의식 답은 노동력이다. 역직기 직조공이 자기 임금과 같은 교환가치를 가지는 직물을 짜는 데 4시간이 걸린다 하더라도, 이 직조공은 여기에 추가로 4시간이나 6시간 또는 8시간을 더 일하게 될 것이다. 자기 재생산에의 필요—감자, 식기, 임차료—를 이미 충족했음에도 불구하고 추가로 더. 내가 자전거를 살 때 그 가격은 내가 그것을 타고 이동할 거리와는 별 상관이 없다. 자전거가 물리적으로 버틸 수 있는 한도 내라면, 나는 페달을 원하는 만큼 얼마든지 오랜 시간 동안 밟을 수 있으며 이 시간은 가격과는 완전히 무관하다.[19] 자본가에게도 비슷한 축복이 부여되는데, 결정적인 차이가 있다면 이 노동력이라는 상품은 자전거처럼 특정한 사용가치(A지점에서 B지점으로의 이동)를 지니는 것이 아니라 **새로운 교환가치를 창출하는** 일반적 사용가치를 지닌다는 점이다. 일단 직조공이 자기 임금에 해당하는 4시간을 일한 후에도, 이 작업자는 직물을 계속 생산하도록 쓰일 수 있을 뿐 아니라 시장에서 판매할 수 있는 것이기만 하면 기타 그 어떠한 상품이라도 생산하도록 동원될 수 있다. 남은 일과 시간 동안 이 직조공은 잉여가치를 생산하며, 이 잉여가치가 바로 투자된 자본 전체와 관련된 이윤이 된다. 이렇게 자본축적의 실상은 **잉여가치의 생산**the production of surplus-value이다. 이것이 바로 마르크스주의의 ABC와 같은 기초인데, 앞서 던진 질문에 대해서 찾을 수 있는 답안 중 여전히 가장 설득력 있는 답변이다. 어쨌거나 자연으로부터 얻은 원시적 산물과 인위적인 생산품을 구분하는 활동은 바로 노동이다. 만약 이윤에 어떤 다른 원천이 있었다면 '돈이 나무에서 주렁주렁 열릴 것'이며 황금의 과실과도 같은 그 돈을 주워 담기 위해 자본가들은 그저 그 나무 곁을 맴돌고 있을 것이다.[20]

그래서 자본주의 소유관계는 1) 이윤, 2) 이윤을 끊임없이 추구하려는 충동, 3) 물적 처리량 증가의 필연성을 낳는다. 그리고 이 모든 것이 종 내부의 근원적 단절the fundamental intra-species fracture로부터 유래한다. 자본은 인류 대다수와 인류 외의 자연 사이에 생긴 틈새와 구멍 속에서 등장하여 점점 팽창하는 기체와 같다. 바로 그 정의로부터 자본은 순환적이면서도 나사선과 같은 소용돌이, 가치증식과정valorization의 소용돌이 또는 자기확장하는 가치self-expanding value**다**. 그러나 동시에—여전히 바로 그 정의로부터—자본은 자본가들과 노동자들 사이의 관계이기도 하다. 왜냐하면 자본은 '흡혈귀로서 살아 있는 노동을 끊임없이 영혼으로 빨아들일 때에만' 존재할 수 있기 때문이다. 그러나 노동이 자본의 혼임에도 불구하고, 자본의 육신은 완전히 인체 외적 본성extra-human nature을 가진다. 자본의 자기확장 중에 필연적으로 '끊임없이 증가'하는 '상품량', 즉 전환된 물질의 산더미가 사회 구석구석에 쌓이게 된다.[21]

이 성장 이론의 핵심은 그것이 드러내는 역사적 특수성에 있다. 마르크스가 결정론으로부터 거리를 두는 태도를 취할 때, 그는 주로 성장이라는 관념으로부터 우리를 **낯설게 하기**defamiliarise를 바란다. 고도화된 자본주의 사회에서 태어나 자란 탓에 아무리 성장이 당연한 것처럼 느껴지더라도, 그 실상을 똑바로 직시할 필요가 있다. 성장이라는 것은 역사적 예외이며 현재만이 지니는 일종의 특이성이다. 마르크스가 《잉여가치학설사》에서 확언하듯이, 자본주의적 관계들만이 '생산력과 부가 무제한 발전하도록 자극'하는데 '**이들 관계는 조건**

적이다.'*these relations are conditional* 자기지속성장을 향한 구조적 경향성은 이러한 소유관계로부터 유발된 성질이고, 바로 그러한 소유관계는 시간상 특정한 사건에 의해서 발생하게 된 것이다. 성장 추구를 인류라는 종에 내재된 본성으로 설명하려는 리카도-맬서스식 이론이나 인류세 서사, 기술결정론 그리고 이들 이상으로 큰 영향력을 가진 다양한 신고전주의식 성장 이론과는 다르게, 이 이론은 경험적으로 관찰된 기초적인 사실, 바로 경제학자 마이클 조프Michael Joffe의 말을 빌리자면, 세계 곳곳에서 차례로 목격된 "수평 방향으로 놓인 손잡이는 0 또는 느린 성장을 그리고 위로 솟구친 날은 전례 없는 규모의 가차 없는 자본주의식 성장의 특성을 나타내는 '하키채'"를 모순 없이 설명해낼 수 있다.[23]

그림 12.1의 자료를 집대성한, 성장에 관한 역사 통계 분야의 선도적 권위자인 앵거스 매디슨Angus Maddison은 1000년에서 1820년 사이 전 세계 1인당 소득의 전진을 '느림보 걸음'a slow crawl[25]이라고 부른다. 매디슨이 크래프츠를 따라서 그 기점으로 삼는 1820년 부근에서

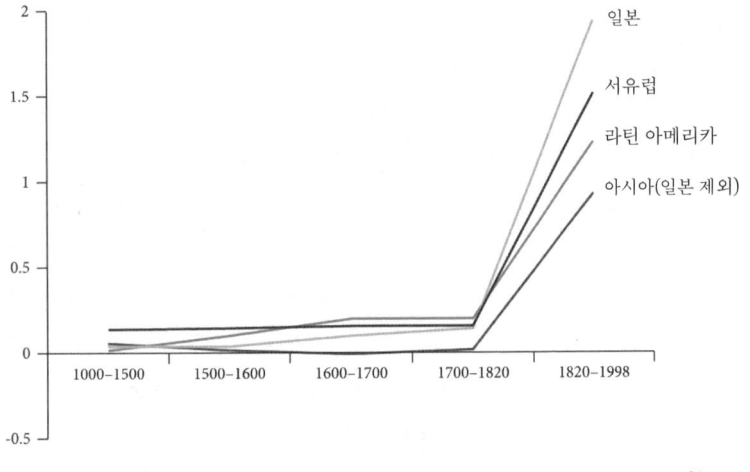

그림 12.1. 성장의 하키채. 1000-1998년까지 1인당 GDP 성장(연평균복합성장률).[24]

도약이 일어나는데, 물론 우리가 이미 살펴본 바와 같이 자기지속성장은 최소한 영국 산업계의 한 부문에서 이미 그 수십 년 전부터 시작되었다. 어쨌든 부문을 총괄하면 영국의 경우 역시 전형적 하키채 형상을 띠게 된다. 1인당 소득은 1820년과 1913년 사이에 1700-1820년보다 3배 더 빨리 증가하였다. 기나긴 잠a long slumber이라든지 뭔가의 부족a lack of something이나 아직은 때가 되지 않았다는 식의 구차한 변명으로 수평 방향 손잡이를 적당히 설명하고 치워 버리기보다는 이를 **다른 재생산 규칙***different rules for reproduction*이 등장했다는 징표a sign——브레너에 따르자면——로 보아야만 할 것이다.

아직 부리로 나무를 쪼아 대는 이들과 융합된 채로 남아 있던 사회에서는 자본이 재결합시켜야 할 대상들이 없었으며 따라서 자본에는 어떠한 기능도, 심지어 그것이 존재할 수 있는 방법 자체가 부재했다. 직접생산자들이나 그들의 착취자들이나 모두 시장을 거칠 필요가 없었다. 농부의 감자든지 군주의 칼이든지, 그것의 사용가치가 가장 중요했다. 때문에 만족할 줄 모르고 자연을 끝없이 집어삼키려는 탐욕 역시 없었다. 마르크스는 《정치경제학 비판 요강》*Grundrisse*에서 교환가치와 달리 '사용가치 자체는 가치 자체의 무한성boundlessness을 가지지는 않는다'고 지적한다. 자연으로부터 획득한 사물은 '일정한 수준까지만 욕구의 대상으로서 소비'가 가능하며 개인적 소비의 영역에서 그냥 소모된다. 하지만 자본은 그 본성상 **아무런** 한계*no boundary*도 인정하지 않는다. 자본이 '한계 안에서 안락함을 느끼게 되자마자, 그것은 스스로 교환가치로부터 사용가치로, 부의 일반적 형태로부터 부의 특정한 실체적 존립a specific, substantial mode of the same으로 추락하게 될 것이다.' 화폐가 가진 자본으로서의 기능은 '**영구기관***perpetuum mobile*으로서 자기 회전을 끊임없이 새롭게 시작하는 것이다.' 오로지 추상적 가치의 확장에만 관심을 가지는 자본은 자연으로부터 생물물리학적인 자원을, 거기에 실로 무엇이 있는지 따위는 상관조차 하지 않고,

다만 한층 더 위쪽만을 주시하면서, 빨아들인다.[26] 그 시야에 행성의 한계 같은 것은 존재하지 않는다. 자본은 양적으로 자연에 과도한 부담을 가하는 동시에 질적으로 자연을 무시한다. 생산의 물질적 측면 따위는 상관없지만, 지구상의 모든 물질적 밑바탕을 정복하지 않고서는 가치가 제대로 실현되지 못할 것이다. 완전히 눈먼 거친 황소가 섬세하기 그지없는 도자기 가게에 갇혀 있는 셈이다.[27]

여기서 자본주의 소유관계하에서 인류 물질대사Stoffwechsel의 주요 모순이 발견된다. 한편에서는 인류라는 종의 구성원들이 행성 구석구석에서 유용한 재료를 긁어모으고, 굴을 파 숨겨진 보고를 찾아내며, 가면 갈수록 더 다양한 요소를 그들의 도구에 통합시키고 인류 외 나머지 자연과 인류 사이의 대사적 상호작용metabolic interaction을 보편화한다. 다른 한편에서는 대사를 지배하는 자들이 종 내에서 뚜렷이 구분되는 하나의 하위 부류a distinct subclass를 형성한다. 인류의 물질대사Stoffwechsel는 확장되는 동시에 분열한다. 심지어 바로 그 분열 **덕분에** 비로소 확장된다. 인류 개체들 사이에 내적 장벽을 깎아 세움으로써 모든 외적 장벽을 극복한다. 또는 다시 마르크스의 말을 흉내 내어 표현하자면, 자본이 생물권 내에서 휘두르는 보편적 능력과 자본가들이 가지는 사적 권력the private power 사이의 모순은 점점 더 심하게 더 파괴적으로 전개되고, **또한 이러한 확장을 유도하고 몰아붙이는 것 역시 바로 이 내적 파열이다.**[28] 사람들 사이의 이러한 분열이 본질적으로 어떻게 사람들이—정확히는 일부 사람들이—인류 외 나머지 자연을 박살 내는지를 결정한다. 고전적 마르크스주의 사유에서 결정론을 덜어내고 정제해낸 이 이론에 따라서, 이제 우리는 다음을 제안할 수 있다.

화석 자본의 일반 공식

역사적으로 자본이 발전하던 중 어느 특정한 단계에 이르러 드디어 화석연료가 잉여가치 생산에 필요한 물질적 밑바탕이 되었다. 하지만 화석연료는 장화를 만들기 위한 가죽이나 면직물을 만들기 위한 원면raw cotton이나 기계를 만들기 위한 철광석처럼 단순히 필요한 것이 아니다. 화석연료는 **상품 생산의 모든 부문에서** 상품 생산을 물리적으로 구동하기 위한 물질로 활용된다. 화석연료를 통해 활력을 얻은 자본이 미친 듯이 이리저리 날뛰면서, 역학적 에너지의 다른 원천들은 구석으로 밀려나 버렸다. 화석연료는 이렇게 **잉여가치 생산에 일반적으로 사용되는 지렛대**가 되었다. 생산수단의 일부분인 화석연료를 F로 표시하면, 이제 화석 자본의 일반 공식을 아래와 같이 적을 수 있다.

$$M - C(L+MP(F)) \ldots P \ldots C' - M'$$

자본이 더 늘어나면 늘어날수록 채취되어 연소되는 화석연료량 역시 더 증가한다. 이제 화석연료는 물질대사Stoffwechsel에 통합되어 가면 갈수록 더 많은 양이 생산적 소비에 동원된다. 그리고 마르크스와 엥겔스는 그 과정에 필연적으로 결부되어 발생하는 화학적 부산물이 있음을 잘 알고 있었다. 《자본론》 제2권에서 마르크스는 자본가가 상품을 사고팔거나 시장을 돌아다니면서 다른 사업가와 거래하기 위해 회의를 하는 등으로 소모한 시간은 가치를 창조하는 시간이 아니라고 하면서, 그래도 이것이 '자본주의적 생산의 총과정에서 필수적인 계기 중 하나'라고 설명한다. 팔지 못하면 아무것도 얻을 수 없다. 비록 이러한 노력 그 자체로는 가치를 창조하지 못하지만, 그렇다고 가치를 실현하기 위한 노력을 들이지 않을 수는 없다. 계속하여 마르크

스는 매우 의미심장한 비슷한 경우 하나를 예로 든다. 사고파는 데 드는 시간은,

예컨대 열을 발생시키기 위해 사용되는 재료에 불을 붙이는 '발화 노동' work of combustion과 같다. 이 발화 노동은 연소 과정의 필수적인 계기 중 하나지만, 그 자체는 열을 생산하지 않는다. 예를 들어 석탄을 연료로 소비하기 위해서 우리는 석탄을 산소와 결합시켜야 하고 그렇게 하려면 석탄을 고체 상태로부터 가스 상태로 전환시켜야 한다(연소의 결과인 이산화탄소는 가스 상태의 석탄이기 때문이다. F. E.). 즉, 석탄의 물리적 존재 형태 또는 물리적 상태에 변화를 일으켜야만 한다. 하나의 고체로 결합되어 있는 탄소 분자들의 분리와 이 분자 자신의 개개 원자로의 분열이 이 새로운 화합에 선행되지 않으면 안 된다.[29]

마르크스 사후에 엥겔스가 자신의 이름 첫 글자들을 붙여《자본론》제2권을 편집하던 때는 이미 과학으로서 화학이 배비지 시절에 비해서 한층 더 진보하고 있었지만, 엥겔스나 마르크스가 이 기체의 유해한 성질에 대해 충분히 이해하고 있었다는 증거는 찾을 수 없다. 그럼에도 불구하고 우리가 마르크스의 비유를 문자 그대로 받아들여서 이를 역으로 취한다면, 끊임없이 늘어나는 CO_2량 역시 시장에서의 거래만큼이나 잉여가치 생산에서 필수적인 측면을 이룬다고 할 수 있을 것이다. 고체 상태의 화석연료 연소와 그에 따른 CO_2 배출은 그 자체로는 자본가에게 어떠한 가치도 창조해 주지 못하지만, 그럼에도 불구하고 역시 가치 창조의 물적 조건이 된다. 화석 자본의 확장된 공식은 이제 다음과 같다.

$$M - C(L+MP(F)) \dots P \overset{CO_2}{\dots} C' - M'$$

이제 화석 에너지가 끊임없이 새롭게 스스로를 재점화하면서 활력을 제공하는 꺼지지 않는 불꽃이 되어 자본축적이라는 영구기관에 동력을 공급하게 되며, 이 순환은 끝없이 계속된다.

$$M - C(L+MP(F)) \ldots P \overset{CO_2}{\nearrow} \ldots C' - M' \rightarrow M'(L'+MP'(F')) \ldots P \overset{CO_2}{\nearrow} \ldots C'' - M''$$

바로 이런 식으로. 달리 말하면 화석 자본은 **화석연료의 CO_2로의 변신을 통해서 자기확장하는 가치**다. 화석 자본은 자본, 노동과 인간 외 나머지 자연 중 특정한 일부분이 이루는 삼각**관계**a triangular *relation*이며, 바로 이 관계 속에서 이 특정 보조재료의 소비를 통해 노동은 자본에 의해 강제적으로 착취된다. 그러나 동시에 화석 자본은 하나의 **과정**a *process*이기도 하다. 이것은 차례차례 계속되는 가치증식과정의 끝없는 흐름이며, 그 각 단계가 진행되면 진행될수록 연소를 위해 더 많은 양의 화석 에너지를 요구하게 된다. 이것을 마치 마르크스가 제시한 자본의 일반 공식의 생물물리학적인 그림자라고 생각해 볼 수도 있겠다. 그리고 이 그림자가 미처 예상하지 못했던 생물권의 황혼기를 맞이하여 갑자기 전면에 드러나게 된 것이다.

앞서 제시한 간단한, 확장된 그리고 끝없이 연장된 화석연료의 일반 공식은 우리가 논의를 자본주의 사회에서의 화석연료 연소에 국한시킨다 하더라도 물론 그 전모를 보여주지는 못한다. 첫째, 화석 자본이 등장하기 수천 년 전부터가 아니라면 그 수백 년 전부터 존재하던 소비양식이 있다. 화석연료를 사용가치로 구매하여 사용하고 CO_2를 배출하는 것. 오두막을 난방하기 위해 석탄을 태우는 행위가 이 범주에 속하는데, 추가로 간단한 예를 두 개만 더 들자면 출근하기 위해 승용차를 운전하거나 컴퓨터로 웹 서핑을 하는 경우를 들 수 있을 것이다(이 모두가 화석 에너지로 구동되는 한에서). 이들 경우에 연소의 직접적 원인은 개인의 소비 영역에서 이러저러한 필요를 충족시키는 것이 된다. 석탄이나 승용차나 컴퓨터를 활용하여 개인적인 만족을 얻는 것이다. 이 경우에 해당하는 공식은 차라리 다음과 같을 것이다.

$$C - M - C(F)^{\cdots CO_2}$$

이 식을 **화석 사용가치 소비** 공식 또는 줄여서 **화석 소비** 공식이라고 부를 수 있다. 이 공식 역시 당연히 반복될 수 있지만, 이 식에서 C(F)의 사용이 일정한 양에 머물게 된다 하더라도 화석 소비 자체의 전제 조건과 모순이 발생하지는 않을 것이다. 화석 소비가 반드시 되먹임에 의한 증폭 과정으로 빠져들어야 하는 것은 아니다. 화석 소비는 화석 자본의 회로 이전부터 존재했지만, 우리가 이미 살펴본 바와 같이 화석 소비 자체만으로 화석 경제를 탄생시킬 수는 없다. 왜냐하면 **개인적 소비는 자본주의 성장에 활력을 제공하는 불꽃도 아닐 뿐더러 그 점화의 기작도 아니기 때문이다.** 여기에는 자기지속하는 무엇인가가 없다. 그러나 이것은 우리가 현재 직면한 위기를 관찰할 때 여전히 중요한 것일 수도 있다. 나중에 이에 관해 몇 마디 더 언급할 기회가 있을 것이다.

둘째, 화석 자본 공식의 F는 어디선가로부터 제공되어야만 한다. 화석연료는 구입 가능한 상품이 되어 일단 자본가와 조우해야 할 뿐만 아니라 동시에 이것은 노동력처럼 살아 있는 사람의 능력이 아니라 죽은 사물이기 때문에, 그것을 **산출물**_an output_로 삼는 어떠한 다른 자본가에 의해 먼저 시장에 공급되어야만 한다. 바로 이를 수행하는 것이 석탄, 석유와 천연가스를 채취하는 사업이다. 여기서 화석연료는 다른 것을 생산하기 위해서 소비되는 보조재료가 아니라 교환가치를 담당하는 사용가치로서 생산되어 자본가에게 이윤을 약속하는 사물이 되며, 다음과 같은 공식을 따른다.

$$M - C(L+MP) \ldots P \ldots C'(F) - M'$$

사실 이 식도 역시 다른 가치증식과정의 순환과 마찬가지로 연장될 수 있다. 화석 소비와 마찬가지로 이 회로 역시 화석 자본에 선행한다. 와트가 등장하기 수백 년 전에 이미 자본가의 사업장으로 운영되던 광산들이 존재했다. 이 공식의 존재는 다른 두 공식이 등장하는데 필요한 선결 조건이 된다. 개인적인 소비자 그리고 그보다 더 긴요하게, 산업자본가가 화석연료를 획득하기 위해서는 **바로 자기 돈벌이를 위한 직접 상품으로** F를 시장에 공급하는 데 특화된 자본가가 먼저 존재해야 한다. 이것을 **화석 자본의 시초축적** 회로라고 부르자. 이 회로 역시 과거와 현재의 상황 전개에 결정적으로 중요하기 때문에 이에 대해서도 뒤에 다시 살펴보게 될 것이다.

물론 이러한 세 가지 공식으로 요약된 각 과정은 화석 경제의 역사 속에서 서로 완전히 얽히게 된다. 아마도 그 상황을 그림 12.2에 보인 모델처럼 도해할 수 있을 것이다. 비록 극단적으로 간략하게 표현되기는 했지만, 이 그림은 고체 상태의 모든 에너지를 녹여 대기로 배출하는 화석 경제의 핵심적 동역학을 집중적으로 조명해낸다. 그 중심에는 화석 자본의 회로가 존재한다. 당연히 그 외의 두 과정도 각각 나름대로 결정적 기능을 가지고 있으나 **오로지 화석 자본에서만, 화석연료 소비와 일반적으로 융합된 자기지속성장을 찾아볼 수 있다.**

석탄이 노동과정에 운동을 전달하는 연료가 되고, 자본축적에

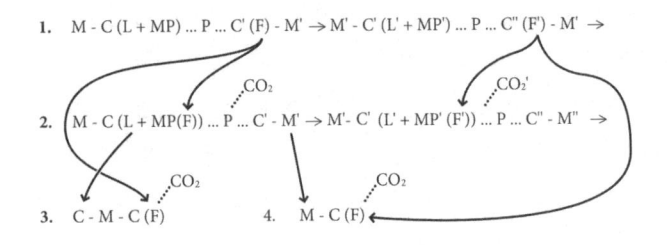

그림 12.2. 화석 경제의 양식화된 모델. 1. 화석 자본의 시초축적. 2. 화석 자본. 3. 노동자에 의한 화석 소비. 4. 이윤의 일부를 소비하는 자본가에 의한 화석 소비.

활력을 제공하는 불꽃 밑에 석탄이 깔리면서, 날로 증가하는 화석연료 연소의 소용돌이가 날로 증가하는 상품 생산의 나사선 운동과 처음으로 결합하게 되었다. 하지만 어째서 자본은 화석연료에만 완전히 몰두하게 되었는가? 왜 자본 일반이 **화석** 자본으로 변화했을까? 도대체 자본, 노동, 나머지 자연 사이의 관계 속에 내포된 어떠한 긴장이—또는 물질대사Stoffwechsel의 현 모태인 자본주의 소유관계의 어떠한 성질이—이토록 불길한 걸음을 내딛게 만들었는가?

경쟁이라는 화석 무정부주의

로버트 톰은 자신의 처지를 비관하였으나, 사실 역사상 공동으로 수자원을 관리한 예는 작업장에서 수차를 쓴 경우까지도 포함해서 얼마든지 찾을 수 있다. 알안달루스 또는 이슬람 시대의 스페인은 대단히 흥미로운 경우다. 안달루시아의 골짜기에는 수력으로 동작하는 작업장—주로 수평식 수차를 사용했다—이 흔히 수로 체계 말단에 위치했다. 이들 작업용 수차는 유수와 상류에 있던 관개 농지로부터 나온 유출수를 받아 운영되었다. 이런 작업장을 골짜기의 최상류나 중간이 아닌 말단에 설치함으로써 작업장 이용자들과 농부들 사이의 갈등—역학적 에너지 수요와 관개를 위한 수요 사이의 갈등—을 원천적으로 봉쇄하고 양측 모두 순차적으로 필요를 충족할 수 있었다. 수자원 공동소유에 기초한 이 체제를 통해, 안달루시아의 부족들은 작업장의 공적 활용 등 수자원의 이용을 자율적으로 감시하고 통제했다.[30]

나일강 유역의 경우는 특히 시사하는 바가 크다. 앨런 미하일Alan Mikhail은 《오스만 이집트의 자연 및 제국: 그 환경사》*Nature and Empire in Ottoman Egypt: An Environmental History*에서 '이집트만큼이나 수자원 관리가 중요했던 나라는 없었다'고 지적한다. 이집트라는 나라는 '강이 관통하는 사막'이라고 정의할 수 있다. 이집트 문명은 그 태생에서부터 나일강을 젖줄 삼아 자라났으며, 강이 준 선물을 충실히 활용함으로써 번영할 수 있었다. 바싹 말라붙은 주변 환경에서 강은 이들에게 주어진 축복이었다.[31] 나일강 서쪽에 위치한 사막 저지대이자 간혹 푸르른 농경지대가 되기도 한 파이윰Fayyoum은 효율적이면서도 평등한 수자원 할당의 원리 덕에 중세에 번영기를 맞이했다. 알안달루스의 경우와 마찬가지로 서력 13세기에 파이윰의 부족들은 자신들의 둑과 수로를 중앙 관료들로부터의 간섭을 거의 받지 않으면서 자율적으로 관리했다. 엄격한 일정을 준수하며 수문이 개폐되었고, 때문에 모든 토지가 그 면적에 비례하여 용수를 획득할 수 있었다. 증발과 누수에 의한 손실을 보전하기 위해서 하류의 농부들에게는 더 넓은 도수로를 쓸 수 있는 권리가 보장되었다. 여기서도 역시 공동으로 소유되던 수자원에 대한 자율적 통제를 통해 분쟁이 최소화될 수 있었던 것으로 보인다.[32]

1517년에 오스만 군대가 이집트를 점령하면서, 이집트는 풍부한 나일강 유역의 자원을 통해 제국의 대부분을 먹여 살리는 식량창고이자 전략적으로 가장 중대한 경제활동 지역이 되었다. 오스만 정부

The Sublime Porte는 즉시 관개망을 장악하려 했지만 곧 기존 관리 방식을 유지하는 것이 최선이라는 사실을 깨달았다. 그리하여 오스만 정부는 촌락의 지도자들, 장로들과 농부들 스스로가 둑과 수로의 유지 관리를 계속할 수 있도록 그 권한과 책임을 위임하였다. **민 카딤 알자만** *min qadim al-zaman*, 즉 '기억할 수 없을 만큼 오래전부터' 지켜진 수자원 통제의 관습적 규범이 공유재res communes와 상당히 유사한 기본 원칙에 기초하여 여전히 작동했다. '물은 원칙적으로 누구의 것도 아니었지만, 많은 측면에서 볼 때 그 특정 수원 또는 수로의 모든 사용자가 동시에 소유하고 있는 것이나 마찬가지였다.'[33]

농부들은 미하일이 '물 공동체'라고 부르는 집단 내에 함께 소속되어 있었다. 이들은 '이 액체의 운동, 점성, 유량과 같은 물리적 성질'에 철저히 복종하였으며,

> **전체의 복지가 일부의 이익이나 욕망에 우선한다**는 규범을 따랐다. 이렇게 협조적이고 집단적인 책임 관념은 전원지대에 걸쳐 산재한 촌락 수십 개가 물을 공급받으려면 모두 단 하나의 공통된 관개 체계—수로, 둑, 나일강의 한 구간, 수차, 수문 그리고 기타 관개 장치들의 복합체—의 기능에 의존할 수밖에 없다는 점으로부터 자연스레 형성되었다. 이렇게 공유된 수자원 이용과 관개 체계를 중심으로 조성된 수백 개의 생태계에서 **일부의 행위는 전체 공동체의 복지에 직접적으로 영향을 주었다.**[34]

결과적으로 갈등을 해소하기 위한 일종의 규범이 있어야만 했는데 이 규범은 흔히 제도 외적인informal 성격을 띠었다. 상류와 하류 공동체 사이에서 발생한 전형적인 분쟁—전자가 그들의 정당한 몫보다 더 많은 양을 썼다고 고발된 경우—이 직접 중재로 해결될 수 없을 때, 오스만 법정은 주로 원고 편을 들어 더 공평하게 분배하도록 명하였다. 자기 의무를 다하지 못한 지역민에게는 그 책임으로 둑과

수로를 수리하도록 명령을 내릴 수도 있었다. 당국이 거둬들인 이익은 필요한 기반시설에 투자되었다. 국가the state는 필요시 개입하여 마치 '서로 복잡하게 연결된 기나긴 일련의 수로의 밸브를 여닫는 것'과 같은 균형 유지 기능을 수행하였다. 사실상 이는 흘러가는 공유재를 활용하는 일종의 계획 기능이었고, 이 계획은 지역에서 설계하고 중앙에서 감독하였다.[35] 미하일은 이러한 체계가 현저하게 성공적으로 기능했다고 인정하고 있다.

예멘과 페루에 이르는 광범위한 지역에서도 비슷한 현상이 발견된다. 상류와 하류 이용자 간의 긴밀한 협조, 공동체의 회합, 갈등 해결을 위한 장치, 공평함이라는 관습적 규범이 심지어 어떤 경우에는 오늘날까지도 작동하고 있다.[36] 더 잘 알려진 예로는 노벨상 수상자인 엘리너 오스트롬Elinor Ostrom과 그의 동료들이 네팔의 농부들을 답사한 내용을 들 수 있다. 이 네팔의 농부들은 상호 유익한 수자원 규칙을 만들어 내는 일에 뛰어난 능력을 발휘하였다. 최소한 매년 총회를 열고, 구획 간에 물을 분배할 위원회를 구성하며, 비공식적 소통은 일 단위로 진행하고, 규범을 어긴 자를 제재한다. 분쟁—누군가 자기 몫보다 더 많이, 지정되지 않은 시간에, 자기 할 일을 제대로 하지 않고 취하는 것. 하지만 주로 다툼은 수로의 최상류와 최하류 사용자들 사이에서 일어난다—은 전통적으로 공동체 지도자들이 감독하는 중재를 통해서 해결된다.[37]

관개를 위한 물과 같은 '공유재'의 성공적 관리를 가능하게 만드는 조건은 무엇인가? 오스트롬에 따르면, 공유재를 효율적이고 상대적으로 조화롭게 활용하기 위해서 '모든 참여자가 상호 의존성을 명백하게 이해하며, 앞으로도 서로 오랜 기간 관계를 유지할 것으로 예상한다면, 개발도상국의 농부들은 규칙을 만들어 내는 데 상당히 뛰어난 능력을 보인다.'[38] 결정적인 요소는 신뢰다. 참여자들은 대면하여 소통해야 하고, 감정을 표현하고 인지해야 하며, 일련의 가치를 공유하고 긴밀한 사회관계망에 들어감으로써 지역적으로 연대하고 집단적으로 행동하는 법을 차츰차츰 익혀야만 한다.[39] 알안달루스와 중세 파이윰의 농부들 역시 자기 공동체에서 이러한 원칙을 발견했을 것이다.

상기한 예들——그리고 수백 개의 예를 여기에 추가할 수 있다——은 영국의 언덕 지대에서는 도대체 가능하지 않았던 '수차를 돌릴 물살의 개선에 관계된 모든 이해당사자들의 협조'를 얻어 내는 데 모두 지속적으로 성공한 사례들이다. 톰이 '모든 편협하고 즉자적으로 이기적인 관점을 완전히 버려야 한다'고 동료 제조업자들에게 호소했음에도 불구하고 과업은 결국 실패로 돌아갔다. 그러나 바로 정확히 그러한 일탈행위를 억제하는 데서 매우 원활하게 작동되던 기구들이 알안달루스에서 안데스 산맥에 이르기까지 널리 존재했다. 지리적으로, 생태적으로, 문화적으로 완전히 다른 대륙들에 산재하는 이러한 사회들이 지닌 하나의 공통분모는 바로 이것이다. **자본주의적이지 않은 소유관계.** 여기서 생산자와 생산수단 사이의 관계는 새와 부리 사이의 관계와 비슷하다. 토지와 노동력은 자유롭게 넘겨줄 수 있는 상품이 아니었다. 자원은 공동 집단communal associations에 의해 소유되거나 통제되었다. 이윤만을 추구하는 편집광 하나가 생산의 전권을 거머쥘 수 없었다. 이러한 관계하에서 **흐름이라는 공유재**the flowing commons **가 가진 본성은 아예 문제가 되지 않았다.** 또는 최소한 해결할 수 없는 난관이 되지 않았다.

그러나 자본주의적 관계하에서는 **경쟁**이 곧 법칙이다. 이제 노동력과 생산수단은 서로 분리된 상품이며, 자본가는 이것들을 시장에서 사들인 후 자기의 사적 영역에 처박혀서 생산을 진행한 후, 시장에 돌아와서는 상품을 쏟아 놓는다. 물론 다른 자본가들 역시 마찬가지다. 자본가들은 시장에 의존하기 때문에——이는 자발적인 선택이 아니라 노동자, 재료, 도구라는 생산의 전제 조건들을 획득하기 위해 필수적으로 거쳐야만 하는 장소다──경쟁적 거동을 취하도록 **강제된 다.** 자기 상품을 성공적으로 판매하기 위해서 상품의 가격은 평균가격 부근 또는 가능하면 그 이하로 맞춰져야만 한다. 다른 자본가보다 더 비싼 가격을 붙이지 않기 위해서는 최고의 기술을 받아들이지 않으면 안 된다. 재투자하고 확장하지 않으면 더 공격적으로 확장하는 경쟁자들에 의해 밀려나게 될 것이다. 이윤을 극대화함으로써만 유리한 고지를 지킬 수 있다. 브레너의 말에 따르면, 경쟁은 자기 이웃에 대항하여 경제 전쟁을 효과적으로 수행하지 못하는 이가 자동적으로 배제되는 '자연선택의 기구'mechanism of natural selection이다. 마르크스가 말하기를, 경쟁이 자본가들을 '계속 **전진, 전진!**'하라고 몰아붙인다. 경쟁은 '자본의 내적 본성일 따름'인데 왜냐하면 그 작용을 통해서 '자본의 본성에 해당하는 것이 개개의 자본에 외적으로 강요된 조건처럼 상정'되기 때문이다. 경쟁이 이 생산양식의 모든 역동성, 질주, 파괴적 능력을 강제하는 채찍이다.[40]

직접생산자와 착취자가 전-자본주의적 소유관계에서도 존재했다고 가정한다면, 어쨌든 그들은 자신의 생활과 사치를 위한 수단, 자신의 계단식 전답과 수차, 공유지와 궁정에 직접 접근할 수 있었다. 브레너가 지적하듯이 '그 결과' '그들의 생존과 재생산은 생산품을 시장에서 판매하는 것과는 무관했다. 결론적으로 자기 생산력을 두고 **경쟁할 필요가 없었다.**'[41] 자신이 가장 필요로 하는 것이 관습이나 폭력을 통해 보장되어 있었기 때문에, 그들은 비용을 절감하고 혁신하고 적응하며 축적해야만 한다는 압력을 받지 않았다. 봉건영주들 사이의 대결은 생산적 기량의 장이 아니라 전장에서 벌어졌다. 노동력과 생산수단이 투자의 대상이 될 수 없는 한, 착취자들은 주로 경제적 경쟁이 아닌 다른 방식으로 상호 관계를 맺으며, **생산력의 구조적 발전은 일어나지 않을 것이다.** 하지만 배비지의 말에 따르면 경쟁은 '각 생산자가 자기가 생산하는 제품의 원가를 낮출 수 있는 개선된 방안을 찾기 위해 상시적으로 경계 태세에 돌입'하도록 강제한다.[42] 자기지속성장은 누가 가장 큰 마력horsepower을 휘두를 수 있는지를 다투는, 산업 전사들의 끝없는 경연을 통해 진전된다.

《정치경제학 비판 요강》에서 마르크스는 인류의 초기 조건이 가족, 부족, 촌락 또는 기타 공동체를 통한 토지의 '직접적인 공동소유'였다고 상정한다. 여기서는 '공동 이익을 위한 노동에서의 협업' 원칙이 중시되었다. 후에 토지, 도구, 기타 생산수단이 사적 소유의 대상으로 전락한다. '상호 무관심한 개인 사이의 충돌'로 협동은 붕괴된다. 토지는 이제 더이상 '그들 공동의 부로 관리'되지 못한다. 이제 파편적으로 원자화된 권위들인 생산수단의 소유자들이 '그들의 사적 이익의 완전한 고립' 상태에서 행위한다.[43] 이것이 바로 나일강에서 어웰 강으로 향하는 길이었던 것이다.

자본가들에게 오스트롬이 언급한 공동체 내 상호 의존과 신뢰는 완전히 낯선 사상이었다. 인위적인 조정은 시장원리에 반하는 것이다. 로자 룩셈부르크가 말하기를, '그게 어디든 부르주아지가 안주하는 곳은' **자유경쟁**free competition이 경제적 관계의 유일한 지배자로 군림하는 곳이다. 이는 곧 경제에 어떠한 종류의 계획이나 조직화도 있어서는 안 된다는 것을 의미한다.' 형식상 부르주아의 경제 '통제는 폭정이 아니라 **무정부 상태**anarchy다.'[44] 행위자들이 사후에ex post 시장에서 서로 만나기는 하지만, 사전에ex ante 생산계획을 공유할 이유는 없다. 경쟁이 상호 조정 작업을 방해하고, 정보를 공유할 수 없게 만들며, 집단적인 계획을 망쳐 놓는다.[45] 자본가는 온갖 의제—가격담합과 노동조합 분쇄 방안을 포함하여—를 논의하기 위해서 총회를 열어 서로 만날 수 있지만, **각자의 자원 사용을 제어할 권리를 가진 분배자**distributors**를 선출하지는 않는다.** 이 측면만큼은 무정부주의가 지배해야 한다.

19세기 초 영국 산업계의 자본주의 소유관계는 이상적인 무정부

형태에 가까웠다. 작업장 소유주들은 안달루시아나 네팔의 골짜기에서와 같은 공동체적 관계를 서로 공유하지 않았다. 혹은 공유할 수 없었다. 자본가들이 역학적 에너지를 배치하는 것은 완전히 사적인 사안이었으며, 격렬한 시샘의 대상이 되었기 때문에 각자가 그 내용을 엄중히 보호하였다. 수차나 기관은 공장의 심장으로 기능하면서 생산의 규모를 결정했고, 기계의 속도를 통제했으며, 각 직무에 축으로 연결되어 그 세세한 수요에 대응하였다. 원동기가 이렇게 사용되던 상황에서 저수지 계획이 좌초된 것은 그 당연한 귀결일 뿐이다. 아무리 모두에게 수자원이 전체적으로 소중하다고 한들, 원동기는 서로 '완전히 고립된 상태로' 작동할 수밖에 없었다. 에너지의 흐름이 지닌 시공간적 윤곽은 구조적 위기 상황에서 다수의 자본이 지속적으로 확장하는 데 불리한 토대임이 증명되었다. 과잉생산——시장에서의 판매를 위한 생산이 선택이 아니라 필수가 됨으로써 비로소 가능하게 된 불행——의 탄생은 그 모순을 만천하에 드러냈다.

당시의 사법 관행juridical praxis을 보여주는 유력한 편찬본인 1835년의 영국 《법률 사전》Law-Dictionary은 흐르는 물H$_2$O이 가진 불편한 사회적 본성을 명기하고 있다.

> **수자원에는 소유권이 없다.** 모든 소유자는 하천에 흐르는 수자원을 사용할 동등한 권리가 있으며, 따라서 특정한 어느 소유자도 그 행위에 의해 영향을 받는 다른 소유자의 동의 없이 다른 소유자에게 해가 되는 방식으로 수자원을 사용할 권리를 가질 수 없다.[46]

99년 후, 이 분야에서 가장 권위 있는 미국 학술지인 《하버드 법률 논평》Harvard Law Review에 〈자연적 공산주의〉Natural Communism라는 제목의 논문이 하나 실리게 된다. 수자원 권리와 분쟁 전문가였던 새뮤얼 C. 비엘Samuel C. Wiel은 공유재res communes의 시대로부터 변함없이 지속

되어 온 전통을 상세히 살피면서 네 가지에 대해서만큼은 공산주의
가 필연적이라고 적는다. 공기, 흐르는 물, 해양, 해변. 흐름으로부터
얻어지는 에너지 역시 같은 부류에 포함될 수 있을 것이다. 흐르는 물
을 저장고에 담을 수는 있지만, 그렇게 하는 순간 그것은 '그 자연적
조건에서 이탈'한다. 그 조건을 유지한다면, 그의 소유물은 즉시 흘러
사라지게 된다. '지속적 운동성, 각 부분의 상호 교환과 끝없는 갱신
과 소멸 때문에 흐르는 물이나 공기에 대한 실체적 지배나 통제는 불
가능하며 따라서 누구도 그 소유권을 주장할 수 없게 된다.' 수자원을
쓰는 행위자는 **'필연적으로 이를 공동으로 사용할 수밖에 없는데,
왜냐하면 모두에게 단 하나의 원천만이 주어지기 때문이다.'** 이러한
자원의 활용은 수많은 차용자들에게 다만 '배급'될 수밖에 없다.[47]

물론 비엘은 절대로 공산주의자가 아니다. '대부분의 경우 공산
주의는 음울한 사상'이라고 그는 단언한다. 공산주의는 '누구도 자기
가 원하는 방식으로 행동할 수 없고, 간수를 제외한 모든 이가 시키는
일만 해야 하는 감옥'이다. 자유 및 근면과 지식에 대한 보상이라는
미국식 이상이 인류에 광명을 가져다주었다. 하지만 비엘은 특정 사
태에 대해서는 공산주의를 회피하는 것이 단순히 불가능하다고 주장
한다. 하나의 취수원은 '강우, 누수, 증발, 증산이 모두 뒤엉켜 탄생한
결과물이며 이러한 취수원에 대한 각자의 이해는 **우리가 바람과 비
와 태양열을 나누어 통제할 수 없는 한, 서로 분리되지 않은 채 남을
수밖에 없다.'** 여기서 다뤄지는 재화는 자본과 독립적으로 탄생한 것
이다. 또는《법률 사전》의 표현을 따르자면, '물줄기는 인간의 처분 또
는 재가에 의해 시작된 것이 아니고, ex jure naturae[자연 법칙에 따라서]
그 경로를 자연스레 취하여 탄생한 것이다.'[48]

이렇듯 자연의 어떤 특정 부분이 공산주의를 요구한다면, 이에
대해 자본주의 소유관계가 택한 탈출구는 바로 지구의 어떤 다른 부
분에서 스스로의 토대—그것도 그 토대 중 가장 중요한 부문인 동력

power에 대한 토대——를 찾는 것이었다. 19세기 이사분기에 수력에 더욱 의존하게 되면서 영국 자본은 공동체라는 급류에 휩쓸리게 되었다. 드디어 동력 수요가 대규모 저수지를 필요로 하는 단계에 이르게 되었다. 대규모 저수지는 기술적으로 가능했고 경제적으로도 충분히 합리적이었지만, 거기에는 너무나도 많은 준*공산주의 철창살이 딸려 있었다. 대안은 **실로** 인간의 처분에 의해서 탄생한 에너지의 원천을 쓰는 것이었다. 우리는 이미 증기력이 '사람의 의지에 의해 비로소 소환되어 존재하게 되었다'는 휴고 리드의 선언을 들은 바 있다. '그 작동에는 아무것도 신기한 것이 없다. 이는 전적으로 사람의 통제하에 있다. 갑작스런 요청에 대응하여 그 작동의 강도를 늘리거나 줄이는 것이 가능하다. 그리고 그 동력의 변동을 야기하는 상황들을 우리는 완벽하게 이해하고 있다.' 이는 수력의 논리와는 정반대이다.[49] 따라서 화석 경제의 탄생은 그 시점으로 볼 때 영국 제조업 부문에서 하천을 아직 충분히 활용하지 못하던 시기에 벌어졌으며, '공유지의 비극'과는 반대 방향으로 전개되었다. 여기서 공유지는, 저수지 계획하에 연합하지 않고 각자 석탄을 쓰는 고립 상태로의 탈주를 선택했던, 사적으로 이윤을 극대화하고자 했던 자들의 비합리성 때문에 그 용량에 **미치지 못하는** 양만이 활용되었던 것이다.

그리하여 자기지속성장의 경연장은 화석으로부터 마력을 얻게 되었다. 경쟁의 규칙 자체가 이러한 전환을 요구했다. 왜냐하면 에너지의 재고만이 경쟁자와 겨루는 데 유리한 시공간적 윤곽을 지니고 있었기 때문이다. 그것은 분리되고, 고립되어 있으며, 분열적이다. 물의 공유재로서의 본성commonality이 그 유동성liquidity 때문에 야기된 것이 아니라——석유 역시 이후 역사에서 석탄과 마찬가지 특성을 보인다——바로 그 윤곽 때문에 야기된 것이라는 점에 주목할 필요가 있다. 역으로 에너지의 재고가 지닌 이점은 지상의 경관과 날씨로부터 독립되어 있다는 그 외존성exteriority 때문에 발생한다. 각자 서로 다른 장소에 쌓여 있는 1톤의 석탄 두 더미는 아무런 상호 관계도 가지지 않는다. 반면에 1세제곱미터의 물 두 덩이는 서로 인접하여 함께 흐른다. 솟구치는 공기 덩어리나 햇빛 줄기도 마찬가지다. 무정부주의적인 자본은 스스로를 화석화할 수밖에 없었다.

화석 에너지를 통한 추상적 공간의 생산

우리가 앞서 역사적 결별이라고 부른 것은 바로 농부들이 자기 땅에서 밀려났다는 사실을 의미한다. 인클로저, 가혹한 지대 인상, 토지 개간, 농기계 도입, 농기업과의 치열한 경쟁, 무력을 통한 몰수, 작은 토지 구획의 상속 금지나 해당 토지에서 삶을 계속 영위하지 못하게 만드는 기타 사태 때문에 이런 일이 발생할 수 있었다. 하지만 그 개개의 형태가 어떠했든지 간에 일반적 규칙이 적용된다. 토지와의 유대 관계에서 단절된 '자유로운' 노동자들은 생산이 **벌어지는** 공장에 모이게 된다. 마르크스는 《잉여가치학설사》에서 이 과정을 서술한다.

> 만약 우리가 **축적**의 물질적 요소를 고려한다면, 그것은 바로 분업이 생계수단과 노동수단을 특정 지점에 집중하도록 요구한다는 점이다. 각자 생업에 종사하는 노동자들이 이러저러한 생산물의 생산에 필요한 여러 단계의 연속적인 작업을 자기 스스로 다 실행하던 때까지 이것들—이러한 조건하에서는 이것들이 그렇게 많이 존재할 수 없다—은 산개되고 분산되어 있었다. … 그 결과는 노동자의 **집적**conglomeration, 원료, 장치와 생계수단의 **집중**concentration이다.[50]

부리를 가진 새들은 여기저기로 날아갈 수 있다. 생산자와 생산수단이 생산자의 집 안에 하나로 통일되어 있는 한——방적공과 물레, 직조공과 베틀을 상상해 보라——생산은 공간상 확산될 것이다. 이들의 분리에 기초한 자본은 이들을 스스로의 소유권 영역 내에 재배치한다. 자본주의 상품 생산은 공간상 **집중화**centralisation의 논리를 내포한다.[51]

이들을 담을 기본 용기는 물론 공장이지만 곧 그 이상이 된다. 하나의 지붕 아래 있지 않더라도 작업장, 창고, 은행, 주식거래소, 기계제작소, 도매상과 그리고 무엇보다도 중요한 일손들이 머물 거주지가 모두 한곳에 틀어박힌 도시 안에 온갖 종류의 투입물의 '집합체' conglomeration를 위한 하나의 장소가 탄생한다.[52] 생산수단을 담는 거대한 용기이자 끌어들이는 자석인 도시는 '자유로운' 노동자를 유입하고, 이렇게 넘쳐나는 프롤레타리아와 전원지대로부터의 인력 유출은 동전의 앞뒷면을 이룬다. 산업예비군이 거주지를 가득 채운다. 이것이 잉여가치 생산의 필요조건이다. 노동자가 일감을 얻었다는 사실을 다행이라 여기도록 하기 위해서는 잠재적인 대체인력의 그림자가 필요하다. 해고의 위협은 '계급이 분리된 사회에서 노동자에게 규율을 강요하기 위해 알려진 방법들 중에서도 아마 가장 효과적인 방안일 것이다'라고 브레너는 적었다. 봉건영주는 자기 농노들에 대해서 이 방안을 쓸 수 없었지만, 자본가는 이것을 믿을 만한 방안으로 자기 작업자들 앞에 들이댈 수 있다. 예비군의 병영은 근처에 있어야만 한다. 비판지리학자 마이클 스토퍼Michael Storper와 리처드 워커Richard Walker가 《자본주의적 명령: 영토, 기술, 산업 성장》The Capitalist Imperative: Territory, Technology, and Industrial Growth에서 주장하듯이, 거대하며 밀집되고 집중된 공급은 '유연한 노동 회전 정책'을 가능케 하며, 규모가 작고 희박하며 공간상 분산된 노동시장은 기업들이 그들의 피고용인들을 귀금속처럼 대하게 만든다. 게다가 같은 지역에 많은 수의 노동자들이 함께 살면, 공장 규율에 복종하는 일이 일종의 소명처럼, 현재와 예상할 수 있는 미래의 당연한 삶의 방식으로 받아들여진다. 도시는 임금노동의 풍조ethos—처음 채용되는 이들에게는 너무나도 거북한—가 뿌리를 내린 곳이다.[53]

자본주의 소유관계는 공간상 집중화를 유도한다. 19세기 초 영국에서 수력에 집착한 자본가들은 궁극적으로 **중심에서부터 멀리** 확장할 수밖에 없었다. 만약 그 많던 값싼 물이 땅 위에 난 구멍 하나에서 나오거나 그 주변에 도시가 형성될 수 있도록 하나의 줄기에서 분출되었거나 또는 기타 수직적 배치를 따랐다면 상황은 달라졌을 것이다. 하지만 그렇게 되면 수자원은 더이상 수력을 제공하지 못한다. 수력으로 쓰이는 물은 영국의 경관 전반에 걸쳐 흘렀고, 누구나 쉽게 접근할 수 있었지만, 동시에 당시에 지배적이던 관계의 공간상 논리와는 배치되었다. 이 모순은 공장제도가 탄생한 첫날부터 존재했지만, 시간상 선형적으로 또는 점진적으로 작용을 시작하게 된 것은 아니었다. 이윤율이 높았던 사업하기 좋았던 시절belle époque for business에는 최적지가 아니라는 약점을 덮을 만한 이익의 폭이 존재했다.[54] 위기가 시작되면서 이것이 사라졌다. 이윤이 사라지고 경쟁이 격화되면서 절벽에서 밀려 떨어지지 않기 위해서 가장 유리한 장소—가장 큰 시장에 접근할 수 있으며, 가장 새로운 기계를 사들일 수 있고, 최대의 잉여가치를 노동으로부터 짜낼 수 있는 곳—에 자리를 잡는 것이 필수적인 사안이 된다. 그리고 물론 이것이 바로 정확히 1825년 이후 벌어진 사태이다. 구조적 위기는 에너지의 흐름이 지닌 공간상 윤곽과 자본의 공간상 논리 사이에 내재된 모순을 날카롭게 드러냈으며, 에너지 재고로의 전환을 통해 모순을 해소하도록 유도하였다.

아직 역사적 결별을 덜 완벽히 진행했던 나라들은 이러한 단계를 밟도록 강제하는 동일한 동역학에 그대로 끌려 들어가지 않았다. 프랑스가 그 한 예다. 조지 브라우닝George Browning은 1834년에 출판된 《영국 국내와 재정 조건》The Domestic and Financial Condition of Britain에서 이를 다음과 같이 비교한다.

> 프랑스 노동자들은 안주하는 직조공으로 살거나 틀어박힌 광부로 존재하는 것을 원하지 않는다. **자신들을 환대하는 전원과 무성한 숲이 그들을 강하게 유혹하고 그편이 훨씬 더 마음에 들기 때문이다. 그리하여 프랑스는 상대적으로 더 분산된 인구분포를 보이며**—도로는 열악하다—**운하는 적다—프랑스의 엄청난 양의 석탄과 철광석은 원시 지층에 묻힌 채로 남아 있다**—그리고 영국 제조업자들은 프랑스의 경쟁력을 가벼이 얕잡아 본다.[55]

분명 프랑스에서의 자본주의 관계의 영향력을 과소평가하고 있기는 하지만, 그럼에도 불구하고 브라우닝은 영국의 독특한 상황을 정확히 짚어 냈다. 세계 다른 어떤 나라도 영국만큼이나 그 인구를 전원과 숲으로부터 멀리 격리시키지 못했다. 바로 그 덕에—영국에만 석탄층이 고유하게 존재했기 때문이 아니라—영국이 화석 자본을 탄생시켰던 것이다.

물론 이미 형성된 성장 중심에 머무르면서 절대로 주변부로 이탈하지 않는 것이 **항상** 자본가의 이해에 부합한다는 것을 의미하지는 않는다. 노동자로 가득한 도시는 함정이 될 수도 있다. 이후 살펴볼 것이지만, 상대적으로 덜 개발된 토지로 이전하는 것은 쉽게 확보 가능하며 근면한 습성을 지니도록 훈련될 수 있는 노동자들을 찾는 자본의 영원한 탐구의 필수적인 전략 중 하나이다. 하지만 그러한 이전조차도 결국 케네디가 말했듯이 '동력을 어디든지 간에 마음대로 사람들이 많은 곳에 설치'할 수 있는 근원적인 자유 덕에 가능한 현상 중 하나일 뿐이다. 자본에 중요한 것은 공간상 이동성 **그 자체**다.

바로 여기에서 공간의 두 양상이 충돌한다. 앙리 르페브르는《공간의 생산》에서 '절대적' 공간과 '추상적' 공간을 구분한다. 전자는 '자연의 조각, 내재하는 성질(동굴, 산 정상, 샘물, 또는 강)로 인해 선택된 장소들로 이루어진다.' 그는 건축물——산꼭대기나 샘터와 같이 내재적 성질을 지닌 장소에 지어진 사원이나 성소——을 예로 들지만 산업용 수력 작업장 역시 그 전형적 경우가 될 수 있을 것이다. '그런 다음 역사의 힘들이 자연성의 폐허 위에 축적의 공간을 정착시킴으로써 결정적으로 자연성을 파괴시킨다.'[56] 이렇게 탄생하는 것이 바로 자본이 물질적 요소를 그 자연적 토대로부터 찢어내 스스로 선택한 곳에 쌓아 올려 만들어 낸 **추상적 공간**abstract space이다. 겸손하게 산꼭대기나 강으로 가서 합당한 일의 장소를 만드는 대신에, 자본은 자기가 필요로 하는 것을 쓸어 가서는 더 많은 교환가치가 가장 잘 생산될 수 있는 곳에 쏟아붓는다. 자본은 결점과 동맥으로 이루어진 망과 같은 추상적 공간을 **생산**하는데, 이 망은 그 자체가 드러내는 생물물리학적 특성이 아니라 자본의 순환 회로를 따라서 발달한다.

추상적 공간이라는 양상은 '공장의 합리성과 공통점을 가진다.' 절대적, 자연적 공간은 '병치한다—그리고 분산한다: 이것은 장소들과 그 장소들을 차지하는 것을 나란히 배열한다. 이는 특수화한다.' 이에 반해 추상적, 사회적 공간은 '한 점에 또는 바로 그 한 점을 중심으로 형성된 현실적 또는 잠재적 군집assembly을 의미한다. 따라서 이는 축적의 가능성을 시사한다.' 이렇게 소유관계가 '자연 그 자체보다' 우선하는 공간이 처음으로 등장한다.[57] 르페브르의 주된 추종자이자 그를 소개하여 대중적 인지도를 얻게 만들었던 닐 스미스의 말에 따르면 자본은 '자연적 공간'으로부터 스스로를 해방시키고 '자기 스스로의 상을 따라' 공간을 생산하려고 끊임없이 노력한다.[58] 하지만 추상적 공간도 궁극적으로는 지상에 머물 수밖에 없다. 교환가치와 마찬가지로 이것 역시 그 물질적 밑바탕its material substratum을 '최초의' 자연에서 찾을 수밖에 없다. 이를 생산하기 위한 원료는, 그것이 어떻게 조각조각 분리되어 자본이 생산하는 어떤 순환 공간에 끼워 넣어지든지 간에, 결국 지구 자체로부터 얻을 수밖에 없다. 르페브르에 따르면 '그리하여' "일차적 자연은, 완전히 장악되거나 왜곡된 방식일지라도, '이차적 자연' 내에 남아 있을 수 있다―도시의 현실을 보라." 생물물리학적 자원을 항상 그 배경 지역에서부터 끌어오지 않고서는, 도시는 존재할 수 없다.[59]

단지 재고만이 추상적 공간 생산의 토대를 제공할 수 있다. 비록 그 암석 형성 과정을 재현하는 것은 불가능하지만, 어쨌든 에너지의 재고는 사람들의 거주 공간으로부터 격리된 곳―산꼭대기, 해저, 사막 아래―에 묻힌 채 이미 오래전에 죽어 없어진 경관의 유물로서 제공된다. 공간의 추상화로 탈출하기 위해 상정할 수 있는 유일한 에너지원이 아니라면 최소한 최적의 에너지원일 것이다. 다른 용도나 의미를 찾을 수 없는 지하 공간에 밀집되어 있기 때문에, 에너지의 재고는 일단 지구인들의 세계로 옮겨진 후 조각조각 깨진 채 한 사람의 손에서 다른 사람의 손으로 넘겨지면서 축적을 위해 그 전력을 발산할 수 있다. 샘과 강을 포기하고 자본은 바로 그것의 가장 구체적 성질이 추상성인 에너지원을 파내었으며, 그리하여 경관 내 이미 정해진 장소를 **맴도는** 대신에 자연을 **관통하며** 순환할 수 있게 되었다.[60]

항구적으로 재구축되는 추상적 공간 내 자본의 이동성은―논리적으로 역설이지만―집중된 에너지의 **부동층**immobile strata 덕에 가능하게 된다. 광산과 유정 및 천연가스 산지가 위치를 설정하고 재설정하며, 정제하고 제조하며, 주문하고 배송하며, 수입하고 수출하는 자유를 향상시켜 주었다. 기술-물질techno-mass의 거대한 농축물large concentrates은 지하로부터 분리될 수 없다.[61] 광산은 다른 장소로 옮겨질 수 없다. 비록 **추상적 공간의 필요에 대응하기 위해** 어느 하나의 고정된 위치에 형성되지만, 결국 광산은 절대적 공간 내의 특정 장소로 여겨져야만 한다. 게다가 화석 에너지로 경제를 성장시키기 위해서는 거의 경관 전체를 이차적 자연으로 장악하는 막대한 물리적 기반시설—철도, 운하, 증기기관, 저탄장coal depots: 레이프차일드가 탄광 지대에서 목격했던 암울한 풍경들의 일부—이 자리 잡아야만 한다. 데이비드 하비의 말에 따르면 '공간의 창조를 시도하고 공간을 소멸 annihilate시키기 위해서는 특정한 방식으로 공간을 조직해야 한다.'[62]

이와 유사하게, 특정 종류의 자연만이 소멸될 수 있다. 화석연료는 추상적 공간의 물질적 밑바탕이자 교환가치에 완전히 잠식된 이차적 자연이며, 생물권 전체에 자본주의의 규칙을 보편화시키기 위한 기반을 제공한다. 공간의 생산은 자연의 파괴—르페브르는 이를 확실히 단언한다—를 수반한다. 탁월한 식견을 가지고 그는 '(세계의 이중적 의미의 두 측면 모두에서) 참으로 막대한 양의 물리적이고 인간적인 에너지를 소비하는, 사실상 끝없이 타오르는 모닥불인 도시'라고 정식화했다. 1974년에 작성된 《공간의 생산》에는 거의 묵시록처럼 절망적인 문구가 포함되어 있다.

> 자연이 '반-자연'anti-nature에 의해서—추상화에 의해서, 기호와 심상에 의해서, 담론에 의해서 그리고 노동과 그 산물에 의해서도—살해당하고 있다는 생각을 떨쳐내는 것이 불가능해지고 있다. 신과 마찬가지로 자연이 죽어가고 있다. '인류'Humanity가 그 둘 모두를 살해하고 있다—그리고 아마도 그러한 도박의 와중에 자살을 선택하고 있다.[63]

그러나 만약 인류가 작은따옴표 속에 등장한 주체라면—르페브르는 작은따옴표를 써서 부분집합임을 암시한다—그 사인은 자살이 아닐 것이다.

화석 에너지를 통한 추상적 시간의 생산

자본가가 노동력을 마음대로 통제할 권리를 사들이더라도 그 권리는 제한된 시간 동안만 유효하다. 그렇지 않다면 그것은 노예제일 것이다. 만약 노동자가 살아 있는 자전거라면, 제조업자는 그것이 완전히 지쳐 버릴 때까지 그 페달을 놓지 않으려 할 것이다(물론 제조업자 자신의 근력이 아니라 다른 역학적 동력을 이용해서 밟으면서). 이러한 욕망은 노동력의 취득이 **일시적** 고용의 형태를 띤다는 점 때문에 더욱 강화된다. 여기서 노동자는 매일의 일과를 종료하고 집으로 돌아가 휴식을 취하고 회복하고 여가를 보낸 후 다음 날 아침에 다시 새로이 일과를 시작하며, 항상 하루라는 시간적 한계 내에서 사용될 수밖에 없다. 인간이라는 유기체가 가지는 기초대사의 필요 때문에 노동은 무한정 계속될 수 없다. 노동은 오직 계약조건에 명시된 정량만큼만 착취될 수 있으며, 노동력을 가진 사람이 자본가의 권역을 떠나 자기 삶을 다시 찾기 전에, 자본가는 자신의 손아귀에 상품을 거머쥐어야만 한다. 주어진 시간 범위가 6시간이든지 14시간이든지 간에, 자본가는 반드시 **노동자가 주어진 시간 범위 이내에 가능한 최대한의 노동을 수행하도록** 만들어야 한다. 노동은 그 시간 동안 수행되어야 한다. 이 시간은 날씨가 적당하다든지, 해가 떴다든지, 열심히 노동하고 싶다고 노동자가 느끼는 때와 같은 시간이 아닌데, 왜냐하면 이런 사태들은 교환 과정에서 합의된 기간과는 아무런 상관이 없기 때문이다. 시간을 사들였지만 그동안 실제 노동이 수행되지 못한다면, 그것은 돈낭비일 뿐이다. 사들인 시간 외의 실제 노동은 자본가의 통제 밖에 있다. 자본가는 다른 생명으로부터 시간을 획득하여 그것을 최대한 가득 채울 그릇으로 사용한다.

시간의 한 가지 양상이 이제 다른 양상을 압도한다. 모이셰 포스톤Moishe Postone은 《시간, 노동, 사회적 지배: 마르크스의 비판이론의 재해석》*Time, Labor, and Social Domination: A Reinterpretation of Marx's Critical Theory*에서 '구체적 시간'과 '추상적 시간'을 구별한다. 밥을 짓는 데 드는 시간은 구체적이다. 그것은 실제 사건에 의해 규정된다. 주기도문을 암송하는 데 드는 시간이나 봄이라는 계절의 시간이나 종교적 휴일의 시간 역시 마찬가지다. 구체적 형태의 시간은 종속변수이고 사태, 과정, 감각적 운율sensuous rhythm의 함수이다. 이 시간은 중립적인 틀로 존재하는 것이 아니라 거꾸로 질적인 현전qualitative appearances에 의해 구성된다. 이는 질적인 현전의 밖에 있는 것이 아니라 그 안에 있다. 바로 이러한 시간이 자본 이전의 사회적 관계를 조직하였다.[64]

'구체적 시간'을 정의하면서 포스톤은 이제는 고전이 된 E. P. 톰슨의 논문 〈시간, 근무 기강, 산업자본주의〉Time, Work-Discipline, and Industrial Capitalism의 내용을 많이 참조한다. 이 논문은 전-자본주의적 시간 개념을 다양한 민족지학적ethnographic, 역사적 예를 들어 설명한다. "마다가스카르에서 시간은 한 '밥 짓기'(대략 반 시간)나 한 '메뚜기 튀기기'(일순간)와 같은 단위로 측정되었다." 한때 잉글랜드 사람들은 '오줌 눌 만큼 동안'을 시간의 척도로 썼다(톰슨은 이를 '약간 불규칙한 측정 단위'라고 비꼬았다). 어쨌든 이런 종류의 시간은 **자연의 순환 속에 내재된** 것이다. 1800년에 선덜랜드로부터 올라온 청원 중 하나에는 '조류와 그것이 강에 미치는 영향에 대응하기 위해 많은 사람들이 하룻밤 내내 깨어 대기해야 하는 항구'라는 묘사가 나온다. 이렇게 어부와 선원들은 자기 노동을 **자연 그 자체가 결정한** 기간에 수행해야 했으며, 그들의 행위는 조수간만 흐름의 운율로부터 해방될 수 없었다. 어두워지면 장인은 자기 도구를 내려놓아야 했다. 농가에서 젖소의 젖은 아침에 짜내야만 했으며, 곡식은 비가 오기 전에 추수되어야 했고, 장작은 가을에 채취되어야만 했다. '시간과 과제는 날씨에 좌우되었다.'[65]

톰슨이 인류학으로부터 빌려온 개념을 따르면, 자본 이전에는 노동자들이 '과제-지향'task-orientation 방식으로 일했다. 과제——이러저러한 양의 물고기를 잡는 것이든지, 외투를 꿰매는 것이든지—를 완수하는 것을 목표로 삼았기 때문에 그 노동과정의 시기와 속도는 그 과제 밖에서 강요된 것이 아니라 그 과제에 내재된 조건에 따라서 결정되었다. 소작농은 고용주가 그에게 소리치기 때문이 아니라 밀이 익었기 때문에 추수한다. 울타리는 수리되어야 할 때가 되면 수리된다. 도구는 망가지면 수리받는다. 생산은 여전히 사용가치를 지향했고, 이는 가장 악독한 봉건적 착취의 경우에도 여전히 마찬가지였다. 이들은 곡식을 빻을 때가 되면 곡식 일부를 수탈했다. 인류학자 팀 잉골드Tim Ingold를 인용하면, 대부분의 노동—강제적 잉여노동도 포함해서—은 '그 환경의 운율: 바람, 조수 간만, 가축의 상태, 낮밤의 교차, 계절 등에 따라 **정렬**'fall in될 수밖에 없었다.[66]

그렇다고 구체적 시간에 따른 노동이 모두 즐거움과 충실함만을 가져다주었다는 소리는 아니다. 이러한 노동 역시 다른 노동과 마찬가지로 똑같이 긴장되고 과도하며 엄격한 규율에 따르거나 가혹할 수 있다. 구름이 지평선으로부터 몰려오는 것을 발견한 농부는 종일 쉬지 않고 일해야만 했을 것이다. 톰슨이 인용한 보고서에서도 하천의 운동 그 자체에 대응하기 위해서 '사람들이 **하룻밤 내내 깨어 대기해야**' 했다. 구체적 시간은 여가로서가 아니라 다양한 과제의 때가 무르익는 운율과 속도의 **변동**fluctuation에 따라서 규정되었다. 그러한 시간성은 농업에서 가장 현저했지만 동시에—톰슨이 주장하기를—다른 관계에도 내재되어 있다.

사람이 스스로 자기 삶의 노동을 통제하는 곳이라면 어디서나, 노동양식 The work pattern은 격심한 노동과 무위 상태가 교대하는 형태를 띠었다 (이 형태는 오늘날에도 몇몇 자영업자들—예술가, 작가, 소규모 농업인 그리고 아마 학생까지 포함해서—사이에 여전히 남아 있는데, 공교롭게도 이게 인간 노동의 '자연스러운' 주기인지에 대한 의문까지 제기되는 것이 오늘날의 현실이다).

즉, **다른 누군가에 의해 통제되는 시점**이 아니라 그 일이 수행되어야 할 때, 그 일을 수행했다.[67]

반면에 '추상적 시간'은 공허하다. 추상적 시간은 수학적인 텅 빈 공간이며 사태가 그 안에 쌓이는 무형의 저장고이다. 이것은 모든 사태와 독립적으로 존재하면서 그 모두에게 영향을 준다. 운동, 행위, 과정은 모두 이 추상적 시간 **내에서** 벌어지며 항상 똑같은 단위로 통제된다. 오늘, 내일, 아니 1년 중 어느 시점에도 특정한 몇 시간은 똑같은 몇 시간이다. 시간은 '행위의 결과로부터 행위를 규정하는 척도로' 전환된다. 그 사태가 날씨이든지 무엇이든지 간에, 사태는 **정시에 맞춰** 또는 더 구체적으로 말하자면 **시계**-시침에 맞춰 발생하는 것으로 간주될 수 있다.[68] 먼저 등장했던 구체적 시간처럼 추상적 시간 역시 자연으로부터 유도된다. 즉, 홍수, 눈, 계절성 강우, 모래폭풍 등의 지상 주기와는 분리된 것처럼 볼 수 있는 머나먼 외계 천체의 운동으로부터 또는 최소한 시간, 분, 초를 정확하게 계산해낼 수 있을 만큼의 외부적인 방식으로. 이것은 균질적인 일정표이고 그 안에 포함된 행위의 측정을 위해 사용되는 독립변수이다. '오줌 눌 만큼의 시간'이 구체적 시간이라면, 추상적 시간하에서 소변은 대략 35초 정도 걸리는 행위이다.

자본가에게 노동일이라는 시간 범위는 곧 자기가 투자한 양을 의미한다. 노동자가 멋대로 돌아다니거나 자연의 신호에 대기하면서 노동일이 낭비되어서는 안 된다. 시간이 곧 돈이다. 경쟁하에서 자본가는 자기 상품이 최소한 자신의 경쟁자의 생산 속도만큼 빨리 생산되도록 해야만 하며—평균보다 늦게 되면 그는 더 많은 노동을 이용해야 하고 상품에 더 높은 가격을 책정할 수밖에 없다—그리하여 그는 생산성에 극심하게 집착하게 된다. 아마도 생산성이라는 개념이야말로 추상적 시간이 만들어 낸 가장 특징적인 산물일 것이다. 정해진 시간 단위에 대한 생산량이 측정된다. 자본가는 항상 주변을 힐끔힐끔 살피면서 '이 작업은 얼마나 걸리지? 얼마나 많은 노동이 여기 들어가나?'라고 묻고는, 작업을 가속할 방안을 찾는다.[69] 루카치는 《역사와 계급의식》에서 노동일이 성공적으로 더 작은 조각으로 분해되었으며, 그 각각의 조각에 가격표가 붙어서 "시간은 그 변화하고 유동하는 질적 성격을 상실했다. 한계가 엄밀하게 그어지고 양적으로 측정될 수 있는 연속체, '사물들'로 채워진 연속체"가 되었다고 말한다. 시간은 **사물화**_reified_되고 경직되며 흐름에서 잘게 나뉜 조각들로 변화한다.[70]

에너지의 흐름은 구체적 시간의 시대에 속했다. 수력은 그 시절의 유물이었다. 반면에 자본주의 소유관계에는 추상적 시간이 내재한다. 모순이 처음부터 존재했지만, 자본이 공장법이라는 갈림길에 도달하기 전까지는 그 모순을 굳이 해소할 필요가 없었다. 마르크스는 제1인터내셔널 개회사에서 1847년의 10시간 법안이야말로 '원칙의 승리'에 해당하며 '만천하에 중간계급의 정치경제학이 노동계급의 정치경제학 앞에 무릎을 꿇은 첫 번째 사건'이라고 선언했다.[71] 그때까지 자본은 주로 **절대적** 잉여가치의 생산을 통해 축적되었다. 즉, 노동자가 자기 임금에 해당하는 양을 생산하는 데 드는 시간 이상으로 노동일을 연장함으로써. 이미 1833년의 법령이 절대적 잉여가치 착취를 압박했다. 10시간 법령을 통해서 합법적 노동시간을 줄임으로써 절대적 잉여가치는 **절대적으로 감소했다.** 자본이 이러한 곤경에 어떻게 대응했을까?

이 질문에 대한 마르크스의 답은 잘 알려져 있다. '상황을 눈치 챈 자본은 기계 체계의 발전을 한층 더 촉진함으로써 전력을 다해 **상대적 잉여가치를 생산하는 데** 몰두했다.'[72] 상대적 잉여가치는 필요한 노동시간을 줄임으로써 생산되며—만약 노동자가 임무를 달성하는 데 전에는 8시간을 소요했다면 이제는 6시간만 소요한다—그리하여 잉여는 시간 흐름의 정방향으로 확대되는 절대적 잉여의 경우와는 반대로 하루 중 **시간 흐름의 역방향으로** 확장된다. 이것은 주로 새 기계를 통해서(노동생산성의 향상) 이루어지지만 또한 더 엄격한 규율에 의해서도(강도의 증가) 이룰 수 있다. 공장법의 등장 때문에 축적의 주요 전략이 절대적 잉여가치로부터 상대적 잉여가치 쪽으로 전환되게 되었다. 더 적은 시간이 남으면 남을수록 그 시간 중에 더 많은 양이 생산되어야만 하며, 때문에 시간 추상화의 새로운 단계가 요구된다. 마르크스의 말에 따르면, 노동의 가속과 강화는 '**노동시간의 응축**'*condensation of labour time*을 야기하며 한층 더 시사적으로는 '말하자면 노동시간의 압축을 통해서 시간의 느슨한 구멍을 줄인다.'[73] 느슨한 구멍이 빡빡하게 줄어들면서 구체적 시간이 변동할 수 있는 여지는 더욱 줄어들게 되며, 노동을 추구할 때 추상적 시간은 더욱 억압적으로 작용하게 된다.

절대적 잉여가치 체제가 흐름과 추상적 시간 사이에 있던 모순을 완화시켰다. 흐름의 변덕을 감당할 만큼 노동일의 규모에 제약이 없던 한에서는 수력 역시 자본에 적합한 토대로 남아 있었다. 초과 시간의 노동을 수행하는 작업자의 희생을 통해서 축적이라는 추상적 요구와 구체적 시간을 타협시키는 것이 아직 가능했다. 그러나 **중단이라는 부풀어 오른 구멍이 없는, 더 짧은 시간 내 더 많은 노동**이라는 새로운 체제가 공장법에 의해 탄생하였으며, 모순은 확실히 더이상 감내할 수 없는 것이 되고 말았다. 상대적 잉여가치의 시간성—구멍을 줄이는 것: 더 크고 더 확장된 기계—은 역학적 에너지가 간헐적으로 중단되는 상황을 제거하도록 요구했으며, 마음대로 가속될 수 있는 원동기의 이점을 부각시켰다.

이렇게 희생된 구체적 시간과 마찬가지로 추상적 시간도 지상의 물적 본성을 가지고 있음을 알 수 있다. 여기서 우리는 낮밤이나 계절, 바람과 조수간만의 주기 대신에 재고를 발견한다. 죽어 경직된 채 지하 무덤에 파묻혀 인지할 수 있는 자연의 순환으로부터 격리된 상태로. 화석연료를 통해서 수억 년에 달하는 광합성의 시간이 압축되어 살아 있는 노동을 이제 응축시키는 데 사용될 수 있다. 화석연료의 무시간성이 추상성의 폭력a tyranny of the abstract을 지탱하는 물질적 기둥이 된다. 자본의 영구한 순환과 한 회로에서 다음으로 연결되는 그 유동이 가능해지는 것은 바로 절대적으로 **불활성**inert인, 비순환적인, 흐를 수 없는 에너지가 집약된 층에 의해서이다. 공간뿐만 아니라 바로 이 차원에서도 추상화의 밑바탕은 지구의 지표 안쪽에 확고하게 위치한다. 오로지 지표를 깊이 파헤치고 뚫고 들어감으로써 자본은 모든 질적 결정인자를 넘어 높이 날아오를 수 있었다.

자본의 추상적이고 화석화된 시공간성

비판지리학자 노엘 카스트리Noel Castree가 적은 바에 따르면, 자본주의는 자기 고유의 '독특한 **시공간성**'spatio-temporality을 가진다. 자본주의는 공간 **안에서** 시간 **속을 관통하며**, 마치 자본이 공간과 시간의 성질에 영향을 주지 않으면서 이들을 고정된 좌표축으로 삼아 얌전히 따라가며 발전하는 것처럼 진행되지 않는다. 차라리 자본주의는 **그 자체 고유의** 추상적 공간과 추상적 시간을 생산한다. 축적과정 그 자체의 요소인 이 두 차원은 자본의 외부에 있는 것이 아니라 자본의 'DNA 또는 이런 표현을 더 선호한다면, 그 물리적 운영체제'가 되어 자본 **안에** 존재하는 하나의 통일체, 하나의 시공간성을 형성한다.[74]

카스트리와 브레너의 설을 종합하면, 이제 우리는 이 추상적 시공간성이 자본주의 소유관계의 기초로부터 바로 도출된다는 사실을 발견할 수 있다. 역사적 결별은 특정하게 규정된 위치와 시간 내에서 극복되어야만 한다. 인간과 인간 외의 기타 자연 사이의 관계에 생긴 최초의 균열은 공간과 시간을 통해 전파되어 나가며, 각 개인을 인간과 인간 외의 기타 자연의 정성적 성질로부터 단절시킨다. 이와 동시에 노동은 바로 그러한 목적을 위해 엄격하게 지정된 위치와 계기에 재배치된다. 자본이 등장하기 전에 생산은 가정과 날씨에 그 뿌리를 내리고 있었다. 자본이 등장하면서, 자본의 목적은 사용가치가 아닌 교환가치뿐이기 때문에, 이 뿌리는 이 둘 모두로부터 뽑혀 제거되어야만 했다. 이 두 차원의 추상화는 상호작용하면서 서로를 강화했다. 예를 하나만 들자면, 상대적 잉여가치 체제는 최신의 기계를 설치하도록 유도하였으며, 이런 기계는 도심에서 가장 쉽게 구할 수 있었다. 조너선 크레리Jonathan Crary가 자본주의 시간성에 대한 탁월한 연구의 결과인 《24/7: 후기 자본주의와 잠의 종말》24/7: Late Capitalism and the Ends of Sleep을 통해서 주장했듯이 더 근원적으로 근대 공장은 계절의 변화와 일일의 변화에 대항하는 전쟁을 위해 준비된 미사일 발사대이자 **동시에** '노동의 조직이 가정, 공동체, 환경이나 기타 모든 전통적 상호의존성이나 유대 관계로부터 자율적인 공간'이었다.[75] 이 장소가 생태학적으로 미친 영향은 실로 너무나도 커서 도저히 과대평가할 수조차 없을 정도다.

　물론 이러한 주장이 자본이 절대적 공간과 구체적 시간을 지상에서 소멸시켰다고 암시하는 것은 아니다. 사실은 정반대다. 모든 석탄 광산과 원유 시설에서 절대적 공간을 발견할 수 있으며 구체적 시간 역시 노동과 자본 사이의 수많은 투쟁에서 갈등의 주요 원인으로 부각된다. 여름에 휴가를 요구하는 노동자, 식사를 하거나 화장실에 갈 수 있는 휴식 시간을 지키려는 노동조합, 큰비가 내리는 중에 벽체를 세우기 위해 **실제 필요한** 시간은 최소 이만큼이라고 주장하는 목공 작업반을 생각해 보라. 질적 변동이 사라지지는 않지만 교환가치가 (사실상 말 그대로) 생산의 주 연소기 자리를 차지하기 때문에 추상적 균질성에 의해 **지배되는** 것이다. 포스톤이 적은 바에 따르면 '화폐 형태는' '다양한 상품의 감지할 수 있는 실재로부터 추상해서 얻을 수 있다.' 이.형태는 사용가치와는 상극이다. 만약 생산이 사용가치를 위한 것으로 남아 있었다면 절대적 공간과 구체적 시간은 여전히 삶의 감각의 일부를 이루고 있었을 것이다. 놀랄 것 하나 없는 이야기인데, 왜냐하면 1864년에 페어베언이 쓴 《소고》에 이미 적혀 있는 내용이기 때문이다. '외지에서 **다만 주민들의 필요에만 대응한다면** 수력 작업장만으로도 충분히 이익을 낼 수 있다.'[76] 하지만 생산의 목적은 더 이상 다만 주민들의 필요만 공급하는 것이 아니었다.

간혹 자본의 추상화가 자연과의 작별 인사나 지구로부터의 이탈처럼 인지되는 경우가 있지만, 엄밀히 말해 그런 생각만큼이나 어리석은 오류는 따로 없을 것이다. 공간과 시간의 절대적이고 구체적인 성질로부터 더 많은 양을 착취하기 위해서, 자본은 그 외부에 위치한 **에너지의 재고를 짜내기 위해 더 깊숙이 파고 들어가야만 한다.** 자본의 추상적 시공간성은 그 이전에 존재하던 시공간성과 마찬가지로 자연의 바로 곁에 붙어 맴돌 뿐이다. 단지 자본의 시공간성과 조화를 이룰 수 있는 시공간적 윤곽을 지닌 자연 내의 아주 특별한 일부분에만 밀착하기는 하지만, 여전히 그러하다.[77] 따라서 자본주의적 성장이 선형적이고, 중립적이며, 점진적인 부와 생산량, 생산력의 증가이기 때문에 화석연료와 결합하게 된 것이 아니다. 자본주의적 성장은 그런 것이 아니며 사실 그런 것은 존재하지조차 않는다. 그 성장은 관계들의 집합이자 최대의 잉여가치가 생산될 수 있는 **추상적 공간과 시간 속에 인간과 인간 외의 기타 자연을 새로이 정렬시킴으로써 진행되는** 끝없는 확장의 과정이다. 이제 어째서 더 비싼 에너지원으로 전환했느냐는 수수께끼가 풀렸다. 일단 성장이 초역사적transhistorical 눈덩이라는 선입관으로부터만 탈피한다면, 수력이 풍부하고 저렴하며 일반적으로 우수했음에도 불구하고 자본주의적 성장이 그것을 버릴 수밖에 없었다는 사실을 쉽게 이해할 수 있다.

실질적으로 종속된 자연을 통해
노동을 실질적으로 종속시키다

자본이 처음 지상에 탄생했을 때 이미 다른 피조물이 존재하고 있었다. 신종 착취자들은 역사를 장악하려 했지만 그들이 처한 상황을 그들 마음대로 선택하여 시작할 수는 없었다. 도구, 원료, 기술적 지식, 산업 조직 모두 전대의 지배자들이 남겨 둔 상태 그대로였다. 자본가들이 처음 수행했던 작업은 마치 거미가 다른 거미가 남긴 거미줄을 차지하듯이 **남겨진 상태 그대로의** 인간과 인간 외의 자연 사이의 대사 과정에 슬쩍 자신을 끼워 넣는 것이었다. 기술적인 측면에서 보면, 직접생산자들은 계속 이전과 같이—베틀로 베를 짜고 물레로 실을 뽑는 구시대 방식으로—작업하였다. 다만 이제 그 작업을 도급인이나 원시적 작업장의 주인으로 가장한 자본가들을 위해서 수행하고, 그들에게 생산물을 넘기며, 그들로부터 임금을 받았을 뿐이다. 물론 마르크스는 필생의 역작을 작성하기 위해 남겼던 많은 예비 원고 중 하나인《직접 생산과정의 결과》에서 이 최초의 장악 상태를 '노동의 자본에의 형식적 종속'이라고 정의했다.[78] 아직 새로운 기술이 생산성을 향상시키기 위해 도입되지 못했다. 이윤은 여전히 절대적 잉여가치에 달려 있었다. 자본은 순환하고 확장하지만 여전히 **완벽하게 내재화**embodied되지는 못했다.

그것은 짧은 서곡에 불과했다. 형식적 종속—텅 빈 껍데기에 불과한 자본주의 소유관계—은 과도한 모순으로 점철되어 있었고, 근본적으로 노동력은 매우 특별한 상품이었기 때문에 더욱 그렇게 될 수밖에 없었다. 사실 노동력은 시장에서 사고판다는 넓은 의미에서의 상품에 불과했을 뿐 판매를 위해 **생산되는** 완전한 의미에서의 상품이라고 할 수 없었다(사람을 제조하는 시설은 따로 존재하지 않는다). 차라리 노동력은 각 인간 개체의 능력이며 각자가 지닌 생기의 한 성질이자 이제는 자율주의의 고전이 된 안토니오 네그리의 《마르크스를 넘어선 마르크스: 정치경제학 비판 요강의 교훈》*Marx Beyond Marx: Lessons on the Grundrisse*에서 강조된 '주체성' 또는 '주체적 권력-동력'subjective power——이탈리아어로 포텐차potenza——이다.[79] 그것 없이는 자본이 아무것도 생산할 수 없는 부의 원천, 즉 노동력은 환원될 수 없고 장악하기 어려우며 다루기 힘든 **자율성**autonomy을 지니고 있다. 노동력을 구매한 자가 자기가 지불한 비용만큼을 거둬들일 수 있다는 보장은 없다. 노동자는 완전히 자본가의 손아귀에 넘겨질 수 없는 생명체이기 때문에 자신의 쓸모를 완전히 제공하지 않을 수 있다. 천천히 작업한다든지, 아침 시간을 빈둥거리며 보낸다든지, 지시 사항을 무시한다든지, 파업을 한다든지. 그의 노동을 짜내는 과정에 한 무리의 감시자들을 투입할 수는 있지만 종속이 형식적인 수준에 머무르는 한 감시자들에게는 승산이 없다. 왜냐하면 그들이 쓸 수 있는 유일한 무기는 불안정한 개인적인 권위(큰소리로 꾸짖거나, 매질하거나, 과태료를 부과하거나, 고소하는 등…)뿐이기 때문이다.

그러나 자율적인 노동을 둘러싼 투쟁이 격화되면서 종속은 곧 형식적인 것에서 **실질적인** 것으로 들어간다. 자본가는 기계를 도입한다. 이제 예전부터 사용되던 도구들이 금속음을 내며 규정된 작업을 주어진 속도에 맞춰 수행하도록 작업자들을 강제하고, 그들을 감시하며 교정하고 완성된 제품을 출하하는 새로운 생산력으로 대체된다. 그리하여 '이 사물을 통해 자본가가 행사하는 권력-동력'power을 통해서 노동자의 활동은 '모든 측면에서 기계류의 운동에 의해 규정되고 규율'된다. 어쨌든 마르크스가 강조했듯이 기계는 '지속적인 자기 운동'을 통해 그 고압적인 권력-동력power을 휘두른다.[80] 노동자는 생산과정을 시작하기 위해 손가락 하나 움직일 필요가 없다. 그의 유무와는 완전히 무관한 힘에 의해서 아침에 출근하면 이미 그 과정은 시작되어 있으며, 점심 식사 후 돌아와도 역시 마찬가지다. 미끄럼대나 쿼드런트a slide or quadrant를 조정하는 소인a pygmy, 돌보미a minder, 조수an assistant로 전락한 노동자는 압도적인 기계적 흐름 내에 존재하는 몇몇 작은 틈새를 메꾸기 위해 공장으로 향한다. 노동자의 살아 있는 노동의 전유는 더이상 형식적 주장이 아닌 기술적 강제력이 된다. 착취과정을 감독할 권한은 감시자들로부터 작업자들이 자기 일을 어쨌든 완수하려면 복종할 수밖에 없는 생산수단으로 이전되었다.

형식적 종속에서 실질적 종속으로 전환한 대표적인 예로 손베틀에서 역직기로의 전환을 들 수 있다. 자동행위자의 도입으로 방적 부문에서 아크라이트 이래 계속된 이 과정은 한층 가속되었다. 두 경우 모두 역사적 순서로 보면 생산력 결정주의 법칙의 역방향으로 전개되었다. 1964년에 라니에로 판지에리Raniero Panzieri가 전설적인 자율주의 잡지 《붉은 노트》Quaderni Rossi에 쓴 글에 따르면, '**생산관계가 생산력에 내재되어 있다.**'[81] 이것이 바로 실질적 종속의 논리다. 이제 거미는 잉여노동을 착취하는 데 한층 더 적당하도록 자기 고유의 거미줄을 짜낸다. 이제 이윤은 상대적 잉여가치에 달려 있다. 압도적 물질성에 힘입은 지배자들은 끊임없이 수단을 혁신한다. 하지만 이는 절대로 멈추지 않고 계속되는 과정이어야만 한다. 왜냐하면 노동의 자율성은 완전히 뿌리 뽑히지 않기 때문이다. 실질적 종속은 사태의 궁극적 해결이라기보다는 권력-동력power의 일시적 균형에 의한 것이다.

외부로부터의 강압은 이제 한걸음 물러날 수 있다. 기계는 스스로 '자연력', 특히 그중에서도 역학적 에너지를 소환함으로써 '하나의 병영과 같은 규율'을 강요한다.[82] 인간의 노동을 통해 정복된 자연의 일부 조각인 기계는 먼저 **죽은 노동**dead labour으로 나타나지만, '매우 신비로운 사물'인 그것은 원동기에 연결되는 순간 살아나게 된다. 이제 기계는 '강력한 유기체로서' 노동자들을 밟고 일어나게 된다. 그 자동 중추the automatic centre에 일단 불이 들어오면 '기계적 괴물 하나가 등장하는데, 그 동체는 공장 건물 전체를 차지하며 그 **마술 같은 힘** demonic power은 처음에는 그 거대한 팔다리들의 느릿느릿하고 절도 있는 운동에 의해 은폐되지만, 드디어 그 무수한 본래의 작업 기관들의 열광적 난무로 폭발한다.'[83] 강력한 유기체, 기계적 또는 '살아 있는' animated 괴물, 마신a demon, 거머리나 흡혈귀로도 비유된다. 마르크스는 이렇게 거의 완전히 증기 악마학full-blown steam demonology과 같은 표현을 사용한다.[84] 사실 그가 이런 단어들을 선택한 것은 프롤레타리아의 관용구를 차용해서 그런 것이라고밖에 해석할 수 없다. 빅토리아 시대의 기계물신주의Victorian machine fetishism의 가면을 벗겨내고, 그는 기계로 향한 자본의 운동을 사물의 외양을 띤 **사회적 권력의 원천으로서** 추적한다. 그리고 사실 그 원천은 바로 기계라는 그 사물**이기도 하다.**

그러나 어떤 원동기가 이러한 종속을 지속적으로 가능케 할 것인가? 마르크스는 이러한 일련의 질문에 대해서는 탐구를 진행하지 않았지만, 《자본론》 제3권의 지대에 관한 기나긴 절들의 도입부에서 수력과 증기의 상대적 이점을 비범하게 논하면서 이 문제를 약간 다룬다. 마르크스는 '한 나라에 있는 공장 중 압도적 다수가 증기기관을 사용하고 있으며, 오직 일정한 소수의 공장들만 자연적 폭포를 사용하고 있다고' '가정한다'고 논의의 방향을 돌리면서 말한다. 이어서 마르크스는 수력이 훨씬 더 저렴하다고 가정하며—이 글은 1860년대 중반 런던에서 집필되었다. 따라서 이 가정은 전적으로 타당하다—그리하여 수력 이용자는 '예외적으로 유리한 조건'을 가지게 된다고 전제한다. 같은 양의 상품을 생산하는 데 더 적은 양의 자본과 살아 있는 노동을 상시 투입하게 되고, 따라서 경쟁자들보다 10% 더 높은 이윤을 얻게 된다. 이렇게 다수의 열등한 증기력 자본가들과 소수의 우월한 수력 작업장 소유주들 사이의 불균형을 적시한 후에 마르크스는 어째서 수력이 더 저렴할 수밖에 없는지 그 근본적 이유를 지적한다. 승리자들이 초과이윤을 획득할 수 있는 이유는 바로,

> 자연력인 수력 때문이다. 수력은 자연, 그것에 의해 제공되며 물을 증기로 전환시키는 석탄과는 달리 노동의 생산물이 아니며, 따라서 가치를 가지지 않고, 등가물을 지불할 필요가 없으며, 비용이 들지 않는다. **수력은 자연적 생산요소이며 그것을 창조하는 데는 아무런 노동도 들어가지 않는다.**

하지만 바로 그런 직후 마르크스는—의도적이든 아니든—흐름이 자본에 가하는 불안정성에 주목한다. 아무리 가격 대 성능비가 좋다 하더라도,

> 모든 자본이 물을 증기로 전환시킬 수 있는 것과 **달리 더 큰 노동생산성을 낳는 이 자연조건은 결코 자본에 의해 생겨나는 것이 아니다.** 이 자연조건은 일정한 장소에만 자연적으로 있는 것이며 그것이 없는 곳에서 일정한 자본 지출에 의해 생산될 수 없다. 이 자연조건은 노동이 생산할 수 있는 생산물, 예를 들어 기계, 석탄 등등과 결부되어 있는 것이 아니라 특정한 토지 조각의 특정한 자연조건과 결부되어 있다.[85]

자본은 마치 우연히 발견하게 된 거미줄처럼 교외에서 어쩌다가 폭포를 마주칠 수는 있지만 그것을 스스로 짜낼 수는 없다. **이 자연력은 영원히 형식적으로 종속된 채로 남을 수밖에 없다.**
이러한 측면에서 에너지의 흐름은 노동력과 비슷하다. 잠시 빌려 쓸 수 있는, 넓은 의미에서의 상품에 불과했을 뿐 시장에 내놓기 위해 생산되는 완전한 의미에서의 상품은 아니다. 왜 수력은 교환가

치를 지니지 못하는지, 왜 수력이 증기력보다 훨씬 더 저렴하면서도 **버려질 수밖에 없었는지**, 그 원인이 바로 이것이다. 반면에 에너지의 재고는 휴면 상태에 들어간 잠재력이며 자본이 가진 자원, 즉 자본이 획득한 수단과 노동으로 자극을 가할 때만 비로소 자연력으로서 부활할 수 있다. 왜 석탄은 교환가치를 지니는지, 왜 석탄이 더 비싸면서도 **선택될 수밖에 없었는지**, 그 원인이 바로 이것이다(동시에 바로 이것이 화석 자본에는 시초축적이 존재할 수 있지만 흐름의 쪽에서는 시초축적에 대응하는 것을 찾을 수 없는 이유이기도 하다). 여기서 역설적 전도를 또 하나 발견하게 된다. 재생 가능하며, 공공의 것이고, 이미 활동을 개시한 에너지원이 자본에게는 재생산이 불가능하며, 배타적이고, 활동을 저지하는 것으로 나타난다는 점이다. 오직 에너지의 재고만이 **자본 그 자체에 내재된 운동 동력**으로 연성되어, 흐름의 본성으로부터 그리고 실로 다른 모든 것으로부터 자본을 해방시켜 일종의 열역학적 자기애a sort of thermodynamic autoeroticism 상태에 돌입시킬 수 있다.

노동력은 살아 있는 개체의 혈관을 통해 흐르며 수력은 그렇지 않다는 점에서 이 둘은 분명히 다르지만, 자본의 관점에서 보면 다른 측면에서는 비슷하다. 흐름은 언제고 그 쓸모의 일부를 내놓지 않고 유보할 수 있다. 임차인이 지불한 비용만큼 얻어 낼 수 있다는 보장이 없는 것이다. 자기생산하며 변덕스럽고 특정 장소에 묶인 자연의 포텐차인 흐름은 인간 노동과 비슷하게 자율성을 지닌다. 우리는 이미 19세기의 이사분기 중 벌어졌던, 노동자들과 마찬가지로 수력이 다양한 방식으로 자본가의 권위를 전복시킨 유사한 경우들을 살펴보았다. 그것 없이는 자본이 아무것도 생산할 수 없는 부의 원천인 자연은 환원시킬 수 없는 자율성을 지닌다. 하지만 자연의 특정 부분은 다른 부분보다 더 완전히 포섭—실질적 종속—될 수 있다. 화석 에너지라는 거미줄을 열심히 짜내야만 한다.

지상의 경관과 날씨에 대해 외부적이기 때문에 바로 자본에 내재될 수 있었던 에너지의 재고는 매혹적인 후광을 띠고 있지만, 나중에 이것이 키메라와 같은 괴물이었음이 드러난다. 전환은 또 하나의 역설을 낳았다. 수력은 **노동으로 생산되는 것이 아니기 때문에** 준準자율적이고 실질적 종속을 거부하지만, 증기력은 바로 **노동에 의해서만 획득될 수 있는 재고이기 때문에** 정반대의 특성을 가진다. 전자로부터 후자로 전환함으로써 자본은 필연적으로 아주 특별한 하나의 영역, 바로 에너지의 생산 그 자체에서 **더욱 인간 노동에 의존하게 되었다.** 살아 있는 노동자들을 기계로 대체하는 것은 살아 있는 노동자들이 그 연료를 공급하기 위해 더 큰 역할을 담당할 때만 가능하다. 실질적으로 종속된 자연을 통해 노동을 실질적으로 종속시키는 마술적 공식에 홀린 자본이 그 영혼을 에너지의 재고에 팔아넘기자마자 통제의 문제가 다른 형태로 재등장한 것이다. 앞으로 이 점을 다시 살펴볼 것이다. 하지만 물론 그렇다고 해서 본래의 동역학이 사후에post-factum 바뀌지는 않았다. 위기의 순간이 닥쳤을 때, 바로 저 공식은 가장 긴박한 현실에 대응할 수 있게 해 주었다.

자연의 형식적 종속을 통해서 노동의 실질적 종속을 이룰 수 없다. 기계 군단을 이용해서 노동계급의 자율성을 분쇄하려면 신뢰할 수 있는 원동기를 현장 지휘관으로 선택하는 편이 낫다.[86] 수직식 수차는 전대의 착취자들로부터 자본이 물려받은 유물 중 하나였다. 이는 꽤 편리했기 때문에 축적을 위해 재이용되어 면사를 방적하는 최초의 기계에 연결되었다. 이렇게 방적 부문에서 실질적 종속은 수력을 기초로 삼아 시작된다. 그리고 위기 중에 이 비대칭성은 교정되었다. 마르크스는 《정치경제학 비판 요강》에서 자본이 자신의 시대를 시작하면서 '지나갔거나 자신의 등장과 더불어 몰락하는 생산양식의 지팡이에 아직도 의지한다'라고 적었다. 그러나 자본은 곧 성장하면서 '지팡이를 내던지고 자기 자신의 법칙들에 따라 운동한다.'[87] 수력은 바로 그러한 지팡이였고, 자본가들은 그 지팡이에 의지하며 걷기 시작했다. 애슈워스 가문이나 그렉 가문처럼 말이다. 그러나 이들은 형식적 종속과 절대적 잉여가치를 지키기 위한 법적 권력의 갱신을 요구했다. 노동조합을 무자비하게 탄압하거나 아무 제한 없는 노동일을 바라거나 감독관의 출입을 막기 위해 문을 폐쇄하는 일 등을 벌였다. 그리고 결국 구시대의 공룡이 되어 버렸다.

다른 측면에서 보면, 위기 중 벌어진 일련의 사태가 연쇄적으로 전환에 박차를 가하였다. 전투적인 노동운동이 자본으로부터 쟁취한 몇몇 승리들——단결금지법의 폐지, 면직물 방적공의 높은 임금, 조합주의의 고양, 1833년과 1847년의 공장법——에 **대항하여** 재고로의 전환이 이루어졌다. 증기를 쓰는 자본가들은 종속의 과정에서 한 걸음 앞서 나갔다. 왜냐하면 그들은 자신들의 운동법칙에 따르는 원동력을 보유하고 있었기 때문이다. 증기기관 안에서 관계는 힘 안에 내포된 상태로 존재했다. 그리고 바로 그랬기 때문에 저항을 억제하는 데 폭력이 필요했다. 증기로 작동하는 기계가 노동에 대한 물질화된 지배력으로 보이지 않았다면, 영국의 노동자들이 그렇게나 단호하게 기계에 반대하지는 않았을 것이며 기병대를 부를 필요도 거의 없었을 것이다. 경제 외적 힘으로 증기를 보호할 수밖에 없었다는 점이이 권력-동력의 역학적 본성을 곧 증명한다. 브레너가 일관되게 강조한 것처럼, 소유관계는 정치적 투쟁을 통해서 구성되며 최종적으로는 '힘에 의해 승인'되는 것으로 남을 수밖에 없다. 화석 자본 역시 마찬가지다.[88]

노동과 자연의 실질적 종속은 한 몸처럼 보이지만 분명 서로 동일한 것은 아니다. 몇 가지 결정적인 측면에서 노동력이 훨씬 더 독특하다.sui generis 흐름은 재고(진짜 상품a true commodity)로 즉시 대체될 수 있지만 인간 노동의 잔재는(준상품pseudo-commodity으로서) 그리하여 비록 불안하지만 일종의 자율성을 지닌 채로 생산과정에 언제나 남게 된다. 자본은 노동자를 더욱 벽으로 몰아붙여야만 할 필요에 새로이 직면하게 된다. 이를 위해서 재고로부터 점차 더 많은 양을 채취하여 그 의존도를 높여 가면서 새로운 자동화 단계에 돌입하고, 한층 더 많이 기계라는 수단을 동원하게 된다. 이 두 종속 과정의 차이가——한편이 다른 편보다 더 완벽한 수준으로 종속된다——항상 더 많은 양의 연료 가 계속 불태워질 수밖에 없도록 만드는 것이다.

권력을 안정시키고
기후를 불안정하게 하다

언젠가 C. S. 루이스는 이렇게 말했다. '자연에 대한 인간의 권능 power은' '자연을 도구 삼아 일부 인간이 다른 인간에게 행사하는 권력 power이라는 점이 드러난다.' 바로 이 말속에 사회적 권력과 환경파괴 의 구조에 관한 근본적인 진리가 들어 있다. 인류학자인 리처드 뉴볼 드 애덤스Richard Newbold Adams는 이제는 거의 기억에서 사라진 저서에 서 루이스의 이 말을 인용하면서 이 두 가지 측면을 하나로 융합하기 위한 이론을 개괄한다. '환경에 대한 행위자의 통제가 바로 사회적 권 력social power의 토대를 이룬다.' 애덤스가 제안한 바에 따르면, 더 구체 적으로는 권력power 그 자체를 행위자가 '다른 행위자에게 의미를 가 지는 환경의 일부'를 구성하는 '에너지의 특정 형태에 대해서' 행사하 는 통제권으로 정의할 수 있다. 이 권력power을 장악한 A는 그의 의지 에 따르도록 B를 복종시킬 수 있다.[89] 달리 말하면, 권력Power은 3자 간 의a tripartite 관계다. A라는 인간 개체는 자연 C의 힘을 활용함으로써 B 라는 인간 개체에 대해 우위에 서게 된다.

물론 엄밀히 물리적이고 열역학적인 에너지에 대한 통제권이 별 로 중요하지 않은 권력의 양태 역시 상상해 볼 수 있다. 예를 들어 선 생이 학생에 대해 가지는 정신적인 권위라든지 또는 누군가가 배우

자를 심리적으로 조작한다든지 하는 것. 하지만 **생산의 영역에서는** 바로 에너지가 모든 것을 작동시키며, 때문에 에너지에 대한 통제권이 곧 지배력으로서의-권력power-as-domination의 근원이 된다. 실로 모든 모든 경제적 활동은 궁극적으로 에너지 전환에 관한 것이다. 그 활동이 제조, 유통, 건설, 상업 또는 시추 중 어느 것이든지 간에 그렇다. 세상에 있는 사물은 오직 에너지를 통해서 어떠한 방식으로든 전환, 이전, 취급될 수 있다. 대규모 상품 생산이 벌어지는 지점에는 이 보편적인 힘universal force이 집중되어야만 한다. 자본이 노동에 대해 휘두르는 권력power은 에너지에 대한 통제권에 의존한다. 특히 각종 도구를 움직이게 만드는 에너지의 역학적 형태가 중요한데, 왜냐하면 이것 없이는 모든 생산이 멈추게 될 것이기 때문이다. 바로 이 측면에서도 노동하는 인간은 딱따구리나 보노보와 같은 다른 동물들과 다르다. 이 동물들이 만들어 낸 도구들이 아무리 복잡하다 해도 그렇다. 해리 브레이버만이 말하기를, 오직 인간의 경우만 '노동의 원동력과 노동 그 자체 사이의 통일이 깨질 수 있다.'[90] 비버 B는 나무를 자기 몸의 원동력으로 쓰러뜨린다. 비버 B는 비버 A가 장악하여 그의 허가 아래에서만 공급되는 어떤 외부 에너지의 유입을 이용하는 도구를 가지고서 작업하지 않는다. 바로 에너지의 분리가 가능하다는 이 독특한 인간의 능력 때문에 다음과 같은 착상이 가능하다. 즉, 묵묵히 주인에게만 배타적으로 복종하는 기계의 죽은 노동으로 살아 있는 노동을 **대체할** 수 있다는 착상. 물론 그러한 착상은 특정한 역사적 상황에서만 비로소 가능하다.

그리하여 노동에 대해 더 증진된 권력을 휘두르는 수단은 자연으로부터 획득된 것이며, B가 A에 저항하면 저항할수록 이를 제압하기 위해 A는 C를 더 깊숙이 파 내려간다. 이게 바로 증기로의 전환 중에 벌어졌던 사태의 한 측면이다. 에너지의 재고를 자기 뜻대로 휘두를 수 있는 동력power으로 삼아 자본가는 노동자에 대한 자기 권력their power vis-à-vis workers을 확장시켰다. 자본은 이 단어가 지닌 두 가지 의미 양 측면에서 **더욱 강력**해졌다. '강력한 폭발'과 '강력한 소유주'라는 양 측면에서 모두.[91] 그들이 지닌 예외적 구매력을 통해서 자본가들은 인간의 삶의 일부와 함께 증기기관과 석탄을 사들일 수 있었으며, 그리하여 공장 내에서 인간의 삶에 대해 더욱 강화된 권력을 휘두를 수 있었다. 바로 이렇게 화석 경제의 최초 구성 과정은 애덤스의 이론과 일치한다. 전환은 '인간 조직 내 권력power의 강화'와 분리될 수 없는 '환경에 대한 통제권의 강화'를 그대로 보여주었다.[92] 게다가 이후 발생한 화석 자본 회로에서 매 한 단위의 F는 그것이 잉여가치 생산의 지렛대로 사용될 때마다 곧장 자본의 권력power을 **더욱 강화하였다**. 여기서 F는, 그냥 화석 소비 영역에서 소모되는 것과는 다르게 일부 사람들이 타인을 짓밟고 왕좌에 오르게 하는 불꽃을 위한 연료가 된다. 만약 당신이 500유로에 장거리 항공권을 구매한다면, 그 행위는 분명 배출로 이어질 것이지만, 그것이 당신에게 타인의 시간과 자원을 장악할 수 있는 더 많은 권한을 부여하는 것은 아니다(당신은 돈을 쓴 것이지 투자를 한 것이 아니다). 오직 연소가 자본**축적**의 계기가 될 때만—오직 연소가 이윤 생산에서 일부의 역할을 담당할 때만—그 과정이 끝났을 때 인간의 삶을 사들이고 통제하는, 더욱 확장된 권력을 새로이 그 행위자에게 제공할 수 있다.

화석 자본에서 최상층 권력의 장악과 에너지 재고의 소모는 함께 진행된다. 권력이 사회에 수평적으로 분산될 것이라는 흔한 통념과는 정반대로, 여기서 발견되는 양태는 두 가지 측면에서의 권력-동력power의 수직적 **집중**centralisation이며, 이는 곧 그 폐기물의 대기 중 확산으로 이어지고, 이 탄소가 하늘에 남긴 흔적은 얼마나 이 과정이 진행되었는지 보여주는 지표가 된다(굴뚝의 연기를 상상해 보라). 이제 우리가 알게 된 지식을 근거로 자본에 책임을 물을 수 있을까? 스티븐 룩스에 따르면, 심지어 의도한 것이 아니라 하더라도 '심각한 결과에 대해서 권력자들을 추궁하고 그 책임을 물을 수 있다.' 사실 의도되지 않은 결과가 생기는 것 자체가 '당연히 권력이 있기 때문에 야기된 **사태**'*instances*일 뿐이다.[93] 현재 대기 중에 존재하는 과도한 양의 CO_2는, 아직 정량적으로 계량될 필요가 있지만, 결국 자본이 축적/소모한 권력-동력the power으로 야기된 생지화학적 사태a biogeochemical instantation라고 할 수 있다. 생산의 영역에서 배출이 발생했다면 (스탈린주의 국가들을 괄호에 넣어 제외하면) 자본가 외에 다른 어느 누구에게도 그 직접 책임을 추궁하기는 어려울 것이다. 물론 이보다 더 중요한 질문은 화석 자본 이론이 우리가 현재 처한 곤경에 어떠한 전망을 가져다줄 수 있느냐는 것이다. 하지만 현재로 돌아오기 전에 과거의 두 시대를 한번 방문해 볼 필요가 있다.

미국에서 일어난 전환과의 간략한 비교

우리는 화석 자본에 관한 이론을 영국에서 벌어진 증기로의 전환 과정을 본으로 삼아 형식화했다. 아무리 이 하나의 경우가 현저하게 중요한 것이었다 하더라도, 일반적인 이론을 만들기에 충분히 광범위하거나 안정적인 기반이라고 말하기는 어렵다. 이 이론을 더 끌고 나가기 전에 최소한 한 가지 경우를 추가로 살펴볼 필요가 있다. 화석 경제의 두 번째 기둥을 이루며 역사상 다른 어디보다 더 많은 배출량을 기록한 곳, 바로 미국이다. 이 이론이 미국에의 석탄 도입에도 역시 적용될 수 있는가? 여기서 이에 대해 자세히 탐구할 수는 없다. 몇 가지 기본적인 측면을 짚어 보는 것만으로도 충분할 것이다.

증기기관은 상당히 이른 시기에 미국에 도입되었지만, 경제 전반을 장악하는 과정은 굉장히 느리게 진행되었다. 남북전쟁 이후까지도 수차가 역학적 에너지의 대부분을 제공했다. 산업계의 전체 동력 측면에서 따져 보면, 1870년의 통계에서야 비로소 증기가 52%로 48%의 수차를 추월하게 된다. 전국적으로 볼 때, 영국의 경우보다 대략 40년 정도 더 늦게 전환한 것이다. '오늘날의 석유 에너지와 같이 19세기의 제조업에서 귀중했던' 수력은 몇 가지 주목할 만한 특징을 가지고 있다. 안전하고, 친숙하며, 그 광활한 영토 내에서 막대한 양을 사용할 수 있었을 뿐만 아니라, 저렴하기도 했다.[94] 1888년에 나온 《미국 통계협회 출판물》*Publications of the American Statistical Association*에 실린 비교에 따르면 '다른 측면을 무시하고 단순히 동력만을 문제로 삼는다면 수력이 더 저렴하다. 훨씬 더 저렴하다.' 전환이 결국 이루어진 후에도 비용 측면에서 수력이 증기보다 훨씬 유리한 채로 남아 있었으며, 가장 중점적으로 개발된 지역인 뉴잉글랜드New England까지 포함해서 어디에서도 수력의 공급이 부족하지는 않았다.[95]

흐르는 물이 면직업종을 미국 상업의 정점까지 견인했다. 1850년에는 단지 11.5%의 작업장만이 증기를 동력으로 삼았다. 1880년대에 들어서야 비로소 기관이 역주하며 50%를 넘는 마력을 공급하게 되고, 로웰Lowell에서 처음 시작된 수력에 기초한 영업 방식을 넘어서게 된다.[96] 로웰에서는 일군의 보스턴 기업가들이 메리맥 강the Merrimack 급류에 둑을 짓고 수로를 파내고 토지를 구매하여 대규모 저수지를 만들었으며, 안정적이고 염가의 물을 면직업종 자본가들에게 임대료를 받고 공급하였다. 이들이 톰Thom으로부터 영향을 받아 그리녹 방식으로à la Greenock 운영한 흔적이 발견된다. 1830년대 뉴잉글랜드에서는 이러한 집단 저수지를 흔히 발견할 수 있었다. 로웰 모형은 낙수 지대가 이상적인 정착지로 받아들여지고, 개척자들이 원시적인 방앗간을 중심으로 모여 살던 식민지 건설 초기부터 내려온 오랜 관습을 따랐다. 19세기 초중반에는 여전히 토지를 쉽게 획득할 수 있었으며, 수자원 체계가 설계된 **이후에** 신규 공장들이 새 자리에 들어서고 있었다.[97] 어웰 강의 경우에는 토머스 애슈워스가 기존의 작업장 754개—그중 상당수는 중세 영국의 토지대장인 둠스데이 북the Domesday Book 시절까지 거슬러 그 역사를 살필 수 있을 정도이다—를 서로 연합하도록 만들어야만 했고, 이들 작업장의 주인들은 목숨을 걸고 상호 경쟁을 벌이던 사이였다. 메리맥 강이나 다른 미국 동부의 하천에서는 몰려드는 투자자들의 수요를 만족시키기 위해 회사들이 아직 텅 빈 것이나 다름없는 토지와 산업계에서 지역 내 독점적 지위를 이용하여 **먼저** 저수지를 개발하는 것이 가능했다.

그러나 식민지의 산업단지에서도 이미 오래전부터 분쟁이 들끓었다. 헌터에 따르면, 로웰에서는 운영감독자the director of operations—'수력경찰서장'the chief of police of water이라는 별명을 가졌다—가 임차인들의 이해를 조정하고, 물을 지나치게 끌어 쓰거나 인근의 물 공급을 교란시킨 관리자를 단속하며, 불평불만과 시간 외 작업 요청에 대응하고, '공격적이고 경쟁적이며 때로는 과도한 요구를 해 오는 섬유회사 경영자들의 태도'를 일반적으로 관리해야만 했다.[98] 산업이 성장하면 성장할수록 경쟁은 더욱 격렬해졌으며, 세기의 마지막 10년 동안은 과잉생산 경향이 더욱 증대하였고, 제조업자들이 공유된 하나의 수로를 두고 차분히 자리에 앉아 문제를 논의하기가 더욱 어려워졌다. 내적 경쟁이 격화되던 바로 그 순간에 지속적 확장을 위해 **더 긴밀한 조정**이 요구되었다. 한참 지난 시기인 1894년에 보스턴의 기술공학자였던 조셉 P. 프리젤Joseph P. Frizell은 《회보》Transactions에 동료들이 한탄하던 당대의 상황을 서술했다. '이제 수력은 끝났다는 소리를 얼마나 더 자주 들어야만 하는가. 수력은 더이상 활용되지 않을 것이다. 증기로 대체될 것이다, 등등.' 그러나 바로 그 당시에도 사업가들은 원하기만 하면 미국 하천의 저렴한 유량을 가지고 쉽게 이윤을 얻을 수 있었다. 단지 그들이 지혜로운 방법을 따라서 충분한 규모의 저수지를 건설하고 엄격한 물 공급 일정만 지켰더라면 말이다. 이 해결책에는 다만 딱 한 가지 문제가 있었다.

다수의 작업장 소유주들의 공통된 이익을 위해서 저장용 저수지 체계를 건설하거나 기타 이와 유사한 대규모 사업을 시행하는 데는 조심스레 조율된 행동과 **거의 찾아보기 어려운 상호 간 양보의 정신, 서로 다른 이해관계자 간의 합의**가 전제된다. 상호 간의 시기와 사소한 사항을 둘러싼 말싸움이 흔히 이러한 계획에 치명적인 방해물이 된다.[99]

경쟁의 무정부성은 화석을 갈망하게 했다.

영국에서와 마찬가지로 최적의 낙수 지대 대다수가 산업의 다른 측면에서는 운영이 불가능하거나 부적합하다고 생각되는 지역에서 발견되는 경향이 있었다. 점차 원심력이 발생했다. 두 원동기를 두고 벌어진 치열한 논쟁은 1840년대에 시작하여 거의 반세기 동안 계속되었는데, 여기서 공간적인 요인은 항상 수력의 약점으로 작용하였다. 1849년에 《사이언티픽 아메리칸》*Scientific American*은 '증기기관은 어디에나 마음대로 위치시킬 수 있다'고, 즉 '시간을 손실하지 않고 일손을 확보할 수 있다고 확신하는 어디에서나' 가능하다고 주장했다. 한 수력 주창자도 '인구가 밀집된 부근 지역'이라는 장점이 흔히 '증기의 초과 비용에 맞먹는다'고 간주된다는 점을 인정할 수밖에 없었다. 그리고 이에 반대하는 자들은 정착촌을 짓는 데 드는 비용을 거듭 지적하면서 증기를 쓰는 편이 '인근 작업장에 가서 기꺼이 일할 수 있는' '도우미'help—노동자를 일컫는 또 하나의 완곡한 표현—가 이미 가득한 항구로 쉽게 탈출할 수 있다고 주장했다.[100] 하지만 이 논쟁은 남북전쟁 후에야 시급히 해결해야만 할 의제로 부각된다.

초기 미국 정착촌의 생계형 경제에서 수력은 역학적 에너지의 완벽한 원천이었다. 가깝고 공짜였다. 인구가 농촌으로 분산되어 왕래가 힘든 먼 거리로 이격된 채로 간헐적인 교역으로만 근근이 연결

되어 있었기 때문에, 이는 하천 흐름의 분포와 잘 들어맞았다. 1840
년대—당시 미국의 상황은 영국의 경우와는 극단적으로 대조적이
다—에 대부분의 미국 제조업은 여전히 이러한 전원지대의 개척지
경제의 영역 내에서 진행되고 있었다. 1840년에 다만 10.8%의 인구
만 (최소한 2,500명이 거주하는 도시에 사는) 도시민으로 분류될 수 있었
는데, 이 비율은 1860년에 도리어 10.7%로 떨어진다. 이 나라의 도시
화는 갑자기 비약적으로 진행되어 1880년에 이 수치는 28.1%로 뛰어
오른다.[101] 헌터의 분석에 따르면 바로 **이것이** 결정적인 계기가 되었
다. '남북전쟁 후postbellum 세대에게 수력의 위상이 극적으로 뒤집힌 주
요 요인은 바로 도시에 제조업 집중이 가속되었기 때문이었다.' 다른
어떤 원인보다도 더 중요하게 '증기력의 **이동성**mobility이 증기력을 도
입하도록 만들었다.'[102] 당대의 관찰자들도 같은 결론을 내렸다. 1887
년에 미국토목기술자학회the American Society of Civil Engineers 회장은 증기의
굉장한 성장—전체 동력용량은 1870년과 1880년 사이에 80% 증가
하였으며 이에 반해 수력은 8% 증가에 그쳤다—을 회상하면서 이에
대해 간략한 설명을 제공한다.

> 사업과 노동의 중심지에 쉽게 접근할 수 있다는 점이 증기력의 성장에
> 크게 기여했다. 그리고 비록 막대한 수력이 아직 개발되지 않은 채로 남
> 아 있었고, 증기력의 비용이 여전히 수력의 비용을 크게 상회하지만, 그
> 럼에도 불구하고 **위치와 그 관계**position and its relations가 결정적으로 증기
> 에 유리하다.[103]

위치와 그 관계. 이게 바로 추상적 공간의 간단한 공식이다.
남북전쟁 이후 노동인구의 집중화는 바로 실질적으로 통합된 전
국적 시장의 형성이라는 또 하나의 똑같이 중요한 상황의 전개와 보
조를 맞춰 진행되었다. 철도와 증기선으로 서로 연결됨으로써, 이제

자급자족형 식민지 정착촌들의 마지막 흔적은 거대한 경쟁의 장 안에서 녹아 소멸하였다. 제조업자들은 이제 멀리 떨어진 소비자들에게도 상품을 빠른 속도로 정확하게 배달할 수 있게 되었다. 계절에 따라 변동하는 유량을 참고 기다리던 인내심은 바닥났다. 1883년에 《미국토목기술자학회보》*Transactions of the American Society of Civil Engineers*에 실린 증기력의 비용에 관한 논문은 수 세기 동안 농부들이 간헐적인 수력의 부족에 어떻게 대응했는지를 설명한다. 농부들은 단순히 다른 일—건기에 추수를 하거나 눈이 녹기 전에 통나무를 옮기거나—로 작업을 전환하면 되었으며, 곡식 제분을 유예하더라도 금전상 손실을 입지 않았고 아무런 문제가 없었다. 하지만 '근대 제조업의 이해관계하에서는 그런 방식이 더이상 불가능하다. 대규모 계약이 이행되어야만 하며,' '수십만 달러의 자본이 투자된다. 작업장 소유주가 남들과 경쟁하려면 작업장이 멈춰 서서는 안 된다.' 그리하여 모두 증기를 선택하도록 자극받았다.[104] 게다가 1879년에는 대서양에 인접한 북동부와 중부의 주들에 끔찍한 가뭄이 닥쳤다.[105]

남북전쟁 시점까지 확실히 화석과는 무관했던 미국의 경제는 엘리자베스 시기와 비슷한 긴 원시-화석proto-fossil 기간이라는 전주prelude를 경험하지 못했다. 1850년대까지도 전국의 열량 중 10분의 9를 목재로부터 얻었으며, 석탄으로의 전환은 19세기 후반부에 **수력에서 증기력으로의 전환에 수반되어** 갑작스레 벌어졌다. 심지어 영국의 경우보다 더 현저하게, 미국에서 석탄을 실은 배를 화로로 견인한 것은 바로 증기기관이었다.[106] 따라서 미국에서 화석 경제 탄생의 구체적 조건과 국면은 분명히 독특한 것이었지만, 가장 중대한 차이는 전적으로 연대기적이다. 그 과정의 **지체**lateness 그리고 증기의 고향에서 벌어진 사태의 본질적인 **반복**repetition 기본 윤곽은 놀라울 만큼 유사하다. 영국에서와 마찬가지로 미국에서도 자본주의 소유관계는 그것이 지닌 독특한 시공간성을 통해 흐름에의 속박을 끊고 자기지속하는 성장을 에너지의 재고에 단단히 결합시켰다.

엘리자베스 도약기와 화석 자본의 시초축적

《자본론》 제1권 마지막 부분에서 마르크스는 이 모든 것이 어떻게 처음 시작되었는지에 관한 질문을 던진다. 최초의 M은 대체 어디서 왔는가? 인공위성을 궤도에 올리려면 먼저 지상에서 조립할 필요가 있다. 자본이 끊임없는 축적의 나사선 운동에 돌입하기 위해서는 그 시초에 돈을 긁어모았다는 사실이 전제되어야 한다. 바로 마르크스가 기원이나 근원을 뜻하는 말로 '본원적 축적'*ursprüngliche* Akkumulation이라고 불렀던 과정이다.[107] 물론 불행히도 이 용어의 표준적인 영어 번역문은 **원시적** 또는 '**시초축적**'*primitive* accumulation이다. 이는 마치 고도화된 자본의 작동 양상과는 아무 상관이 없는 조잡하거나 아직 충분히 성숙되지 못한 단계를 의미하는 것 같은 인상을 준다. 이러한 오해를 살 수 있다는 점이 우려되지만, 그럼에도 불구하고 여기서는 일반적으로 사용되는 용어를 그대로 사용하기로 한다. 마르크스에게서 이 용어는 두 가지 사회적 격변의 과정을 의미한다. 한편에서는 투자를 할 수 있을 만큼 충분히 무르익은 자본의 등장, 또 다른 한편에서는 생계와 생산 수단으로부터 분리되어 임금노동에 쓰일 수 있는 '자유로운' 노동자들의 등장. 즉, 역사적 결별the historical divorce의 또 다른 표현이라고 할 수 있다.

이 분석과 유사하게, 이미 우리는 **화석** 자본*fossil* capital의 회로가 F를 그 산출물—시장에 팔기 위해 생산된 상품—로 삼는 또 다른 회로가 이미 형성되어 있어야만 탄생할 수 있다고 제시한 바 있다. 하지만 이 유사성을 완전히 설정하기 위해서는 두 번째 계기에 관해서도 언급해야 한다. 화석 자본의 시초축적은 화석연료 생산에 자본이 투자되는 과정인 동시에 **직접생산자들과 지구와의 유대를 끊어 내고**, 자연을 구획으로 나누어 사유재산으로 삼으며, 농부와 사냥꾼과 목동과 어부와 그때까지 시장으로부터 독립적으로 존재하던 다른 이들을 수탈하면서 자본주의 소유관계의 창조와 확장에 **기여하는** 과정이어야 한다. 역사상 어느 시기에서 이 과정을 발견할 수 있을까? 제일 처음 생각해 볼 수 있는 후보는 물론 엘리자베스 도약기이다. 하지만 반세기 이상의 기간 동안 이 도약기의 동역학은 거의 전적으로 리카도 학파와 맬서스 학파의 관점에서만 다루어졌다. 모든 논의의 시작점은 두 권으로 이루어진 존 네프의《영국 석탄산업의 성장》인데, 특히 그중에서 다음 한 문장이 흔히 인용된다.

> 모든 증거는 [1558년] 엘리자베스의 즉위와 잉글랜드 내전the Civil War 사이의 기간 중에 잉글랜드, 웨일스, 스코틀랜드가 심각한 목재 부족을 겪고 있었다는 점을 암시한다. 이 현상은 어떤 특정 지역에 국한된 것이기보다는 섬 대부분에 만연한 것이었으며, 우리가 이를 전국적 위기라고 서술하여도 누구도 과장이라고 비난할 수는 없을 것이다.[108]

바로 이게 16세기 영국에서 '목재 기근'timber famine이 발생했기 때문에 이 나라가 열을 얻기 위한 주된 연료를 석탄으로 전환할 수밖에 없었다는 통상적인 인식의 기원이다.

이제 수십 년에 걸친 연구 덕에 네프가 바로 이 점을 과장했다는 사실이 증명되었다. 1950년대에 역사가들은 당시 삼림이 안정적으로 유지되었거나 심지어 **확장되었다는** 증거를 거듭 지적해 왔다. 한 역사가가 결론 내리기를 '목재 기근이 발생했기는커녕' '1550년 이후 두 세기 동안 목재timber와 땔감cordwood의 가격은 놀라울 정도로 조금밖에 오르지 않았으며, 그 공급은 막대하게 증가하였다.'[109] 그리고 2003년에 로버트 앨런이 근대 초기 잉글랜드와 유럽 대륙에서의 연료 가격에 관한 가장 광범위한 자료를 제시하였는데, 이 자료는 16, 17세기에 잉글랜드 대부분 지역에서 명백한 **가격 하락**_fall_이 있었음을 보여준다. 엘리자베스 도약기로 들어가던 시기에는 심지어 목탄charcoal 가격조차도 하락했다. 이는 전국적인nationwide '기근' 중에 기대되는 상황과는 정반대이다. 더 최근에는 W. 에드워드 스타인뮬러W. Edward Steinmueller가 잉글랜드 삼림의 생산 잠재력과 수율, 임대료와 가격을 재구성했다. 1700년까지 목재의 열량당 평균가격은 석탄의 열량당 평균가격을 아주 약간 웃돌고, 그 후 석탄이 **더 비싸졌다.**[110]

그러나 수력으로부터 증기로의 전환의 경우와는 달리 최소한 이 경우는 아니 땐 굴뚝에 연기가 난 것이 아니다. 목재 기근 주장에는 **어느 정도**_some_ 사실 근거가 있다. 바로 런던의 상황이다. 이 도시는 도약기 중에 실로 연료난을 겪었다. 16세기 중반에 목재 가격이 뛰어올랐고, 이에 비하면 이후 100년간의 석탄 가격은 50% 할인된 것과 마찬가지였다. 팽창하는 수도—1520년과 1700년 사이 인구가 10배 늘었다—의 영향권 내에 있던 삼림은 완전히 황폐해졌다. 네프가 지적했던 위기는 '구조적인 제약이라기보다는 도시에서의 병목현상'이었다고 앨런은 적고 있다. 전국적인 목재 부족 같은 것은 없었다. 있었던 것은 단지 막대한 양의 돈과 사람이 흘러 들어오던, 막 도래하던 세계경제의 중심 결절에 집중된 '런던에서의 수요 폭증'이었다. 바로 추상적 공간의 첨단인 런던에서 벌어진 일이다.[111] 하지만 이것이 당시 상황에서 목재 부족과 가격 상승이 상당히 중요했다는 사실을 전적으로 부정하지는 않는다. 이 대도시에서 발생한 상대적인 가격 역전은 1830년대와 1840년대에 벌어진 수력과 증기 간의 경쟁에서 보이는 상황과는 완전히 다르다. 심지어 면직업의 수도에서의 상황과도 달랐다. 게다가 16세기 말에 이르러서는 급속히 성장하던 기타 잉글랜드 도시들에서도 지역 연료 시장 내의 비슷한 불균형의 조짐이 발견되며, 이는 최소한 권역 수준의 공급 부족으로 발전했을 가능성이 있다.[112] 네프는 과장했을 뿐, 날조한 것은 아니었다.

비록 조금 불안하기는 하지만, 기근 서사the famine narrative가 네프의 주장의 한 측면을 이룬다면, 다른 한 측면은 거의 주목을 받지 못했다. 대규모 석탄산업이 탄생하기 위해서는 토지와 그 내용물에 대한 소유권과 관련된 규칙을 다시 써야만 했다. 운이 좋은 채탄업자는 그 자리를 둘러싼 모든 다른 권리를 폐지시키고, 그 땅을 계속 사용하고자 하는 여러 서민들을 몰아내며, 그 자리가 확실히 배타적으로 자신에게만 귀속되도록 만들어야 한다. 그렇지 않으면 돈을 투자할 이유가 없고 채탄이 이뤄지지 않을 것이다.[113] 도약기 이전의 잉글랜드에서 이런 종류의 소유관계는 일반적인 것이 아니었다. 그러나 엘리자베스 여왕 치세가 시작된 지 8년이 지난 1566년에, 왕실은 금과 은을 제외한 모든 광물자원을 주권the regale으로부터 또는 왕실의 소유와 통제로부터 해방시켰다. 이렇게 종이 위에 그어진 한 획 덕분에 매장된 석탄은 **사유재산**으로 전환되었다.

그러나 칙령이 떨어지기 전에도 에너지의 재고를 채취할 때 주된 방해자는 왕실이 아니라 교회였다. 곧 북동부의 큰 광산들이 열리게 될 토지의 대부분을 교회가 소유하고 있었다. 교회는 산업을 확장하는 데는 거의 관심이 없었다. 수도원의 탄광에서도 석탄이 채굴되었고 팔려 나갔으며 결국 불태워졌지만, 단지 열악한 장비로 중세의 느긋한 일정에 따라 얕은 탄층을 소규모로 파냈을 뿐이었다. 네프의 통찰에 따르면 '대량의 석탄을 공급할 수 있을 만큼 더 깊은 탄층에 접근하려면 수백에서 심지어 수천 파운드의 투자가 요구'되었는데, '성직자들은 광산에 **자기 돈을 많이 투자할 생각이 없었으며**, 임차인들에게 그렇게 하라고 권하지도 않았다.' 차라리 정반대로 더럼Durham 주교는 광산을 임차인에게 임대할 경우 높은 지대high rents, 짧은 계약기간short terms, **생산량 제한**restrictions on output을 조건으로 걸어서 그 사업이 반드시 성장하지 못하도록 만들었다.[114] 상인들과 거리를 두었던 것이다. 주교와 수도승은 스스로의 재생산을 시장에 의존하지 않았고, 따라서 생산성을 증대시켜야 한다든지 잉여분을 재투자해야만 한다는 압박을 받지 않았다. 칼과 십자가로 번성하던 그들은 지하의 부를 건드리지 않고도 천상을 떠다니는 것이 가능했다.

하지만 튜더 왕가는 숨 막히는 교회의 손아귀로부터 토지와 그 내용물 전부를 해방시켰다. 헨리 8세 때부터 시작된 종교개혁Reformation 운동으로, 왕실은 수도원을 해산시키고 그 재산—왕국의 광물 자원 대부분을 포함하는—을 점진적으로 몰수했다. 그러나 왕실이 스스로 이를 채취할 의도를 가졌던 것은 아니다. 1566년의 칙령에 따라서 석탄의 매장지는 명목상 왕실 소유로 임차인에게 임대되는 형식이나 지주에게 완전한 소유권을 부여하는 방식으로 급성장하던 토지 거래 시장에 나오게 되었고, 지주는 직접 이를 채취하거나 다시 토지를 임대할 수 있었다. 지대는 저렴해졌고, 계약기간은 세기 단위로 길어졌으며, 모든 생산량 제한은 철폐되었다. 이제 가능한 한 많은 석탄을 캐냄으로써 **직접적 이익**을 얻는 투자자들이 채굴권을 매매할 수 있게 되었다. 투자를 회수하고 토지에 대한 권리를 지키며 가능하면 더 많은 땅을 사들이기 위해 필요한 이윤을 획득하려면, 최대한 생산하지 않으면 안 되었다. 주교나 수도승과 달리 지주와 임차인은 서로 간의 경쟁이라는 불안한 조건에서 사업을 진행했고, 시장에 팔기 위해 생산해야만 한다는 **압박**compulsion 아래 놓이게 되었다. 게다가 교회라는 멍에로부터 해방된 그들은 이제 위로부터 갑작스레 제한이 걸릴지도 모른다는 공포를 떨쳐 내고 자본을 광산 깊숙한 곳까지 투입할 수 있었다.[115]

16세기가 지나면서 더럼 주교는 타인사이드의 모든 석탄 매장지를 뉴캐슬의 상인들에게 빼앗겼다. 이미 시장에서 어떻게 살아남아야 하는지 잘 알고 있던 상인들의 사업 태도는 교회의 태도와는 정반대였다. 상인들은 그때까지는 상품을 **거래**하기만 했으나 이제 그들은 석탄이라는 상품을 **생산**하기 시작했다. 1566년의 교회 재산 몰수와 사유화의 바로 뒤를 따라서 **이것이** 1570년대와 1580년대의 엘리자베스 도약기를 이끌어 냈다. 바로 이러한 모형이 잉글랜드의 석탄지대에서 반복해서 발견된다. 네프는 '나라 전체를 통틀어 볼 때, 교회가 빼앗긴 영지들에서 16세기 말과 17세기 초의 주요 광산업이 시작되었다'고 지적하면서, 이러한 재산의 이전이 '광산업의 괄목할 확장'에 얼마나 많이 기여했는가를 강조했다.[116] 이렇게 지하에서 자본이 풀려났다.

그러나 그 땅에 **살던** 사람들은 어떻게 되었을까? 그들의 가옥과 전답은 갑자기 지반에 생긴 구멍 속으로 잠겨 버렸다. 제대로 울타리를 치지 않은 갱구에 소 떼가 빠지고, 목초가 독으로 오염되며, 이제껏 농업용으로 쓰이던 공간이 갱도와 기계로 뒤덮여 버렸다. 관습법 하에서 임차농tenant farmers은 공유지에서 소 떼를 칠 수 있었으며, 목재나 심지어 석탄을 가정 내 용도를 위해 취할 수 있었고, 인근의 황무지를 가로질러 자유로이 활보할 수 있었다. 상업적 광산을 열기 위해서는 이 모든 고대로부터의 관습이 철폐되어야만 했다. 16세기 중반까지 지하의 부를 노리고 인클로저와 퇴거가 이루어진 경우는 거의 전무했다. 하지만 엘리자베스가 왕위에 오른 후에는 이러한 동기가 전면에 나서게 된다. 광물이 혹시라도 묻혀 있을지 모른다는 추측만으로도 영주들이 토지를 전유하기 시작했다. 17세기 초에 벌어진 가장 악명 높던 인클로저 중 몇몇은 채굴에 대한 간섭을 배제하기 위해서 행해졌으며, 양치기를 목적으로 했던 경우와 마찬가지로 석탄을 위한 침탈 역시 분노에 찬 강력한 저항에 부딪혔다. 1605년에 더비 백작 영지에서 토지의 자유보유권자들the freeholders과 관습적으로 용인되던 임차인들customary tenants은 백작이 울타리를 쳐서 막은 공유지에 침입하여 석탄을 꺼내 숲에 던져 버렸으며 '그리고 그들은 자신들의 소 떼에 위협이 된다고 생각하던 갱도를 메워 버렸다.'[117] 후에 랭커셔의 가장 큰 광산 가운데 하나로 성장하게 되는 서튼 영지The Sutton manor에서는 '목축 공유지'를 주장하는 자유보유권자들에 의해 그 인 클로저가 16번이나 허물어졌다. 후에 슈롭셔 석탄 지대가 되는 곳에 서는 지역 주민들이 광산을 폐쇄시키려고 완고하게 저항운동을 벌였 다. 그들은 문을 부수고 기계를 빼앗고 노동자들에게 돌을 던졌다. 이 러한 현상이 전국에 걸친 전장 곳곳에서 발생하였다. '많은 경우 이러 한 잘 알려지지 않은 투쟁은 모든 임차인이 막대한 폭력이라고 생각 하던 것을 막기 위해 쇠갈퀴를 들고 단결하여 곡괭이와 삽에 대항하 면서 진행되었다.'[118]

엘리자베스 도약기는 전원지대에서 전통적인 삶의 방식을 상대 로 벌어진 상시적 전쟁의 형식을 띠었다. '등본소유권자들Copyholders 은 그들의 토지 아래에서 **혹시라도 석탄이 발견될까봐 항상 두려움 에 떨며** 생활'했으며 탄층을 비밀에 붙인다든지, 탐색을 방해한다든 지, 광부들이 갱도를 파는 즉시 흙으로 메꿔 버린다든지, 채굴을 막기 위한 가능한 한 모든 조치를 취했다.[119] 흔히 작업자들은 무장한 경비 병들을 두고 갱도를 밤낮 할 것 없이 지키게 할 수밖에 없었다. 이제 막 싹트는 원시-화석 경제를 지키기 위해서 물리적 폭력이라는 방벽 을 세웠던 것이다. 자본을 축적하고자 했던 지주들은 이미 이 단계에 서 막강한 국가체제a formidable state apparatus의 지원을 확보한 상태였고, 저항을 분쇄하며 수천 회의 분쟁을 버텨냈다. 16세기 말에는 석탄이 풍부한 지대에 대한 배타적 사유재산권이 결정적으로 보장되게 되었 고, 임차인들과 평민들은 사실상 관습적으로 용인되던 모든 권리를 잃게 되었다.[120] 토지에의 압력을 **완화시키기는커녕**, 땔감으로부터 석 탄으로의 전환은 그것에 영향을 받은 평민들에게는 토지라는 그들의 가장 소중한 자원을 **강탈당하는 것**으로 나타났다.

그 결과가 바로 분리였다. 한편에서는 재고—당연히 그 위의 지 면까지 포함해서—의 소유권이 몇몇의 손아귀에 집중되었다. 또 다른 한편에서는 석탄의 대두로 임차인들의 퇴거가 진행되고 일반적으로 잉글랜드 내 농민의 소유권이 축소되었다.[121] 어떤 지역에서는 석탄을 위한 인클로저coal enclosures가 직접생산자들을 토지로부터 떼어내는 데 가장 중요한 역할을 수행했다. 이것이 바로 이 나라의 독특한 사회적 구조를 탄생시킨, 수 세기 동안 진행되어 온 과정의 잘 알려지지 않았던 측면이다. 바로 이 지점이 원시-화석 경제와 화석 경제의 필수적인 요소sine qua non다. 1708년에 J. C.라는 머리글자로 정체를 숨긴 저자가 최초의 광산 설명서 중 하나라 할 수 있는 《탄광 총론: 또는 지금 특히 선덜랜드와 뉴캐슬을 포함한 북부에서 진행되고 있는 방식의 굴착, 채취, 작업, 탄광 운영 등등의 기술》*The Compleat Collier: Or, the Whole Art of Sinking, Getting, and Working, Coal-Mines, &c., as is Now Used in the Northern Parts, Especially about Sunderland and Newcastle*을 출간했다. 이 책의 목적은 석탄이 매장된 부동산의 소유주들에게 매우 사적인 당근을 제시함으로써 이들을 자극하려는 것이었다. J. C.는 '만약 모험가들에게 격려가 될 만한 무언가(또는 이윤)가 허락되지 않는다면, 도대체 이 사람들이 뭘 하고 살 것인가'라고 질문을 던진 뒤에 계속해서 **'만약 이윤을 획득할 수 없다면, 내가 보기에 그 누구도 자기 돈을 걸고 모험을 할 리 없다'**라고 적었다.[122]

다행히도 16세기 후반과 17세기 초반에 광산을 통해 얻을 수 있는 이윤은 일반적으로 매우 훌륭했다. 흔히 40%를 넘었고 가끔은 130%에 달했다. 실로 이러한 자본축적은 너무나도 성공적이었기 때문에 수요가 정체되었던 17세기 후반에조차 여전히 새 광산이 생겨나서 석탄산업은 **과잉생산** 상태에 빠지게 된다. 시장은 포화되고 가격이 폭락했다.[123] 이러한 병리적 증상은 바로 공급 주도 과정의 증거이다. 이미 살펴본 바와 같이 수력으로부터 증기로의 전환과 화석 경제의 발흥은 수요에 의해 주도되었다. 엘리자베스 도약기와 원시-화석 경제 역시 그 시발점에는 수요 측면의 요소가 있었다. 하지만 근본적으로 이것이 실현된 까닭은 공급 측면에서의 실로 혁신적인 전환 덕분이었다. 네프가 살펴본 바에 따르면 '오직 영국에서만' '금과 은을 제외한 모든 광물에 대한 지주의 권리가 절대적인 것이 되었다.'[124] 전세계 다른 어디에서도 이 원칙과 같은 선례나 유례를 찾아볼 수 없다. 예를 들어 송나라 이후 중국에서도 국가는 전적인 통제권을 행사하였으며 석탄의 사적인 채굴은 근절의 대상이었다.[125]

다만 표층만 살펴본 것이지만, 엘리자베스 도약기에 대한 이러한 재해석을 통해서 화석 자본의 시초축적 이론에 살을 붙여 볼 수 있다. 도약기는 1) F를 시장에 공급함으로써 자본축적을 개시하고, 2) 토지를 몰수하고 에너지의 재고를 사유재산으로 전환하는 것에서 기원했으며, 3) 자본주의 소유관계를 확산시키고 강화하는 과정으로 이루어졌다. 이 과정은 시장에 석탄을 공급하고 **동시에** 궁극적으로 증기로의 전환이 필요하게 만든 바로 그 관계를 강화함으로써 이후 화석 경제 발흥의 기반을 구축하였다. 실로 추상적 공간과 추상적 시간이 초기 광산에서부터 탄생했다고까지 주장할 수 있을 것이다. 가정의 연료를 에너지의 재고로부터 획득하는 방식은 영국의 도시들—'쉽게 확보할 수 있는' 노동자들이 모이는 장소—이 그 유례를 찾을 수 없을 만큼 확장될 수 있도록 만들어 주었으며, 동시에 광산업은 어두침침하며 생명력이 없고 반응도 없는 영원한aeonian 원소를, 그리고 이를 통해서 균질적 시간을 경제의 영역으로 끌어들였다. 노동이 수행되는 다른 모든 장소와 달리 탄광은 그 자체의 운율을 가지지 않는다. 임금노동자들이 정해진 시간에 석탄을 파내도록 깊숙한 오지로 보내지고, 그렇게 얻은 석탄은 그들과는 아무 상관도 없는 일정에 맞추어 머나먼 곳의 고객들에게 공급된다.

일단 태어난 화석 자본은 바로 앞 단계 회로로부터 끊임없이 양분을 공급받아야 한다. 화석 자본의 일반 공식(M - C(L+MP(F)) ... P ... C' - M')을 추구하기 위해서는 끊임없이 작동하는 시초축적(M - C(L+MP)

... P ... C'(F) - M')이 전제되어야 한다. 또는 더 간단히 말하면, 자본가들이 화석연료를 태우기 위해서는 그것을 생산하는 데 특성화된 다른 자본가들이 존재해야 하며, 전자가 더 많이 태우기 위해서는 후자가 더 큰 양의 화석연료를 공급해야 하고, 이 두 순환의 고리가 서로 엮여야만 한다. 엄밀한 의미의 회로로 볼 때, 화석 자본의 시초축적이야말로 바로 **화석 경제의 영원한 기반**이다. 엘리자베스 도약기에 실행된 시초축적 방식은 **정치적** 과정으로서 과거 두 세기 동안 수없이 자주 반복되어 왔다. 아라비아반도에서 에콰도르의 우림에 이르기까지 토지와 그에 딸린 부를 몰수하고, 이에 저항하는 국가체계와 관습적으로 용인되던 권리를 무력화시키며, 지역 주민을 수탈하고 이들을 판자촌으로 퇴거시킴으로써 화석연료의 채취를 확장하였다. 이게 바로 '피와 불의 문자로' 적힌 역사다.[126] 자본의 권력에 의존하는 이 과정은 우선 먼저 **자연에 대한 자본가 세력의 독점적 통제**를 확대함으로써 항상 자본의 권력을 강화해 왔다. 엘리자베스 도약기에서 희미하게나마 리카도-맬서스식 동역학의 흔적을 찾을 수 있었다면, 더 최근에 재현된 경우들에서 이는 아예 흔적조차 남기지 않고 사라져 버렸으며—잘 알려진 바와 같이 석유의 역사는 바로 최근까지 과잉생산의 역사였다—완전히 다른 요인들이 석유 굴착장치와 토지를 꿰뚫는 시추기를 구동시켰다. 영국 인민이 더이상 식물로 연명할 수 없기 때문에 셸Shell이 나이저강 삼각주까지 간 것이 아니다.

누군가 굶주렸기 때문에 자본이 무언가를 먹는 것이 아니다. **자본은 항상 먹어치운다**.capital always eats 이 과정으로서의-관계relation-in-process가 가진 생태적 폭식 본능은 생계유지의 필요와 그것의 해소라는 틀로는 설명될 수 없다. 왜냐하면 바로 자본이 생태계의 자연적 한계 내에 한정되기를 거부하기 때문이다. 자본은 그 이상의 수준에서, 사용가치의 수준을 초월하여, 옅은 추상적 교환가치의 대기 속에서 운용된다. 바로 잉여노동을 영구히 끌어다 써야 하기 때문에, 자본은 그게 부족하든 부족하지 않든 아무 상관하지 않고 땅에서부터 물질적 밑바탕material substrata을 길어 올려야만 한다. 자본은 초-생태적supra-ecological이라 할 수 있다. 누군가는 이렇게 말한다. 그 자체만의 독특한 사회적 DNA를 지닌, 생물물리학적 잡식성 야수. 끝이 없는 비시간적timeless 성장 추구의 욕망은 부족shortages이라는 벽에 부딪혔다가 더 풍부한 재화로 전환함으로써 그 벽을 넘어선 것이 아니었으며, 특수한 제약에 대한 반동으로 전개된 보편적 과정도 아니었다. 차라리 자본은 생물물리학적 자원의 **보편적**universal 전유로 전개되는 하나의 **특수한**specific 과정인데, 그 탐욕은 만족할 줄 모르고, 에너지를 통해서 시작되어 영원히 에너지를 통해서 지속한다.

배출 폭증

2014년 5월 12일, 《뉴욕타임스》는 '막대한 서남극 빙상의 큰 부분이 떨어져 나가기 시작했으며 계속 녹아내리는 것을 이제는 막을 수 없을 것으로 보인다'라고 보도했다. 이는 앞으로 해수면이 최소한 3미터는 상승하리라는 것을 의미한다. 이 발견은 서로 독립적인 두 연구자 조직에 의해 《지구물리학 연구지》*Geophysical Research Letters*와 《사이언스》에 발표되었다. 이렇게 사방에서 계속 울리는 경종 소리에 또 하나의 최신 정보가 덧붙여졌다. 빙하 이야기다. 서남극 안쪽에서부터 아문센해로 흘러오는 빙하를 지금까지는 빙붕이 욕조의 마개처럼 막고 있었지만, 해양 온난화로 인하여 가면 갈수록 대륙에 더 많은 열이 전달되면서 이 빙붕이 녹아 마개가 열리게 된 것이다. 이렇게 힘의 균형이 무너지고 욕조의 물이 빠져나오게 되었는데, 여기에는 대지로부터 분리된 빙하가 바다로 밀려드는 것을 막을 언덕이나 산등성이도 없다.[1] 한 주요 저자는 나사NASA 기자회견을 통해 '오늘 우리는 서남극 빙상의 큰 부분이 비가역적으로 감소하기 시작했다고 증명하는 관측자료를 제시한다'고 말했다. '이는 이미 돌아올 수 없는 강을 건넜다.' 빙상 전부가 그 목적지에 도달하기까지는 한두 세기가 더 걸리겠지만 《뉴욕타임스》가 지적한 바에 따르면 거의 4백만 명에 달하는 미국인이 현재 살고 있는 지대를 잠기게 만드는 데는 1.2미터만으로도 충분하다. 게다가 온실기체를 계속 배출한다면 똑같은 과정이 동남극과 그린란드의 이보다 더 큰 빙상에서도 시작될 것이다. '정말 서남극의 도화선에 불이 붙었다면, 그 도화선의 불을 이제 끌 수 있다고 상상하기란 어렵다'라고 해당 분야의 전문가 리처드 B. 앨리Richard B. Alley는 덧붙였다. '하지만 여기에는 엄청나게 많은 도화선과 엄청나게 많은 성냥이 더 있으며, 우리는 이제 결정해야 한다. 이것들에도 역시 불을 붙일 것인가?'[2]

이 기사가 실린 바로 그날,《뉴욕타임스》는 '캐나다의 석유회사들이 오일샌드 유전을 중국과 세계 전역의 신규 시장에 연결할 다수의 송유관 신설 및 확장 계획을 제안하였다'고 보도했다. 타르샌드로부터 나온 석유를 캐나다 앨버타에서부터 미국을 지나 휴스턴에까지 보내기 위한 키스톤 XLKeystone XL 계획은 연기되었지만, 이에 굴하지 않고 이 회사들은 동서 양쪽 캐나다 해안을 향해 뻗을 송유관 계획을 다시 세웠던 것이다. 일단 해안에 도달하면 석유는 불태워질 목적지로, 그중 어디보다도 먼저 중국을 향해 배로 수송될 수 있다. 키스톤 XL 없이도 이후 10년간 오일샌드 생산량은 4분의 1 이상 더 성장할 것이다. 몇몇 회사들은 생산량을 2배 또는 3배로 늘릴 것이다. 1950년대 이래 이토록 많은 송유관 계획이 전개된 적은 없었다. 물론 이들은 여러 다양한 저항에 직면했다. 원주민들First Nations, 환경운동가들, 아름다운 경관을 망칠 것을 우려하는 지역공동체로부터. 그러나 셸 캐나다Shell Canada의 오일샌드 담당 부회장은 나름대로의 합리적인 근거를 제시하였다. 그가《타임스》에 말하기를, '우리를 위해서, 미래의 투자를 위해서, 송유관이 필요합니다.' '우리는 더 큰 용량을 원합니다. 장기적으로 우리는 세계시장에 접근할 수 있어야 합니다.' 가장 큰 논쟁거리 계획들을 구현하기 위해서 정부는 '폭력적 대치 상황'까지도 감수해야만 할 것이다. 하지만《뉴욕타임스》가 결론 내리기를, 계획들 대부분의 전망이 '밝아 보인다.'[3]

역사상 가장 위대한 연구 하나가 기후변화의 과학을 탄생시킨 바로 그 시점인 1986년 이후, 단 25년 동안의 화석연료 연소로 인해 1751년에서 2010년까지 배출된 모든 CO_2의 절반이 발생하였다.[4] 새로운 천년이 시작되면서 또 하나의 전환점을 맞았다. 본질적으로 21세기에 들어서야 지구온난화의 파국적 귀결에 대한 인식이 광범위하게 퍼지게 되는데, 반면에 2000년 이후의 CO_2 배출량 증가율은 1990년대의 증가율의 3배에 달한다. 2009년에 배출량이 1% 약간 넘게 줄어들었는데—실로 예외적인 사건이다—이것도 특별한 기후 정책 때문이 아니라 다만 자본축적 과정에서 사고가 발생했기 때문이었으며, 그나마 2010년에 거의 6% 가까이 증가하면서 본래 궤도로 돌아왔고 이후 연평균 3% 부근에서 안정화되었다. IPCC가 제시한 최악의 시나리오를 넘어서는 이 평시활동의 새로운 국면은 2060년까지 4도 상승이라는 쪽으로 세계를 이끌고 있다. 어떤 기준으로 살펴보아도 이것은 문명에 심각한 영향을 끼치지 않고 인류가 적응할 수 있는 수준을 훨씬 넘어선다.[5] 사태는 손쓸 방법 없이 흘러간다. 당연히 이를 2000년 이후의 **배출 폭증**_emissions explosion_이라고 부를 수 있을 것이다. 화석 자본의 이론이라면 이 사태에 대해서도 어느 정도 설명을 제시할 수 있어야만 한다.

이 폭증 사태에서 현저히 드러나는 기초적 사실 두 가지를 발견할 수 있다. 첫째, 이 폭증은 단 하나의 나라에 집중되어 있다. 바로 중화인민공화국이다. 2000년과 2006년 사이 CO_2 배출의 전 지구 증가량의 55%가 바로 중국에서 발생하였다. 2007년에 이 수치는 **3분의 2**에 달했다. 2004년에 중국은 세계에서 화석연료를 가장 많이 채취하는 나라가 되었다. 그 2년 후 중국은 미국으로부터 최대 배출국의 자리를 빼앗았다.[6] 둘째, 이 폭증은 세계화와 어떤 관계가 있는 것으로 보인다. 1980년대 초에서 2008년까지 세계무역은 매년 8% 증가했다. 무역이 생산량 증가에 비해 훨씬 더 빠르게 증가했는데, 그러나 진정으로 새로운 것은 바로 해외직접투자foreign direct investment, FDI의 폭발적인 증가였다. 1980년대부터 계속하여 FDI 흐름의 양은 국제무역보다 더 빨리 증가했다. 1990년과 2009년 사이에 FDI의 흐름은 5배가 되었으며, 금융위기 직전에 최고봉에 달했다가 저점을 찍고 그 후 다시 상승하였다. 그리고 현상적으로 이 경향도 역시 중국에 집중되었다. 2008년에 FDI의 주요 목적지인 이 나라에는 러시아와 인도에 흘러 들어간 자금을 합친 것의 거의 2배에 달하는 자금이 유입되었다. 그 2년 후에 중국은 독일로부터 제조업 생산품 최대 수출국의 위치를 빼앗았다.[7] 이렇게 잘 알려진 수치들의 배후에서, 도대체 거기서 무슨 일이 벌어진 것일까? 중국과 세계화는 어떻게 인화성 혼합물이 되어 지구상에서 막대한 수의 도화선을 동시에 불붙일 수 있을 만큼, 이토록 압도적인 위력을 가진 배출 폭증을 일으켰는가?

수출을 위한 폭증

생태근대주의라고 알려진 부르주아 이데올로기의 기반은 더 많은 부가 생태적 문제의 해결책이라는 믿음이다. 오직 사람들이 충분히 근대화되고 기술적으로 진보하고 고상해진 후에야 주변에 오염이 그리 많지 않게 된다. 조금 더 정확히 말하면, 각 나라는 환경 쿠즈네츠 곡선the environmental Kuznets curve, EKC을 따른다. 가난하고 미개발된 상태의 나라는 환경에 거의 흔적을 남기지 않는다. 그 소득이 늘어나면서 그 영향도 늘어난다. 그러나 이는 전환점에 이르기 전까지만 그러하며, 일단 전환점에 도달한 후에는 부의 성장이 환경파괴를 **감소시키고** 그리하여 그 영향은 시작점 수준으로 돌아간다. 중립적인 농업에서 시작해서 더러운 산업을 거쳐 깨끗한 서비스업에 달한 가장 발전한 경제에서 충분히 번영을 누리는 사람들은 비로소 주변 환경과

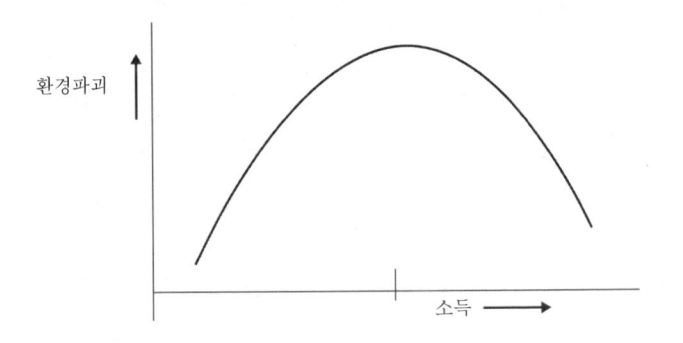

그림 14.1. 환경 쿠즈네츠 곡선EKC

효율적 기술, 기관들의 책무에도 관심을 가지게 된다. 이 모두가 지구에 얕은 발자국을 남기기 위해서 필요하다. 다른 나라들도 결국 이 왕도를 거칠 수밖에 없다. 이 왕도로 가는 문을 여는 가장 좋은 방법은 세계화를 유도하는 것이다. 어쨌든 EKC 개념이 북미자유무역협정 NAFTA 논쟁 중에 등장했던 1990년대 초 이후로, 계속해서 바로 이러한 주장이 여전히 영향력을 발휘하고 있다. 경제학자 윌프레드 베커만Wilfred Beckerman은 이 주장의 정치적 핵심을 이렇게 요약한다. '경제가 성장할 때 흔히 그 과정 초기에 환경파괴가 일어나지만, 대부분의 나라가 적당한 환경을 갖추는 데 최선의——그리고 아마도 유일한——방법은 결국 **부유해지는 것**이라는 증거가 있다.'[8]

수십 넌 동안 진행된 연구에도 불구하고, 이제 우리가 인지할 수 있는 현실에 EKC가 존재한다는 증거는 거의 찾을 수 없다. CO_2를 고려한다면 하나의 변수가 이 곡선을 따르는 것처럼 보인다. 바로 오염의 **강도** 또는 **단위생산량당** 배출된 CO_2량이다. 하지만 기후를 볼 때 중요한 것은 물론 **전체** 배출량이며, 이 중요한 지표가 하락세로 전환된 경우는 없었고 차라리 소득과 함께 보통 증가했다.[9] (하지만 강도 역시 이러한 배출 폭증의 주요 변수일 수 있다. 이를 앞으로 다시 살펴볼 것이다.) 게다가 EKC만 살펴볼 경우, 세계화된 경제의 특성을 간과하는 오류를 범할 수도 있다. 스마트하고, 기술에 익숙하며, 태평한 예술감독의 탄소발자국은 그가 무엇을 생산하는지의 함수가 아니라 그가 무엇을 **소비하는지**의 함수이며, 그가 소비하는 것의 대부분은 아직도 제조업이라는 더러운 직무를 수행하고 있는 다른 나라로부터 수입되었을 것이다. 소득을 나타내는 축의 오른쪽 끝에 위치한 사람들이 노트북 컴퓨터, 스마트폰, 신발, 청바지, 자동차, 장거리 항공권을 사들이는 짓을 그만두고 금욕주의적 은둔 생활에 귀의했다는 증거는 어디에도 없다. 정반대로 이들의 존재 때문에 발생하는 생태적 부담은 틀림없이 늘어난다. 다만 그게 이제 저 멀리 어딘가에 있는 생산자들에게 떠넘겨졌을 뿐이며, 그게 그 생산자들에 의한 것인 양 **보이는 것일 뿐이다.**[10] 맥북 에어 사용자 패거리의 사뿐한 생태발자국이란 결국 근시안 때문에 발생한 착각일 뿐이다.

상품과 연관된 CO_2 배출량의 대부분은 최종 소비가 아닌 생산과정에서 발생한다. 방글라데시에서 온 티셔츠를 입는 스웨덴 국민은 CO_2를 직접 배출하지 않는다. CO_2는 이미 티셔츠를 생산하는 공장과 전기를 공급하는 발전소에서, 건설업자와 기계제작자와 공급망의 한참 안쪽에 있는 다른 이들에 의해 이미 배출되었으며, 그리하여 일련의 배출량이—불태워진 보조재료의 숨겨진 유산으로—그 상품에 **내재된다.***embodied* 따라서 상품을 수입한 소비자에 의해 야기된 실제 CO_2량은 소비자가 있는 국가의 국경을 훨씬 넘어 멀리까지 분포하게 된다. 실로 최근에는 타국에서 최종적으로 소비되는 상품을 생산하기 위해서 가면 갈수록 더 많은 CO_2가 배출되는 경향을 보인다. 1990년에는 전체 배출량의 20%, 2008년에는 26%가 이 부류에 속했다.[11] 기후와 관련된 협상의 기초가 되는 공식적 통계에서 배출량은 여전히 연기가 실제로 땅을 떠나 올라가는 영토와 국경을 기준으로 파악된다. 그런데 도대체 왜 방글라데시가 티셔츠를 입은 스웨덴 국민 때문에 야기된 CO_2를 책임져야 하는가? 이렇게 늘어나는 '무역에 내재된 배출량'emissions embodied in trade, EET을 다루기 위해 몇몇 국가에서 일군의 연구자, 활동가, 정치가 들이 들고일어나 책임을 재분배하고 생산기준으로부터 소비기준의 산정으로 전환하여 '**어떻게** 그리고 **어째서** 인간의 행위가 CO_2 배출에 영향을 주는지'를 더 현실에 가깝게 파악하자고 주장하고 있다.[12] 쉽게 말하면, 잘 사는 서구인들이 그리 쉽게 은근슬쩍 빠져나가지 못하게 만들자.

이러한 EET 현상과 이와 관련된 손가락질의 중심에도 역시 중국이 있다. 1990-2008년 시기에 부속서 B—교토의정서에서 의무 분담 선진국으로 분류된 곳들—에 수입된 배출량 성장분의 75% 전부가 중국에서 발생했다. 중국은 2001년 세계무역기구WTO에 가입하면서 그때까지 남아 있던 투자 장벽을 허물고, 외국인의 소유권 제한을 철폐하고, 현지 협업 조건을 완화하였으며, 일반적으로 문호를 널리 개방하였다. 그리고 실로 폭증이 시작되었다. 1990년에서 2002년 사이 중국의 CO_2 증가량 3분의 1이 수출에 의한 것으로 직접적으로 분류될 수 있었으며, 이 비율은 그 직후 3년 만에 **절반**까지 올라갔다. 게다가 한 추정 자료에 따르면, 2002년과 2008년 사이 이 나라 **전체** 배출량의 48%에 달하는 양이 수출 부문에서 발생하였다.[13] 이게 바로 중국 영토에서 올라오는 연기 기둥의 주요 원천이다. 다른 동인들은 상대적으로 미미하다. 2002-2005년에 인구 증가와 '생활양식 변화'는 배출량 증가에 각각 2%와 1% 기여했을 뿐이며, 정부지출과 가계소비의 기여는 각 7%에 불과했다. 반면에 수출용 생산은 대략 50%에 달했다.[14] 21세기 초의 중국 경제 내 다른 어느 부문도 이 부문의 폭발적 역동성과 견줄 수 없다. 심지어 이 부문이 기반시설과 소비에 간접적으로 준 자극은 아예 포함시키지 않은 상태에서조차도 그렇다.

산더미 같은 중국제 상품은 주로 선진국에 안착한다. 내재된 배출량의 주요 수출국이 중국이라면, 그 주요 수입국은 미국이다. 미국은 가면 갈수록 더 큰 양을 집어삼켜서 1997년과 2007년 사이 그 순수입액이 250%만큼이나 증가하였다. EU의 경우 이 수치는 154%다.[15] 서유럽의 몇몇 국가에서는 자신들이 EKC의 정점을 이미 지나 내리막 길에 들어섰다고 믿고 싶을지도 모르겠으나 수입이 더 많이, 더 빨리 늘어나는 한에서 그러한 자화상은 생산만을 기준으로 삼는 속임수에 기초한 것일 뿐이다. 교토의정서를 둘러싼 논쟁 중 탄생한 용어로 이러한 배출량의 이전 현상은 '탄소 누출'이라고 알려졌다. 기후 협상 초기에는 오직 몇몇 국가들—부속서 B에 있는 나라들—만이 의무적 감축 대상이 되고, 지저분한 활동은 그냥 역외로 옮겨질 것이라는 두려움이 존재했다. CO_2를 무제한 배출하려는 자동차 생산업자는 규제가 없는 부속서 B 외의 국가, 예를 들어 중국으로 이전할 수 있다. 배출량을 줄이려는 나라는 생산하는 대신 생산품을 수입할 수 있다.

하지만 이러한 형태의 탄소 누출이 실제 일어난 적은 없다. 극단적인 배출량 감축 때문에 부속서 B 국가로부터 대규모 이탈이 발생하는 일은 있을 수조차 없었는데, 왜냐하면 그러한 감축 자체가 도대체 실행된 적이 없기 때문이다. 때문에 '강한' 탄소 누출과 '약한' 탄소 누출을 구분하게 된다. 강한 종류의 탄소 누출은—지금까지는 가정에 불과하지만—엄격한 기후 정책에 의해 의해 야기된 생산 행위의 이탈이다. 약한 종류의 탄소 누출은 **특정할 수 없는 기타 이유 때문에** 생산 행위가 이탈하는 현상이다. 그런데 EET에 관한 주류 연구는 바로 이 지점에서 갑자기 멈춰 선다. 일군의 연구자가 '여기서 보고한 대규모 배출량 이전 사례의 원인은 아마도 기후 정책 그 자체와는 무관한 기존 정책이나 사회 경제적 인자이다'라고 지적하기는 하지만, 그들은 바로 그 뒤를 따라야만 할 자연스런 질문을 절대 던지지 않는다. 그렇다면 도대체 **무엇이** 그 원인인가?[16] 만약 자동차 생산업자들이 기후변화 완화 조치를 피해서 공장을 중국으로 옮긴 것이 아니라면, 도대체 **왜 그들은 그렇게 하였는가?** 나름 유의미한 성과를 거두었음에도 불구하고 EET 연구는 여기서 작동하는 동인the causal drivers을 제대로 파악하지 못했다. '**어떻게** 그리고 **어째서** 인간의 행위가 CO_2 배출에 영향을 주는지'를 설명해야만 할 바로 그 지점에서, 스스로의 시야를 제한해 버린 것이다.

이 탐구 틀에는 상기한 바와 연관된 또 하나의 문제점이 존재한다. 이 틀은 EKC를 부정하면서 생산이라는 계기를 완전히 버리고 소비에만 모든 초점을 맞추는 경향이 있다. 따라서 흔히 우리가 읽게 되는 글은 수출에서 야기되는 배출량의 비율이 "크고 중요하며, 이는 곧 중국이 국제무역에서 '세계의 공장'의 위치에 있음을 보여준다. 중국에서 만들어진 제품을 **소비하는** 사람들 역시 책임을 공유해야만 한다"는 식의 이야기이다.[17] 이 주장을 한번 검토해 보자. 중국은 많은 양의 CO_2를 배출하는 세계의 공장이며, 그 제품을 **소비하는** 사람들은 책임을 져야 한다. 이 묘사에서 누구 하나 빠진 것 같지 않은가? 소비에 기초한 산정법으로부터 유도되는 것은 서구의 소비자가 CO_2 덩어리를 세계의 다른 지역으로 밀어내는 절대적 주권자라는 인상이다. 진열대 앞에 서서 비싼 국내 생산품 대신 저렴한 중국제 상품을 집어드는 소비자만을 남기고, 생산수단의 소유자들은 중립적이고 수동적인 존재가 되어 시야로부터 은근슬쩍 사라진다.

소비가 서구인 일반의 행위로 간주되는 순간, 논의가 완전히 산으로 가게 될 우려가 있다. 일군의 연구자들은 미-중 무역에 내재된 배출량을 연구하면서 '선진국에서 제품을 생산하는 노동자들은 개발도상국의 노동자들에 비해 상대적으로 호화로운 생활양식을 누리면서 많은 경우 **환경에 상당히 큰 영향을 주고 있다**'고 주장한다. 중국의 배출량은 '주로 **노동자들이** 소비하는 제품의 생산에 의한 것이다.'[18] 미국 소비자의 대다수를 차지하는 이들—노동자들—이 책임을 져야만 하며 사실 이게 바로 이 분야 상당수 연구에서 암묵적으로 시사되는 바이다. 중국에서 배출된 CO_2의 무게를 서구의 보통사람들이 짊어져야만 한다. 여기서 부유한 소비자들과 그렇지 않은 이들 사이에 아무런 구별도 하지 않는데—본래 쟁점이 되었던 EKC만큼이나 비현실적인 가정이다—물론 경제가 발전된 곳의 노동자들이 월마트, 테스코, 이케아에서 구입한 값싼 중국제 상품 덕에 어느 정도 혜택을 누린다는 것이 틀린 말은 아니지만, 그렇다고 해서 이들을 비난하는 것은 **어째서 배출이 중국으로 이전했지는지**를 다루는 과학의 측면에서 볼 때 그리 설득력이 없다. 미국이나 다른 서구의 노동자들이 제조업을 해외로 이전하자고 결정한 것이 아니다. 사실, 애당초 그런 움직임에 저항한 사람들이 존재한다면, 그것은 바로 이 노동자들이다. EKC와 그것에 대해 통상적으로 제시되는 부정만으로 중국에서 실현된 배출과 세계화 간의 결합체nexus를 제대로 이해하는 것은 불가능하다. 아마도 부정의 부정이 문제를 더 잘 해결할 수 있을 것이다.

세계화된 화석 자본

앞서 전개한 화석 자본의 이론은 잉여가치 생산에서 에너지의 재고가 일반적 용도의 지렛대로 작동한다고 제시하였다. 이에 기초하여 세계화된 생산의 시대에 관한 간단한 가설을 세울 수 있다. **세계적 이동성을 지닌 자본**globally mobile capital**은 끊임없는 화석 에너지의 대량소비를 통해서 저렴하고 규율을 잘 따르는 노동력이 있는 위치—바로 잉여가치율이 최대화될 것으로 예상되는 위치—로 공장을 재배치할 것이다.** 이미 전환은 오래전에 완료되었다. 남은 일은 오로지 나사선을 쫓아 도는 것뿐이다.

'세계적 이동성을 지닌 자본'이라는 용어는 무엇을 의미하는가? 우선 이 용어는 자유롭게 국경을 넘어 투자할 수 있으며 새 장소로 생산기술을 옮길 수 있는 산업자본을 의미한다. 본국 A에서 떠나온 자본이 현지국 B에 공장을 건설하거나 회사를 사들일 수 있으며 기계, 기술적 전문성, 경영 원칙이나 기타 핵심 자산을 A에서 B로 옮길 수 있을 때, 비로소 세계적 이동성을 지닌다고 할 수 있다. 물론 B를 이와 비슷하게 선택이 가능한 현지국들의 목록 중에서 고를 수 있어야 한다. 1970년대 이후 세계경제가 성장하면서 이러한 조건들이 점진적으로 실현되었다. 이는 이제 자본이 거의 일정한 생산성을 유지하면서 국경을 넘나들 수 있다는 것을 의미한다. 조금 달리 말하면 하나의 초국적기업transnational corporation, TNC의 생산성은 바로 그 특정 기업에 소속된 자산이기 때문에 현지국의 평균생산성 수준과는 무관하게 현지국에 그대로 도입될 수 있다는 뜻이다.[19] 물론 이는 직접적인 생산기술에만 적용될 뿐 **기반시설**에는 적용될 수 없다. 이 구분이 지극히 중요하다는 점을 뒤에서 다시 살펴보게 될 것이다.

이런 종류의 이동성은 추상적 공간 속으로 깊이 뻗어 나가려는 자본의 시도를 잘 보여준다. 최적 수익성을 추구하면서 자본은 이전 어느 시절보다 자유롭게 지상을 활보하고 있다. 반면에 노동은 상대적으로 위치에 고정된 상태로 남아 있다. 노동은 자기 삶의 터전, 지역의 방언, 기억, 가족, 관습, 친구들, 술집이나 정당, 기타 수없이 많은 삶의 요소들을 필요로 하는 살아 있는 인간 개체에 속하는 것이기 때문에, 임금노동이라는 상품은 자본만큼의 이동성을 가질 수 없다(심지어 출입통제나 이민에 대한 장벽이 없다 하더라도 그렇다). 시간이 지나면서—자본주의적 발전이 역사적으로 진행되면서—노동자들은 자신들의 거주 지역에 뿌리를 내린 독특한 양상들을 만들어 낸다. 일부 지역에서는 임금을 올리도록 만들 수 있는 강력한 노동조합을 만드는 반면, 다른 지역에서는 거의 조직화되지 않았을 수도 있다. 일부 지역에서는 고도로 교육을 받은 반면, 다른 지역에서는 기본 교육만 받았을 수도 있다. 일부 지역에서는 강력한 정치적 투쟁 경향을 가진 반면, 다른 지역에서는 인내하라는 설교에 사로잡혀 있을 수도 있다.

임금, 기능, 다루기 쉬운 정도manageability 그리고 노동력의 기타 성질은 공간상 다양한 양상을 보인다. 노동자들로부터 완전히 제거할 수 없는 자율성은 거칠고 불균등하며 완전히는 절대로 안정될 수 없는 계급관계의 지형을 탄생시킨다. 스토퍼와 워커에 따르면, 이 때문에 '자본에게 이동성은 사치품이 아닌 필수품'이 된다. 노동계급 집단이 '자본만큼 가변성이나 지리적 이동성을 지니지는 못하기 때문에 산업은 그 끝없는 발전과 재구성 과정 중에 노동력을 추적하고 쟁취하며 때로는 유기해야만 한다.'[20] 이 관점에 따르면 추상적 공간의 생산은 자본가가 내뱉는 독백이 아니라 순환의 외측 경계면에서 노동의 공세를 회피하고 때로는 맞붙어 다툴 수 있는 자유를 과시하는, 그렇게 계급관계에서 우위를 선점하기 위해 취하는 방법이다.

자본이 생산성을 가볍게 휴대하면서 전 지구를 활보하는 자유를 일단 획득하면, 자본은 잠재적 현지국들을 대상으로 **그들 각각에 귀속된** 자산 기초를 비교하면서 입지를 선택할 수 있게 된다. 이렇듯한 국가에 귀속되는 중요한 자질 중 하나가 바로 노동력이다. 자본은 돌아다니면서 특히 각국이 가진 노동력 공급의 특성에 주목한다. 자본은 값싼 노동을 추구한다. 자본은 노동자들이 쉽게 확보될 수 있는 장소를 원한다. 자본은 규율에 쉽게 길들일 수 있고 고강도와 장시간 노동에 익숙한 노동자를 추구한다. 자본은 근면한 습성을 갖도록 훈련된 인구를 원한다. 이러한 요인들이 적절하게 조합된다면 높은 잉여가치율을 유지하게 해 줄 것이며 따라서 다른 조건이 같다면ceteris paribus 거기 투자하도록 TNC들을 유인할 것이다. 역으로 만약 노동자들이 더 귀하고 반항적이라면 TNC들은 그러한 지역으로부터 **떠날 것이다.** 높은 잉여가치율을 보장하는 가장 간단한 지표는 바로 낮은 인건비, 흔히 하듯 대략 말하자면 바로 낮은 소득이라고 할 수 있으며 따라서 산업 생산은 높은 평균소득을 가진 나라에서 낮은 평균소득을 가진 나라로 이동하는 **경향을 가진다**고 할 수 있다. 전자로부터 완

전히 이탈하지는 않더라도 상대적 재배치 과정을 통해서.[21]

하지만 물론 상황이 이렇게 간단하지는 않다. 노동력의 성질이 FDI 흐름에서 볼 때 독립적 결정인자 중 하나이기는 하지만 유일한 인자는 아니다. 예를 들어 TNC가 제품을 소비자의 입맛에 더 잘 맞추거나 상표 가치를 높이거나 기타 방법으로 경쟁자를 따돌리기 위해 소비자와 직접 마주하려고 시장 한가운데에 위치를 잡고 싶어 할 수도 있다. 노동자가 아니라 그 나라의 소비자가 투자를 유인하는 경우다. 하지만 TNC들이 현지국으로부터 자기 제품을 주로 **수출**한다면, 이들이 거기 진출한 이유는 바로 노동자—소비자가 아니라—때문이라고 추정할 수 있다. 심지어 시장 위주 전략의 경우에도 노동은 중요한 인자가 되며, 부유한 소비자와 저렴한 노동자 둘 다를 가진 나라야말로 현지 생산을 하는 데 특히나 좋은 선택지가 될 것이다. 외국 회사는 현지 판매와 해외 수출을 적절히 선택하면서 운영할 수 있다. 그러나 일반적으로 수출 주도의 FDI 쪽이 노동력의 특성에 의해 더 강력한 영향을 받는다.[22]

세계화된 경제라는 추상적 공간에서는 사실상 소비자가 어디에 있든지 대응이 가능하다. 생산 지점이 소비 지점과 분리될 수 있다. 자본은 수출의 기반 지역을 자유롭게 선택할 수 있다. 그리고 자본이 노동을 확보하고 착취할 때 지렛대로 쓰이는 것이 화석 에너지다. 조금 더 정확히 말하면, 향상된 이동성에서 에너지의 재고를 활용하는 세 가지 계기가 발생한다. 값싸고 잘 길들여진 노동력을 얻기 위한 필요조건은 우선 산업예비군의 존재다. 완전고용은 이 두 가지 특성 모두를 약화시킨다. 고전적인 경우인 영국을 살펴보면서, 우리는 농업에서 제조업으로 전환하는 과정에 있는 경제에서 가장 쉽게 상당한 규모의 산업예비군을 찾을 수 있다는 점을 알게 되었다. 이전에 농업에 종사하던 이들이 농촌에서 대량으로 이주하여 도시로 몰려들면서, 막대한 양의 새로운 노동인구를 확보하는 것이 가능하게 된다. 하지만 이러한 과정을 겪고 있는 국가는 상당히 높은 확률로 동시에 **화석** 경제로의 전환을 겪게 된다. 유입되는 자본이 이러한 과정을 촉진하면서 이제 평시활동은 이전에는 그렇지 않았거나 미약하게만 그랬던 지역에까지 확장되게 된다. 이렇게 생산의 재배치에 따라 화석 경제의 **팽창**expansion이 야기된다. CO_2가 외국인 소유의 공장 굴뚝에서 뿜어져 나오게 되고—아마도 최근까지도 전원지대였거나 아니면 심지어 청정 상태였을 곳을 배경으로 삼아서—게다가 그보다 더 중요한 것은 외국 자본이 도착하면서 현지국의 **기반시설**의 팽창을 자극할 것이라는 점이다.

바닥부터 모든 기반시설을 스스로 만들어야 한다면, 자본이 절대 거기로 갈 리가 없다. 어쨌든 소유물이 없는 노동자들의 물리적 존재만으로는 투자를 유인하는 데 충분조건이 절대 될 수 없다. 자본이 도달하기 전에 기초적인 기반시설이 이미 자리를 잡고 있어야만 노동자들이 사실상de facto 잉여가치의 획득을 가능하게 만들어 줄 수 있다. 우선 첫째로 필수적인 **에너지**를 공급할 발전소와 전력망이 필요하다. 계속되는 정전 때문에 작업을 계속 정지해야 하거나 조명도 없는 어둠 속에 있어야 한다면, 아무리 값싸고 잘 길들여진 노동자들이라 해도 아무 가치가 없다. TNC들은 현지국의 국가장치가 제공하는 에너지 밑바탕에 기댈 수 있어야 하고, 더 많은 양의 자본 유입을 흡수할 수 있는 그 능력에 의존할 수밖에 없다.[23] 역으로 FDI—그리고 세계화된 경제에서는 이게 바로 발전의 성배다—를 유인하려는 국가는 기반시설 건설을 그 의제 목록의 상위에 두어야만 할 것이며, 따라서 양의 되먹임 회로a positive feedback loop가 형성될 것으로 예상할 수 있다. 잘 운영되는 발전소들과 전력망, 광산들과 전선들이야말로 TNC 투자의 선결 조건이다. 일단 TNC가 들어오게 되면 바로 더 대규모 팽창을 유도하고 이게 또 더 많은 FDI를 유인하면서, 계속 이렇게 반복된다. 우리는 이 동역학의 계기를 **팽창 효과**the expansion effect라고 지칭할 것이다.

둘째 계기는 배출 강도에 관한 것이다. 일반적으로—그리고 이게 바로 EKC 신봉자들의 마음에 위안을 주는 장려상인데—부유한 국가가 가난한 국가보다 실로 더 낮은 탄소 강도를 보인다. 방글라데시에서 티셔츠 한 장을 생산하는 데 스웨덴에서 똑같은 티셔츠를 생산하는 것보다 더 많은 CO_2가 배출된다. 1970년대 초와 1980년대 초 사이에 선진국에서는 실제로 이러한 곡선이 나타났으며, 그들이 계속해서 더 많은 부를 누리면서도 탄소 강도는 낮아졌다. 즉, 전체 배출량이 아니라 **단위**생산량당 CO_2 배출량이 줄어들었다.[24] 결국 이러한 '진전'은 거의 의미가 없는데, 일단 자기 이윤을 재투자해서 생산의 규모를 확대하려는 자본가를 한번 생각해 보자. 그는 두 나라 중에서 하나를 투자 대상으로 골라야 한다. 그의 본국 A와 잠재적 현지국 B 중 한 곳을. 그리고 B에서의 탄소 강도가 2배라고 가정하자. 그가 B를 선택하면 당연히 사업 확장분의 전체 CO_2 배출량은 본국에 머무르는 것에 비해 2배가 된다. 생산 규모 증가에 탄소 강도 폭증까지 겹치게 될 것이다. 이 간단한 예를 그 이후에까지 연장시켜 살펴보려면, 두 나라에서의 탄소 강도가 양자의 차이가 일정하게 유지되면서 같은 속도, 같은 크기로 감소한다는 가정을 덧붙일 수 있을 것이다. 그래도 A에서 B로 옮기면 제자리에 머무는 경우에 비해 생산의 배출 강도를 더 높이게 된다. 여기서는 자본축적이라는 팽창의 논리가 제번스의 역설에서처럼 그냥 탄소 강도의 감소 효과를 상쇄하는 것이 아니라 아예 **탄소 강도의 상대적 증가를 수반함으로써** 실현된다. 말할 것도 없이, 이는 대기 중 CO_2 농도에 한층 더 나쁜 영향을 줄 것이다.

저소득 국가보다 고소득 국가에서 탄소 강도가 더 낮은 원인은 직관적으로도 설명할 수 있다. 고소득 국가는 가장 고도화된, 가장 효율적인 발전 및 송전 기술을 가지고 있을 것이다. 높은 임금이 충분한 세수를 가능케 하고, 풍족한 정부로부터 지원을 받은 기반시설은 단위전력량과 단위제품공급량당 적은 양의 CO_2를 배출할 것이다. 개발도상국의 기반시설은 실제로 더 낙후되어 있다. 발전소는 최적의 장비를 사용하지 못하며, 구할 수 있는 연료 중 가장 저렴한 것을 선택할 것이다. 개발 속도와 보조를 맞추기 위해 갑자기 기반시설을 확장해야만 하는 정부가 비용 외의 요소까지 고려하지는 못할 것이다. 사실 FDI 유입은 정부가 발전용량을 갑자기 증대시키기 위한 긴급 계획에 돌입하도록 만들며, 이런 상황에서는 당장 끌어 쓸 수 있는 장비와 가장 저렴한 연료를 마구잡이로 선택하게 될 가능성이 높다.[25] TNC들이 각자 자기 기업 고유의 생산기술을 가지고 들어올 테지만, 기반시설 측면에서 이들은 주어진 시설을 활용하는 것밖에 따로 선택할 방안이 없다. 그리고 보통 그런 것에는 관심조차 없다. 이들은 그냥 거기서 찾을 수 있는 것을 취할 뿐이다. 그래서 EKC의 **역방향 운동**이 발생한다.

우리가 세계적 이동성을 지닌 자본이라는 전제 조건을 EKC에 삽입하면—그렇게 함으로써 그 현실성을 상당히 향상시킬 수 있다—소득 수준의 전환점에 일단 도달한 후 자본이 **탄소 강도의 정점 부근에 위치한 국가로 거꾸로 옮겨 갈 것**이라는 예측을 내놓을 수 있다. 자본은 가장 가난한 국가로 옮겨 가지 않는데, 왜냐하면 기반시설이 불충분하기 때문이다. 가장 부유하고 가장 탄소 효율이 높은 국가에 머무르지도 않는데, 왜냐하면 잉여가치율이 낮기 때문이다. 그 대신 자본은 **재배치를 통해 탄소 강도를 증가시키면서** 곡선의 정점 부근을 맴돈다. 실제 관찰된 바와 같이 높은 소득이 낮은 탄소 강도를 수반한다면, 그리고 마찬가지로 낮은 소득이 높은 탄소 강도를 수반한다면, 자본이 세계적 이동성을 지니는 한 소득의 증가—임금의 증가와 사실상 같은 의미를 가진다—는 더 높은 탄소 강도를 가진 국가로 산업 생산이 이전되도록 유도할 것이다. 자본이 그런 높은 탄소 강도를 특별히 원했기 때문이라기보다는 최대의 잉여가치를 획득하기

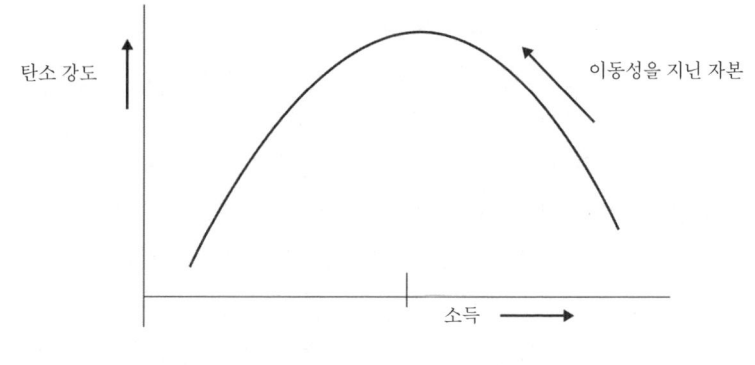

그림 14.2. 환경 쿠즈네츠 곡선EKC의 역방향 운동

위해 전 세계를 종횡무진 돌아다니다 보니 그런 행운을 우연히 발견했기 때문이기는 하지만 말이다. 우리는 이 둘째 계기를 **강도 효과**_the intensity effect_라고 부를 것이다.

셋째, 에너지 기반시설 그 자체는 저렴하고 순종적인 노동자의 공급을 약속하는 충분조건이 되지는 못한다. 만약 노동자들이 주요 교통망으로부터 격리된 채로 남아 있다면, 상품이 세계시장에 쉽게 접근할 수 없거나 아예 접근 못하게 될 것이며, 그들의 노동력은 금전상으로 아무 쓸모가 없는 것이 된다. 철도, 고속도로, 컨테이너, 창고, 항구가 있어야 한다. 마찬가지로 원료, 부품, 완성된 제품, 관리자들과 CEO들을 회사, 시장, 공장, 본사 사이에서 이동하기 위한 공항도 필요하다. 현대의 교통체계는 거의 전적으로 석유에 기대어 운영된다. 따라서 세계화된 생산은 곧바로 교통 부문에서의 더 많은 CO_2 배출로 이어진다. 회로가 더욱 파편화되고 더욱 통합되면서, 공급망이 더욱 확장되고 더욱 분산되면서, 더 많은 석유를 도로에서, 바다에서, 공중에서 태우게 된다. 팽창 효과의 경우와 마찬가지로 TNC들은 필요한 교통 기반시설을 건설하고 이를 국가가 보장하도록 강력하게 요청할 것이다. 말할 것도 없이 이러한 필요는 회사들이 상품을 현지국에서부터 **수출**하고자 할 때 특별히 더 긴요하게 요구된다.[26] 따라서 이 셋째 계기를 바로 **통합 효과** *the integration effect*라고 부를 수 있다.

세 가지 계기—팽창, 강도, 통합—를 종합함으로써 우리가 앞서 세웠던 가정을 조금 더 엄밀하게 개정할 수 있다. 이것이 바로 세계적 이동성을 지닌 자본이 최대의 잉여가치를 획득하기 위한 그 끝없는 추구를 **통해서** 화석 에너지 소비를 가속시키는 동역학적 기작이다. EKC 위에서의 역방향 운동은 일반적 비유로도 기능할 수 있다. 값싸고 잘 길들여진 노동력에 접근하기 위해서 필요한 조건들은 평시활동의 확대와 상대적으로 더 높은 탄소 강도와 더 증대된 교통을 수반하는 경향이 있으며, 자본은 뒤쪽 위 방향에 있는 환경파괴의 정점을 향해 화살을 쏘아 올릴 것이다. 물론 이것이 배출량 증가를 **전부** 설명하지는 못하지만, 바로 여기에 폭증의 주요 열쇠가 놓여 있다.

작업장의 굴뚝

더이상 세계화는 주로 무역을 통해 진행되지 않는다. 선도적 FDI 연구기관인 베일컬럼비아센터the Vale Columbia Center는 2011년에 '국경을 넘어 재화와 용역을 전달하는 데 국제투자가 무역보다 거의 2배 가까이 중요하게 되었다'고 선언했다.[27] 금융위기 사태가 터졌을 당시 FDI 의 수령자로서 '신흥시장'은 선진국들을 훨씬 더 앞서고 있었다. 그 중에서도 중국은 다른 모든 국가를 압도했다. 이 자본이 어디서 왔을까? 중국 본토에 도착하기 전에 홍콩과 여러 조세피난처—특히 버진 아일랜드와 케이맨제도—를 거친 FDI 자금 순환을 추적하여 그 출처를 찾는 것은 지극히 어려운 일이지만, 그럼에도 불구하고 WTO 가입을 기해 하나의 경향이 드러난다. 1990년대에는 FDI 내역에서 주로 주변의 아시아 국가들이 두드러졌던 반면에 이제 미국과 EU가 급

상승하기 시작한다. 중국은 전 세계로부터 재배치되어 몰려든 공장들의 보금자리가 되었다. 2001-2004년을 다룬 한 연구에 따르면, 이주해 온 산업체의 본국 1위는 미국이었으며 EU, 일본, 대만, 필리핀, 캐나다, 싱가포르와 멕시코가 그 뒤를 이었다.[28] 중국 상무부는 2010년 첫 11개월 동안──금융위기로 조세피난처들이 상당한 타격을 입게 되었을 때──상위 10개 FDI 공급처 목록을 공개하였다. 홍콩, 대만, 싱가포르, 일본, 미국, 대한민국, 영국, 프랑스, 네덜란드와 독일이었다. 중국 땅에 안착한 산업자본은 주로 **수출**을 하는 경향을 보였다. 1998-2005년에 중국 내 제조업 회사의 19%가 수출기업이었던 반면에 외국계 회사의 경우 이 수치는 63%에 달했다.[29]

이렇게 외국으로부터 들어온 자금으로 수출 위주 생산이 폭증한 사태가 발생한 이유는 그리 새삼스러운 비밀이 아니었다. 2004년 10월에 《이코노미스트》가 적은 바에 따르면, 중국의 급성장 비결은 바

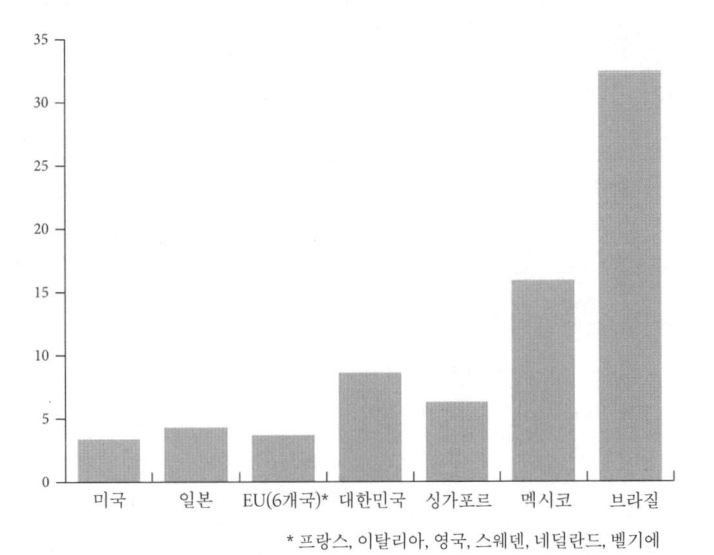

* 프랑스, 이탈리아, 영국, 스웨덴, 네덜란드, 벨기에

그림 14.3. 중국 제조업 임금: 선택된 국가 평균 대비 2002년 평균의 백분율[30]

로 '거의 무한정으로 공급되는 값싼 노동이다. 몇몇 추정치에 따르면 시골 지역에서 일자리 부족을 겪고 있는 노동자들이 거의 2억 명에 달하며, 이들은 곧 산업에 투입될 수 있다. 이 잉여노동을 다 흡수하는 데만 최소 20년이 걸릴 수 있고, 이는 미숙련 노동자들의 임금을 낮게 유지하는 데 도움이 된다.'[31] 앞의 그림 14.3는 2002년의 중국의 제조업 임금을 다른 몇몇 나라와 비교해서 나타내 본 것이다.

예상했던 대로 21세기 첫 10년 동안 상대임금은 거의 오르지 않았고, 노동력에 들어가는 비용은 선진국에 비하면 사소한 수준에 머물렀다. 2008년에 중국에서의 시간당 노동비용은 일본의 5%, 미국의 4%, 유로화 지역의 3%에 불과했다.[32] 이것은 엄청나게 강력한 인력을 발휘했다. 2006년의 한 조사에서는 이렇게 확언한다. '저비용의 숙련된 노동은 오랜 기간 동안 중국에서 제품을 생산하도록 외국 회사를 유인하는 중국의 가장 큰 장점으로 인식되었다.' 게다가 '중국의 노동자들은 저렴할 뿐 아니라 근면하고, 더 낮게 개선하려는 동기도 부여되어 있으면서 동시에 손재주까지 뛰어나다.' 다른 연구에 따르면, 21세기 초의 고용주들은 '거의 무한정하게 보이는 매우 저렴한 노동을 공급받는 데 익숙해졌고, 그들이 고용한 노동자들이 특정한 질적 성격을 갖추도록 요구할 수 있게 되었다.' 예를 들어 그러한 성격은 '고분고분하고 유연한 인성, 그리고 아주 오랜 시간 기꺼이 근로할 의향' 같은 것이다.[33] 즉, 쉽게 확보할 수 있으며 근면한 습성을 갖도록 잘 훈련된 노동자들이다.

기본적으로 이러한 성격을 갖추도록 중국의 노동자들을 누르던 압력은 바로 《이코노미스트》가 설명한 것과 같은 엄청난 규모의 산업예비군이었다. 후기-마오쩌둥주의post-Maoist 국가체제는 산업화를 조기에 달성하기 위해서 수천만 명에 달하는 젊은 농민들을 시골 지역에서 해방—호의적으로 표현하자면—시켜 도시로 몰려들게 만들었다. 하지만 이 '유동 인구', 즉 농민공은 시골 마을로부터의 관계를 완전히 끊지 않은 채로 남아 있었고, 그 덕에 필요할 경우 전통적 소득원에 기댈 수 있었으며, 때문에 노동력의 재생산비용은 더 낮아졌다. 그동안 도시 내에서는 독립적 노동조합을 조직하려던 시도들이 싹부터 잘려 나갔으며, 이렇게 진압된 노동계급은 그대로 외국인 투자자들에게 바쳐졌다.[34] 이들아 없었다면 중국의 수출 기적은 불가능했을 것이다. 1980년대에 외국인투자기업foreign-invested enterprises, FIEs—즉, 합작투자나 완전한 외국인 소유의 기업—은 중국에서 수출된 제품의 0.1%밖에 생산하지 않았다. 2001년에 이 비율은 처음으로 50%를 넘었고, 향후 10년 동안 계속 그런 상태를 유지했다.[35]

다른 방법론을 써 보면 심지어 더 높은 수치도 발견할 수 있다. 2005년 전체 중국 수출의 70%를 넘는 양이 외국계 회사의 물량이었다는 결과도 있다.[36] 1990년에서 2008년 사이 중국의 산업 생산량은 무려 26배 늘어났다. 그러나 FIE의 생산량은 이를 훨씬 능가하여 332배 증가하였다. 기술적 기량과 수익 모두에서 자국 기업을 압도하면

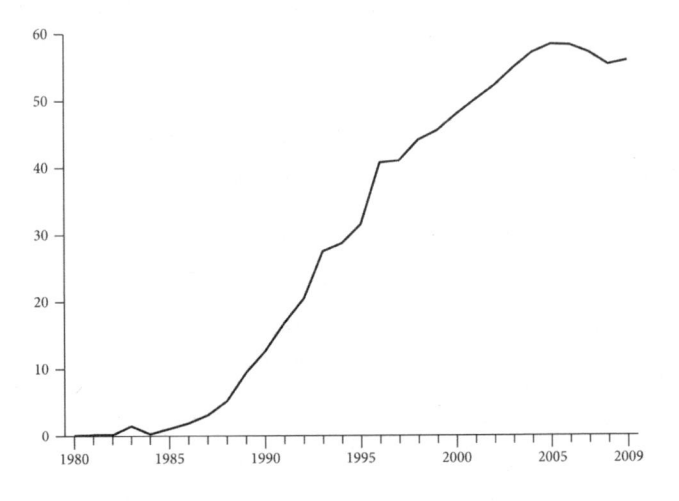

그림 14.4. 중국으로부터의 수출에서 외국인투자기업이 차지한 비율(백분율), 1980-2009년.[37]

서 막대하게 증가하는 이윤을 거둬들이던 FIE가 바로 중국 내 자본축적의 추진력이었던 것이다. 상기한 바와 비슷한 수치를 근거로 들면서 《이코노미스트》는 이러한 수출 증가는 '낮은 가격을 무기로 경쟁자들을 공략한 중국 기업들보다 중국으로 생산을 재배치한 외국계 회사들에 더 깊게 연관되어 있다'고 주장했다.[38] 이 결론은 그대로 대기에 남긴 영향에도 적용되며, 따라서 소비 위주 접근법에서 암묵적으로 제시되었던 인과관계는 뒤집힌다. 배후에서 EET를 야기했던 주요 행위자는 서구의 소비자들이 아니라 **활동을 재배치한 회사의 소유주들**이었다. 먼저 이사회의 결정이 있었고, 바로 그 결정이 진열대 앞에 선 사람들의 반응을 형성한 것이다. 물론 값싸고 잘 길들여진 노동력만이 중국의 유일한 매력이었던 것은 아니다. 거대한 국내시장 역시 나름대로 독특한 유혹으로 작용하였다. 그러나 중국으로 옮겨가서 상품을 **수출한** 자본에게는 분명 노동력의 성격이 더 강력한 유인책이었을 것이다. 중국의 수출에서 FIE가 담당한 역할을 볼 때 그리고 중국의 배출량에 수출이 준 영향을 볼 때, 우리는 최대한의 잉여가치 추구야말로 배출량 폭증에 불을 붙인 가장 중대한 기작이었다고 추론할 수 있다.

조금 더 간단히 말하면 세 가지 효과——팽창, 강도, 통합——가 완벽하게 어우러져 작동하고 있었다. WTO 가입 후에 화석연료 연소가 급증하였다. 1987년에서 2007년 사이 중국에서 에너지 소비의 어마어마한 증가분 중 절반 이상이 마지막 5년 사이에 발생했으며, 압도적으로 가장 많은 양을 집어삼킨 것은 바로 산업 부문이었다. 1990년대의 마지막 3년간 아주 잠깐 식욕을 잃은 것처럼 보였지만, 새로운 천년이 시작될 무렵에는 다시 그 규모가 불어났다. 전체 최종 에너지 소비의 3분의 2를 넘는 양을 집어삼킨 산업 부문은 말 그대로 동력실[a] powerhouse로써 기능하였다. 에너지 사용에서 가계households의 상대적 기여도는 **감소하고** 주거residential 에너지의 절대량조차 1987년과 2008

년 사이 **일정한 수준에 머물렀다.** 인구가 20%나 증가했음에도 그러했다. 그렇다면 사람들이 화석 경제를 추동한 것은 절대로 아니었다는 뜻이다. 농업, 건설, 상업과 기타 용역업 부문에서는 사용하는 연료 중 석탄 비중을 낮춰 나갔으며, 그리하여 2002년에는 공화국에서 소비되는 모든 석탄의 90% 이상을 산업이 쓰게 되었고, 그중 4분의 3이 **동력**_power_**과 열의 생성을 위해** 불태워졌다. 석탄→전기→수출을 위한 상품 제조. 이게 바로 배출량 폭증의 중심에 있던 시계열이다.[39] 자본주의 발전에서 산업의 중요성이 **덜하게** 되었다는 모든 담론에도 불구하고, 이 경우 산업의 중요성은 너무나도 명백하며 그 무게는 이전 어느 때보다 더 무겁게 우리를 짓누르고 있다(사실 권위 있는 한 연구는 똑같은 경향성을 세계적 규모에서 보여준다. 발전과 산업 부문이 전체 CO₂ 배출을 지배하고 있으며, 심지어 가면 갈수록 그 배출량을 더욱 늘리는

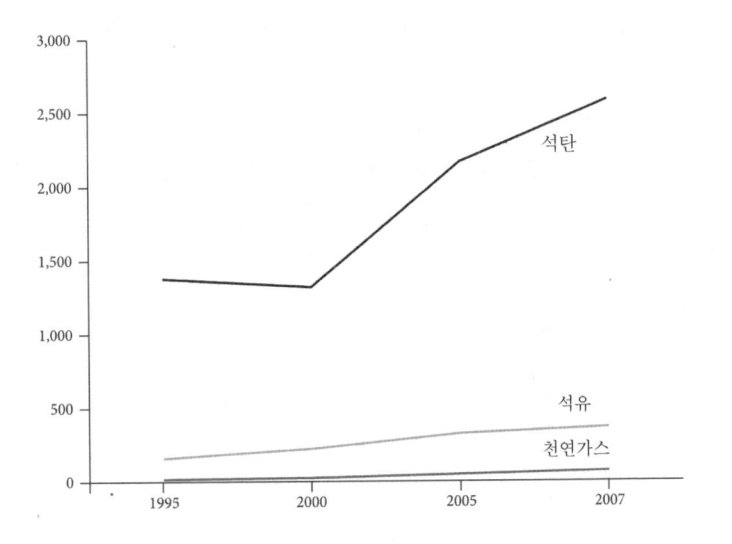

그림 14.5. 중국의 화석 에너지 소비, 1995-2007년.
석탄: 백만 톤. 석유: 백만 톤. 천연가스: 10억 세제곱미터.[40]

바람에 건축물 부문은 이제 완전히 그림자에 가려 버렸다.[41] 말 그대로 불에 석유를 퍼붓는 곳은 오두막이 아니라 바로 작업장이다).

이러한 급증은 외국 자본을 끌어들이려는 정부의 계획이 결실을 맺은 시점과 일치한다. 1990년대에 국가 발전의 명운을 FDI에 걸었던 베이징 정부는 유입되는 자본에 응대하기 위해서 에너지 기반시설을 확대하기로 결정했고, 특히 WTO 가입이 가까워지면서 한층 더 노력을 경주했다. 석유, 전기, 심지어 석탄 부족까지 이 나라를 엄습했던 2002년은 그러한 필요성을 뇌리에 한층 더 깊게 각인시켰다. 정부는 계속 확장하는 산업 부문에 보조를 맞출 수 있도록 공급을 확보하기 위해 이제 석탄 시장 규제를 더욱 완화했고, 덕분에 다양한 규모와 기술 수준의 광산 수천 개가 문을 열 수 있게 되었다. 이에 못지않게 중요한 것은 정부 스스로가 투자하여 내륙의 발전소와 연결된 송전망과 철도와 고속도로를 FDI가 밀집되어 비대해진 해안 도시들을 향해 건설했다는 사실이다. 새천년의 첫 10년 동안 중국에서 불태운 모든 석탄의 80%가 네이멍구자치구와 산시성이라는 북부에 위치한 두 성급 행정구에서 산출되었고, 흔히 이 석탄은 노동력의 거점에 들어와 쌓이기까지 2천에서 3천 킬로미터의 거리—파리에서 모스크바까지 또는 카이로에서 카사블랑카까지의 거리에 필적한다—를 이동하였다.[42] 이동성을 가진 에너지의 재고를 그 밑바탕으로 삼아 굴뚝이 하늘을 찌르게 되었다. 최근까지 거의 누구도 관심을 가지지 않던 작은 어촌이던 선전시는 기적 같은 FDI-수출의 신흥 도시로 탈바꿈하였으며, 아무것도 없던 곳에 굴뚝과 배기관과 시멘트 건물이 말 그대로 우후죽순 돋아나서 2008년에는 거주자만 1천 4백만 명을 기록하였다. 쌍둥이 도시인 둥관시 역시 후미진 시골 지역에서 공장과 농민공과 이들이 함께 어우러져 내뿜는 CO_2의 구름으로 가득한 대도시권으로 성장하였다. 이는 지금껏 목도한 바 없는 규모로 재림한 랭커셔다.

그러나 이렇게 폭발적으로 팽창하는 산업을 먹여 살리는 데는 심지어 중국의 탄층으로도 부족했다. 중국은 2007년에 석탄의 순수 수입국이 되었고, 그 덕에 호주, 몽골, 미국과 기타 몇몇 나라에서 탄광이 대규모로 확장되었다. 2009년 전반기에 산업의 온상이던 광둥성—선전시와 둥관시 두 곳 다 이 성에 위치한다—으로 수입된 석탄 대부분은 베트남에서 들여온 것이었다.[43] 흔히 지적되는 것처럼 21세기 초의 특징 중 하나는 중국이 에너지원을 찾아 세계 구석구석으로 확장하는 현상인데, 추상적 화석-공간fossil-abstract space을 생산하는 기술에 능숙해진 베이징이 앙골라의 유전을 위해 아예 항구도시를 하나 지어 버린 것을 그 예로 들 수 있다. 이렇게 중국은 검은 돌과 함께 점점 더 검은 황금에도 의존하게 되었다. 2002년에 중국보다 더 많은 석유를 소비한 나라는 미국뿐이었다. 2007년에 중국에서 소비된 석유 중 절반이 넘는 양이 수입된 것이었으며, 2020년에 이 비율은 77%에 달할 것으로 예상되었다.[44] '동력을 어디든지 간에 마음대로 사람들이 많은 곳에 설치'한다는 공식을 이렇게 큰 규모로 완벽하게 구현한 예는 지금껏 달리 없었다.

중국의 국가장치는 이 임무를 달성했다. 2010년에 중국의 투자촉진사무국Investment Promotion Agency은 다음과 같이 자랑할 수 있었다.

최근 중국의 기반시설 건설은 크게 개선되었다. 교통, 통신, 수자원 공급, 전기와 천연가스를 위한 기반시설이 거의 완성되었다. 에너지, 원료, 부품의 공급 능력과 그 품질도 명백히 개선되었으며, 생산과 운영에 필요한 훌륭한 외적 조건을 외국인 투자자들에게 제공하고 있다. … 경제 발전의 수단인 교통, 통신, 에너지와 같은 기반시설의 건설 때문에 발생하던 병목현상은 이제 거의 완전히 제거되었다.[45]

정부가 이토록 충실하게 그 임무를 수행하지 않았다면 FIE들이 그렇게 몰려들지 않았을 것이다. 그리고 역으로 FIE들의 자극이 없었다면 기반시설의 확장 역시 그렇게 강력히 요구되지 않았을 것이다. 팽창 효과가 중국 전역을 휩쓸었다.

강도 효과의 측면에서 보면, 2000년과 2006년 사이에 대기 중 CO_2 농도 증가의 약 18%가 '증대하는 세계경제의 탄소 강도' 때문에 발생했다. 연평균 0.3%씩 증대하거나 또는 **악화하는**_deteriorating_ 탄소 강도 때문에 발생한 것이다.[46] 물론 이러한 경향의 본거지 역시 중국이다. 중국에서는 이미 높은 탄소 강도가 더욱 높아지고 있는 데다가 세계의 제조업은 끊임없이 더 많이 중국으로 몰려들고 있다. 세 가지 화석연료 중 석탄이 가장 더럽고 가장 많은 양의 CO_2를 만들어 낸다. 석탄으로 운영되는 발전소는 가스를 연료로 쓰는 발전소보다 와트당 약 2배를 배출한다. 2003년에 중국 내 모든 화석연료 발전소의 97%가 석탄에 의존하였다. 그보다 약간 덜 역겨운 대체품을 대신해서 석탄을 쓰는 데는 충분한 이유가 있다. 중국에는 석탄이 풍부하고, 석유는 별로 없으며, 가스는 부족하다. 광산 노동자들을 부리면 더 많은 검은 돌을 재빨리 채취할 수 있다. 석탄 값은 석유의 6분의 1에 불과하다. 석탄이 지배적인 위치를 차지한다는 사실이 높은 탄소 강도의 주요 결정인자이기는 하지만, 중국 석탄발전소들의 효율 수준이 놀랍도록 낮다는 점도 상황을 한층 더 악화시킨다. 2003년 세계 발전량의 65%를 차지한 14개 국가 중 오직 인도만이 더 낮은 효율을 보였다.[47] 21세기 초에 중국으로 이전한 제조업은 상대적으로 만족스럽게 에너지를 공급받을 수 있었지만, 그 에너지는 주로 석탄에서 나왔고 그나마 심히 비효율적인 기술을 통해서 전기로 전환되어 제공되었다. 우리가 쉽게 예상할 수 있듯이, 임금과 탄소 강도는 서로 역관계를 가진다. 그림 14.3과 그림 14.6을 비교해 보라.

상대적으로 말해서 중국은 낮은 임금과 높은 탄소 강도를 가지고 있으며, 다른 몇몇 나라들은 높은 임금과 낮은 탄소 강도를 가지고 있다. 그리고 자본은 **후자로부터 전자로 흘러 들어갔다.** 더 높은 잉

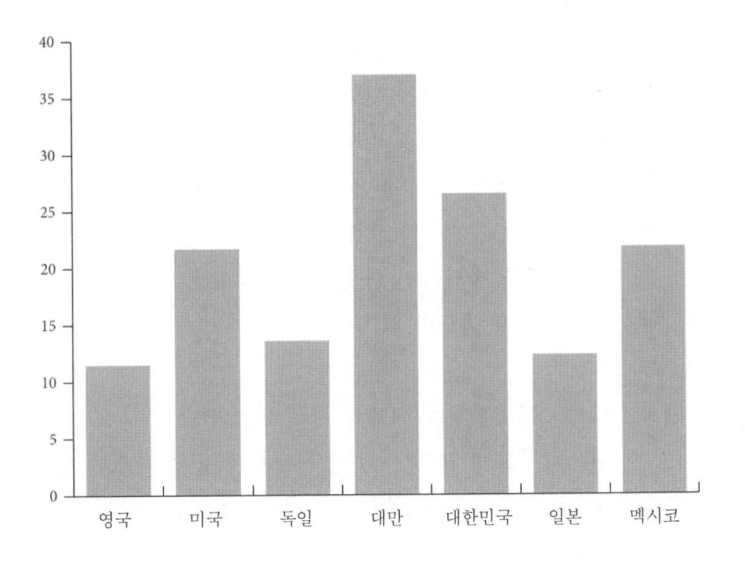

그림 14.6. 중국의 탄소 강도의 백분율로 주어진 선택된 국가의 2001-2008년 탄소 강도. 기간 중의 국가 평균을 나타낸다.[48]

여가치율과 **동시에** 단위생산량당 더 높은 배출 수준을 향해 역방향으로 운동했다. 예를 들어 만약 2008년까지 중국으로 이전했던 모든 산업이 그냥 미국, 대한민국, 일본, 대만, 독일에 남아 있기만 했었다고 해도—극단적으로 탄소-효율적인 국가인 스웨덴 같은 곳에 집중시키지는 못하더라도—상황은 실로 완전히 달라졌을 것이다.

베이징은 FDI를 받아들일 준비를 하느라 1990년대에 교통 기반 시설을 막대하게 확대하기 시작했는데, 이러한 확장은 주로 자본 유입의 전통적 관문인 남동쪽 연안 지역에 집중되었다. 이제 이 지역은 컨테이너 터미널, 항구 체계, 고속도로, 출퇴근하는 기업가들을 위한 광역 교통망과 세계로 뻗어 나가는 기타 결절점들로 가득하다. 해안의 모든 도시가 똑같은 기본 미끼—내륙으로부터 오는 값싸고 잘 길들여진 노동력—를 내걸고 있지만, 동시에 자유로이 떠도는 투자자를 붙잡기 위해 이들은 교통시설 측면에서 상대를 압도하려고 서로 경쟁하고 있다. 제품을 중국으로부터 수송하면서 가면 갈수록 더 많은 CO_2의 흔적이 하늘에 남게 된다. 수출 위주의 생산이 도입될 때마다 이동해야 할 거리는 더욱 늘어나며 제품당 배출량이 더 올라가게 된다. 2000년에 제조 과정에 유입된 물품——원료, 부품, 요소들 components——이 놀랍게도 상품의 국가 간 이동으로 배출된 세계 CO_2의 85%를 차지했다. 이를 제외하면 완성품은 다만 15%에 불과하다는 뜻이다. 이렇듯 세계화된 생산망 내에서 발생하는 배출량은 중국에 무섭게 몰려 있다.[49]

맨체스터가 1840년대에 '세계의 굴뚝'이었다면, 21세기 초에 중국이 그 자리를 차지하게 된 것은 주로 **세계적 이동성을 지닌 자본이 중국을 장악하여 자기 공장으로 삼았기 때문**이다. 달리 말하면, 근면한 습성을 지니도록 훈련된 노동자들을 쉽게 확보할 수 있는 인구가 많은 도시 중심에 도달하기 위해서, 증기의 발흥으로 처음 탄생했던 작업 방식the modus operandi을 계속 추구하면서, 자본은 가면 갈수록 더 많은 양의 화석 에너지를 사용했다. 그 전부는 아니지만 그 본질을 보자면, 중국의 배출량 폭증은 동력을 일손으로 가져오는 데 하나의 역사적 신기원을 이룩함으로써 발생한 것이다. 그러나 이윤이라는 모닥불이 영원히 타오를 것이라는 보장은 그 어디에도 없다.

자본가들이
중국으로부터 이전을 고려하다

2010년 5월 28일, 《뉴욕타임스》는 '수년 동안 단조로운 저임금 조립공정 업무를 하루 12시간, 주 6일 수행하도록 강요받던 중국의 노동자들이 반격을 개시하였다'라는 문장으로 시작하는 특별 기사를 게재했다. 그 11일 전에 광둥성 포산시에 위치한 혼다 변속기 공장에서 노동자 두 명이 통상적으로 품질 문제가 발생했을 경우 기계를 멈추기 위해서 사용하는 비상단추a red button를 눌렀다. 곧 1,800명에 달하는 공장 전체 노동자와 일본의 이 거대 자동차 회사에 부품을 공급하던 다른 공장들이 이 파업에 동참하였으며, 혼다는 중국에서의 생산을 전부 중단할 수밖에 없었다. 중산시에서는 파업 참가자들이 더 높은 임금과 더 나은 노동조건뿐만 아니라 자유로운 노동조합 결성을 그들의 요구사항에 추가하였으며, 이에 《뉴욕타임스》는 '사실상 스스로를 대변하는 조합 대표를 선출해냄으로써 세련되고 민주적인 조직을 만들었다'며 존경과 감탄을 표하였다.[50] 그 몇 주 이내에 이전까지 그 유례를 찾을 수 없을 만큼 다수의 외국계 회사들이 이 물결에 말려들었다. 일본의 브라더공업주식회사가 소유한 재봉틀공장, 상하이에 위치한 대만인 소유의 고무공장, 도요타 공장 몇 곳, 칼스버그 양조장, 다렌시 북부 산업지대에 있던 공장 73곳 그리고 한때 노동조합 대표가 자신이 대표인 한 파업은 절대 없을 것이라고 대한민국의 소유주에게 약속했던 현대자동차 베이징 공장조차 그 영향을 피할 수 없었다. 《중국일보》China Daily가 인용한 전문가들은 '노동자들──특히 신세대 농민공으로 분류되는 이들──이 그들이 가진 교섭력에 더욱 자신을 가지게 되었고, 결국 이러한 행동이 중국에서 값싼 노동을 종식시킬 수 있었다'[51]고 설명하였다.

그리고 이 파업의 물결 때문에 전반적으로 임금이 엄청나게 상승했다. 포산시의 변속기 공장에서 결국 혼다는 32% 더 높은 임금을 약속할 수밖에 없었다. 다렌시의 산업지대에서는 파업 노동자 7만 명이 34.5%의 인상을 끌어냈다. 현대자동차 베이징 공장에서 경영진은 2개월 동안 25% 인상할 것을 약속하면서 타협했다. 이 사태에 대응하기 위해서 단 하나의 성을 제외한 중국의 모든 성에서 법정최저임금이 평균 24% 인상되었다(2003년에 최저임금제도가 도입된 이후 첫 유의미한 인상분이다). 중국이라고 해서 대중행동이 없었던 것은 아니지만 바로 이 세계의 공장에서 이와 같은 사태—자발적으로 확산하여 지리적으로 광범위한 영역을 휩쓸었으며, FIE들을 목표로 삼아 명백한 승리를 거두었다는 측면에서—가 발생한 것은 실로 처음이었다.[52]

2010년의 여름은 부르주아 관찰자들의 등골을 서늘하게 했다. '이후의 중국'the next China의 성격을 논하면서, 《이코노미스트》는 '온순하고 부지런하며 엄청나게 값싸다는dirt cheap, 이 나라 노동자들에 대해 흔히 가지던 인상이' 완전히 깨졌다고 선언했다. '최근의 소요는 중국 노동을 외국 자본과 대립하는 입장에 위치시켰다. 회사들은 더 과격한 좌익bolshier 노동자들을 다루게 될 수밖에 없다.'《포브스》에서 설명한 바와 같이 이 새로운 '과격한 좌익 성향'bolshiness을 뒷받침한 것은 바로 예상치 못했던 산업예비군의 고갈—또는 철수—이었다. '노동력의 규모는 베이징의 공식 인구통계의 예상보다 6년 앞서는 2010년에 그 정점을 찍었고, 전원지대의 거주자들은 음울한 공장에서 일하면서 누추한 환경에서 살 수밖에 없는 도시로의 이주를 점점 더 꺼리고 있다.'[53] 목이 부러질 듯이 무거운 축적의 세월 10년은 세상에서 가장 많은 인구를 자랑하는 국가의 공급조차도 고갈시켰고, 그 결과 남동쪽 해안의 파업 참여자들의 교섭력이 강화되었다. 회사들은 이 새로운 상황에 어떻게 대처했을까?《이코노미스트》의 평가에 따르면 임금 상승은 '자본 회수'를 악화시킬 것이다. 그렇지만,

이주할 수 있는 것은[sic] 노동자들만이 아니다. 자본가들 역시 노동자들이 많은 곳으로 갈 수 있다. 우선 노동집약적 공장들을 내륙으로 이전할 것이다. 궁극적으로는 이전에 일본과 대만에서 그리하였듯이 중국에서 모두 떠날 것이다. 어쨌든 바로 그것이 혼다와 폭스콘이 처음 거기에 공장을 열었던 이유였다.[54]

파업의 물결이 몰아치던 중에 투자자들이 중국을 버리려고 계획

한다는 보도가 넘쳐났다. 베트남, 인도네시아, 인도, 말레이시아, 캄보디아, 방글라데시 같은 나라들이 새로운 보금자리로 떠올랐다. 중국 노동자들은 이제 베트남 노동자들에 비해 5배, 인도네시아 노동자들에 비해 3배, 미얀마 노동자들에 비해 13배 더 비싸다. 당시 언급되던 다른 저임금 국가들 중에는 파키스탄, 에티오피아, 기타 사하라 사막 이남 아프리카, 심지어 북한도 있었다. 이들 중 몇몇이 후보에 오른 것은 분명히 지푸라기라도 잡고 싶은 심정 때문이었을 것이다.[55] 그러나 이는 성급한 예상이었다. 대탈출을 가로막는 장벽이 존재했으니, 하나의 예가 이를 특히 분명하게 보여준다. 2011년 말에 《파이낸셜타임스》는 홍콩을 근거지로 하는 여성복 회사 소유주인 프랭크 렁Frank Leung을 대상으로, 그의 회사가 당시 둥관시에 가지고 있던 공장을 옮길 새 위치를 물색하기 위해서 떠났던 여행에 관한 대담을 진행하였다. 임금이 중국의 20%에서 30%밖에 되지 않는 방글라데시가 특히나 매력적이었다. 그러나 그 나라를 방문한 후 렁 씨는 '큰 충격을 받았다'고 한다. 그는 '교통은 미칠 듯이 막히고 공장에서 모두 발전기를 쓰고 있었다(왜냐하면 전력 공급이 불규칙했기 때문에)'라고 말했다. 후에 《뉴욕타임스》가 지적하기를, 아시아 안에 있는 매혹적인 대안들 대부분이 '과부하 상태의 믿을 수 없는 전력망과 같은 다른 문제들을 가지고 있고', 바로 이와 똑같은 이유 때문에 베일컬럼비아센터도 사하라 사막 이남 아프리카 나라들이 방향을 튼 FDI를 결국 전혀 받지 못할 것이라고 결론 내렸다.[56] 간단히 말해 밑바탕이 너무 열악하다는 것이다.

베트남의 경우도 FDI가 '불안한 기반시설(아직도 정전이 흔하며 심지어 수도 하노이에서도 그렇다)'을 압박하고 있었다. 게다가 '장시간의 교통체증 때문에 운송이 지연되고 비용이 상승했다.' 이에 국가체제가 나서서 유입되는 자본을 위해 대응하겠다고 선언했다. 무엇보다도 특히 탄광과 저효율 석탄화력발전소를 만들겠다고 선언했다.

2009년 말에 베트남 정부는 당시 운영 중이던 최대의 탄광의 20배나 되는 규모인, 그 나라에서 가장 큰 매장지를 개발하여 '2025년까지 국가 에너지 안보를 보장'하겠다는 계획을 공개하였다.[57] 인도네시아의 경우에도 비슷한 상황이 전개되어서 '투자를 좌절'시키던 만성적인 전력 부족에 대응하기 위한 방안으로 "석탄화력발전소를 지어 기저부하의 용량을 확대하는 '비상계획'"이 실행되었다. 일부는 더러운 석탄에 더 의존하게 된다는 점에 우려를 표하였으나, 풍부한 양에다가 석유나 천연가스—지열이나 핵발전소는 말할 것도 없이—에 비해 낮은 가격이라는 이 연료의 장점에 압도되었다.[58]

한 경제학자는 인도에 대해서도 만약 중국처럼 노동력을 포장한다면 FDI를 끌어들일 수 있을 것이라고 훈계했다. '빨리 습득하고' '잘 길들여져 있으며' 낮은 임금을 받으면 된다. 중국 노동자들에 대한 이러한 묘사는 이미 시대에 뒤처진 것이었지만, 다음 교훈은 그렇지 않았다. 대규모 유입을 막는 주된 장벽은 '전력, 도로, 철도, 석유와 가스, 항공, 통신 등의 기반시설 부족이다. 광역도시와 항구도시 간 교통 역시 개선되어야 한다.'[59] 인도의 매체 《비즈니스투데이》는 2014년 2월에 중국에서의 값싼 노동의 종말이 만들어 낸 기회를 논하면서 자본이 제시한 조건들을 전달했다. '제조업자들이 말하기를, 정부는 부품 공급업체에 먼저 투자를 장려해야 한다. 또한 정부는 고속도로, 발전소와 항구를 지어서 **나라의 불안한 기반시설을 고쳐야만 한다.**' 그리고 실제로 인도 정부는 중국의 방식을 따르기로 맹세하였다. 2010년에 정부는 이틀마다 한 건이라는 속도로 새 석탄화력발전소 건설을 승인하였다.[60] 중국에서부터 쏘아 올린 화살은 곡선의 새로운 정상에 안착하게 될 수밖에 없다.

중국을 떠나지 않는 대안도 존재한다. 끓어오르는 비용으로부터 도망치기 위해 공장을 아직 임금의 수준이 낮은 전원 지역으로 이동하여 중국의 내륙으로 연안의 굴뚝을 옮기거나 내륙에 굴뚝을 더 늘릴 수도 있다. 하지만 편물로 된 옷knitwear을 만드는 제조업자가 불평한 것처럼, 이 전략에도 역시 나름대로 문제점이 있다. '우리는 섬세한 손재주가 필요한데, 농부들이 … 내 기계를 제대로 다룰 수 있을지 우려된다.' 내륙으로 가든 말든, 어쨌든 회사들은 오랜 세월 검증된 또 하나의 전략을 투입할 수 있다. '바오딩시Baoding에 있는 장성자동차 공장에서 재빠르게 자동차의 동체를 용접하는 거대한 주황색 로봇 팔이야말로 중국에서 빠르게 상승하는 노동비용에 대한 완벽한 해결책인 것처럼 보인다. 이들은 임금 인상을 요구하지도 않고 상해를 당하거나 파업하지도 않는다'라는 말로 《로이터》는 자동화의 첨단을 달리는 공장들을 다루는 기사를 시작한다.[61]

이 질주를 선도하는 것이 바로 중국 최대의 외국인 소유 회사인 폭스콘이다. 이 회사는 오랜 기간 잘 알려지지 않은 채로 남아 있었으나 미국의 브랜드를 위해 아이포드iPods, 아이폰, 노트북과 기타 전자제품을 조립하면서 2010년 이후 그 악명을 떨치게 된다. 그 넓은 부지에 40만 명을 수용하던 선전시에 있는 폭스콘의 거대 공장mega-factory에서 노동자들 일부는 소요가 벌어지던 바로 그해에 견딜 수 없는 조건에 대항하여 다른 방법으로 저항하였다. 그들은 기숙사 옥상에서 뛰어내리거나 칼로 손목을 그어 버렸다. 10건 정도 자살이 발생한 후, 회사는 큰 규모의 임금 인상을 제안하였다. 그러고서 이들은 곧장 자동화 준비에 들어갔다. 제품을 조립하고 이송하며 연마하기 위해 설계된 '폭스봇'Foxbot이라는 로봇이 대량으로 제작될 것이다. 2014년 백만 대를 목표로 삼고 경영진은 인간 노동을 죽은 노동으로 대체하는 작업에 박차를 가하였다. 기술 잡지 《버지》*The Verge*는 '장' Zhang이라는 이름의 선전시 공장 노동자의 말을 인용하여 이 변화를 묘사하였다. '전에는 20에서 30명 정도의 사람들이 조립라인에 있었지만, 이제 로봇이 투입되고서 다섯 명으로 줄었고, 이들은 단추를 누르거나 기계를 작동시키기만 한다.' 편물knitting에 특화된 둥관시의 한 지역에서는 회사들이 전산화된 편성 기계computerised knitting machines 4만 대를 투입하여 노동자 20만 명을 일자리에서 내쫓았다. 비슷한 일련의 자동화의 전개가 제조업 전반에 걸쳐 보고되었다. 물론 중국에서만 그런 것이 아니다.[62] 세계경제에 로봇이 대두하고 있다. 이것이 에너지 수요에 어떠한 영향을 끼칠지는 자명하다.

2010년 여름은 세계 공장의 발전사에서 실로 하나의 전환점이었던 것처럼 보인다. 이후 주기적 파업이 FIE들을 압박하였으며 노동력 부족이 확장 계획에 찬물을 끼얹었다. 반면에 임금은 계속 급상승했으며 광둥성에서는 매년 두 자리 비율로 인상되었다. 2013년에《패션 소매 초점》Focus on Fashion Retail은 선전시의 새 기본급—'공장주들에게는 끔찍한 수치'—과 2010년 이후 몇몇 성 및 시에서 보인 30%가 넘는 평균 인상률—'가슴이 미어지는 수치'—자료를 두고 울먹거리는 소리를 냈다.[63] 실제로 이전이 진행되고 있었다.《사우스차이나모닝포스트》는 2014년 2월, '단지 값싼 노동을 찾기 때문만이 아니라 노동자와 고용주 사이의 긴장이 고조되고 있기 때문에 외국 구매자들이 중국을 떠나 방글라데시, 캄보디아, 인도네시아로 도망치고 있다'고 보도했다. '이주 노동력들의 예기치 못한 운동'을 이유로 들며 스웨덴 의류회사 H&M은 생산을 방글라데시에 재배치했다. 폭스콘은 새 거점으로 인도네시아를 주목하고 있었다. 한 조사에 따르면 40%에 달하는 미국 회사들이 이전을 고려하고 있었고 그중 다수는 이미 이전을 시작했다. 중국으로 유입되는 FDI의 수는 정체된 반면에 아시아의 다른 대안들로 유입되는 양은 폭증했다. 2013년에는 일본 회사들에게 가장 인기 있는 투자 선택지의 자리를 인도네시아가 빼앗았다.[64] **이러한 모든 움직임은 잉여가치 생산의 일반적인 지렛대인 화석연료에 그 바탕을 두었다.**

사실 2010년 이후 중국과 그 아시아 경쟁국들을 둘러싸고 벌어진 불안한 상황이 뭔가를 보여준다면, 그것은 바로 이 지렛대가 얼마나 필수적인 조건으로 남아 있는지일 것이다. 이것 없이는, 즉 새 광산, 발전소, 전력망, 항구, 도로 같은 것이 없이는 당시 쉽게 확보할 수 있을 것만 같던 근면해 보이는 노동자를 착취할 수가 없었다. 그러나 국가체제가 기꺼이 나서서 검은 융단을 깔아 주었다. 중국으로부터 이탈하는 자본의 대규모 이전이 실현된다면, 비록 탄소 강도가 증가할지까지는 아직 확실치 않지만(하지만 공교롭게도 노동자들의 소득이 '가슴이 미어지는' 수준에 달하면서 **이와 동시에** 중국이 사용하는 연료 중 수입 천연가스의 비율이 늘고 있다는 증거가 있다) 새로운 팽창과 통합 효과는 의심의 여지없이 발생할 것이다.[65] 과격한 좌익 성향에 대항하기 위해 공장을 더 많은 아시아 국가로 확산시키는 것은 대부분 지역에 더 많은 굴뚝으로, 한층 더 파편화된-통합된fragmented-integrated 생산망으로, 대륙 간을 넘나들며 더욱 자기강화하는self-reinforcing 축적의 나사선 운동으로 이어질 것이다. 이렇게 폭증하는 배출량의 배후에는 물론 다른 원인들도 있겠지만, 최대의 잉여가치 추구보다 더 강력한 인화성을 가진 것은 달리 없다.

실제로 공장들이 대량으로 떠날 것인지는 아직 확실치 않다. 이는 중국 노동계급의 전투성 수준, 국가체제의 안정성, 전원지대에서부터 산업예비군을 충원할 수 있을지에 관한 그 잠재력——IMF는 농업 기계화의 가속을 포함한 재충전 방안의 목록을 준비했다——부유한 소비자를 유인할 가능성, 환율의 움직임과 이 모든 변수들 사이의 그리고 무엇보다도 대안이 될 다른 현지국에서의 서로 연동된 상황 전개에 달렸다.[66] 아마도 가장 벌어지기 쉬운 시나리오라면, 그것은 한 장소에서 다른 장소로 도약하는 자본의 동적 비평형 상태에 의해서, 더 넓게 분산된 FDI의 양상이 오랜 기간 지속되어 온 구중심부로부터 아시아로의 산업 이전이라는 효과에 복합적으로 다시 불을 붙이게 되는 상황일 것이다. 중국 제조업의 붕괴로 인한 CO_2 배출의 절대적 **감량**은 불가능해 보인다. 어쨌든 다시 강조하지만, 자본축적은 누적 과정이며 한정된 총량을 재배분하는 것 따위가 아니다. 그것은 노동의 저항에 대한 대응이라고 주장하면서 아마도 그냥 수천 개의 새 굴뚝이 돋아나게 만들 것이다.

대기 중 CO_2 농도 증가의 법칙

에르네스트 만델Ernest Mandel은 1980년에 출간한 《자본주의 발전의 긴 파동》Long Waves of Capitalist Development 제1판에서 또 하나의 구조적 위기가 보여주는 음울한 풍경의 단편들을 서술하였다. 서술된 많은 모순 중 하나는 너무나도 강력한all-too-powerful 노동에 관련된 것이었다. 전후 팽창기에 들어 고도로 성장한 자본주의 국가에서 산업예비군의 상당 부분은 고갈되었고, 필수적인 노동자들이 상당히 높은 수준의 집단적 자신감을 얻게 되었다. 때문에 이윤율이 하락했다. 어떻게 자본이 주도권을 탈환할 수 있을까? 만델은 새로운 재도약을 위한 전제 조건 중 하나로 다음을 제시하였다. '자본주의 조건하에서 전체적인 경제 상황을 바꿀 수 있을 만큼 이윤율을 끌어올리기 위해서 자본가들은 먼저 산업화된 주요 국가들에서 노동계급의 **조직력과 전투성을 결정적으로** 분쇄해야만 한다.'[67] 20년이 흘러 중국이 세계의 공장과 굴뚝이 되면서, 비로소 바로 그렇게 한 시대를 결정하는 수준의 승리가 실현된다.

1970년대 이후로 전개되어 1990년대에 가속된 생산의 세계화는 자본과 노동 사이 힘의 균형에 지각변동을 가져왔다. 상품 생산을 먼 나라로 이전하고 거기서부터 **수출**할 수 있는 새로운 능력을 획득한 자본은 장소에 묶인 채 남겨져 있던 조합원들을 이제 완전히 세계적 범위에서 대체 가능한 존재로 만들면서 노동조합의 팔을 비틀 수 있었다. 유럽 시장에서 판매하려고 벨기에 겐트Ghent나 이탈리아 토리노에서 조립되던 자동차가 광둥성 어딘가에서 조립될 수도 있다. 1978년 이후로 문호를 열었지만 특히 2001년 이후에 더욱 활발히 스스로를 개방한 중국은 생산을 빨아들이는 블랙홀 같았다. 덕분에 세계의 다른 곳 전역에 걸쳐 공장이 사라지는 소리가 울려 퍼졌고, 이 소리는 스웨덴에서 멕시코에 이르기까지 아직 남아 있던 공장에도 전달되었으며, 그곳의 노동자들을 궁지에 몰아붙였다. 《이코노미스트》는 희석된 어조로 중국 노동자들이 '농장에서 공장으로 이동하면서 제조업 임금을 낮게 유지시켰다. 중국에서만이 아니라 세계 전역에 걸쳐서'라고 썼다. 사실상 중국의 산업예비군은 **세계의**global 산업예비군이 되었으며, 용의 서식지 인근 전역에서 잉여가치율을 높이고 불평등을 심화하는 데 기여했다.[68]

이러한 논리는 중국 노동자들에게도 피해를 입혔다. 2010년 말, 《중국노동통신》Chinese Labour Bulletin은 파업이 장기간에 걸쳐 결실을 맺지는 못할 것이라고 우려를 표하였다. '많은 저임금, 노동집약적 기업들이 노동자의 임금 요구에 대응하기 위해 고용된 노동자들과 협상하는 데 노력을 기울이기보다 단순히 문을 닫고 더 값싼 지역으로 이전할 가능성이 높다.' 이전하겠다는 현실적 위협은 비슷한 소용돌이에 빠진 다른 노동자들에 대해서와 마찬가지로 중국에서도 역시 노동자의 교섭력을 약화시키는 데 충분히 효과적이다. 사실 서구의 노동운동은 한때 상대적으로 안전하게 힘을 모을 수 있었다. 왜냐하면 생산이 여전히 국가 단위 경제에 묶여 있었기 때문이다. 그러나 최근 중국의 노동운동은 언제 그들 발아래에서 갑자기 끌어당겨져 버릴지도 모를 양탄자 위를 걷는 것처럼 불안한 상태에 놓여 있다.[69] 이러한 묘기와 연관된 직접적인 계급적 차원을 《노동의 힘: 1870년 이후의 노동자운동과 세계화》를 쓴 베벌리 실버만큼 잘 해석해낸 사람은 달리 없다. 그는 하비의 이론을 준용하여 현대 자본주의에서 끊임없이 반복되어 온 '공간적 조정'spatial fix의 역사를 파악한다. '매번 강력한 노동운동에 부딪힐 때마다 자본가들은 생산을 더 값싸고 더 온순하다고 여겨지는 노동자를 찾을 수 있는 장소로 재배치함으로써 투자를 철회하는 장소의 노동운동을 약화시키지만 **그러나 동시에** 새로 확장한 장소에서 노동자를 강화시키는 결과를 초래하고 만다.' 비싸고 길들여지지 않은 노동이라는 곤경으로부터 탈출하는 과정에서, 자본은 원래 도피처라고 생각했던 곳에 그 곤경을 다시 재생산해내고 마는 것이다. 실버는 그 필연적 귀결로서 '**자본이 가는 곳에는 어디나 노동-자본 분쟁**labor-capital conflict이 **곧**shortly **그 뒤를 따른다**'는 하나의 정리를 제시한다.[70]

우리는 여기에 또 하나의 정리를 덧붙일 수 있다. **자본이 가는 곳에는 어디나 배출이 즉시**immediately **그 뒤를 따른다.** 이게 바로 탄소 누출carbon leakage의 계급적 내용이다. 그러나 노동이 항상 새로운 확장 지역에서 이전 지역에서만큼의 강도와 열정으로 부활한다는 보장은 없다. 도리어 세계화를 겪은 최근 수십 년 동안 노동은 구조적으로 **약화**되었다. 그리고 이러한 측면에서 볼 때, 분쟁과 배출의 역사적 궤적은 서로 갈라지고 있다. 자본이 끝없는 공간적 조정을 거치면서 지속적으로 자리를 이탈하고, 세계의 노동계급을 약화시키며, 쇠약해진 노동운동의 주변을 돌며 춤추고 있는 동안, CO_2 배출량은 바로 그 똑같은 동역학에 의해 기하급수적으로 증가하게 된다. 또는 **세계화된 자본이 더 강력해짐에 따라 CO_2 배출량의 증가 역시 더 급격해진다.** 실제로 바로 2000년 이후 걷잡을 수 없이 진행되는 파국적 지구온난화야말로 20세기에 벌어진 노동에 대한 기나긴 투쟁에서 자본이 획득한 결정적 승리를 나타내는 왕관이라고까지 할 수 있다. 1870년에서 2014년까지의 누적 CO_2 배출량 전체의 4분의 1이 마지막 15년 중에 발생했다. 배출량이 폭증하고 있는 바로 이 세계는 단지 85명의 개인이 전체 인류 하위 절반이 가진 것과 같은 양의 부를 소유하고 있는 세계이며, 그런 측면에서 분명 **인류**anthropos는 균질적인 한 덩어리[a]

monolith라는 관념으로부터 하루가 다르게 **더욱더 이탈**하고 있다.[71]

실버는 재배치 외에도 전투적인 노동을 무너뜨리기 위한 또 하나의 전략이 있음을 강조한다. 바로 자동화. 지속적으로 진행되는 생태적 현상인 자동화는 자본주의 역사의 **장기지속**_longue durée_ 중에 기계가 계속 등장하며 야기하는 하나의 측면이자 이 생산양식하에서 벌어지는 생산성의 영원한 상승을 나타낸다. 인간 노동의 단위량당 더 많은 밑받침이 동원되고 처리되고 소산된다. 바로 마르크스가 **자본의 기술적 구성**_technical composition of capital_이라고 부른 부분이 늘어난다. 가치로 따지자면 불변자본(물질에 투자된 자본의 일부)이 가변자본(노동력을 지칭하는 다른 표현)에 비해 상대적으로 늘어나게 되며, 그리하여 자본의 **유기적** 구성—기술적 구성이 가치에 반영된 것—도 또한 증가하게 된다. 살아 있는 노동은 압박받게 되며, 잉여가치를 생산할 수 없는 기계와 다른 죽은 물질들이 가면 갈수록 더 많이 그 어깨에 올라타 노동을 무겁게 짓누른다. 그리고 필연적으로 이윤율은 하락한다.

물론 이것은 마르크스의 '이윤 저하 경향의 법칙'이다. 이것이 **경향**의 법칙law of the _tendency_인 이유는 여기에 '상쇄 요인들'이 작용하기 때문이다. 예를 들어 만약에 불변자본 요소들이 더 저렴해지면, 그것들이 더 많은 부분을 차지하더라도 유기적 구성이 늘어나지 않을 수 있다. 한 노동자가 한 대가 아니라 두 대의 기계를 다루게 되었다고 가정해 보자. 그런데 이 기계들이 이전처럼 각각 한 시간에 한 대씩 생산되는 것이 아니라 각각 반 시간에 한 대씩 생산된다면, 그렇게 되면 **가치** 비율들은 변하지 않는다. 이 경우 기계를 생산하는 부문의 높은 생산성이 불변자본의 가치가 '**그것의 소재량과 동일한 비율로 증가하는 것을**' 저지한다. 그리하여 결국 이윤율은 하락하지 않을 수도 있다.[72] 다만 이것은 경향일 뿐이며, 여러 가지 방식으로 제약되고 자본이 다수의 전선에서 충분히 빨리 전진한다면, 심지어 주기적으로 역전될 수도 있다.

하지만 마르크스에게 확실한 것—거스르거나 왜곡할 수 없는 축적의 철칙—은 비록 유기적 구성이 증가하지 않더라도 소재량the material volumes이 늘어나고 기술적 구성이 증가한다는 것이다. 그리고 생태적 관점에서 보면 바로 이 점이 중요하다.[73] 자본주의 기계 기술이 19세기 초부터 에너지의 재고에 그 기초를 두었다는 사실과 생산성의 증가가 따라서 곧 매시간 노동당 더 많은 양의 재고를 전유한다는 것을 의미한다는 점을 고려할 때, 여기에 자본의 화석 구성fossil composition of capital 증가의 법칙이 존재한다고 할 수 있다. 인간 노동의 비중을 기계와 다른 물질에 비하여 최소화하려는 투쟁—리카도-맬서스식 패러다임에서는 언급된 바가 없는, 끊임없는 대체 과정—이 화석 구성을 증가시키고, 이는 곧 자본주의 역사 기간 중에 대기 중 CO_2 농도 증가의 법칙으로 이어진다. 그렇다면 여기에도 상쇄 요인들이 존재할까?

가치 측면이 아니라 물질적 측면에서도 유사한 가능성이 아예 없지는 않다. 어쩌면 규모와 생산성의 성장을 상쇄할 만큼 빨리 생산의 탄소 강도가 낮아질 수도 있을 것이다. 한 노동자가 한 대가 아니라 두 대의 기계를 다루게 되었는데 그 기계들이 화석연료를 각각 이전의 반만 소비한다고 하자. 그렇다면 그 에너지 비율들은 변하지 않는다. 그러나 가치 생산의 역사와는 다르게, 이 경우 이러한 역경향은 생태근대주의자의 머릿속에만 존재하는 가상의 각본, 헛된 희망, 몽상으로 남아 있을 뿐이다. 실제로는 세계적 규모에서 나타나는 제번스의 역설이 항상 이러한 역경향을 상쇄시켰으며, 언제나 축적의 나사선 운동은 연료 절감 시도를 가볍게 압도했다. 게다가 일반적으로 세계화된 생산을 살펴보거나 특수하게는 중국으로 자본이 이전된 경우를 살펴보면, 화석 구성의 확대 경향을 강화하는 쪽인 정반대 방향의 강도 효과가 유도되고 있음을 알 수 있다. 세계경제 전체의 탄소 강도는 증가하고 있다.[74] 이윤율 하락의 법칙은 기껏해야 경향에 불과할지 모르지만, CO_2 농도 증가의 법칙은 불변이다. 재배치와 자동화라는 두 측면 모두를 통해서 실현되는 이 법칙은 증기로의 최초 전환 이후 오늘날까지 계속 걷잡을 수 없이 진행되는 운동 내에 존재하는 에너지와 착취의 **통일**a unity of energy and exploitation을 드러낸다.

물론 현재 대기 중 CO_2 증가의 책임 전부를 화석 자본에 전가할 수는 없다. 국가체제, 군대, 노동자들의 협동조합, 주거지역, 토지 개간, 서민들의 교통체계와 이 회로에 포함되지 않은 다른 연소장치들도 존재할 것이다. 여기서 주장하는 바는 단지 이것이 화석 경제의 **주요 추진력**을 구성한다는 것이다. 이 말이 최소한 어느 정도라도 사실이라면, 기후변화에 대응하는 유효한 행동은 그것이 무엇이든지 간에 언젠가는 결국 화석 자본과 맞서 싸우게 될 수밖에 없다는 것을 의미하며, 따라서 권력의 실상을 냉정하게 인식하는 것이 우선 필요하다. EET를 다루는 문헌 중 일부에서는 아무런 특정한 구분도 하지 않고 우리 모두가 나누어 부담해야 할 책임에 대해 언급하는 엄숙한 문구들을 발견할 수 있다. '궁극적으로는 일상의 소비와 생산에 대해서 우리가 내린 결정이 세계의 배출량을 끌어올리고 있다.'[75] 도대체 어떠한 의미에서 이러한 결정이 '우리가 내린 결정'ours인지 전혀 분명하지가 않다. 이러한 접근이 초래할 수 있는 위험은 서구 소비자들—또는 더 악질적으로는 서구 노동자들—을 추상적으로 일반화시켜 표적으로 삼음으로써 기후정치의 확실한 실패로 이어지게 될 것이라는 점이다. 심지어 생산에 기초한 산정법을 극복하더라도 마찬가지다. 여기서 진범은 방 안의 코끼리인 채로 남아 있다. 사실 이렇게 비정형이지만 고도로 집중된 권력의 궤적으로 나타난 세계의 화석 자본이 야기하는 배출을 제한하자는 생각 자체가 현존하는 국제적 기후정치의 전제와 배치된다. 이 기체는 파쇄역fracture zones의 틈으로 새어 나와 제멋대로 팽창하도록 계속 방치된 상태로 남겨져 있다.

관성에의 집착

자본은 의지와 사고를 지니지 않으며, 결정 사항을 준비하고 그 귀결을 예측하는 배후의 도당이나 전능한 음모나 중앙의 체계를 가지는 존재가 아니다. 그 정반대다. 자본은 맹목적인 자기확장self-expansion 과정이다. 그러나 동시에 자본은 자본가들을 통해 **인격화되며**personified 이들의 행동과 반응은 가치를 실현하려는 충동에 의해 유도되거나 또는 유도되어야만 한다. 흔히 여기서 그 귀결은 예기치 못한 것으로 드러난다. 한 면직업종 도급인이 배임을 막으려고 역직기를 도입하지만, 결국 그 귀결로 직조공들을 한곳에 모으게 되고 자신의 부지 안에서 이들이 파업을 할 수 있게 된다. 한 자동차 회사가 대한민국의 강력한 노동조합을 피해 생산을 상호 연결된 남중국의 몇몇 지역에 재배치할 수도 있지만, 결국 어느 날 아침, 파업으로 생산이 마비되었다는 소식을 듣게 될 것이다. 베벌리 실버가 서술한 바와 같이 이렇게 모순이 이전되고 개편된 형태로 다시 등장하는 일련의 사태는 섬유, 자동차, 반도체나 기타 산업에서만 등장하는 것이 아니라 화석 자본의 시초축적 회로 내에서도 역시 발생한다.

이 회로의 근대사를 다룬 것 중 가장 중요한 저작인 《탄소 민주주의》Carbon Democracy에서 티머시 미첼Timothy Mitchell은 에너지의 흐름에서 에너지 재고로의 전환에서 발생한 가장 큰 역설이라고 부를 수 있는 사태에 주목한다. 그 전환은 특정한 노동의 위상을 강화시켰다. 이제 에너지의 유통이 전적으로 광부들에게 의존하게 된 것이다. 자본이 흐름이라는 뜨거운 솥에서 탈출하겠다며 활활 타는 화석 경제의 불구덩이 속으로 직접 뛰어든 셈이다. 화석 경제에서는 인간의 노동이 '증기 또는 전기에 의존하는 각 공장, 사무실, 주택이나 교통수단과 지하의 공간을 연결시키고 있었다.'[76] 초기의 노동운동은 모든 동력power을 차단할 수 있는 광산 프롤레타리아──철도, 운하, 항구의 프롤레타리아와 함께——의 권력power을 통해 총파업을 전면적 마비를 야기할 수 있는 무시무시한 무기로 다듬어 냈다. 1842년 8월, 핼리팩스 집회에서 얻은 직관적 경험은 계급의 교섭력을 최대화하는 효과적 전략으로 강화되었다.[77]

자본이 어떻게 대응했는가. 자본은 석유를 선택했다. 유럽과 미국의 주요 광산지대에서 일련의 끔찍한 파업에 부딪히고 나서——특히 제1차·제2차 세계대전 직후의 격동기에——그리고 그렇게 대담해진 노동운동의 전진에 맞서기 위해서 자본은 안전하게 멀리 떨어진 석유 매장지를 확보하려는 결의를 굳혔다. 미첼이 주장하기를, '석유로 전환하는 주요 목적은' '스스로 가진 에너지의 유통을 차단하는 능력을 통해서 조직화된 노동으로 집단적 생활수준의 향상을 요구할 수 있게 만들고 그 결과로 유럽을 민주화시켰던 탄광의 광부들을 영구히 약화시키기 위해서였다.' 조금 더 고분고분한 에너지원은 아마도 중동 사막에 있는 석유일 것이다.[78] 땅에서 솟아오르는 석유는 경영진의 상시적인 감독하에 놓인 상대적으로 적은 수의 노동력만을 이용해서——채탄하는 광부들의 큰 무리를 탄층으로 보낼 필요가 없다——지상으로 뽑아낼 수 있다. 그 유동성liquidity 덕에 운송하는 데도 노동이 덜 든다. 이렇게 유동적인 공간적 조정을 또 한 차례 거치면서 20세기 중반부터 화석 경제는 그 무게중심을 중동으로 돌렸다.

그리고 시간이 지나자 다시 새로운 얼굴로 문제점이 재등장했다. 팔레스타인 게릴라가 송유관을 폭파한다든지, 포퓰리스트 체제가 석유를 국유화한다든지, 총파업을 일으켜 세계경제를 마비시킬 수 있을 만큼 노동자들이 강력한 힘을 모으게 된다든지——가장 대표적인 예로 1978-1979년 이란 석유지대의 상황을 들 수 있다——여기에 전쟁이나 테러 공격과 같은 일련의 사태가 중동이라는 늪과 같은 모래땅에서부터 멀리 떨어진 유정을 찾아 '에너지 안보'를 확보하도록 자극했다. 그러나 하나의 화석연료에서 다른 화석연료의 전환도, 한 지역에서 다른 지역으로의 전환도, 이 문제투성이 에너지원의 소비의 **절대적 감소**로는 절대로 이어지지 않았다. 장부에서 석탄이 사라진 적은 없다. 다시 오늘날 이 에너지원은 다른 그 어떤 화석연료보다 더 많은 CO_2 배출을 야기하고 있다.[79] 계속 다시 등장하는 노동의 자율성은 화석 자본 회로 속에서처럼 시초축적 회로에서도 자본이 다변화 diversification, 증식multiplication, **팽창**expansion을 시도하도록 유인한다. 그리고 자본은 가는 곳마다 불태울 더 많은 연료를 찾아냈다.

그러나 근본적으로 이를 유도한 원인은 경제의 기타 부문에서 발생한 화석연료의 수요이다. 중국에서는 폭증하는 수요가 북서부 광산에서 공급되던 물질들을 집어삼켰으며, 그 결과 채굴이 대유행하게 되면서 흔히 예상할 수 있는 부작용들이 나타났다. 풍부한 생태 다양성으로 잘 알려진 네이멍구자치구의 초지는 원래 고대로부터 유목민들의 고향이었는데, 이들은 일상에서 석탄을 전혀 쓰지 않았지만—지금도 쓰지 않는다—운이 나쁘게도 중국 내에서도 가장 우수한 매장지 위에서 살아가고 있었던 것이다. 새천년이 시작되면서 활발해진 탐사와 가공 과정 때문에 물이 오염되고 하천이 메말랐으며, 유독한 화학물질이 공기 중으로 새어 나왔고, 초목이 감소하고 지역 경관이 이들에 의해 점거되었으며, 목동이나 가축이 빠질 수 있는 잘 보이지도 않는 수직 갱도들이 우후죽순 늘어났다. 자신들의 전통적인 생활방식을 위협받게 되고 삶의 터전에서 밀려나 가난에 내몰린 네이멍구자치구의 유목민들은 자주 석탄 운송을 막아서는 행동에 나섰으며, 상황은 쉽게 예상 가능한 방향으로 귀결되었다. 그 결말은 더욱 강력해진 무장 세력의 주둔이었다.[80]

2011년 5월, 시린궈러맹Xilingol의 유목민들은 트럭 100대가 다니던 길을 가로막고 장애물을 세웠다. 5월 10일에서 11일로 넘어가는 자정 무렵 몇몇 트럭 기사들이 방벽을 뚫기로 결정했다. 이들은 메르겐이라는 이름으로 알려진 유목민을 들이받고 그를 150미터 질질 끌고 간 후 그 시체를 몇 차례 반복하여 짓밟았다. 이 사건으로 초지에 불이 붙었다. 세계 언론의 관심의 초점을 피한 채 중국의 국가체제는 석탄에 반대하는 항쟁을 진압하기 위해 그 후 몇 주간 네이멍구자치구를 경찰력으로 뒤덮었고, 인터넷과 전화망을 차단했으며, 학교를 폐쇄하고 통행금지를 선언하여 사실상de facto 계엄을 단행했다. 한 인권운동가는 끓어오르는 분노가 섞인 좌절감을 표했다. '이 땅은 회사들이 원주민을 완전히 무시하고 뭐든 마음대로 할 수 있는 무법지대가 되었다.'[81] 엘리자베스 도약기의 잉글랜드 전원지대, 석유 시대 초기의 중동과 수없이 많은 서로 다른 시대의 서로 다른 지역과 마찬가지로, 중국에서 벌어진 화석 자본의 시초축적도 직접생산자들로부터의 폭력적 수탈을 통해 진행되었으며, 마르크스의 표현을 빌리면 자본가 권력의 갈퀴를 '모든 생산과 현존의 원천인 대지'에 깊숙이 쑤셔 박았다. 일단 자본이 이 원천을 장악하게 되면 그 자리에서 물러나게 하기란 거의 불가능하다.[82]

전적으로 경제적인 회로 측면에서 살펴보면 광산, 기중기, 굴착 장치, 정유공장, 송유관이나 기타 이와 비슷한 구조들은 하나의 잘 알려진 법칙을 따른다. 이것들은 고가의 재화이다. 이것들은 동시에 내구재다. 원유 시설은 점심 한 끼 먹는다고 소모되는 것이 아니다. 1982년 11월에 거의 1백만 톤의 콘크리트로 만들어진 노르웨이의 한 원유 시설은 인간에 의해 지금껏 옮겨진 것 중 가장 무거운 물체라는 기록을 갱신하게 된다. 이러한 시설에 매몰된 비용은 오로지 조금씩 만회되어 아주 오랜 시간이 지난 후에야 회수할 수 있다. 자동행위자나 폭스봇에 투자한 것을 회수하는 데는 수년밖에 걸리지 않을 수도 있지만, 타르샌드 광산이나 캐나다 횡단 송유관의 경우에는 수십 년이 걸릴 수 있다. 데이비드 하비가 《자본의 한계》에서 보여준 바와 같이, 그 결과물은 관성이다. '자본가들이 고정자본을 구매할 경우, 그들은 고정자본의 가치(어떻게 계산되든지 간에)를 완전히 회수할 때까지 이를 사용하도록 의무 지워진다.' 만약 그 시설이 일단 완공된 후 어느 날 갑자기 버려져야 한다면, 무시무시한 손실이 발생할 것이다.[83] 자본이 화석을 선택한 순간부터, 자본을 이끌어 온 유연성과 이동성의 추구가 결국 초중량급 생산수단과 교통수단에 자본 **스스로를 얽어매어 고정시키도록** 만들어 버린 것이다. 에너지의 재고가 한 줌의 자유를 자본에 제공할 때마다 더 많은 양의 자본이 장기간 지하에 묶이게 된다.

레이프차일드 시절과는 비교도 안 될 만큼 막대하게 크고 두터워진 제2의 지각이 전 세계를 뒤덮고 있다. 바츨라프 스밀에 따르면 '석유와 천연가스 지대, 석탄 운송 철도, 송유관, 석탄 수송선, 유조선과 LNG선, 석탄 처리시설, 정유시설, LNG 터미널이'—수백만 킬로미터를 걸쳐 수만 개에 달하는 설비들이—'세계에서 가장 광범위하고 가장 비싼 기반시설의 망을 이룬다.' 이것은 어떤 자들에게는 매우 소중한 것이다. 비판지리학자 윔 카턴은 자본이 '현재의 화석연료 체제를 유지하는 편과 그 이해가 일치한다'고 지적하는데, 이는 분명히 에너지 재고의 사용을 끝내려는 다른 이들의 이해와 극단적으로 배치된다.[84] 그러나 이것은 단순히 비용을 회수하는 문제에 그치지 않는다. 발전소 비용이 다 회수된 후에도 그것을 소유한 회사가 그 문을 닫지 않고 가능한 한 오래 운영을 계속하는 편이 현명할 것이다. 이미 비용은 다 회수되었으니 이 시설은 아무 비용도 들지 않는 고정자본으로 취급되고 시장점유율을 더 끌어올리는 기반으로 사용될 수 있다. 시설의 문을 닫고 새로 건설한다면 이 모든 짓을 다시 처음부터 시작해야만 한다. 1890년대 이후 건설된 미국 발전소의 3분의 2가 아직도 사용되고 있다. 물리적 내구도와 기나긴 회수 기간이 끝나더라도 합리적 비용을 들여 이를 유지하고 보수할 수 있는 한 회사들은 이러한 자산을 퇴출시키는 데 저항할 것이다. 다루는 생산품이 전기라면 더욱 그럴 텐데, 왜냐하면 아무리 오래된 발전소로부터 나왔든지 어쨌든지 간에 소비자는 정확히 같은 형태의 전기를 공급받게 되기 때문이다.[85] (석탄화력발전소 같은 시설은 화석 자본의 회로와 시초축적의 회로 사이에 걸쳐 있는 것처럼 보일 수 있지만, 우리는 여기서 이러한 기반시설을 후자에 속하는 것으로 본다. 왜냐하면 비록 전환된 형태이기는 하지만 결국 F를 그 산출물로 제공하기 때문이다.)

우리는 과학이 지시하는 바대로 현재의 화석연료 체제를 가능한 한 빨리 해체하기를 원한다. 이에 엮인 자본의 입장에서 보면, 이것은 이제 첫 수확을 하거나 2차, 3차 수확할 만큼 무르익은 가치로 가득한 행성 전체를 산산이 박살 낼 수 있는 운석 충돌과도 같다. 똑같은 집착이 화석 경제 전반에 걸쳐 발견되기는 하지만——2005년에 에너지 최종 소비 쪽의 고정자본이 공급 쪽의 3배에 이른다는 설도 있다——산업지대라면 적어도 재생에너지를 쓸 수 있도록 개조될 잠재적 가능성이라도 지니고 있다.[86] 탄광은 개조될 수 없다. 석탄화력발전소 역시 풍력 터빈으로 돌아가게 만들 수 없다. 석탄화력발전소는 해체되어야만 한다. 이제 이런 종류의 설비들을 조기에 퇴출시킬 필요가 있다. 한 연구의 결론에 따르면, '지구온난화를 2100년까지 2°C로 제한하기 위해서는' '현재 설치된 엄청난 용량의 석탄설비를 2030년과 2050년 사이에 일찌감치 퇴출시킬 필요가 있다. **이토록 막대한 세계적 자본 손실은 그 규모로 보아 유례를 찾을 수 없을 것이다.**' 실로 혁명적 전환이 요구된다는 소리다.[87] 역사상으로 보면 이전에도 자본이 파괴된 바가 없지는 않았다. 전쟁, 위기, 탈산업화의 물결이 그러했다. 그러나 이번에는 매우 독특하게도 공개적으로 너무나 일찍 사망을 **선고받은 것이다.**

그리하여 여기에 이렇게 전환을 방해하는 장애물이 하나 존재한다는 것을 알 수 있다. F를 소비자에게 제공하는 회로 내 자본이 바로 그것이다. 이 자본은 나날이 더 크게 성장하고 있다. 매 순간 배출량 감축이 지연될 때마다 감축을 막는 장애물로 거동하는 고정자본은 더욱더 그 무게를 불리게 된다. 완화가 시작되는 바로 그 순간까지—물론 완화가 도대체 언젠가 시작되기는 한다면 말이지만—신규 시설과 시설 확장에 투자가 계속될 것이기 때문에, 바로 그날이 닥치면 10년 또는 20년 먼저 시작했을 때에 비해 더욱더 큰 규모의 천문학적 수준의 자본이 청산되게 될 것이다. 관성은 관성을 낳고, 화석 경제를 살아간 각각의 세대는 다음 세대에 더욱더 끔찍한 악몽을 넘겨주게 된다. 물론 해야 할 일은 자명한데, 그것은 F를 제공하는 기반시설이 지어지는 속도보다 이들을 더 빨리 퇴출시켜야 한다는 것이다. 하지만 정확히 그 정반대의 상황이 벌어지고 있다. 새로운 천년의 첫 10년 동안 그 이전 어느 10년보다 더 많은 수의 석탄화력발전소가 지어졌다. 이 가속도를 보면 정말 숨이 가빠질 정도다. 2010년과 2012년 사이 3년의 기간 동안 1990년대 전체 10년의 기간 중 추가된 것보다 2.5배 더 많은 석탄설비용량이 추가되었다. '이미 확정된 배출'이라는 검은 구름이 미래를 뒤덮고 있다. 40년 동안 운용된다고 가정하면 2012년에 건설된 석탄화력발전소들만으로 CO_2 190억 톤을 운용 기간 동안 배출하게 될 것이다. 2012년에 운영 중인 모든 화석연료 화력발전소가 실제 배출한 양인 140억 톤과 비교해도 이를 가볍게 넘어선다. 현재 이렇게 이미 확정된 배출량은 매년 4%씩 증가하고 있는데, 이는 실제 배출량의 증가 속도보다 더 빠르다. 이게 바로 현재의 평시활동이 전개하는 미래와의 전쟁의 현황이다. 증기의 발흥 이후 거의 두 세기가 지났음에도 불구하고 석탄은 여전히 전장에서 쓰이는 주된 탄환으로 남아 있다.[88]

유럽 석탄업계의 이익단체로 주로 막후교섭을 하는 유로코알 EURACOAL이 2014년에 '어째서 덜 야심 찬 기후 목표가 EU에 더 많은 것을 가져다주는가'Why Less Climate Ambition Would Deliver More for the EU라는 선언문을 내놓은 데는 그만한 이유가 있다. 그러나 세계의 굴뚝에서 나온 배출량의 폭증이 가장 큰 영향을 주고 있다. 새천년의 첫 8년 동안 중국이 석탄으로 발전하기 위해 늘린 신규 용량은 EU 내에서 가장 큰 경제 규모를 가진 다섯 국가의 용량을 다 합친 것보다 더 컸다. 투자자가 이 발전소들로부터 이윤을 얻기 전까지 대략 30년에서 35년은 흘러야 할 것이다. 2012년 말에 이러한 발전소 1,200개가 계획된 채로 더 남아 있었고, 그중 수백 개가 유럽에 있기는 했지만 대부분 중국과 인도의 것이었다.[89] 이 시점에 석탄공급업자들은 과잉생산을 겪고 있었고 이윤율은 감소하고 있었다. 그러나 업계의 대표자들은 곧 밝은 미래가 도래할 것이라고 기대하고 있었다. 호주광물위원회the Minerals Council of Australia CEO인 브랜든 피어슨Brendan Pearson은 '석탄 사용량에서 중국은 매번 예상을 초과하고 있다'고 확신에 차서 말했다. 그리고 실로 2010년에 이미 확정된 미래 배출량의 37%가 중국에 의한 것이었다. 그러나 '이미 확정'committed이라는 말은 **경제적으로 예정되어 있음**을 의미하는 것일 뿐 물리적으로 이미 결정되었음을 의미하는 것은 아니다.[90] 어쨌든 탄광을 닫는 데 그 자체로per se 불가능한 것은 아무것도 없다. 다만 몇몇 사람이 그 길을 막고 있을 뿐이고, 이들이 한 무리의 유목민보다 무한히 더 강력하다는 것뿐이다.

전환이 직면하게 될 저항 세력의 정체를 파악하는 것이야말로 꼭 필요한 일이다. 2013년《포춘》의 세계 500대 기업 목록에서 로열더치셸이 선두, 엑슨모빌이 3위, 중국석유화공Sinopec이 4위, 중국석유천연가스공사가 5위, BP가 6위, 중국국가전력망공사——중국 내 전력의 80%를 공급한다——가 7위, 토탈이 10위를 차지하였다. 10대 기업 중 단 세 곳——월마트, 도요타자동차, 폭스바겐——만이 화석 자본의 시초축적 회로 외부에 그 핵심적 사업 분야를 가지고 있었다. 하지만 다양한 원천이 이 회로를 관통하여 흘러간다. 은행으로부터 자금 유입은 현대의 석탄 채취 사업을 개시하는 데 필수적이다. 2005년과 2010년 사이——앨 고어, 스턴 보고서the Stern Report, IPCC의 노벨상 수상과 COP-15의 소식이 있었던 시기로 아마도 기후변화에 대한 경각심이 정치적 의제에서 가장 큰 영향력을 발휘한 5년의 기간——은행들이 석탄 발전과 채탄에 투자한 돈은 **2배로 뛰었다.** JP모건 체이스, 시티그룹, 뱅크오브아메리카, 모건 스탠리와 바클레이가 이 회로에 가장 많은 돈을 퍼부었다. 이 회로는 바로 금융자본과 불가분의 관계로 얽혀 있는 것이다.[91]

　　채취를 위해 실제로 건설된 구조물들만이 아니라 화석연료의 **매장지들**도 그 소유주들에게는 번쩍이는 황금과 같다. 곧 고갈된다는 온갖 주장에도 불구하고, 지하에는 지구의 평균온도를 16도에서 25도까지 상승시키기에 충분한 양의 석유, 천연가스 그리고 무엇보다도 석탄이 존재한다. 물론 그런 일이 벌어지지는 않을 것이다. 그 전에 투자자들이 모두 잘 구워질 테니까. 하지만 화석 자본의 시초축적 회로는 **그 방향으로 가려고** 완전히 작정한 것처럼 보인다. 왜냐하면 이 자본은 에너지의 재고를 바로 불에 던져 넣는 짓을 그 업으로 삼고 있기 때문이다. 회사들은 그들이 장악한 매장량에 따라 그 가치를 평가받고, 그 매장량을 주주들에게 보여주며, 미래에 발생할 채굴량에 기대어 운영된다. 그리고 사실 만약 이들이 가진 자산의 단지 5분의 1만 지상으로 꺼내어져 금세기 중반 이전에 불태워진다면, 2도라는 목표치는 연기처럼 날아가 버릴 것이다.[92] 당연히 요구해야 할 것——현 상황에서 최소한의 합리성을 품은 제안——은 탄광, 유정, 천연가스 매장지의 **신규** 개발을 무기한 중지한다고 선언하는 일이다. 2013년 3월에 엑슨모빌의 회장이자 CEO인 렉스 틸러슨은 이에 저항하는 기득권의 모습을 지극히 단적으로 명확하게 표현하였다. '내 철학은 돈을 버는 것이다. 만약에 내가 유전을 파서 돈을 벌 수 있다면, 바로 그게 내가 하기를 원하는 것이다.'[93]

불꽃이 너무나도 명랑하게
우리를 바라본다

　심지어 지금까지 전개한 분석이 전반적으로 옳다고 하더라도 매우 중요한──아마도 **가장** 중대한──의문 하나가 풀리지 않은 채로 남아 있다. 왜 사람들이 들고일어나지 않을까? 차내에서 약간 반발이 있기는 하지만, 어떻게 화석 자본이 여전히 그대로 남아 안락하게 기관사 자리에 앉아 있을 수 있는가? 승객들이 열차를 장악하고 화석 자본을 창문 밖으로 던져 버리거나 아니면 폭동으로 열차를 완전히 부숴 버리고도 남을 상황에서 이게 도대체 어찌 가능한가? 상황의 심각성을 고려할 때, 이것이야말로 모든 의문 중 최대의 수수께끼이다. 이를 만족스럽게 설명하려면 여러 가지 이유──피해자와 가해자 사이의 거리, 기후과학의 추상적 성격, 불편한 진실을 못 본 척하고 차라리 인생의 좋은 측면만 생각하는 편이 편하다는 점, 사회가 조직적으로 집단 부정을 유도하는 온갖 창의적 방법들──를 살펴보아야 하지만, 여기서는 그중 단 하나에만 초점을 맞출 것이다.[94] 이는 우리가 지금껏 다뤄 온 회로 밖으로 나와, 비록 거기서 자본이 축적되지는 않지만 화석 경제에 소속된 다수 사람들이 그 안에서 살아가고 있는, **화석 소비**의 영역으로 들어가도록 해 준다.
　이 수수께끼가 신기하게 보일 수도 있지만, 사실 자세히 살펴보면 이는 마르크스주의에서 그람시를 비롯한 이데올로기 이론가들이 붙잡고 씨름해 온 문제가 한층 더 첨예한 방식으로 재등장한 것일 뿐이다. 어째서 피지배계급은 스스로의 부당한 운명에 복종하며 때로는 심지어 명시적으로 그에 동의하기까지 하는가? 또는 어떻게 지배적 생산관계가 재생산되는가? 이러한 탐구의 전통에서 '이데올로기'라는 단어가 지칭하는 대상은 모임과 기념비에 의해 선포되는 관념들의 체계라기보다는 부르주아 사회의 물질성 그 자체에 깊숙이 새겨진 구조로 변모한다. 이러한 구조는 명시적으로 서술되지 않으면서도 당연한 것으로 받아들여지기 때문에 보이거나 들리지 않으면서도 압도적으로 효과적이다. 이 문제에 접근할 수 있는 방법 중 하나로 알튀세르의 이론을 들 수 있다. 그에게 이데올로기는 신조나 교리의 집합이라기보다는 주체가 관계에 얽매이게 되는 존재의 한 상태이다. 사유되거나 발화되는 것이 아니라 **행해지고 느껴지는** 어떠한 것이다. 조금 더 정확히 말하면, 부르주아 이데올로기는 나름의 독특한 방식으로 작동하는 제도들의 집합체인 '이데올로기적 국가장치들' Ideological State Apparatuses 또는 줄여서 'ISA들'로 체현된다.[95]

이데올로기라는 단어가 통상적으로 의미하는 바대로라면 정치적 이데올로기를 지닌 사람이 자기 신념을 표현하기 위해 집회나 시위에 참여하게 되겠지만, 이러한 이데올로기적 국가장치들은 거꾸로 실천 활동을 통해서 이데올로기적 소속감을 **생성해낸다.** 천주교 신자가 천주교를 믿기 때문에 미사에 참여하는 것이 아니다. 도리어 미사에 참여하며 입술을 움직여 기도문을 낭송하고 무릎을 꿇고 자기 죄를 고백하는 행위가 바로 그를 천주교 신자로 **구성해낸다.** 물질적 제의material rituals가 이데올로기적 주체를 존재로 소환한다. 이러한 장치는 그것에 종속될 존재를 모집하고 개인을 주체로 변모시키는데, 이미 잘 알려진 바처럼 바로 그 수단을 알튀세르의 용어로 설명하면 다음과 같다.

> **호명** 또는 인사라고 불리는 것인데, 우리는 매일같이 경찰이(경찰이 아니라도 좋다) 지극히 평범하게 '어이, 거기 당신!'이라고 호명하는 바로 그런 유형을 통해 이 호명을 상상할 수 있다. 우리가 상상한 이론적 장면이 길거리에서 일어난다고 상정해 보면, 호명을 받은 개인은 뒤돌아본다. 그처럼 육체적으로 180도 되돌아보는 단순한 회전을 통해서 그는 **주체**a subject가 된다.

알튀세르는 여기서 단어의 이중적 의미를 가지고 말장난을 하고 있다. 자유롭게 행위하는 개인이라는 의미에서의 '주체'subject, 종속된 부수적 존재a subordinate라는 의미에서의 '예속'subject. 교실에서 교사는 질문에 대답하도록 요청하면서 학생을 호명한다. 텔레비전 쇼에서 진행자는 환영하는 말을 건네거나 의견을 보내 달라고 유도하면서 시청자에게 인사한다 등등. 알튀세르는 계속 반복해서 하나의 이데올로기는 '언제나 하나의 장치 속에 그리고 이 장치의 실천 활동 속에 존재한다. 이 존재는 물질적이다'라고 강조한다.[96]

이제 이 이데올로기에 관한 초-유물론적 이론hyper-materialist theory으로부터 한 걸음 더 나아가면, 화석 소비의 영역을 일종의 이데올로기적 국가장치로 이해할 수 있다. 《세계의 굴뚝》에서 모슬리는 석탄 그 자체가 사용가치로 쓰이던 전형적 화석 소비 사회였던 후기 빅토리아 시대 잉글랜드 가정 안에서 석탄의 불꽃에 대한 애착이 얼마나 널리 유행했는지 보여준다. 그는 1867년 나온 버젠L. M. Budgen의 책 《살아 있는 석탄; 또는 불꽃의 얼굴》*Live Coals; or, Faces from the Fire*을 인용한다.

소중하고 친근한 불이여. 우리 난로와 옹기종기 모여 앉은 얼굴들을 밝히는구나! … 창살 너머 너무나도 명랑하게 우리를 바라보는 불꽃은 고독한 자와 함께하고 슬픈 자를 위로하며 지루한 자를 즐겁게 하고 사회적 친목을 끌어내는 중심이 될 뿐만 아니라 회상의 구심점이 되어 따스한 기억을 떠올리게 해 준다. 한마디로 (바로 여름의 태양이 필요할 때 그 필요를 제공하는) 각 가정 체계 내의 태양이다. 따라서 그 삶*life* 자체이기도 하다. 게다가 고기를 굽고 주전자를 끓이는, 평범하지만 특히나 필수적인*vital* 그 쓰임새도 잊어서는 안 된다.[97]

모슬리가 주장하기를, 사실 이 작자의 요란한 물신주의적 언어는 빅토리아 시대 잉글랜드의 노동계급 가정에서 광범위하게 마주치는 경험을 반영해 놓은 것이다. 석탄불 옆에 모여서 얻을 수 있는 소속감과 안락함. 여기서 사람들을 호명하여 유인하는 것은 사제, 교사, 상인 또는 기타 어떤 사람이 아니고 **다만 물질적 상품 그 자체다.** 버젠이 묘사한 것과 같이, 가정에서 흔히 볼 수 있는 광경에서 바로 불꽃이 '어이, 거기 당신!' 하고 가정의 구성원들을 호명하고, 구성원들은 거기로 얼굴을 돌린다. 이토록 단순하게 물리적으로 몸을 숙이는 행위를 통해서 이들은 화석 경제의 구성원, 그 축복의 수용체가 되어 에너지의 재고를 소모하는 행위에 종속되게—그리고 그 행위의 주체가—된다. 이 물질적 제의는 너무나도 깊숙이 각인되어 거의 무의식적인 충성을 만들어 내지만, 가끔씩 이데올로기적 국가장치의 권력자들에 의해 명시적으로 표현되기도 한다. 1912년, 왕립과학대학the Royal College of Science 연료기술학과the Department of Fuel Technology의 한 교수가 강연에서 말하기를, '주위에 앉은 모두에게 [석탄 불꽃은] 우리 가정에서의 삶의 가장 소중한 기능 중 하나이다. 이를 폐지한다면 석탄을 아낄 수 있을지도 모르지만 **우리는 잉글랜드를 잃게 될 것이다.**'[98] 잉글랜드의 주체the English subject는 불꽃과 이토록 밀접하게 결부되었기 때문에, 불꽃이 꺼진다면 그 존재 자체를 상실할 수도 있다.

이제 현대의 화석 소비 영역에서 석탄 불꽃 주변에 옹기종기 모여 앉는 행위에 해당하는 것을 고려해 보자. 주유소에서 차에 기름을 채운다든지, 어디 멀리 떨어진 해변에 가기 위해(또는 학술대회나 활동가 모임에 가기 위해) 항공권을 산다든지, 지구 반대편 어딘가에서 운송된 신기한 과일의 맛을 즐긴다든지, 중국에서 생산된 아이패드를 구입하거나 심지어 그냥 전기요금을 내는 행위까지.[99] 호명은 **모든 곳에서,** 모든 국면에서 온갖 사용가치의 대상을 통해서 수행된다. 하지만 여기에는 알튀세르보다 한걸음 더 나아간 측면이 분명히 있다. 그의 이데올로기적 국가장치들—교회, 가정, 정당, 매체, 조합, 학교—에서 사람들을 호명하는 것은 언제나 사람들이었다. 사제가 신자들을,

교사가 학생들을 호명한다. 그 목소리는 분명하고, 공개되어 있으며, 물론 물질적 실천 행위에 기초하지만 언제나 그 순수한 물리적 본질 이상의 무엇이었다. 상품이 **혼자서** *by itself* 말할 수 있는가? 다른 하나의 가능성은 화석 소비에 동참하라는 권유를 호명으로 보는 것이다. 바하마로 향하는 항공권이 아니라 텔레비전에 나오는 그 선전이나 마르크스의 말을 빌리면 이와 유사한 '상시적 수다' constant chatter가 바로 호명일 수 있다. 정신분석가인 샐리 웨인트로브 Sally Weintrobe는 '현대 소비주의 사회에서 우리는 항상 각자의 정체성의 의미를 자신의 물적 소유물을 통해서 표현하도록 **적극적으로 권유받으며**, 따라서 소유물을 잃는 것은 곧 자기 정체성의 의미를 상실한다는 것을 뜻한다' 라고 말하면서, 바로 이를 기후변화에 대해 대중이 행동에 나서지 않는 상황의 배후에 도사린 결정적 요인으로 고려하자고 제안한다.[100]

그러나 알튀세르 이론의 핵심은 그것이 초-유물론hyper-materialism 이라는 점이며, 또는 차라리 영혼과 물질 사이의 이분법을 아마도 스피노자식으로 해소해 버린 데 있다. 여기서 육체와 기호 사이의 구분은 불필요하다. 알튀세르는 "사람들은 자신들의 이데올로기를 '살아간다'"라고 적으면서 "**결코 의식의 형태로서가 아니라 그들의 '세계'의 한 대상으로서**, 그들의 '세계' 자체로서" 살아간다고 말한다.[101] 이 이데올로기는 불꽃을 바라보는 바로 그 행위 자체에 내재되어 있다. 만약 우리가 이데올로기에 관한 마르크스주의 이론의 반대쪽 진영—루카치로부터 기원한 사물화 학파—에서 얻을 수 있는 통찰을 알튀세르에 약간 섞어 보면, 구매 후 소비 행위 그 자체에서 호명을 발견할 수 있을 것이다. 상품은 사람들 사이의 관계를 은폐한다. 상품은 마치 그 안에 사람의 목소리를 담고 있는 것처럼 위풍당당하게 거닐면서 독려하고 뽐내면서 수다를 떨어 댄다. 이러한 사물화는 '현상의 피상 전반에 걸쳐 확장'하는 경향을 가진다. 왜냐하면 끝없는 생산성 향상의 동의어인 상대적 잉여가치는 '새로운 소비의 생산을, **유통 내**

에서 소비권이 생산권과 마찬가지로 확대되는 것을 필요'로 하기 때문이다.[102] 가면 갈수록 더 많이 쌓이는 산더미 같은 재화를 생산의 영역에서부터 구매자들에게 전가해야만 하기 때문에 주체는 소비의 나사선 운동에 휩쓸린다.

화석 자본은 역사적으로 F를 내포하는, 가면 갈수록 **더 많은 양의** 생산품을 가면 갈수록 **더 많은 수의** 사람들에게 뱉어내는 경향을 가진다. 우리가 폐지해야만 하는 고도화된 화석 경제에서 C – M – C(F)의 공식을 포함한 거래는 셀 수 없이 많아서 루카치의 말을 빌리자면 '삶의 모든 표현'에 스며들어 있다. F를 물질적으로 취하지 않고서는 거의 어떠한 주체도 형성될 수 없을 정도다. 흔해 빠진 일상에서부터 최고도의 자극에 이르기까지, 알튀세르의 말을 빌리면 사람들의 가장 구체적인 존재, '노동, 일상생활, 행위, 참여, 망설임, 의심뿐 아니라 지극히 명백한 것들에서' 이 에너지의 재고는 투명하면서도 고요하게 숨어서 존재한다.[103] 파티에 미친 사람a party animal이든지 진보적 학자이든지 간에 당신은 당신의 주체성을 유지하고 당신이라는 인간이 되기 위해서 그 비행기를 타야만 한다. 비행기 안에 앉아 있는 동안 창문, 좌석, 객실 승무원과 저 아래 구름의 풍경은 단 한마디 말도 하지 않으면서도 당신을 호명한다. '어이, 거기 당신!' 이렇게 당신은 화석 경제의 주체가 된다. 게다가 이데올로기적 국가장치들은 항상 반복을 그 기초로 삼아 형성되어 있다. 그 행위를 자주 반복하기 때문에 당신은 비행기 여행을 하지 **않는** 삶을 상상조차 할 수 없다. 그러한 삶 밖에 있는 자신을 상상하지 못하고, 이러한 이데올로기에 속해 있다는 점을 또렷하게 인식해내기는커녕 미약하게나마 눈치채지조차 못하는 주체를, F가 구성해낸다. 이것은 물질적 삶의 혈관 바로 그 안에 있는 것이다.

그러니 어떻게 화석 주체가 불씨를 끄기 위해 봉기할 수 있겠는가? 그는 그 과정에서 자기 자신을 잃게 될 것이다. 창살 너머의 불꽃은 너무나도 명랑하게 그를 바라본다. 우리는 여기서 왜 지구온난화가 가속되면 가속될수록 지구온난화라는 것을 운명이라고 그냥 받아들이는 경향이 강해지는지 그 잠정적인 설명을 얻게 된다. '자본주의 체제가 경제적으로 부단히 더 높은 단계를 향하여 자신을 생산, 재생산하는 것과 비례해서, 사물화 구조는 자본주의 발전 과정에서 더욱더 심층적으로, 운명적으로, 구성적으로 인간 의식 속에 파고든다.'[104] 그러나 이것은 동심원들이다. 화석 경제의 바깥쪽 원은 불꽃과 덜 단단히 결합하고 있다. 사실 상기한 바에 따르면, **가장 완전히 화석 사용가치에 의해 구성되어 가장 기후변화 완화에 강하게 저항하는 주체는 부유한 소비자**이다. 자신의 전기요금을 내기는 하지만 해변으로 비행기를 타고 날아갈 여유가 없는 가난한 이의 주체성은 에너지의 재고에 그리 많이 의존하지 않으며, 따라서 전환을 하더라도 그는 거의 또는 전혀 잃을 것이 없다. 화석 경제 내에서 계급 간 차이가 격화됨에 따라 이 격차는 점점 더 벌어진다. 화석 소비를 이데올로기적 국가장치로 해석하는 이론의 설명 능력은 그 대상의 부유한 정도와 양의 상관관계를 지닌다. 중산층, 인텔리겐치아와 노동계급 내의 몇몇 특권층에게는 약간의 의미를 가질지도 모르지만, 점점 더 뜨거워지는 세상에 내몰린 진짜 피지배계급에게는 거의 의미가 없다.

　기후정치의 상당 부분은 소비자를 호명하는 데 집중되어 있다. 어이, 거기 당신! 뭔가 다른 것을 사! 녹색 인증이 붙어 있거나 더 낮은 발자국을 가진 제품, 지역 생산품을 사거나 또는 아예 사지 않는 것이 제일 좋다네. 비록 이게 마치 화석 소비의 이데올로기적 무게에 저항하는 적절한 대응처럼 보일지도 모르지만, 여기에 초점을 두는 것은 이중의 전략적 오류를 범하는 것이라는 사실을 우리는 분명히 알아야 한다. 첫째, 이는 부유한 자들에게 말하고 있다. 이러한 대항-호명 counter-interpellation의 효과는 구매력에 직접 비례한다. 둘째, 이는 그 관심을 확대되는 소비 회로를 **포함한** 평시활동 전체를 결정하는 적극적인 계기인 생산으로부터 돌려 버린다. 물론 모든 진보적 기후정치는 불꽃의 인력에 대항하여 그 대안이 될 만한 호명을 이끌어 내야 한다. 그러나 일반적으로 말해서 소비자를 목표로 삼는 것은 예로부터 서구 환경주의가 쉽게 빠지곤 했던 막다른 골목으로 다시 우리를 이끌 뿐이다. 도덕철학자 데일 제미슨Dale Jamieson은 루카치가 이미 이론화한 내용이라는 점을 미처 눈치채지 못한 채 사물화에 의해 인간이 맞이하게 될 운명을 정확히 표현하면서《암흑기의 이성: 기후변화에 대항하는 투쟁은 어째서 실패했으며 그것이 우리의 미래에는 어떤 의미가 있는가》*Reason in a Dark Time: Why the Struggle against Climate Change Failed and What It Means for Our Future*를 시작한다. '인간의 행위가 동인the driver이지만 사람들이 아니라 사물들이 통제권을 쥐고 있는 것처럼 보인다. 우리 회사들, 정부들, 기술들, 기관들과 경제적 체제들이 마치 자기 나름의 생명력을 가진 것처럼 보인다.'[105] 소비에 취한 사람들이 깨어나서 바로 **이 생산***this*이라는 수준에서 행동하기 시작할 때에야 비로소 어떠한 참된 변화가 일어날 수 있다.

15
흐름으로의 귀환?
전환을 가로막는 장애물들

무상으로 주어지는 자연력 *Gratisnaturkraft*에 대해 우려되는 점들

지금 우리의 최선책은 즉시 에너지의 흐름으로 회귀하는 것이다. CO_2 배출량을 0에 가깝게 줄여야만 한다. 배출을 전혀 야기하지 않는 몇 가지 에너지원이 충분히 활용되지 못한 채 지구상에 넘쳐나고 있다. 태양은 매시간 인간이 1년 내내 소비하는 양보다 더 많은 양의 에너지를 이 행성에 쏟아붓는다. 달리 말하면, 단위시간당 지구에 내려오는 태양빛의 양은 인간이 현재 단위시간당 사용하는 전체 에너지의 양보다 1만 배 더 크다. 물론 이것은 순전히 이론적인 잠재량이지만 심지어 해양, 습지, 험준한 산지처럼 부적절한 장소를 제외하더라도 에너지 재고의 연간 소비량보다 대략 1천 배 더 많은 양의 태양에너지가 흘러넘치고 있다.[1] 풍력만으로도 세상의 동력을 다 공급할 수 있다. 태양으로부터 오는 직접 복사의 막대한 용량에는 비할 바가 못 되지만, 기술적으로 활용이 가능하다고 추정되는 공급량만 따져도 현재의 전체 에너지 수요의 배에서 24배에 달한다. 터빈을 대규모로 설치하면 바람 자체의 속력이 떨어져서 풍력발전단지를 더 만들어도 전력 생산량이 더 늘지 않는 상황이 올 수 있다고 회의론자들이 경고했지만, 그러한 리카도식 걱정은 하지 않아도 된다는 사실이 최근의 연구로 밝혀졌다. 공기의 흐름을 소진하는 것은 물리적으로 불가능하다.[2] 지열, 조력, 파력, 수력과 같은 다른 재생에너지의 원천들도 상당한 공헌을 할 수 있겠지만, 태양과 풍력에 거는 기대에는 미치지 못한다. 만약 화석 경제 이전에 흐르는 물이 에너지 흐름의 주류였다면, 화석 경제 이후에는 빛과 공기가 그러할 것이다. 연료 또는 동력원의 부족은 이번에도 역시 전혀 문제가 되지 않는다. 흐름으로의 전환을 얼마나 빨리 구현할 수 있을까? 최근까지 진행된 이에 대한 것 중 가장 포괄적인 연구를 통해서—일종의 세계적 규모의 톰Thom 보고서—미국의 연구자 마크 Z. 제이콥슨Mark Z. Jacobson과 마크 A. 델루치Mark A. Delucchi는 2030년까지 모든 신규 에너지를 풍력, 태양, 지열, 조력과 수력 발전설비로부터 얻을 수 있게 만드는 것이 가능하다고 주장하였다. 제조업 역량을 이러한 필요에 맞추도록 재편한다면, 세상에 석탄화력발전소—또는 심지어 핵발전소도—나 가스공장, 내연기관이나 주유소를 단 한 개도 더 만들 필요가 없을 것이다. 그 20년 후에는 에너지의 재고에 기반을 둔 모든 구식 설비를 전력망에서 제거할 수 있으며, 그리하여 2050년이 되면 전 세계의 경제—제조업, 교통, 난방: 즉, 전부—를 재생에너지로 얻은 전력으로 운영할 수 있을 것이다. 그리고 그 전력 중 약 90%는 태양과 바람으로부터 얻게 될 것이다. 이러한 과업은 이미 개발된 기술만 가지고도 달성이 가능하다. 더 높은 정밀도를 가진 탐구를 통해서 제이콥슨, 델루치와 기타 동료들은 어떻게 미국 뉴욕주에서 똑같은 수준의 전환이 2030년까지 완수될 수 있을지를 보여주었다.[3] 다른 연구자들은 심지어 더 낙관적인 미래상을 그려 냈다. 25년 이내에 세계의 모든 화석연료 소비가 태양에너지로 대체될 수 있다. 미국과 뉴질랜드가 전력 100%를 재생에너지를 통해서 얻는 데까지 10년 이하의 세월밖에 걸리지 않을 것이다. 풍력과 태양만으로—확실히 가장 낙관적인 제안이다—이르면 2024년부터 에너지의 재고 전부를 대체할 수 있다.[4]

현실 세계에서도 에너지의 흐름이 일종의 대유행을 맞이하고 있는 것처럼 보인다. 풍력과 태양에너지의 출력은 매년 기하급수적으로 성장하고 있다. 금융위기에도 불구하고 세계의 풍력 용량은 2009년에 32% 증가했다. 태양광발전phtovoltaics의 경우—흔히 태양전지판이라고 알려진—이 수치는 53%에 달한다.[5] 2014년 4월까지의 18개월 동안 미국에 신규 투입된 태양에너지 용량은 이전 30년간 투입된 것보다 더 컸다. 2013년에는 매사추세츠주와 버몬트주의 신규 전력 용량 100%가 태양에너지였고, 중국은 당시까지 세계의 그 어느 나라가 한 해 지었던 것보다 더 많은 양의 태양광 시설을 건설했다. 케냐는 2016년까지 전력의 반을 태양으로 생산하게 만든다는 계획을 세웠다. 아이티에서는 태양으로부터 모든 동력을 얻는 세계에서 가장 큰 병원이, 캘리포니아주에서는 태양으로부터 모든 동력을 얻는 가장 큰 발전소가 개장했다. 그러나 에너지의 흐름은 여전히 화석 더미가 담긴 큰 들통에 비하면 한 방울에 불과하며, 배출량 폭증을 저지하는 데 확실히 아무 영향도 주지 못했다. 1990년과 2008년 사이—제1차 IPCC 보고서에서 제4차까지의 기간—재생에너지에 비해 57배 더 많은 화석 에너지가 세계경제에 투입되었다. 2008년에 풍력은 1차 에너지 공급에서 1.1%라는 미미한 비율을 차지했고 태양광으로부터의 공급은 0.06%라는 미소량에 불과하였다. 수력을 제외한 재생에너지 원천으로부터 전력의 단 3%가 생산되었을 뿐이다. 2013년에는 다른 어떠한 연료 또는 동력원으로부터 얻은 에너지보다도 더 많은 양의 에너지가 석탄을 통해서 세계경제에 공급되었다.[6] 어떻게 이런 일이 있을 수 있는가? 어째서 인류는 살아남기 위해서 화석 경제로부터 흐름에 기초한 경제로 탈출하지 않고 있는가? 대체 무엇이 출구를 가로막는가? 물론 여기서 이러한 질문들에 완전히 답하는 것은 불가능하다. 향후 탐구를 위한 몇몇 표지판을 세워 두는 것만으로 만족할 수밖에 없다.

첫 번째 용의자는 가격이다. 간단히 말해서 화석연료가 여전히 더 싸다. 그리고 실제로 새로운 천년의 첫 10년 동안 재생에너지의 원천들은 현재 그 자리를 차지하고 있는 전통적인 에너지원에 비해 평균적으로 여전히 더 높은 비용을 요구한다.[7] 하지만 이 격차는 급속히 줄어들고 있다. 미국의 많은 지역에서 육상 풍력은 이미 화석 에너지와 비등하며 터빈 가격은 30년 동안 매년 5%씩 하락하였다. 태양광은 그 2배 속력으로 떨어졌다. 단 3년 동안 가격이 60% 하락한 직후인 2014년에 태양전지판의 값은 1975년 당시 가격의 100분의 1에 도달했다. 19개의 지역별, 국가별 시장에서는 '송전망 등가성'grid parity 에 도달했는데, 이는 보조금 없이도 전통적인 에너지원과 경쟁이 가능하거나 심지어 더 저렴해졌다는 것을 의미한다. 주거용 전력에서는 캘리포니아주, 스페인, 튀르키예, 심지어 독일에서 그렇고, 산업용에서는 멕시코와 중국에서 그렇다. **화석** 에너지에 투입된 국가보조금——2013년 당시 재생에너지에 투입된 보조금보다 6배 더 많은 데다가 줄어들 기미조차 보이지 않는다——만 없었다면 태양과 바람의 상대적 가격은 상당 수준 더 낮았을 것이고, 이집트나 브라질 같은 개발도상국에서는 한층 더 그러했을 것이다. 기후변화, 대기오염, 치명적인 사고와 다른 '외부효과'의 비용이 화석연료의 시장가격에 포함된다면 화석연료에는 전혀 승산이 없을 테지만——그리고 19세기의 증기력 역시 그러했을 것이다——그러나 이는 아직도 그냥 학술적인 논쟁거리로만 남아 있다.[8]

에너지 흐름의 지속적인 가격 하락은 기본적으로 그 시공간상 윤곽의 특성 때문이다. 누구나 마음껏 잡아 쓸 수 있게 동력원이 이미 거기에 그냥 있다. 이는 '자연의 선물' 또는, 마르크스의 말을 빌리면 **'무상으로 주어지는 자연력'**Gratisnaturkraft이다.[9] 교환가치를 가지는 것은 오로지 이 동력원의 에너지를 포획, 전환, 저장하는 데 필요한 **기술**technology뿐이며, 다른 모든 기술과 마찬가지로 이는 규모의 경제를 따른다. 대량생산이 전지판과 터빈의 가격을 낮춘다. 태양광 설비의 누적 규모가 2배가 될 때마다 그 시장가격은 대략 20%씩 떨어졌다. 게다가 성능 향상과 그에 따른 추가적 비용 절감의 잠재적 가능성이 많이 존재한다. 전지판의 실리콘 웨이퍼를 더 얇게 만들거나 현재에 비해 3배의 효율이 기대되는 '페로브스카이트'perovskite라는 광물 결정구조처럼 태양빛을 전기로 더 잘 바꿔 내는 재료로 바꾸는 방법 등이 그러한 예다. 전지batteries 역시 개선될 수 있다. 저장을 위한 다른 방법들도 개발 중이다. 이는 기후 논쟁의 세부 분야 중에 거의 유일하게 낙관주의와 거의 유토피아적인 열정이 넘쳐나는 부문이라고 할 수 있다. 전문가들은 2025년 이전 시점에 태양과 바람이 화석연료보다 일반적으로 더 저렴해질 것이라고 예상한다. '화석연료의 정점'에 근접했다는 이야기가 퍼지고 있으며, 이 정점만 지나면 석탄, 석유, 천연가스는 깨끗한 대안들에 비해 단순히 더 비싸기 때문에 그대로 지하에 남게 될 것이다.[10]

이렇게 가격 하락이 태양과 바람에 순전한 축복이 될 것이라고 상상하기 쉽다. 불행히도, 상황은 그리 간단하지 않다. 21세기 초까지 태양에너지 산업계 최대의 성원 중에는 바로 BP와 셸이 있었다. 두 회사 모두 이 신규 산업에의 참여를 큰 선전PR 효과를 거두기 위해 잘 써먹었다. BP는 상표명을 '석유 너머'Beyond Petroleum로 쇄신했고, 셸은 스스로 '새로운 에너지의 미래'new energy future를 확신한다는 두 쪽에 달하는 광고를 게재했다. 이들 거대 석유회사들은 한동안 세계에서 둘째와 넷째로 큰 태양전지판 제조업체였으며, 분명히 그들이 가진 막대한 자원을 이 분야에 투입하기로 결심한 것처럼 보였다. 물론 그것이야말로 이 분야의 확장에 필요한 것이었다. 그러나 2006년에 셸은 산하의 태양에너지 부문을 팔아 치웠다. 2008년에는 세계에서 가장 큰 해상풍력발전단지가 되겠다는 계획을 세운 런던어레이the London Array로부터 이탈했고, 그다음 해에 이 회사는 이 분야에서 완전히 철수한다고 선언했다. 태양에너지와 풍력에 더이상 투자는 없을 것이다. 어째서? '이들 분야는 우리 사업 영역 내 다른 투자 분야와 경쟁하는 데 어려움을 계속 겪어 왔다'—다른 투자 분야는 물론 석유와 천연가스다—라고 대변인인 린다 쿡Linda Cook은 말했다.[11] BP는 2011년에 태양으로는 '돈을 벌 수 없다'고 불평하며 점차 태양전지판 공장들을 폐쇄하더니, 2년 후 셸의 전례를 따랐다. BP의 CEO 밥 더들리Bob Dudley는 '태양에너지 부문에서 기권하기로 결정했다. **태양에너지가 유효한 에너지원이 아닌 것은 아니지만**, 우리는 35년 동안 사업을 진행하면서 **사실상 제대로 돈을 번 적이 없었다**'라고 설명하면서, 덤으로 회사가 소유하던 미국 내 풍력 사업 전부를 팔아 치웠다.[12]

더 구체적으로 말하면, 두 회사 모두 태양에너지로부터 철수하는 이유로 전지판 가격 폭락을 들었다. 여기서는 연료나 동력원을 캐내어 시장에 팔 수 없기 때문에 자기확장하는 가치를 가져다줄 수 있는 것은 그 기술적 요소를 제조해내는 일뿐이다. 그러나 해마다 이윤의 폭은 줄어들어서 결국 거의 아무런 이윤이 남지 않는 상황에 봉착했다. 이는 그들의 핵심 사업에서는 발견되지 않는 경향성이다. 이러한 결정의 배후에 놓인 이유를 두고 BP대체에너지BP Alternative Energy의 전 전략 담당자는 'BP는 이것[태양에너지]을 이윤을 남기는 사업으로 만들어 낼 수 없었다. 업계에 보조를 맞출 수 없었고, 필요한 만큼 자본을 할당하기를 꺼렸다. **석유가 배럴당 100달러일 때 당시 이사회는 수입을 극대화할 수 있는 편에 집중하기를 원했다**'라고 회고했다. 이윤을 남기기 위해서 중간에 끼어든 자에게는 높고 안정적인 가격이 낮고 하락하는 가격보다 더 낫다. 이제는 문을 닫은 셸 태양광Shell Solar의 전 경영자는 '석유 시장에서 가격은 주기에 따라 오르고 내림을 반복한다. 태양에너지 쪽의 가격은 그냥 한쪽만 향한다. 즉, 떨어진다'라고 안타까워하면서, 에너지의 재고에 기반을 두는 영구한 고정자본의 이점을 재확인하였다. '석유회사들은 30년 동안 아무런 문제없이 운영할 수 있는 공장에 투자하는데, 태양에너지 쪽 제조업 공

장은 5년이면 경쟁력을 상실한다. 바로 이 때문에 석유회사들은 입맛을 잃었다.'[13]

그러나 이렇게 가격이 떨어지고 더 떨어져 바닥을 치는 동안 상습적 거짓말쟁이인 석유회사들만 에너지의 흐름을 기피하게 된 것은 아니었다. 2012년에 지멘스는 가격 폭락으로 태양에너지 쪽 사업 영역을 포기할 것이라고 말했다. 보쉬 역시 같은 방향으로 향했다. 독일에서 공개적으로 거래되기 시작한 첫 태양에너지 회사 솔론Solon은 파산했다.[14] 이와 유사하게 최후를 맞은 것 중 더 유명한 경우는 솔린드라Solyndra일 것이다. 캘리포니아에 위치한 이 태양에너지 회사의 공장들은 중국의 전지판 제조업자들과의 경쟁을 버텨 낼 수가 없었다. 처음에는 독일 시장에 자극을 받았고, 국가로부터 얻은 신용으로 금융위기라는 파도를 버텨 낸, 대량생산에 능한 중국의 전지판 공장들은 **과잉생산 능력**overcapacity을 갖추게 되었다. 태양에너지를 그 어느 때보다 더 필요로 하는 인류라는 종에게 이는 분명히 하나의 축복처럼 들릴 터이지만, 이는 업계를 뒤흔들고 일련의 파산을 촉발시켰으며—심지어 중국에서도 그러했고 채무를 이행하지 못한 중국 회사의 책임자 하나가 자살하는 사건이 발생했다—EU가 수입관세를 부과하게 만들었고, 결국에 온갖 자본가들의 관심은 싹 사라지고 말았다.[15]

2011년의 정점과 2013년 사이에 재생에너지에 대한 전 세계의 투자는 **23% 줄었다**. 유럽에서 이 수치는 무려 44%에 달했다. 태양에너지는 고꾸라졌다. 풍력은 상대적으로 더 잘 버틸 수 있다는 점을 증명했다. 벤처자본과 비공개 기업투자private equity는 면도날처럼 얇은 이윤의 폭을 보고는 거리를 두었으며, 이 부문에서 이들의 관여 규모는 2005년 수준으로 감소했다. 비록 거의 눈에 띄지는 않지만 여전히 증가하고 있던 정부의 지출이 없었다면 훨씬 더 급격하게 추락했을 것이다. 그럼에도 불구하고 태양광과 터빈의 가격이 더욱더 빨리 떨어졌기 때문에, 이들 연도 중에 실제로 설치된 용량의 규모가 증가했으나 이는 블룸버그신에너지금융Bloomberg New Energy Finance과 같은 행위자에게는 별로 위로가 되지 못했다. '업계와 투자자와 금융가들이 에너지 시스템을 탈탄소화는 데 더 많은 돈을 투입하기를 바라는 사람들에게 투자의 감소는 실망스러운 일이다.'[16] 달리 말하면, 자본은 전환에 예상만큼 많이 개입하지 않았다. 그 이유는 주로 에너지 흐름의 사회적 사용가치——기후변화를 늦추는 것——가 값으로 칠 수 없을 만큼 치솟음과 동시에 **그 교환가치의 상당 부분을 상실했기 때문이다.**

이러한 경향이 계속될지는 아직 확실히 알 수 없지만, 여기서 우리는 '로더데일 역설'Lauderdale paradox의 하나의 흔적을 발견할 수 있다. 삶에 필요한 것 중 빛이나 공기처럼 그 교환가치가 더 낮은 것에는 시장에 팔 상품으로서 이것을 생산하려는 자본이 더 적은 관심을 표할 수밖에 없다.[17] 또는, 흐름으로부터 얻는 에너지의 가격이 그 동력원의 비용인 0에 수렴함에 따라, 여기서 이윤을 거둬들일 전망은 더 감소하며 사적 투자는 더 부족해질 수밖에 없다. 만약 이게 사실이라면, 자본주의 소유관계에 기초하여 태양과 바람의 잠재력을 실현한다는 것은 어느 시점에 이르면 자기파괴적self-undermining인 퇴행적 기획으로 화할 수밖에 없다. 이 예언이 이후에도 실제 자료로 확인될지 아니면 자본이 전지판과 터빈으로 돌아올지는 아직 좀 더 두고 봐야 할 문제다. 아마도 생산성 경쟁이 완화되어 공장들이 감가로부터 보호되면 더 많은 투자를 끌어들일지도 모른다(그러나 그렇게 되면 그게 다시 가격을 깎아 먹는다). 어쨌든 확실한 점 하나가 존재한다. 에너지의 흐름이 지닌 시공간상 윤곽은 화석 자본의 시초축적만큼 수지가 맞는 사업을 낳을 수 없다는 사실이다. 연료가 분리된 공간에 따라 숨겨진 것이 아니라 누구나 딸 수 있는 과일처럼 동력원이 사방에 널려 있기 때문에 그것을 채취해서는 잉여가치를 거의 얻을 수 없다. 자본과 노동 사이의 골을 재생산하기 위해 필요한 에너지원과 소비자의 위치 사이 틈새가 별로 없는 것이다. 이렇게 어떤 자들에게 공유재res communes

란 정떨어지는 것으로 남게 된다.

하지만 만약 가격이 충분히 떨어지면, 에너지의 **소비자들**이 들고일어나 공급자들이 그들의 수요에 대응하게 되고, 이 둘 사이에서 일종의 동적평형이 발생하면서 에너지의 흐름에 더 많은 공간이 점진적으로 열리게 되지 않을까? 이 가능성에 대해서는 이후 다시 살펴보게 될 것이다. 지금 이 글을 쓰는 시점에서 보면 태양광 가격의 폭락은 전환에 대해 은혜와 저주가 뒤섞인 효과를 주는 것처럼 보인다. 필요한 원료의 부족 때문에 더 지연되지는 않을까? 제이콥슨과 델루치는 그들이 내세운 전 세계 100% 시나리오가 물질적 밑바탕 때문에 중대한 제약을 받게 되지는 않을 것이라고 주장한다. 모든 전지판, 터빈과 발전소가 콘크리트, 강철, 구리, 알루미늄—이들 중 상당 부분은 폐쇄되는 화석 기반시설로부터 회수되어 재활용된 것으로 채울 수 있다—을 먹어 치울 것이지만, 아껴서 사용되어야 하고 가능하면 대체되어야 할 몇몇 희토류 광물들을 제외하면 모두에게 충분한 양이 존재한다.[18] 태양에너지, 풍력과 그 부속품들은 그리 많은 토지를 차지하지도 않을 것이다. 반면에 **생물연료**_Biofuels_는 토지를 많이 차지한다. 바로 이게 제이콥슨과 델루치, 기타 신중한 세계적 재생에너지 이용의 주창자들이 자신들의 제안에서 생물연료를 배제하는 이유 중 하나이다. 또 하나의 이유는 삼림과 초지를 무엇보다inter alia 특히 에탄올을 생산하기 위한 옥수수밭으로 바꿀 때 나올 CO_2의 순배출량이 양의 값을 가지기 때문이다.[19] 흐름에서 재고로 가는 방향이든지 또는 그 역방향이든지, 리카도-맬서스식 패러다임은 전환과는 거의 아무런 관련이 없다.

재생에너지에 반대할 때 흔히 제시되는 다른 두 가지 약점이 더 있다. 재생에너지는 어디에나 있는 것이 아니며 언제나 있는 것도 아니다. 특정 장소에서 많은 양의 강한 바람과 빛나는 태양을 찾을 수 있더라도 그곳이 다른 측면에서 그리 선호되지 않을 수도 있다. 2010

넌에 《사이언스》지는 '대체에너지를 확대'할 기회에 관한 주요 조사를 보고하면서 '세계에서 바람과 햇볕이 가장 강한 지역들에는 사실상 사람이 살지 않는다'는 사실을 지적하는 한 생태경제학자의 말을 인용하였다. 게다가 바람은 그치기 마련이다. 태양은 최소한 하루의 반은 하늘에서 사라진다. '이들이 전하는 에너지는 흔히 간헐적이고 저장하기가 어렵다.'[20] 에너지의 흐름을 사용하게 되면 구체적 공간과 구체적 시간이 여전히 우리를 성가시게 할 것 같다. 이들 각각을 순서대로 다뤄 보도록 하자.

사물들의 경향성에 반하는 흐름

미국 애리조나주에 있는 태양전지판은 메인주에 있는 똑같은 전지판보다 60% 더 많은 전기를 생산한다. 중동과 북아프리카의 태양에너지의 전체 기술적 잠재량은 서유럽의 12배이고 중앙유럽과 동유럽의 72배에 달한다. 바람이 가장 강하게 부는 곳들은 남아메리카의 원뿔꼴 지역, 태즈메이니아섬과 북해 연안이고 아시아의 상당 지역은 상대적으로 열악한 풍력 자원을 가지고 있다. 경관에 새겨진 흐름은 공간상 불균등하게 그 에너지를 제공한다. 다른 어떠한 요인도 킬로와트kW 가격에 이보다 더 중대한 영향을 주지 못한다.[21] 입사광을 직접 전류로 바꾸는 셀로 이루어진 태양전지 어레이를 생각해 보라. 태양으로부터 바로 그 지점에 쏟아져 내려오는 빛의 기둥이 없다면 그것은 아무것도 아니다. 이 어레이는 행성의 반대쪽에 떨어진 복사광을 동력으로 삼을 수 없다. 바로 그 자리의 조건에 완전히 종속되어 있는 것이다. 석탄은 자본이 생산을 위해 당장 선호하는 지역 어디로든지 옮겨질 수 있다. 캐나다 앨버타주나 미국 알래스카주, 팔레스타인 가자지구나 가나, 그 어디로부터든지 옮겨질 수 있는 석유와 천연가스 역시 그러하다. 그러나 태양에너지, 풍력, 파력, 수력으로부터 직접 얻어진 에너지는 제한된 거리만 운송이 가능하다. 알제리의 햇빛을 방글라데시로 보낼 수는 없다.

어떤 지지자들은 이러한 국지성localism에서 장점만을 발견한다. 아마도 재생에너지에 관한 한 유럽에서 가장 영향력 있는 이데올로 그이자 **에너지전환**_Energiewende_이라고 알려진 독일의 전환 계획의 설계 자였던 헤르만 셰어Herman Scheer는 바로 이 국지성을 중심에 두고 현대 문명에 다시 활력을 불어넣으려는 전체적 전망을 구성해냈다. 《태양 경제》_The Solar Economy_에서 그는 재생에너지의 '공급망'이 짧거나 심지어 존재하지 않는다는 점을 극찬한다. 드디어 에너지가 바로 똑같은 장소에서 생산되고 연결되고 사용될 수 있다. 아니, 그렇게 되어야만 한다. 원천과 소비자가 서로 굳게 손을 잡음으로써 이제 그 지역의 연결 고리는 깨질 수 없게 된다. 이 새로운 시대의 상징이자 '주역'prima donna 은 지붕에 고정되어 전류를 바로 그 아래에 있는 욕실, 부엌과 주차장으로 내려보내는 태양전지판이다. 만약 태양에너지를 동력으로 삼는 발전소가 필요하다면, 이러한 발전소 역시 바로 인근의 도시에 전력을 공급해야 한다. 즉, '바로 근방에서. 예를 들어 이집트 카이로의 전력 수요는 주변 사막에 있는 발전소로 충당될 수 있다.'[22] 재생에너지의 수송은 불필요하고 불가능하며 없는 편이 차라리 더 낫다. 셰어는 트럭이나 고압전선이 지구 위를 가로지르는 일 없이 에너지, 재화, 용역이 지역공동체 안에서 순환하며 닫힌 고리를 형성하는 것을 꿈꾸었다. 에너지의 소비자들은 바로 그 지점의in situ '입사광의 강도, 흔히 불어오는 바람의 세기, 수력발전 잠재력의 유무'에 적응해야만 한다. 에너지 공급의 배치에 따른 '산업 재배치'라는 재조정 과정이 곧 뒤따를 것이다.[23] 공장은 지구 위에 멀리 흩어지게 될 것이다. 중심이 사라질 것이다.

팔랑스테르와 '작은 것이 아름답다'라는 말을 되새기며 셰어가 내세운 전망은 아마도 흐름의 변함없는 윤곽에는 잘 들어맞겠지만, 여기에는 도대체 뭐가 쟁점인지에 대한 이해가 부족하다. 그는 '태양 에너지의 공급망이 짧다는 사실은' '참으로 여러 세대의 과학자들과 기술가들이 어째서 이를 대안으로 삼기를 거부했는가라는 질문을 던지게 한다'라고 적는다. 마치 여기에 작용하는 힘들의 정체가 일종의 수수께끼인 것처럼 말이다.[24] 이 힘들은 절대적으로 셰어의 이상향을 부정한다. 세계화는 에너지 생산과 소비 사이를 지금까지의 역사상 가장 멀리 떨어뜨렸으며, 공급망은 화석연료를 그것이 매장된 한 나라에서 그것을 연소할 다른 나라로 옮기고, 그 나라에서는 상품이 생산되어 제3국으로 팔려 나간다. 매년 더 많은 양의 탄소가 견고하게 상품에 내재된 채로 국경을 넘어서 오간다. 세계화된 생산의 시대에 자본은 모든 울타리를 뛰어넘어 가장 푸르른 초지에 이르며, 내재된 질적 성격을 무시한 채로 장소를 끊임없이 오가고, 한 장소에 사슬로 묶이는 것을 절대로 견디지 못한다. 오늘날 세상을 지배하는 전망은 차라리 제너럴일렉트릭사의 CEO 잭 웰치Jack Welch가 내세웠던 것에 가깝다. 잘 알려진 바와 같이 그는 '당신이 소유한 모든 공장을 배 위에 두는 것이 이상적이다'라고 선언했다.[25] 비록 셰어가 흐름으로의 전환이 가져올 결과를 정확히 예상했다고 하더라도, 그 결과는 세계화된 자본의 논리와 정면으로 모순된다. 왜냐하면 그렇게 될 경우 **생산수단이 에너지의 핵을 중심으로 형성된 공동체에 묶일 수밖에 없기 때문이다.** 증기의 대두를 초래했던 공식이 이렇게 뒤집혀야만 한다. 자본은 과거 두 세기 동안 했던 것처럼 동력을 사람들이 있는 곳으로 가져오는 대신에 이제 사람들을 동력이 있는 곳으로 데려가야 한다. 그러나 그렇게 되면 추상적 공간을 이용하는 현재의 단계보다 자본이 더 큰 활력을 지닐 수는 없을 것이다.

우리는 이미 배비지가 '본질적인 특성상 해당 작업을 그 자리에서 제거하는 것이 불가능할 경우' '소유주는 노동자들의 조합에 의해 쉽게 피해를 입게 된다'고 설명한 사실을 잘 알고 있다. 세계화된 생산은 이토록 어렵게 얻은 교훈에 기초해서 탄생했다. 셰어는 '광범위한 재생에너지 사용이 경제의 세계화와 산업의 집중화 과정이라는 범선의 돛에서 바람을 빼 버릴 것'이라고 한가하게 제안하지만, 그 말이 무엇을 의미하는지 제대로 눈치채지 못하고 있다. 이것이 그동안 노동에 대항한 투쟁에서 승리하기 위해 자본이 그토록 효과적으로 사용해 온 무기를 빼앗는 것이라는 사실을. 자본이 이를 쉽게 내놓을 리 없다. **다른** 계급은 잃을 것이 거의 없다. **노동자들은** 비록 세계를 얻지는 못할지언정 생산수단을 태양에너지, 풍력이나 수력에 묶어 버림으로써 그것이 어느 날 갑작스레 떠나지 못하게라도 만든다면 최소한 약간은 더 안전한 미래를 획득할 수 있을 것이다. 하지만 재생에너지의 국지성이나 지방분권주의regionalism 신봉자들 중에는 이러한 계급적 지향성을 품은 이가 거의 없다. 예를 들어 셰어는 '널리 분산된 자본축적'이라는 헛된 희망을 내세운다. 이는 자본주의 소유관계가 현실에서 실제로 보여주는 공간적 동역학과는 아무런 관계도 없는 공중누각일 뿐이다.[26]

재생에너지에 반하는 두 번째 반대 의견에 대한 그의 답변도 역시 똑같이 몽롱한 망상에 불과하다. '이 주장에 대한 정확한 답변은, 바람이 불지 않을 때 세탁물 건조기를 돌릴 수 없다는 말은 바람이 불 때 세탁물 건조기를 돌릴 수 있다는 뜻이라는 점이다.' 만약 사용가치가 노동의 목적이라면 당연한 말이다. 하지만 고도화된 자본주의 경제에서 추상적 시간의 지배는 냉장고에서 컨베이어벨트에 이르기까지, 데이터서버에서 충전소에 이르기까지, 종일 작동하는 온갖 기기를 통해서 존재의 모든 순간에 스며들어 뭔가 잠깐이라도 중단되면 광범위한 알레르기 반응을 일으킨다. 조너선 크레리가 《24/7》에 적은 바에 따르면 '뭔가 읽혀 들어오거나 연결되는 동안의 아주 잠깐의 대기시간의 존재조차 참을 수 없는 일이 되어 버리고 말았다.' '멍한

몽상과 같은 것 모두는 효율, 기능성과 속도의 우선성과 근원적으로 양립 불가능'하다.[27] 지금은 적당한 날씨가 올 때까지 시간을 좀 달라고 사람들에게 말하기에 딱히 적당한 역사적인 순간이라고는 할 수 없다. 크레리가 '24/7*'이라고 이름 붙인 이러한 문화적 병리현상에 비교될 수 있는 산업계에서의 등가물은 '린 프로덕션'lean production과 '적기 공급'이라는 원칙이다. 이것은 노동과정에 남겨진 구멍을 메꾸려는 광적인 성전이며, 간헐적 중단과 같은 것 모두와 근본적으로 양립 불가능하다. 필연적으로 변동될 수밖에 없는 흐름에 의존하도록 자본을 강제할 수 있을까? 아마도 이러한 생각에 대한 자본의 저항이 지금까지 이보다 더 견고했던 적은 따로 없었을 것이다.

제이콥슨과 델루치를 비판하는 사람들은 그들이 입은 갑주에 노출된 시간성이라는 약점을 표적으로 삼아 특히 몇 주에 걸쳐 하늘에 잠잠히 구름이 끼는 유럽의 어두운 겨울을 지적하면서, 수요 정점과의 불일치를 '우리의 현대판 경제에서는 도저히 받아들일 수 없다'고 강조한다.[28] 2008년에는 구글이 후원한 기후변화이니셔티브climate initiatives가 2030년까지 미국에서 석탄을 퇴출하고 검은 돌을 풍력, 태양에너지, 핵발전과 기타 에너지원의 집합으로 대체한다는 계획을 발표하였다. '완전히 불가능하다'며 당시 미국 전력사American Electrical Power의 CEO는 그 제안을 비웃었다. '바람이 24/7 불 수 있게 만들 수 있다면 그래도 됩니다. 아마도 구글이 이에 대해 뭔가 묘책이라도 있는 모양이지.' 이윤을 추구하기 위한 사적 소유물인 미국의 전력 공급업체들은 날씨에 의한 변동성을 두려워했기 때문에 재생에너지로부터 거리를 두었다. 풍력발전단지의 연도별 수익은 15%에서 20%까지 변동했으며 태양에너지 사업의 경우는 5% 정도 변동했다(월별, 주별 변동은 아예 말할 것도 없고). 우리는 이미 1860년대에 윌리엄 스탠

---

* 하루 24시간, 일주일 7일 내내라는 뜻.

리 제번스가 '사물들의 경향성The tendency of things을 보면, 우리는 태양광을 석탄의 경쟁자로 쓰게 되기보다는 [차라리] 석탄을 태양광의 원천으로 쓰게 될 것이다'라고 예언했던 것을 알고 있다. 오늘날 공간상으로만이 아니라 시간상으로도 발견되는 경향성은 점진적인 사물화reification, 바로 루카치의 말을 빌리자면 "끊임없이 벌어지는 그 '사물들'의 질적, 물질적 본질로부터의 거리"이다.[29] 골수까지 에너지의 재고에 찌든 자본은 흐름의 본성으로부터 가면 갈수록 더 멀리 이탈하고 있다.

전환을 가로막는 진퇴양난*

그러나 이러한 모든 점을 고려하더라도 다른 영역의 가능성을 생각해 볼 수 있다. 기술적으로 흐름의 윤곽을 더 추상적으로 바꿔내는 방법이 있을 수 있다. 예를 들어 태양광 기술만이 우리가 생각할 수 있는 유일한 태양에너지 기술인 것은 아니다. 자동으로 작동하는 거울을 나무처럼 심어 땅 위에 거울의 숲을 만들고, 태양의 빛줄기를 쫓아서 그 빛을 탑의 꼭대기 등에 있는 하나의 초점에 집중시키면, 200°C에서 1000°C에 달하는 온도를 얻을 수 있으며, 이렇게 타는 듯이 뜨거운 열기로 증기를 생산하여—오래전에 제번스가 언급했던 안이다—이것으로 전통적인 발전소에서 하듯이 터빈을 돌릴 수 있다. 전지판은 햇빛을 직접 전기로 바꾸지만 이 '집중식 태양열 발전소'concentrated solar power, CSP는 우회하여 열의 형태를 취함으로써 에너지를 훨씬 더 높은 밀도의 전력으로 모을 수 있고, 이 전력은 높은 송전탑

---

* 진퇴양난으로 번역한 캐치-22(Catch-22)는 미국 작가 조지프 헬러의 전쟁 소설 제목으로 답 없는 상황, 진퇴양난 등을 뜻한다.

에 걸린 고전압 송전선을 통해서 인구와 산업의 중심지로 장거리—현재 수준에서는 2천 킬로미터에 달하는 거리까지—전송될 수 있다. 풍력의 경우, 이와 유사한 대안은 산과 건물에 의해 방해를 받지 않기 때문에 바람이 강하고 꾸준하게 부는 해상에 거대한 풍력발전단지를 지어 그 전력을 육지로 끌어오는 것이다.[30] 물론 태양전지 어레이와 육상 터빈도 역시 전력망에 연결될 수 있지만, CSP와 해상풍력발전단지는 **에너지의 흐름이 가장 풍부한 장소에서**—사막, 해협, 만—이를 직접 확보하여 바로 거기서부터 사람들에게 끌어올 수 있다는 특별한 능력을 가지고 있다. 하지만 여기에는 큰 문제점이 하나 있다. 이것들을 이용하려면 사전 계획과 협조가 필요하다.

이런 종류의 계획 중 가장 열렬하게 과잉으로 선전된 것은 '데저텍'Desertec이다. 이는 사하라 사막 북부에 일련의 초거대-CSP-발전소를 세워 해저의 송전선을 통해 유럽으로 전력을 수출하겠다는 것이다. 2009년에 금융계와 산업계 업체들이 이 계획에 자본을 동원하기 위해서 데저텍산업이니셔티브the Desertec Industrial Initiative, DII라는 사업단a consortium을 발족시켰다. 목표는 2050년까지 유럽의 전력 수요 중 최소 15%를 공급하는 것이었다. DII는 2012년에 '재생에너지로부터 얻은 전기를 최적의 자원을 가진 지역에서 생산하여 많은 수요를 가진 지역으로 수출한다는 것, 이것이 바로 잘 알려진 바대로 데저텍의 미래상이다'라고 선언하면서, 유럽에서 가장 인구가 집중된 지역들에 중동과 북아프리카의 CSP, 태양광과 풍력 설비로부터 에너지를 공급할 고전압 송전선들이 빽빽하게 그려진 지도를 새로이 제시했다. DII는 이 계획이 '시장 참여자들과 투자자들에 의해 실현될 수 있다'고 대중 앞에서 확언했다.[31] 하지만 그 후 2년이 지나서도 여전히 별다른 진전은 없었다. 큰손들—E.ON, 보쉬, 지멘스—이 금전상 이득을 얻을 수 있다고 확신하지 못하면서 사업단에서 이탈했다. 비영리 데저텍재단the nonprofit Desertec Foundation은 이니셔티브와 갈라섰다. 유럽의 전력 공급업체들이 '현재의 전력망 상호 연결의 수준과 호환되지 않는다' 고 주장하여 지중해를 넘어 전기를 보내려는 계획은 보류되었다. 게 다가 유럽의 시장은 이미 재생에너지 **공급 과잉**을 겪고 있었다.[32] 한 연구에서는 데저텍이 기술적으로 완벽하게 실현이 가능하다고 결론 내렸다. 하지만 '필요한 대규모 투자를 가능케 할 적당한 정치적 틀과 조건이 아직 형성되지 못했다.'[33] 자본의 원자들을 하나로 모아 정렬 시키기 위한 계획 따위는 존재하지 않았다.

그러나 데저텍이 내세웠던 전망은 다른 지역에도 전파되었다. 사막은 햇빛이 넘쳐나는 금광이나 마찬가지였고, 누구든 낚아채기만 하면 이 햇빛을 중국과 같은 세계의 공장 지역이나 인구가 밀집된 지 역the hives을 위해 쓸 수 있었다. 그리하여 '고비텍'Gobitec이라는 안이 탄 생했다. 고비 사막이야말로 이 행성에서 가장 유리한 태양에너지 발 전 조건을 갖춘 곳이다. 그 전체 면적의 단 3%만 전지판으로 덮어도 2008년에 전 세계가 소비한 것보다 더 많은 양의 전기를 생산할 수 있다. CSP를 대규모 태양광 시설과 결합하면 막대한 전류를 중국을 관통하여 FDI가 넘치는 남쪽 해안으로 보낼 수 있으며, 저 멀리 동쪽 의 한반도나 심지어 도쿄까지 보내는 것도 가능할 것이다. 유럽에서 제안된 그 원형과 마찬가지로 고비텍 역시 아직 초안의 수준을 벗어 나지 못했다. 단 한 명의 민간 투자자도 나서지 않았다. 이 계획 역시 잘 알려진 문제점을 안고 있다. 두 명의 연구자가 다음같이 서술한 것 처럼 말이다.

고비텍 지지자들이 꿈꾸었던 아시아 국가들 사이의 협조라는 이상은 민 간의 사적인 시장 참여자들이 여기 동참하는 각국 정부와 매우 다른 의 제를 가질 수 있다는 점을 간과했다. **사적 이익을 추구하는 민간 투자자 들의 경쟁은 국가 주도의 외교와 서로 배치될 수 있다.**

이 연구자들은 계속해서 한 익명 제보자의 말을 인용한다. '서로 다른 나라들끼리 함께 일하게 만드는 것도 충분히 어려운 일이다. 하지만 에너지 안보는 **돈벌이 사업이기도 하다. 그래서 사적인 민간 회사들은 협조하기를 꺼렸다.** 그들은 모두 상대를 압도하기를 원했다.' 연관된 국가들 역시 이윤을 극대화하려는 자들과 마찬가지 거동을 보일 가능성이 높다. 만약 그중 하나가 '손실을 보는데 다른 자들은 그렇지 않다면, 불만이 쌓이기 마련이다.'[34] 그리고 상황은 바로 이 지점에서 멈추고 진전되지 못한다.

변동성 문제에 대한 해결책도 같은 방향에서 찾을 수 있다. 한 곳에서 바람이 잠잠해지더라도 다른 어디에서인가는 해가 밝게 빛날 것이라는 사실에 기초하여, 좁은 지역을 넘어서 여러 전원을 통합한 '초광역 전력망'super grids을 지향함으로써 말이다. 제이콥슨과 델루치는 비판자들에게 북아프리카, 러시아, 서아시아의 풍력발전단지를 상호 연결함으로써 몇 주에 걸친 유럽의 어두운 겨울에 대비할 수 있다고 답했다. 요점은 각자 소규모로 자급자족 공동체를 이루겠다는 불가능한 생각을 버리고 재생에너지를 **몇 개씩 다발로 묶어서**in bundles 다루는 것이다. 지열, 조력과 수력 발전설비는 태양에너지나 풍력에 비해 더 일정한 에너지를 제공하기 때문에 완충 효과라는 중요한 기능을 담당할 수 있다.[35] 데저텍 역시 마찬가지로 상쇄와 균형 기능balancing services을 제공하기 위해서(아라비아반도는 항상 화창하다) 설계된 계획이다. 또는 적어도 그러한 계획이었다. 또 다른 제안으로 노르웨이를 주변 국가들에서 에너지의 흐름이 넘쳐서 남았을 때, 이를 이용해서 충전할 수 있는 '유럽의 녹색 배터리'로 재편하자는 것도 있었다. 독일이나 영국에서 바람이 강하게 불 때, 그 전력의 일부를 노르웨이 산악지대 저수지에 물을 채워 넣는 데 쓸 수 있다. 바람이 잦아들면 이 물을 방류하여 다시 전력을 얻을 수 있다. 우리는 이미 '에어셔주의 한 신사'가 똑같은 해결책을 1820년대 영국 산업계에 제안했었다는 사실을 알고 있다.

증기로의 전환이 끝난 후에 제번스가 약간의 지능적인 계획을 통해 석탄이 완전히 불필요하게 될 수 있는 미래를 상상한 적이 있다.

상상할 수 있는 것 중 가장 완벽한 기계 노동 체계를 수력을 써서 구현할 수 있을 것이다. 엄청나게 많은 수의 풍차, 조력 원동기, 수차 등을 이용하여 물을 공장 도시 부근에 위치한 몇 개의 거대한 저수지에 끌어올린다고 상상해 보자. 그렇게 되면 요즘 물을 가정용으로 판매하는 것과 마찬가지로 수력을 분배하고 판매할 수 있을 것이다. 모든 거대한 기계들뿐만 아니라 모든 기중기, 모든 선반, 모든 도구가 관을 통해 공급되는 수력으로 작동될 수 있으며 환기, 세탁, 고기를 뒤집어 조리하는 일과 같은, 우리 가정 내에서 발생하는 다양한 가내 작업에서도 역시 수력을 이용할 수 있게 될 것이다.[36]

이러한 착안들이 어떠한 난관에 직면했는지 우리는 잘 알고 있다. 그때와 마찬가지로 지금도 역시 필요한 기술은 완전히 성숙한 단계에 도달했지만, 당사자들 사이에서 상호 양보와 조정을 획득할 수 있는 경우는 거의 없다. 노르웨이의 전력회사들은 투자의 동기가 될 정도로 큰 이윤을 여기서 기대할 수 없다. 누가 이러한 기반시설의 비용을 대야 할지도 여전히 불분명하다. 그리고 일부 야외활동 애호가들은 심미적인 이유를 들어 송전선을 세우는 데 반대한다.[37] 그러는 사이에 어떠한 상호 협조도 부재한 상태에서 회사들은 계속해서 노르웨이산 석유를 끌어올리고 독일산 석탄을 캐어 댄다.

물론 이러한 장애물을 극복할 수 없다고 가정해야만 할 선험적인a priori 이유는 없다. 변동을 다루기 위한 다른 대안들도 존재한다. 여분의 발전용량, 배터리 저장, 기상예보, 심지어 굉장히 야심 찬 안이기는 하지만 수요 조정demand regulation까지도 원칙적으로 가능하다.[38]

그러나 일반적으로 전환(매우 적절하게도 흔히 이를 **출구**_the exit_라고도 부른다)을 가로막는 진퇴양난_catch-22_이 존재하는 것처럼 보인다. 한편으로 에너지 흐름의 구체적인 틀로 다시 돌아가려고 시도하면, 추상적인 시공간성이 파괴될 것이다. 다른 한편으로 가능한 한 가장 추상적인 공간과 시간을 구체적인 에너지의 흐름으로부터 만들어 내려고 시도하면, 포괄적인 계획이 요구될 것이다. 비상사태가 발생했는데, 자본주의 소유관계에 내재된 어떠한 특징이 왼쪽 출구를 걸어 잠갔으며, 덕택에 우리는 역시 똑같이 잠겨 있는 오른쪽 출구로 다른 사람들을 밀어붙이고 있는 꼴이다. 물론 로버트 톰 역시 똑같은 진퇴양난에 빠졌다. 그는 긴 수로, 다수의 저수지와 최첨단 수문_state-of-the-art sluices_을 이용하여 '물을 가장 멀고 접근하기 어려운 곳에서부터 끌어'오고 이를 '정밀한 시계 장치처럼 정확히 부리'게 해 주리라 약속했다. 자본이 이에 동의하지 못했다는 점만 빼고는 완벽했다. 공간상 이동성과 시간상 균일성 중 어느 하나 희생할 생각이 없으며, 무정부주의적 경쟁도 포기할 생각이 없는 자본은 차라리 그냥 화석 경제를 건설하는 쪽을 선택했다. 오늘날 경종이 울리는 중에 이 구조로부터 탈출하려고 노력하고 있는 우리는 똑같은 자물쇠로 잠긴 문들 사이에 갇혀 있는 것 같다. 우리가 어느 쪽으로든 나가기 위해서는 결국 관계를 더 공동체적인 방향으로 **전환시켜야만 할 것**이다. 구체적인 윤곽에 맞추든, 흐름의 공산주의 경향에 맞추든, 어쨌든 그렇게 해야 한다.[39]

블랙스톤의 표현을 빌리면, 물, 빛과 공기라는 공유재_res communes_는 여전히 '지속적인 운동과 끊임없는 변화 상태'에 놓여 있다. 한 프랑스 법학자의 표현을 빌리면, 이 상태는 '애매하고 일시적인 특성'을 지닌다.[40] 이들이 가진 힘들을 기술적으로 거두어 사용할 수 있지만, 지금껏 전례를 찾을 수 없는 수준의 계획과 협조를 얻는다는 전제하에서만 그럴 수 있다. 산업의 여러 부문, 국가들, 몇 개의 대륙들을 21세기판 어웰 위원회 구성원들의 휘하로 끌어넣어야만 할 것이다. 그러나 사물들의 경향성은 꼼짝도 하지 않고 복종한 채 계속 순환하는 에너지의 재고만을 지향하고 있다.

동력의 계획경제를 향하여?

헤르만 셰어는 국지적인 방향으로 나아가기를 원했지만, 정작 그는 무엇을 상대로 싸워야 할지를 전혀 이해하지 못하고 있었다. 그의 사후인 2012년에 출판된 《에너지 명령》*The Energy Imperative*을 통해서 셰어는 데저텍, 노르웨이배터리the Norwegian battery와 초광역 전력망 계획들이 재생에너지의 정신*geist*을 배반하는 것이라며 분노한다. 재생에너지는 '그 본성상 분권화된 것이다.' 이러한 계획들은 빛과 공기를 그대로 받아들이는 대신에 이들을 화석 경제 구조의 획일적 프로크루스테스의 침대에 끼워 넣으려 든다. 더 악질적인 점은 이런 계획들이 국가에 새로운 특권을 부여할 것이라는 사실이다. 셰어는 대륙을 가로지르는 초광역 전력망이라는 생각이 **'단일한 유럽 권력에 의한 계획경제**의 성격을 보인다'고 불만을 토로한다.[41] 그가 옳다고 가정하자. 어쨌든 탈화석 경제post-fossil economies가 자급자족하는 지역 또는 권역으로—교환가치 측면에서는 손해지만 노동에게는 유리한 방식으로, 생산수단이 그곳에 억류된 채로 남겨지는 방식으로—쪼개지지 않는다면, 어쨌든 이러한 경제는 계획경제일 수밖에 없을 것이다. 도대체 어느 정도 수준까지 계획되어야 할까? 국가가 자본의 진짜 내부 사정에는 관여하지 않으면서 다른 기반시설을 제공하는 것과 비슷하게, 전선이 연결된 케이블의 표면에 남아 있는 정도로만 개입할 수 있지 않을까?

첫 번째 기억해야 할 점은 어느 전환이든 마찬가지이기는 하지만, 특히 추상적인 방향으로의 전환은 보통의 경우와는 차원이 다른 수준의 투자를 요구한다는 사실이다. 그러나 자본은 이러한 목적을 위해 분연히 일어서지 않는다. 1980년대에 캘리포니아주에 첫 번째 발전소가 지어진 시점부터 글을 쓰고 있는 지금 현시점까지 상당한 규모의 공적자금이 투입되지 않고 건설된 CSP 시설은 단 하나도 없다. 국가가 총력을 동원하지 않는 한 데저텍이나 고비텍과 같은 사업을 수행하는 것은 불가능하다. 여전히 세계 풍력 용량의 단 2%에 불과한 해상풍력발전단지들도 이들을 한꺼번에 묶어 낼 송전망 체계와 마찬가지로 똑같은 어려움에 직면한다. 흐름을 집중시키는 기술들이 비록 장기적으로는 더 저렴하게 전기를 생산할 수 있겠지만, 이들은 높은 초기 비용을 감수한 후에야 본격적인 운영에 돌입할 수 있다.[42] 상당히 다른 값이 보고되고는 있지만—국제에너지기구the International Energy Agency, IEA는 전 세계가 재생에너지로 전환하려면 2050년까지 매년 1조 달러를 지출해야 할 것이라고 추정했다—어떻게 세든지 간에 막대한 투자가 필요하다는 점과 **지금까지 그러한 투자의 지극히 작은 일부만이 실제로 진행되었다**는 사실만은 명백하다. 2012년에 지출된 총액은 IEA가 제시한 수준의 3분의 1에 해당했다. 결정권이 사적인 행위자들의 손에 남겨져 있는 한, 너무 늦게 너무 조금 진행될 것이 뻔하다. UN의 기후변화협약UNFCCC 사무총장인 크리스티아나 피게레스Christiana Figueres가 금융기관들에게 '녹색 기반시설'에 돈을 투자해 달라고 **구걸하는** 꼴은 정말 불쌍하게 보일 정도이다. 열쇠를 쥐고 있는 자들은 UN의 기후변화협약 사무총장이 아니며 그 어떤 선출된 사람이나 심지어 정부 간 단체조차도 아닌 금융기관들이고, 이들은 절대로 그냥 문을 열려고 하지 않는다.[43]

돈이 없는 게 아니다. 세계의 금융업자들은 수백조 달러에 달하는 돈을 그들 마음대로 처분할 수 있다. 게다가 그들이 위험부담이 큰 사업에 뛰어들지 않는 것도 아니다. 이 자들은 자신들이 가진 부를 극단적으로 위험한 투기에 거는 도박을 즐긴다. 스웨덴의 연구자 로빈

제이콥슨과 스태판 제이콥슨Robin and Staffan Jacobsson이 주장하기를, 그런 이유 때문이 아니라 바로 금융의 동역학the dynamics of financialisation이 전환에 돈을 댈 수 없도록 사적인 투자자들의 성향을 완전히 고정시켜 버렸기 때문에 그렇다. 순간의 이윤 추구가 이들을 초광역 전력망이나 해상풍력발전단지로부터 가면 갈수록 더욱더 무관하게 만들고 있다. 주식을 소유하는 평균 시간이 단 22초밖에 되지 않는 시대에 도대체 어떻게 그들이 조금의 수익만을 기대하면서 에너지의 흐름을 활용하는 장기 계획의 보증을 설 수 있겠는가?[44] 두 제이콥슨은 환상을 버리고 국가가 두 개의 망치를 들어야 한다고 조언한다. 금융 부문의 완전한 재편과 막대한 대출 능력을 가진 공공투자은행의 설립. 그렇게 되어야 기반시설을 바닥부터 다시 건설할 수 있을 것이다.

만약 국가만이 이러한 투자를 할 수 있다면, 당연히 국가와 기타 공적 권력만이 이에 대한 긴요한 결정을 내릴 수 있다. 로스앤젤레스시는 미국에서 가장 장기적인 안목을 지닌 에너지 정책을 가지고 있다. 석탄화력발전소와의 계약을 중단하고, 풍력에 대거 투자하며, 사막에 상업 발전소 규모의 태양광 시설을 건설하고, 서부 7개 주의 풍력과 태양광 시설들을 연계함으로써, 로스앤젤레스시는 한 세기에 걸쳐 만들어진 전력 기반시설의 70%를 대체하여 2020년까지 그 전력의 3분의 1을 재생에너지로부터 얻기 위한 과정을 진행하고 있다. 이렇게 상대적으로 더 과감한 모험을 할 수 있는 이유는 무엇일까? 민주당 소속 안토니오 R. 비야라이고사Antonio R. Villaraigosa 시장과 과학자 두 명이 《네이처 기후변화》Nature Climate Change에 함께 기고한 글에서, 이들은 결정적인 요인을 지적한다. 로스앤젤레스시는 전력 공급에 대한 완전한 소유권과 통제권을 가지고 있다. 조달, 발전, 송전과 송전망 통합이 모두 **목표에 맞춰 필요한 조치를 취할 수 있는** 선출직 공무원들이 운영하는 단일 부서 책임하에 놓여 있다.[45]

그러나 세계의 송전망과 발전 시설은 지금 민영화의 바람에 노출되어 있다. 일단 이들이 사적 소유의 울타리 안에 들어가 버리면, 이들이 에너지의 흐름을 쓰도록 공적 권력이 간단히 명령할 수 없게 된다. 나오미 클라인의 역작 《이것이 모든 것을 바꾼다: 자본주의 대 기후》*This Changes Everything: Capitalism vs. the Climate*에서 지적되었듯이, 사적인 에너지 회사는 재생에너지로부터 이윤을 얻을 수 있는 경우에만 재생에너지로 전환할 것이다. 다른 어떠한 기준도 가질 수 없다. 심지어 사적인 에너지 회사가 자발적으로 효율을 더 높이거나 재생에너지 비율을 더 늘린다는 목표를 설정한다고 하더라도, 경험에 비추어 볼 때 이러한 개선의 효과는——제번스의 역설이 재등장한다——그 사업 규모의 확대로 인해 곧 상쇄되고 말 것이라고 예측할 수 있다. 하지만 주정부나 지방정부 들은 이윤 외의 다른 목표를 가질 수 있으며 자본처럼 항상 확장해야만 한다는 강박관념을 가지고 있지 않다. 미국의 도시에서뿐만 아니라 전 세계에 걸쳐서——특히 아시아 대륙이 중요하다——만약 어떤 형태로든 전환을 달성하려면, 결국 이들이 그 전환의 책임을 떠맡아야만 한다.[46]

게다가 이는 생성하는 것만큼이나 파괴하는 것에도 초점을 맞춰야 한다는 점을 의미한다. 셰어는 '재생에너지에 하는 투자 하나하나가 곧 CO_2 배출 회피와 동의어다'라고 적고 있지만, 이것은 자주 발견되는 오류일 뿐이다. 만약에 풍력 터빈 하나를 언덕에 세우면, 그게 바로 그 양에 해당하는 석탄을 자동적으로 대체할 것이라는 식의 오류. 그러나 자본주의 경제는 절대 그렇게 작동하지 않는다. 환경사회학자 리처드 요크Richard York는 1960-2009년 기간 동안 세계 거의 모든 나라의 자료를 분석하여 평균적으로 비非화석 전력 1킬로와트시 kWh가 화석 전력 0.1킬로와트시kWh를 대체했다는 사실을 보여주었다. 석탄을 대체하고 CO_2 배출을 회피했다기보다는 차라리 에너지 공급이라는 계속 커지는 파이 그릇에 풍력 터빈 하나가 한 조각을 더 얹은 셈이다. '화석연료 사용을 직접 억제'하지 않고 에너지의 흐름에 기초한 기반시설을 그냥 건설하기만 해서는 10분의 1의 전환 효과밖에 거둘 수 없다.[47] 이것이 바로 재생에너지 기술의 과다, 과잉 용량이라는 기괴한 사태가 발생하는 하나의 이유이다. 인류의 관점에서 볼 때 물론 현재의 재생에너지 용량은 **너무나도 적지만**, 동시에 시장에서 화석연료가 넘쳐나는 한 재생에너지는 쓸데없는 약간의 잉여분으로 남게 될 뿐이다. 그렇다면 전환을 달성하기 위한 기작으로 수요와 공급의 법칙에 의존하는 것은 무모한 시도임이 분명하다. 만약 태양에너지와 풍력이 화석연료보다 압도적으로 저렴하게 된다면 화석연료 수요가 감소할지도 모른다. 그러나 곧 이에 대응하여 화석연료 가격이 하락하고 수요가 되살아나 에너지 낭비의 평형상태에 다시 이르게 될 뿐이다.[48]

투자하고, 결정하고, 억제하라. 이것은 당신이 알고 있는 평균적인 신자유주의 국가의 거동 방식이 아니다. 클라인이 자세히 서술한 것처럼, 신자유주의의 논리 전체는 전환을 위해 필요한 기초적 조건들에 역행한다. 우리가 아는 한, 국가는 재원을 들여 투자하지 않고 도리어 공적인 자금줄을 가면 갈수록 줄이고 있다. 개입하는 대신에 그와는 정반대로 국가가 시장에의 규제를 구조적으로 와해시키고 있다. 정부의 영향력이 증가된다는 생각 그 자체조차도 불쾌하다는 듯이 공적 부문을 차례차례 사적인 행위자들에게 넘겨주고 있다. 과학자들이 지구온난화의 심각함을 깨닫고 극적인 경로 변경을 요구하고 있는데도, 정작 정부들이 신자유주의 가정에 기초하여 자율적인self-driving 시장에 간섭한다는 생각 자체를 포기하고 있다는 사실이야말로 실로 '잘못된 역사적 명운을 보여주는 역대급 사례'일 것이다.[49] 심지어 그리 급진적이지 않은 생각을 가진 사람들조차 이에 동의한다. 제이콥슨과 델루치는 재생에너지로의 180도 전환이 '전통적인 경제적 장려책들을 넘어서는 사회적이고 정치적인 노력'이라는 수단을 통해서만 이뤄질 수 있다고 절제된 어조로 전하고 있다. 공산주의의 동조자라는 비난을 절대 들을 리 없는 앤서니 기든스조차도 국가권력을 '지구온난화에 상당한 영향을 끼치기 위해서는 반드시 동원해야 한다'고 인정한다. '이러저러한 방식으로 가장된 계획으로의 회귀'가 필요하다. 심지어 소련에서도 5개년 계획은 자주 그 목표를 달성하는 데 실패했다. 우리에게는 지금 실패하지 않는 계획이 필요하다. 대안은 없다. 계획경제는 '불가피'하다.[50] 이 계획은 오늘날의 모든 주류 패러다임에서 상상할 수 있는 수준 이상으로 깊숙이 경제에 개입해야만 하며, 심지어 기후변화의 징조, 즉 남겨진 시간을 전체적으로 고려한다면 그보다 훨씬 더 깊게 파고들어야만 한다.

더 많은 CO_2가 대기 중에 배출되면 배출될수록, 지구온난화를 통제할 대안은 가면 갈수록 더 줄어들게 된다. 2도 목표를 위험한 지구온난화와 안전 사이의 경계선이 아니라—우리는 이미 그 위험한 영향권 안에 들어왔다—일단 넘게 되면 양의 되먹임 기작이 미친 듯이 날뛰게 되는 위험과 극단적 위험 사이의 경계선이라고 한번 생각해보자. 합리적으로 보아 어느 정도 안정적인 문명을 유지할 수 있는 최소한의 기회를 지키기 위해서는 평균온도의 증가를 이 선 아래로 유지시킬 필요가 있다. 그러나 21세기 초에 벌어진 배출 폭증이 이미 기후 시스템을 이 선까지 위태롭게 몰아붙이고 있다. 2도까지의 탄소예산은 지금 소모되고 있는 중이다. 전 세계 배출량이 2014년 수준으로 유지된다고 해도 30년이면 완전히 고갈될 것이다. 그러나 배출량은 물론 빠르게 늘고 있다. 현재 추세로 볼 때, 21세기의 두 번째 10년 기간 동안 매년 3% 계속 증가할 것으로 예상된다. 이제 기동전a war of manoeuvre이라는 아주 좁은 가능성만이 남겨져 있다. 과학계에서 합의된 최신 견해에 따르면, 세계의 배출량은 2020년 이전에 정점에 도달해야 하며 이후 **최소한** 3%씩은 감소해야 한다. 이는 현재의 증가율과 같은 비율로 감소해야 하고, 폭증이 뒤집혀서 물밀 듯한 감축으로 바뀌어야만 하며, 평시활동이 완전히 전복되어야만 한다는 뜻이다.[51]

2020년 이후에, 아마도 그 10년 또는 20년 후에 정점이 발생한다면 어떻게 될까? 그러할 경우에도 여전히 누군가 2도 목표를 달성하고 자 한다면 배출량은 훨씬 더 과격하게 감축되어야만 할 것이다. 기후 변화의 산술식은 이렇게 파괴적이고 불변적이다.

바로 이런 상황이 그 누구보다 마르크스주의자들을 압박하고 있다. '유일한 해결책—혁명'이라는 식의 주장이나 이를 조금 더 길게 서술하여 '기후변화에 맞서기 위해서는 사회주의 소유관계가 필요하다'라는 주장만으로는 이제 부족하다. 과거 두 세기 동안의 경험에 비추어 볼 때, 사회주의는 굉장히 달성하기 어려운 조건이다. 2020년 이전에 세계적 규모의 사회주의를 건설하고 **그 후에** 배출량을 줄이겠다는 제안은 그냥 농담의 수준을 넘어 허황된 망상이다.[52] 지금 이 시점에 자본주의 소유관계가 지닌 기후 파괴적 특성을 탐구하는 활동의 목표는 오로지 **전환을 가로막는 장애물을 현실적으로 평가하기** 위한 것이어야 한다. 이 장애물은 매일매일 더욱더 증대하고 있다. 기후변화의 시간성이 혁명가들에게 조금 더 실용적이 될 것을 요구한다면, 동시에 이는 다른 이들에게는 혁명적 처방을 고려하도록 강요한다. UN 기후변화협약이 체결되던 해, 아직 대기 중 CO_2 농도가 현재의 400ppm이 아니라 355ppm이던 1992년 직후에 화석 경제의 해체가 시작되었다면, 최소한의 가설이기는 하지만 시장을 조금씩 유도하는 것—여기에서 약간 세금을 물리고, 저기에서 약간 관세를 물리고, 전기자동차를 조금 할인해 주는 등—으로도 목표를 달성할 수 있었을지 모른다. 하지만 더 오래 지연되면 지연될수록 일단 시작될 때 더욱더 극적인 파괴가 동반될 수밖에 없다.[53]

헤르만 셰어는 개인과 가정이 이것을 완수할 수 있다고 생각했다. 그는 강제적인 배출량 감축이나 '할당량과 시한을 설정'하는 것이나 그 외 '기술관료적 계획'의 냄새가 나는 모든 것에 반대한다. 만약 태양이 주는 원동력이 자유롭게 해방되기만 한다면, 전환은 아래로부터 자발적으로 완성될 것이다. 사적 이해가 지배하도록 놓아 두면 사람들이 '작은 것이 이윤을 낸다'small is profitable고 알아차리게 될 것이다. '질서자유주의'ordoliberalism라고 알려진 기괴한 독일 이데올로기— 신자유주의와 케인즈주의 사이에 존재한다고 가정된, 정부가 시장에서 철수하지도 개입하지도 않으면서 시장에 내재된 선량한 힘들 사이에서 적극적 산파의 역할을 담당하는 제3의 길—에 집착하는 그는 발전차액지원제도feed-in tariffs를 전환의 만병통치약으로 내세운다. 재생에너지를 전력망에 공급할 때 그 생산자들에게 이윤만 보장하면 만사가 형통하리라. 요점은 태양광 기술을 '이전에 증기기관이 그랬던 것처럼 멈출 수 없는 경제적 강제력'으로 상상해내는 것이다.[54] 이 계획에 대해서는 정말 할 말이 많지만 하지 않겠다. 이것이 1980년대 중반 즈음에나 가능할 생각이고, 새로운 천년의 기후정치를 만들어 내는 데는 아무런 도움이 되지 못한다고 결론 내리는 것만으로도 충분할 것이다. 죽은 자의 전통이 산 자와 아직 태어나지 않은 자를 가면 갈수록 더 강하게 압박하고 있는 이 새로운 천년에, 이런 계획은 전혀 그 어떠한 도움도 되지 못한다.

세계의 배출량이 매년 3%씩 감축되어야 한다면, 개발도상국에 약간의 여지를 남겨 주기 위해 부유한 국가들은 5%나 10%씩 또는 그 이상으로 감축해야만 한다. 뛰어난 감축 시나리오 전문가인 케빈 앤더슨Kevin Anderson에 따르면, 인류가 2045년 이전에 배출량 0에 도달해야 2도 아래에 머무를 50%의 가능성을 확보할 수 있을 것이라고 한다. 그러나 그렇게 되기 위해서는 '항공 여행, 도로 교통, 주거 난방, 가전제품 사용 등 기본적으로 우리가 행하는 모든 것에서 탄소제로를 달성해야 한다. 그리고 강조하지만, 탄소제로는 진짜 탄소제로를 의미한다.' 이러한 규모의 감축은 지금껏 역사적 선례를 찾을 수 없다. 소련이 붕괴하면서 세운 기록을 보면, 1990년대 당시 몇 해 동안 배출량이 5%씩 감소했다. 그렇다면 도대체 어떻게 해야 이러한 최후의 필사적 저항을 성공시킬 수 있을까? 앤더슨은 당연한 말을 전한다. 시장은 이것을 할 수 없다. '전통적인 시장경제는 작은(한계적)small(marginal) 변화를 이해하고 실현하는 것을 전제로 하고 있다. 그러나 기후변화를 다룰 때 우리는 작은 변화를 이야기하고 있는 것이 아니다. 우리는 매우 크게 변화하는 세상을 다뤄야 하며, 이는 표준적인 시장이론의 영역을 벗어난다.' 그럼 대안은 뭘까? '계획적인 경기후퇴'Planned economic recession라고 앤더슨과 그의 동료 앨리스 보우스Alice Bows는 주장한다.[55] 이들이 분명하게 언급하지는 않지만, 말할 것도 없이 객관적으로 볼 때 계획적인 경기후퇴란 곧 자본에 대항한 전쟁에 해당한다. 기후변화 완화의 정치는 에두아르드 베른슈타인을 거쳐 레프 트로츠키에 이르는 비극적인 역사적 시계열을 따른다. 1920년이라는 **공포의 해**annus terribilis에 트로츠키가 《테러리즘과 공산주의》에 적었던 것처럼 '동지들, 우리는 매우 힘든 시기, 어쩌면 가장 힘든 시기를 맞았다. 인간과 계급의 삶에서 힘든 시기에는 가혹한 조치가 따를 수밖에 없다.' 또는 발터 벤야민의 말을 빌리면 '구원에는 단단하게, 겉으로는 거칠게 보일 정도로 움켜잡는 것이 반드시 필요하다.'[56]

전시공산주의war communism보다도 더 잘 알려진 유사한 사례로 제2차 세계대전을 들 수 있을 것이다. 지금까지 기후변화 정치에 대해 가장 명확한 관점을 보여준 논문에서 호주의 연구자 로렌스 L. 델리나Laurence L. Delina와 마크 디센도르프Mark Diesendorf는 전시 동원을 기후변화의 신속한 완화를 위한 하나의 모형으로 제시하였다. 진주만 이후 막대한 군사예산을 편성하면서 미국의 국가체제the American state는 항공기에서 총알에 이르기까지 모든 것의 생산을 계획하고 강제로 집행했다. 행정부는 국가 자원의 흐름을 통제하고 노동력을 동원했으며, 재산을 징발하고 제조업자들이 계약 내용을 받아들이도록 강제했고, 특정 재화—특히 개인 소유 차량—의 생산을 금지했다. 즉, 간단히 말해서, 적에게 승리하겠다는 목적 하나만을 위해서 전체in toto

경제를 동원한 것이다. 배출량을 매년 약 10%씩 감축하는 것이 목표라면, 이와 비슷하게 '저탄소미래전환특수부'a special Ministry for Transition to a Low-Carbon Future 휘하에 모든 권력을 집중시키는 특단의 조치가 필요하다.[57] 특수부는 예외적인 특권을 부여받아 기금을 모으고, 노동력을 재배치하며, R&D를 가속하고, 에너지의 재고에 기초한 고정자본을 압류하며, 버스부터 CSP 거울에 이르는 모든 품목의 대량생산을 조직하는 동시에 에너지 흐름의 전 동력을 전개하게 될 것이다. 매년 정해진 양의 배출 감축이 화석 자본과 그 대변인들의 의지를 무시하고 집행될 수 있을 것이다. 델리나와 디센도르프는 이러한 체제가 선진국에서는 25년에서 30년 사이에, 전 세계에서는 아마도 40년 이내에 탄소제로라는 결과를 이끌어 낼 수 있을 것이라고 추정한다. 정치적 결사체 네 곳—미국, EU, 중국과 인도—에서 현재 전체 배출량의 절반이 넘는 양을 배출하고 있다. 이들 각각에 특수부를 하나씩 두는 것부터 시작할 수 있을 것이다.[58]

그러나 제2차 세계대전이라는 유사 사례에는 한계가 있다. 거대 기업들은 전쟁에 돌입한다고 해서 잃을 것이 별로 없었다. 반면에 에너지 흐름으로의 즉시 전환은 화석 자본의 이익에 반하는 사회적 권력들forces을 통해서 강요되어야만 한다. 대중운동 없이는 '심지어 생존을 위협하는 기후 재앙이 발생하더라도 정부가 비상 완화에 돌입할 것 같지 않다.'[59] 그리고 어떤 권력들some forces에게 동력의 계획경제란 절대적으로 혐오스러운 흉물이다. 그들은 이러한 생각에 반대하여 싸울 것이고, 홍수나 가뭄이 닥치든지 말든지 이와는 아주 다른 개체를 조작하는 편을 선호할 것이다.

계획으로부터 탈출하려는 최후의 발악

이미 낭떠러지가 보이는 지경에 이르렀는데도 화석 경제라는 열차는 고정된 노선을 따라 계속 더 빨리 달리고 있다. 그럼 이제 도대체 무엇을 해야 하나? 어쩌면 햇빛을 반사시켜 우주로 돌려보낼 거울을 궤도에 설치할 수 있을지도 모른다. 또는 구름을 더 하얗게 표백한다든지, 또는 지붕을 더 하얗게 칠한다든지, 또는 인공 수목을 만들어서 공기 중의 탄소를 빨아들여서 이를 지하에 밀어 넣는다든지, 또는 바다에 철을 뿌려서 플랑크톤의 번식을 촉진시켜 이들에게 그 작은 몸통으로 광합성을 해서 CO_2를 포집하도록 하여 그들이 죽으면서 그 탄소를 가지고 해저로 가라앉게 한다든지…. 배출 폭증의 규모가 분명히 드러나게 되자 앞서 언급한 방법들이나 흔히 '지구온난화에 대응하거나 그 효과를 일부 완화하기 위해 고안된 기후 시스템에의 고의적, 대규모 개입'이라고 정의되는 **지구공학**_geoengineering_의 기타 방법들에 관심이 쏠리고 있다.[60] 이것은 오랜 세월 동안 미친 과학자의 환상에 불과하다고 생각되었지만, 인류세 개념을 도입한 지 얼마 되지도 않은 2006년에 파울 크뤼천이 《기후변화》_Climatic Change_에 논문을 게재하여 인간이 화산 폭발을 모방하기 위해 노력해야 한다고 제안하면서부터 완전히 진지하고 치열한 연구의 주제가 되어 버리고 말았다. 1991년 6월, 필리핀 피나투보산이 성층권에 황화물 기둥을 뿜어내어 입사하는 태양복사의 일부를 차단했다. 그다음 해에 지구의 평균온도가 0.5도 떨어졌다. 황산염 에어로졸을 우리 행성 주변에 차양막을 치듯이 의도적으로 그리고 체계적으로 살포할 수 있을지도 모른다.[61]

크뤼천이 개입한 후, 이에 연관된 연구와 준비가 실로 폭발적으로 증가했다. 연구회가 열리고, 컴퓨터를 이용한 모사가 진행되었으며, 싱크 탱크 보고서가 나오고 수백 편에 달하는 과학적 학술논문들이 쏟아졌고, 기후과학을 다루는 주요 학술지에서 특별호를 발간하였으며, 실제 실험이 진행되었고, 신규 사업체들이 설립되면서 특허도 나왔다. 대부분의 노력은 '피나투보 대안'Pinatubo option 또는 조금 더 임상적인 전문용어로 황산염 에어로졸을 주입하여 '태양복사 관리'를 하는 것에 그 초점을 맞추고 있다. 지구공학이라는 여러 다양한 색깔의 물감 중에서 이게 가장 효과적인 색이라고 받아들여진다.[62] 몇 달만 시간을 들이면 이는 곧 시행될 수 있다. 풍력발전단지 하나를 짓는 데 걸리는 시간으로 항공기 몇 대가 지표 위 20킬로미터 정도 고도의 성층권을 돌면서 황산염을 뿌리면, 두 세기 동안 계속된 화석연료 연소의 효과를 정지시킬 수 있다. 물리학자이자 기업가인 데이비드 키스David Keith는 《기후 공학을 위한 변론》A Case for Climate Engineering을 통해서 이러한 작업이 얼마나 환상적으로 저렴하게 완수될 수 있는지 강조한다. '헐리우드 흥행작 하나 값에' 또는 현재 재생에너지 기술에 들이는 비용의 100분의 1로 문제를 즉시 해소할 수 있다.[63] CO_2가 계속해서 대기 중에 쌓이기 때문에 그리고 황산염 에어로졸은 지구로 침강하기 전에 1년 정도만 머무르기 때문에, 주입량은 매년 계속해서 늘어나야만 한다. 키스가 추정한 바에 따르면, 2020년에 시작한다면 2070년대까지 황산염 1백만 톤과 항공기 100대로 이루어진 편대가 필요할 것이다. 이 화학물질은 풍부하다. 현존하는 비행기들 역시 이 작업을 수행할 수 있도록 간단히 개조될 수 있다.

황산염 에어로졸을 주입하여 태양복사를 관리하게 되면 오존층을 파괴할 수 있고, 강수 양상에 간섭하여 심지어 아시아의 계절성 강우를 중단시킬 수도 있으며, 광합성의 생산성을 교란시키거나 하늘이 백화whiten될 수 있고, 겨울과 여름 사이, 낮과 밤 사이의 균형을 건드릴 수도 있으며—키스의 표현에 따르면—입자가 강하해 내려오면서 '1년에 수천 명의 대기오염 관련 사망을 초래'할 수 있을 뿐만 아니라 중독 현상을 일으켜서 가면 갈수록 더 많은 양을 주입해야 될 수도 있고, 햇빛을 약화시켜 태양전지판의 효율을 확실히 낮추게 될 것이다.[64] 하지만 여기서는 단 하나의 측면만 상세히 살펴보도록 하자. 늘어나는 CO_2를 상쇄하기 위해서는 차양막이 매년 더 두꺼워져야만 한다. 하지만 뭔가 잘못된다면 어떨지 상상해 보라. 예를 들어 기술적 조치의 한 부분이 고장이 난다든지, 이를 계속할 수 없을 정도로 심각한 예상치 못한 부작용이 발생한다든지, 계절성 강우가 중단되어 이에 대응하기 위해 인도가 항공기를 격추하거나 이 효과를 상쇄하는 물질을 쏘아 올린다든지, 또는 회사들이 더이상 계약 조건에 동의할 수 없다고 선언한다든지. 이들 사태 중 무엇이든 하나만 벌어지면 이 체제의 운영은 중단될 수 있다. 그러면 어떻게 될까? '정지 문제' termination problem라고 알려진 이것이 초래하는 귀결은 극단적으로 갑작스러운 온난화가 밀려온다는 것이다. 일단 뚜껑이 열리면 그동안 누적된 모든 CO_2의 복사강제력이 급격하게 일시에 끓어오르게 된다. 최신 연구에 따르면 지표의 평균온도가 **10년당** 3도씩 증가할 수 있다. 얼마나 오랜 기간 이 체제가 운영되었는지, 얼마나 많은 CO_2가 그동안 배출되었는지에 따라 이러한 온도 급증은 이보다 약간 덜하거나 극단적으로 더할 수도 있다. 몇몇 지역은 당분간은 10년당 15도씩 가열될 수도 있다. 이제 생태계의 적응 능력은 온난화의 규모뿐만 아니라 **속도**에 의해서도 조건 지어진다는 사실이 잘 알려져 있다. 지질학사에서 선례를 찾을 수 없는 이러한 속도의 변화라면 모두가 튀김이 되어 버리고 말 것이다.[65]

현재 빌 게이츠는 지구공학 연구에 대한 세계 최대의 재정 후원자이다. 키스—그의 책 추천사를 썼다—와 그 외 몇몇 개척자들의 후견인인 게이츠는 황산염을 살포하고, 구름을 더 희게 만들며, 탄소를 포집하는 기술을 개발하는 회사들의 주식을 소유하고 있다. 앨버타주의 타르샌드에 깊숙이 관계하고 있는 캐나다의 석유왕 머레이 에드워즈N. Murray Edwards 역시 후한 후원자다. 미국기업연구소the

American Enterprise Institute와 보수 우익의 기타 싱크 탱크—이들은 바로 최근까지도 기후변화를 부정해 왔다—역시 이 똑똑한 해결책을 적극적으로 선전하고 있다. 셸, BP, 엑손, 보잉도 이에 관여하고 있다.[66] 렉스 틸러슨, 유전을 파서 돈을 벌기를 원하던 바로 이 자도 지구온난화에 대한 실용적 관점을 내비쳤다. '이것은 기술공학적 문제이고 따라서 기술공학적 해법이 있기 마련이다.'[67] 특수한 첩보 기술 없이도 여기에 어떤 이해관계가 작동하고 있는지 쉽게 알아차릴 수 있다. 그러나 평시활동이 우리를 어디로 끌고 갈 것인지 확실히 진지하게 고민하던 과학자들은 또 왜 여기에 개입했을까? 그들이 돕지 않았다면 절대로 지구공학이 지금과 같이 관심의 중심에 서서 비상브레이크의 자리를 차지하지는 못했을 것이다.

크뤼천은 문제를 솔직하게 인정하면서 자신의 글을 끝냈다. '최선은 온실효과를 일으키는 기체의 배출이 줄어들어서 성층권에 황을 누출시키는 실험을 할 필요가 없게 되는 것이다. 이것은 현재는 비현실적인 희망처럼 보인다.'[68] 키스는 그의 전체 논지를 '경제적 관성'이라는 전제에 기초하여 전개한다. '우리 경제를 탈탄소화하는 데 필요한 심각한 구조적 변화를 빠르게 달성할 수 있다는 끈질긴 환상 때문에, 우리는 고통받고 있다.' 누군가 자본주의에 개입한다는 황당한 생각을 할 수도 있지만, 그 대신에 우리는 어쨌든 '과거 반세기 동안 환경문제를 다루는 데서 막대한 진전(증거: 미국의 청정대기법the US Clean Air Act)'을 이룬 이 체제를 소중히 간직해야 한다는 것이다.[69] 누군가 동력의 계획경제를 제안한다면 키스는 분명 강력하게 반발할 것이다. 그러나 그는 온도계를 관리하면서 농업 조건을 최적화하고 모든 생명체를 위해 기후를 미세하게 조정할 '중앙의 계획 입안자들'이 생물권을 운영하게 만들자는 생각에는 누구보다 앞서 기꺼이 동의한다.[70] 그리고 바로 이것이 붉게 타오르는 지구공학의 원동기이다. 전시 동원으로부터 유사 사례를 찾는 경우가 문헌상 자주 등장하고 있음에

도 불구하고, 그러한 대안은 이렇게 피나투보식 대안the Pinatubo parallel
을 둘러싼 열의에 찬 흥분 상태에까지는 도달하지 못했다. 경제를 계
획한다는 것은 궁극의 금기이지만, 기후를 계획하는 것은 상세히 고
려해 볼 만한 가치가 있다는 소리이다. 이는 유전공학, GPS 시스템, 스
마트 기기, 시험관 고기, 드론 전투나 그 외 후기 자본주의의 초근대
성의 자연스러운 요소들과 같은 연원을 가지는 관념이다. 화석 자본
에게 전환은 곧 사망 선고이다. 하지만 지구공학이 여기에 새 생명을
부여할 수 있을지도 모른다. 노동을 실질적으로 종속시키기 위해 시
작된 사태가 이제 아예 생물권을 실질적으로 종속시키는 것으로 마
무리되려고 하고 있다. 저탄소미래전환특수부보다 차라리 황산염을
채운 비행기 편대가 등장할 가능성이 훨씬 더 높다는 우울한 생각이
계속 든다. 이제 자본주의보다 차라리 기후 시스템에 고의적으로 대
규모 개입하는 것을 상상하는 편이 훨씬 더 쉬워지고 말았다.

16
마개를 뽑을 시간:
권력-동력의 배출물인 CO_2에 관하여

시대의 명칭

《신의 종족》에서 마크 라이너스는 아주 익숙한 악당을 중심으로 서사를 구성한다. 바로 우리we, 우리들us을 중심으로. '신의 힘은 이제 가면 갈수록 더 많이 바로 우리들us에 의해 휘둘러지고 있다. 우리we는 생명의 창조자이지만 그 파괴자이기도 하다'라든지, '우리의our 집단적 권력collective power이 이미 대부분의 자연력을 위협하거나 압도하고 있다'라든지, '우리의our 쓰레기detritus가 모든 곳에 널려 있다'라든지, '우리we는 대기의 특성을 예상하지 못한 방향으로 바꾸고 있다'라든지, 어쩌고저쩌고 지겹도록ad nauseam 계속된다.[1] 이런 것이 바로 기후변화 담론에서 가장 흔히 발견되는 수사법일 것이다. 우리, 우리 모두, 너와 내가 이 난장판을 함께 만들었고, 나날이 그 상황을 악화시키고 있다. 한데 이렇게 책임을 무차별적으로 배분한다면 이 고난의 끝을 발견할 수가 없다. 파울 크뤼천이 인류세 서사와 지구공학 해법 둘 다의 영적인 아버지라는 사실이나 라이너스가 EKC, 황산염 에어로졸 주입과—'이게 내가 낙관할 수 있는 이유 중 하나다'—중국이 기후정치의 훼방꾼이라는 미국식 관점을 기꺼이 수용한다는 점은 아마도 우연이 아닐 것이다.[2] 만약 인류가 하나의 전체로서 열차를 운전했다면, 누구 하나를 특정하여 쫓아내는 것은 불가능한 일이다. 평시활동에 대항하는 봉기는 생각할 수조차 없게 된다.

바로 이러한 상황에서 '우리가 꼼짝 못하고 있는 이유는 바로 재앙을 막을 최선의 기회를 제공하는—그리고 압도적 다수에게 이익이 될—행위들이 소수의 엘리트들에게 지극히 큰 위협이 되기 때문이다'라는 전제에 기초하여 봉기할 것을 주장하는 나오미 클라인이 끼어든다.[3] 그가 이러한 주장을 펼치자 주류 담론의 옹호자들은 불쾌하다는 듯 눈살을 찌푸렸다. 철학자 존 그레이John Gray는 《옵저버》에 기고한 서평을 통해 '클라인은 기후위기를 자본주의와 행성 사이의 대립으로 묘사한다. 이 위기를 **인류**humankind의 팽창하는 수요와 유한한 세계 사이의 충돌이라고 묘사하는 편이 더 정확했을 것이다.' 《런던 서평》London Review of Books에서 전직 환경운동가이자 예전부터 붕괴는 필연적이라는 관점을 전하던 폴 킹스노스Paul Kingsnorth는 '기후변화는 소수의 악당들이 우리를 속여서 몰래 팔아넘긴 것이 아니다. … 궁극적으로는 **우리 모두가 연루되어 있다**'라고 주장했다.[4] 기후변화 부정론은 가라앉고 이제 이것이 바로 지구온난화 논쟁의 주요 전선으로 부상하였다.

이러한 **우리-관점**the we-view을 옹호하는 고상한 논지를 구성하기 위해서는 어마어마한 상상력이 요구된다. 저명한 탈식민주의 이론가 디페시 차크라바르티Dipesh Chakrabarty는 두 편의 유명한 논문을 통해서 기후변화를 이해하려고 할 때 역사유물론이 유용할지에 의문을 표하면서 인류세 서사 쪽에 완전히 투항한다. 다음을 '상상해 보라'고 그는 적고 있다.

같은 수의 사람들로 구성된, 더 평등하게 번영하며 정의로운 그러나 여전히 화석연료로부터 얻어지는 값싼 에너지 착취를 기초로 운영되는 세상이라는 반사실적 실재the counterfactual reality를 한번 상상해 보라. 그것은 분명히 더 평등하고 정의로운 세상일 것이다—최소한 소득과 부의 분배에 관해서는—그러나 기후위기는 훨씬 더 악화된다!

그래, 90억의 사람들 모두가 다섯 채의 집과 세 대의 SUV와 자가용 비행기를 소유하며 살아가고 있는 행성 지구를 상상한다면 당연하지. 모두 다 타 죽지 않겠나! 실로, 그런 세계는 물리적으로 불가능할 것이다. 자기가 만든 공상과학소설 대본으로부터 차크라바르티는 '기후위기는 경제적 불평등으로부터 **내적 필연성을 가지고서**inherently 발생한 결과가 아니다'라는 결론을 끌어내지만, 사실 이 설명은 도리어 매우 명백한 사실을 우리에게 다시 상기시켜 줄 뿐이다. 기후변화는 부유한 몇몇이 어마어마한 배출을 통해서 대기로부터 흡수된 탄소의 대부분을 독단적으로 전유하여 발생하였고, 따라서 **그 정의부터 따지더라도 이를 인류 전체로 확장시키는 것은 불가능하다.**[5] 만약 모든 사람이 미국의 부자처럼 값싼 화석 에너지를 들이키면서 살아간다면 당장 내일이라도 6도에 도달해서 아무도 살아남을 수 없을 것이다. 논리적으로 **그리고** 역사적으로 실제 존재하는 세계에서, 증기의 미약한 빛줄기에서 시작하여 세계화의 황혼에 이르기까지, 이 위기는 일부 사람들이 다른 사람들보다 더 가졌다는—아니, 다른 사람들로부터 빼앗았다는—사실로부터 내적 필연성을 가지고 발생한 결과이다. 화석 자본의 축적은 보편적 종이라는 단일 존재universal species-being를 완전히 부정하는 것이다.

그러나 차크라바르티는 여전히 고집을 부린다. '가난한 자들 역시 부유한 자들과 마찬가지로 인간 진보의 역사를 함께 공유하면서 거기에 참여했다.' 그의 솔직한 견해에 따르면 '인류세로의 돌입은 최소한 소비의 영역에서는 전 세계가 그토록 기대하던 사회정의 구현의 서사이다. 그러나 이러한 사람들 사이의 정의에는 그 대가가 있었다.'[6] 이 주장을 통해서 급기야 차크라바르티는 자기가 발명한 상상 속 행성과 그가 실제 살고 있는 행성을 혼동하는 데까지 이른다. 이를 보면 참으로 인간의 상상력이란 대단한 것이라고 하겠다. 한층 더 나아가서 그는 인류가 원인 제공자로서 하나로 묶여 있을 뿐만 아니라 동시에 그 위기의 피해자로서도 하나라고 주장한다. '자본주의의 위기와는 다르게 여기에는 부유층과 특권층을 위한 구명정이 없다(호주의 가뭄이나 캘리포니아의 부유한 마을에서 발생한 최근의 화재를 보라).' 인류라는 하나의 종은 '공통의 재앙 경험을 통해서 보편적인 단일 존재'가 된다.[7] 하지만 차크라바르티의 관념적 세계로부터 나와서 한번 현실 세계를 살펴보라. 허리케인 카트리나가 뉴올리언즈주의 흑인과 백인 거주지에서 각각 어떤 영향을 주었는지, 허리케인 샌디가 아이티와 맨해튼에서 각각 어떤 영향을 주었는지, 해수면 상승이 방글라데시와 네덜란드에서 각각 어떤 영향을 주었는지, 직접, 간접을 불문하고, 기후변화의 모든 충격에 대해 차별화된 취약성을 드러내는 이 모든 사실을 보라. 예측이 가능한 미래의 어느 시점에도—실은, 지구상에 계급사회가 존재하는 한—언제나 부유층과 특권층을 위한 구명정은 **있을 것이며**, 공통의 재앙 경험은 **없을 것이다**. 그 어느 시대보다 더 계급 격차는 삶과 죽음을 가르는 문제로 드러나게 될 것이다. 누가 허리케인이 접근할 때 도시 밖으로 차를 몰고 탈출할 수 있는지, 누가 몰려오는 홍수를 버틸 수 있을 만큼 튼튼한 방벽이나 집의 비용을 지불할 수 있는지. 분명히 자본가 계급은 그리 크게 걱정하지 않는다. 도리어 그들 중 상당수는 북극해에서 새로이 확보하게 될 석유의 매장지나 해수담수화 시설과 부유식 도시나 갈수록 더 귀하게 될 토지의 소유권이나 우물의 건설이나 화재보험이나 열기를 견딜 수 있도록 유전자가 조작된 곡물이나 지구공학을 가지고 짭짤한 이윤을 얻고자 준비하고 있는 중이다.[8] 모든 자본주의의 위기에서와 마찬가지로 이 위기도 역시 유복한 자들에게 엄청난 양의 기회를 제공한다. 그리고 **뒷일은 될 대로 되라지**.*après moi, le déluge*

만약 '인류세'가 노선의 시점과 종점에서 모두 도저히 변호될 수 없는 추상에 불과하다면, 이 새로운 지질학적 시대를 지칭할 더 나은 용어가 존재하지 않을까? 우리가 의심하던 대로, 애당초 열차에 올라타게 만든 그 이해관계가 여전히 이 열차에 내재되어 있다는 사실이 이제 확인되었다. 추상적 공간, 추상적 시간과 무정부주의적 경쟁을 통한 자본의 축적은 갈수록 더 빠른 속도로 에너지의 흐름으로부터 이탈하고 있으며, 자기에 딱 맞는 성질을 가진 연료를 더 많이 계속해서 요구하고 있다. 학계의 동의를 얻기는 어려울지도 모르겠지만, 그렇다면 적어도 과학적으로 더 정확한 용어는 아마도 '자본세' the Capitalocene일 것이다. 이것은 인류가 아니라 바로 자본축적의 지질학이다. 알튀세르의 말을 흉내 내어 표현하자면 자본주의적 시간, 생화학적 시간, 기상학적 시간, 지질학적 시간이 이 새로운 전체 안에서 접합되어 있고, 비록 자본의 시대가 이 지질학적 세가 종식되기 전에 끝나고 말 터이지만, 궁극적으로 이 세를 결정하는 것은 자본의 시대이다. 에너지의 재고로부터 나온 CO_2 연기의 오랜 흔적은 그 꼬리를 물고 수십만 년에 걸쳐 길이 남게 될 것이다. 아마도 50만 년 동안은 새로운 빙하기가 도래하는 일은 없을 터이다.[9] 랭커셔에서 증기로 갈아탄 면직업종 공장주나 중국으로 옮겨 간 자동차 제조업자는 그게 자신이 영원에게 바치는 선물이 될 것이라고는 꿈에도 상상하지 못했으리라. 자본세는 스트로마톨라이트 속의 산소처럼 그들 모두가 사라진 후까지 오래도록 남을 것이다.

그렇다면 CO_2를 계측하는 또 다른 방법이 있을 수 있다. 권력-동력의 배출물로서, **우리의** 패배와 **저들의** 승리의 결과물로서. 그러나 그렇게 다루기 위해서는 기존의 기후변화 담론 내에서 설정된 것과는 아주 다른 역사관이 필요하다.

비상사태 한가운데에서

동물의 어두운 본능은 (무수한 일화가 말해 주고 있듯이) 위험이 다가오면 보이지 않는 것처럼 보이는 탈출구를 찾아내는 반면 … 이 사회는 … 맹목적인 대중으로 화하여 온갖 위험, 바로 코앞에 닥쳐온 위험에조차 희생당하게 되며, 개인들의 목표의 다양성은 개인들을 규정하는 힘들의 동일성 앞에서는 사소한 것이 되어 버린다. 사회가 정상적인normal (그러나 이미 오래전에 잃어버린) 삶에 어찌나 완고하게 집착하는지, 지성을 진정 인간에 걸맞은 방식으로 적용시킨 것, 즉 예견이 극히 긴박한 위험에 직면한 경우에조차 도움이 되지 못한다는 것이 이미 누차 입증되어 온 바 있다. 그 결과 이 사회에서 우둔함은 극한에 달한 모습을 보이고 있다. 불확실성, 실로 삶에 중요한 본능의 왜곡. 지성의 몰락이라고까지는 할 수 없을지 몰라도, 이것이 바로 부르주아지 전체의 상태다.

비록 발터 벤야민이 '부르주아지' 대신에 '독일의 중산층'이라고 썼고, 그가 이 글을 작성했던 때는 1928년이었지만, 이러한 통찰은 여전히 유효하다.[10]

무차별적으로 **우리**라고 지칭하는 수사법은 역사적 기록을 왜곡한다. 리글리에게 '무기inorganic 경제'는 기후변화의 소식이 전해지기 전까지는 항상 축복일 뿐이었다. 그리고 이것이 갑자기 저주로 돌변했다. 말하자면 '산업혁명의 물결로 밀려든 이익은 컸고 그것은 **동시에 보편적으로 주어진** 것'이었지만, 이제 우리는 혹시 '모두를 위한 부'의 대가가 너무 큰 것이 아닌지 질문해야 한다는 식이다. 물론 이러한 해석 또한 망상에 불과하다. 이것은 면죄부를 주는 행위일 뿐이고 화석 경제의 역사를 마치 이상적이었던 것처럼 그려 낸다. 이에 대한 더 정확한 철학적 고찰은 벤야민의 《역사의 개념에 대하여》 테제 8번으로부터 출발해야 할 것이다. "억압받는 자들의 전통은 우리가 그 속에서 살고 있는 '비상사태'가 예외가 아니라 상례임을 가르쳐준다."[11] 증기라는 마신과 그 수하인 철 사나이들의 발에 짓밟힌 손베틀 직조공들, 면직물 방적공들, 옥양목 날염공들, 양모 빗는 직공들과 기타 노동자들의 전통이 이미 우리에게 비상사태의 새벽이 영국 땅에 들이닥쳤었다는 것을 알려 주었다. 게다가 우리는 아직 영국의 증기력이 상륙했던 머나먼 해안가 주민들의 경우는 제대로 살펴보지도 못했다. 그들이 입은 손실은 그 규모의 차원부터 다르다.

《잉글랜드 노동계급의 상황》에서 엥겔스는 대기에 특별한 관심—집착이라고까지는 할 수 없겠지만—을 두고 산업혁명이 남긴 생태학적 폐허를 살핀다. '공장의 공기는 보통 습하면서도 필요 이상으로 무더운 편'이다. 노동자들은 '대도시로 끌려와서 시골에서보다 나쁜 공기를 들이마신다.' 그리고 거리는 '호흡과 난방 과정에서 발생한 탄산가스'carbonic acid gas로 오염되었다. 그리고 정작 부르주아지는 불결한 공기로부터 탈출했다. 석탄 광산에서 CO_2와 CH_4는 '가장 처참한 재앙들'을 야기하고 '이 재앙들의 직접적인 원인은 부르주아지의 이기심이다.' 한번은 엥겔스가 맨체스터의 거리에서 그 계급의 일원 하나를 만나 사방에서 벌어지는 재난을 두고 언쟁을 시작했다. 그러자 그는 관심 없다는 듯이 답한다. '그래도 여기서 큰돈을 벌 수 있죠. 좋은 아침입니다, 선생.'[12] 만약 내가 파내어서 돈을 벌 수 있다면….

이러한 역사적인 관점에서 볼 때, 기후변화는 갑작스레 닥친 놀라운 운명의 장난이라기보다는 차라리 두 세기 동안 화석 자본을 가리고 있던 **장막이 걷힌 것**에 불과하다. 그리고 물론 이러한 해석이야말로 그리스어 **아포칼립테인***apokalyptein*의 문자 그대로의 의미이다.[13] 진실이 보이지 않게 가려져 있었을 뿐이다. 오랜 기간 진행되어 오던 사태의 의미가 현재에 이르러 드러났다. 벤야민의 역사의 천사는 '잔해 위에 또 잔해를 쉼 없이 쌓이게 하고 또 이 잔해를 그의 발 앞에 내팽개치는 단 하나의 파국을 바라보고 있다.' 테오도르 아도르노도 이에 동의하면서—'죽음이 정상적이 된다'normality is death—동시에 영원한 공포는 '매번 새로운 형태가 지난번의 형태를 능가한다는 사실로서 나타난다. 변하지 않는 것은 불변적인 고통의 양이 아니라 지옥으로 향하는 고통의 진보이다. **이것이야말로 적대감의 증가라는 테제의 의미이다**'라고 강조한다.[14] 바로 그 시작부터, 가장 작은 규모에서 부터—뜨거운 공장, 연기가 자욱한 거리, 폭발물이 가득한 광산—하나의 양상이 등장하였고—거기서 대부분의 사람들은 우리가 진보라고 부르는 폭풍에 쓸려 떠내려갔으며, 일부는 더 많은 부를 찾아 항해에 나섰다—그 이후 계속해서 확대되고 점진적으로 더 큰 규모로 재생산된 것이다. 기후과학자들이 자기 유사성을 지닌 폭풍이 말려 몰아치고 있는 생물권 전체에서 이를 결국 발견하게 될 때까지. 기후변화가 주는 모든 충격은 지금껏 말려 있던 과거의 일부가 풀려나온 것에 불과하다.

　왜 가망 없는 일에 뛰어들지? 회의론자들은 아마도 기후변화에 맞선 투쟁을 두고 이렇게 질문할지도 모른다. 일리가 있는 말이다. 하지만 패배의 가능성을 안고 싸우는 것은 별로 새로운 사태가 아니다. 지구온난화 자체가 누적된 패배의 귀결이었다. 평민들Commoners과 러다이트 운동가들과 마개 뽑는 자들plug-drawers과 지금껏 패한 수없이 많은 다른 도전자들이 우리에게 조언한다. '이 위기의 순간'을 지금 과거를 재현하는 **그 힘을 통해서** 극적이고 전례가 없던 순간인 것처럼 다시 상상해내라고. 또는 뛰어난 선견지명을 가졌던 벤야민의 말처럼, '**심지어 죽은 자들도** 적이 승리한다면 그 적 앞에서 안전하지 못하다는 점을 투철하게 인식하고 있는 역사가에게만, 오로지 과거 속에서 희망의 불꽃을 점화할 재능이 주어진다. 그리고 이 적은 승리하기를 멈추지 않았다.'[15] 벤야민의 역사 개념—그의 의지적 메시아주의voluntaristic messianism, 조직적 비관론organised pessimism, 혁명적 우울증revolutionary melancholia—은 현재에 닥친 궁극적 재앙을 멈추기 위해 억압받는 자들의 전통으로부터 그 영감을 끌어낸다. 게다가 세계적 규모의 마개 음모 폭동the Plug Plot Riots이 아니라면, 도대체 오늘날 필요한 것이 달리 무엇이 남아 있겠는가? 가서 피어나는 저 연기를 멈추자!

이게 아무리 확률적으로 지극히 불가능해 보이는 사태라고 하더라도, 정치적 행동은 절대로 확률 계산만 따져서 하는 것이 아니다. 그런 짓은 시류를 따르면서 바람이 잘 불 때에만 항해에 나서는 것과 같다. 이 글을 쓰는 시점에는 다행히 세계의 기후운동이 점차 동력을 얻어 가고 있다.[16] 이 운동은 운동들의 운동이 되어야만 하며, 먹이사슬의 정점에 위치하면서 다른 모든 운동이 작동하는 지형의 존재 자체를 지켜 내는 임무를 수행해야만 한다. 하지만 문제는——많은 이들이 지적하듯이——과연 이 운동이 **남겨진 짧은 시간 안에** 그러한 위상을 획득하고 적이 가진 것보다 더 큰 사회적 권력a social power을 모을 수 있는가이다.

그러나 다시 말하지만, 벤야민도 잘 알고 있었듯이 진정으로 혁명적인 운동은 모두 비슷한 조건에 직면했다. '마르크스는 혁명이 세계사의 기관차라고 말했다. 그러나 어쩌면 사정은 그와는 아주 다를지 모른다. 아마 혁명은 이 기차를 타고 여행하는 승객들이——즉, 인류——비상브레이크를 잡아당기려는 처절한 시도일 것이다.' 전망은 암울하다. 그러니까 더더욱 행동에 나설 필요가 있는 것이다. 이전의 모든 비상사태의 경우와 마찬가지로 그러나 그 이전 어느 때보다 더욱 처절하게. 400ppm 위로 수치가 치솟고 있는 이 시점에, 우리는 '몰락의 현상들을 안정 그 자체로, 그리고 구원만을 이상한 것, 즉 기적에 가까운 불가사의한 것이라고 간주'해야 한다.[17] 가설적으로라도 이러한 기적을 이룰 가능성을 지닌 것은 오직 사람들humans뿐이다.

감사의 말

이 연구는 룬드 대학교의 인간생태학 박사 학위논문에 기초한 것이며, 해당 논문에는 주장 다수에 대한 더 자세한 근거가 제시되어 있다. 일부 내용은 여러 편의 논문으로 이미 발표된 바 있다. 몇몇 핵심 주장은 〈화석 자본의 기원: 영국 면직물 산업의 수력에서 증기력으로의 전환〉The Origins of Fossil Capital: From Water to Steam in the British Cotton Industry, 《역사유물론》*Historical Materialism* 21호(2013), 15-68에 개괄되었다. 6장의 축약본은 〈흐름이라는 공유재로부터의 탈주: 로버트 톰, 수력 저수지 계획 그리고 19세기 영국에서 증기력으로의 전환〉Fleeing the Flowing Commons: Robert Thom, Water Reservoir Schemes, and the Shift to Steam Power in Early Nineteenth-Century Britain, 《환경사》*Environmental History* 19호(2013), 55-77로 발표된 바 있다. 인류세 서사에 대한 비판은 알프 호른보리와 공저한 논문인 〈인류의 지질학? 인류세 서사에 대한 비판〉The Geology of Mankind? A Critique of the Anthropocene Narrative, 《인류세 논평》*The Anthropocene Review* 1호(2014), 62-69에 요약되어 있다. 14장의 내용은 〈노동운동, 중국: 화석 자본 가설〉China as Chimney of the World: The Fossil Capital Hypothesis, 《조직과 환경》*Organization & Environment* 25호(2012), 146-177의 분석으로부터 도출된 것이며, 1장의 논점 중 일부는 맥락을 달리하여 《비판적 역사연구》*Critical Historical Studies*에 나올 예정이다.

알프 호른보리는 나의 스승sheikh이다. 내가 권력과 자연이 얼마나 완전하게 서로 융합되어 있는지, 가속되는 환경파괴가 심화되는 불평등과 어떻게 연관되어 이해되어야 하는지, 진보적인 학자들이나 활동가들이 이 연관성을 무시함으로써 얼마나 큰 피해를 초래할 수 있는지를 이해하는 데 그는 그 누구보다도 더 큰 영향을 주었다. 그에게 큰 빚을 졌다. 그는 내 학위논문을 지도했다. 스테판 안데르베리Stefan Anderberg는 공동 지도교수였다. LUCID(지속가능성의 사회·자연적 차원의 통합을 위한 룬드 대학교 선도 연구센터Lund University Centre of Excellence for Integration of Social and Natural Dimensions of Sustainability)의 박사과정 학생들은 나의 동료들이었다. 그들 모두에게 감사한다. 또한 인간생태학부the Human Ecology Division와 인간지리학과the Human Geography Department(특히 카를-요한 룬드크비스트Karl-Johan Lundquist에게 특별한 사의를 표한다)와 인간생태학 분야 학생들 모두—특히 문화, 권력과 지속가능성 석사과정 학생들—에게 많은 감사의 뜻을 전한다. 이들은 룬드 대학교의 이 작은 일부분을 급진적 정치생태학을 연구할 수 있는 독보적 환경으로 꾸미는 데 공헌했다.

기후변화에 대한 나의 사유는 리카르드 바를레니우스Rikard Warlenius의 날카로운 식견에 의해 근원적으로 규정되었고 반복적으로 환기되었다. 스톨 홀게르센Ståle Holgersen은 마르크스주의자로서 빼어난 매력과 열정을 가지고 나와 지적으로 교류하였다. 바스나 라마사르 Vasna Ramasar는 너그러운 마음과 탁월한 재능을 가졌다. 스테파니아 바르카, 맥스 코흐Max Koch, 래리 로만Larry Lohmann, 티머시 미첼과 나오미 클라인이 과정 중 여러 단계에서 귀중한 논평과 격려를 해 주었다. 베르소 출판사의 세바스티안 버젠Sebastian Budgen은 처음부터 신념을 가지고 이 프로젝트를 도와주었다. 내가 사랑하는 작은 세계 정당도 매일 벌어지는 사회적 투쟁에 대한 새로운 분석과 그와 연결된 교차점을 끊임없이 제공해 주었다. 라스 헨릭손Lars Henriksson과 제4인터내셔널 스웨덴 지부의 다른 지치지 않는 활동가들에게 특히 고맙다는 말을 전한다. 이들 동지들과 다른 많은 이들이 없었다면 이 책은 빛을 보지 못했을 것이다. 그러나 오류가 있다면 물론 그것은 전적으로 내 책임이다. 삶의 여정을 지나는 동안 내게 가장 소중한 것은 가족이다. 쇼라 에스마일리안Shora Esmailian이 없었다면 이 작업은 애당초 시작될 수도, 결실을 맺을 수도 없었을 것이다. 그녀는 삶의 모든 측면에서 나를 지탱하고 고무하는 마르지 않는 샘이다. 그리고 이제 라티파를 얻어 우리는 너무나 행복하다.

미주

1. 과거의 열기 속에서

1 N. Rosenberg, *Exploring the Black Box: Technology, Economics, and History*, Cambridge UK, 1994, 24.

2 S. Weart, *The Discovery of Global Warming*, Cambridge MA, 2003; S. Arrhenius, 'On the Influence of Carbonic Acid in the Air upon the Temperature of the Ground', *Philosophical Magazine and Journal of Science* 41 (1896), 237–76 참조.

3 C. Babbage, *On The Economy of Manufactures*, London, 1835 [1833], 54.

4 G. Peters, R. Andrew, T. Boden et al., 'The Challenge to Keep Global Warming Below 2°C', *Nature Climate Change* [이후 *NCC*] 3 (2013), 4.

5 G. Holland and C. Bruyère, 'Recent Intense Hurricane Response to Global Climate Change', *Climate Dynamics* 42 (2014), 617–27; A. Robinson, C. Reinhard and A. Ganopalski, 'Multistability and Critical Thresholds of the Greenland Ice Sheet', *NCC* 2 (2012), 429–32; C. Duarte, T. Lenton, P. Wadhams and P. Wassmann, 'Abrupt Climate Change in the Arctic', *NCC* 2 (2012), 60–2; G. Breed, S. Stichter and E. Crone, 'Climate-Driven Changes in Northeastern US Butterfly Communities', *NCC* 3 (2013), 142–5; A. Sorg, T. Bolch, M. Stoffel et al., 'Climate Change Impacts on Glaciers and Runoff in Tien Shan(Central Asia)', *NCC* 2 (2012), 725–31; L. Zhou, Y. Tian, R. Myneni et al., 'Widespread Decline of Congo Rainforest Greenness in the Past Decade', *Nature* 509 (2014), 86–90; J. Elliott, D. Deryng, C. Müller et al., 'Constraints and Potentials of Future Irrigation Water Availability on Agricultural Production under Climate Change', *Proceedings of the National Academy of Science* [이후 *PNAS*] (2013), online first; G. Luderer, R. Pietzcker, C. Bertram et al., 'Economic Mitigation Challenges: How Further Delay Closes the Door for Achieving Climate Targets', *Environmental Research Letters* [이후 *ERL*] 8 (2013); T. Sanford, P. Frumhoff, A. Luers and J. Gulledge, 'The Climate Policy Narrative for a Dangerously Warming World', *NCC* 4 (2014), 164–7.

6 이러한 배출 경향에 관해서는 J. Canadell, C. Le Quéré, M. Raupach et al., 'Contributions to Accelerating Atmospheric CO_2 Growth from Economic Activity, Carbon Intensity, and Efficiency of Natural Sinks', *PNAS* 104 (2007), 18866–70; M. Raupach, G. Marland, P.

Ciais et al., 'Global and Regional Drivers of Accelerating CO_2 Emissions', *PNAS* 104 (2007), 10288–93; C. Le Quéré, M. Raupach, J. Canadell et al., 'Trends in the Sources and Sinks of Carbon Dioxide', *Nature Geoscience* [이후 *NG*] 2 (2009), 831–6; G. Peters, G. Marland, C. Le Quéré et al., 'Rapid Growth in CO_2 Emissions after the 2008-2009 Global Financial Crisis', *NCC* 2 (2012), 2–4; P. Friedlingstein, R. Andrew, J. Rogelj et al., 'Persistent Growth of CO_2 Emissions and Implications for Reaching Climate Targets', *NG* 7 (2014), 709–15 참조. 2015년 3월에 2014년의 전 세계 CO_2 배출량이 전년도와 같은 수준을 유지했다고 보고되었다. 계속되던 증가세로부터 예상하지 못했던 일탈인데, 이는 그저 일시적 변동으로 보인다. 그렇지 않기를 바란다만.

7   P. Robbins, *Political Ecology: A Critical Introduction*, Malden, 2004, xv–xvii.

8   S. Mosley, *The Chimney of the World: A History of Smoke Pollution in Victorian and Edwardian Manchester*, Cambridge, 2001, 20.

9   N. Smith, *Uneven Development: Nature, Capital, and the Production of Space*, Athens GA, 2008 [1984], 220–1 (에드 소자Ed Soja, 미셸 푸코, 존 버거의 원문으로부터의 재인용), 233–4.

10 G. Unruh, 'Understanding Carbon Lock-in', *Energy Policy* [이후 *EP*] 28 (2000), 817–30.

11 K. Anderson and A. Bows, 'A New Paradigm for Climate Change', *NCC* 2 (2012), 639.

12 예를 들어 M. Allen, D. Frame, C. Huntingford et al., 'Warming Caused by Cumulative Carbon Emissions towards the Trillionth Tonne', *Nature* 458 (2009), 1163–5; H. Matthews, N. Gillett, P. Stott and K. Zickfeld, 'The Proportionality of Global Warming to Cumulative Emissions', *Nature* 459 (2009), 829–33; M. Raupach, S. Davis, G. Peters et al., 'Sharing a Quota on Cumulative Carbon Emissions', *NCC* 4 (2014), 873–9 참조.

13 CO_2 배출이 보이는 이렇게 '오랜 흔적을 남기는 긴 꼬리'long tail에 대해서는 특히 데이비드 아처의 연구를 참조할 것. 예를 들어 D. Archer, *The Long Thaw: How Humans are Changing the Next 100,000 Years of Earth's Climate*, Princeton, 2009; 이하 추가 참조.

14 M. Schaeffer, W. Hare, S. Rahmstorf and M. Vermeer, 'Long-Term Sea-Level Rise Implied by 1.5°C and 2°C Warming Levels', *NCC* 2 (2012), 869로부터 인용. 추가로 N. Gillett, V. Arora, K. Zickfeld et al., 'Ongoing Climate Change Following a Complete Cessation of Carbon Dioxide Emissions', *NG* 4 (2011), 83–7; H. Matthews and K. Zickfeld, 'Climate Response to Zeroed Emissions of Greenhouse Gases and Aerosols', *NCC* 2 (2012), 338–41; G. Meehl, A. Hu, C. Tebaldi et al. 'Relative Outcomes of Climate Change Mitigation Related to Global Temperature Versus Sea-Level Rise', *NCC* 2 (2012), 576–80; R. Zeebe, 'Time-Dependent Climate Sensitivity and the Legacy of Anthropogenic Greenhouse Gas Emissions', *PNAS* 110 (2013), 13739–44; T. Frölicher, M. Winton & J. Sarmiento, 'Continued Global Warming after CO_2 Emissions Stoppage', *NCC* 4 (2014), 40–4 참조.

15 D. Bensaïd, *Marx for Our Times: Adventures and Misadventures of a Critique*, London, 2002 [1995], 21–4; W. Sewell Jr., *Logics of History: Social Theory and Social Transformation*, Chicago, 2005, 9; L. Althusser and E. Balibar, *Reading Capital*, London, 2009 [1968], 110–

18 비교 참조.

16 S. Gardiner, *A Perfect Moral Storm: The Ethical Tragedy of Climate Change*, Oxford, 2011, 8, 33–4; 전체적 논지를 이해하려면 5–6장을 볼 것.

17 R. Nixon, *Slow Violence and the Environmentalism of the Poor*, Cambridge MA, 2011, 2, 11.

18 P. Friedlingstein and S. Solomon, 'Contributions of Past and Present Human Generations to Committed Warming Caused by Carbon Dioxide', *PNAS* 102 (2005), 10832–6.

19 K. Marx, *Surveys from Exile: Political Writings, Vol. 2*, London, 2010, 146.

20 T. Cole, *Open City*, London, 2011, 28.

21 D. Coumou and S. Rahmstorf, 'A Decade of Weather Extremes', *NCC* 2 (2012), 491–6; J. Hansen, M. Sato and R. Ruedy, 'Perception of Climate Change', *PNAS* (2012) online, E2415–23; D. Coumou and A. Robinson, 'Historic and Future Increase in the Global Area Affected by Monthly Heat Extremes', *ERL* 8 (2013); D. Coumou, A. Robinson and S. Rahmstorf, 'Global Increase in Record-Breaking Monthly-Mean Temperature', *Climatic Change* [이후 *CC*] 118 (2013), 771–82 참조.

22 예를 들어 H. Matthews and S. Solomon, 'Irreversible Does Not Mean Unavoidable', *Science* 340 (2013), 438–9 참조.

23 물론 이 점을 잘 이해하고 있는 비판지리학자들도 많이 있다. 예를 들어 J. Wain-wright and G. Mann, 'Climate Leviathan', *Antipode* 45 (2013), 1–22.

24 예를 들어 E. Hobsbawm, *Industry and Empire: The Birth of the Industrial Revolution*, London, 1999 [1968], 12–13; D. Landes, *The Unbound Prometheus: Technological Change and Industrial Development in Western Europe from 1750 to the Present*, Cambridge, 2003 [1969], 3, 41, 80–1 참조.

25 T. Stocker, D. Qin, G.-K. Plattner et al. (eds.), *Climate Change 2013: The Physical Science Basis. Contribution of Working Group I to the Fifth Assessment Report of Intergovernmental Panel on Climate Change*, Cambridge, 2013, 50–2, 489–94; Friedlingstein et al., 'Persistent', 711–2 참조.

26 수입품에 내재한 배출량에 관해서는 다음을 참조할 것. 최근의 금융위기 중 발생한 단기간의 배출량 감소에 관해서는 Peters et al., 'Rapid' 참조.

27 구조에 관한 이러한 관점은 Sewell Jr., Logics; D. Elder-Vass, *The Causal Power of Social Structures*, Cambridge, 2010; D. Elder-Vass, *The Reality of Social Construction*, Cambridge, 2012로부터 이끌어낸 것이다.

28 T. Boden, G. Marland and R. Andres, *Global, Regional, and National Fossil-Fuel CO_2 Emissions*, Oak Ridge: Carbon Dioxide Information Analysis Center, cdiac. ornl.gov, 2013.

29 R. Fouquet and P. Pearson, 'Past and Prospective Energy Transitions: Insights from History', *EP* 50 (2012), 1.

30 R. Allen, 'Backward into the Future: The Shift to Coal and Implications for the Next Energy Transition', *EP* 50 (2012), 17, 23.

31 A. Grubler, 'Energy Transitions Research: Insights and Cautionary Tales', *EP* 50 (2012), 14.

32 P. Bellaby, R. Flynn and M. Ricci, 'Towards Sustainable Energy: Are there Lessons from the History of the Early Factory System?', *Innovation* 23 (2010), 344.

33 P. Pearson and T. Foxon, 'A Low Carbon Industrial Revolution? Insights and Challenges from Past Technological and Economic Transformations', *EP* 50 (2012), 117–27에서 주장된 바와 같다.

34 IPCC, 'Summary for Policymakers', in B. Metz, O. Davidson, P. Bosch, R. Dave and L. Meyer (eds.), *Climate Change 2007: Mitigation. Contribution of Working Group III to the Fourth Assessment Report of the Intergovernmental Panel on Climate Change*, Cambridge, 2007, 20. 강조는 저자가 추가한 것이다.

35 *New York Times* [이후 *NYT*]로부터의 인용, 'U.N. report describes risks of inaction on climate change', 17 November 2007.

36 Gardiner, *Perfect*, 437. 강조는 저자가 추가한 것이다.

37 D. Lardner, *A Rudimentary Treatise on the Steam Engine: For the Use of Beginners*, London, 1854 [1848], 39; J. Farey, *A Treatise on the Steam Engine, Historical, Practical, and Descriptive*, London, 1827, 13. 강조는 원문의 것이다.

38 N. Cossons (ed.), *Rees's Manufacturing Industry (1819–20): A selection from The Cyclopaedia; or Universal Dictionary of Arts, Sciences and Literature by Abraham Rees, Vol. 5*, Newton Abbot, 1972 [1819–1820], 357.

39 E. Russell, J. Allison, T. Finger et al., 'The Nature of Power: Synthesizing the History of Technology and Environmental History', *Technology and Culture* 52 (2011), 247.

40 V. Smil, *Energy in Nature and Society: General Energetics of Complex Systems*, Cambridge MA, 2008, 12.

41 S. Lukes, *Power: A Radical View*, Basingstoke, 2005 [1974], 62.

42 M. Huber, 'Energizing Historical Materialism: Fossil Fuels, Space and the Capitalist Mode of Production', *Geoforum* 40 (2008), 106; M. T. Huber, *Lifeblood: Oil, Freedom, and the Forces of Capital*, Minneapolis, 2013, 4 비교 참조.

43 S. Barca, 'On Working-Class Environmentalism: A Historical and Transnational Overview', *Interface* 4 (2012), 75.

44 H. Hackmann, S. Moser and A. St. Clair, 'The Social Heart of Global Environmental Change', *NCC* 4 (2014), 653–5 비교 참조.

2. 결핍, 진보, 인류의 본성? 증기력 발흥에 관한 이론들

1 E. Wrigley, 'The Supply of Raw Materials in the Industrial Revolution', *The Economic History Review* [이후 *EHR*] 15 (1962), 1–16. 추가로 그의 'The Process of Modernization and the Industrial Revolution in England', *Journal of Interdisciplinary History* 3 (1972), 225–59; 'The Limits to Growth: Malthus and the Classical Economists', *Population and Development Review*

14 (1988), 30–48; *Continuity, Chance and Change: The Character of the Industrial Revolution in England*, Cambridge, 1990; 'The Divergence of England: The Growth of the English Economy in the Seventeenth and Eighteenth Centuries', *Transactions of the Royal Historical Society* 6 (2000) 117–41; *Poverty, Progress, and Population*, West Nyack, 2004; *Energy and the English Industrial Revolution*, Cambridge, 2010 참조.

2 Wrigley, 'Supply', 1.

3 D. Ricardo, *On the Principles of Political Economy and Taxation*, Third Edition, London, 1821, 57, 65, 128. 강조는 저자가 추가한 것이다.

4 Wrigley, *Energy*, 99, 39.

5 R. Sieferle, *The Subterranean Forest: Energy Systems and the Industrial Revolution*, Cambridge, 2001 [1982], 102–3; P. Malanima, 'Energy Crisis and Growth 1650–1850: The European Deviation in a Comparative Perspective', *Journal of Global History* 1 (2006), 104.

6 T. Malthus, *An Essay on the Principle of Population; Or, a View of Its Past and Present Effects on Human Happiness, Vol. 1*, Fourth Edition, London, 1807, 2–4, 8–13. 인용문은 4에서 발췌한 것이다.

7 R. Wilkinson, *Poverty and Progress: An Ecological Model of Economic Development*, London, 1973, 4–5, 19–52. '모든 동물의 개체 수'Every animal population: 20.

8 ibid., 53–7, 99, 76, 101, 126, 134. 강조는 저자가 추가한 것이다.

9 K. Pomeranz, *The Great Divergence: China, Europe, and the Making of the Modern World Economy*, Princeton, 2000, 207. 강조는 원문의 것이다.

10 Kander et al., *Power*, 116. 강조는 저자가 추가한 것이다. 리글리의 중요성과 영향에 관해서는 S. Barca, 'Energy, Property, and the Industrial Revolution Narrative', *Ecological Economics* [이후 *EE*] 70 (2011), 1309–15 참조.

11 Wrigley, *Continuity*, 90; Wrigley, *Energy*, 100, 46으로부터 인용.

12 Wrigley, *Energy*, 177.

13 Wrigley, 'Supply', 12; Wrigley, 'Process', 249.

14 Wilkinson, Poverty, 120; 'The English Industrial Revolution', in D. Worster (ed.), *The Ends of the Earth: Perspectives on Modern Environmental History*, Cambridge, 1988, 87. 강조는 저자가 추가한 것이다.

15 Pomeranz, *Divergence*, 61; Kander et al., *Power*, 155.

16 Earth System Research Laboratory, 'Carbon Dioxide at NOAA's Mauna Loa Observatory reaches new milestone: Tops 400ppm', esrl.noaa.gov, 10 May 2013.

17 A. Indermühle, T. Stocker, F. Joos et al., 'Holocene Carbon-Cycle Dynamics Based on CO_2 Trapped in Ice at Taylor Dome, Antarctica', *Nature* 398 (1999), 121–6; J. Petit, J. Jouzel, D. Raynaud et al., 'Climate and Atmospheric History of the Past 420,000 Years from the Vostok Ice Core, Antarctica', *Nature* 399 (1999), 429–35; P. Pearson and M. Palmer, 'Atmospheric Carbon Dioxide Concentrations over the Past 60 Million Years', *Nature* 406 (2000), 695–99; N. Jones, 'Troubling milestone for CO_2', *NG* 6 (2013), 589.

18 W. Steffen, P. Crutzen and J. McNeill, 'The Anthropocene: Are Humans Now Overwhelming the Great Forces of Nature?', *Ambio* 36 (2007), 614.

19 Ibid., 616.

20 P. Crutzen, 'Geology of Mankind', *Nature* 415 (2002), 23.

21 W. Steffen, J. Grinevald, P. Crutzen and J. McNeill, 'The Anthropocene: Conceptual and Historical Perspectives,' *Philosophical Transactions of the Royal Society A* [이후 *PTRSA*], 369 (2011), 844–5에 인용된 베르그송의 문장. 강조는 저자가 추가한 것이다. 증기를 시대 탄생의 계기로 보는 입장에 관해서는 예를 들어 L. Robin and W. Steffen, 'History for the Anthropocene', *History Compass* 5 (2007), 1699; P. Alberts, 'Responsibility Towards Life in the Early Anthropocene', *Angelaki* 16 (2011), 6; M. Lynas, The God Species: How the Planet Can Survive the Age of Humans, London, 2011, 21; N. F. Sayre, 'The Politics of the Anthropogenic', *Annual Review of Anthropology* 41 (2012), 58; L. Robin, 'Histories for Changing Times: Entering the Anthropocene?', *Australian Historical Studies* 44 (2013), 331 을 비교 참조하라.

22 T. Morton, *Hyperobjects: Philosophy and Ecology after the End of the World*, Minneapolis, 2013, 7.

23 M. Berners-Lee and D. Clark, *The Burning Question: We Can't Burn Half the World's Oil, Coal and Gas. So How Do We Quit?*, London, 2013, 8.

24 M. Raupach and J. Canadell, 'Carbon and the Anthropocene', *Current Opinion in Environmental Sustainability* 2 (2010), 209–11. 강조는 저자가 추가한 것이다. 이와 아주 유사한 분석이 A. Glikson, 'Fire and Human Evolution: The Deep-Time Blueprints of the Anthropocene', *Anthropocene* 3 (2013), 89–92에서 전개된다.

25 K. Pinkus, 'Thinking Diverse Futures from a Carbon Present', *Symploke* 21 (2013), 196–9.

26 N. Clark, 'Rock, Life, Fire: Speculative Geophysics and the Anthropocene', *Oxford Literary Review* 34 (2012), 259, 261, 269–70, 273–4. 강조는 원문의 것이다.

27 Lynas, *God*, 29. '우리 선조들이 불을 정복함으로써 인류는 다른 종에는 없는 강력한 도구를 독점하게 되었고, 이 도구가 우리를 인류세를 향한 기나긴 길로 견고하게 인도했다.' Steffen et al., 'The Anthropocene: Are Humans', 614. 강조는 저자가 추가한 것이다.

28 예를 들어 Steffen et al., 'The Anthropocene: Conceptual'; W. Steffen, Å. Persson, L. Deutsch et al., 'The Anthropocene: From Global Change to Planetary Stewardship', *Ambio* 40 (2011), 739–61. 맬서스식 논리에 관해서는 예를 들어 J. Zalasiewicz, M. Williams, A. Smith et al., 'Are We Now Living in the Anthropocene?', *GSA Today* 18 (2008), 4–8; J. Zalasiewicz, M. Williams, W. Steffen and P. Crutzen, 'The New World of the Anthropocene', *Environmental Science and Technology* 44 (2010), 2228–31; C. Tickell, 'Societal Responses to the Anthropocene', *PTRSA* 369 (2011), 926–32; J. Zalasiewicz, M. Williams, R. Fortey et al., 'Stratigraphy of the Anthropocene', *PTRSA* 369 (2011), 1036–55 참조.

29 W. J. Autin and J. Holbrook, 'Is the Anthropocene an Issue of Stratigraphy or Pop Culture?', *GSA Today* 22 (2012), 60–1; *The Economist* [이후 *TE*], 'Welcome to the Anthropocene'와 'A

Man-Made World', 26 May 2011; M. Davis, 'Who Will Build the Ark?', *New Left Review* [이후 *NLR*] 61 (2010), 29–46; J. Foster, B. Clark and R. York, *The Ecological Rift: Capitalism's War on the Earth*, New York, 2010.

30 *Marx Engels Collected Works* [이후 *MECW*], *Vol. 6*, London, 1991, 166, 183, 163.

31 G. Cohen and W. Kymlicka, 'Human Nature and Social Change in the Marxist Conception of History', *The Journal of Philosophy* 85 (1988), 173.

32 G. Cohen, *Karl Marx's Theory of History: A Defence*, Princeton, 1978, 23. 강조는 원문의 것이다.

33 Ibid., 41, 153, 162. 강조는 저자가 추가한 것이다.

34 생산력 결정주의 진영의 가장 중대한 논문 중 하나에 나오는 내용을 비교 참조할 것. R. Heilbroner, 'Do Machines Make History?', *Technology and Culture* 8 (1967), 335–45.

35 J. Lord, *Capital and Steam Power 1750–1800*, New York, 1965 [1923], 98–9.

36 부르주아 기술결정론을 증기의 역사에 적용한 최근의 사례로 W. Rosen, *The Most Powerful Idea in the World: A Story of Steam, Industry, and Innovation*, New York, 2010 참조.

3. 흐름의 끈질긴 생명력

1 Webster's Online Dictionary, websters-online-dictionary.org; Merriam-Webster, merriam-webster.com (both accessed 4 April 2012); *Webster's Unabridged Dictionary of the English Language*, New York, 1989, 1143으로부터 인용.

2 Farey, *Treatise*, 1.

3 Babbage, *Economy*, 17.

4 조력에 관해서는 W. Minchinton, 'Power from the Sea', *History Today* 30 (1980), 42–6 참조.

5 이 부분은 Smil, *Energy in Nature*, 120–31, 155–61, 174–80, 203을 따른다.

6 따라서 이 경우 원동기와 에너지원 사이에 경계선을 긋기 어렵다. 더 상세한 분석은 (이러한 유형화 안에서 생물소재biomass의 위상도 포함하여) A. Malm, *Fossil Capital: The Rise of Steam-Power in the British Cotton Industry, c. 1825-1848, and the Roots of Global Warming*, PhD dissertation, Lund University, 2014 [이후 Malm diss.], 94–5 참조.

7 리글리를 비롯한 다른 에너지 학자들도 '흐름'flow과 '재고'stock를 구분했다. 예를 들어 N. Georgescu-Roegen, *The Entropy Law and the Economic Process*, Cambridge MA, 1971; Wrigley, *Continuity*, 51; Wrigley, *Energy*, 235; E. Altvater, 'The Social and Natural Environment of Fossil Capitalism', in L. Panitch and C. Leys (eds.), *Socialist Register 2007*, London, 40; Barca, 'Energy', 1314. 더 자세한 논의는 Malm diss., 89–97 참조.

8 J. Holland, *The History and Description of Fossil Fuel, the Collieries, and Coal Trade of Great Britain*, London, 1835, 34. 강조는 원문의 것이다.

9 예를 들어 J. Dukes, 'Burning Buried Sunshine: Human Consumption of Ancient Solar Energy', *CC* 61 (2003), 31–44; V. Smil, *The Earth's Biosphere: Evolution, Dynamics, and*

Change, Cambridge MA, 2003, 131–4; D. Beerling, *The Emerald Planet: How Plants Changed Earth's History*, Oxford, 2007, 42–52 참조.

10 이런 의미로 사용되는 '경관'landscape이라는 단어에 대해서는 T. Ingold, 'The Temporality of the Landscape', *World Archaeology* 25 (1993), 152–74; K. Olwig, 'Recovering the Substantive Nature of Landscape', *Annals of the Association of American Geographers* 86 (1996), 630–53 참조.

11 예를 들어 J. Kennedy, *Observations on the Rise and Progress of the Cotton Trade in Great Britain*, Manchester, 1818; R. Guest, *A Compendious History of the Cotton-Manufacture, Manchester*, 1823; R. Buchanan, *Practical Essays on Millwork and other Machinery*, London, 1823; E. Baines, *History of the Cotton Manufacture in Great Britain*, London, 1835; J. Montgomery, *The Theory and Practice of Cotton Spinning; Or, The Carding and Spinning Master's Assistant, Glasgow*, 1836; A. Ure, *The Cotton Manufacture of Great Britain, Vol. 1*, London, 1836; G. French, *The Life and Times of Samuel Crompton*, Manchester, 1859; A. Wadsworth and J. Mann, *The Cotton Trade and Industrial Lancashire, 1600–1780*, Manchester, 1931 참조.

12 J. Sutcliffe, *A Treatise on Canals and Reservoirs*, Rochdale, 1816, 62–3; E. Butterworth, *Historical Sketches of Oldham*, Oldham, 1856, 116–17, 130, 134; R. Hills, *Power in the Industrial Revolution*, New York, 1970, 89–91; J. Tann, *The Development of the Factory*, London, 1970, 47–9; S. Chapman, *The Cotton Industry in the Industrial Revolution*, London, 1972, 17–18; J. Major, 'Muscle Power', *History Today* 30 (1980), 26–30; J. Major, 'The Horse Engine in the 19th Century', *Transactions of the Newcomen Society* 60 (1988), 31–48; G. Ingle, *Yorkshire Cotton: The Yorkshire Cotton Industry, 1780–1835*, Preston, 1977, 35.

13 J. Robison, *A System of Mechanical Philosophy, Vol. 2*, Edinburgh, 1822, 225–6; N. von Tunzelmann, *Some Economic Aspects of the Diffusion of Steam Power in the British Isles to 1856, with Special Reference to Textile Industries*, PhD dissertation, Oxford University, 1974, 113–14; D. Greenberg, 'Reassessing the Power Patterns of the Industrial Revolution: An Anglo-American Comparison', *The American Historical Review* 87 (1982), 1242; V. Smil, *Energy in World History*, Boulder, 1994, 94.

14 W. Fairbairn, *Treatise on Mills and Millwork, Part I., On the Principles of Mechanism and on Prime Movers*, London, 1864, 288로부터 인용, 수치는 N. von Tunzelmann, *Steam Power and British Industrialization to 1860*, Oxford, 1978, 123으로부터 발췌.

15 C. Partington, *A Popular and Descriptive Account of the Steam Engine*, London, 1836, ix–x.

16 당시 영국 경제에서 풍차가 담당한 역할에 관해서는 추가로 Fairbairn, *Treatise Part I*, 282–96; W. Minchinton, 'Wind Power', *History Today* 30 (1980), 31–6 참조.

17 수력 기술의 역사에 관한 훌륭한 서술로는 A. Lucas, *Wind, Water, Work: Ancient and Medieval Milling Technology*, Leiden, 2006 참조.

18 T. Tvedt, 'Why England and not China and India? Water Systems and the History of the Industrial Revolution', *Journal of Global History* 5 (2010), 29–50.

19 J. Tann, 'Richard Arkwright and Technology', *History* 58 (1973), 33.

20 Baines, *History*, 193; 'Chronicles', *Annual Register 1792*, 35–6으로부터 인용. 자료는 Tann, 'Richard'; R. Fitton and A. Wadsworth, *The Strutts and the Arkwrights, 1758–1830: A Study of the Early Factory System*, Manchester, 1958; R. Fitton, *The Arkwrights: Spinners of Fortune*, Manchester, 1989; S. Chapman, *The Early Factory Masters: The Transition to the Factory System in the Midland Textile Industry*, Aldershot, 1992 [1967]; M. Berg, *The Age of Manufactures, 1700–1820: Industry, Innovation and Work in Britain*, London, 1994로부터 발췌.

21 C. Aspin, *The Water-Spinners*, Helmshore, 2003, 106 (Robert Heaton); Baines, *History*, 214.

22 Fitton, *Arkwrights*, 147에 인용된 존 빙John Byng의 언급. 추가로 예를 들어 S. Chapman, 'The Peels in the Early English Cotton Industry', *Business History* 11 (1969), 235–66; S. Chapman, 'The Arkwright Mills: Colquhoun's Census of 1788 and Archaeological Evidence', *Industrial Archaeology Review* [이후 *IAR*] 6 (1981), 5–27; Ingle, *Yorkshire*; Aspin, *Water* 참조.

23 *Statistical Account of Scotland, Vol. 5*, 1793, 501–2. 초기 스코틀랜드 산업의 발전상에 관해서는 W. Marwick, 'The Cotton Industry and the Industrial Revolution in Scotland', *The Scottish Historical Review* 21 (1924), 207–18; G. Mitchell, 'The English and Scottish Cotton Industries: A Study in Interrelations', *The Scottish Historical Review* 22 (1925), 101–14; 그러나 특히 A. Cooke, *The Rise and Fall of the Scottish Cotton Industry, 1778–1914: 'The Secret Spring'*, Manchester, 2010 참조.

24 A. Ure, *The Philosophy of Manufactures: Or, An Exposition of the Scientific, Moral and Commercial Economy of the Factory System*, London, 1835, 16.

25 N. Crafts, *British Economic Growth during the Industrial Revolution*, Oxford, 1985, 2, 21–4, 47.

26 M. Berg and P. Hudson, 'Rehabilitating the Industrial Revolution', *EHR* 45 (1992), 24–50; N. Crafts and C. Harley, 'Output Growth and the British Industrial Revolution: A Restatement of the Crafts-Harley View', *EHR* 45 (1992), 703–30; Berg, *Age*, 17, 34–40, 215 비교 참조.

27 자료는 R. V. Jackson, 'Rates of Industrial Growth during the Industrial Revolution', *EHR* 45 (1992), 18로부터 발췌했다.

28 Cossons, *Rees's, Vol. 3*, 379, 356. 강조는 저자가 추가한 것이다. 면직업종 및 기타 산업에서의 생산성 향상에 관해서는 H. Catling, *The Spinning Mule, Newton Abbot, 1970*; Crafts, *British*, 7–8, 17, 84–7 참조.

29 C. Harley, 'Prices and Profits in Cotton Textiles during the Industrial Revolution', *Discussion Papers in Economic and Social History* 81, University of Oxford, 2010, 3. 강조는 저자가 추가한 것이다. 이윤율에 관해서는 추가로 예를 들어 E. Hamilton, 'Profit Inflation and the Industrial Revolution, 1751–1800', *Quarterly Journal of Economics* 56 (1942), 256–73; Tann, *Development*, ch. 2; C. Lee, *A Cotton Enterprise, 1795–1840: A History of the M'Connel and Kennedy Fine Cotton Spinners*, Manchester, 1972, 139–40, 167; A. Howe, *The Cotton Masters 1830–1860*, Oxford, 1984, 24; Cooke, *Rise*, 51 참조.

30 예를 들어 G. Unwin, *Samuel Oldknow and the Arkwrights: The Industrial Revolution at*

Stockport and Marple, Manchester, 1924, 21; A. Musson and E. Robinson, *Science and Technology in the Industrial Revolution*, Manchester, 1969, 67–71 비교 참조.

31 Holland, *History*, 306으로부터 인용. 로마 점령기 이전 영국에서의 석탄 사용: J. Hatcher, *The History of the British Coal Industry, Vol. I: Before 1700*, Oxford, 1993, 16–17; B. Freese, *Coal: A Human History*, Cambridge, 2003, 16.

32 M. Dearne and K. Branigan, 'The Use of Coal in Roman Britain', *The Antiquaries Journal* 75 (1995), 71–105; A. Smith, 'Provenance of Coals from Roman Sites in England and Wales', *Britannia 28* (1997), 297–324.

33 J. Nef, *The Rise of the British Coal Industry, Vol. 1*, Abingdon, 1966 [1932], 14.

34 Holland, *History*, 318로부터 인용.

35 Nef, *Rise, Vol. 1*, 202 토머스 바나브Thomas Barnabe의 글. 추가로 다음 연구를 참조하라. Hatcher, *Coal*.

36 Hatcher, *Coal*, 7–8; Nef, *Rise, Vol. 1*, 14.

37 Hatcher, *Coal*, 554로부터 인용. 강조는 저자가 추가한 것이다.

38 예를 들어 M. Flinn, *The History of The British Coal Industry, Volume 2, 1700–1830: The Industrial Revolution*, Oxford, 1984, 1, 448; Hatcher, *Coal*, 548; T. Mitchell, 'Carbon Democracy', *Economy and Society* 38 (2009), 402 참조. 이것은 또한 Wrigley, *Energy*의 주요 주제이기도 하다.

39 Hatcher, *Coal*, 548.

40 R. Hartwell, 'A Revolution in the Chinese Iron and Coal Industries during the Northern Sung, 960–1126 A. D.', *The Journal of Asian Studies* 21 (1962), 153– 62; R. Hartwell, 'A Cycle of Economic Change in Imperial China: Coal and Iron in Northeast China, 750– 1350', *Journal of the Economic and Social History of the Orient* 10 (1967), 102–59.

41 Hartwell, 'Revolution', 161로부터 인용. 강조는 저자가 추가한 것이다.

42 T. Wright, 'An Economic Cycle in Imperial China? Revisiting Robert Hartwell on Iron and Coal', *Journal of the Economic and Social History of the Orient* 50 (2007), 415–7; C. Debeir, J.-P. Deléage and D. Hémery, *In the Servitude of Power: Energy and Civilisation Through the Ages*, London, 1991 [1986], 55–6 비교 참조.

43 Hatcher, *Coal*, 5.

44 R. Hills, *Power from Steam: A History of the Stationary Steam Engine*, Cambridge, 1989, 62 에 인용된 볼턴의 글; R. Bryer, 'A Marxist Accounting History of the British Industrial Revolution: A Review of Evidence and Suggestions for Research', *Accounting, Organizations and Society* 30 (2005), 46; Fitton, *Arkwrights*, 64; A. Nuvolari, *The Making of Steam Power Technology: A Study of Technical Change during the British Industrial Revolution*, Eindhoven, 2004, 25; Rosen, *Powerful*, 174. 강조는 저자가 추가한 것이다.

45 Farey, *Treatise*, 438, 442–4, 508–15; Lord, *Capital*, 162–5; A. Skempton, 'Samuel Wyatt and the Albion Mill', *Architectural History* 14 (1971), 53–73.

46 J. Marshall, 'Early Applications of Steam Power: The Cotton Mills of the Upper Leen',

Transactions of the Thoroton Society 60 (1957), 34–43; N. Greatrex, 'The Robinson Enterprises at Papplewick, Nottinghamshire. Part One', *IAR* 9 (1986), 37–56과 'Part Two', 119–39.

47   Tann, 'Richard', 39에 인용된 와트의 언급. 초기 회의론에서 주요 이유으로 제시된 연료 비에 관해서는 예를 들어 A. Musson and E. Robinson, 'The Early Growth of Steam Power', *EHR* 11 (1959), 418–39 비교 참조.

48   J. Tann, 'The Employment of Power in the West of England Wool Textile Industry, 1790–1840', in N. Harte and K. Ponting (eds.), *Textile History and Economic History: Essays in Honour of Miss Julia de Lacy Mann*, Manchester, 1973, 220에 인용된 폭스T. Fox로부터의 서신; Musson and Robinson, 'Early', 424에 인용된 볼틴과 와트의 글; A. Briggs, *The Power of Steam: An Illustrated History of the World's Steam Age*, London, 1982, 57.

49   맥코넬앤케네디사에 관해서는 Lee, *Cotton*; 올덤에 관해서는 Butterworth, *Historical*; 프레스틴에 관해서는 C. Dickinson, *Cotton Mills of Preston: The Power Behind the Thread*, Preston, 2002 참조.

50   수치는 Lord, *Capital*, 174; Cooke, *Rise*, 6, 121, 123으로부터 발췌.

51   Musson and Robinson, *Science*, 67–9; S. Chapman, 'The Cost of Power in the Industrial Revolution in Britain: The Case of the Textile Industry', *Midlands History* 1 (1971), 16; von Tunzelmann, *Industrialization*, 136; J. Kanefsky, *The Diffusion of Power Technology in British Industry 1760–1870*, PhD dissertation, University of Exeter, 1979, 275.

52   *Encyclopaedia Perthensis, The New Encyclopaedia; Or, Universal Dictionary of Arts and Sciences, Vol. 13*, London, 1807, 154. 강조는 저자가 추가한 것이다.

53   Hills, *Industrial*, 155; Hills, *Steam*, 48; J. Tann and M. Breckin, 'The International Diffusion of the Watt Engine, 1775–1825', *The Economic History Review* 31 (1978), 541–64.

54   R. Allen, *The British Industrial Revolution in Global Perspective*, Cambridge, 2009, 172.

4. '저 군중 속에 강력한 에너지가 있다'

1   *Manchester Guardian* [이후 *MG*] 17 December 1825. 추가로 *The Times* [이후 *TT*] 9 December 1825; J. McCulloch [unsigned], 'Commercial Revulsions', *Edinburgh Review* [이후 *ER*] 44 (1826), 70–93; House of Commons Parliamentary Papers [이후 PP] (1833) VI, *Report from Select Committee on Manufactures, Commerce, and Shipping*; A. Gayer, W. Rostow and A. Schwartz, *The Growth and Fluctuation of the British Economy, 1790–1850: An Historical, Statistical, and Theoretical Study of Britain's Economic Development, Vols. 1–2*, Brighton, 1975, 186, 196–7, 646–51; L. Neal, 'The Financial Crisis of 1825 and the Restructuring of the British Financial System', *The Federal Reserve Bank of St. Louis Review* 80 (1998), 53–76 참조.

2   B. Hilton, *A Mad, Bad, and Dangerous People? England 1783–1846*, Oxford, 2008, 303. '공황'Panic이라는 단어의 사용 예로는 *Circular to Bankers* [이후 *CtB*] 9 August 1833; D. Craik, John Halifax, *Gentleman*, New York, 1860 [1856], 361 참조.

3 예를 들어 PP (1833) VI, 96, 556; R. Matthews, *A Study in Trade-Cycle History: Economic Fluctuations in Great Britain 1833–1842*, Cambridge, 1954, 202–3; Gayer et al., *Growth*, 154, 197–8, 533, 656–7 참조. 이 위기에 관한 더 자세한 분석을 위해서는 Malm diss., 170–90 참조.

4 *TT* 28 February 1826; *CtB* 20 February 1829, 27 March 1829, 8 January 1830.

5 PP (1833) VI, 548, 552–3 (George Smith). 추가로 예를 들어 PP (1834) XX, *Reports from Commissioners: Factories Inquiry, Part II; The Mirror*, 'Notes of a Reader', 11 April 1829; Lee, *Cotton*, 140; Fitton, *Arkwrights*, 225–8 참조.

6 PP (1833) VI, 314; *CtB* 20 March 1829로부터의 인용.

7 PP (1833) VI, 35, 73. 5퍼센트 또는 그 이하로의 하락에 관해서는 예를 들어 PP (1834) X, *Report from Select Committee on Hand-Loom Weavers' Petitions 1834*, 410; N. Senior, *Letters on the Factory Act, as It Affects the Cotton Manufacture*, London, 1837, 5, 31–32; *MG* 5 September 1829; R. Boyson, *The Ashworth Enterprise: The Rise and Fall of a Family Firm 1818–1880*, Oxford, 1970, 89; Howe, *Masters*, 26, 29 참조.

8 PP (1832) IV, Report from the Committee of Secrecy on the Bank of England Charter, 334–5 (John B. Smith).

9 McConnel & Kennedy Papers, John Rylands Library, Manchester, MCK/2/2/20, letter to George Gill, 21 October 1831.

10 B. Hutchins and A. Harrison, *A History of Factory Legislation*, London, 1926 [1903], 66. 자료는 *CtB* 12 July 1833, 9 August 1833, 1 April 1836; *TT* 3 May 1841; 'Report of the Factory Inspectors for the Half-Year Ending [이후 RFIHYE] the 31st December 1841', 57–63; 'RFIHYE June 30, 1842', 6; W. Cooke Taylor, *Notes of a Tour in the Manufacturing Districts of Lancashire*, London, 1842; R. Lloyd- Jones and M. Lewis, *British Industrial Capitalism since the Industrial Revolution*, London, 1998, 54; Matthews, *Study*; Gayer et al., *Growth*로부터 발췌.

11 이 법령들에 관해서는 예를 들어 D. George, 'Revisions in Economic History: IV. The Combination Laws', *EHR* 6 (1936), 172–8; J. Ward and W. Fraser, *Workers and Employers: Documents on Trade Unions and Industrial Relations in Britain since the Early Nineteenth Century*, Hamden, 1980, 10–11 참조. 이에 반대한 부르주아 비판자들에 관해서는 예를 들어 PP (1824) V, *First Report from Select Committee on Artizans and Machinery*; W. Grampp, 'The Economists and the Combination Laws', *The Quarterly Journal of Economics* 93 (1979), 501–22; 파업과 청원에 관해서는 R. Kirby and A. Musson, *The Voice of the People: John Doherty, 1798–1854. Trade Unionist, Radical and Factory Reformer*, Manchester, 1975, 34–5 참조. 이 위기의 사회적 차원에 관한 더 자세한 서술은 예를 들어 Malm diss., 190–202 참조.

12 *Annual Register* 1824, 80–1; G. Wood, *The History of Wages in the Cotton Trade During the Past Hundred Years*, Manchester, 1910, 22, 28; Kirby and Musson, *Voice*, 29–31, 36; Gayer et al., *Growth*, 208–9, 240.

13　*MG* 8 October 1825. 폐지에 대한 반발에 관해서는 추가로 예를 들어 Hansard's Parliamentary Debates [이후 Hansard], 3 February–18 April 1825; *Mechanics' Magazine* [이후 *MM*], 'Combination Laws', 9 April 1825 참조.

14　*TT* 19 January 1825; E. Thompson, *The Making of the English Working Class*, New York, 1966, 520; J. Rule, *The Labouring Classes in Early Industrial England, 1750–1850*, London, 1986, 286–7; Kirby and Musson, *Voice*, 37–8; Ward & Fraser, *Workers*, 26–7; Grampp, 'Economists', 522.

15　이것에 관한 훌륭한 조사 결과로 E. Royle, *Revolutionary Britannia? Reflections on the Threat of Revolution, 1789–1848*, Manchester, 2000 참조.

16　*The 'Destructive' and Poor Man's Conservative* 9 February 1833, 25 January 1834. 강조는 원문의 것이다.

17　Hilton, *Mad*, 31, 399로부터 인용. 보건 위기에 관한 수치는 ibid., 574; C. Feinstein, 'Pessimism Perpetuated: Real Wages and the Standard of Living in Britain during and after the Industrial Revolution', *The Journal of Economic History* [이후 *JEH*] 58 (1998), 625–58; G. Boyer, 'The Historical Background of The Communist Manifesto', *The Journal of Economic Perspectives* [이후 *JEP*] 12 (1998), 166–7 참조.

18　W. Cooke Taylor, *The Hand Book of Silk, Cotton, and Woollen Manufactures*, London, 1843, 201.

19　예를 들어 'RFIHYE 30th June, 1843'; 'RFIHYE 30th April 1847'; 'RFIHYE 31st October 1847'; 'RFIHYE 30th April 1848' 참조.

20　이들은 바로 존 와이어트John Wyatt와 루이스 폴Lewis Paul이었다. Baines, *History*, 121–6; Ure, *Cotton, Vol. 1*, 212–3; Wadsworth and Mann, *Cotton*, 413–40. 'Circular machine' 참조. 이러한 시도에 관해 1757년에 발표된 시, I. Kovacevic, 'The Mechanical Muse: The Impact of Technical Inventions on Eighteenth-Century Neoclassical Poetry', *The Huntington Library Quarterly* 28 (1965), 270으로부터 인용. 와이어트의 특허 신청서 내용은 Baines, *History*, 122로부터 인용.

21　PP (1833) XX, *Factories Inquiry Commission, First Report*, D1.43; Montgomery, *Theory*, 177–9, 289–91; H. Catling, 'The Development of the Spinning Mule', *Textile History* 9 (1978), 35–57; W. Lazonick, 'Industrial Relations and Technical Change: The Case of the Self-Acting Mule', *Cambridge Journal of Economics* [이후 *CJE*] (1979), 231–62; T. Bruland, 'Industrial Conflict as a Source of Technical Innovation: Three Cases', *Economy and Society* 11 (1982), 99–102; Catling, *Spinning*, 32–48, 147.

22　B. Silver, *Forces of Labor: Workers' Movements and Globalization since 1870*, Cambridge, 2003, 13.

23　E. Tufnell, *Character, Object, and Effects of Trades' Unions*, London, 1834, 12–13, 26으로부터 인용. 임금에 관한 수치는 다음에서 발췌. Wood, *Wages*, 22, 28; Baines, *History*, 436.

24　Ure, *Philosophy*, 363, 366.

25　A. Ure, *Ure's Dictionary of Arts, Manufactures and Mines, Vol. 1*, London, 1867, 234–5. 마지

막 두 부분의 강조는 저자가 추가한 것이다.

26 *MG* 22 January 1825.

27 *A.D. 1825 – No 5138, 27/3 1825: Specification of Richard Roberts. Spinning Machines*, London, 1856.

28 K. Bruland, 'Industrialisation and Technological Change', in R. Floud and P. Johnson, *The Cambridge Economic History of Modern Britain, Volume 1: Industrialisation, 1700–1860*, Cambridge, 2004, 136; *The London Journal of Arts and Sciences*, 'Recent Patents: To Richard Roberts', 8 (1832), 233–4; A. Ure, *The Cotton Manufacture of Great Britain, Vol. 2*, London, 1836, 176. 강조는 저자가 추가한 것이다.

29 예를 들어 PP (1833) VI, 37–40; 322–3, 335; PP (1833) XXI, *Factories Inquiry Commission, Second Report*, D2.37, 54; Ure, *Cotton, Vol. 2*, 198–9; Baines, *History*, 208–9; Montgomery, *Theory*, 207. 자동 뮬방적기의 급격한 대두에 관한 더 자세한 서술은 Malm diss., 204–19 참조.

30 *Preston Chronicle* [이후 *PC*] 3 December 1836; *MG* 20 September 1837; H. Ashworth, 'Strike at Preston', *Statistical Journal* 1 (1837), 86–91; W. Felkin, *Remarks Upon the Importance of an Inquiry into the Amount and Appropriation of Wages by the Working Classes*, London, 1837, 16; H. Turner, 1962, *Trade Union Growth, Structure and Policy*, London, 74–5; J. Leigh, *Preston Cotton Martyrs: The Millworkers who Shocked a Nation*, Preston, 2008, 33–43.

31 W. Fraser, 'The Glasgow Cotton Spinners, 1837', in J. Butt and J. Ward (eds.), *Scottish Themes*, Edinburgh, 1976, 92에 인용된 주장관Sheriff 아치볼드 앨리슨의 언급.

32 A. Alison, 'Trades Unions' and Strikes', *ER* 67 (1838), 254–5; PP (1851) XVIII, *Minutes of Evidence before Select Committee on the Patent Law Amendment Bill and Patent Law Amendment (no. 2) Bill*, 193. 강조는 원문의 것이다.

33 *TT* 4 October 1841. 추락하던 임금에 관해서는 추가로 'RFIHYE 31st December 1841', 27; Wood, *Wages*, 22–4, 28–9, 96–7, 131; J. Foster, *Class Struggle and the Industrial Revolution: Early Industrial Capitalism in Three English Towns*, London, 1974, 82–3 참조.

34 Baines, *History*, 212; 'RFIHYE June 30, 1842', 31 (Cephas Howard). 강조는 원문의 것이다.

35 Ure, *Cotton, Vol. 1*, 304; von Tunzelmann, *Industrialization*, 186; V. Gatrell, 'Labour, Power, and the Size of Firms in Lancashire Cotton in the Second Quarter of the Nineteenth Century', *EHR* 30 (1977), 113.

36 P. Gaskell, *Artisans and Machinery: The Moral and Physical Condition of the Manufacturing Population*, London, 1836, 24–5.

37 G. Timmins, *The Last Shift: The Decline of Handloom Weaving in Nineteenth- Century Lancashire*, Manchester, 1993, 9; Berg, *Age*, 222, 230; Landes, *Prometheus*, 119.

38 J. McCulloch [unsigned], 'Babbage on Machinery and Manufactures', *ER* 56 (1833), 315. 추가로 예를 들어 J. Kennedy, *Observations*; W. Radcliffe, *Origin of the New System of Manufacture Commonly Called Power-Loom Weaving*, Clifton NJ, 1974 [1828]; D. Bythell, *The Handloom Weavers: A Study in the English Cotton Industry During the Industrial Revolution*,

Cambridge, 1969 참조.

39 Timmins, *Shift*, 19.

40 PP (1824) V, 543; PP (1833) VI, 336, 608; PP (1834) X, 12, 75, 199, 418, 564; PP (1835) XIII, *Report from Select Committee on Hand-Loom Weavers' Petitions*, 87, 141, 151, 212, 287; R. Guest, *A Compendious History of the Cotton-Manufacture*, Manchester, 1823, 31; Radcliffe, *Origin*, 65–6; Baines, *History*, 183, 214, 491–6; Gaskell, *Artisans*, 12–34.

41 임금 수치는 Wood, *Wages*, 112에서 발췌했다. 미약한 교섭력과 조직화의 어려움에 관해서는 PP (1834) X; PP (1835) XIII; Committee of Manufacturers and Weavers of the Borough of Bolton, *A Letter Addressed to the Members of Both Houses of Parliament on the Distresses of the Hand Loom Weavers*, Bolton, 1834 참조.

42 Hills, *Industrial*, 211–13에 인용된 토머스와 리처드 고턴Richard Gorton의 언급——그리고 그와 관련된 이야기.

43 Kennedy, *Observations*, 19. 강조는 저자가 추가한 것이다.

44 PP (1834) X; PP (1835) XIII; Committee, *Letter*; Thompson, *Making*, ch. 9; Bythell, *Handloom*. 문구는 Baines, *History*, 493에서 인용.

45 Committee, *Letter*, 10. 강조는 저자가 추가한 것이다.

46 Baines, *History*, 494–5.

47 PP (1834) X, 400, 478 (Laurence Don); PP (1835) XIII, v. 추가로 예를 들어 PP (1834) X, 54, 70, 343, 464, 477–8; PP (1835) XIII, 1, 205, 211–14 참조. 법적 소추를 통해 횡령을 근절하려던 시도는 실패하였다. 이것과 역직기의 등장과 관련된 기타 측면을 더 자세히 살펴보려면 Malm diss., 220–40 참조.

48 PP (1834) X, 407. 추가로 ibid., 444; PP (1835) XIII, 100; Bythell, *Handloom*, 72 참조.

49 Committee, *Letter*, 15; *Westminster Review* [이후 *WR*], 'The Hand-Loom Inquiry Commission', July 1841, 68에 인용된 왕립위원회에서의 언급. 강조는 저자가 추가한 것이다. 역직기의 주요한 장점으로 횡령을 박멸할 수 있다는 점을 드는 관점에 대해서는 추가로 A. Redford, *Labour Migration in England 1800–1850*, Manchester, 1976 [1926], 130; M. Berg, *The Machinery Question and the Making of Political Economy, 1815–1848*, Cambridge, 1980, 241–2; Bythell, *Handloom*, 85–6; von Tunzelmann, *Industrialization*, 197–9 참조.

50 PP (1833) XX, D2.61 (Patrick Welsh).

51 PP (1835) XIII, xvi. 강조는 저자가 추가한 것이다.

52 J. McCulloch [unsigned], 'Rise, Progress, Present State, and Prospects of the British Cotton Manufacture', *ER* 46 (1827), 17; PP (1835) XIII, 146 로버트 가드너로부터 인용. 세 번째 전환 시도. 'RFIHYE 31st October, 1850', 16; Wood, *Wages*, 125; Bythell, *Handloom*, 89–90, 140, 267; Timmins, *Shift*, 20–3, 111, 174, 185.

53 W. Fairbairn, *Treatise on Mills and Millwork, Part 2., On Machinery of Transmission and the Construction and Arrangement of Mills*, London, 1865, 185.

54 PP (1833) XX, C1.110. (Thomas Brown.) 강조는 저자가 추가한 것이다.

55 자동행위자와 역직기 사이에서 발견되는 사회적, 기술적 유사성에 관해서는 Ure, *Philosophy*, 331; M. Blaug, 'The Productivity of Capital in the Lancashire Cotton Industry During the Nineteenth Century', *EHR* 13 (1961), 365; von Tunzelmann, *Industrialization*, 194–5 참조.

56 PP (1833) VI, 313, 677, 686; 'Report of the Factory Inspectors for the Quarter Ending 30th September, 1844; and from 1st October, 1844, to 30th April, 1845', 19; Cooke Taylor, *Hand Book*, 158; Fairbairn, *Treatise Pt 2*, 172; Howe, *Masters*, 1–3; J. S. Lyons, 'Vertical Integration in the British Cotton Industry, 1825–1850: A Revision', *JEH* 45 (1985), 420.

57 John Bright in Hansard, 15 April–24 May 1844, 1065.

5. 전환의 수수께끼

1 C. Hyde, *Technological Change and the British Iron Industry, 1700–1870*, Princeton, 1977, 195–6.

2 Chapman, *Cotton*, 18, 119. 강조는 저자가 추가한 것이다.

3 von Tunzelmann, *Industrialization*, 295. 강조는 저자가 추가한 것이다.

4 노동하는 인간의 에너지 출력 측정에 관해서는 M. Giampietro, S. Bukkens and D. Pimentel, 'Labor Productivity: A Biophysical Definition and Assessment', *Human Ecology* 21 (1993), 229–60 참조.

5 물론 역직기가 더 높은 생산성을 보이지만 이것은 별개의 문제다. 역직기 열 대가 1마력을 필요로 했다는 점에 관해서는 다음을 보라. Records of the House of Commons, Opposed Private Bill Committee Evidence [이후 RHO/OPBCE], HL/PO/PB/5/9/4, Committee on Bolton Waterworks Bill, 18 May 1843, 124에 실린 페어베언의 증언. Ure, *Cotton, Vol. 1*, 304–6; Ure, *Cotton, Vol. 2*, 405.

6 Kanefsky, *Diffusion*, 336–8.

7 Ibid., 349.

8 이 수치는 공장 감독관들이 집계한 것으로 *Journal of the Statistical Society of London*, 'Increase of Steam-Power in Lancashire and its Immediate Vicinity', 1 (1838), 315에 보고된 것이다. 추가로 'RFIHYE 31 December 1841', 93; Kanefsky, *Diffusion*, 289–90 참조.

9 우드가 1835년에 대해 제시한 수치는 손베틀 직조공 188,000명이다. Wood, *Wages*, 127. 그의 수치를 추정치의 하한으로 보는 관점에 관해서는 Timmins, *Shift*, 24–32 참조. 여기 서 언급한 통계 분석을 전체적으로 자세히 살펴보려면 Malm diss., 243–4 참조.

10 수치는 상기한 바와 동일한 과정을 통해 계산되었으며 자료는 Wood, *Wages*, 128; Kanefsky, *Diffusion*, 245–7, 292–4로부터 얻었다.

11 R. Gordon, 'Cost and Use of Water Power during Industrialization in New England and Great Britain: A Geological Interpretation', *EHR* 36 (1983), 243.

12 Ibid., 259, 256. 1838년을 정점으로 보는 것에 관해서는 Kanefsky, *Diffusion*, 255 참조.

13 J. Shaw, *Water Power in Scotland: 1550–1870*, Edinburgh, 1984, 544.

14 B. Thomas, 'Was There an Energy Crisis in Great Britain in the 17th Century?', *Explorations in Economic History* 23 (1986), 126.

15 Landes, *Prometheus*, 42, 54.

16 Allen, 'Backward', 23; Rosen, *Powerful*, 316. 강조는 저자가 추가한 것이다.

17 Fairbairn, *Treatise Pt 1*, 91.

18 T. Reynolds, *Stronger Than a Hundred Men: A History of the Vertical Water Wheel*, Baltimore, 1983, 319; Hills, *Industrial*, 145, 184; von Tunzelmann, *Aspects*, 133; von Tunzelmann, *Industrialization*, 51–61; Kanefsky, *Diffusion*, 167–9; Hills, *Steam*, 77–8.

19 Sutcliffe, *Treatise*, 251.

20 W. Fairbairn, *The Life of Sir William Fairbairn, Bart: Partly Written by Himself, Edited and Completed by William Pole*, Newton Abbot, 1970 [1877], 122. 이 회사의 역사에 관해서 는 C. Brogan, *James Finlay & Company Limited: Manufacturers and East India Merchants, 1750–1950*, Glasgow, 1951 참조.

21 *Chambers's Edinburgh Journal*, 'The Deanston Cotton-works', 9 March 1839, 54; Fairbairn, *Life*, 314. '은색 물결'Silverly curl: 'RFIHYE 31st December 1839', 97에 실린 딘스턴의 관 리자였던 제임스 스미스의 말.

22 PP (1833) VI, 73. 강조는 저자가 추가한 것이다.

23 이들 비용에 관해서는 Finlay Archive, Glasgow University Archive Services, Glasgow, UGD91/1/4/1/3/2, 'Balance Catrine Cotton Works, 31st December 1832'; UGD91/1/4/1/3/2, 'Balance Deanston Cotton Works, 31st December 1835'; UGD91/1/5/3/6/1, 'Mr. Norton's remarks regarding Deanston Works & supply of water, 1846'; Fairbairn, *Treatise Pt 1*, 92 참조.

24 첫 두 인용문은 Finlay Archive, UGD91/1/5/3/6/3, letter from Mr. Graich, 3 February 1838 로부터. 셋째 인용문은 익명이며 일시가 적혀 있지 않지만, 아마도 관리자이던 토머스 노턴Thomas Norton이 1846년에 적은 것으로 추정되는 UGD91/1/5/3/13/1, 'Brief'로부 터 취했다. 강조는 원문의 것이다. 당시 에든버러와 버밍엄의 석탄 가격에 관해서는 von Tunzelmann, *Aspects*, 69 참조.

25 Finlay Archive, UGD91/1/5/3/1/3, valuation of Catrine, Deanston and Ballindaloch, Glasgow, 2 March 1844, Houldsworth [헨리Henry로 추정] and McAslan.

26 Quarry Bank Mill Archive, Quarry Bank Mill, Styal, 'Memoranda of Quarry Bank Mill', 1. 그렉의 회사의 역사에 관해서는 M. Rose, *The Gregs of Quarry Bank Mill: The Rise and Decline of a Family Firm, 1750–1914*, Cambridge, 1986; J. Owens, *Quarry Bank Mill and Styal Estate, National Trust*, 2011, nationaltrust. org.uk 참조.

27 Hills, *Industrial*, 109에 인용된 익명의 방문객의 글.

28 Ure, *Philosophy*, 347; Hansard, 15 April–24 May 1844, 902.

29 Greg Archive, Greater Manchester County Records Office, Manchester, C5/8:13/1-5, memorandum, 1828; C5:3/2, James Henshall, 'Water Wheel Power at Quarry Bank, August 4th 1856'; Rose, *Gregs*, 42.

30 Cooke Taylor, *Notes*, 30; Boyson, *Ashworth*, 14, 47, 62; RHO/OPBCE, Bolton, 17 May 1843, 109.

31 PP (1833) XX, D2.132. 강조는 저자가 추가한 것이다. 증기로 작동하던 스톡포트의 치텀 공장들에 관해서는 D1.43 참조. '기관'engine이라는 단어는 흔히 아무 기계나 원동기를 언급할 때 특별한 구분 없이 사용되고 있었다.

32 Ibid., D1.16. 강조는 원문의 것이다. 수력의 저렴함에 관한 유사한 언급에 관해서는 예를 들어 PP (1832) XV, *Report from Select Committee on Labour of Children in Factories*, 251, 346; PP (1833) XX, D2.99 참조.

33 *PC* 31 December 1842.

34 Flinn, *Coal*, 298–311; R. Church, *The History of the British Coal Industry, Volume 3, 1830–1913: Victorian Pre-eminence*, Oxford, 1986, 53–5; G. Clark and D. Jacks, 'Coal and the Industrial Revolution, 1700–1869', *European Review of Economic History* 11 (2007), 39–72; R. Allen, 'Why the Industrial Revolution Was British: Commerce, Induced Invention, and the Scientific Revolution', *EHR* 64 (2011), 366.

35 예를 들어 Chapman, 'Cost'; Chapman, *Cotton*, 20; von Tunzelmann, *Industrialization*; Kanefsky, *Diffusion*.

36 Kanefsky, *Diffusion*, 172–5.

37 Ibid., 176(강조는 저자가 추가한 것이다); *Bradford Observer* [이후- *BO*] 18 December 1873.

38 Kander et al., *Power*, 75. 65, 186도 참조.

39 Kanefsky, *Diffusion*, 239–40, 287–8에 주어진 수치로부터 계산하였다.

40 H. Rodgers, 'The Lancashire Cotton Industry in 1840', *Transactions and Papers of the Institute of British Geographers*, no. 28 (1960), 138; A. Musson, 'Industrial Motive Power in the United Kingdom, 1800–70', *EHR* 29 (1976), 420; W. Turner, 'The Localisation of Early Spinning Mills in the Historic Linen Region of Scotland', *Scottish Geographical Magazine* 98 (1982), 80; Mitchell, 'English', 105; Hills, *Industrial*, 113–4; von Tunzelmann, *Industrialization*, 224, 289; Kanefsky, *Diffusion*, 142, 238.

41 W. Jevons, *The Coal Question: An Inquiry Concerning the Progress of the Nation, and the Probable Exhaustion of our Coal-Mines*, London, 1866, 150; Farey, *Treatise*, 421. 예를 들어 RHO/OPBCE, HC/CL/PB/2/3/23, Committee on Saddleworth Reservoirs, 1837, 28 April, 29; *The Civil Engineer and Architects' Journal*, 'Comparative Power of Steam Engines', 28 January 1840, 8 비교 참조.

42 Kanefsky, *Diffusion*, 141.

43 Kander et al., *Power*, 154, 181.

44 Shaw, *Water*, 544.

45 경제사 분야에서 개량경제사식 논리가 가지고 있는 주도권에 대한 맹렬한 공격과 가장 뛰어난 비평은 F. Boldizzoni, *The Poverty of Clio: Resurrecting Economic History*, Princeton, 2011 참조. 산업혁명의 역사기록학 분야에 관한 비평에 관해서는 Berg & Hudson, 'Rehabilitating'; Berg, *Age* 참조.

46 C. Dickens, *Hard Times*, London, 2003 [1854], 71.

47 von Tunzelmann, *Aspects*, 414; Kanefsky, *Diffusion*, 360–1. 강조는 저자가 추가한 것이다.

6. 흐름이라는 공유재로부터의 탈주

1 *Statistical Account of Scotland* 1 (1791), 301–7; J. Reid, *History of the County of Bute, and Families Connected Therewith*, Glasgow, 1864; E. Sharp, 'The Cotton Industry in Rothesay', *Transactions of the Buteshire Natural History Society* [이후 *TBNHS*] 2 (1908), 12–22; A. Earls, 'Robert Thom and his Work on Water Power for the Rothesay Cotton Mills', *TBNHS* 13 (1945), 129–43; I. Maclagan, 'Robert Thom's Cuts on the Island of Bute', *TBNHS* 24 (1996), 3–19; A. Cooke, *Stanley: From Arkwright Village to Commuter Suburb: 1784–2003*, Perth, 2003, 30–1; S. Nisbet, 'Early Cotton Spinning in the West of Scotland (1778–1799): Rothesay Cotton Mill', *TBNHS* 26 (2004), 39–47; J. McMillan, *M. Lamb and A. Martin, Bute Connections*, Rothesay, 2011. Cooke, *Rise*, 117에 인용된 관리자 로버트 맥팔레인 Robert McFarlane의 언급.

2 *MM*, 'Account of a new system of water power, invented by Robert Thom, Esq., Rothesay Cotton Mills', 27 June 1829, 312; *MM*, 'Description of the various self-acting sluices, invented by Mr. Thom, for regulating the conveyance of water at Rothesay Mills &c.', 27 June 1829, 315로부터의 인용.

3 Thom Archive, Bute Museum, Rothesay, undated and unpublished manuscript by Robert Thom, 'On Collecting and Storing Water for a moving power & for supplying towns, including detailed descriptions of works executed and a variety of Reports on Water operations generally'. 상세한 도랑 지도에 관해서는 Maclagan, 'Cuts' 참조.

4 R. Thom, 'Hydraulic Apparatus', *Transactions of the Royal Society of Arts* 39 (1821), 83; Thom Archive, 'Description of Self acting Apparatus at Stanley Green Reservoirs, Paisley, 1845'.

5 *MM*, 'Account', 314–5.

6 Thom, 'Hydraulic'; Thom Archive, 'The Shaws Water Scheme' in 'On Collecting and Storing Water...'; D. Weir, *History of the Town of Greenock*, Greenock, 1829, 98–9; The Directors of the Shaws Water Joint Stock Company [이후 Directors], *A Brief Account of the Shaws Water Scheme, and Present State of the Works*, Greenock, 1836, 5; A. Skempton, M. M. Chrimes, R. C. Cox et al. (eds.), *A Biographical Dictionary of Civil Engineers in Great Britain and Ireland, Volume 1: 1500–1830*, London, 2002, 608.

7 Directors, *Account*, 54–5에 인용된 톰Thom의 언급.

8 Ibid., 45, 47에 삽입된 톰의 보고서. 강조는 원문의 것이다.

9 Ibid., 47-49. 강조는 원문의 것이다.

10 Ibid., 48, 52; Thom Archive, 'The Shaws Water Scheme' in 'On Collecting and Storing Water'.

11 *MG* 6 November 1824; Directors, *Account*, 5; *The London Encyclopaedia, or Universal Dictionary of Science, Art, Literature, and Practical Mechanics*, Vol. *10*, London, 1829, 665.

12 *MG* 26 November 1825.

13 Weir, *Greenock*, 105에서 인용.

14 Directors, *Account*, 6.

15 *London Encyclopaedia*, 666; *The New Statistical Account of Scotland* [이후 *NSAS*], 'Greenock, Renfrewshire', 7 (1845), 434–5. 강조는 저자가 추가한 것이다.

16 *NSAS*, 'Greenock', 434–5; J. McCulloch, *A Dictionary, Geographical, Statistical, and Historical, of the Various Countries, Places, and Principal Natural Objects in the World*, Vol. *1*, New York, 1843, 1024; *MG* 3 February 1827; *MM*, 'The Shaws' Waterworks, Greenock', 11 August 1832, 311–2; *London Encyclopaedia*, 666; Directors, *Account*, 7–8, 56, 61; Earls, 'Robert', 138. 래넉셔의 수치는 Kanefsky, *Diffusion*, 288로부터 발췌.

17 *NSAS*, 'Greenock', 435.

18 *MM*, 'Account', 315, 312; *London Encyclopaedia*, 665–6.

19 *MM*, 'Shaws', 312.

20 D. Ayerst, *Guardian: Biography of a Newspaper*, London, 1971, 63.

21 *MG* 3 February 1827. 강조는 원문의 것이다.

22 Berg, *Age*, 169.

23 예를 들어 Cossons, *Rees's*, Vol. *5*, 362; Fairbairn, *Treatise Pt 1*, 70–1 참조.

24 Directors, *Account*, 61–9.

25 Baines, *History*, 86; Cooke Taylor, *Notes*, 118, 155.

26 *MG* 30 July 1831.

27 Papers of Turton and Entwistle Reservoir Commissioners [이후 PTERC], Bolton Museum and Archive, Bolton, UWT/18, printed minutes of 'Meeting of Owners and Occupiers of Mills and Waterfalls between Entwistle and Warrington, held the 23rd day of August, 1831, at Hayward's Hotel, in Manchester'; UWT/24, 'Turton and Entwistle Reservoir: A Bill ... 2 Will. IV. Sess. 1831-2'; *The Journal of the House of Commons* [이후 *JHC*] 87 (1831–32), 47, 52, 54, 82, 95, 145, 170, 196, 219, 244; *MG* 19 November 1832.

28 Papers on Irwell Valley Reservoir Schemes (Bolton) [이후 PIVRSB], Bolton Museum and Archive, Bolton, UWR/1, printed minutes from 'a general meeting of Owners and Occupiers of Mills and Waterfalls' on Irwell and its tributary systems, 1 November 1832; Papers on Irwell Valley Reservoir Schemes (Preston) [이후 PIVRSP], Lancashire Record Office, Preston, DDX118/162/1, printed minutes from 'a meeting of the committee appointed to superintend the application to Parliament, respecting the proposed Reservoirs on the River Irwell', 29 November 1832; *MG* 3 November 1832. 인용문은 《가디언》의 총회 보고서로 부터 발췌.

29 PIVRSP, DDX951/13, plans and sections of proposed reservoirs, undated, c. 1833.

30 PIVRSP, plans and sections; 'Peter Ewart & Thomas Ashworth's Observations'; 맨체스터의

수치는 von Tunzelmann, *Aspects*, 42로부터 발췌; *MG* 17 November 1832에 인용된 애슈워스의 언급.

31 *MG* 26 January 1833, 30 July 1831, 3 November 1832.

32 PIVRSB, UWR/6, Irwell Reservoirs Bill, 3–36. 인용문은 20, 22, 26에서 발췌.

33 *JHC* 88 (1833), 209.

34 예를 들어 *TT* 17 October 1834 참조.

35 PIVRSB, UWR/3, survey by Peter Ewart and Thomas Ashworth. 강조는 원문의 것이다.

36 *MG* 26 January 1833.

37 PIVRSP, DDX951/11, Peter Ewart's address to mill-owners, Manchester, 19 February 1833.

38 MG 28 September 1836; RHO/OPBCE, Saddleworth, 1837, 1 May, 81.

39 MG 28 September 1836; RHO/OPBC, Saddleworth, 1837, 1 May, 63, 81, 147 (인용문은 147로부터 발췌); 3 May, 14; 4 May, 117.

40 RHO/OPBC, Saddleworth, 1837, 3 May, 8, 15, 124.

41 Ibid., 1 May, 인용문은 16 (Joseph Ogden), 43 (Phillip Chetham)에서 발췌. 추가로 28 April, 1–125 참조.

42 *JHC* 92 (1837), 124, 152, 167, 298, 305, 366; RHC/OPBCE, Saddleworth, 1837, 28 April, 1 and 4 May. (1951년 이전에 하원에 제출된 다른 모든 청원들과 마찬가지로 실제 문서는 추후 폐기되었다.) 저수지 계획 반대운동에서 지주들이 담당했던 역할에 관한 더 상세한 논의는 Malm diss., 262–310 참조.

43 Albinson Collection, maps and plans, flipside: 'Saddleworth Reservoirs: Case of The Trustees of the late Ellis Fletcher, Esquire', dated 1837.

44 RHC/OPBCE, Saddleworth, 1837, 1 May, 111; 4 May, 25–63; Albinson Collection, maps and plans, flipside.

45 이들 저수지에 관해서는 Malm diss., 287–91 참조.

46 Thom Archive, 'Report on the Glasgow Mills to the Lord Provost, Magistrates and Council of the City of Glasgow. Rothesay, 22nd July 1829'. 추가로 'Report on supplying the town of Dundee with water, 9 Sept 1832'; 'Report on the Supply of Edinburgh and Leith with Pure water', undated; 'Extract from Reports and estimated values of water falls or water power on the river Leven by George Moon and Robert Thom', undated 참조.

47 *NSAS*, 'Greenock', 434–3; Shaws, *Water*, 319, 495; Skempton et al., *Dictionary*, 698; Cooke, *Rise*, 119.

48 Directors, *Account*, 49; RHC/OPBCE, HL/PO/PB/5/9/4, Bolton, 18 May 1843, 52.

49 An Ayrshire Gentleman, 'On a new mode of procuring water as a moving power, with a plan for the joint application of wind and water to procure a constant supply at all seasons of the year', *The Scots Mechanics' Magazine* (December 1825), 101–3.

50 *MG* 18 July 1846.

51 C. Carmichael, 'On water as a moving power for machinery', *Edinburgh Philosophical Journal*, 1 April–10 October 1825, 846–7. 강조는 저자가 추가한 것이다.

52 RHC/OPBCE, Bolton, 18 May 1843, 59. 강조는 저자가 추가한 것이다.

53 L. Hunter, *A History of Industrial Power in the United States, 1780–1930. Volume One: Waterpower in the Century of the Steam Engine*, Charlottesville, 1979, 289, 531. 강조는 저자가 추가한 것이다.

54 T. Tomlins, 'Water, and Water-Courses', *The Law-Dictionary, Explaining the Rise, Progress, and Present State of the British Law, Fourth Edition, Vol. 2*, London, 1835. 추가로 S. Wiel, 'Running Water', *Harvard Law Review* 22 (1909), 190–215; C. Rose, 'Romans, Roads, and Romantic Creators: Traditions of Public Property in the Information Age', *Law and Contemporary Problems* 66 (2003), 93–5.

55 W. Blackstone, *Commentaries on the Laws of England, Book the Second, Fourth Edition*, Oxford, 1770, 18.

56 Hunter, *Waterpower*, 158.

57 Directors, *Account*, 51.

58 Hunter, *Waterpower*, 116. 강조는 저자가 추가한 것이다.

59 R. Gordon and P. Malone, *The Texture of Industry: An Archaeological View of the Industrialization of North America*, New York, 1994, 89; 추가로 R. Gordon, 'Hydrological Science and the Development of Waterpower for Manufacturing', *Technology and Culture* 26 (1985), 204–35 참조.

60 von Tunzelmann, *Industrialization*, 172.

7. 도시로 가는 차표

1 A. Woolrich, 'John Farey Jr (1791–1851): Engineer and polymath', *History of Technology* 19 (1997), 112–42; A. Woolrich, 'John Farey, Jr, Technical Author and Draughtsman: His Contribution to Rees's Cyclopedia', *IAR* 20 (1998), 49–67; Skempton et al., *Dictionary*, 223–4.

2 Woolrich, 'Engineer', 129–30.

3 J. Russell, *A Treatise on the Steam-Engine*, Edinburgh, 1841, xi; von Tunzelmann, *Industrialization*, 2. Chapman, 'Cost', 6; Nuvolari, *Making*, 11 비교 참조.

4 J. Farey Sr, *General View of the Agriculture of Derbyshire, Vol. 3*, London, 1817, 514–15. 강조는 원문의 것이다.

5 Farey, *Treatise*, v.

6 Ibid., 7, 406. 강조는 저자가 추가한 것이다.

7 McCulloch, 'Babbage', 323. 강조는 저자가 추가한 것이다.

8 *The Circulator of Useful Knowledge, Literature, Amusement, and General Information*, 'Mr. M'Culloch's Lectures on Political Economy, at the London Tavern', 9 April 1825, 230; McCulloch, 'Rise', 16.

9 Fairbairn, *Treatise Pt 1*, 67.

10 Buchanan, *Practical*, 512. 강조는 저자가 추가한 것이다.

11 예를 들어 R. Atwood, 'Localization of the Cotton Industry in Lancashire, England', *Economic Geography* 4 (1928), 187–95; A. Taylor, 'Concentration and Specialization in the Lancashire Cotton Industry, 1825–1850', *EHR* 1 (1949), 114–22; W. Ashworth, 'British Industrial Villages in the Nineteenth Century', *EHR* 3 (1951), 378–87; O. Ashmore, *The Industrial Archaeology of Lancashire*, Newton Abbot, 1969; T. Balderston, 'The Economics of Abundance: Coal and Cotton in Lancashire and the World', *EHR* 63 (2010), 569–90; Rodgers, 'Lancashire'; Hills, *Industrial*; Shaw, *Water*; Redford, *Labour*; Cooke, *Rise* 참조.

12 W. Turner, 'The Significance of Water Power in Industrial Location: Some Perthshire Examples', *Scottish Geographical Magazine* 74 (1958), 101, 106; Chapman, 'Peels', 65–6; Chapman, 'Cost', 19; von Tunzelmann, *Industrialization*, 135–6; Reynolds, *Stronger*, 267–8.

13 Advertisement in Derby Mercury, December 1771, quoted in Fitton, *Arkwrights*, 30.

14 House of Lords Papers [이후 HL] (1842) XXVII, *Reports from Commissioners: Sanitary Inquiry*, 337 내의 에드먼드 애슈워스의 증언 참조. 추가로 S. Pollard, 'The Factory Village in the Industrial Revolution', *The English Historical Review* 79 (1964), 516–21; F. Collier, *The Family Economy of the Working Classes in the Cotton Industry, 1784–1833*, Manchester, 1965, 30–1; S. Chapman, 'Workers' Housing in the Cotton Factory Colonies, 1770–1850', *Textile History* 7 (1976), 112–39; Fitton and Wadsworth, *Strutts*, 64–5, 97–8; Ashworth, 'Villages', 380; Chapman, *Early*, 64; Aspin, *Water*, 예를 들어 228, 436–7. 증기력을 사용하는 정착촌도 존재하였으나—가장 유명한 것은 아마도 하이드 부근의 토머스 애슈턴의 정착촌일 것이다—일반적으로 대부분 수력을 주로 사용하였다. 우리는 이후 '정착촌'colonies이라는 용어를 '수력 정착촌'water colonies과 동의어로 사용할 것이다.

15 S. Chapman, 'The Textile Factory Before Arkwright: A Typology of Factory Development', *The Business History Review* 48 (1974), 471–2.

16 J. Cohen, 'Managers and Machinery: An Analysis of the Rise of Factory Production', *Australian Economic Papers* 20 (1981), 28; D. Galbi, 'Child Labor and the Division of Labor in the Early English Cotton Mills', *Journal of Population Economics* 10 (1997), 358; R. Langlois, 'The Coevolution of Technology and Organisation in the Transition to the Factory System', in P. Robertson (ed.), *Authority and Control in Modern Industry: Theoretical and Empirical Perspectives*, London, 1999, 49, 53, 59–60; K. Honeyman, *Child Workers in England, 1780–1820: Parish Apprentices and the Making of the Early Industrial Labour Force*, Farnham, 2007, 143–5.

17 Redford, *Labour*, 20으로부터의 인용. 추가로 20–1, 24; S. Pollard, *The Genesis of Modern Management: A Study of the Industrial Revolution in Great Britain*, Baltimore, 1968, 189–217; R. Williams, 'Inscribing the Workers: An Experiment in Factory Discipline or the Inculcation of Manners? A Case in Context', *Accounting History* 2 (1997), 37–8; S. Jones, 'The Rise of the Factory System in Britain: Efficiency or Exploitation?', in Robertson, *Authority*, 22, 28 참조.

18 'RFIHYE 31st December 1838', 98.

19 Finlay Archives, UGD91/1/5/3/14/1, 'Note on origin of Deanston Cotton Works', 'authorship either Sir John Burns or Drs Clough', undated, probably early 1850s; Chambers's, 'Deanston', 54.

20 Finlay Archives, 'Note on origin', Brogan, Finlay, 68–70 비교 참조.

21 'RFIHYE 31st December 1838', 98. 추가로 PP (1833) XXI, A3.37; Finlay Archive, UGD91/1/5/3/6/2, letter from R. Sterling to J. Smith, 1 April 1837.

22 PP (1833) XX, A1.94.

23 Rose, Gregs, 28, 110–4; Collier, Family, ch. 5; Owens, Quarry, 43.

24 예를 들어 W. Chaloner, 'The Stockdale Family, the Wilkinson Brothers and the Cotton Mills at Cark-in-Cartmel, c. 1782–1800', Transactions of the Cumberland and Westmorland Antiquarian and Archaeological Society 24 (1964), 362; Ashworth, 'Villages', 380; Fitton and Wadsworth, Strutts, 98; Redford, Labour, 101; Rose, Gregs, 26; Chapman, Early, 184 참조.

25 Fitton & Wadsworth, Strutts, 105–6에 인용된 Derby Mercury; Rose, Gregs, 120에 인용된 새 뮤얼 그렉 주니어의 언급.

26 PP (1816) III, 132.

27 M. Rose, 'Social Policy and Business: Parish Apprenticeship and the Early Factory System, 1750–1834', Business History 31 (1989), 5–32; A. Levene, 'Parish Apprenticeship and the Old Poor Law in London', EHR 63 (2010), 915–41; Honeyman, Child.

28 The Society for Bettering the Condition and Increasing the Comforts of the Poor, 'Report of a Select Committee of the Society upon Some Observations on the Late Act Respecting Cotton Mills, and on the Account of Mr. Hey's Visit to a Cotton Mill at Burley', in The Twenty-Fourth Report, London, 1805, 2–3, 8–9, 11; Honeyman, Child; Levene, 'Parish'.

29 Honeyman, Child, 128, 101, 110으로부터 인용. 수력 면직업종 작업장이 주도했다는 점 에 관해서는 예를 들어 131, 261 참조. 지리적 고립 정도와 도제노동에의 의존도 사이의 관계에 관해서는 95 참조. Rose, 'Social', 1989, 18–19.

30 Quarry Bank Mill Archives, 'Memoranda', 1–2. ibid., 14에 인용된 로일리와의 계약서. 쿼리 뱅크 작업장의 도제들에 관해서는 추가로 예를 들어 Greg Archive, C5/8, correspondence between James Sewell and Samuel Greg, 24 and 27 February 1817; C5/5/5/1-52, agreements with workers 참조.

31 PP (1816) III, 20–5, 132–4; Finlay Archive, UGD91/1/5/3/7/1, labour indenture; Honeyman, Child, 97, 109; Unwin, Oldknow, 95, 172–3; Redford, Labour, 27.

32 J. Denman, 'Reports of the Visitors of the Cotton and Other Mills and Factories in the County of Derby: Report of Dr. Denman as to the Hundred of High Peake', in The Thirtieth Report of the Society for Bettering the Condition and Increasing the Comforts of the Poor, London, 1807, 174; S. Romilly, The Life of Sir Samuel Romilly, Written by Himself, Vol. 2, London, 1840, 372–4; The Society for Bettering, 'Select Committee', 3–7; PP (1816) III, 316; M. Thomas, The Early Factory Legislation: A Study in Legislative and Administrative Evolution, Westport, 1970 [1948], 9–13; C. Nardinelli, Child Labor and the Industrial Revolution,

Bloomington, 1990, 125–6; Hutchins and Harrison, *Factory*, 16–18; Honeyman, *Child*, 47–52, 178–87, 234–5. 이들 법령의 영향을 더 자세히 살펴보려면 Malm diss., 320–5 참조.

33 Quarry Bank Mill Archive, 'Memoranda', 1.

34 PP (1836) XXIX, *Second Annual Report of the Poor Law Commissioners*, 456.

35 PP (1833) XX, E7; *WR*, 'The Factories', October 1836, 95–6; W. Winstanley, *Answers to Certain Objections Made to Sir Robert Peel's Bill, for Ameliorating the Condition of Children Employed in Cotton Factories*, Manchester, 1819, 15.

36 Honeyman, *Child*, 122–4, 206, 253; Rose, *Gregs*, 109–10; Owens, *Quarry*, 30–3, 37, 41.

37 R. Glasse, 'Advice to Masters and Apprentices', in *The Thirtieth Report*, 145–6; The Society for Bettering, 'Select Committee', 5, 12–13; Honeyman, *Child*, 124–6.

38 PP (1836) XXIX, 457.

39 PP (1843) XIV, *Second Report into the Employment of Children in Trades and Manufactures*, B.63–6.

40 Rose, *Gregs*, 57.

41 PP (1836) XXIX, 456. 강조는 저자가 추가한 것이다.

42 *MM*, 'Account', 312–13. 강조는 원문의 것이다.

43 Ure, *Philosophy*, 407; R. H. Greg, *The Factory Question*, London, 1837, 127.

44 예를 들어 Sutcliffe, *Treatise*, 59; Farey, *Agriculture*, 499, 528; Tufnell, *Character*, 15, 102; PP (1833) XX, D2.35 참조.

45 J. Lindsay, 'An Early Industrial Community: The Evans Cotton Mill at Darley Abbey Derbyshire, 1783–1810', *Business History Review* 34 (1960), 296; M. Rose, P. Taylor and M. J. Winstanley, 'The Economic Origins of Paternalism: Some Objections', *Social History* 14 (1989), 97; Boyson, *Ashworth*, 105, 109; Chapman, 'Housing', 119; Turner, 'Localisation', 81; Rose, *Gregs*, 116–17; Chapman, *Early*, 156–7.

46 'RFIHYE 31st December 1838', 60으로부터 인용. 추가로 Cooke, *Stanley*, 99– 102; Cooke, *Rise*, 113, 120 참조.

47 Cooke Taylor, *Notes*, 30.

48 PP (1833) XX, A2.83 (Hugh Milner). 예를 들어 PP (1816) III, 164; HL (1842) XXVII, 336–40; R. Dennis, *English Industrial Cities of the Nineteenth Century: A Social Geography*, Cambridge, 1984, 176; Boyson, *Ashworth*, 113, 117–25, 132; Cooke, *Stanley*, 50–1 비교 참조.

49 'A Practical Spinner', 'On the comparative costs of power obtained by steam or water', *The Glasgow Mechanics' Magazine*, 7 January 1826, 330.

50 B. Lewis, *The Middlemost and the Milltowns: Bourgeois Culture and Politics in Early Industrial England*, Stanford, 2001, 293–4 비교 참조.

51 Boyson, *Ashworth*, 96으로부터 인용. 추가로 PP (1833) XXI, A3.55; PP (1834) XX, A1.171, D1.149, 280; 'RFIHYE 31st December 1838', 96, 101; HL (1842) XXVII, 338–40; W. Dodd, *The Factory System Illustrated*, Abingdon, 1968 [1842], 92; Cooke Taylor, *Notes*, 32 참조.

52 Gaskell, *Artisans*, 132, 294.

53 L. Faucher, *Manchester in 1844: Its Present Condition and Future Prospects*, London, 1969 [1844], 92.

54 PP (1824) V, 552 (James Dunlop); *MG* 22 August 1829.

55 Boyson, *Ashworth*, 141–4.

56 *MG* 17 April 1830.

57 Ibid.; Boyson, *Ashworth*, 132, 146–7.

58 PP (1834) XX, D1.281. 이윤 값은 Boyson, *Ashworth*, 16–18, 147–8로부터 발췌.

59 Boyson, *Ashworth*, 148–9, 152–5.

60 Chadwick Papers, University College London Special Collections, London, corres-pondence, box 203, letters from Henry Ashworth to Edwin Chadwick, 26 and 24 December 1836.

61 Quarry Bank Mill Archive, 'Memoranda', 46; Cooke Taylor, *Notes*, 24로부터 인용. 애슈워스 정착촌에서의 파업과 차티스트 운동에 관해서는 Boyson, *Ashworth*, 135, 149–50; Lewis, *Middlemost*, 292 비교 참조.

62 'Decisions of the High Court of Justiciary. No. 1, 24th January 1835. Peter Macleod against Archibald Buchanan and Hamilton Rose', in J. Tawse, J. Craigie, A. Urquhart and G. Robinson, *Decisions*, Edinburgh, 1835, 15–26.

63 Cooke, *Stanley*, 126–7; *NSAS*, 'Neilston, Renfrewshire', no. 14, 1837, 338.

64 PP (1835) XXV, *First Annual Report of the Poor Law Commissioners*, 345–7. 수력 재벌들이 노동력 공급을 확보하기 위해 벌인 마지막 발악은 노동 이주labour migration 제도를 구빈법 수정안the New Poor Law에 포함시키는 것이었다. 이 제도의 내용과 실패에 대한 분석에 관해서는 Malm diss., 338–50 참조.

65 Hansard, 15 April–24 May 1844, 1514 (C. Buller).

66 J. Williamson, 'Migrant Selectivity, Urbanization, and Industrial Revolutions', *Population and Development Review* 14 (1988), 289; Rule, *Labouring*, 16; Cooke, *Rise*, 5.

67 수치는 E. Wrigley, 'Urban Growth and Agricultural Change: England and the Continent in the Early Modern Period', *Journal of Interdisciplinary History* 15 (1985), 707–12, 725; J. Williamson, *Coping With City Growth During the Industrial Revolution*, Cambridge, 1990, 2–3, 22–3, 223; A. Maddison, *The World Economy, Vol. 1: A Millennial Perspective, and Vol. 2: Historical Perspectives*, Paris, 2006, 248; Redford, *Labour*, 62–6; Rule, *Labouring*, 16–17; Williamson, 'Migrant', 287–9; Hilton, *Mad*, 7로부터 발췌.

68 R. Dennis, *Cities*, Cambridge, 1984, 33–4, 41–3; Williamson, 'Migrant', 290–3; Williamson, *Coping*, ch. 2, 29, 106.

69 Dennis, *Cities*, 33.

70 수치는 D. Farnie, *The English Cotton Industry and the World Market, 1815–1896*, Oxford, 1979, 24; Wood, *Wages*, 125로부터 발췌. 공장 작업자가 아니기 때문에 손베틀 직조공은 이 수에서 제외된다.

71 S. Pollard, 'Sheffield and Sweet Auburn: Amenities and Living Standards in the British

Industrial Revolution: A Comment', *JEH* 41 (1981), 903.

72 C. Hulbert, *Memoirs of Seventy Years of an Eventful Life*, Providence Grove, 1852, 194–5. 강조는 저자가 추가한 것이다.

73 N. Kirk, *The Growth of Working-Class Reformism*, London, 1985, 49; Dennis, *Cities*, 19; Ingle, *Yorkshire*, 247; Cooke, *Rise*, 148.

74 Kennedy, *Observations*, 15–16; Buchanan, *Practical*, 253.

75 Chapman, 'Peels', 86; Shaw, *Water*, 334.

76 Pollard, *Genesis*, 195로부터 인용. 추가로 예를 들어 Galbi, 'Child', 365–6, 373; Thompson, *Making*, 249; Redford, *Labour*, 111; Gatrell, 'Labour', 115; Balderston, 'Abundance', 574, 578 참조.

77 Lewis, *Middlemost*, 291에 실린 애슈워스의 언급; PP (1834) XX, D1.206에 실린 편리의 언급. 강조는 저자가 추가한 것이다.

78 PP (1833) XX, E.8; Lee, *Cotton*, 114–15, 117; Collier, *Family*, 15–16 비교 참조.

79 PP (1835) XXV, 350; PP (1835) XIII, 140; PP (1833) XXI, D2.38.

80 예를 들어 'RFIHYE 31 December 1841', 83; Rose et al., 'Origins', 90 참조.

81 Wood, *Wages*, 125.

82 Ibid.

83 W. Scott, *Familial Letters of Sir Walter Scott in Two Volumes, Vol. 2*, Boston, 1893, 78. 강조는 저자가 추가한 것이다.

84 Leigh, *Preston*, 40–3; Fraser, 'Glasgow', 83–4.

85 Rose et al., 'Origins', 93에 실린 올덤 고용주의 언급. PP (1834) XX, D1.54에 실린 두킨필드 소유주들(Messrs. Wimpenny and Swindells)의 언급.

86 Babbage, *Economy*, 306, 230. 강조는 저자가 추가한 것이다.

87 Greg Archive, C5/8: 10–13, 17–23, letters from Robert Hyde Greg to Samuel Greg, 14 May and 29 August 1829. 강조는 원문의 것이다.

88 Quarry Bank Mill Archive, 'Memoranda', 8. 강조는 저자가 추가한 것이다. 추가로 Rose, *Gregs*, 43–4 참조.

89 PP (1834) XX, D1.184; Rose, *Gregs*, 39, 43, 52–5; Collier, *Family*, 39; Owens, *Quarry*, 74. 랭커스터의 공장은 1822년에, 베리의 공장은 1827년에 매입한 것이다. 이들과 카턴, 볼링턴에 있던 두 수력 사업장의 사업 기록은 남아 있지 않다.

90 Boyson, *Ashworth*.

91 Finlay Archive, valuation of Catrine, Deanston and Ballindaloch. 강조는 저자가 추가한 것이다.

92 *Glasgow Herald* [이후 *GH*] 18 March 1844; Brogan, *Finlay*, 33–4, 41, 124.

93 Thom Archive, 'On the Waterfall between Dalernie Mill and the Devils Bridge. Acog 29 March 1834.' 강조는 원문의 것이다.

94 Russell, *Treatise*, 131; Fitton, *Arkwrights*, 69에서 발췌한 인용문. 첫 번째 강조는 원문의 것이고, 두 번째 강조는 추가한 것이다.

95 Jevons, *Coal*, 150–51. 강조는 저자가 추가한 것이다.

96 Farey, *Treatise*, 443. 예를 들어 W. Cooke Taylor, 'On the Changes in the Locality and Processes of Textile Manufacture Consequent on the Application of Steam to their Production', *Transactions of the Dublin Statistical Society* 1 (1847–1848), 4–5 비교 참조.

97 Faucher, *Manchester*, 93. 추가로 D. Buxton, 'On the Rise of the Manufacturing Towns of Lancashire and Cheshire', *Transactions of the Historic Society of Lancashire and Cheshire* 8 (1855–56), 199–210; R. Smith, 'Manchester as a Centre for the Manufacture and Merchanting of Cotton Goods, 1820–30', *University of Birmingham Historical Journal* 4 (1953), 47– 65; Taylor, 'Concentration';·Balderston, 'Abundance' 참조.

98 Cooke Taylor, 'Changes', 5. 강조는 저자가 추가한 것이다. 추가로 N. Crafts and N. Wolf, 'The Location of the British Cotton Textiles Industry in 1838: A Quantitative Analysis', working paper, University of Warwick/Humboldt University, 2012 참조.

99 예를 들어 Sutcliffe, *Treatise*, 32; Kennedy, *Observations*, 10; Balderston, 'Abundance', 574–5, 578 참조.

100 Cooke Taylor, 'Changes', 5. 강조는 원문의 것이다.

101 J. McCulloch [unsigned], 'Philosophy of Manufactures', *ER* 61 (1835), 457.

102 Unwin, *Oldknow*, 특히 chs. 2, 8 참조; Buxton, 'Rise', 208; Williams, 'Inscribing', 44–6 비교 참조.

103 Jevons Papers, John Rylands Library, Manchester, JA6/9/168, 'Fuel from the sun', 일시가 불분명한 《익스프레스》*Express* 기사와 주석.

104 von Tunzelmann, *Aspects*, 66–8; von Tunzelmann, *Industrialization*, 63–7, 158; Crafts and Wolf, 'Location', 3, 8.

105 McCulloch, 'Philosophy', 458; von Tunzelmann, *Aspects*, 72.

106 Ure, *Cotton, Vol. 1*, 205.

107 Balderston, 'Abundance', 574.

108 R. Holden, 'Water Supplies for Steam-Powered Textile Mills', *IAR* 21 (1999), 41–51; P. Maw, T. Wyke and A. Kidd, 'Canals, Rivers, and the Industrial City: Manchester's Industrial Waterfront, 1790–1850', *EHR* 65 (2012), 1495–523.

109 Buxton, 'Rise', 206.

110 'RFIHYE 30th April 1860', 36.

111 Farey, *Treatise*, 7. 296, 502 비교 참조; Fairbairn, *Treatise Pt 1*, 67.

112 Chapman, 'Cost', 19–20, 26–7; Chapman, *Cotton*, 18–9, 33–4; Hills, *Steam*, 118.

8. 믿을 수 있는 힘

1 HL (1819), *Minutes of Evidence Taken before the Lords Committee Appointed to Enquire into the State and Condition of Children Employed in the Cotton Manufactories of the United Kingdom,*

299 (Job Bottom); Hunter, *Waterpower*, 122.

2   PP (1834) XX. Greg on D1.301.

3   Shaw, *Water*, 481, 539–40.

4   통상 12시간 작업일에 관해서는 예를 들어 PP (1833) XX, 7, 59; von Tunzelmann, *Industrialization*, 1978, 71 참조. 로스시에 관해서는 Sharp, 'Rothesay', 20.

5   P. Basso, *Modern Times, Ancient Hours: Working Lives in the Twenty-First Century*, London, 2003 [1998], 97–100; H.-J. Voth, 'Living Standards and the Urban Environment', in Floud & Johnson, *Cambridge Economic History*, 278.

6   PP (1834) XX.

7   Senior, *Letters*, 14.

8   예를 들어 PP (1834) XX, D1.6, 94, 303; the discussions in the Political Economy Club in May 1837, related in H. Higgs (ed.), *Political Economy Club: Minutes of Proceedings, 1899–1920, Roll of Members and Questions Discussed, 1821–1920, Vol. VI*, London, 1921, 274; Rose et al., 'Origins', 96; Horner in 'RFIHYE 31st December 1841', 27 참조.

9   A. Alison, *History of Europe, from the Fall of Napoleon in MDCCCXV to the Accession of Louis Napoleon in MDCCCLII, Vol. IV*, Edinburgh, 1855, 81.

10 *CtB* 7 August 1829; H. Southall, 'Records of Meteorology on the Variations of Climate for this District of England', *Transactions of the Woolhope Naturalists' Field Club*, 1870, 76; *GH* 3 July 1826; *Leeds Mercury* 8 July 1826; Finlay Archive, UGD91/1/5/3/6/1, 'Observations upon the quantity of water which could be obtained for the supply of Glasgow by the Loch Lubnaig and Loch Katrine schemes respectively in a year of excessive drought'; UGD91/1/5/3/13/1, James Finlay's notebooks with observations on rainfall, progress of construction at Deanston, machinery, etc.; *Morning Chronicle* [이후 *MC*] 4 July 1826에 인용된 *MG*; J. F. Bateman, 'Observations on the Relation which the Fall on Rain Bears to the Water Flowing from the Ground', *Memoirs of the Literary and Philosophical Society of Manchester* 7 (1846), 173–5.

11 Ingle, *Yorkshire*, 34, 247.

12 *GH* 28 August 1826. 강조는 저자가 추가한 것이다.

13 RHC/OPBCE, Bolton, 23 May 1843, 193, 198–9; 'Report for the quarter ending 30th September, 1844; and from 1st October, 1844, to 30th April, 1845', 5 (T. J. Howell).

14 Hulbert, *Memoirs*, 213. 추가로 J. Langdon, 'Water-mills and Windmills in the West Midlands, 1086–1500', *EHR* 44 (1991), 430; Lucas, *Wind*, 139 참조.

15 PP (1834) XX, A1.14; *Manchester Times* 10 February 1849.

16 PP (1834), XX. von Tunzelmann, *Industrialization*, 171; Kanefsky, *Diffusion*, 176 비교 참조.

17 PP (1833) XX, C2.65 (Edward Birkett). 강조는 저자가 추가한 것이다.

18 Boyson, *Ashworth*, 94–6; PP (1834) XX, A1.170.

19 PP (1833) XX, A2.43 (Robert Mustard); PP (1833) XX, A1.37; PP (1833) XX, D1.100 (Humphrey Dyson).

20 PP (1833) XX, 10.

21 Ibid., D2.31. 강조는 저자가 추가한 것이다.

22 해당 운동에 관한 자세한 기술에 관해서는 R. Gray, *The Factory Question and Industrial England, 1830–1860*, Cambridge, 1996; J. Ward, *The Factory Movement 1830–1855*, London, 1962 참조.

23 Ward, *Factory*, 166, 183, 189로부터 인용. 오스틀러의 연설 중 언급된 '법'은 공장주들이 당시 철회시키려 했던 1833년의 공장법을 뜻한다. 이하 참조.

24 PP (1832) XV; PP (1833) XX, D1.17–29; S. Finer, *The Life and Times of Sir Edwin Chadwick*, London, 1952, 50; M. Thomas, *The Early Factory Legislation: A Study in Legislative and Administrative Evolution*, Westport, 1970 [1948], 38; J. Ward, 'The Factory Movement', in J. Ward (ed.), *Popular Movements c. 1830–1850*, London, 1970, 66–7; Hutchins and Harrison, *Factory*, 33–4, 47–53; Ward, *Factory*, 41–64; Gray, *Factory*, 55.

25 PP (1834) XX, C1.19 (J. Whitaker). 강조는 저자가 추가한 것이다.

26 PP (1833) XX, D2.31 (Robert Hyde Greg); PP (1834), A1.14. 강조는 저자가 추가한 것이다.

27 PP (1833) XX, D2.17. Cf. e.g. PP (1832) XV, 250.

28 예를 들어 PP (1833) XX, D2.132.

29 PP (1834) XIX, D2.224.

30 H. Ashworth, *Letter to the Right Hon. Lord Ashley on the Cotton Factory Question, and the Ten Hours' Factory Bill*, Manchester, 1833; Greg, *Factory*; K. Finlay, *Letter to the Right Hon. Lord Ashley, on the Cotton Factory System, and the Ten Hours' Factory Bill*, Glasgow, 1833; Boyson, *Ashworth*; Rose, *Gregs*, 예를 들어 78; Gray, *Factory*, 99–101, 124; Cooke, *Rise*, 194.

31 J. Doherty, *Misrepresentations Exposed in a Letter, Addressed to Lord Ashley, M.P.*, Manchester, 1838, 19–20. 그렉과 도제에 관해서는 23–5 참조.

32 Ibid., 25; Kirby and Musson, *Voice*, 355, 364, 377, 399; Gray, *Factory*, 126.

33 PP (1834) XX. J. Hall & Son, Stockport, D1.46으로부터 인용. 법안의 지지자(맨체스터의 토머스 플린토프Thomas Flintoff of Manchester)에 관해서는 D1.208 참조.

34 PP (1834) XX, D1.196–7, 3. 강조는 저자가 추가한 것이다. 자본가들의 일치된 의견에 관해서는 추가로 Ward, *Factory*, 115; B. Martin, 'Leonard Horner: A Portrait of an Inspector of Factories', *International Review of Social History* [이후 *IRSH*] 14 (1969), 412–43; Thomas, *Factory*, 72–3, 78; Lee, *Cotton*, 130; Howe, *Masters*, 180–2 참조.

35 PP (1833) XX, 32.

36 PP (1816) III, 116–117, 236, 251; Hansard, 23 February 1818, 583; HL (1819) XVI, 420 참조.

37 Tufnell, *Character*, 28; S. Weaver, 'The Political Ideology of Short Time: England, 1820–1850', in Gary Cross (ed.), *Worktime and Industrialization: An International History*, Philadelphia, 1988, 77.

38 Ward, *Factory*, 105로부터 인용. 98; Finer, *Chadwick*, 51; Thomas, *Factory*, 61–4, 71 비교 참조.

39 PP (1833) XX, 53.

40 Hutchins and Harrison, *Factory*, 41; Finer, *Chadwick*, 56–63; Ward, *Factory*, 102–13; Thomas, *Factory*, 63–4; Gray, *Factory*, 71–2.

41 L. Horner, *The Factories Regulation Act Explained, with some Remarks on its Origin, Nature, and Tendency*, Glasgow, 1834, 7–8, 11; letter from Horner to Senior, 33 May 1837, in Senior, *Letters*, 30. 'An Act to Regulate the Labour of Children and Young Persons in the Mills and Factories of the United Kingdom'으로 알려진 해당 법령의 전문에 관해서는 C. Wing, *Evils of the Factory System: Demonstrated by Parliamentary Evidence*, London, 1967 [1837], 431–41 참조. 명주는 추후 예외로 인정된다.

42 해당 법령의 문단 XVII–XIX, XLIV–XLV 참조. PP (1833) XX, 68; Horner, *Factories*, 14; P. Bartrip and P. Fenn, 'The Evolution of Regulatory Style in the Nineteenth Century British Factory Inspectorate', *Journal of Law and Society* 10 (1983), 204.

43 H. Marvel, 'Factory Regulation: A Reinterpretation of Early English Experience', *Journal of Law and Economics* 20 (1977), 380.

44 Wing, *Evils*, 432에 포함된 법령 문구. Horner, *Factories*, 9 참조.

45 Chadwick Papers, correspondence, box 203, letter from H. Ashworth to E. Chadwick, 17 June 1836; Hutchins and Harrison, *Factory*, 58–9; Ward, *Factory*, 132; Martin, 'Horner', 429–30; Thomas, *Factory*, 85–7, 94, 116; Weaver, 'Ideology', 78; Howe, *Masters*, 180–2.

46 A. Peacock, 'The Successful Prosecution of the Factory Acts, 1833–55', *EHR* 37 (1984), 199, 206–7; P. Bartrip, 'Success or Failure? The Prosecution of the Early Factory Acts', *EHR* 38 (1985), 425; C. Nardinelli, 'The Successful Prosecution of the Factory Acts: A Suggested Explanation', *EHR* 38 (1985), 429; Bartrip and Fenn, 'Evolution', 205–6, 217.

47 'Report of the Factory Inspectors, 1 August 1834', 25. 예를 들어 PP (1840) X, *Reports from the Select Committee on the Act for the Regulation of Mills and Factories*, 1.9 비교 참조. 해당 법령은 초과시간을 제한할 뿐만 아니라 아동 일손—13세 미만—을 다른 일손으로 바꾸도록 강제함으로써 정착촌에 부담을 가했다. 즉, 9세에서 13세 사이의 아동을 여러 조로 나누어 8시간씩 일하게 하거나 나이가 더 많은 노동자를 쓰게 만들었다. 애슈워스가 우려했던 것처럼, 그 어느 쪽이든 노동력 확보 문제를 악화시켰다.

48 PP (1840) X, 1.5; 'RFIHYE 31st December 1842', 41 (R. J. Saunders); PP (1837) L, *Trade and Navigation; Factories; Post Office; &c*, 16–21. 강조는 원문의 것이다.

49 PP (1840) X, 1.1–2, 15, 26, 34; 'RFIHYE 31st December, 1840', 17; 'RFIHYE 31st December 1841', 3; 'RFIHYE 31st December, 1842', 3; 'RFIHYE 30th June, 1843', 19 참조. 나르디넬리가 결론 내리기를, '공장법 시행 후 수년 이내에 법령이 일반적으로 준수되었음이 분명하다(It is clear that within a few years after the implementation of the Factory Act the law was generally obeyed).' Nardinelli, *Child*, 107.

50 PP (1840) X, 1.15, 6.16.

51 Marvel, 'Regulation', 396. 이 유죄 판결에는 과도한 초과노동시간 외의 위반 사항들도 포함된다. 그러나 초과노동시간이 대부분을 차지했다. 수력 작업장에서 흔히 위반되고 있던 법령의 규정에 관한 전반적인 사항에 관해서는—그중에서도 아동의 통학에 관해서

는──Malm diss., 416–29 참조.

52 Gray, *Factory*, 165–7.

53 PP (1837) L, 26.

54 PP (1840) X, 3.1–2, 21; Boyson, *Ashworth*, 168–9.

55 PP (1840) X, 3.23; Doherty (1838), *Misrepresentations*, 27.

56 *MG* 27 May 1840; PP (1840) X, 3.46–50, 59–61; Senior, *Letters*, 9; Boyson, *Ashworth*, 170–6 참조.

57 PP (1840) X, 3.18, 27, 59.

58 Greg, *Factory*, 16, 129–30.

59 Marvel, 'Regulation', 395; Nardinelli, 'Succesful', 429.

60 Hansard, 17 February 1847, 165 (Mr. Roebuck). 강조는 저자가 추가한 것이다. 스코틀랜드에서의 매우 특수한 상황에 관해서는 Malm diss., 430–32, 440–6 참조.

61 'RFIHYE 30th June, 1842', 8. 'RFIHYE 30th June, 1843', 24; von Tunzelmann, *Industrialization*, 172 참조.

62 PP (1833) XX, E7. 강조는 저자가 추가한 것이다.

63 PP (1833) VI, 686; 'RF/HYE 31st December 1838', 61.

64 PP (1833) VI, 297 (William Haynes). 강조는 저자가 추가한 것이다.

65 J. Choi, 'The English Ten-Hours Act: Official Knowledge and the Collective Interest of the Ruling Class', *Politics and Society* 13 (1984), 463; Hutchins and Harrison, *Factory*, 59–64; Ward, *Factory*, 158, 167, 190–1, 201–2, 232–4; Ward, 'Factory', 71; Thomas, *Factory*, 146; Weaver, 'Ideology', 78, 86, 96.

66 Hansard, 15 April–24 May 1844, 973–4 (William Ferrand).

67 Chadwick papers, correspondence, box 203, letter from E. Ashworth to E. Chadwick, 29 April 1847.

68 'RFIHYE 30th April, 1850', 4-5; 'RFIHYE 31st October, 1851', 6; *TT* 30 April 1850, 14 May 1850, 29 May 1850; Hutchins and Harrison, *Factory*, 105–7; Thomas, *Factory*, 295–6, 308–9, 316–27.

69 'Report for the quarter ending 30th September, 1844; and from 1st October, 1844, to 30th April, 1845', 20–2. 강조는 저자가 추가한 것이다.

70 'RFIHYE 31st October 1848', 29, 47–8. 강조는 저자가 추가한 것이다. 속도 증가에 관한 추가 증거에 관해서는 예를 들어 'RFIHYE 31st October 1848', 36, 45, 50; 'RFIHYE 30th April, 1850', 5; *TT* 13 February 1850; J.J.: 'A factory woman's letter', *The Working Man's Friend and Family Instructor*, 13 April 1850, 54 참조. 1847/1850년의 법령하에서 불법 초과노동시간으로 수력 작업장 소유주들이 기소된 예에 관해서는 Malm diss., 442–3 참조.

71 'RFIHYE 31st October, 1850', 16; 'RFIHYE 31st October 1856', 20.

72 Russell, *Treatise*, 141. 강조는 저자가 추가한 것이다.

73 T. Tredgold, *The Steam Engine*, London, 1827, 43, 292; R. Armstrong, 'Comparative effects of the Cornish and Lancashire system of working steam engines', *The Civil Engineer and*

Architect's Journal (January 1848); W. Fairbairn, 'On the Expansive Action of Steam and a New Construction of Expansion Valves for Condensing Steam Engines', *Proceedings of the Institution of Mechanical Engineers* 1–2 (1849), 21–31; R. Burn, *The Steam-Engine, Its History and Mechanism*, London, 1854, 42–3; A. Nuvolari and B. Verspagen, 'Technical Choice, Innovation, and British Steam Engineering, 1800–50', *EHR* 62 (2009), 685–710; von Tunzelmann, *Industrialization*, 20–4, 79–91, 219, 253; Hills, Steam, 97–113, 126–32. 콘월식Cornish 증기기관 개발의 상세한 사항에 관해서는 추가로 Nuvolari, *Making*, chs. 5–7 참조.

74 'RFIHYE 31st October 1852', 26–7. 강조는 원문의 것이다. 추가로 Fairbairn, *Treatise Pt 1*, 242–3; C. Castaldi and A. Nuvolari, 'Technological Revolutions and Economic Growth: The "Age of Steam" Reconsidered', working paper, Eindhoven Centre for Innovation Studies, 2003, 21; Ashmore, *Industrial*, 55; von Tunzelmann, *Industrialization*, 70, 223–5, 290–291, 298; Gray, *Factory*, 215 참조.

75 G. H. Wood, 'Factory Legislation, Considered with Reference to the Wages, &c., of the Operatives Protected Thereby', *Journal of the Royal Statistical Society* 65 (1902), 295; von Tunzelmann, *Industrialization*, 214.

76 von Tunzelmann, *Industrialization*, 150; Kanefsky, *Diffusion*, 159, 172–5, 187.

77 Jevons, *Coal*, 124, 130; N. Buxton, *The Economic Development of the British Coal Industry: From Industrial Revolution to the Present Day*, Newton Abbot, 1978, 61. 강조는 저자가 추가한 것이다.

78 von Tunzelmann, *Industrialization*, 225; Allen, *British*, 173, 177.

79 PP (1833) XXI, D2.49 (Charles Hindley).

80 R. Jones, *Literary Remains, Consisting of Lectures and Tracts on Political Economy*, London, 1859, 70; Farey, *Treatise*, 7, 66.

81 PP (1833) XX, C1.170 (J. Drinkwater).

9. '규제는 필요 없고 오직 연료만'

1 M. Freeden, *Ideology: A Very Short Introduction*, Oxford, 2003, 51–2, 60–2. 방의 비유는 프리든 자신이 만들어 낸 것이다.

2 *The Tradesman*, 'Calico Printing Bill', 1 December 1808; Anonymous, *Considerations Addressed to the Journeymen Calico Printers by One of Their Masters*, Manchester, 1815, 3–5; Baines, *History*, 264–5; Turner, *Trade*, 57–8; Bruland, 'Conflict', 105–11.

3 *The Tradesman*, 'The History of the Combination of the Journeymen Calico Printers', 1 January 1809, 32–3; Ure, *Philosophy*, (1835), 예를 들어 285, 369. 추가로 Anonymous, *Considerations*, 4–6, 18; PP (1835) XIII, 119; Baines, *History*, 265–85; J. Leach, *Stubborn Facts from the Factories*, London, 1844, 46–8, 82–4 참조.

4 J. James, *History of the Worsted Manufacture in England, from the Earliest Times*, London, 1857, 250–1; Thompson, *Making*, 282.

5 James, *Worsted*, 597.

6 Ibid., 488, 559로부터 인용. 수치는 608에서 발췌. 추가로 예를 들어 J. James, *The History of Bradford and its Parish, Part II*, London, 1866, 242–3; Tufnell, *Character*, 59–62, 112 참조.

7 Fairbairn, *Treatise Pt 1*, 213. 추가로 예를 들어 S. Smiles, *Industrial Biographies: Iron-workers and Tool-makers*, Boston, 1864, 261–2; K. Burgess, 'Technological Change and the 1852 Lock-out in the British Engineering Industry', *IRSH* 14 (1969), 216–20; Musson and Robinson, *Science*, ch. 13 참조.

8 Nasmyth in R. Buchanan and T. Tredgold, *Practical Essays on Mill Work and other Machinery*, London, 1841, 395; J. Nasmyth, *James Nasmyth, Engineer: An Autobiography. Edited by Samuel Smiles*, London, 1883, 199–200.

9 Nasmyth, *Autobiography*, 308, 416. 강조는 저자가 추가한 것이다. 가장 중요한 공작기계들에 관한 서술은 Society for Promoting Christian Knowledge [이후 SPCK], *The Industry of Nations, Part II. A Survey of the Existing State of Arts, Machines, and Manufactures*, London, 1855, 223–50 참조. 파업이 공작기계의 발명과 도입에 직접적 원인이 되었다는 사실에 관해서는 231–4; B. Love, *The Hand-Book of Manchester*, Manchester, 1842, 97; Fairbairn, *Life*, xxvii, 46, 163–4, 322–7; Nasmyth, *Autobiography*, 309–11; Musson & Robinson, *Science*, 506 참조.

10 Fairbairn, *Life*, 112–17, 312. 추가로 A. E. Musson, 'James Nasmyth and the Early Growth of Mechanical Engineering', *EHR* 10 (1957), 123; N. von Tunzelmann, 'Technology in the Early Nineteenth Century', in R. Floud and D. McCloskey, *The Economic History of Britain since 1700. Second Edition. Volume 1:1700–1860*, Cambridge, 1994, 288–90; C. Freeman and F. Louçã, *As Time Goes By: From the Industrial Revolutions to the Information Revolution*, Oxford, 2002, 188; Musson & Robinson, *Science*, 475–6 참조.

11 Tufnell, *Character*, 29–42, 109–11 (master Samuel Holme). 강조는 저자가 추가한 것이다.

12 M. Kang, *Sublime Dreams of Living Machines: The Automation in the European Imagination*, Cambridge MA, 2011.

13 피츠W. Pietz의 *RES: Anthropology and Aesthetics* 논문들. 'The Problem of the Fetish, I', no. 9, 1985, 5–17; 'The Problem of the Fetish, II: The Origin of the Fetish', no. 13, 1987, 23–45; 'The Problem of the Fetish, IIIa: Bosman's Guinea and the Enlightenment Theory of Fetishism', no. 16, 1988, 105–24; R. Ellen, 'Fetishism', *Man* 33, 1988, 213–35 참조.

14 A. Hornborg, *The Power of the Machine: Global Inequalities of Economy, Technology, and Environment*, Walnut Creek, 2001, 131로부터 인용. 추가로 A. Hornborg, *Global Ecology and Unequal Exchange: Fetishism in a Zero-Sum World*, Abingdon, 2011, 9, 28 참조.

15 Ure, *Philosophy*, 2, 150. 강조는 저자가 추가한 것이다.

16 W. Fairbairn, 'Speech at the British Association for the Advancement of Science Meeting in Manchester', *Proceedings of the Thirty-First Meeting of the British Association for the*

Advancement of Society, Manchester, 1861, 11; Nasmyth in Buchanan and Tredgold, *Essays*, 401. 강조는 저자가 추가한 것이다.

17 B. Disraeli, *Coningsby; Or, the New Generation, Vol. 2*, London, 1844, 7. 강조는 저자가 추가한 것이다.

18 Radcliffe, *Origin*, 6; Hornborg, *Zero-Sum*, 10. 강조는 저자가 추가한 것이다.

19 SPCK, *Industry*, 120. S. Schaffer, 'Babbage's Intelligence: Calculating Engines and the Factory System', *Critical Inquiry* 21 (1994), 222; I. Morus, 'Manufacturing Nature: Science, Technology and Victorian Consumer Culture', *The British Journal for the History of Science* 29 (1996), 407–8; A. Zimmerman, 'The Ideology of the Machine and the Spirit of the Factory: Remarx on Babbage and Ure', *Cultural Critique*, no. 37 (1997), 18–19 비교 참조.

20 Ure, *Philosophy*, 23.

21 D. Greenberg, 'Energy, Power, and Perceptions of Social Change in the Early Nineteenth Century', *American Historical Review* 95 (1990), 693–714에서 주장된 바와 같다.

22 C. Turner et al., *Proceedings of the Public Meeting Held at Freemason's Hall on the 18th June, 1824, for Erecting a Monument to the Late James Watt*, London, 1824, 51, 70 (첫 번째 인용문: 제임스 매킨토시James Mackintosh).

23 T. Eagleton, *Ideology: An Introduction*, London, 2007 [1991], 45.

24 Turner et al., *Proceedings*, 68–9; Cobden Papers, British Library, London, MSS 43653-54, letter from H. Ashworth to R. Cobden, 22 September 1849.

25 *MG* 10 July 1824; Caledonian Mercury [이후 *CM*] 22 July 1824; *Birmingham Gazette* 12 July 1824; Berg, *Machinery*, 198; B. Marsden and C. Smith, *Engineering Empires: A Cultural History of Technology in Nineteenth-Century Britain*, New York, 2005, 82–3, 244.

26 *CM* 22 July 1824. 강조는 저자가 추가한 것이다.

27 Briggs, *Power*, 12. 웨스트민스터 사원의 기념비에 관해서는 B. Marsden, *Watt's Perfect Engine: Steam and the Age of Invention*, New York, 2002, 84; Marsden and Smith, *Engineering*, 196 참조.

28 Russell, *Treatise*, 239; Fairbairn, 'Expansive', 21.

29 *CM* 22 July 1824; SPCK, *Industry*, 62; H. Reid, *The Steam-Engine*, London, 1840, 165.

30 SPCK, *Industry*, 60–1.

31 *MG* 11 January 1834. 강조는 저자가 추가한 것이다.

32 M. Alderson, *An Essay on the Nature and Application of Steam*, London, 1834, 1; T. Baker, *The Steam-Engine; Or, the Power of Flame*, London, 23.

33 *TT* 26 December 1829; reprinted in *MG* 2 January 1830.

34 Disraeli, *Coningsby*, 7. 강조는 저자가 추가한 것이다.

35 Craik, *Halifax*, 316, 323–4. 강조는 저자가 추가한 것이다. 그러나 이 소설에서 주된 갈등은 핼리팩스와 노동자들 사이에서 발생한 것이 아니라 핼리팩스와 그에게 물 공급을 방해했던 룩스모어 경 사이에서 발생한다. 이 갈등의 분석에 관해서는 Malm diss., 458–61 참조.

36 J. Leifchild, *Our Coal and Coal-Pits; The People in them, and the Scenes Around them*, London, 1855, 230. 강조는 저자가 추가한 것이다.

37 Ebenezer Elliot, 'Steam, a Poem', *The New Monthly Magazine* 1 (1833), 330; Baker, *Steam*, 19.

38 G. Browning, *The Domestic and Financial Condition of Great Britain*, London, 1834, 519; Alderson, *Essay*, ix; SPCK, *Industrial*, 285.

39 Farey, *Treatise*, 4–5; E. Gaskell, *North and South*, Oxford, 2008 [1855], 81; *MM*, 'The Author of Waverley', 20 October 1832, 42에 인용된 스콧의 언급. M. Garvey, *The Silent Revolution: Or, The Future Effects of Steam and Electricity upon the Condition of Mankind*, London, 1852, 3–4. 강조는 저자가 추가한 것이다.

40 Briggs, *Power*, ch. 3; Marsden and Smith, *Engineering*, 83; Marsden, *Watt*, 7.

41 Kang, *Sublime*.

42 Thom in Directors, *Account*, 56. 강조는 저자가 추가한 것이다.

43 Gaskell, *Artisans*, 34–5.

44 Ibid., 278–9, 282. 증기력을 비판하기 위해서 동원된 개스켈의 작품 내 긴장 구조의 더 자세한 내용에 관해서는 Malm diss., 511–13 참조.

45 Baines, *History*, 227.

46 Robison, *System*, 390. 강조는 저자가 추가한 것이다.

47 Senior Papers, National Library of Wales, Aberystwyth, lectures, course 2, lecture 8, 1848, 22–3, 33–4. 강조는 저자가 추가한 것이다.

48 Baker, *Steam*, 24.

49 Babbage, *Economy*, 49; Ure, *Philosophy*, 18; Fairbairn, 'Speech', 9; *MG* 10 July 1824; R. Stuart, *A Descriptive History of the Steam Engine*, London, 1824, 192.

50 F. Arago, *Historical Eloge of James Watt*, London, 1839, 294; Browning, *Domestic*, 45. 강조는 저자가 추가한 것이다.

51 Babbage, *Economy*, 388; Gaskell, *Artisans*, 325; *TT* 12 May 1859. 강조는 원문의 것이다.

52 Farey, *Treatise*, 5–6, 13. 강조는 저자가 추가한 것이다.

53 Reid, *Steam*, 230.

54 Ibid., 4. 강조는 저자가 추가한 것이다.

55 S. Smiles, *Lives of Boulton and Watt*, London, 1865, 3–4.

56 *TT* 12 May 1859. 강조는 원문의 것이다.

57 Ure, *Philosophy*, 339; Nasmyth, *Autobiography*, 119. 강조는 저자가 추가한 것이다.

58 C. Faraone, 'Binding and Burying the Forces of Evil: The Defensive Use of "Voodoo Dolls" in Ancient Greece', *Classical Antiquity* 10 (1991), 193. 추가로 G. Ferère, 'Haitian Voodoo: Its True Face', *Caribbean Quarterly* 24 (1978), 37–47 참조.

59 Alderson, *Essay*, 43; Garvey, *Silent*, 10; Baker, *Steam*, 45.

60 Leifchild, *Coal*, 12.

61 Farey, *Treatise*, 225. 강조는 저자가 추가한 것이다.

62 Leifchild, *Coal*, 67–8, 84.

63 Ibid., 12.

64 M. Dunn, *An Historical, Geological, and Descriptive View of the Coal Trade of the North of England*, Newcastle-upon-Tyne, 1844, vii; Jevons, *Coal*, 1–2; *CtB* 31 May 1833. 강조는 저자가 추가한 것이다. 두 가지 다른 예를 들면 E. Binney, 'Observations on the Lancashire and Cheshire coal field, with a section', *Transactions of the Manchester Geological Society* 1 (1841), 67; T. Twiss, *Two Lectures on Machinery*, Shannon, 1971 [1844], 53 참조.

65 Jevons, *Coal*, 165, 1. 강조는 저자가 추가한 것이다.

66 Leifchild, *Coal*, 17.

67 Ibid., 15; E. Hull, *The Coal-Fields of Great Britain: Their History, Structure, and Resources*, London, 1861, 17; Reid, *Steam*, 4. 강조는 원문의 것이다.

68 Leifchild, *Coal*, 141, 163–5.

69 Hornborg, *Zero-Sum*, 39; R. Boer, 'That Hideous Pagan Idol: Marx, Fetishism and Graven Images', *Critique* 38 (2010), 114. 강조는 저자가 추가한 것이다.

70 Hornborg, *Zero-Sum*, 39.

10. '가서 저 연기를 멈추자!'

1 Farey, *Treatise*, 443. 추가로 Lord, *Capital*, 163–6; Skempton, 'Wyatt', 54–5, 65; Marsden, *Watt*, 155 참조. 기계——자동 뮬방적기와 역직기를 포함해서——가 가져온 피해와 그 비판에 관해 더 자세하고 광범위하게 논의하려면 Malm diss., 527–606 참조.

2 *A Collection of the Public General Statutes, Passed in the Seventh and Eighth Year of the Reign of his Majesty King George the Fourth*, London, 1827, cap. XXX.

3 *MG* 12 March 1831.

4 *Coventry Herald and Observer* 30 March 1832; *MG* 16 August 1834; Leigh, *Preston*, 29–31.

5 Frederick Marryat, 'Diary of a blasé', *The Metropolitan Magazine* (May–August 1835), 255–56. 강조는 원문의 것이다.

6 Ibid. 강조는 저자가 추가한 것이다.

7 D. Jerrold, 'The Factory Child', in *Heads of the People: Or, Portraits of the English*, London, 1840, 188–9. 강조는 원문의 것이다. 이 이야기는 *The New Moral World: Berg, Machinery*, 270에 게재되었다.

8 Baines, *History*, 452, 457; *The London and Westminster Review*, 'Domestic arrangement of the working classes' (July 1836), 253. 강조는 저자가 추가한 것이다. 추가로 Berg, *Machinery*, 276–9, 282–3 참조.

9 F. Mather, 'The General Strike of 1842: A Study in Leadership, Organisation and the Threat of Revolution during the Plug Plot Disturbances', in R. Quinault and J. Stevenson, *Popular Protest and Public Order*, London, 1974, 115–6; D. Eastwood, 'The Age of Uncertainty: Britain in the Early-Nineteenth Century', *Transactions of the Royal Historical Society* 8 (1998),

114; M. Chase, *Early Trade Unionism: Fraternity, Skill and the Politics of Labour*, Aldershot, 2000, 202; M. Chase, *Chartism: A New History*, Manchester, 2007, 212; Royle, *Revolutionary*, 113. 이 사태에 대한 더 자세한 서술과 분석을 위해서는 Malm diss., 546–88 참조.

10 M. Jenkins, *The General Strike of 1842*, London, 1980, 23.

11 헌장과 차티스트 운동의 기원에 관해서는 D. Thompson, *The Chartists*, London, 1984, chs. 1, 3; Chase, *Chartism*, ch. 1 참조.

12 Thompson, *Making*, 826. 추가로 B. Brown, 'Lancashire Chartism and the Mass Strike of 1842: The Political Economy of Working Class Contention', CRSO Working Paper, University of Michigan, 1979, 17–18; R. Sykes, 'Early Chartism and Trade Unionism in South-East Lancashire', in J. Epstein and D. Thompson, *The Chartist Experience: Studies in Working-Class Radicalism and Culture, 1830–60*, London, 1982, 152–93; Thompson, *Chartists*, 112, 179–99, 208–28; Chase, *Early*, 192; Chase, *Chartism*, 211 참조.

13 *MG* 23 July 1842로부터의 인용. 추가로 Home Office [이후 HO] 45/269, letters from Colonel T. J. Wemyss, 21 and 22 July 1842; *Northern Star* [이후 *NS*] 30 July 1842; *PC* 30 July 1842; A. Rose, 'The Plug Riots of 1842 in Lancashire and Cheshire', *Transactions of the Lancashire and Cheshire Antiquarian Society* 68 (1957), 85; R. Fyson, 'The Crisis of 1842: Chartism, the Colliers' Strike and the Outbreak in the Potteries', in Epstein and Thompson, *Chartist*, 196–200; Jenkins, *General*, 60–1.

14 *Leeds Times* [이후 *LT*] 6 August 1842. 강조는 저자가 추가한 것이다. 추가로 HO 45/266; HO 45/265; *NS* 13 August 1842; *MG* 10 August 1842; Fyson, 'Crisis', 200; Thompson, *Chartists*, 277 참조.

15 F. O'Connor et al., *The Trial of Feargus O'Connor, Esq. (Barrister-at-Law) and Fifty-Eight Others at Lancaster on Charge of Sedition, Conspiracy, Tumult and Riot*, Manchester, 1843, 28에 실린 윌리엄 뮤어하우스William Muirhouse의 첫 번째 연설로부터 인용. 추가로 Jenkins, *General*, 21, 67–9; Sykes, 'Early', 152–3; Thompson, *Chartists*, 283–7 참조.

16 *The Observer* 14 August 1842; HO 45/249, letter from Holme et al., Oldham 8 August 1842; HO 45/268, letter from Major-General W. Warre, 9 August 1842; HO 45/269, letter from Colonel T. Wemyss, 9 August 1842; *MG* 10 August 1842.

17 *MG* 10 August 1842.

18 *NS* 13 August 1842; *MG* 13 and 17 August 1842; *The Manchester Courier and Lancashire General Advertiser* 20 August 1842.

19 *The Observer* 14 August 1842. 추가로 *MG* 13 August 1842 참조.

20 HO 45/268, letter from Major-General W. Warre, 10 August 1842; HO 45/249C, letter from mayor W. Neild, 13 August 1842.

21 *BO* 18 August 1842. 강조는 저자가 추가한 것이다.

22 Ibid.; HO 45/242, letter from mill-owners W & J. Bradshaw, 6 September 1842; T. Reid and N. Reid, 'The 1842 "Plug Plot" in Stockport', *IRSH* 24 (1979), 64–5.

23 *PC* 20 August 1842; *NS* 20 August 1842. 추가로 HO 45/268, letter from mayor Horrocks

et al., 13 August 1842; *MG* 17 August 1842; *The Preston Pilot and County Advertiser* 13 August 1842; Leigh, *Preston*, 45–50 참조.

24 *PC* 20 August 1842; *MG* 7 September 1842; Leigh, *Preston*, 50.

25 HO 45/249, letters from R. Willock, 14 August 1842, and from P. Towneley et al., 15 August 1842.

26 *MG* 17 August 1842; *NS* 27 August 1842; HO 45/249, letter from mayor T. Cullen, 16 August 1842로부터 인용. 추가로 HO 45/249, letters from Whitaker and Earnshaw, 16 August 1843; from H. Gaskell, 17 August 1842; from J. Winder, 13 August 1842; PC 20 August 1842; *NS* 20 August 1842 참조.

27 HO 45/249, placard announcing the resolutions of 'A meeting of the operative cotton spinners of Bolton and its vicinity'; HO 45/242, letter from mayor T. Stringer, 12 August 1842; *MG* 17 August 1842.

28 HO 45/249C, The Executive of the National Chartist Association, 'To the People!!!'.

29 *BO* 18 August 1842. 추가로 *MC* 18 August 1842; *LT* 20 August 1842; *NS* 20 August 1842.

30 *LT* 20 August 1842. 강조는 원문의 것이다. 추가로 *BO* 18 and 25 August 1842; *LT* 20 August 1842; *NS* 27 August and 10 September 1842 참조.

31 *NS* 20 August and 3 September 1842.

32 *PC* 27 August 1842; *MC* 18 August 1842. 추가로 *Birmingham Gazette* 15 August and 12 September 1842; *MC* 19 August 1842 참조.

33 *MG* 20 August 1842; HO 45/261, resolution by the Birmingham Chamber of Commerce, 1 September 1842로부터 인용. 추가로 HO 45/266; *CM* 8, 13 and 25 August 1842; *BO* 25 August 1842; *MG* 7 September 1842. 그러나 글래스고에서도 역시 노동자들이 대규모로 파업에 참여하여 공장들을 공격했다는 보고가 있다. HO 45/266 참조.

34 *MG* 17 August 1842; *Illustrated London News* [이후 *ILN*] 20 August 1842. 추가로 *BO* 18 August 1842; *MG* 24 August 1842; Mather, 'General', 116, 118, 130; Jenkins, *General*, 171, 181, 187, 250–2; Royle, *Revolutionary*, 122 참조.

35 *MC* 15 August 1842; *ILN* 20 August 1842; *MG* 13 and 17 August 1842.

36 *LT* 20 August 1842. 추가로 *LT* 27 August 1842; *BO* 18 August 1842; *NS* 20 August 1842; *MG* 14 September 1842; Butterworth, *Historical*, 220–1; Reid and Reid, 'Plug Plot', 74; Brown, 'Lancashire', 46-47; Jenkins, *General*, 198–202 참조.

37 *NS*, 27 August, 3 September and 10 September 1842; *MG* 7 September 1842; *BO* 8 September 1842; Jenkins, *General*, ch. 10; E. Yeo, 'Some Practices and Problems of Chartist Democracy', in Epstein and Thompson, *Chartist*, 366; Royle, *Revolutionary*, 121–2; Chase, *Chartism*, 226.

38 E. Hobsbawm, *Labouring Men: Studies in the History of Labour*, London, 1968 [1964], 8. 강조는 저자가 추가한 것이다.

39 Mitchell, *Carbon Democracy: Political Power in the Age of Oil*, London, 2011 참조.

40 Chase, *Early*, 194, 197.

41 *NS* 22 October 1842.

42 J. Epstein, 'Feargus O'Connor and the Northern Star', *IRSH* 21 (1976), 51–97; Chase, *Chartism*, 16–17, 44.

43 *NS* 30 January 1841.

44 *NS* 16 March 1839, 21 December 1844. 강조는 원문의 것이다.

45 *NS* 30 March 1844. 강조는 원문의 것이다. 3 May 1851 비교 참조.

46 *NS* 9 October 1841, 9 April 1842, 4 June 1842.

47 예를 들어 *The Operative* 4 November 1838; *The Chartist* 9 February and 23 March 1839; *The Chartist Circular* 6 and 20 March 1841, 17 October 1840; *The Odd Fellow* 30 October and 9 January 1841.

48 *The Odd Fellow* 26 June 1841.

49 M. Sanders, *The Poetry of Chartism: Aesthetics, Politics, History*, Cambridge, 2011, 70–3.

50 *NS* 11 February 1843.

51 *NS* 26 June 1846. 5 September 1846 참조.

52 *NS* 2 October 1847. 강조는 저자가 추가한 것이다. 추가로 예를 들어 *NS* 27 July 1844; *The Odd Fellow* 11 December 1841 참조.

53 Sanders, *Poetry*, 24–5; Epstein, 'Feargus', 86. 강조는 원문의 것이다.

54 Chase, *Chartism*, 200으로부터 (익명의) 인용문.

55 *NS* 16 April, 12 March, 9 July, 23 April 1842. 비슷한 관점을 표명한 다른 지도자들에 관해서는 Leach, *Stubborn*, 5, 20; *MG* 20 March 1844; *PC* 23 October 1841, 22 March 1845 참조. 공장개혁운동 측은 수력 재벌과 첨예하게 대립하고 있었음에도 불구하고, 증기에 관해 비슷한 관점을 표명하고 있다.

56 Thompson, *Chartists*, 298로부터의 인용. 마지막 강조는 저자가 추가한 것이고, 그 외는 원문의 것이다.

57 James, *Bradford*, 104. 강조는 저자가 추가한 것이다.

58 또 다른 굉장히 중대한 사건은 바로 차티스트 토지 계획이다. 이것이 (여러 가지 문제점들 중에서 특히) 화석 경제가 일으키는 환경파괴에 대항한 저항의 표현이었다는 분석에 관해서는 Malm diss., 594–600 참조.

59 *HL* (1819), 280–1 (John Watkins). 수력 작업장과 증기 작업장 사이 기후의 일반적 차이에 관해서는 Fitton, *Arkwrights*, 165–7; Honeyman, *Child*, 144에 나오는 비교를 참조하라.

60 PP (1833) XX, A1.70–91, A2.51–7.

61 PP (1833) XXI, D2.64. Further PP (1833) XX, A1.70–91, A2.51–7. 추가로 예를 들어 PP (1816) III; PP (1832); PP (1834) XX; PP (1840) XX 참조.

62 PP (1833) XX, A2.61로부터의 인용(Charles Cleghorn). 추가로 예를 들어 C. Thackrah, *The Effects of Arts, Trades, and Professions, and of Civic States and Habits of Living, on Health and Longevity*, London, 1832, 136, 144, 154–5; J. Kay Shuttleworth, *The Moral and Physical Condition of the Working Classes Employed in the Cotton Manufacture in Manchester*, London, 1970 [1832], 24; R. Ritchie, *Observations on the Sanatory Arrangements of Factories*, London,

1844, 3 참조.

63 Gaskell, *Artisans*, 161, 227, 229; Partington, *Account*, 244.

64 U. Satish, M. Mendell, K. Shekhar et al., 'Is CO_2 an Indoor Pollutant? Direct Effects of Low-to-Moderate CO_2 Concentrations on Human Decision-Making Performance', *Environmental Health Perspectives* 120 (2012), 1671–7; Ritchie, *Observations*, 24. 강조는 원문의 것이다.

65 Ritchie, *Observations*, 4, 19; Gaskell, *Artisans*, 231. 강조는 원문의 것이다.

66 Mosley, *Chimney*.

67 Faucher, *Manchester*, 26; Dickens, *Hard*, 65. 식물계와 동물계가 말살되었다는 점에 관해서는 Mosley, *Chimney*, 36–45 참조.

68 Mosley, *Chimney*; 144로부터 인용.

69 William Fairbairn, 'On the construction of boilers', *The Engineer and Machinist* (June 1851), 118.

70 P. Bartrip, 'The State and the Steam-Boiler in Nineteenth-Century Britain', *IRSH* 25 (1980), 80.

71 'Boiler explosions, and government interference', *The Engineer and Machinist* (June 1851), 97. 강조는 원문의 것이다. 추가로 특히 Bartrip, 'State' 참조.

72 M. Vicinus, *The Industrial Muse: A Study of Nineteenth Century British Working Class Literature*, London, 1974, 82에 인용된 롭슨J. P. Robson의 시. 추가로 Holland, *History*, 247–85; Jevons, *Coal*, 60; Flinn, *Coal*, 128–37, 412–23; Church, *Coal*, 582–99.

73 Chase, *Chartism*, 21 비교 참조.

11. 길게 뻗은 연기

1 W. Humphrey and J. Stanislaw, 'Economic Growth and Energy Consumption in the UK, 1700–1975', *EP* 7 (1979), 31–6; B. Mitchell, *Economic Development of the British Coal Industry 1800–1914*, Cambridge, 1984, 1, 12; B. Mitchell, *British Historical Statistics*, Cambridge, 1988, 258; Buxton, *Economic*, 57; Flinn, *Coal*, 213; Church, *Coal*, 24.

2 S. Pollard, 'A New Estimate of British Coal Production, 1750–1850', *EHR* 33 (1980), 229; A. Taylor, 'The Coal Industry', in R. Church (ed.), *The Coal and Iron Industries*, Oxford, 1994, 135; Humphrey and Stanislaw, 'Economic', 38; Mitchell, *Economic*, 3–4, 96; Church, *Coal*, 5.

3 1700–1830: Flinn, *Coal*, 26; 1830–1900: Church, *Coal*, 3.

4 Mitchell, *Economic*, 12. Mitchell, *British*, 258; Church, *Coal*, 19 비교 참조. 18세기 후반 주거 난방 부문의 점유율 변화에 관해서는 Flinn, *Coal*, 213, 251 참조. 플린이 제시한 수치에 따르면 이 부문의 점유율은 1800년과 1830년 사이에 증가했다. Ibid., 252.

5 Turner, 'Significance', 113–14; Rodgers, 'Lancashire', 141–2; Musson, 'Motive', 437–9; Redford, *Labour*, 129; Kanefsky, *Diffusion*, 232, 295, 352–3; Turner, 'Localisation', 81; Ingle, *Yorkshire*, 42, 243–7; Cooke, *Rise*, 4, 75–6.

6 Fairbairn, *Treatise Pt 1*, 67.

7 von Tunzelmann, *Industrialization*, 110–2; Flinn, *Coal*, 26, 247; Church, *Coal*, 27–8.

8 Buxton, *Economic*, 56–8, 65–6; Humphrey and Stanislaw, 'Economic', 38; Church, *Coal*, 24, 27, 761; Taylor, 'Coal', 135.

9 Ashmore, *Industrial*, 25; Foster, *Class*, 118; Pollard, 'Estimate', 219–20, 229–30; Mitchell, *Economic*, 7, 23–31; Church, *Coal*, 28–9; Berg, *Age*, 44, 97; Kander et al., *Power*, 125.

10 Boden et al., *Global*.

11 Clark and Jacks, 'Coal', 69.

12 Church, *Coal*; Clark and Jacks, 'Coal'.

13 Boden et al., *Global*.

12. 인류의 기획이라는 신화

1 Wrigley, *Continuity*, 75.

2 Flinn, *Coal*, 212.

3 Mitchell, *British*, 9, 247; Hobsbawm, *Industry*, 20–3.

4 Wrigley, 'Divergence', 138–9; Wrigley, *Energy*, 193, 191. 강조는 원문의 것이다.

5 Wilkinson, *Poverty*, 90, 102.

6 예를 들어 E. Wood, *Democracy Against Capitalism: Reviving Historical Materialism*, Cambridge, 1995; E. Wood, *The Origin of Capitalism: A Longer View*, London, 2002; R. Brenner, 'The Origins of Capitalist Development: A Critique of Neo-Smithian Marxism', *NLR*, no. 104 (1977), 25–92; R. Brenner, 'The Agrarian Roots of European Capitalism', in T. Aston and C. Philpin (eds.), *The Brenner Debate: Agrarian Class Structure and Economic Development in Pre-Industrial Europe*, Cambridge, 1985; R. Brenner, 'The Social Basis of Economic Development', in J. Roemer (ed.), *Analytical Marxism*, Cambridge, 1986; R. Brenner, 'Property and Progress: Where Adam Smith Went Wrong', in C. Wickham (ed.), *Marxist History-Writing for the Twenty-first Century*, Oxford, 2007.

7 Wrigley, *Energy*, 209, 212–16, 225–6; Pomeranz, *Divergence*, 5, 8–10.

8 Kander et al., *Power*, 229–31 비교 참조.

9 Wilkinson, *Poverty*, 173, 176.

10 Wrigley, *Poverty*, 31.

11 Wrigley, *Energy*, 191.

12 D. H. Fischer, *Historians' Fallacies: Toward a Logic of Historical Thought*, London, 1971, 169 로부터 인용.

13 Wrigley, *Energy*, 39; E. Burke III, 'The Big Story: Human History, Energy Regimes, and the Environment', in E. Burke III and K. Pomeranz (eds.), *The Environment and World History*, Berkeley, 2009, 44.

14 Wood, *Origin*, 34. 강조는 저자가 추가한 것이다.

15 Pomeranz, *Divergence*, 64–5.

16 P. Huang, 'Development or Involution in Eighteenth-Century Britain and China', *The Journal of Asian Studies* 61 (2002), 533; P. Parthasarathi, *Why Europe Grew Rich and Asia Did Not: Global Economic Divergence, 1600–1850*, Cambridge, 2011, 158–9, 162–4.

17 Steffen et al., 'The Anthropocene: Conceptual', 846.

18 M. Bloch, *The Historian's Craft*, Manchester, 1992 [1954], 158.

19 J. Gaddis, *The Landscape of History: How Historians Map the Past*, Oxford, 2002, 96. 강조는 원문의 것이다.

20 J. Keene, 'Unconscious Obstacles to Caring for the Planet: Facing Up to Human Nature', in S. Weintrobe (ed.), *Engaging with Climate Change: Psychoanalytic and Interdisciplinary Perspectives*, London, 2013, 145–6.

21 J. Baskin, 'Paradigm Dressed as Epoch: The Ideology of the Anthropocene', *Environmental Values* 24 (2015), 9–29; C. Bonneuil, 'The Geological Turn: Narratives of the Anthropocene', in C. Hamilton, F. Gemenne and C. Bonneuil (eds.), *The Anthropocene and the Global Environmental Crisis: Rethinking Modernity in a New Epoch*, forthcoming, 2015에 나오는 종에 기초한 인류세 사유에 대한 비판을 비교 참조할 것.

22 M. den Elzen, J. Olivier, N. Höhne and G. Janssens-Maenhout, 'Countries' Contribution to Climate Change: Effect of Accounting for All Greenhouse Gases, Recent Trends, Basic Needs and Technological Progress', *CC* 121 (2013), 397– 412; P. Ciais, T. Gasser, J. Paris et al., 'Attributing the Increase in Atmospheric CO_2 to Emitters and Absorbers', *NCC* 3 (2013), 926–30.

23 H. Matthews, T. Graham, S. Keverian et al., 'National Contributions to Observed Global Warming', *ERL* 9 (2014), 5; I. Angus and S. Butler, *Too Many People? Population, Immigration, and the Environmental Crisis*, Chicago, 2011, 43; J. Roberts and B. Parks, *A Climate of Injustice: Global Inequality, North–South Politics, and Climate Policy*, Cambridge MA, 2007, 146, 추가로 chs. 1, 5. 이것들 모두 생산에 기초한 통계라는 점에 주의하라. 소득수준에 따라 구분된 소비에 기초한 통계─아직 제대로 연구되지 못한─가 더 불평등한 상황을 더 정확하게 보여줄 것이다.

24 예를 들어 Crutzen, 'Geology'; P. J. Crutzen, 'The "Anthropocene"', in E. Ehlers and T. Krafft (eds.), *Earth System Science in the Anthropocene: Emerging Issues and Problems*, Berlin, 14; Steffen et al., 'The Anthropocene: Are Humans', 618; Zalasiewicz et al., 'Are We', 4; Zalasiewicz et al., 'New World', 2228–9.

25 CO_2 배출량 자료는 Boden et al., *Global*로부터, 1820년의 인구 자료는Maddison, *World*, 241로부터, 2010년의 인구 자료는 United Nations, *World Population Prospects: The 2102 Revision*, Department of Economic and Social Affairs, 2013으로부터 얻었다.

26 D. Satterthwaite, 'The Implications of Population Growth and Urbanization for Climate Change', *Environment and Urbanization* 21 (2009), 551–5.

27 N. Diffenbaugh and C. Field, 'Changes in Ecologically Critical Terrestrial Climate Conditions', *Science* 341 (2013), 489.

28 Satterthwaite, 'Implications', 550; Smil, *Energy in Nature*, 259.

29 D. Wilkinson, *Fundamental Processes in Ecology: An Earth Systems Approach*, Oxford, 2006, 112–3.

30 K. Marx, *Capital, Vol. 1*, London, 1990 [1867], 933, 981, 1005; K. Marx, *Grundrisse*, London, 1993 [1857–58/1973], 87. 강조는 원문의 것이다.

31 Clark, 'Rock', 260; Pinkus, 'Thinking', 196. 강조는 저자가 추가한 것이다.

32 C. Perez, *Technological Revolutions and Financial Capital: The Dynamics of Bubbles and Golden Ages*, Cheltenham, 2002, 36. 강조는 저자가 추가한 것이다.

33 A. Feenberg, *Critical Theory of Technology*, New York, 1991, 31; A. Feenberg, *Between Reason and Experience: Essays in Technology and Modernity*, Cambridge MA, 2010, 15–16; G. Young, 'The Fundamental Contradiction of Capitalist Production', *Philosophy and Public Affairs* 5 (1976), 209–10; B. Pfaffenberger, 'Fetishised Objects and Humanised Nature: Towards an Anthropology of Technology', *Man* 23 (1988), 240; 하지만 가장 명확하게 살펴보려면 영민한 L. Althusser, *On the Reproduction of Capitalism: deology and Ideological State Apparatus*, London, 2014 [1995], 21–44, 209–17 비교 참조.

34 G. Lukács, 'Technology and Social Relations', *NLR*, no. 39 (1966), 29.

35 예를 들어 F. Engels, *The Condition of the Working Class in England*, Oxford, 2009 [1845], 15, 17–20, 24–5, 33; *MECW, Vol. 6*, 99, 341, 485–6; K. Marx, *The Revolutions of 1848: Political Writings, Vol. 1*, London, 2010 [1847–50], 69; K. Marx and F. Engels, *The German Ideology*, New York, 1998 [1845], 49, 83 참조. 증기에 관한 마르크스와 엥겔스의 저술을 체계적으로 분석한 내용에 대해서는 Malm diss., 634–49 참조.

36 *MECW, Vol. 33*, 340–1.

37 Ibid., 395–409, 425–39, 443–7.

38 Ibid., 391–2; Marx, *Capital 1*, 468. 강조는 저자가 추가한 것이다.

39 Marx, *Capital 1*, 499.

40 Ibid., 924, 496–7.

41 Ibid., 562–3. 강조는 저자가 추가한 것이다.

42 Ibid., 603–4. 강조는 저자가 추가한 것이다.

43 이러한 긴장관계와 생산력 결정주의에 관한 훌륭한 일반적 비판에 관해서는 예를 들어 R. Miller, *Analyzing Marx: Morality, Power and History*, Princeton, 1984; S. Rigby, *Marxism and History: A Critical Introduction*, Manchester, 1987; D. MacKenzie, 'Marx and the Machine', *Technology and Culture* 25 (1984), 473–502; J. Sherwood, 'Engels, Marx, Malthus, and the Machine', *The American Historical Review*, 90 (1985), 837–65; C. Wickham, 'Productive Forces and the Economic Logic of the Feudal Mode of Production', *Historical Materialism* [이후 *HM*] 16 (2008), 3–22 참조.

44 이에 관한 훌륭한 조사 내용에 대해서는 M. Reinfelder, 'Introduction: Breaking the Spell

of Technicism', in P. Slater (ed.), *Outlines of a Critique of Technology*, London, 1980; for some egregious instances, L. Trotsky, *The Revolution Betrayed*, New York, 2004 [1937], 35, 44; L. Trotsky, *The Permanent Revolution & Results and Prospects*, London, 2007 [1906/1930], 24 참조. 생산력 결정주의에 관한 더 전체적인 논의, 마르크스주의 내에서의 그 위상과 그것이 급진적 생태론과 전적으로 모순된다는 점에 관해서는 Malm diss., 627–33, 638–53 참조.

45 이렇게 바람의 방향이 바뀐 것에 대해서는 예를 들어 W. Shaw, "'The Handmill Gives You the Feudal Lord': Marx's Technological Determinism", *History and Theory* 18 (1979), 155; A. Levine and E. Wright, 'Rationality and Class Struggle', *NLR*, no. 123 (1980), 48–9; V. Chibber, 'What Is Living and What Is Dead in the Marxist Theory of History', *HM* 19 (2011), 61 참조. L. Althusser, *For Marx*, London, 2005 [1965], 71로부터 인용.

46 이 주장은 A. Trexler, 'Integrating Agency with Climate Change', *Symploke* 21 (2013), 225 에서 푸코주의Foucauldianism의 관점으로부터 제시된다. 현실 사회주의 세계의 환경 파괴에 관한 최근 연구로는 P. Josephson, *Would Trotsky Wear a Bluetooth? Technological Utopianism under Socialism, 1917–1989*, Baltimore, 2010 참조.

47 물론 이 비유가 완전하지는 않다. 천연두가 암으로부터 발생하거나 암을 모방하려 드는 것도 아니다. 유일하게 비슷한 점은 천연두/스탈린주의는 모두 박멸되었으며 암/자본주의는 여전히 창궐하고 있다는 사실이다.

48 소련 사회와 그 독특한 생산양식과 성장 동력을 이해하려는 다수의 마르크스주의적 시도에 관한 조사와 분석을 살펴보려면 M. van der Linden, *Western Marxism and the Soviet Union*, Chicago, 2009 [2007] 참조. 이 책은 이러한 모든 시도가 이러저러한 중요한 측면에서 실패했으며 이 작업이 아직도 완수되지 못했다는 것을 보여준다.

49 P. Newell, 'The Elephant in the Room: Capitalism and Global Environmental Change', *Global Environmental Change* 21 (2011), 4. 제임슨의 이 경구가 최초로 등장한 것은 F. Jameson, 'Future City', *NLR*, no. 21 (2003), 76에서다. 그러나 다음 문구와도 비교할 수 있다. '최근 자본주의의 붕괴를 상상하는 것보다 지구와 자연의 완전한 열화를 상상하는 편이 우리에게는 더 쉬운 것 같다(It seems to be easier for us today to imagine the thoroughgoing deterioration of the earth and of nature than the breakdown of late capitalism; perhaps that is due to some weakness in our imaginations).' F. Jameson, *The Cultural Turn: Selected Writings on the Postmodern, 1983–1998*, London, 1998, 50.

13. 화석 자본

1 Brenner, 'Social', 26. 강조는 원문의 것이다.

2 Marx, *Capital 1*, 285; Marx, *Grundrisse*, 488.

3 J. Foster and P. Burkett, 'The Dialectic of Organic/Inorganic Relations: Marx and the Hegelian Philosophy of Nature', *Organization & Environment* 13 (2000), 412–16 비교 참조.

4 Marx, *Grundrisse*, 497; Marx, *Capital 1*, 480.

5 Marx, *Capital 1*, 272.

6 예를 들어 ibid., 200, 249–50.

7 Marx, *Grundrisse*, 505로부터의 인용.

8 PP (1816) III, 362.

9 마르크스의 글을 만델이 번역한 것. E. Mandel, 'Introduction', in Marx, *Capital 1*, 60.

10 Marx, *Capital 1*, 290, 293.

11 Ibid., 133. 이 결정적 사실에 관해서는 추가로 A. Schmidt, *The Concept of Nature in Marx*, London, 2009 [1962]의 훌륭한 서술을 참조하라.

12 K. Marx, *Capital, Vol. 2*, London, 1992 [1885], 109, 132.

13 Marx, *Capital 1*, 288.

14 Marx, *Grundrisse*, 90.

15 Marx, *Capital 2*, 137; Marx, *Grundrisse*, 516.

16 Marx, *Capital 1*, 725–32. 727로부터 인용. 추가로 예를 들어 P. Burkett, *Marx and Nature: A Red and Green Perspective*, London, 1999, 108; P. Burkett, *Marxism and Ecological Economics: Toward a Red and Green Political Economy*, Leiden, 2006, 169; J. Kovel, *The Enemy of Nature: The End of Capitalism or the End of the World?*, London, 2007 [2002], 42; Foster et al., *Ecological*, 39 참조.

17 Marx, *Capital 1*, 729; Hornborg, *Power*, 31, 45.

18 F. Blauwhof, 'Overcoming Accumulation: Is a Capitalist Steady-State Economy Possible?', *EE* 84 (2012), 259.

19 이 비유는 B. Fine, 'Exploitation and Surplus Value', in B. Fine and A. Saad-Filho (eds.), *The Elgar Companion to Marxist Economics*, Cheltenham, 2012, 119–20을 약간 변형한 것이다.

20 B. Fine and A. Saad-Filho, *Marx's Capital*, London, 2004, 37.

21 Marx, *Grundrisse*, 646; Marx, *Capital 2*, 213.

22 K. Marx, *Theories of Surplus Value*, New York, 2000 [1862–3], pt. 3, 56. 강조는 저자가 추가한 것이다.

23 M. Joffe, 'The Root Causes of Economic Growth under Capitalism', *CJE* 35 (2011), 878.

24 Maddison, *World*, 48.

25 Ibid., 19. GDP 절대량의 성장—이것이 총처리량을 대신 표현할 수 있으므로 자연에는 바로 이것이 중요하다—도 역시 같은 양상을 보인다. 예를 들어 30, 262 참조.

26 Marx, *Grundrisse*, 405, 334, 202.

27 추가로 Burkett, *Marx*; Burkett, *Marxism*; Kovel, *Enemy*; Foster et al., *Ecological* 참조.

28 K. Marx, *Capital, Vol. 3*, London, 1991 [1894], 373 비교 참조.

29 Marx, *Capital 2*, 208.

30 T. Glick and H. Kirchner, 'Hydraulic Systems and Technologies of Islamic Spain: History and Archaeology', in P. Squatriti (ed.), *Working with Water in Medieval Europe: Technology and Resource-Use*, Leiden, 2000.

31 A. Mikhail, *Nature and Empire in Ottoman Egypt: An Environmental History*, Cambridge,

2011, 38, 23.

32 Y. Rapoport and I. Shahar, 'Irrigation in the Medieval Islamic Fayyum: Local Control in a Large-Scale Hydraulic System', *Journal of the Economic and Social History of the Orient* 55 (2012), 1–31.

33 Mikhail, *Nature*, 11.

34 Ibid., 39, 47. 강조는 저자가 추가한 것이다.

35 Ibid., 51.

36 D. Varisco, 'Sayl and Ghayl: The Ecology of Water Allocation in Yemen', *Human Ecology* 11 (1983), 365–83; P. Trawick, 'The Moral Economy of Water: Equity and Antiquity in the Andean Commons', *American Anthropologist* 103 (2001), 361–79; P. Trawick, 'Successfully Governing the Commons: Principles of Social Organization in an Andean Irrigation System', *Human Ecology* 29 (2001), 1–25.

37 예를 들어 E. Ostrom and P. Benjamin, 'Design Principles and the Performance of Farmer-Managed Irrigation Systems in Nepal', in S. Manor and J. Chambouleyron (eds.), *Performance Management in Farmer-Managed Irrigation Systems*, Colombo, 1993; E. Ostrom, 'Beyond Markets and States: Polycentric Governance of Complex Economic Systems', *American Economic Review* 100 (2010), 641–72 참조.

38 E. Ostrom and R. Gardner, 'Coping with Asymmetries in the Commons: Self-Governing Irrigation Systems Can Work', *JEP* 7 (1993), 109–10.

39 예를 들어 E. Ostrom, 'Reformulating the Commons', *Swiss Political Science Review* 6 (2000), 29–52; T. Dietz, Thomas, E. Ostrom and P. Stern, 'The Struggle to Govern the Commons', *Science* 302 (2003), 1907–12; E. Ostrom and C. Hess, 'Private and Common Property Rights', in B. Bouckaert (ed.), *Encyclopedia of Law and Economics*, Cheltenham, 2010 참조.

40 Brenner, 'Social', 34; Marx, *Grundrisse*, 413, 414, 651. 강조는 원문의 것이다.

41 Brenner, 'Origins', 37. 강조는 저자가 추가한 것이다.

42 Babbage, *Economy*, 203.

43 Marx, *Grundrisse*, 497, 476, 157–8.

44 R. Luxemburg, *The Complete Works of Rosa Luxemburg. Volume 1: Economic Writings 1*, London, 2013, 134. 강조는 원문의 것이다. 주목할 점은 룩셈부르크가 이 무정부주의— 그의 정치경제학의 중심 범주—때문에 독일에서 합리적인 수자원 관리 체계의 구현이 불가능할 것이라고 주장했다는 점이다. 기술적으로 가능하고 홍수 대비를 위해 필요함 에도 불구하고. Ibid., 131.

45 J. O'Neill, 'Markets, Socialism, and Information: A Reformulation of a Marxian Objection to the Market', *Social Philosophy and Policy* 6 (1989), 209.

46 Tomlins, 'Water'. 강조는 저자가 추가한 것이다.

47 S. Wiel, 'Natural Communism: Air, Water, Oil, Sea, and Seashore', *Harvard Law Review* 47 (1934), 430–1. 강조는 저자가 추가한 것이다. S. Barca, *Enclosing Water: Nature and Political Economy in a Mediterranean Valley, 1796–1916*, Cambridge, 2010의 뛰어난 연구도

비교 참조할 것.

48 Wiel, 'Natural', 435, 457; Tomlins, 'Water'. 강조는 저자가 추가한 것이다.

49 Reid, *Steam*, 230.

50 Marx, *Theories, pt. 3*, 271. 강조는 원문의 것이다.

51 예를 들어 M. Storper and R. Walker, *The Capitalist Imperative: Territory, Technology, and Industrial Growth*, Oxford, 1989, 9, 77–8, 108; D. Harvey, *The Limits to Capital*, London, 1999 [1982], 388; Smith, *Uneven Development*, 164–6 참조.

52 예를 들어 Marx and Engels, *German*, 82; Engels, *Condition*, 33–4; H. Lefebvre, *The Production of Space*, Oxford, 1991 [1974], 347; Storper and Walker, *Capitalist*, 77–81, 139–40 참조.

53 Brenner, 'Social', 31; Storper and Walker, *Capitalist*, 145로부터 인용.

54 Storper and Walker, *Capitalist*, 74–5, 177–8, 184.

55 Browning, *Domestic*, 226. 강조는 저자가 추가한 것이다.

56 Lefebvre, *Production*, 49.

57 Ibid., 307, 101, 120.

58 Smith, *Uneven*, 115, 7.

59 Lefebvre, *Production*, 229.

60 이러한 대비는 W. Boyd, W. Prudham and R. Schurman, 'Industrial Dynamics and the Problem of Nature', *Society and Natural Resources* 14 (2001), 563, 565로부터 끌어온 것이다.

61 기술·물질techno-mass 개념에 관해서는 Hornborg, *Power*, 11, 17, 85, 94 참조.

62 D. Harvey, *Justice, Nature and the Geography of Difference*, Malden, 1996, 246.

63 Lefebvre, *Production*, 93, 71.

64 M. Postone, *Time, Labor, and Social Domination: A Reinterpretation of Marx's Critical Theory*, Cambridge, 1993, 201–2.

65 E. Thompson, 'Time, Work-Discipline, and Industrial Capitalism', *Past and Present* 38 (1967), 58, 60, 78.

66 T. Ingold, 'Work, Time and Industry', *Time and Society* 4 (1995), 9. 강조는 원문의 것이다.

67 Thompson, 'Time', 73. 강조는 저자가 추가한 것이다.

68 Postone, *Time*, 215. 강조는 원문의 것이다. 추가로 J. Le Goff, *Time, Work, and Culture in the Middle Ages*, Chicago, 1982 [1980], 44–95 참조.

69 Thompson, 'Time', 61, 90–1; Postone, *Time*, 210–2; Harvey, *Justice*, 241.

70 G. Lukács, *History and Class Consciousness: Studies in Marxist Dialectics*, Cambridge MA, 1971 [1923], 90.

71 K. Marx, *The First International and After: Political Writings, Vol. 3*, London, 2012, 79.

72 Marx, *Capital 1*, 533–4. 강조는 저자가 추가한 것이다.

73 *MECW, Vol. 33*, 335. 강조는 원문의 것이다.

74 N. Castree, 'The Spatio-Temporality of Capitalism', *Time and Society* 18 (2009), 27–9. 강조는 원문의 것이다.

75 J. Crary, *24/7: Late Capitalism and the Ends of Sleep*, London, 2013, 63.

76 Postone, *Time*, 213; Fairbairn, *Treatise Pt 1*, 93. 강조는 저자가 추가한 것이다.

77 Altvater, 'Social', 41에서 약간 다른 용어를 써서 주장된 바와 같다.

78 Marx, *Capital 1*, 예를 들어 1019.

79 A. Negri, *Marx beyond Marx: Lessons on the Grundrisse*, New York, 1991 [1979], 69–70.

80 Marx, *Grundrisse*, 693–5; Marx, *Capital 1*, 526. 강조는 저자가 추가한 것이다.

81 R. Panzieri, 'Surplus Value and Planning: Notes on the Reading of "Capital"', in Conference of Socialist Economists, *The Labour Process and Class Strategies*, London, 1976, 12.

82 Marx, *Capital 1*, 549, 1054.

83 Marx, *Capital 1*, 1056, 693, 503. 강조는 저자가 추가한 것이다.

84 예를 들어 ibid., 342; Marx, *Grundrisse*, 470, 646, 660 참조.

85 Marx, *Capital 3*, 779–82. 강조는 저자가 추가한 것이다.

86 따라서 자동화는 더 많은 양의 에너지 소비만을 요구하는 것이 아니다. 이 측면은 예를 들어 R. Christie, 'Why Does Capital Need Energy?', in T. Turner and P. Nore (eds.), *Oil and Class Struggle*, London, 1980, 16, 19; H. Cleaver, *Reading Capital Politically*, Edinburgh, 2000 [1979], 102–3; K. Abramsky, 'Energy, Work, and Social Reproduction in the World-Economy', in K. Abramsky (ed.), *Sparking a Worldwide Energy Revolution: Social Struggles in the Transition to a Post-Petrol World*, Oakland, 2010, 100에서 강조되었다. 이는 또한 에너지원의 특정한 질적인 특징, 즉 자본에 완전히 내재되는 데 적합한 일반적인 잠재력이라는 추상성의 여러 다양한 측면을 요구한다. 여기서 제시된 것과 비슷한 주장이 P. Burkett and J. Foster, 'Metabolism, Energy, and Entropy in Marx's Critique of Political Economy: Beyond the Podolinsky Myth', *Theory and Society* 35 (2006), 133; T. Keefer, 'Of Hand Mills and Heat Engines: Peak Oil, Class Struggle, and the Thermodynamics of Production', research paper, York University, 2005, 22–3; T. Keefer, 'Machinery and Motive Power: Energy as a Substitute for and Enhancer of Human Labour', in Abramsky, *Sparking*, 81–90; M. Steinberg, 'Marx, Formal Subsumption and the Law', *Theory and Society* 39 (2010), 177; Burkett, *Marx*, 67; Huber, 'Energizing', 110에서 개략적으로 전개된 바 있다.

87 Marx, *Grundrisse*, 651.

88 Brenner, 'Origins', 59.

89 R. Adams, *Energy and Structure: A Theory of Social Power*, Austin, 1975, 12–13. 강조는 원문의 것이다. 추가로 ch. 7 참조.

90 H. Braverman, *Labor and Monopoly Capitalism: The Degradation of Work in the Twentieth Century*, New York, 1998 [1979], 34–5.

91 예로 든 경우들은 Russell et al., 'Nature', 250로부터 발췌한 것이다.

92 G. Palermo, 'The Ontology of Economic Power in Capitalism: Mainstream Economics and Marx', *CJE* 31 (2007), 539–61을 따른다. Adams, *Energy*, 299로부터 인용.

93 Lukes, *Power*, 66, 76. 강조는 저자가 추가한 것이다.

94 P. Malone, *Waterpower in Lowell: Engineering and Industry in Nineteenth-Century America*,

Baltimore, 2009, 221. 추가로 예를 들어 Hunter, *Waterpower*; L. Hunter, *A History of Industrial Power in the United States, 1780–1930. Volume Two: Steam Power*, Charlottesville, 1985; J. Atack, F. Bateman and T. Weiss, 'The Regional Diffusion and Adoption of the Steam Engine in American Manufacturing', *JEH* 40 (1980), 281–308; M. Frank, *Carrying the Mill: Steam, Waterpower and New England Textile Mills in the Nineteenth Century*, PhD dissertation, Harvard University, 2008 참조.

95 G. Swain, 'Statistics of Water Power Employed in Manufacturing in the United States', *Publications of the American Statistical Association* 1 (1888), 34. 추가로 예를 들어 J. Jeremy, *Technology and Power in the Early American Cotton Industry: James Montgomery, the Second Edition of His 'Cotton Manufacture' (1840), and the 'Justitia' Controversy about Relative Power Costs*, Philadelphia, 1990 [1840]; Gordon, 'Cost' 참조.

96 Hunter, *Waterpower*, 492; Frank, *Carrying*, 3, 14, 25, 89.

97 L. Baldwin, *Report on Introducing Pure Water into the City of Boston*, Boston, 1835; J. Montgomery, *A Practical Detail of the Cotton Manufacture of the United States of America* [1840], in Jeremy, Technology; J. Francis, 'The American Society of Civil Engineers. Address of President Francis', *Scientific American* 11 (1881), 113–27; P. Temin, 'Steam and Waterpower in the Early Nineteenth Century', *JEH* 26 (1966), 187–205; T. Steinberg, *Nature Incorporated: Industrialization and the Waters of New England*, Cambridge, 1991; N. Rosenberg and M. Trajtenberg, 'A General-Purpose Technology at Work: The Corliss Steam Engine in the Late-Nineteenth-Century United States', *JEH* 64 (2004) 61–99; Hunter, *Waterpower*; Gordon & Malone, *Texture*; Frank, *Carrying*; Malone, *Waterpower* 참조.

98 Hunter, *Waterpower*, 273.

99 J. Frizell, 'Storage and Pondage of Water', *Transactions of the American Society of Civil Engineers* 31 (1894), 47, 53–4. 강조는 저자가 추가한 것이다.

100 *Scientific American*, 'Steam and Water Power' (12 May 1849), 269; Jeremy, *Technology*, 196, 270–1.

101 Hunter, *Waterpower*; Hunter, *Steam*.

102 Hunter, *Waterpower*, 485; Hunter, *Steam*, 81. 강조는 원문의 것이다. 비슷한 추론이 Atack et al., 'Regional'; Rosenberg and Trajtenberg, 'General'에서도 전개된다.

103 W. Worthen, 'Address at the Annual Convention at the Hotel Kaaterskill, New York, July 2, 1887', *Transactions of the American Society of Civil Engineers* 17 (1887), 4. 강조는 저자가 추가한 것이다.

104 C. Emery, 'The Cost of Steam Power', *Transactions of the American Society of Civil Engineers* 12 (1883), 429–30. 강조는 저자가 추가한 것이다.

105 Hunter, *Waterpower*, 506–7.

106 Hunter, *Steam*, 393, 413, 429; Gordon and Malone, *Texture*, 57, 117; Frank, *Carrying*, 23.

107 K. Marx, *Das Kapital I*, Berlin, 1951 [1867], 751.

108 Nef, *Rise, Vol. 1*, 161.

109 Flinn, *Coal*, 116. 추가로 G. Hammersley, 'The Crown Woods and Their Exploitation in the Sixteenth and Seventeenth Centuries', *Historical Research* 30 (1957), 131–61; V. Smil, *Energy Transitions: History, Requirements, Prospects*, Santa Barbara, 2010, 29 참조.

110 R. Allen, 'Was There a Timber Crisis in Early Modern Europe?', in S. Cavaciocchi (ed.), *Economia e Energia*, Florence, 2003; W. E. Steinmueller, 'The Pre-Industrial Energy Crisis and Resource Scarcity as a Source of Transition', *Research Policy*, online first, 2013, 3–6.

111 Allen, 'Was There', 473. 추가로 Hatcher, *Coal*, 34–40, 53; Allen, *British*, 87–9; Allen, 'Why', 10; M. Žmolek, *Rethinking the Industrial Revolution: Five Centuries of Transition from Agrarian to Industrial Capitalism in England*, Leiden, 2013, 71–2, 91.

112 Hatcher, *Coal*, 32.

113 예를 들어 Nef, *Rise, Vol. 1*, 133–4; cf. B. Osborne, 1978, 'Commonlands, Mineral Rights and Industry: Changing Evaluations in an Industrializing Society', *Journal of Historical Geography* 4 (1978), 235, 247.

114 Nef, *Rise, Vol. 1*, 136–7. 강조는 저자가 추가한 것이다. 추가로 135, 140–2, 282 참조. Hatcher, *Coal*, 241–2; Žmolek, *Rethinking*, 76 비교 참조.

115 Nef, *Rise, Vol. 1*, 142–8, 320; Nef, *Rise, Vol. 2*, 36; Hatcher, *Coal*, 246.

116 Nef, *Rise, Vol. 1*, 144, 156. 추가로 148–55; Nef, *Rise, Vol. 2*, 210, 328 참조.

117 Nef, *Rise, Vol. 1*, 316. 추가로 156, 265, 310–16, 343; Nef, *Rise, Vol. 2*, 329–30 참조. 18세기와 19세기 웨일스에서 일어난 유사한 분쟁들이 Osborne, 'Commonlands'에 묘사되어 있다.

118 Nef, *Rise, Vol. 1*, 312. 추가로 308–9, 316–17; Nef, *Rise, Vol. 2*, 14–15; Žmolek, *Rethinking*, 87–8 참조.

119 Nef, *Rise, Vol. 1*, 312–3. 강조는 저자가 추가한 것이다.

120 Ibid., 277, 286, 303, 310, 313–17.

121 Ibid., 46, 150, 152, 318, 343; Nef, *Rise, Vol. 2*, 72, 210, 330; Osborne, 'Commonlands', 232; Žmolek, *Rethinking*, 91, 102.

122 J. C., *The Compleat Collier*, London, 1708, 19. 강조는 저자가 추가한 것이다.

123 Nef, *Rise, Vol. 1*, 146, 150, 152; Nef, *Rise, Vol. 2*, 74–8; Buxton, *Economic*, 18; Hatcher, *Coal*, 327–8, 343–4, 351–3, 554.

124 Nef, *Rise, Vol. 1*, 266. 추가로 124–9, 156, 266–74, 284–9, 318; Nef, *Rise, Vol. 2*, 327–30 참조.

125 Parthasarathi, *Why Europe*, 170–3.

126 Marx, *Capital 1*, 875.

14. 세계의 굴뚝, 중국

1 E. Rignot, J. Mouginot, M. Morlighem et al., 'Widespread, Rapid Grounding Line Retreat

of Pine Island, Thwaites, Smith, and Kohler glaciers, West Antarctica, from 1992 to 2011', *Geophysical Research Letters* [이후 *GRL*] 41 (2014), 3502–9; I. Joughin, B. Smith and B. Medley, 'Marine Ice Sheet Collapse Potentially Under Way for the Thwaites Glacier Basin, West Antarctica', *Science* 344 (2014), 735–8.

2   *NYT*, 'Scientists warn of rising oceans from polar melt', 12 May 2014.

3   *NYT*, 'Rocky road for Canadian oil', 12 May 2014. N. Swart and A. Weaver, 'The Alberta Oil Sands and Climate', *NCC* 2 (2012), 134–6 비교 참조.

4   R. Heede, 'Tracing Anthropogenic Carbon Dioxide and Methane Emissions to Fossil Fuel and Cement Producers, 1854–2010', *CC* 122 (2014), 234.

5   이 책 1장의 6번 주석과 예를 들어 K. Anderson and A. Bows, 'Reframing the Climate Change Challenge in Light of Post-2000 Emission Trends', *PTRSA* 366 (2008), 3863–82; P. Sheehan, 'The New Global Growth Path: Implications for Climate Change Analysis and Policy', *CC* 91 (2008), 211–31; K. Anderson and Bows, 'Beyond "Dangerous" Climate Change: Emission Scenarios for a New World', *PTRSA* 369 (2011), 20–44 참조.

6   J. Gregg, R. Andres and G. Marland, 'China: Emissions Pattern of the World Leader in CO_2 Emissions from Fossil Fuel Consumption and Cement Production', *GRL* 35 (2008); M. Levine and N. Aden, 'Global Carbon Emissions in the Coming Decades: The Case of China', *Annual Review of Environment and Resources* 33 (2008), 21.

7   K. Sauvant et al., 'Preface', in K. Sauvant, L. Sachs, K. Davies and R. Zandvliet (eds.), *FDI Perspectives: Issues in International Investment*, Vale Columbia Center on International Investment, 2011, xix; *TE*, 'Fear of the Dragon', 9 January 2010.

8   W. Beckerman, 'Economic Growth and the Environment: Whose Growth? Whose Environment?', *World Development* 20 (1992), 482. 강조는 저자가 추가한 것이다. EKC 에 관한 문헌은 굉장히 많다. 몇몇 주요 참고자료와 더 자세한 논의에 관해서는 A. Malm, 'China as Chimney of the World: The Fossil Capital Hypothesis', *Organization & Environment* 25 (2012), 146–77 참조.

9   L. Raymond, 'Economic Growth or Environmental Policy? Reconsidering the Environmental Kuznets Curve', *Journal of Public Policy* 24 (2004), 327–48; D. Romero-Ávila, 'Questioning the Empirical Basis of the Environmental Kuznets Curve for CO_2: New Evidence from a Panel Stationary Test Robust to Multiple Breaks and Cross-Dependence', *EE* 64 (2008), 559–74; A. Kearsly and M. Riddel, 'A Further Inquiry into the Pollution Haven Hypothesis and the Environmental Kuznets Curve', *EE* 69 (2010), 905–19; J. Lipford and B. Yandle, 'Environmental Kuznets Curves, Carbon Emissions, and Public Choice', *Environment and Development Economics* 15 (2010), 417–38. 강도의 척도에 관해서는 아래를 추가로 참조할 것.

10   EKC에 대한 이러한 비판에 관해서는 Malm, 'China'에 인용된 문헌을 참조할 것.

11   예를 들어 G. Peters and E. Hertwich, 'Post-Kyoto Greenhouse Gas Inventories: Production Versus Consumption', *CC* 86 (2008), 51–66; E. Hertwich and G. Peters, 'Carbon Footprint

of Nations: A Global, Trade-Linked Analysis', *Environmental Science & Technology* 43 (2009), 6414–20; K. Caldeira and S. Davis, 'Accounting for Carbon Dioxide Emissions: A Matter of Time', *PNAS* 108 (2011), 8533–4; S. Davis, G. Peters and K. Caldeira, 'The Supply Chain of CO_2 Emissions', *PNAS* 108 (2011), 18554–9; G. Peters, J. Minx, C. Weber and O. Edenhofer, 'Growth in Emission Transfers via International Trade from 1990 to 2008', *PNAS* 108 (2011), 8903–8 참조.

12 G. Peters, G. Marland, E. Hertwich et al., 'Trade, Transport, and Sinks Extend the Carbon Dioxide Responsibility of Countries', *CC* 97 (2009), 380. 강조는 원문의 것이다.

13 J. Pan, J. Phillips and Y. Chen, 'China's Balance of Emissions Embodied in Trade: Approaches to Measurement and Allocating International Responsibility', *Oxford Review of Economic Policy* 24 (2008), 354–76; C. Weber, G. Peters, D. Guan and K. Hubacek, 'The Contribution of Chinese Exports to Climate Change', *EP* 36 (2008), 3572–77; M. Xu, R. Li, J. Crittenden and Y. Chen, 'CO_2 Emissions Embodied in China's Exports from 2002 to 2008: A Structural Decomposition Analysis', *EP* 39 (2011), 7383; Le Quéré, 'Trends' et al.; Peters et al., 'Growth'.

14 D. Guan, G. Peters, C. Weber and K. Hubacek, 'Journey to World Top Emitter: An Analysis of the Driving Forces of China's Recent CO_2 Emissions Surge', *GRL* 36 (2009).

15 R. Andrew, S. Davis and G. Peters, 'Climate Policy and Dependence on Traded Carbon', *ERL* 8 (2013), 4.

16 Peters et al., 'Growth', 8907.

17 Y. Yunfeng and Y. Laike, 'China's Foreign Trade and Climate Change: A Case Study of CO_2 Emissions', *EP* 38 (2010), 356. 강조는 저자가 추가한 것이다.

18 Xu, 'Emissions', 567. 강조는 저자가 추가한 것이다.

19 G. Ádám, 'Multinational Corporations and Worldwide Sourcing', in H. Radice (ed.), *International Firms and Modern Imperialism*, Harmondsworth, 1975; M. Larudee and T. Koechlin, 'Wages, Productivity, and Foreign Direct Investment Flows', *Journal of Economic Issues* 33 (1999), 419–26; M. Larudee and T. Koechlin, "Low-wage Labor and the Geography of Production: A Qualified Defense of the 'Pauper Labor Argument'", *Review of Radical Political Economics* 40 (2008), 228–36.

20 M. Storper and R. Walker, 'The Theory of Labour and the Theory of Location', *International Journal of Urban and Regional Research* 7 (1983), 34.

21 즉, 실질적 재배치(공장 X가 나라 A에서 나라 B로 이전함)와 더 빠른 확장(회사 Y가 나라 A보다 나라 B에서 생산을 더 빠르게 확장함)을 모두 포함해서 그렇다.

22 United Nations Conference on Trade and Development [이후 UNCTAD], *World Investment Report 1994: Transnational Corporations, Employment and the Workplace*, New York/Geneva, 1994, 253; UNCTAD *World Investment Report 2002: Transnational Corporations and Export Competitiveness*, New York/Geneva, 2002, 152–3.

23 J. Kentor and P. Grimes, 'Foreign Investment Dependence and the Environment: A Global Perspective', in A. Jorgenson and E. Kick (eds.), *Globalization and the Environment*,

Leiden, 2006, 67; S. Urata et al., 'Introduction', in S. Urata, C. Yue and F. Kimura (eds.), *Multinationals and Economic Growth in East Asia: Foreign Direct Investment, Corporate Strategies and National Economic Development*, Abingdon, 2006, 10; S. Urata, 'FDI Flows, their Determinants, and Economic Impacts in East Asia', in Urata et al., *Multinationals*, 46–7; A. Khadaroo and B. Seetanah, 'Transport Infrastructure and Foreign Direct Investment', *Journal of International Development* 22 (2010), 103–23.

24 예를 들어 G. Phylipsen, K. Blok and E. Worrell, 'International Comparisons of Energy Efficiency: Methodologies for the Manufacturing Industry', *Energy Policy* 25 (1997), 715–25; J. Roberts and P. Grimes, 'Carbon Intensity and Economic Development 1962–91: A Brief Exploration of the Environmental Kuznets Curve', *World Development* 25 (1997), 192–4; A. Richmond and R. Kaufmann, 'Is There a Turning Point in the Relationship between Income and Energy Use and/or Carbon Emissions?', *EE* 56 (2006), 176–89; J. Roberts, P. Grimes and J. Manale, 'Social Roots of Global Environmental Change: A World-Systems Analysis of Carbon Dioxide Emissions', in Jorgenson and Kick, *Globalization*, 91–9; Roberts and Parks, *Climate*, 158–63, 174, 182–3 참조.

25 Kentor and Grimes, 'Foreign', 67–8; Roberts et al., 'Social', 85–7.

26 P. Grimes and J. Kentor, 'Exporting the Greenhouse: Foreign Capital Penetration and CO_2 Emissions 1980-1996', *Journal of World-Systems Research* 9 (2003), 265, 270; S. Bunker and P. Ciccantell, *Globalization and the Race for Resources*, Baltimore, 2005; F. Curtis, 'Peak Globalization: Climate Change, Oil Depletion and Global Trade', *EE* 69 (2009), 428.

27 Sauvant et al., 'Preface', xix.

28 K. Bronfenbrenner and S. Luce, 'The Changing Nature of Corporate Global Restructuring: The Impact of Production Shifts on Jobs in the US, China, and Around the Globe', research paper, The US–China Economic and Security Review Commission, 2004. See further e.g. K. Davies, *Inward FDI in China and Its Policy Context*, Vale Columbia Center on Sustainable International Investment, 2010.

29 Ministry of Commerce, Investment Promotion Agency, 'News Release of National Assimilation of FDI From January to November 2010', fdi.gov.cn, accessed 14 December 2010; J. Lu, Y. Lu and Z. Tao, 'Exporting Behavior of Foreign Affiliates: Theory and Evidence', *Journal of International Economics* 81 (2010), 198.

30 *TE*, 'The halo effect', 2 October 2004.

31 UNIDO data in J. Ceglowski and C. Golub, 'Just How Low are China's Labour Costs?', *The World Economy* 30 (2007), 610.

32 Ibid., 597–617; E. Lett and J. Banister, 'China's Manufacturing Employment and Compensation Costs: 2002–06', *Monthly Labor Review* (April 2009), 30–8. D. Yang, V. Chen and R. Monarch, 'Rising Wages: Has China Lost its Global Labor Advantage?', *Pacific Economic Review* 15 (2010), 482–504; 수치는 J. Banister and G. Cook, 'China's Employment and Compensation Costs in Manufacturing through 2008', *Monthly Labor*

Review (March 2011), 39, 49에서 발췌.

33 Y. Yongding, 'The Experience of FDI Recipients: The Case of China', in Urata et al., *Multinationals*, 436–7; Banister and Cook, 'China's', 46, 51.

34 M. Hart-Landsberg and P. Burkett, 'China and the Dynamics of Transnational Accumulation: Causes and Consequences of Global Restructuring', *HM* 14 (2006), 3–43; C. Lee, *Against the Law: Labor Protests in China's Rustbelt and Sunbelt*, Berkeley, 2007; P. Bowles and J. Harriss (eds.), *Globalization and Labour in China and India: Impacts and Responses*, Basingstoke, 2010; *China Labour Bulletin*, 'Swimming Against the Tide: A Short History of Labor Conflict in China and the Government's Attempts to Control it', research note, 2010.

35 R. Tang, A. Metawalli and O. Smith, 'Foreign Investment: Impact on China's Economy', *Journal of Corporate Accounting & Finance* 21 (2010), 35; J. Whalley and X. Xin, 'China's FDI and Non-FDI Economies and the Sustainability of Future High Chinese Growth', *China Economic Review* 21 (2010), 125 비교 참조.

36 Lu et al., 'Exporting', 199.

37 Investment Promotion Agency, China's Ministry of Commerce, in Tang et al., 'Foreign', 35로부터의 자료.

38 *TE*, 'Halo', 2 October 2004. Figures from A. Glyn, *Capitalism Unleashed: Finance, Globalization, and Welfare*, Oxford, 2006, 87–8; H. McKay and L. Song, 'China as Global Manufacturing Powerhouse: Strategic Considerations and Structural Adjustment', *China & World Economy* 18 (2010), 15; Tang et al., 'Foreign', 37.

39 C. Cattaneo, M. Manera and E. Scarpa, 'Industrial Coal Demand in China: A Provincial Analysis', *Resource and Energy Economics* 33 (2011), 12–35; M. Kuby, C. He, B. Trapido-Lurie and N. Moore, 'The Changing Structure of Energy Supply, Demand, and CO_2 Emissions in China', *Annals of the Association of American Geographers* 101 (2011), 795–805; S. Zhou, G. Page Kyle, S. Yu et al., 'Energy Use and CO_2 Emissions of China's Industrial Sector from a Global Perspective', *EP* 58 (2013), 284–94; S. Zhang, P. Andrews-Speed and M. Ji, 'The Erratic Path of the Low-Carbon Transition in China: Evolution of Solar PV Policy', *EP* 67 (2014), 903–12.

40 R. Andres, T. Boden, F.-M. Bréon et al. 'A Synthesis of Carbon Dioxide Emissions from Fossil-Fuel Combustion', *Biogeosciences* 9 (2012), 1852.

41 중국에너지통계연감China Energy Statistical Yearbook의 자료를 Y. Wang, Gu and A. Zhang, 'Recent Developments of Energy Supply and Demand in China, and Energy Sector Prospects through 2030', *EP* 39 (2010), 6751에서 발췌.

42 A. Jahiel, 'China, the WTO, and Implications for the Environment', *Environmental Politics* 15 (2006), 310–29; D. van Vuuren and K. Riahi, 'Do Recent Emission Trends Imply Higher Emissions Forever?', *CC* 91 (2008), 237– 48; S. Dan, 'Energy Restructuring in China: Retrospects and Prospects', *China & World Economy* 16 (2008), 82–93; Wang et al. 'Recent', 6745–59; D. Mou and Z. Li, 'A Spatial Analysis of China's Coal Flow', *EP* 48 (2012), 358–

68; K. Feng, S. J. Davis, L. Sun et al., 'Outsourcing CO_2 within China', *PNAS* 110 (2013), 11654–9; Cattaneo et al., 'Industrial'.

43 *Financial Times* [이후 *FT*], 'Scramble for coal reaches Indonesia', 8 September 2010; *TE*, 'The indispensable economy?', 30 October 2010; Berners-Lee and Clark, *Burning*, 58.

44 F. Kahrl and D. Roland-Holst, 'Energy and Exports in China', *China Economic Review* 19 (2008), 649–58; G. Leung, 'China's Oil Use, 1990-2008', *EP* 38 (2010), 932–44; X. Zhao, C. Ma and D. Hong, 'Why Did China's Energy Intensity Increase during 1998–2006: Decomposition and Policy Analysis', *EP* 38 (2010), 1379–88; Dan, 'Energy'; Kuby et al., 'Changing'.

45 Ministry of Commerce, Investment Promotion Agency, 'Investment environment', fdi.gov. cn, accessed 16 December 2010.

46 Canadell et al., 'Contributions', 18866–7.

47 W. Graus, M. Voogt and E. Worrell, 'International Comparison of Energy Efficiency of Fossil Power Generation', *EP* 35 (2007), 3936–51; Levine and Aden, 'Global', 27; Kahrl and Roland-Holst, 'Energy', 656–7; Leung, 'Oil', 933–5; Kuby et al., 'Changing', 797–8.

48 US Energy Information Administration, 'Independent Statistics and Analysis', eia.doe.gov, accessed 27 December 2010.

49 W. Tseng and H. Zebregs, 'Foreign Direct Investment in China: Some Lessons for Other Countries', IMF Policy Discussion Paper, 2002; L. Cheng and Y. Kwan, 'What Are the Determinants of the Location of Foreign Direct Investment? The Chinese Experience', *Journal of International Economics* 51 (2010), 379–400; S. Zhao and L. Zhang, 'Foreign Direct Investment and the Formation of Global City-Regions in China', *Regional Studies* 41 (2007), 979–94; J. Fuglestvedt, T. Berntsen, G. Myhre et al., 'Climate Forcing from the Transport Sectors', *PNAS* 105 (2008), 454–8; O. Andersen, S. Gössling, M. Simonsen et al., 'CO_2 Emissions from the Transport of China's Exported Goods', *EP* 38 (2010), 5790–8; M. Cadarso, L. López, N. Gómez and M. Tobarra, 'CO_2 Emissions of International Freight Transport and Offshoring: Measurement and Allocation', *EE* 69 (2010), 1682–94; S. Davis, K. Caldeira and H. Matthews, 'Future CO_2 Emissions and Climate Change from Existing Energy Infrastructure', *Science* 329 (2010), 1330–3.

50 *NYT*, 'Strike in China highlights gap in workers' pay', 28 May 2010; 'A labor movement stirs in China', 10 June 2010.

51 *China Daily*, 'Strikes signal end to cheap labor', 3 June 2010.

52 과거 수십 년 동안 중국에서 벌어진 노동의 저항운동에 관한 훌륭한 서술로는 Lee, *Against*; F. Butollo and T. ten Brink, 'Challenging the Atomization of Discontent: Patterns of Migrant-Worker Protest in China during the Series of Strikes in 2010', *Critical Asian Studies* 44 (2012), 419–40; C. Chan, 'Contesting Class Organization: Migrant Workers' Strikes in China's Pearl River Delta, 1978–2010', *International Labor and Working-Class History* 83 (2013), 112–36 참조.

53 *TE*, 'The next China', 31 July 2010; *Forbes*, 'Move over, Michigan, China is the world's next rust belt', 12 September 2012.

54 *TE*, 'Socialist workers', 12 June 2010.

55 *TE*, 'Plus one country', 4 September 2010; *FT*, 'Rising Chinese wages pose relocation risk', 15 February 2011; *Bloomberg*, 'China wage gains undermine global bond investors as inflation accelerates', 23 February 2011; 'Why China's heading for a hard landing, part 2', 28 June 2011; *Focus on Fashion Retail*, 'Rising wages blunt Chinese factories' competitive edge', June 2013; T. Ozawa and C. Bellak, 'Will China Relocate its Labor-Intensive Factories to Africa, Flying-Geese Style?', in Sauvant et al., *FDI*, 42–4.

56 *FT*, 'China factories eye cheaper labour overseas', 8 November 2011; *NYT*, 'Even as wages rise, Chinese exports grow', 9 January 2014; Ozawa and Bellak, 'Will China', 43–4.

57 *TE*, 'Plus'; *NYT*, 'Movement'; Asiaone, 'Vietnam plans biggest coal mining project', 22 May 2009. See further T. Tran, 'Sudden Surge in FDI and Infrastructure Bottlenecks: The Case of Vietnam', *ASEAN Economic Bulletin* 26 (2009), 58–76; T. Do and D. Sharma, 'Vietnam's Energy Sector: A Review of Current Energy Policies and Strategies', *EP* 39 (2011), 5770–7.

58 D. Narjoko and F. Jotzo, 'Survey of Recent Developments', *Bulletin of Indonesian Economics* 43 (2007), 143–69; M. Hasan, T. Mahlia and H. Nur, 'A Review on Energy Scenario and Sustainable Energy in Indonesia', *Renewable and Sustainable Energy Reviews* 16 (2012), 2316–28; *FT*, 'Scramble', The Jakarta Post, 'Slowing China creates business opportunities for RI', 12 May 2014. Quotation from Narjoko and Jotzo, 'Survey', 162.

59 R. K. Srivastava, 'Chinese Success with FDI: Lessons for India', *China: An International Journal* 6 (2008), 325, 327.

60 *Business Today*, 'India benefits as China begins to lose its manufacturing edge', 12 February 2014; A. Petherick, 'Dirty Money', *NCC* 2 (2012), 72–73. 강조는 저자가 추가한 것이다.

61 *Wall Street Journal*, 'Many factories in China's south sound last whistle', 22 February 2008에 인용된 린W. Lin의 언급. *Reuters*, 'Robots lift China's factories to new heights', 3 June 2012.

62 *The Verge*, 'Foxconn begins replacing workers with robots ahead of US expansion', 11 December 2012. 추가로 *Korea Herald*, 'Nissan, Foxconn fight rising costs with automation', 22 June 2010; *FT*, 'Foxconn looks to a robotic future', 1 August 2011; *China Daily*, 'Foxconn halts recruitment as they look to automated robots', 20 February 2013; *FT*, 'China: Delta blues', 22 January 2014 참조.

63 *Focus on Fashion Retail*, 'Rising'. 추가로 예를 들어 M. Das and P. N'Diaye, 'The end of cheap labor', *IMF Finance and Development*, June 2013 참조.

64 *South China Morning Post*, 'Cheap labour not the only driver of factories' flight from China', 24 February 2014; *Electronics Weekly*, 'Is China losing its appeal as the low-cost manufacturer of choice?', 21 January 2014; *Daily News*, 'Forty percent of US firms consider moving factories out of China', 15 October 2012; *The Jakarta Post*, 'Slowing'.

65 P. Sheehan, E. Cheng, A. English and F. Sun, 'China's Response to the Air Pollution Shock',

NCC 4 (2014), 306–9.

66 IMF의 목록에 관해서는 Das and N'Diaye, 'End' 참조.

67 E. Mandel, *Long Waves of Capitalist Development: A Marxist Interpretation*, London, 1995 [1980], 88. 강조는 저자가 추가한 것이다.

68 *TE*, 'Reserve army of underemployed', 6 September 2008.

69 *China Labour Bulletin*, 'Wage increases quiet worker protest – for the time being', 3 November 2010. 추가로 예를 들어 C. Luo and J. Zhang, 'Declining Labor Share: Is China's Case Different?', *China & World Economy* 18 (2010), 1–18; Lee, *Against*, 163–4 참조.

70 Silver, *Forces*, 41; B. Silver and L. Zhang, 'China as an Emerging Epicenter of World Labor Unrest', in H. Hung (ed.), *China and the Transformation of Global Capitalism*, Baltimore, 2009, 174. 강조는 원문의 것이다.

71 Friedlingstein et al., 'Persistent', 712; Oxfam, *Working for the Few: Political Capture and Economic Inequality*, Oxfam briefing paper 178, 2014.

72 Marx, *Capital 3*, 343. 강조는 저자가 추가한 것이다.

73 예를 들어 Burkett and Foster, 'Metabolism', 139 비교 참조.

74 Friedlingstein et al., 'Persistent', 713.

75 Hertwich and Peters, 'Footprint', 6419.

76 Mitchell, *Carbon*, 21.

77 Ibid., 예를 들어 19–27, 236 참조.

78 Ibid., 29. 추가로 ch. 1; B. Podobnik, *Global Energy Shifts: Fostering Sustainability in a Turbulent Age*, Philadelphia, 2006, ch. 4 참조.

79 전 세계 석탄 소비 양상의 분석에 관해서는 B. Clark, A. Jorgenson and D. Auerbach, 'Up in Smoke: The Human Ecology and Political Economy of Coal Consumption', *Organization & Environment* 25 (2012), 452–69 참조.

80 G. Dai, S. Ulgiati, Y. Zhang et al., 'The False Promise of Coal Exploitation: How Mining Affects Herdsmen Well-Being in the Grassland Ecosystems of Inner Mongolia', *EP* 67 (2014), 146–53.

81 *France 24*, 'Amateur images are the only testimony of the revolt in Inner Mongolia', 1 June 2011에 보도된 토고촉E. Togochog의 언급. 추가로 *Los Angeles Times*, 'China tries to avert Inner Mongolia protests', 30 May 2011; *Scientific American*, 'Where coal is king in China', 4 November 2011 참조.

82 Marx, *Grundrisse*, 106.

83 Harvey, *Limits*, 220. 강조는 저자가 추가한 것이다. 노르웨이의 원유 시설: Smil, *Energy in Nature*, 222–3.

84 Smil, *Energy Transitions*, 125–6; W. Carton, 'Dancing to the Rhythms of the Fossil Fuel Landscape: The European Emissions Trading Scheme, Landscape Inertia, and the Limits to Market-Based Climate Change Governance', draft paper, Department of Human Geography, Lund University, 2013, 8.

85 R. Lempert, S. Popper, S. Resetar and S. Hart, *Capital Cycles and the Timing of Climate Change Policy*, Pew Center on Global Climate Change, 2002.

86 Grubler, 'Transitions', 10.

87 C. Bertram, N. Johnson, G. Luderer et al., 'Carbon Lock-In through Capital Stock Inertia Associated with Weak Near-Term Climate Policies', *Technological Forecasting & Social Change*, online first, 2013, 10. 강조는 저자가 추가한 것이다.

88 모든 수치는 S. Davis and R. Socolow, 'Commitment Accounting of CO_2 Emissions', *ERL* 9 (2014)에서 발췌.

89 S. van Renssen, 'Coal Resists Pressure', *NCC* 5 (2015), 96–7; Smil, *Energy Transitions*, 126; Berners-Lee and Duncan, *Burning*, 105.

90 van Renssen, 'Coal', 97로부터 인용. 수치는 Davis et al., 'Future', 1333에서 발췌.

91 *Fortune*, 'The 500 largest corporations in the world, 2013', money.cnn.com, accessed 25 May 2014; H. Schücking, L. Kroll, Y. Louvel and R. Richter, *Bankrolling Climate Change: A Look into the Portfolios of the World's Largest Banks*, Urgewald, 2011.

92 J. Hansen, M. Sato, G. Russell and P. Kharecha, 'Climate Sensitivity, Sea Level and Atmospheric Carbon Dioxide', *PTRSA* 371 (2013), online; C. McGlade and P. Ekins, 'Unburnable Oil: An Examination of Oil Resource Utilisation in a Decarbonised Energy System', *EP* 64 (2014), 102–12; N. Klein, *This Changes Everything: Capitalism vs the Climate*, London, 2014, 146–9; Berners-Lee and Duncan, *Burning*, 32–4, 85–94.

93 *Business Week*, 'Charlie Rose Talks to ExxonMobil's Rex Tillerson', 7 March 2013.

94 흔히 주로 언급되는 요인들의 목록은 D. Jamieson, *Reason in a Dark Time: Why the Struggle against Climate Change Failed – and What It Means for Our Future*, Oxford, 2014, ch. 3 참조. 이에 관한 본연의 분석은 K. M. Norgaard, *Living in Denial: Climate Change, Emotions, and Everyday Life*, Cambridge MA, 2011 참조.

95 Althusser, Reproduction.

96 Ibid., 259, 264로부터 인용. 처음 두 강조는 원문의 것이고, 세 번째 강조는 저자가 추가한 것이다.

97 Mosley, *Chimney*, 77. 강조는 원문의 것이다.

98 Ibid., 78에 인용된 윌리엄 본William Bone의 언급. 강조는 저자가 추가한 것이다.

99 현재까지 나온 가장 예리한 실증 연구에 관해서는 Huber, *Lifeblood* 참조.

100 Marx, *Grundrisse*, 287; S. Weintrobe, 'The Difficult Problem of Anxiety in Thinking about Climate Change', in S. Weintrobe (ed.), *Engaging*, 43. 강조는 저자가 추가한 것이다.

101 Althusser, *For*, 200. 강조는 원문의 것이다.

102 Lukács, *History*, 208; Marx, *Grundrisse*, 408로부터 인용. 강조는 저자가 추가한 것이다.

103 Lukács, *History*, 208; Althusser, *Reproduction*, 176.

104 Lukács, *History*, 93.

105 Jamieson, *Reason*, 1.

15. 흐름으로의 귀환? 전환을 가로막는 장애물들

1   O. Edenhofer, R. Madruga and Y. Sokona, *Renewable Energy Sources and Climate Change Mitigation: Special Report of the Intergovernmental Panel on Climate Change*, Cambridge, 2012, 183, 337, 340; Smil, *Energy Transitions*, 109.

2   C. Archer and M. Jacobson, 'Evaluation of Global Wind Power', *Journal of Geophysical Research* 110 (2005), 1–6; K. Marvel, B. Kravitz and K. Caldeira, 'Geophysical Limits to Global Wind Power', *NCC* 3 (2013), 118–21; Edenhofer et al., *Renewable*, 544–5. 이 값들이 저고도 풍력발전에 대한 것임에 주목하라.

3   M. Jacobson and M. Delucchi, 'Providing All Energy with Wind, Water, and Solar Power, Part I: Technologies, Energy Resources, Quantities and Areas of Infrastructure, and Materials', *EP* 39 (2011), 1154–69; M. Delucchi and M. Jacobson, 'Providing All Energy with Wind, Water, and Solar Power, Part II: Reliability, System and Transmission Costs, and Policies', *EP* 39 (2011), 1170– 90; M. Jacobson, R. Howarth, M. Delucchi et al., 'Examining the Feasibility of Converting New York State's All-Purpose Energy Infrastructure to One Using Wind, Water, and Sunlight', *EP* 57 (2013), 585–601.

4   P. Schwartzman and D. Schwartzman, *A Solar Transition Is Possible*, London, 2011; B. Sovacool and C. Watts, 'Going Completely Renewable: Is it Possible (Let Alone Desirable)?', *The Electricity Journal* 22 (2009), 95–111; L. Leggett and D. Ball, 'The Implication for Climate Change and Peak Fossil Fuel of the Continuation of the Current Trend in Wind and Solar Energy Production', *EP* 41 (2012), 610–7.

5   Edenhofer et al., *Renewable*, 35. 태양광발전에 관한 값은 오직 전력망에 연결된 것만을 포함하기 때문에 과소평가된 것이다.

6   *The Telegraph*, 'Global solar dominance in sight as science trumps fossil fuels', 9 April 2014; Bloomberg New Energy Finance [이후 BNEF], 'China's 12 GW solar market outstripped all expectations in 2013', 23 January 2014; *TG*, 'Kenya to generate over half of its electricity through solar power by 2016', 17 January 2014; *TG*, 'Haiti switches on to solar power as sustainable electricity solution', 17 December 2013; Smil, *Energy Transitions*, 126–7; Edenhofer et al., *Renewable*, 172–5; van Renssen, 'Coal', 96.

7   Edenhofer et al., *Renewable*, 187–9; T. Schmidt, R. Born and M. Schneider, 'Assessing the Costs of Photovoltaic and Wind Power in Six Developing Countries', *NCC* 2 (2012), 548–53.

8   K. Barnham, K. Knorr and M. Mazzer, 'Benefits of Photovoltaic Power in Supplying National Electricity Demand', *EP* 54 (2013), 385–90; G. Timilsina, G. van Kooten and P. Narbel, 'Global Wind Power Development: Economics and Policies', *EP* 61 (2013), 642–52; A. Petherick, 'Here Comes the Sun', *NCC* 4 (2014), 324–5; J. Trancik, 'Back the Renewables Boom', *Nature* 507 (2014), 300–2; Sovacool and Watts, 'Going', 98; Delucchi and Jacobson, 'Providing, Pt II', 1174–5; Schmidt et al., 'Assessing'. 보조금에 관한 자료는 B. Buchner, M. Herve-Mignucci, C. Trabacchi et al., *The Global Landscape of Climate Finance 2013*, Climate

Policy Initiative, 2013, 33으로부터 발췌.

9   K. Marx, *Theories of Surplus-value*, New York, 2000, 794.

10 N. Lewis, 'Toward Cost-Effective Solar Energy Use', *Science* 315 (2007), 798–801; D. Seifried and W. Witzel, *Renewable Energy: The Facts*, London, 2010, 60; S. Reichelstein and M. Yorston, 'The Prospects for Cost Competitive Solar PV Power', *EP* 55 (2013), 117–27; *The Observer*, 'The perovskite light bulb moment for solar power', 2 March 2014; *TG*, 'Perovskites: the future of solar power?', 7 March 2014; *TG*, 'Cheap batteries will revolutionise the renewable energy market', 9 March 2014.

11 *Reuters*, 'Shell goes cold on wind, solar, hydrogen energy', 17 March 2009. 추가로 D. Miller, 'Why the Oil Companies Lost Solar', *EP* 60 (2013), 52–60 참조.

12 *NPR*, 'BP bows out of solar, but industry outlook still sunny', 7 March 2013. 강조는 저자가 추가한 것이다. 추가로 *TG*, 'BP axes 620 jobs from solar business', 1 April 2009; 'BP axes solar power business', 21 December 2011 참조.

13 Miller, 'Why', 58로부터 인용된 언급(익명).

14 D. Powell, 'Sahara Solar Plan Loses Its Shine', *Nature* 491 (2012), 16–17; *Reuters*, 'E.ON quits renewable energy consortium Desertec', 11 April 2014.

15 *Nature*, 'Power cuts', 490 (2012), 5–6; Kennedy, *Rooftop Revolution: How Solar Power Can Save Our Economy – and Our Planet – from Dirty Energy*, San Francisco, 2012, 15–16; *TG*, 'Is sustainability losing momentum in the solar industry?', 13 August 2013; 'EU to impose anti-dumping tariffs on Chinese solar panels', 4 June 2013; Zhang et al., 'Erratic'.

16 BNEF, *Global Trends in Renewable Energy Investment 2014: Key Findings*, 2014, 12. (생물연료를 포함한) 모든 수치는 이 보고서로부터 발췌하였다. Buchner et al., *Global*; *TG*, 'Is solar power facing a dim future?', 10 October 2013 비교 참조.

17 로더데일의 역설에 관해서는 Foster et al., *Ecological*, ch. 1 참조.

18 Jacobson and Delucchi, 'Providing Pt I'. The recycling potential: D. Müller, G. Liu, A. Løvik et al., 'Carbon Emissions of Infrastructure Development', *Environmental Science & Technology* 47 (2013), 11745.

19 Jacobson and Delucchi, 'Providing Pt I'; Jacobson et al., 'Examining'. M. Dombi, I. Kuti and P. Balogh, 'Sustainability Assessment of Renewable Power and Heat Generation Technologies', *EP* 67 (2014), 264–71 비교 참조. 추가로 T. Searchinger, R. Heimlich, R. Houghton et al., 'Use of U.S. Croplands for Biofuels Increases Greenhouse Gases through Emissions from Land-Use Change', *Science* 319 (2008), 1238–40.

20 R. Kerr, 'Do We Have Energy for the Next Transition?', *Science* 329 (2010), 780에 인용된 C. Cleveland.

21 Edenhofer et al., *Renewable*, 342; Archer and Jacobson, 'Evaluation'; Reichelstein and Yorston, 'Prospects'; Timilsina et al., 'Global'.

22 H. Scheer, *The Solar Economy: Renewable Energy for a Sustainable Global Future*, London, 2004, 78.

23 H. Scheer, *The Energy Imperative: 100 Per Cent Renewable Now*, London, 2012, 23; Scheer, *Solar*, 66으로부터 인용.

24 Scheer, *Solar*, 80.

25 예를 들어 *NYT*, 'Executive life; Who says unions must dislike their chief?', 15 December 2002에 인용된 것처럼.

26 Scheer, *Solar*, 86; Scheer, *Energy*, 35.

27 Scheer, *Solar*, 183; Crary, *24/7*, 88.

28 *EP*에 실린 트레이너T. Trainer의 논문을 보라. 'A Critique of Jacobson and Delucchi's Proposals for a World Renewable Energy Supply', 44 (2012), 476–81; 'Can Europe Run on Renewable Energy? A Negative Case', 63 (2013), 845–50; 'Some inconvenient theses', 64 (2014), 168–74. N. Gilbraith, P. Jaramillo, F. Tong and F. Faria 'Comments on Jacobson et al.'s Proposal for a Wind, Water, and Solar Energy Future for New York State', *EP* 60 (2013), 68로부터 인용.

29 *NYT*, 'Is America ready to quit coal?', 14 February 2009에 인용된 모리스M. Morris의 언급. D. Hess, 'Industrial Fields and Countervailing Power: The Transformation of Distributed Solar Energy in the United States', *Global Environmental Change* 23 (2013), 847–55; BNEF, *Profiling the Risks in Solar and Wind: A Case for New Risk Management Approaches in the Renewable Energy Sector*, 2013, 11; Lukács, *History*, 99.

30 예를 들어 M. Roeb and H. Müller-Steinhagen, 'Concentrating on Solar Electricity and Fuels', *Science* 329 (2010), 773–4; P. Viebahn, Y. Lechon and F. Trieb, 'The Potential Role of Concentrated Solar Power (CSP) in Africa and Europe: A Dynamic Assessment of Technology Development, Cost Development and Life Cycle Inventories until 2050', *EP* 39 (2011), 4420–30; J. Kaldellis and M. Kapsali 'Shifting towards Offshore Wind Energy: Recent Activity and Future Development', *EP* 53 (2013), 136–48 참조.

31 F. Zickfeld, A. Wieland, J. Blohmke et al., *2050 Desert Power: Perspectives on a Sustainable Power System for EUMENA*, Munich, 2012; 6, 11로부터의 인용.

32 *Reuters*, 'E.ON quits renewable energy consortium Desertec', 11 April 2014; *TG*, 'Desert solar power partners Desertec Foundation and DII split up', 5 July 2013; *EurActiv*, 'Desertec abandons Sahara solar power export dream', 31 May 2013으로부터 인용.

33 F. Trieb, C. Schillings, T. Pregger and M. O'Sullivan, 'Solar Electricity Imports from the Middle East and North Africa to Europe', *EP* 42 (2012), 353.

34 C. Cooper and B. Sovacool, 'Miracle or Mirage? The Promise or Peril of Desert Energy Part 2', *Renewable Energy* 50 (2013), 824. 강조는 저자가 추가한 것이다.

35 M. Delucchi and M. Jacobson, 'Response to "A Critique of Jacobson and Delucchi's Proposals for a World Renewable Energy Supply"', *EP* 44 (2012), 482–4.

36 Jevons, *Coal*, 152.

37 A. Gullberg, 'The Political Feasibility of Norway as the "Green Battery" of Europe', *EP* 57 (2013), 615–23; Spiegel Online, 'Norway wants to become Europe's battery', 24 May 2012.

38 예를 들어 M. Rasmussen, G. Andresen and M. Greiner, 'Storage and Balancing Synergies in a Fully or Highly Renewable Pan-European Power System', *EP* 51 (2012), 642–65; Delucchi and Jacobson, 'Providing Pt II' 참조.

39 Klein, *This*, 394–5 비교 참조.

40 W. Blackstone, *Commentaries on the Laws of England, Book the Second, Fourth Edition*, Oxford, 1770, 395; Wiel, 'Running', 191에 인용된 익명의 프랑스 법학자의 언급.

41 Scheer, *Energy*, 88, 97. 강조는 저자가 추가한 것이다.

42 S. Jacobsson and K. Karltorp, 'Mechanisms Blocking the Dynamics of the European Offshore Wind Energy Innovation System: Challenges for Policy Intervention', *EP* 63 (2013), 1182–95; Trieb et al., 'Solar', 310–11; Buchner et al., *Global*, 28; Jacobsson and Karltorp (2013); Timilsina et al., 'Global', 650.

43 S. van Renssen, 'Investors Take Charge of Climate Policy', *NCC* 4 (2014), 241–2; *TG*, 'UN climate chief calls for tripling of clean energy investment', 14 January 2014.

44 R. Jacobsson and S. Jacobsson, 'The Emerging Funding Gap for the European Energy Sector: Will the Financial Sector Deliver?', *Environmental Innovation and Societal Transitions* 5 (2012), 49–59.

45 A. Villaraigosa, V. Sivaram and R. Nichols, 'Powering Los Angeles with Renewable Energy', *NCC* 3 (2013), 771–5.

46 Klein, *This*, 96–100; R. Sullivan and A. Gouldson, 'Ten Years of Corporate Action on Climate Change: What Do We Have to Show for It?', *EP* 60 (2013), 733–40; H. Dulal, K. Shah, C. Saptoka et al., 'Renewable Energy Diffusion in Asia: Can It Happen without Government Support?', *Energy Policy* 59 (2013), 301–11.

47 Scheer, *Energy*, 149; R. York, 'Do Alternative Energy Sources Displace Fossil Fuels?', *NCC* 2 (2012), 443. 강조는 저자가 추가한 것이다.

48 *TG*, 'Abundant fossil fuels leave clean energy out in the cold', 7 November 2013 비교 참조.

49 Klein, *This*, 201.

50 Jacobson and Delucchi, 'Providing Pt I', 9; A. Giddens, *The Politics of Climate Change. Second Edition*, Cambridge, 2011, 93–9.

51 M. Meinshausen, N. Meinshausen, W. Hare et al., 'Greenhouse-Gas Emission Targets for Limiting Global Warming to 2°C', *Nature* 458 (2009), 1158–63; J. Rogelj, D. McCollum, B. O'Neill and K. Riahi, '2020 Emissions Required to Limit Warming to Below 2°C', *NCC* 3 (2013), 405–12; T. Stocker 'The Closing Door of Climate Targets', *Science* 339 (2013), 280–2; Luderer et al., 'Economic'; Peters et al., 'Challenge'; Friedlingstein et al., 'Persistent'. Raupach et al., 'Sharing'에 따르면, 매년 필요한 전 세계 배출량 감소율은 외려 5퍼센트다.

52 추가로 C. Parenti, 'A Radical Approach to the Climate Crisis', *Dissent* (Summer 2013), 51–7 참조.

53 Klein, *This* 참조. 예를 들어 22, 153–4.

54 Scheer, *Energy*, 110, 102, 106; Scheer, *Solar*, 172.

55 K. Anderson, 'Climate Change Going Beyond Dangerous: Brutal Numbers and Tenuous Hope', *Development Dialogue*, no. 61 (2012), 25; Anderson and Bows, 'Reframing', 3880.

56 L. Trotsky, *Terrorism and Communism*, London, 2007 [1920]; W. Benjamin, *The Arcades Project*, Cambridge MA, 2002, 473. Wainwright and Mann, 'Leviathan' 비교 참조.

57 L. Delina and M. Diesendorf, 'Is Wartime Mobilisation a Suitable Policy Model for Rapid National Climate Mitigation?', *EP* 58 (2013), 376.

58 이 네 국가에 관한 수치. Peters et al., 'Challenge' 참조.

59 Delina and Diesendorf, 'Wartime', 377.

60 바로 이 정의는 C. Hamilton, *Earthmasters: The Dawn of the Age of Climate Engineering*, New Haven, 2013, 1에서 발췌.

61 P. Crutzen, 'Albedo Enhancement by Stratospheric Sulfur Injections: A Contribution to Resolve a Policy Dilemma', *CC* 77 (2006), 211–20. 그의 기고문 덕에 금기가 깨지고 대유행이 시작되었다는 사실에 관해서는 E. Kintisch, *Hack the Planet: Science's Best Hope—or Worst Nightmare – for Averting Climate Catastrophe*, Hoboken, 2010, 55–8; Hamilton, *Earthmasters*, 15–18, 147, 166; D. Keith, *A Case for Climate Engineering*, Cambridge MA, 2013, 92 참조.

62 지구공학에 관한 훌륭한 두 건의 조사 결과를 살펴보려면 Kintisch, *Hack*; Hamilton, *Earthmasters* 참조. 지구공학에 대한 훌륭한 비판을 H. Buck, 'Geoengineering: Re-making Climate for Profit or Humanitarian Intervention?', *Development and Change* 43 (2012), 253–70에서 찾을 수 있다. 추가로 Klein (2014), ch. 8 참조.

63 Keith, *Case*, ix, 100.

64 Ibid., 71. 추가로 예를 들어 Kintisch, *Hack*, 60–72; S. Barrett, T. Lenton, A. Millner et al., 'Climate Engineering Reconsidered', *NCC* 4 (2014), 527–9 참조.

65 K. McCusker, K. Armour, C. Bitz and D. Battisti, 'Rapid and Extensive Warming Following Cessation of Solar Radiation Management', *ERL* 9 (2014). 추가로 예를 들어 V. Brovkin, V. Petoukhov, M. Claussen et al., 'Geoengineering Climate by Stratospheric Sulphur Injections: Earth System Vulnerability to Technological Failure', *CC* 92 (2009), 243–59; A. Ross and H. Matthews, 'Climate Engineering and the Risk of Rapid Climate Change', *ERL* 4 (2009); W. Burns, 'Climate Geoengineering: Solar Radiation Management and Its Implications for Intergenerational Equity', *Stanford Journal of Law, Science & Policy* 4 (2011), 39–55 참조.

66 Kintisch, *Hack*, 194–206; Hamilton, *Earthmasters*, 74–76; *TG*, 'Bill Gates backs climate scientists lobbying for large-scale geoengineering', 6 February 2012.

67 *TG*, 'Climate change fears overblown, says ExxonMobile boss', 28 June 2012.

68 Crutzen, 'Albedo', 217.

69 Keith, *Case*, 29, 143–4.

70 Ibid., 115.

1 Lynas, *God*, 5–6, 55.

2 Ibid., 197. 추가로 ch. 11 참조. '인류세'에 집착한다 해서 꼭 지구공학을 지지하게 된다는 뜻은 아니다——아마도 인류세를 주창하는 학자들 중 소수만이 이러한 해법을 선호할 것이다——그러나 이 서사가 내포하는 정치적 논리는 분명히 사회 내의 대립을 회피한다.

3 Klein, *This*, 18.

4 J. Gray, 'This Changes Everything: Capitalism vs the Climate review', *The Observer*, 22 September 2014; P. Kingsnorth, 'The Four Degrees', *London Review of Books* 36, no. 20 (2014), 18. 강조는 저자가 추가한 것이다.

5 D. Chakrabarty, 'Climate and Capital: On Conjoined Histories', *Critical Inquiry* 41 (2014), 11. 강조는 원문의 것이다.

6 Ibid., 14–16.

7 D. Chakrabarty, 'The Climate of History: Four Theses', *Critical Inquiry* 35 (2009), 221–2. 기후변화에 대한 차별화된 취약성을 개념화하려는 몇몇 시도를 살펴보려면 A. Malm, 'Sea Wall Politics: Uneven and Combined Protection of the Nile Delta Coastline in the Face of Sea Level Rise', *Critical Sociology* 39 (2013), 803–32; A. Malm and S. Esmailian, 'Ways In and Out of Vulnerability to Climate Change: Abandoning the Mubarak Project in the Northern Nile Delta, Egypt', *Antipode* 45 (2012), 474–92; A. Malm and S. Esmailian, 'Doubly Dispossessed by Accumulation: Egyptian Fishing Communities between Enclosed Lakes and a Rising Sea', *Review of African Political Economy* 39 (2012), 408–26; A. Malm, 'Tahrir Submerged? Five Theses on Climate Change and Revolution', *Capitalism Nature Socialism* 25 (2014), 28–44 참조.

8 M. Funk, *Windfall: The Booming Business of Global Warming*, New York, 2014에 실린 매우 특별한 조사 결과를 참조하라.

9 예를 들어 D. Archer, 'Fate of Fossil CO_2 in Geological Time', *Journal of Geophysical Research* 110 (2005); D. Archer and A. Ganopalski, 'A Movable Trigger: Fossil Fuel CO_2 and the Onset of the Next Glaciation', *Geochemistry, Geophysics, Geosystems* 6 (2005); A. Montenegro, V. Brovkin, M. Eby et al., 'Long Term Fate of Anthropogenic Carbon', *GRL* 34 (2007); D. Archer, M. Eby, V. Brovkin et al. 'Atmospheric Lifetime of Fossil Fuel Carbon Dioxide', *Annual Review of Earth and Planetary Sciences* 37 (2009), 117–34; Stocker et al., *Physical*, 472–3; Archer, *Long*. Althusser and Balibar, *Reading*, 110–6 비교 참조.

10 W. Benjamin, *One-Way Street and Other Writings*, London, 2009, 58.

11 Wrigley, *Energy*, 247–8; M. Löwy, *Fire Alarm: Reading Walter Benjamin's 'On the Concept of History'*, London, 2005, 57에 인용된 벤야민의 글. 강조는 저자가 추가한 것이다(미카엘 뢰비의 걸작에는 《역사의 개념에 대하여》의 모든 테제가 수록되어 있다).

12 Engels, *Condition*, 165, 107–8, 72, 253–5, 282.

13 'apocalypse'의 어원과 이 단어가 기후변화와 연관되어 사용된 전통에 관해서는 S.

Skrimshire (ed.), *Future Ethics: Climate Change and the Apocalyptic Imagination*, London, 2010 참조.

14 Löwy, *Fire*, 62에 인용된 Benjamin; T. Adorno, *Minima Moralia: Reflections from Damaged Life*, London, 2005 [1951], 60, 248-9. 강조는 저자가 추가한 것이다. "공포는 항상 동일한 상태에 머물러 있다는 것—'선사시대'의 지속—이지만, 스스로 굴러가는 생산력의 충실한 그림자로서, 전혀 예상치 못한 모습으로 부단히 탈바꿈하고 모든 대비를 뛰어넘으면서 실현된다(Horror consists in its always remaining the same – the persistence of "prehistory" – but is realized as constantly different, unforeseen, exceeding all expectation, the faithful shadow of developing productive forces.)." Adorno, *Minima*, 249.

15 Löwy, *Fire*, 42에 인용된 벤야민의 글. 강조는 원문의 것이다.

16 Klein, *This*, part 3 참조.

17 Löwy, *Fire*, 66-7에 인용된 벤야민의 글. Benjamin, *One-Way*, 57.

옮긴이의 말

1.

본서는 스웨덴 룬드 대학교 인간생태학부에서 교편을 잡고 있는 안드레아스 말름Andreas Malm의 박사 학위논문인《화석 자본: 1825-1848년경 영국 면직물 산업계에서 증기력의 발흥과 지구온난화의 기원》*Fossil Capital: The Rise of Steam-Power in the British Cotton Industry, c. 1825-1848, and the Roots of Global Warming*을 요약하고 보완하여 영국 베르소Verso 출판사에서 출판한 것을 한국어로 옮긴 것이다. 거의 800쪽에 달하는 방대한 학위논문이었던 만큼 분량도 상당하지만, 읽다가 길을 잃게 만들 수 있는 부수적 내용——고대로부터 근대까지의 수차의 발전상을 서술하는 부분 등——을 출판 과정에서 제거했기 때문에 본서의 흐름은 간명하다. 따라서 별도의 해제가 필요하지 않으나, 그래도 분량이 상당하기 때문에 간단한 길잡이 정도의 안내는 필요하다고 생각한다. 비유하자면 각각의 전시물에 자세한 설명이 제시되어 있어 돌아볼 때 해설자를 따로 동반할 필요가 없는 방대한 박물관과 같지만, 그러한 박물관이더라도 다음 전시실에서 무엇을 발견할 수 있을지 간략히 알려 주는 지도 하나는 들고 둘러보는 편이 나을 것이다.

본문은 16개 장으로 구성되어 있으며, 그 대강의 흐름은 다음과 같다. 먼저 1장은 도입부이다. 저자는 기후변화의 현황——원서의 출판 시점인 2016년 당시 기준——에 대해 간략히 설명하고, 기후변화를 다루기 위해서 특히 역사적 관점이 필요함을 강조하며, 동시에 화석 연료를 사용하게 된 결정적 계기인 증기기관에 주목해야 한다고 역설한다. 그렇다면 증기기관이 도입된 산업혁명 시기의 영국을 탐구하는 것이 유력한 방법이 될 것이다. 2장은 1장에서 제시된 문제에 대한 기존 주류 이론들——결핍이 기술적으로 해소된다는 리카도-맬서스식 패러다임, '인류의 기획'the human enterprise이라는 말로 대표되는 인류세 서사 등——을 설명하고 쟁점을 제시한다. 특히 증기력 이전에 이미 수력이 영국의 산업을 견인하고 있었음을 지적하고, 증기력이 수력을 대체하게 된 이유를 탐구할 필요가 있음을 주장한다.

그 뒤를 따르는 3장부터 8장까지는 2장에서 제시된 기존의 주류 이론들을 검증하여 그 오류를 파헤치는 과정이라고 할 수 있다. 먼저 3장에서는 원동기의 에너지원을 그 시공간상 윤곽——공간과 시간 속에서 점하는 서로 다른 위치와 그로 인해 발생하는 각각의 고유한 특징들과 그 자체의 논리——에 따라 세 종류——에너지의 흐름, 동물력, 에너지의 재고——로 분류한다. 그 후 특히 에너지의 흐름의 대표인 수력이 자본주의의 근간인 공장제도를 탄생시켰고 심지어 에너지의 재고를 활용하는 와트의 증기기관이 완성된 이후에도 상당한 기간 동안 영국 제조업을 이끌었음을 증명한다. 4장에서는 1820년대와 1830년대에 걸쳐 전개된 영국의 사회적, 경제적 상황을 서술한다. 1825년부터 공황이라는 형태로 지속적으로 드러난 경제적 위기, 단결금지법의 폐지와 노동조합의 투쟁 그리고 그 투쟁을 분쇄하기 위한 자본가의 기계 도입 등 당시 사회상을 배경으로 제시한다. 5장에서는 통계적 자료에 기초하여 1830년대 중반에 영국 면직물 산업계에서 수력으로부터 증기력으로의 전환이 이루어졌음을 확인한 후, 그 원인을 기존의 주류 이론들——수력 자원의 부족이나 높은 비용, 수차의 기술적 한계 등 일종의 결핍에 대한 대응——로 설명할 수 없다는 점을 보인다. 그렇다면 다른 원인을 찾아야 할 것이다.

6장부터 8장까지가 바로 그 원인을 찾는 과정이다. 먼저 6장에서 1820년대와 1830년대에 걸쳐 제안되거나 구현되었던 대규모 수력 공급 계획의 사례들을 살펴보는데, 특히 실패 사례들을 통해 새로운 수준에서의 생산력의 사회적 조직화—대규모 수력의 공급—가 그와 모순되는 사적인 소유관계—편협하고 즉자적으로 이기적인 관점—탓에 좌절되었다는 사실을 보여준다. 즉, 자본주의의 근본적 모순이 수력에 적대적인 상황을 초래하였다. 7장과 8장에서는 수력과 증기력 사이에 존재하는 시공간상 윤곽 차이를 조금 더 구체적으로 지적하고 당대 자본주의의 특성이 수력의 시공간상 윤곽과 모순되었기 때문에 증기력이 선택되었음을 보여준다. 7장이 주로 도시화와 연관된 공간상의 운동을 다룬다면, 8장은 수력이 지닌 시간상의 변동성에 자본가들의 대응을 점점 더 어렵게 만드는 사회적 정세—주로 길고 불규칙한 노동시간에 대한 규제—에 주목한다. 이렇게 기존 주류 이론들의 주장과는 달리 수력에서 증기력으로의 실제 전환이 당시 자본주의 생산관계 탓에 진행되었던 것임을 분명히 한다.

9장과 10장은 여태까지의 논의와 약간 결을 달리하여 증기력을 둘러싼 당대의 관념과 심상, 그리고 그 귀결을 다룬다. 먼저 9장은 증기력을 신비롭게 바라보는 부르주아의 이데올로기—증기물신주의 steam fetishism—를 서술하는데, 특히 이 부분은 저자의 스승인 알프 호른보리의 기계물신주의 machine fetishism 논의와 비교하여 읽으면 한층 더 흥미로울 것이다. 10장은 반대로 증기력과 적대하는 노동자들의 관점을 서술하며, 그러한 관점이 단순한 관념으로 남지 않고 노동자들의 실제적 투쟁—1842년 총파업—으로 분출되었음을 보여준다. 당시 노동자들이 처했던 실로 처참한 노동조건—공장 내의 열악한 환경과 사고로 인한 산업재해—이 그들을 그러한 실제적 투쟁에 나설 수밖에 없게 만들었다. 이렇게 일부 사람들이 다른 사람들의 명시적 저항을 짓밟으면서 증기력을 도입한 것이었음이 증명됨으로써 소위 '인류의 기획'은 결정적으로 부정된다. 그 뒤를 이은 11장은 당시 완성된 화석 경제의 모습을 간략히 요약하고 있다.

12장부터 15장까지가 본서의 주제를 제시하는 핵심부이다. 12장에서는 앞서 2장에서 서술한 기존의 주류 이론들을 3장에서 11장까지 수행한 역사적 탐구의 결과를 기초로 하여 조목조목 반박하고, 13장과 14장에서는 그 대안이 될 저자의 화석 자본에 대한 기본 이론을 서술한다. 13장이 화석 자본과 화석 경제의 거동을 설명하는 기초 개념들—화석 자본, 화석 소비, 화석 자본의 시초축적 등 화석 경제의 요소들, 절대적 공간 및 구체적 시간과 대립하는 자본의 추상적 공간성과 시간성—을 제시한다면, 14장은 특히 21세기 초의 세계화된 화석 자본과 화석 경제의 효과—팽창, 강도, 통합이라는 세 가지 효과로 드러난다—에 그 초점을 맞춘다. 본서가 영국이라는 단일한 국가의 역사적 전개에 주로 주목하면서 그 식민지의 영향을 충분히 다루지 아니하여 제한된 분석에만 매달린 것이 아니냐는 비판이 있을 수 있는데, 14장에서 세계화된 화석 자본을 다룸으로써 이에 어느 정도 대응하고 있다고 할 수 있겠다. 물론 이게 충분하지 못할 수 있기 때문에 궁극적 해결을 바란다면 본서의 후속편으로 저자가 준비 중인 《화석 제국》의 공개를 기다릴 수밖에 없을 것이다. 15장은 기후변화에 대응하는 접근법들과 그에 대한 화석 자본의 저항에 대해 서술한다. 반동적 저항을 분쇄하고 기후변화를 해결하기 위해 저자가 주장하는 접근법이 본서에서 아주 명확하게 제시되지는 않기 때문에 15장은 저자의 조금 더 선동적인 제목의 저서 《코로나, 기후, 만성적 비상사태: 21세기 전시공산주의》*CORONA, CLIMATE, CHRONIC EMERGENCY: War Communism in the Twenty-First Century*의 후반부와 함께 읽는 편이 좋을 것이라고 생각된다. 그리고 마지막 16장의 결론으로 방대한 본서의 내용은 마무리된다.

---

* 반공 이데올로기가 두려웠는지 《코로나, 기후, 오래된 비상사태: 21세기 생태사회주의론》라는 제목으로 국내에 소개되었으나 본래 원제는 '전시공산주의'War Communism라는 훨씬 더 선명한 용어로 대안을 분명히 제시하였다.

2.

본서를 번역하는 중 생소한 용어와 만나 고민한 적이 많았다. 꼭 생소한 용어가 아니더라도 몇몇 용어에 대해서는 여기서 부연하여 설명해 두는 편이 나을 것이라고 생각되어 조금 적어 두고자 한다.

본문에서도 언급되지만 'power'라는 영어 단어는 '권력', '동력' 양쪽의 의미로 사용될 수 있다. 본서에서는 이 단어의 두 의미 사이의 양가적 관계에 주목하는 경우가 많기 때문에 그러한 경우에는 '권력-동력'이라고 결합하여 번역하였다. 그리고 9장에서는 부르주아가 물신주의를 통해 증기기관에 관념적으로 투영하는 비합리적 수준의 능력을 지칭하는 경우가 있기 때문에 이러한 경우에는 '권능'이라는 단어를 사용하였다.

'fuel'은 보통 '연료'로 번역되지만, 엄밀히 말해 연소가 동반되지 않는 수력과 풍력과 같은 자원에는 이 단어가 부적절하다. 때문에 이러한 자원들과 연관되어 'fuel'이 사용될 경우에는 '동력원'이라는 단어로 번역하였다.

'인류의 기획'이라는 용어를 'the human enterprise'의 번역어로 사용하였다. 'enterprise'는 흔히 '과제', '과업'이나 '기업' 정도로 번역될 것이다. 그러나 본서에서 해당 단어를 인류에 부여된 '과제'나 '과업'을 지칭하는 것으로 보기는 어렵다고 판단했고, '기업'이라는 단어가 통상적으로 지칭하는 현실의 경제적 개체가 본서에서 뜻하는 내용과 일치한다고 보기도 어려웠다. 때문에 '기업'이라는 단어로부터 일을 꾸민다는 '기획'이라는 의미만 따서 그것을 그대로 사용하기로 했다.

맨체스터의 별명으로 사용되는 'the Cottonopolis'는 '면직업의 수도'로 번역하였다. 그냥 '면직업 도시' 정도로 번역하는 것 역시 가능했으나 면직업에 특별히 빼어난 도시라는 느낌을 살리기 위해서 '수도'라는 단어를 채택하였다.

'감독관'이라는 단어는 공장법 덕분에 도입된 공장감독관인

'factory inspector'를 번역하는 데 주로 사용되었으나 교구의 빈민감독관인 'overseer'를 번역하는 데도 달리 활용할 단어가 떠오르지 않아 역시 이용하였다. 공장감독관을 보조하여 감독 업무를 수행하는 'superintendent'는 '감독관'보다 하위 담당자로 보아 '감독자'로 번역했다.

14장에서 등장하는 'migrant worker'와 'migrant laborer'는 '이주노동자'로 번역하는 것이 보통이지만, 여기서는 중국이라는 맥락을 고려하여 '농민공'이라는 단어를 사용하였다.

섬유공업과 관련된 전문용어들이 다수 등장한다는 점도 번역에 어려움을 가중시켰다. 일상에서 거의 접할 일 없는 '태사'coarse yarns, '중사'medium yarns, '세사'fine yarns와 같은 단어들이 대표적인 예다. 모직물 생산에서 털을 빗어 펴는 공정을 '소모'라고 번역할 수도 있지만, 더 널리 쓰이는 동일한 철자의 단어와 혼동될 수 있다는 우려 때문에 풀어서 적는 것을 선택하였다. 따라서 'wool-comber'는 '양모 빗는 직공'으로 길게 풀어서 적었으며, 상대적으로 자주 등장하지 않는 단어인 'combing machine'만 '소모기'로 번역하였다.

당대 생활상을 이해하지 못하면 제대로 번역하기 어려운 용어들도 있었다. 특히 기억에 남는 것은 '복숭아 온실'로 번역한 'peach house'인데, 《브리태니커 백과사전》 제11판의 '원예학'horticulture 항목에 적힌 바처럼 온실을 꾸미며 과수를 키우던 사회상을 알아채지 못했다면 적절히 번역할 수 없었을 것이다. 당시 작은 개가 쳇바퀴를 돌려 조리 중에 고기를 일정한 속도로 회전하게 만들었다는 사실도 이번에 'the turning of the spit'을 번역하면서 처음 알게 되었다. 해당 용어는 '고기를 뒤집어 조리하는 일'로 적었다.

원서 내용 중 오류가 발견되어 역서에서 다르게 적은 부분도 세 곳 정도 존재한다. 3장에서 존 로비슨을 '국가철학'national philosophy 교수로 소개하였으나, 이를 '자연철학'natural philosophy의 오식으로 판단하여 '자연철학 교수'로 적었다. 13장에서 애덤스Adams를 '애덤'Adam으로 잘못 적은 곳이 하나 발견되어 수정하여 반영하였다. 7장 89번 주석에서는 1822년과 1827년에 매입한 공장들의 위치를 모두 랭커스터라고 기술하였으나 실제로 1827년에 매입한 공장의 위치는 베리Bury였던 것으로 확인되어 이 역시 수정하였다.

미주는 원서에 있던 주석이고 각주는 번역하면서 추가한 것이다. 덧붙여, 인용문의 강조를 저자가 추가한 것인지 인용된 원문에 있던 것인지는 인용문의 미주에 '저자가 추가한 것' 또는 '원문의 것'이라고 적시되어 있기 때문에 혼란은 없을 것으로 사료된다.

3.

이미 국내에 소개된 저자의 글이 인용된 경우에는 가능한 한 기존 번역본을 확보하여 해당 문구를 확인하면서 번역을 진행하였으나 인용되는 문맥에 따라 기존 번역본의 문구를 그대로 가져오지는 못했음을 알린다. 본서를 번역하면서 참고한 기존 번역본들은 아래 나열하였다.

- 카를 마르크스. 《루이 보나파르트의 브뤼메르 18일》. 최형익 옮김. 비르투, 2012.
- 카를 마르크스. 《자본론I 상》, 《자본론I 하》, 《자본론II》, 《자본론III 상》, 《자본론III 하》 제1개역판. 김수행 옮김. 비봉출판사, 2004.
- 카를 마르크스. 《정치경제학 비판 요강I》, 《정치경제학 비판 요강II》, 《정치경제학 비판 요강III》 개정판. 김호균 옮김. 그린비, 2007.
- 프리드리히 엥겔스. 《영국 노동계급의 상황》. 이재만 옮김. 라티오, 2014.
- 찰스 디킨스. 《어려운 시절》. 김옥수 옮김. 비꽃, 2016.
- 레프 트로츠키. 《트로츠키 테러리즘과 공산주의》. 노승영 옮김. 프레시안북, 2009.

- 죄르지 루카치. 《역사와 계급의식》. 조만영, 박정호 옮김. 지식을만드는지식, 2015.
- 발터 벤야민. 《역사의 개념에 대하여/폭력비판을 위하여/초현실주의 외》. 최성만 옮김. 길, 2008.
- 발터 벤야민. 《일방통행로: 사유의 유격전을 위한 현대의 교본》. 조형준 옮김. 새물결, 2007.
- 발터 벤야민. 《아케이드 프로젝트》. 조형준 옮김. 새물결, 2005.
- 앙리 르페브르. 《공간의 생산》. 양영란 옮김. 에코리브르, 2011.
- 테오도르 아도르노. 《미니마 모랄리아: 상처받은 삶에서 나온 성찰》. 김유동 옮김. 길, 2005.
- 루이 알튀세르. 《마르크스를 위하여》. 서관모 옮김. 후마니타스, 2017.
- 루이 알튀세르. 《재생산에 대하여: 자크 비데 서문》. 김웅권 옮김. 동문선, 2007.
- 루이 알튀세르. 《자본론을 읽는다》. 김진엽 옮김. 두레, 1991.
- 데이비드 하비. 《자본의 한계: 공간의 정치경제학》. 최병두 옮김. 한울, 1995.

4.

두번째테제 출판사의 장원 편집장과 만나게 된 인연으로 본서의 번역을 시작하게 된 것은 개인적으로 큰 행운이었다. 처음 원서를 접했을 때 그동안 개인적으로 머릿속에서만 구상하고 있던 개념화——각 에너지 기술의 시공간상 범주화와 그것의 자본주의적 생산관계와의 관계성——가 훨씬 더 명확한 형태로 드러나는 감동을 받았다. 어쩌면 그 때문에 조금 성급하게 번역하겠다고 덤벼들었던 것일지도 모른다. 이공계 경력의 역자가 사회과학적 지식이 부족하여 용어들을 부적절하게 번역했을 가능성도 크고, 때문에 편집 및 교정에 많은 노력이 들어갔을 것으로 생각된다. 본서를 내는 데 수고해 준 장원 씨에게 감사를 전한다. 물론 그럼에도 불구하고 오류가 있다면 그 책임은 온전히 역자의 몫이다.

본서의 번역을 시작한 것이 아마도 2020년 10월 정도였을 터이니, 대략 3년에 가까운 시간이 걸렸다. 학위 논문이 나온 시점이 거의 10년 전인 2014년이고 원서가 출판된 것이 2016년이었으니 국내에 뒤늦게 소개된다는 느낌도 없지 않다. 그러나 본서가 제시하는 기본적 이론의 틀은 여전히 유효하다. 이는 말할 나위 없이 절대 기뻐할 일이 못 되는데, 그것은 그때나 지금이나 상황이 전혀 개선되지 않았다는 것을 뜻하기 때문이다. 아니, CO_2의 대기 중 누적이라는 자연적 법칙에 따라 상황은 한층 더 악화되었다. 그러나 '아무것도 없어도 내일이 있다'면 여전히 그것은 '반격의 시간'이다.[*]

1945년 금일 사망한 철학자 도사카 준戸坂潤은 단어에 낫표(「」)를 씌워 그것이 이름뿐인 허위임을 표시하였다. 이데올로기 비판은 이 낫표를 벗겨 내고 은폐된 본질을 폭로하는 작업이다. '우리의 패배와 저들의 승리'가 우리 삶의 터전을 무너뜨리는 동안에도, 기고만장한 반동 이데올로그들은 「우리 모두」의 책임이라는 허위로 담론장을 오염시키고 있다. 계급사회에 「우리 모두」 따위는 존재하지 않는다. 지금 참된 지식을 생산하는 노동자의 급선무는 허위와 싸우는 것이며, 그 작업은 바로 누가 적인지를 객관적으로 분명히 규정하는 것에서부터 시작된다. 그러니까 왜곡된 「현실」과 마비된 「감각」을 다시 넘어서:

폭발하라, 「현실Real」!
터져라, 「시냅스Synapse」!
Vanishment! This 「World」![**]

2023년 8월 9일, 中二

* 古屋真. '大河よ共に泣いてくれ'. 2022.
** 虎虎.《中二病でも恋がしたい! 京都アニメーション》, 2011.

찾아보기

델루치, 마크 A. Deluchhi, Mark A. 564, 571, 576, 580, 587

델리나, 로렌스 L.Delina, Laurence L. 591, 592

도시의 유인 231-244

도시화 85, 227-228, 250, 492, 678

도제 237, 274, 276, 303, 633

도제제도 208-209, 213, 217

도허티, 존Doherty, John 274, 285

독일 76, 88, 377, 392, 408, 508, 523, 531, 566, 569, 573, 580, 581, 590, 603, 656

동물력 65, 69-70, 72, 73, 85, 105, 113, 116-117, 120, 126, 128-130, 187, 278 308, 677

두킨필드 238, 636

디센도르프, 마크Diesendorf, Mark 591-592

디즈레일리, 벤저민Disraeli, Benjamin 312, 324

디킨스, 찰스Dickens, Charles 151-152, 383, 682

딘스턴 137-141, 145 197, 201-202, 241, 242, 263, 266, 626

라이너스, 마크Lynas, Mark 57, 598

래넉셔 161, 250, 354, 629

래드클리프, 윌리엄Radcliffe, William 313

래드클리프 172, 197

랜디스, 데이비드Landes, David 134, 188

랭커셔 12, 14, 75, 77, 93, 100, 101, 106, 110, 113, 123, 129, 143, 163, 164, 165, 167, 169, 175, 179, 195, 197, 213, 223, 228, 229, 230, 231, 238, 241, 244, 245, 247, 250, 251, 263, 265, 268, 274, 281, 282, 284, 291, 306, 308, 347, 352, 358, 361, 362, 369, 370, 382, 389, 390, 430, 528, 602

랭커셔 봉기 102

랭커스터 240-241, 347, 636, 682

랭커스터 순회재판소(1831년 3월) 347-348

러다이트 운동 347, 369, 378, 379, 412, 605

러셀, 존 스콧Russell, John Scott 295, 319

러시아 95, 392, 508, 580

런던 82, 85, 87, 90, 91, 94, 96, 159, 171, 190, 193, 205, 206, 222, 226, 250, 318, 347, 364, 381, 424, 480, 496

런던기계기술자기구 321

《런던 기술과학 저널》 108-109

런던노동자협회 374

《런던 및 웨스트민스터 리뷰》 351

《런던 백과사전》 160, 162

《런던 서평》 599

런던어레이London Array 567

런던왕립학회 333

런던 지질학회 충위학위원회 58

렁, 프랭크Leung, Frank 535

레드그레이브스, 알렉산더Redgraves, Alexander 253

레드퍼드, 아서Redford, Arthur 201

레디쉬 면직업종 작업장 176

레버른 강 224

레이프차일드, 존 R. Leifchild, John R. 340-341, 343, 467, 550

로더데일 역설 570

로드, 존Lord, John 62

로버츠, 리처드Roberts, Richard 107-108, 110, 139

로버트슨, 조지Robertson, George 156, 159

로비슨, 존Robison, John, 94, 331, 681

로빈스, 폴Robbins, Paul 15-16

로빈슨 형제Robinson brothers 91-92, 94

로스시 153-155, 164, 197, 259, 638

로스시 면직물 공장/작업장 153-155, 164, 181, 259

로스앤젤레스의 에너지 정책 585

《로이터》 537

로일리, 토머스Royley, Thomas 207, 633

로젠, 윌리엄Rosen, William 135